福建省"十四五"普通高等教育本科规划教材

供中医学等专业用

中医治法学

主　　编	衡先培　郑　峰

副主编	徐顺贵　赖长沙　何卫东
	翁锦龙　叶宝叶　林万庆

常务编委	邵　丹　杨柳清　吴　雁
	郑　琳　郑春素　徐　欣

编　　委	（按姓氏笔画排序）
	万雪花　马常宝　王　亮　叶宝叶　朱淑瑜　李　亮　杨柳清
	肖明耿　吴　雁　吴清梅　何卫东　张美吉　陈　斌　陈则旭
	陈良华　邵　丹　林　宇　林万庆　林劲榕　林牧薰　郑　峰
	郑　琳　郑春素　徐　欣　徐顺贵　徐睿熙　翁锦龙　黄雯晖
	赖长沙　衡先培

秘　　书	吴　雁　杨柳清

人民卫生出版社

·北　京·

图书在版编目（CIP）数据

中医治法学 / 衡先培，郑峰主编． -- 北京：人民
卫生出版社，2025．3（2025．6重印）． -- ISBN 978-7
-117-37738-6

Ⅰ．R242

中国国家版本馆 CIP 数据核字第 20259YQ211 号

人卫智网	www.ipmph.com	医学教育、学术、考试、健康， 购书智慧智能综合服务平台
人卫官网	www.pmph.com	人卫官方资讯发布平台

中医治法学

Zhongyi Zhifaxue

主　　编：衡先培　郑　峰
出版发行：人民卫生出版社（中继线 010-59780011）
地　　址：北京市朝阳区潘家园南里 19 号
邮　　编：100021
E - mail: pmph @ pmph.com
购书热线：010-59787592　010-59787584　010-65264830
印　　刷：北京铭成印刷有限公司
经　　销：新华书店
开　　本：787 × 1092　1/16　　印张：29
字　　数：724 千字
版　　次：2025 年 3 月第 1 版
印　　次：2025 年 6 月第 2 次印刷
标准书号：ISBN 978-7-117-37738-6
定　　价：89.00 元

打击盗版举报电话：010-59787491　E-mail: WQ @ pmph.com
质量问题联系电话：010-59787234　E-mail: zhiliang @ pmph.com
数字融合服务电话：4001118166　E-mail: zengzhi @ pmph.com

主编简介

衡先培

福建中医药大学附属人民医院主任医师，教授，专业技术二级岗位，博士研究生导师，代谢内分泌科和老年病科学术带头人。福建省省级高层次人才，国家科技专家库在库专家，国务院学位委员会及教育部学位与研究生教育中心评审专家。长期从事中医临床医疗、教学、科研工作。年诊治患者15000人次左右，收治疑难重危病例约400人次。创制五石汤、丹瓜方、三山方，以及治疗糖尿病及甲状腺疾病系列经验方，用于治疗胫前黏液肿、甲状腺相关眼病、对去氨加压素不反应的垂体性高钠血症、糖尿病性胃轻瘫重症、重症感染、化学药物不耐受的重症甲状腺功能亢进症、老年多器官功能不全等重危疑难杂症，常起沉疴和救危亡。

发起并成立福建省中医药学会老年衰弱学分会，并担任首届主任委员。曾任福建省中西医结合学会糖尿病分会第一届、第二届主任委员。兼任中国民族医药学会内分泌学分会副会长，中国医师协会中西医结合医师分会内分泌与代谢病学专家委员会副主任委员，中国中西医结合学会内分泌分会常务委员，中华中医药学会糖尿病分会常务委员。

发表包含SCI源刊、CSCD源刊、中文核心期刊等各类学术论文150余篇。截至2023年12月，论文及专著已被国内外学者广泛引用2600余次。主编《中医老年衰弱学》，以及糖尿病及内分泌系列专著10部，参编中医药类教材多部。主持制定《中医内科临床诊疗指南·老年衰弱》（T/CACM 1220—2019）。作为全国组长，制定《中医内科临床诊疗指南·老年衰弱》（2015年）、《中医内科临床诊疗指南·糖调节异常》（2015年）、《糖尿病性脑血管病病证结合诊疗指南》（2022年）等全国性中医类临床疾病诊疗指南，修订《中医内科临床诊疗指南·高脂血症》（2013年）。先后承担国家自然科学基金项目6项，以及各层次科研项目30余项。作为第一责任人获福建省科学技术奖、中华中医药学会科学技术奖、中国民族医药学会科学技术奖等7项，其他成果奖11项，并获国家发明专利1项。

郑　峰

主任医师，教授。福建中医药大学附属人民医院全科医疗科主任兼心血管科副主任，中医内科学教研室主任，中医内科学、全科医学硕士点负责人兼学术带头人。

兼任中华中医药学会心血管病分会、全科医学分会委员，福建省医学会全科医学分会副主任委员，海峡两岸医药卫生交流协会全科医学分会副会长，福建省医师协会全科医学分会常务委员，福建省医学会心脏康复与预防分会副主任委员。曾任中华医学会全科医学分会第七、第八届委员，获评福州市劳动模范、中国医师协会"住院医师心中好老师"、福建中医药大学"优秀研究生导师"等。

内容提要

中医学是理论与临床实践紧密联系的应用学科。其不仅具有基于中国独特的自然哲学思想的阴阳五行理论体系，还具有天人合一、形与神俱、整体观、辨证论治特色，是中华文化的载体和活化石。中医治法是中医理、法、方、药体系中的关键环节，是连接中医理论与临床应用的桥梁。

本书系统论述了中医治法学理论，并广泛收集从古至今历代中医文献中所提出的具体中医治法进行深入剖析，是研究者多年锲而不舍、积微成著的产物。对每个治法词条在追源溯流之中，剖幽析微，系统地归类整理，突出中国传统文化和中医理论体系要素。

全书共分八篇、二十三章。第一篇为中医治法学概论，在系统阐述中医治法学内涵、源流的基础上，结合临床实践首次系统论述了病机分治、早晚分治、复合病机先后分治、病机联合治疗、冬病夏治、选用攻补及择时治疗等多种辨证论治策略，在战略层面丰富和发展了中医辨证论治的内涵，对于提高临床治疗效果具有指导意义。继而，以论、案结合的方式，阐述了中医治法通则，包括扶正通则、祛邪通则、正治与反治、内治与外治、治法异同、标本缓急、预防为本、调和气血、平衡阴阳、久病从血治、怪病多从痰治等内容。第二篇至第八篇，逐条阐析各类中医具体治法1300余个词条，按照【出处】【溯源】【释义】【例案】【析拓】五个部分进行撰写。其中【出处】【溯源】【释义】三个部分忠实原著或原文，保证学术的继承性和正统性。其中，【溯源】收载最接近该治法含义的论述，并且提出的时间在【出处】之前，多个溯源文献按含义接近程度排列。【例案】内容源自古籍经典。所有例案均要能溯源。【析拓】是对该治法内涵的归纳性综合分析，使读者能充分理解且能在临床实践中自主灵活应用该治法，并基于文献报道列举了该治法在当前临床实践中的应用病种。

在分章论述中，在中医传统八法的基础上增加颇具实践特色的升法而发展为九法；专列特色的阴阳治法及体现五行生克制化的五行治法，以及具有中国传统文化特色的平衡五脏功能治法；单设出自《黄帝内经》《伤寒论》《金匮要略》的经典治法章节，还有祛邪治法、攻补兼施治法、收敛固涩治法、外感治法、温病治法、阴阳五行治法、脏腑气血津液治法、经带胎产治法等；将中医外治疗法和中医外科治法进行专章处理。此外，还设置了针灸推拿治法和中医自然疗法两章。

本书源、流结合，论、案结合，理、用贯通，涉及1300余个中医治则治法词条，内容系统而翔实，专业性、实用性、指导性强。既适用于各类中医学生、中医自学者、临床医生学习，也可供教师及科研工作者参考。

前　言

中华文化，历史悠久，光辉灿烂。其间，能人志士，各展才华，历经千载春秋，将天文、地理、人事贯通于中华文化的活化石——中医学中，造就了中华民族乃至世界文明的不朽华章。

在传统中医治法这个伟大的中华民族文化宝库中，既有精华，也有瑕疵；既有公知，放之四海而皆准；也有各家争锋，见解不一，甚或有的见解在中医自身理论框架下不能自洽。面对这种良莠不齐的状况，断不可不加辨别，盲目传承。只有通过追本溯源、兼权熟计，融贯公理，结合临床实践，去粗取精、去瑕存良，才能承理构说，使中医治法理论与临床体系自洽圆通，从而有效地指导和应用于临床实践。

本书从上述理念出发，着眼于临床实用，基于发展和完善中医治法理论体系的愿望编撰。第一，在体系上对中医治法学进行了完善，在战略层面使辨证论治更加灵活，使其能够满足复杂多样的临床实践的需求，提高临床疗效。明确了辨证论治并非要将当前患者的所有症状和体征（简称"症征"）都纳入治疗处方要素，而是应当根据病情及患者的需求，选取当前治疗的症征要素，对病机要素可以做多种形式的拆分。

第二，基于尊重原创的理念，明确了一些历代争议的治法疑案。例如，关于引火归元治法的内涵，说法众多，甚至互相矛盾，没有对引火归元、引火归源、引火归原进行区分。本书追本求源，明确了三者的出处、内涵、病机、用药组方之间的区别，使一些牵强附会的解释回归中医正道正理。又如，明确了清肝泻火法不是清泻肝火，而是清肝热、泻心火。两个治法在临床应用的选药组方上具有显著不同。再如佐金平木法，一般认为是"清肃肺气、抑制肝气上逆"（《中医临床诊疗术语 第3部分：治法》4.23.13项），也将其称为"清肺泻肝法"，这样的解释既不符合生克制化机制，也不符合临床实践。本书细考出处文献《冯氏锦囊秘录》并溯源，明确了佐金平木法的正确含义是"用平肝木、泻心火之剂，以清肃肺金，使金平则能制木，木气不旺则心火自平，同时泻心火使火不刑金，从而使肺金安宁。平肝木、泻心火即是佐金"。如此解释，还原了中国文化要素对中医临床的影响和指导，而不是望文生义。

第三，将大量既往内涵含糊不清的治法具体化，并说明该治法如何指导选药配方。如金水相生法，一般解释是"运用具有补肺、滋肾等作用的方药或相关疗法，促进金水相互资生、充盛，以治疗肺肾两虚或肺阴虚、肾阴虚等所致的病证的治法"。本书通过追本溯源，明确了金水相生法的正确含义是用润肺滋肾方药以治疗肝（虚）火刑金证。又如培土制水法，《中医临床诊疗术语 第3部分：治法》解释为"运用具有培补脾土、化湿利水等作用的方药或相关疗法，以治疗脾气亏虚、脾虚水泛、脾阳虚衰、脾肾虚衰等所致病证的治法"。此解释难以清晰地指导临床用药。而本书基于《本草汇言》提出该治法的原意，将培土制水法表达为"脾属土，为主水之脏，又为升降之枢。培土制水法即通过培补脾土以制水液泛溢而致的水肿病证。培土之法，或健脾益气，或温脾助阳，皆助脾之气化以制水肿"。这里的"水"不是指肾水，而是指水肿。根据本书的解释，临床医生能够很清楚地知道该如何用药。

此外，本书突出了中华文化哲理对临床实践的融入，如物灵同源世界观、平衡理念、和文化、生克制化哲理等，也是一本真正意义上的文化中医书。

中医治法作为中医理、法、药、方基础主干体系的中间环节和桥梁，既是临床实践与基础理论联结的纽带，也是构建完整中医药教育理论体系的关键环节。中医治法学课程的开设，对于培养学生建立系统的中医临床思维，有效地应对临床医疗实践，具有核心指导作用。鉴于此，福建中医药大学于2025年春季学期率先开设本课程。本书适用于高等中医药院校本科中医学等专业学生使用，也可供中医临床工作者和科研人员参考使用。

本书的编写，得到了福建中医药大学的鼓励并给予立项，更得到了福建中医药大学附属人民医院的支持，在此表示衷心的感谢。

衡先培

2025年2月

目 录

● 第一篇 总论 ●

● 第二篇 常治法 ●

● 第三篇　祛除外邪治法 ●

第四篇　阴阳五行治法

第五篇 脏腑气血津液治法

第六篇　经典治法

第七篇　针灸推拿与其他非药物疗法

● 第八篇　其他治法 ●

第一篇

总　论

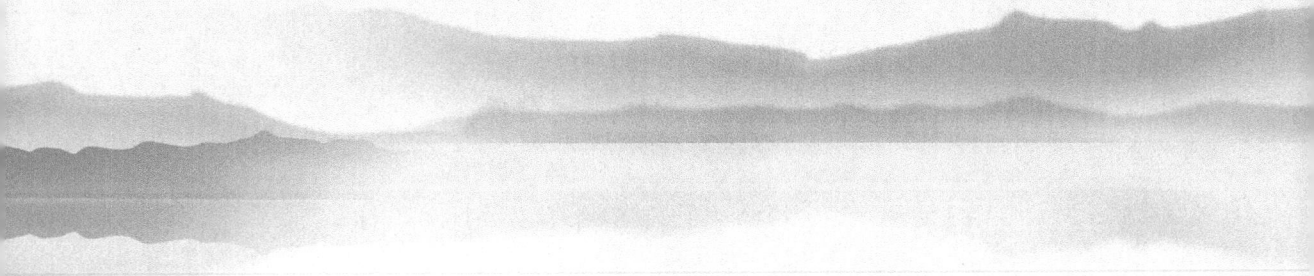

第一章
中医治法学概论

第一节　中医治法学的概念

　　中医治法学是运用中医学理论，在观察疾病发生、发展的动态过程中，提炼总结有效经验并上升为治疗某一病证核心指导思想的一门临床方法学。中医治则，即中医治疗疾病的原则，对指导临床制定治疗方法、选择方药起着重要作用。治法是在治则的指导下确定的具体的治疗方法与措施。治则与治法是中医"理、法、方、药"体系中的关键一环，是连接理论与临床实践的桥梁。

　　证候是对疾病本质的高度概括，反映了疾病发展一定阶段的病因、病位、病性、病势、病机等方面的内在联系。辨证的过程，实际上就是医者全面分析致病成因、疾病部位、病变性质和邪正消长、阴阳变化等，而获得诊断结果的过程。治法，是在辨清和判断证候之后，有针对性地采取的施治方法。而审证立法，依法定方，乃辨证论治过程中的重要环节，是临床诊疗时必须严格遵循的治法规则和准绳。显然，证是法的基础，法乃证的归宿。

　　我国人民在长期与疾病作斗争的过程中，积累了丰富的经验，总结和创造了许多行之有效的辨证方法，如六经辨证、八纲辨证、脏腑经络辨证、卫气营血辨证、三焦辨证、气血津液辨证、病因辨证等。针对不同的疾病证候，产生了相应的极为丰富的治法，此为中医理论与临床实践相结合的产物。

第二节　中医治法学的发展简史

一、中医治法学的萌芽奠基时期

　　中医治法学萌芽于春秋战国至秦汉时期。马王堆汉墓出土的《五十二病方》证实早在战国以前，就有关于中医治法的记载。《五十二病方》虽有方无论，但从方中可知其蕴含的丰富治法，如以汗法治疗"痉者"。书中还体现了温、清、消、补等治法，以及多种治法的结合，如消补兼施、温汗同用等。书中还包括贴敷法、熏蒸法、灸法、割法等在内的近20种外治法。《养生方》中载有"除中益气"方剂19则，《里耶秦简·医药简》亦有关于补气法治疗少气的记载。《武威汉代医简》提到用代卢如（茹）、巴豆塞鼻以治息肉，若息肉不出，则葶苈子、甘遂、大黄和米汁共用，体现了补气托毒之法。到《黄帝内经》时期，中医治法与治则得到详细、具体的论述。

《黄帝内经》不仅论述了"未病先防""调整阴阳""治病求本""三因制宜""因势利导"等多种治疗原则，还阐明了诸多治法。有提到顺应四时调整人体阴阳的治法，即《素问·四气调神大论》所言："夫四时阴阳者，万物之根本也，所以圣人春夏养阳，秋冬养阴，以从其根，故与万物沉浮与生长之门。"亦有《素问·阴阳应象大论》言："因其轻而扬之，因其重而减之，因其衰而彰之，形不足者温之以气，精不足者补之以味。其高者因而越之，其下者引而竭之，中满者泻之于内。其有邪者渍形以为汗，其在皮者汗而发之，其慓悍者按而收之，其实者散而泻之。审其阴阳，以别柔刚，阳病治阴，阴病治阳，定其血气，各守其乡。血实宜决之，气虚宜掣引之。"在治病求本、调整阴阳治则的指导下针对不同的病机采取不同的治法。《素问·至真要大论》云："坚者削之，客者除之，劳者温之，结者散之，留者攻之，燥者濡之，急者缓之，散者收之，损者温之，逸者行之，惊者平之。"亦是关于治法的经典论述。《素问·至真要大论》又云："热因寒用，寒因热用，塞因塞用，通因通用，必伏其所主，而先其所因，其始则同，其终则异，可使破积，可使溃坚，可使气和，可使必已。"讲述了反治法的具体治法。《素问·汤液醪醴论》中提到："平治于权衡，去宛陈莝，微动四极，温衣，缪刺其处，以复其形。开鬼门，洁净府，精以时服，五阳已布，疏涤五脏。"成为后世治疗水肿病的重要治法。由此可见，《黄帝内经》开创了中医治法学的先河。

与《黄帝内经》一样，《难经》从既病防变的角度提出"治未病"的思想，同时明确提出"虚则补其母，实则泻其子"及"泻南补北"等治疗原则与大法。此外，《难经·七十六难》还提出"当补之时，从卫取气；当泻之时，从营置气……营卫通行，此其要也"的营卫补泻原则。

《神农本草经》是我国现存最早的中药学专著，以医药结合的形式开创了中医治法先河。"凡欲治病，先察其源，先候病机，五脏未虚，六腑未竭，血脉未乱，精神未散，服药必活。"强调治病讲究时机，认为应当在疾病早期就采取治疗，抓住疾病早期的病机确立相对应的治法。又有"治寒以热药，治热以寒药"的药物治法。

汉代张仲景《伤寒杂病论》建立了基于六经辨证和脏腑辨证的治疗体系，"病下系证""证下系方""方随证出""方证相应""理法方药"一体，论述治法的内涵、具体应用以及用药时机等。《伤寒论·辨少阴病脉证并治》中提到少阴病"不可发汗""复不可下之"，说明少阴病通常当禁汗、禁下。又言"少阴病，得之二三日，口燥咽干者，急下之，宜大承气汤""少阴病，六七日，腹胀不大便者，急下之，宜大承气汤""少阴病，自利清水，色纯清，心下必痛，口干燥急，急下之，宜大承气汤"，此三条均提到少阴病用"急下"法的特殊情况，蕴含辨证论治的思想。除此之外，《伤寒论》还提到太阳表寒实证用峻汗法，太阳表寒虚证用缓汗养正法，半表半里、寒热错杂之少阳病用和法，里热证用以白虎汤为代表的清法和承气类方为代表的下法，里寒证则采取温法和补法。《金匮要略·脏腑经络先后病脉证》云："夫治未病者，见肝之病，知肝传脾，当先实脾，四季脾旺不受邪，即勿补之。"论述了治未病思想，但又在前人基础上补充说明肝病无须补脾的情况。该篇亦论述了"痼疾"与"卒病"的先后治疗关系，认为"夫病痼疾，加以卒病，当先治其卒病，后乃治其痼疾也"。《金匮要略·痉湿暍病脉证治》云："若治风湿者，发其汗，但微微似欲出汗者，风湿俱去也。"言明风湿相搏之身体疼痛，采用微汗法。《金匮要略》中还体现了"同病异治"法，如《金匮要略·奔豚气病脉证治》言"奔豚气上冲胸，腹痛，往来寒热，奔豚汤主之"，采用疏肝清热、降逆止痛法；"发汗后烧针令其汗，针处被寒，核起而赤者，必发奔豚，气从少腹上至心，灸其核上各一壮，与桂枝加桂汤主之"，采用温阳散寒、平冲降逆法内外合治；"发汗后，脐下悸者，欲作奔豚，茯苓桂枝甘草大枣汤主之"，针对心阳不足、水饮内动，欲作奔豚者则用温阳下气、培土制水之治法。

综上所述，战国至秦汉时期的四部经典著作，使中医治法学从懵懂走向萌芽，后世医家在此基础上不断发展、创新，充实了中医治法学。

二、中医治法学的发展时期

中医治法理论在魏晋、隋唐时期得到不断充实与发展。西晋皇甫谧《针灸甲乙经》，对魏晋以前的针灸学成就进行总结，还记录了各种疾病的治则治法，如"虚则实之，满则泄之，菀陈则除之，邪胜则虚之"，便是对虚实治则的论述。唐代孙思邈著有《备急千金要方》与《千金翼方》，《备急千金要方》中提到饮食疗法，涉及五脏所宜食法、所不宜忌法、五脏病五味对治法等。《千金翼方》则是将伤寒治则治法条理化，加以杂病治则治法，为后世提供了宝贵经验。唐代王冰潜心注释《黄帝内经》，提出"益火之源，以消阴翳"用以治疗元阳之虚；对真阴之竭，则主张"壮水之主，以制阳光"，成为后世医家沿用的著名治则大法。《刘涓子鬼遗方》总结晋以前的外科学成就，涉及外伤治疗有止血、止痛、收敛、镇静、解毒等治法，为后世外科"消、托、补"三大治疗法则奠定基础。

宋代之前，医家侧重于对经验方的积累，此后逐步从经验用方向理论组方转变，注重理法方药相结合，突出了治法在方剂与临床治疗中的地位与价值。《太平惠民和剂局方》是宋代的官方成药药典，所载方剂788首，其中蕴含大量治则治法，如"芳香化浊""开窍醒脑""辟秽除瘟"等治法。钱乙《小儿药证直诀》制六味地黄丸，"壮水之主，以制阳光"，为补肾滋阴法代表。

金元时期医学争鸣，涌现了一批以金元四大家为代表的医家，他们在新法、新方创制方面建树颇丰。《伤寒明理药方论》云："其与不外不内，半表半里，既非发汗之所宜，又非吐下之所对，是当和解则可矣。小柴胡汤为和解表里之剂也。"成氏通过释义与辨析和法，使其内涵明确，进一步推动了和法的形成。刘河间自《黄帝内经》十九病机而悟"六气皆从火化""五志过极皆能生火"等火热论，用药多寒凉，创制防风通圣散、凉膈散之表里双解剂。张从正继承刘河间之学，主张"邪去则正安"，用汗、吐、下三法攻邪治病，拓展了汗、吐、下三法的应用范围，促进了中医治法学的发展。李东垣主张"内伤脾胃，百病由生"，立益气升阳、甘温除热等治法。朱丹溪主张"阳常有余，阴常不足"，治法以滋阴降火为主，并研制越鞠丸，主治六郁。金元四大家各有所长，从不同角度补充和发展了中医学，促进了中医治法理论的实践和发展，为中医治法理论迈向成熟，起到承上启下的作用。

三、中医治法理论的成熟时期

明清时期，治法在理论、临床应用等方面均渐趋成熟与完善。明代李中梓首提"治则"，并专列治则一节，系统阐述了多种病证的治则治法，特别是对正治、反治的辨析贡献卓越。薛立斋、孙一奎、赵献可、张景岳、李中梓等重视脾肾，善用温养先天之法。明代张景岳借用药如用兵之义，提出"补、和、攻、散、寒、热、固、因"八略以立法，列"八阵"以制方，开创了以法统方的先河。

清代程国彭《医学心悟》明确指出医门八法，即"汗、吐、下、和、消、清、温、补"。以叶天士、薛生白、吴鞠通、王孟英为代表的温病学派，发展了温病的治法。叶天士《温热论》首创卫气营血辨证，对温病不同阶段提出了不同治法："在卫汗之可也，到气才可清气，入营犹可透热转气，入血就恐耗血动血，直须凉血散血。"吴鞠通《温病条辨》，创三焦辨证，其所载方剂均注明治法；温病学家在卫气营血和三焦辨证理论指导下，总结出了温病治法理论，进而发展了清法、下法等治法，为治法的创新与发展奠定了基础。

清代王清任《医林改错》认为气与血不仅是生命活动的物质基础，更是致病因素。瘀血是正气亏虚，推动无力所致的，倡导"补气活血"和"逐瘀活血"两个法则。唐宗海《血证论》是论述血证的专书，对各种血证的病因病机、辨证论治均有许多精辟论述，提出止血、消瘀、宁血、补虚治血四法，是通治血证之大纲。王清任、唐宗海等医家继承并发扬瘀血理论，使活血化瘀法得以广泛运用。

清代医家雷丰《时病论》以病为纲，提出了不少至今仍常用的治法，特色鲜明。陈士铎《石室秘录》以治法为纲，列举了六十四类治法，以及各类治法的名称、功效、用法、适用范围等，是一部治法专书。

四、中医治法学的近现代探索时期

鸦片战争打破了清王朝闭关锁国的状态，西方医学进一步传入中国，中西文化的碰撞，形成了中西医汇通学术流派，以张锡纯、朱沛文、唐宗海为代表的医家，提倡以中医学为本，采西医所长，尝试融汇中西医学术。张锡纯《医学衷中参西录》根据《黄帝内经》"肝气虚"等理论，指出"食欲不振，能消化，服健胃暖药不效，诊其左关脉太弱，为肝阳不振，投生黄芪一两，桂枝尖三钱，数剂而愈"，创温补肝气法，补充了肝虚论治。

中华人民共和国成立以来，党中央高度重视中医药发展，制定和实施《中华人民共和国中医药法》和"坚持中西医并重，传承发展中医药事业"的发展战略。中医药事业蓬勃发展，中医治法理论的研究不断推进，中医治法学的研究进入高层次的发展及现代化研究阶段。

1997年国家中医药管理局和国家技术监督局联合颁布了《中医临床诊疗术语》国家标准，旨在建设中医学术标准化和规范化，促进中医学术进步和中医药走向国际。学者们通过多中心、大样本临床试验，研究代表治法的方药对疾病的临床疗效，进而探讨其安全性、有效性等。活血化瘀法是中医药研究的热点，其研究取得了一定的成就。陈可冀等倡导的活血化瘀法，不仅在心脑血管疾病领域，也在其他疾病领域得到了广泛的应用，提高了临床疗效。经过多年的机制研究，逐步阐明了活血化瘀法可改善器官血液供应、提高循环血液流变性、保护血管内皮细胞、增强免疫功能、抗过氧化损伤、减轻炎症反应、抑制细胞凋亡等，从而发挥治疗作用。

除此之外，国家还开展了名老中医学术传承工作，学术继承人通过名老中医学术传承平台，对其治法理论与临证经验进行全面整理、总结、归纳，深入探讨与研究疾病治法的立法、组方原则与配伍规律，认识治法的科学内涵和作用机制，对推动中医药现代化发展具有重要意义。首届国医大师周仲瑛基于他自己提出的病机十三条的首条"风病善变"，系统提炼出辨治缺血性中风的学术经验，以"内风"为其核心病理因素，肝肾亏虚、风痰瘀热郁阻为其核心复合病机，从而得出祛风痰瘀、调畅气机为主，温补肝肾精血为辅的治法，常兼顾胃肠并治，从本质上调畅中焦气机、辅助通腑泄热、顺降内风上逆之势。

近年来，通过建立"证"的实验动物模型，以及应用现代先进的研究方法，新的治法理论与方法不断涌现，充分显示出中医药具有广阔的应用前景，显示中医治法学进入了在守正基础上创新的崭新时期。相信通过多学科的协作攻关，将在整体调控意义上阐明治法的多层次、多环节、多靶点的作用原理及治疗机制。

第三节　中医治法涉及的基本要素

一、根据病因产生的治法

病因辨证即审证求因，是针对病因施治的一种辨证方法。病因不同，在体内引起的病变也不同，所以要求治疗的方法也就不相同。如自然界的风、寒、暑、湿、燥、火六气，在正常情况下，有助于万物的生长，若六气异常变化，太过或不及，在人体抵抗力低下时能使人产生各种疾病。风邪常侵犯人体肌表、肺卫而成伤风之病；寒为阴邪，易伤阳气，感寒后多有恶寒或畏寒之症；暑为热邪，故暑病多有高热、烦渴、多汗等热证表现；湿邪重着凝滞，湿证多有头重、胸闷、身体沉重等症；燥邪干枯，易伤津液，故燥病常见口唇干燥、咽喉干痛、干咳无痰等症；火为阳热之邪，火证多有高热、面红目赤、烦渴喜冷等症。针对这些不同的病因，不同的病变，便产生了祛风、散寒、清热、除湿、润燥、泻火等不同的治法。当然，病因除外感六淫之外，还有内伤七情、饮食劳倦、久病传病、金石外伤、虫蛇咬伤，都可根据其特定的证候病机来制定相应的治法。

二、根据八纲辨证拟定的治法

阴阳、表里、寒热、虚实八纲，是中医辨证的一种基本方法，是根据病位和病性进行辨证归纳的。它揭示了矛盾的两个方面，反映了朴素的对立统一的辩证法观点。以八纲为依据而确定的治法，早在两千多年前的《黄帝内经》中就有记载。如《素问·阴阳应象大论》"其在皮者，汗而发之""其高者，因而越之；其下者，引而竭之；中满者，泻之于内"，以及《素问·至真要大论》"寒者热之，热者寒之""衰者补之，强者泻之"等论述，就明确提出了表证宜汗、里证宜下、寒证当温、热证当清、虚证宜补、实证宜泻的治疗原则。这些治疗原则，经过后世医家进一步发展，总结为汗、吐、下、和、温、清、消、补八法，更加充实了中医学治法的内容。

第四节 基于不同辨证体系治法的确立

一、气血津液辨证与治法的确立

气血津液辨证，就是从分析气血津液的病理变化认识病证的辨证方法，也是临床常用的一种辨证方法，对拟定气血津液病证的治法有指导意义。

气血津液是构成人体和维持人体生命的重要物质，脏腑经络的正常活动，也依赖气血津液为其物质基础。虽然气血津液，在形态、性质、功能等方面有许多不同之处，但也有一些共同的地方：它们都是精微物质，而且都有运动不息，流行全身以营养机体各个脏腑、组织、器官的特点。因此，若气血津液不足或运行异常就会发生病变，影响到内脏的功能活动，甚至危及生命。治疗上针对气血津液病变的特殊病理变化，相应地产生了治疗气血津液病变的各种治法。

气血不足的病证，可用补气、补血的治疗方法。气血运行异常，又当调理气血。如气机阻滞或气机逆乱的病变，可用理气法以疏畅气机，调理气分；血行不畅、瘀滞内停或血行异常、血溢脉外，宜用理血法以调理血分。

津液的病变从病机上一般可概括为津液不足与水液停滞两种情况。津液不足的病变，治宜滋养津液。水液停滞的病证，多与肺、脾、肾三脏功能失调有关，辨证治疗可参照脏腑病变治法的有关内容。由于津液不能正常地输布和排泄，津液内停可成湿滞或水肿，对于这种水湿内停的病证，宜用祛湿法治疗。若为湿浊内停、湿聚成痰者，又宜用祛痰法以排除或消除痰涎。

二、脏腑经络辨证与治法的确立

疾病产生于脏腑经络机能紊乱，临床症状是脏腑经络病变的反映。上述病因辨证、八纲辨证、气血津液辨证等辨证方法，虽也能概括地反映出疾病情况，但如要进一步弄清疾病的部位和特性，就必须结合脏腑经络辨证。临床将上述几种辨证方法与脏腑经络辨证结合在一起运用，便能进一步揭示疾病的本质，从而对疾病作出准确的诊断，拟定的治法才能取得较好的疗效。

脏腑经络病变的各种治法，是以脏腑生理功能、病理变化为依据，针对脏腑病变特点拟定的。例如肝喜条达疏泄，这是它的生理特点，一旦发生病变，出现肝气郁结，就应针对这一病机，拟定疏肝理气法治疗。又如脾胃有运化水谷的功能，如果暴饮暴食，损害脾胃，出现中焦运化水谷功能失调，就可拟定消食导滞法治疗。此外，经络理论对拟定治法也有指导意义。如根据肝经之脉循少腹、络阴器的理论，少腹和前阴病变当从肝经论治。凭少腹胀痛，或妇女经行胀痛的主证，就可认定该证主要为肝气郁结所致，采用调气疏肝法治疗。

三、卫气营血辨证与治法的确立

卫气营血辨证是根据热性病发展的阶段性，将热性病划分为浅深不同的四个阶段进行辨证。一般温病初起，病邪在表，病势轻浅，多属卫分，如邪在卫分不解，便可内传气分，此时温邪入里呈里热炽盛之证，故病势较重；若病邪深入到营分、血分，不仅伤耗营阴，并可引起全身出血，肝肾阴液亏损，心神亦受到影响，所以病势更加严重。根据温热病在发展过程中浅深、轻重的情况，必须予以不同的治疗。清代温病学家叶天士总结了温病的治疗方法，提出了"在卫汗之可也，入气才可清气，入营犹可透热转气，入血犹恐耗血动血，直须凉血散血"的治疗原则。针对热性病发展的不同阶段，应用相应的治法，邪在卫分宜辛凉解表，在气分宜辛寒清热，在营分宜清营泄热，在血分宜凉血救阴。

四、六经辨证与治法的确立

六经辨证是将外感病错综复杂的证候概括在太阳、阳明、少阳、太阴、少阴、厥阴六经中的一种辨证方法，深刻地分析了疾病的病势、人体的正气强弱、正邪的消长、立法处方等方面，由此来认识、分析外感病的演变规律。六经辨证以六经所相关联的脏腑、经络的病理变化所反映的脉症为基础，运用中医的基本理论来归纳、分析这些脉症，从而得出辨证论治的结果。

六经治法，主要是扶正与祛邪两方面，三阳病以祛邪为主，三阴病以扶正为先，并根据具体病情，采用不同的治法。太阳病为表病，在病变阶段上属于外感疾病的早期，一般施以解表法；阳明病实证，属邪热与肠中糟粕互结的，采用攻下法；少阳病半表半里证，以"口苦，咽干，目眩"为辨证提纲，治法上以和法为主；太阴病脾胃虚寒证，"腹满而吐，食不下，自利益甚，时腹自痛"，治以温中散寒，健脾燥湿；少阴寒化证为心肾阳虚，除见有脉微细，但欲寐外，还有恶寒蜷卧、下利等一派虚寒证情，施以扶阳抑阴之法；厥阴病寒热错杂证，"消渴，气上撞心，心中疼热，饥而不欲食，食则吐蛔，下之利不止"，治以清上温下法。六经在病理上关系密切，某一经的病变可以影响另一经，从而出现相互传变，导致各经的证候同时出现，当表里同病时，宜按表证、里证的先后缓急确立治法。当太阳与少阴两感时，可视里证的轻重，或表里同治，用麻黄附子细辛汤温经发表，或先表后里，用桂枝汤温散太阳之邪，或先救其里，后治其表，用四逆汤回阳救逆。

第五节　中医治法的分类

对于治法的分类研究是在不断发展完善的，新的治法逐渐被提出，而同类治法的不同表述也不断涌现，以至于现有治法变得繁多复杂，有些治法是从不同角度表述的，或是针对临床所见的症状、病因、病位、病机而言，或是达到治疗效果的手段。例如，针对病因的治法，如祛痰法、化瘀法、祛湿法、消食法、驱虫法等；针对病位的治法，如解表法、攻里法等；针对某一类病机的治法，如理气、理血、潜降；针对症状的治法，如安神法、醒神法、明目法等，各家分类多有局限性，尚无全策。

因此从临床治疗学角度提出的分类方法，在辨证基础上针对主证、次证、兼证确立相应的治法，较为切合临床实际，对指导临床有较大的意义。

一、针对主症的治法

主症指主要临床表现，为辨证的重要依据。如《伤寒论·辨太阳病脉证并治》："太阳之为病，脉浮，头项强痛而恶寒。""恶寒""脉浮""头项强痛"即为太阳伤寒病的主症，而根据主证，所谓"有一分恶寒，便有一分表证"，法随证出，即以汗法治之，或表实发汗解表用麻黄汤，或表虚调和营卫用桂枝汤。又如《伤寒论》第62条"发汗后，身疼痛，脉沉迟者，桂枝加芍药生姜各一两，人参三两新加汤主之"，其中主症是"身疼痛""脉沉迟"，故用桂枝新加汤益气养营，治发汗后营血亏虚，不荣则痛。

二、针对次症的治法

次症是指因主要病机而出现的非主症的临床表现，或者是反映次要病机的表现。如《伤寒论·辨太阳病脉证并治》："太阳病，或已发热，或未发热，必恶寒，体痛，呕逆，脉阴阳俱紧者，名曰伤寒。"其中"发热"即为麻黄汤证下的次症，是由于外寒风寒、卫气闭郁病机而出现的一个次要症候，可以是辰下症和或然症，不影响主症下对病机的判断。次症的治法即跟随主症对病机的判断进行论治。如上述条文，无论有无出现发热，只要出现了"恶寒""体痛""脉阴阳俱紧"，即可判断为太阳伤寒病，即可用麻黄汤辛温发汗解表，用后表闭随麻、桂辛温发散之力而开，邪有出路，热证即除。

三、针对兼症的治法

兼症是指多由主体病机其中的一部分发生变化所致的临床表现。如《伤寒论·辨太阳病脉证并治》："太阳病，得之八九日，如疟状，发热恶寒，热多寒少，其人不呕，清便欲自可，一日二三度发，脉微缓者，为欲愈也。脉微而恶寒者，此阴阳俱虚，不可更发汗、更下、更吐也。面色反有热色者，未欲解也，以其不能得小汗出，身必痒，宜桂枝麻黄各半汤。""身必痒"为该风寒表实轻证兼症，为风寒表证久稽不解，表寒虽减但仍不除，郁热生风所致。故非风寒表实，身痛、恶寒已不甚，亦非表虚之怕冷、出汗，脉弱。故用小剂量桂枝汤与麻黄汤轻解其表。又如《温病条辨》第28条："手太阴暑温，但咳无痰，咳声清亮者，清络饮加甘草、桔梗、甜杏仁、麦冬、知母主之。"其兼症即为暑温伤肺，肺津受损后出现"咳声清亮"，同时暑温大热已除，余热未清。因此用清轻宣散的清络饮，而非白虎汤治主症。肺中余热，又以桔梗、甘草利咽，甜杏仁利肺气，麦冬、知母补肺阴以治其兼症。

主症与次症都是核心病机的反映，其中主症不可缺失，是确定何种"证"的关键，也是与其他"证"相鉴别的重点；次症虽反映主要病机，但其并不是一证中不可或缺的部分。兼症在《伤寒论》中多由主体病机中的一部分发生变化所致。明辨三者关系，才能更好地辨证，从而指导治疗。重点抓主症，主症用主方，次症随主方，兼症需加减，是由三者关系得出的治疗方法，也是《伤寒论》确定的辨证论治思想的体现。

四、基于基本治法的引导药选择

引导药，或称引经药，即引经报使之意。某些药物能引导其他药物的药力到达病变部位或某一经脉，起向导的作用，具有这类作用的药，即为引经药。正如吴鞠通在《医医病书》中形象地比喻："药之有引经，如人之不识路径者用向导也。"由此可见，引经报使是关于中药作用定位和定向的理论。

引经报使理论最早见于《素问·宣明五气》："五味所入，酸入肝，苦入心，甘入脾，辛入肺，咸入肾。"初步形成了关于五味归属五脏的规律认识。人体在不同疾病阶段所表现的病理状态具有较大差异，通常需要根据不同的病势和病位，采取个体化的治疗措施。《素问·阴阳应象大论》云"因其轻而扬之，因其重而减之，因其衰而彰之""其高者，因而越之；其下者，引而竭之；中满者，泻之于内"。可见当时通过不同药物调整方剂整体作用趋向进行疾病的治疗是普遍的共识。引经药正体现出古人治疗疾病的这一观点。正如《神农本草经》曰："菌桂，主百病，养精神，和颜色，为诸药先聘通使。"提示一些药物不仅对脏腑经络具有选择性，还能影响其他药物的作用趋势。

在引经药的使用经验上，陶弘景在《名医别录》中提出"酒，甘辛，大热，有毒。主行药势，杀邪恶气"，而"桂，甘辛，大热，有毒。通血脉，理疏不足，宣导百药"，认为引经药可对不同药物起到药理效应的导向作用。在炮制方法上，《雷公炮炙论》谓乌蛇曰："蛇性窜，即令引药至于有风疾处，因定号之为使。"从药物的"性"出发，认为"窜、善行变"的蛇与变幻莫测的"风"有着相同的性理，进一步将引经理论与疾病治疗有机结合，可以说是中医思维的生动应用体现。另外，在《医学启源》中明确了心经、肝经、脾经、肺经、肾经、胃经、胆经、大肠经、小肠经、膀胱经、三焦经和心包经十二经引经专药的组成及应用。比如"太阳经，羌活；在下者黄柏，小肠、膀胱也。少阳经，柴胡；在下者青皮，胆、三焦也。阳明经，升麻、白芷；在下者石膏，胃、大肠也。"

第六节　阴阳五行学说指导治法的确立

阴阳五行学说，特别是阴阳学说，广泛地应用于临床辨证之中，指导临床实践。阴阳学说认为，人体阴阳处于相对平衡的状态，才能维持健康，维护"阴平阳秘，精神乃治"的状态。《黄帝内经》的分类便是基于阴阳五行哲学思想进行的，它将整个自然界包括人在内的万事万物归纳为阴阳两个属性，即认为"阴阳者，天地之道也"，又言"夫五运阴阳者，天地之道也"。若这种阴阳的相对平衡破坏了，人就会发生疾病。阴阳合和，阴平阳秘，是治疗疾病并使人体达到良好状态的关键。治疗的根本是把握阴阳的变化从而进行辨证论治，采取"补其不足""损其有余"的治疗方法。《素问·阴阳应象大论》提出："谨察阴阳所在而调之，以平为期，正者正治，反者反治。"由此进一步提出"寒者热之，热者寒之，温者清之，清者温之，散者收之，抑者散之，燥者润之，急者缓之，坚者耎之，脆者坚之，衰者补之，强者泄之"等治法指导临床，均旨在恢复机体的阴阳平衡，从而达到"内外调和，邪气不能害"的目的。

除此之外，《黄帝内经》中还重视包括环境平衡、心理平衡、动静平衡、营养平衡等在内的各种平衡，力图通过平调此间阴阳，从而补偏救弊，消除疾病。再就脏腑而言，每个脏腑都分阴阳，若脏腑发生阳虚或阴虚的病变，则阴虚者补阴，阳虚者补阳，阴阳两虚者阴阳双补。

五行学说是将自然界所有物质分为木、火、土、金、水五种属性，其中木能生火，火能生土，土能生金，金能生水，水能生木，称为五行相生；木能克土，土能克水，水能克火，火能克金，金能克木，称为五行相克。相生相克，永无止息，展现了宇宙循环不息的规律。基于天人相应的思想，古人将五行学说应用到医学领域，与人体五脏配属，架构起五脏之间的相互资生、相互制约关系。根据五脏生克确定了"虚则补其母""实则泻其子"及"抑强扶弱"的治则。根据相互资生关系产生的治法有培土生金、金水相生、滋水涵木、益火补土等。根据五脏相互制约关系产生的治法有抑木扶土、培土制水、佐金平木、泻南补北等。这些阴阳五行相关的治法，对后世临床实践具有重要的指导意义和实用价值。

第七节　研究中医治法学的意义

治法在中医辨证论治"理、法、方、药"体系中承上启下，是连接中医基础医学和临床医学的桥梁。纵观古典医籍，汗牛充栋，上溯轩岐，直至现代，全面阐述中医治法学的教材和课程较少。系统、全面、深入、细致地研究中医治法，形成中医治法学体系，能进一步完善"理、法、方、药"的有机整体，有利于中医临床、教学、科研的发展。随着治则治法研究的深入，中医治法学逐渐成为独具特色的专门学科，在高等中医药院校课程体系中设置中医治法学课程，有利于提高中医思维和临证能力。

中医治法也能体现出中国文化的内涵，中医学常通过取类比象来命名治法，如逆流挽舟法、添水行舟法、斩关夺隘法、釜底抽薪法、引火归原法、提壶揭盖法、塞流澄源法等，文采昭然，亦是对中华优秀传统文化的传承。

此外，阐明中医治法的现代科学内涵，探索治疗作用机制，不仅对中西医学体系在深层次的结合方面有重要的理论意义，而且通过这种结合的探索将会有许多新的科学发现，这对于提高医疗水平、发展世界医学事业，具有重要的现实意义。

第二章
中医治法纲要

第一节　辨证论治

中国传统文化认为，万事万物都随着时间的变化而不停地运动。事物的运动是整体的运动，不但外部可见部分在运动，内在的不可见部分，乃至于灵与魂、情与志，也同样在随着时间而不停地发生着变化。一成不变的事物是不存在的。同时，变化也不都是单纯的，整体有整体的变化，局部有局部的变化；器物有器物的变化，精神有精神的变化。这种不断变化的特性，正是事物多样性的基础。因此，动态、灵活地而非机械地认识事物，适应事物运动、复杂的变化，是基于中国文化的中医学认识人体、认识人体所生疾病的基本特征。

一、辨证的概念

辨证论治是适应疾病的动态性和复杂性的治疗方法。"辨"的原意含有"辩"和"变"的双重意义，兼具鉴别、区分以使明、变化等含义，表达一种动态地认识事物的思想。可见，"辨证"的实际含义是辩证法的"辩证"，而不单指辨证型。因此，辨证论治可以理解为用辩证法的方法来决定治疗策略。所谓辩证法的方法，就是动态地而非静态地，整体和相互联系地而非孤立地看待、分析问题的方法。自然中的人，作为一个整体则有其整体的特性和病机证候；但其局部也有其局部的特性和病机证候。整体与局部在共同性质下，也有其差异。同时，疾病在不同时间或阶段，其病机证候也不尽相同，但前后的病机总是一脉相承的。此外，人不能脱离自然环境而存在，患者所处的自然环境，不但与其疾病的发生、发展相关，也与疾病的预后与转归相关。因此，辨证论治就是要在临床实践中，根据对疾病治疗的需要，结合患者的愿望，进行灵活的治疗。

临床实践中，"辨证"的内涵包括辨症状、辨体征、辨体质、辨精神、辨环境、辨时节等与疾病发生、发展、转归相关的全部要素。结合古人的论述，可以概括为辨内、辨外、辨时间三个方面，即因人、因地、因时而宜。如《灵素节注类编》："惟大江以南，风寒无北方之厉，略用辛温表散即解，其内传者，多由初治失当，致表气反闭而变重病，此辨证不明之故也。盖风由阳气所化，经言风为百病之长，善行而数变，故随寒、热、温、凉之气而变，时令寒则为风寒，时令温则为风温。自霜降后，寒气日甚，及冬至一阳下升，至立春阳气始出于地，阴气自上而降者尚盛，故寒邪多也；春分以后，阳渐上升，阴渐入地，其气方温，至巳月而阳尽升地上，则寒少矣。故经言夏至前病名温，夏至后病名暑。温者，纯阳之气，温甚，则为火邪矣。其名暑者，夏至一阴下升，阳气上降，阴阳变迁，火湿合化之气也。故人身之气，亦随之而变。夏至前人身内阳外阴，或有寒邪，易于化热；夏至后外阳内阴，而暑由火湿合化，湿为阴邪，故不可轻投寒剂，而暑病古方，有用姜、附、玉桂者，皆本阴阳至理，而与温热之邪治法不同，学者不可不知也。"此论就以南、北为经（即因地），时令节气为纬（即因时），以症为轴（即因人），天人相参，构成一个三维思辨的辨证体系，最终求得当前患者的"证"。"证"是患者作为一个人的症，既包括外在的症状、体征、体质，又包括内在的精神、情志等。

二、辨证的方法

中医辨证的基本方法是通过"司外测内"，四诊合参，求得病机。有诸内必形诸外。内在的病理生理变化，必然通过外在的表象而得以反映。这些表象有的可能明显而且典型，在临床容易被抓住；有的可能很细微，或者隐而不露，这就需要在临床实践中明察秋毫，深入分析，并不断地积累临床经验。临床诊察疾病的表象，除通过望、闻、问、切四诊合参外，更为重要的是通过"感"，通过灵的感知来了解病情。所谓"灵"并不是虚幻的超自然的东西，而是生物体都具有的感知并反应的能力。以心与心的感应和交融，以及天地时令环境之变化，洞察患者言之不能、述之不出的内在变化。临床经验十分丰富的中医生，患者一坐下，不用说话，就能掌握其病情七八分，这就是临床实践中"感"的奥秘之所在（详情可参阅《衡先培医论与临床经验》）。通过可见、可意之象，结合患者所处环境、时节，通过"司外测内"的方法，四诊合参，求得病机，即"证"。《类经》："合而察之，切而验之，见而得之，若清水明镜之不失其形也。"又说："五音五色见于外，因脏气而彰明也。五脏之气藏于内，因形声而发露也。外之不彰不明者，知内之波荡也。"即体现了司外测内、以意感病之辨证方法。《灵素节注类编》："四诊者，望闻问切也。……盖人禀气血以生，气血不和而为病，有诸内者，必形诸外，但病变多端，其脉其证皆有真假，差之毫厘，失之千里，故圣人立法，必以四端互相参合，方无错误。"

三、辨证的目的

辨证的目的是正确地论治。"论"的过程，就是结合辨证所得出的病机与人、地、时的特征，进行深入的病机分析过程，是正确"治"的前提。《类经》曰："凡治病，察其形气色泽，脉之盛衰，病之新故，乃治之无后其时。形气相得，谓之可治；色泽以浮，谓之易已；脉从四时，谓之可治；脉弱以滑，是有胃气，命曰易治，取之以时。"阐述（"论"）了正论正治的情况，显示了大多数病情较为单纯的疾病的治疗特点。"形气相失，谓之难治；色夭不泽，谓之难治；脉实以坚，谓之益甚；脉逆四时，为不可治。必察四难而明告之"，则阐述了形不俱神、人不应天的非常态疾病的"四不治"临床逆态。"故治不法天之纪，不用地之理，则灾害至矣"则进一步阐述了"论"治的过程，分析如何应天时、适地理，必使天人相应，方能获益。因此，通过"论"，对天、地、人（疾病）的关系进行分析，也就是通过辨内、辨外、辨时令，司外测内，获得正确的病机证候，从而指导正确地施治。这个获得施治方法的过程，就是"论治"的过程。只有辨证恰当，论而有理，才能正确地用方施治。

论治基于辨证，辨证论治是以辨证为基础、通过"论"的深入分析，实现准确"治"的目的。无论辨证还是论治，都应当结合患者所处的时空环境、内外因素，才是正确实施辨证而论治方法。正如《素问经注节解》所云："每年各有司天在泉，人之为病也，何者属司天，何者属在泉，岐伯特悉言之，欲人因言以辨证，因证以施治。"

四、准确辨证论治，同时寓防于治

辨证论治需要知常达变，见微知著，辨治现病还当预知其演变趋势，寓防于治疗之中，体现治病防变的策略，是辨证论治的另一个高境界。

《证治心传》对此有深刻的阐述："脏腑因邪气而暂变者，尚在常理之中。更有变出非常，如老弱、幼稚之质，每有大实之证，竟须竣下，多剂而愈者；又有年当盛旺，而忽患虚寒，及向非强质，忽患大实者，往往有之。或谓病患由于化气而成，其化实、化虚、化寒、化热，皆未可常理测焉。"论述了司外测内，不但要审查疾病当前之本质病机，更要看到疾病转化趋势，根据当前疾病的症机预见疾病后续的演变。"要在辨证的而用药当，方克有济"，就是需要在准确辨证并预见疾病的后续发展的情况下，恰当用药，将治疗当前病机与预防疾病演变相结合，准确地实施处方用药法度。如果等到疾病的发展已经深入，治疗的最终效果就难以理想，即所谓"惟病之已成，虽有良工，终不能保其十全"。因此，"欲求最上之道，莫妙于治其未病"。

五、辨证论治的实施方式

辨证论治可以采用统机治疗与病机分治两种方式。统机治疗就是根据一个就诊患者的整体病情进行辨证，获得一个全面的病机，然后以全面病机为目标，给予全面的治疗，即开出一张中药处方对病机进行全覆盖治疗。是针对病情相对单纯，病机、证候的指向较为一致的疾病的治疗策略。

临床上，有的患者仅患一种疾病，病情多较单纯；有的患者虽然患有两种或更多种疾病，但其发病机制也较为单纯，病机性质指向一致，所涉及的病变部位、器官系统、致病邪气、时空特征等相同或者相近，可以用一个病机要素进行概括，同时用一个中药处方，就能集中药力给予治疗。这时就可以使用统机治疗策略，即"一患者、一病机、一处方"的诊疗模式，是临床大多数疾病的最为常用的辨证论治方式。

但是，在临床实践中，有大量的患者，同时患有多种疾病，病情复杂，虚实交错，病机涉及多个方面，则须选用更加灵活的病机分治策略，如早晚分治、先后分治、择时治疗、序贯交替等，详见本章"第二节 病机分治"。

六、辨症论治与辨症施治

辨症论治、辨症施治是中医治疗学领域另外两个提法，有时与辨证论治混为一谈。虽然这两个提法本质上也可包括于辨证论治之中，但在高度上与辨证论治仍存在一定的区别。基于当前学科的发展需要，我们有必要将辨症论治或辨症施治，与辨证论治进行内涵的划分。一般认为，辨症论治或辨症施治中的"症"都是指患者的临床症状。如仝小林发表在2010

年4月《中医杂志》中的《论症、证、病结合辨治模式在临床中的应用》认为，"辨症治疗主要是针对主症论治"，传统中医本草学著作对药物的功效描述为对症治疗；1958年《中医杂志》中的《中医对"角膜溃疡"的辨症论治》一文，也是指辨当前的症状而论治。通过"辨症"来得出患者的阴阳、表里、虚实、寒热，确定治疗方法（凌云鹏《中医杂志》1958年第1卷）。印会河在1991年《中医药研究》发表的论文《论辨症施治》认为，"中医的辨症，无非是得来于望、闻、问、切四诊的资料，这些原始资料就是得之于医生的感觉器官和病人的主诉"。他认为"辨症"就是抓主症，即主要症状。其在1963年写的《中医内科新论》中，明确提出"抓主症"用方，抓住2～4个主症来定方、定药，甚至定量地加以治疗。因此，可以认为，一般中医"辨症"主要就是辨析患者的临床症状即表征或表象。辨症论治或辨症施治是以对"症"的辨析为线索来选方遣药。

又如《医学指要》："六部之脉，必有虚实，辨症用方，自无差谬。如左寸心脉，三按有力为实，其外症必口燥舌干，烦闷癫狂，汗如流水，面似桃花，小便短少，宜黄连泻心汤、麦冬汤、三黄汤、竹叶石膏汤。如左寸心脉，三按无力为虚，其外症多怔忡健忘，宜养心汤、归脾汤、茯苓补心汤。如左关肝脉，三按有力为实，其外症必恶风怕寒，遍体疼痛，发热头疼，宜麻黄汤、桂枝汤，或平肝饮、吴苓饮，或清脾饮，或逍遥散。"列举了系列对症治疗的例子，即是辨症施治之法。再如《证治心传》："里热盛重，往往格阴于外，反觉肢冷、恶寒战栗，热深厥深，按其脉沉数有力，口必燥渴能饮，舌必干燥不泽，苔多黄黑裂纹，二便黄赤秘涩等候，要在分虚实以用药，则无他歧之惑矣。总之，辨症精详、诊脉寻源，则执简以御烦，扼要尤易。"也是应用辨症施治的方法论治疾病。

可以看出，无论辨症论治还是辨症施治，其基本立足点在于患者当前的临床症状，是基于临床症状来辨识八纲而施治，同时也是基于症状来选择对症治疗药物，其核心点集中在"症状"上，能够体现辨证论治的动态精神。而辨证论治尚须结合患者所处的节气、时间、环境等情况，涉及更为广泛的内容，是天人合一的治疗策略。

第二节　病机分治

一、病机分治与辨证论治的统一性

病机分治就是对于病情复杂或严重的多病机患者，临床进行分解病机治疗。患者的症征是复杂多变的，与内因、外因变化密切相关。外因如温度、湿度，四时季节的变化，地理环境不同，空气质量的差异，饮食结构的改变等；内因，如正气盛衰，先天禀赋强弱，既往病史，胃气强弱，女子月经、孕产前后的特殊情况等，都会影响症征的表达。患者症征的本质是由内、外因素综合作用后表达于外的象征。在复杂的内、外因素的影响下，可能出现复杂病机情况，超出通常的单一病机，或者同时可归类为两类或多类病机。这就需要对同一个患者进行多病机治疗。病有久病与新病之分，病机有深浅之别，更有在气在血、在经在络、在脏在腑之不同。因此，不同病机对治疗的需求具有不同特点。病机分治，有助于更好地适应这种复杂病机下的多证型同时并现的治疗，以适应一个患者不同病机的特殊需求。

　　临床辨证的关键之一，是辨同一患者多种疾病及复杂病机之轻重缓急，以选取合理的、更有效的治疗方案，进行有重点的、有选择性地治疗，是提高临床疗效的前提。《素问·标本病传论》："先泄而后生他病者治其本，必且调之，乃治其他病。"指出疾病有先后，相应病机也有先后，并且可以根据病机的先后分解病机，给予先后不同的治疗。在本条论述中，"泄"的病机在前，予先治；"他病"病机在后，予后治。《素问·标本病传论》言"甚者独行"，指出对于疾病重、急者，则应当分清复杂病机的先后缓急，属于"甚者"之急、重病机当"独行"先治，而轻、缓部分病机可以暂缓治疗。这确定了临床辨证论治选取治疗方案的重要原则：以人为本、留人治病。《素问·病能论》中治疗阳厥怒狂"服以生铁落为饮"，则是取生铁落气寒质重、下气急速之性以"独行"，先治疗急重病机，后缓图其本。皆是病机分治的辨证论治思想的体现。此外，"急则治其标，缓则治其本""春夏先治其标，后治其本；秋冬先治其本，后治其标"等经典论述，都是病机分治的理论依据。

二、病机分治的适应病情与优势

　　一般而言，多重疾病、疑难病、重症病例，尤其病机复杂、一个患者兼有多种证型，统机治疗虽然面面俱到，却因药力分散而效力不足，使得药物的作用相对于强大的病邪，显得势单力薄，因而不足以缓解病情，病势难以逆转，疾病得不到有效治疗，甚至继续加深加重。面对这种情况，就需要采取灵活的治疗策略，根据患者临床特点、不同病机之间的关系，以及患者的需求等多个方面，采取病机分治的策略。

　　所谓病机分治，就是对复杂病机，进行分解治疗。其优势有以下三点：一是集中药力，重点突出。由药力和正气构成的促进健康的力量，远远大于邪气的致病力量，从而实现形成有利于局部病情康复的态势。二是集中药力的策略更有利于部分缓解患者主要症状，及时显示出治疗效果，提振医生和患者双方的治疗信心。三是通过分进合击、各个击破，可以减少复杂用药的药效之间的相互拮抗，从而提高最终治疗效果。此外，分机治疗还可提高临床治疗的灵活性，扬长避短，充分突出中医临床的辩证法观念。早补脾、晚补肾，急则治其标、缓则治其本，以及《伤寒论》中众多的标本治则，实质上都是病机分治的不同表达形式和范例。

三、病机分治的考量因素

（一）证候与症状特点

　　一般而言，复杂病机、涵盖多证型病机，可结合病情，采用病机分治。例如，患者病机为"脾虚失运，痰瘀结滞"，可以根据脾虚失运证候与痰瘀结滞证候的轻、重、缓、急，给予先健脾运脾、改善脾胃功能，再参以化痰消瘀；或者先化痰消瘀，再健脾运脾，交互使用。也可以早用健脾运脾，晚用化痰消瘀（例案参考《衡先培医论与临床经验》）。通常，大小便是病机分治的重要考量因素。《素问·五脏别论》"凡治病必察其下"，说明大小便情况是临床收集病情资料必要环节，也是确定病机、证型的关键参考内容。如《伤寒论》第179条"发汗利小便已，胃中燥烦实，大便难是也"，指出外感经发汗、利小便治疗，耗伤津液，导致阳明病里热熏灼，就是通过"大便难"这个症来确立的。再如《伤寒论·辨阳明病脉证并治》"若利小便，此亡津液，胃中干燥……不更衣，内空，大便难"，指出阳明病经利小便治疗后，如果出现大便难排甚或不能排便，就是"胃中干燥"的津液耗亡证。

在根据不同证的临床症状特征进行病机分治时，要重点关注脾胃、肺、神志的临床表现。脾胃为后天之本，气血生化之源；同时也是湿浊与痰湿内生的主要脏腑。肺主气，司呼吸，是人体之气与自然之气交换的关键之所。此外，正常的神志即神志清明是人体发挥正常生理和社会功能的重要条件。因此，脾胃、肺、神志，也是病机分治的重要考量因素。

（二）病机的新旧

病机新旧往往与病邪的深浅、疾病治疗的难易程度相关，并常常干扰患者的精神、情志，进而影响患者的生活习惯、心理状态、睡眠等。临床可以通过望、闻、问、切四诊所搜集到的资料，对复杂病机的构成及病机之间的关系进行分析，采取不同的病机分治策略。如果新病病机单纯、病位浅，可以在数天内治愈，而旧病并不危急，则可采取先治新病，待新病祛除，再集中药力治疗旧病。如果新病与旧病均不能在短时间内治愈，则可采用分病机交替治疗、分病机平行治疗、分病机早晚治疗、部分病机择时治疗等策略。

（三）不同病机的相互关系

对于多病机的复杂病情，不同病机之间可能是独立的，可能具有因果关系，不同病机之间可能还有交互作用。如同时具有表证和里证，如果是在里证基础上，新感表邪，常可先解表后治里；但如果里证是表证之因，且里证不除，表证难治，也可以先治里证，后解表证，如《伤寒论·辨厥阴病脉证并治》"下利，腹胀满，身体疼痛者，先温其里，乃攻其表。温里四逆汤，攻表桂枝汤"即是。如果是表邪入里而导致的表里两兼证，则可表里双解，或者透邪达表。如果脾胃薄弱，长期运化不足，导致患者气血亏虚，则脾胃不足与气血亏虚之间具有因果关系。如果采用病机分治，通常可以健脾助运先行，先给予数天的健脾助运方，使脾胃枢机运转，再给予数天补气养血之剂，交替进行。也可采用并行治疗策略，早健脾和胃，晚益气养血。如果病情需要，也可以补气养血方参以健脾助运之法，使气血渐固，再逐步过渡到健脾助运为主参以补气养血。在气血达常后，再专固脾胃，消除病本，以图长效。

（四）病症的主次

辨证论治的基本内容是辨症施治。国医大师陆广莘教授认为"辨症论治"也是"治病必求本"的体现。原上海中医学院金寿山、原黑龙江中医学院赵正元等著名中医老前辈，都是"辨症论治"的实施者。他们的"辨症论治"实际上是"辨症施治"，可见"症"对于治疗的选择居关键地位。复杂疾病的临床症状，往往是多样的，常常涉及多系统、多器官。由于"症"是对"证"的反映，通过对部分"症"的治疗，实际上解决了"证"的部分要素，本质上就是病机分解治疗的一种方法。但这些复杂的症状，并非都是同等重要的。其中有主症、次症之别，有因症、果症之异。针对主症主病治疗，为治疗之常。但在部分情况下，也可以通过先解决次症的策略，来取得更好的疗效。例如，慢性肾功能不全患者，出现毒邪内攻，喘息胸闷，同时兼见大便排泄不畅。这时毒邪内攻诸症为主症，大肠失于传导症状为次症。可以采用先重点突破次症的策略，也可兼顾主症的治疗。大肠传导通达，毒邪易于排泄，为内攻之毒邪找到出路，再以解毒宽胸利气治疗来解决毒邪内攻，则喘息胸闷等毒邪内攻诸症就易于缓解。

（五）治疗的难易

对于多病机相互影响的复杂疾病，不同病机对治疗的反应有所不同。如宿病遇新邪，通常新邪易除而宿邪难去；表里同病，常常表邪易解而里病缠绵。阳气亏虚和精血不足同见，通常补益阳气易于改善相应症状而显示出治疗效果，而填精补血往往需要更长时间的治疗。例如，消渴患者身体瘦弱，反应迟钝，腰酸腿软，耳聋眼花，形寒怯冷，四肢不温，舌淡瘦，苔薄白。辨证属精血不足，脾肾阳虚。治疗既可以精血阴阳同治同补；也可以先填精补血，精血足则阳气生化有源；还可以先主温肾健脾、助阳化气，后益精血，或者以温阳化气为主兼以补血填精。临床可根据疾病的具体情况，以及患者的需求，选择治疗策略。

（六）患者的主诉

患者的主诉往往是患者最关注、也最在意的问题，如进食、睡眠、大小便、体力，还有视觉、听觉、嗅觉、寒热等。这些主诉可以是疾病核心问题的反映，但未必都是疾病的核心问题，但可以通过对患者主诉的追查，找到疾病的癥结。临床治疗时，根据需要既可以把处方重点放在主诉问题上，也可以把处方重点放在癥结或核心问题上。例如，患者以失眠、心悸来就诊。通过检查，发现患者为癥瘕（肝硬化），辨证为痰瘀浊结，心神不宁。如果同时既活血化痰、降浊消癥，又予安神宁心，虽然符合一般治疗原则，但药力分散，有时难以尽快改善患者的主观感受。如采用病机分治，先予安神宁心，首先改善患者最关注的症征，在此基础上再缓图癥瘕的治疗，则可能显著改善患者的主观感受，从而提高患者的治疗依从性，进而改善最终治疗结局。

（七）患者的需求

以人为本是医疗的核心。人之所以为人而不是其他动物或器物，是因为人有精神、有思想、有需求。医疗的对象是有需求的人，以人为本就是要在诊疗过程中充分关注患者的主观需求。例如，35岁男性患者，糖尿病病史10年。检查发现已经并发糖尿病周围神经病变、动脉粥样硬化、心肌缺血。目前症状：下肢麻木，皮肤粗糙，大便不爽，时而胸闷，焦虑，失眠，阳痿不举，四肢欠温。舌质暗，苔薄白。患者新婚无孩子，需要解决生育问题。就病机来看，患者既有阴虚燥热病机的消渴基础病，又有痰瘀阻络的神经血管病变，还有心阳不振、肾阳不足的病机。这时需要采用病机分治的办法，重点予益肾壮阳，以满足患者的需求。患者的需求得到满足，也可提高其对治疗的依从性，进而改善其预后。

四、病机分治的基本形式

（一）先愈一机式

得病有先后之不同，病机有深浅之差异。有久病遇新感者，多因慢性久病损伤脏腑经络，邪气内生或者正气内伤，为外邪的入侵创造了条件，易于感受外邪，表现为表里同病。这时患者往往在里病表现的基础上出现外邪表证的表现，并且当前表证表现更突出。这时既可以表里同治，也可以表里分治。但表里分治、先治表证病机的方案，更能够较快减轻患者痛苦。因此，采取表里分治、先愈表证的策略更为恰当。例如重度高脂血症患者，可表现为头昏如蒙、困倦身重等，多属痰浊为患，治当化痰涤浊开闭。今又感风寒，恶寒发热、头痛身痛。恰当的治法是暂停化痰降浊开闭，先予祛风解表、散寒止痛。待表证风寒痊愈后再治痰浊。如患者先有宿疾，又患新病，既可宿疾新病多机并治，也可病机分治。在有明显缓急之分或某病易治的情况下，则当先治急者、易治者。如久患消瘅，又生胃寒腹疼，胃寒腹疼急而易治，消瘅乃缠绵之疾，故应先予温胃散寒止其痛，寒散痛止再治其消瘅病机。临床上，一般表里同病，或宿疾遇新病，或慢病现急证，或难治病与易治病同见，都可考虑先愈一机的分机治法。

（二）先后交替式

当今，随着生活条件的改善和食物的丰富，因食不果腹、衣不蔽体的急性病、外感病逐渐减少。慢性病，尤其是代谢疾病、肿瘤、老年病日益增多，临床上一人同时患两种或多种慢性病的情况相当常见，如同时患有糖尿病、高脂血症、高血压。糖尿病的基本病机多阴虚有热，高脂血症多痰浊为患，高血压常阳亢风动，三者都属于缠绵难愈病机。如果采用多机并行治法三病机同时用药，可能出现药力分散、治不得力，临床难以显效的结果。如果采用病机分治法，分机交替治疗，可集中药力，分散突破，分别缓解单个方面的病情，渐次达到全部病情好转的目的。例如共患上述三病者，当前表现为口干不喜饮水，头晕昏沉，肢体困重，皮肤干燥，小便量多，舌苔黄干而厚。既有津液匮乏而生热的表现，又有痰浊困阻之征象。治疗可从痰浊病机入手，先予化痰降浊治疗数日，再间以生津止渴之剂数日，交替使用。如患者一次取药两周，可先以7剂化痰降浊，继之以7剂益津疏热。使病情的严重程度逐渐下降，最终可达到全病机治疗的目的。同时也要注意遣药组方考虑尽可能周全，如本例用化痰药须慎防伤阴，不宜用法半夏等燥热之药；补津液又当勿助痰浊，不宜用熟地黄等滋腻之品。

（三）早晚并行式

临床患者的病机证候具有多样性，其中有些宜晚上治疗。这时就可以将适宜晚上治疗的部分病机提取出来，开专方晚上用药，其他部分白天用药，以提高治疗的针对性，从而提高疗效。如失眠、多梦、盗汗等晚间发生的症状，多属心神不安，用酸枣仁、茯神、磁石等，宜晚上用药，而将其他证机用药放在白天；有的仅仅晚上出现某个症状，如仅晚上口干，不少因神不守舍，宜晚上用远志、酸枣仁等；或仅晚上口苦，是胆胃不和而夜间胃气上逆，宜在晚上用栀子、法半夏等宁胆和胃。有的疾病病机晚上治疗效果更好，如更年期综合征所表现的潮热、心烦、易出汗等，为夜间阴尽阳未生、阴阳不相顺接所致，给予顺接阴阳之品。

（四）常变结合式

临床可见一些病症仅仅在特定的时间发作，发作时病机与一般时候的病机不同。如素体体质偏颇之人，有的在每年春天发生喘咳、鼻塞等，是平素阳气不旺之人，在春季阳气当生之时生发不足，平时治予填精助阳，常予山药、山茱萸、菟丝子等以治其本；春季病发时解表和营，多予桂枝、杏仁、白芷等急治其标。女性寒邪内伏，临经腹痛，平时重在治疗病因，当补肾助阳，常予杜仲、菟丝子、补骨脂等；而临经腹痛时，则须先治其痛，当温经暖宫止痛，则常予炮姜、艾叶、当归等，痛甚者尚可考虑用桂附之类。如若不分常变，长时间用辛温燥烈之药，则有耗伤真阴之弊。还有患者在某个特定的时间发作某症状，则可采用择时分治的方法。如下午或晚上发热、早上头晕等，则可发病前半小时给予对症调治，其他时间针对全身情况调治。

五、病机分治例案举隅

【例案1】患者，陈某，男，65岁。左下肢足及胫前红肿疼痛一天，双下肢凹陷性水肿，肤色瘀暗。心烦，大便稍干，口干，唇色偏暗，苔腻偏黄，脉数。考虑病机为：痰瘀久结，暴生热毒。因热毒为无形之邪，病在气分，散之容易；痰瘀为有形之邪，祛之不易。患者目前的主要痛苦来源于气分热毒，故先治其气分易治之热毒，后治其痰瘀。治热毒邪气必予重剂清热解毒为主。方药：紫花地丁、蒲公英、千里光各30g，白头翁、川牛膝、益母草、三棱、莪术、牡丹皮各15g，黄柏、知母、桃仁各10g，黄连6g。4剂，水煎服，日1剂，分2次服。忌辛辣油腻之品。服药后患者热毒渐解，疼痛减轻，继改治其痰瘀为主。方药：瓜蒌、川牛膝、丹参、葛根、白头翁各15g，薤白、法半夏、僵蚕、郁金、赤芍、川芎、知母、黄柏各10g，蒲公英30g，黄连6g。4剂，水煎服。服药后患者病情持续减轻。继以上法调治。（医案来源：《衡先培医论与临床经验》）

【例案2】患者，李某，男，61岁。因"反复发热3周"为主诉入院。既往糖尿病病史1年，未系统诊治。入院时述反复寒战、高热，以午后和夜间为主；且神疲乏力，睡眠差，口干喜饮热水，食欲减退、时感恶心，便溏。入院后CT提示可疑肺部感染，血常规显示中性粒细胞偏高。当值医生予两联抗生素静脉滴注加中药治疗1周，病情无好转，体温不降。中医会诊：表现同前，舌淡胖，苔白腻，脉细滑。考虑患者素体脾本不足，内生之湿邪已潜伏体内，复又外感寒湿，内湿与外湿合邪为病。治疗拟病机分治，未发热时益脾化湿，助脾阳舒展，不可发散更伤脾阳；发热之时，以辛温强剂散寒解表，同时化湿通气，使表寒表湿得散，则内湿不再郁遏，热自不生。故无发热时予以温阳益气、健脾化湿。方药：干姜、生黄芪、茯苓、生白术、陈皮、甘草、佩兰、广藿香各10g，薏苡仁、神曲各15g，淡竹叶6g。水煎服，4小时温服1次，1剂服2次。发热前予以散寒解表祛湿。方药：羌活、防风、佩兰、白芷、生姜、茯苓、薏苡仁各10g，生白芍、滑石粉各15g，五味子、桂枝、细辛各6g，大枣6枚。患者交替服用两方，当日体温逐渐下降，次日体温恢复正常，未再发热，体温正常4日后出院。（医案来源：《衡先培医论与临床经验》）

第三节　早晚分治

一、早晚分治的理论基础

（一）早晚分治体现顺应自然的治疗学思想

《灵枢·本神》曰："智者之养生也，必顺四时而适寒暑，和喜怒而安居处，节阴阳而调刚柔。"人以天地之气生，四时之法成，顺应自然界的阴阳变化而适时做出相应的调整，这不仅是我们养生的基本准则，也是临床诊治疾病的指导思想。人体之气对昼夜阴阳之变化而产生的适应性调整，在治疗某些疾病之时根据阴阳消长规律分解病机进行处方治疗，以顺应早晚阴阳的自然变换来更好地治疗疾病。

在中医的理论体系中，讲究"天人合一""天人相应"的整体观及辨证方法。人体是一个有机的整体，人体脏腑的生理规律与自然相应，生理规律的变化、疾病的发生或向愈，都与自然界的种种变化息息相关。无论是外界的风、寒、暑、湿、燥、火六淫之邪，还是日夜之间的不断更替，都对人体的健康有不同的影响。正如《灵枢·顺气一日分为四时》中所云："以一日分为四时，朝则为春，日中为夏，日入为秋，夜半为冬。"《素问·生气通天论》亦云："故阳气者，一日而主外，平旦人气生，日中而阳气隆，日西而阳气已虚，气门乃闭。"在自然界昼夜晨昏之间的阴阳变化过程中，人体也必须与之相适应。一天之中，人体的阴阳之气亦随着昼夜交替而产生更迭变化，不断地循环轮回。

（二）阴阳气血为病与昼夜节律有关

凡治病必本于阴阳气血。《素问·阴阳应象大论》："阴阳者，天地之道也，万物之纲纪，变化之父母，生杀之本始，神明之府也。"疾病的本质在于人体气血阴阳的平衡遭到了破坏，药物对于人体的治疗作用正是在于纠偏。人体气血阴阳的变化与天地昼夜的交替更是密不可分。积阳为天，积阴为地，天地均由阴阳所化生。由于阴阳是一个事物相互对立的两个方面，分而言之，又具有不同的特性。如《素问·阴阳应象大论》所言："阴静阳躁，阳生阴长，阳杀阴藏，阳化气，阴成形。"这些阴阳的自然属性，比象于人体，是完全一致的，人体必须适从之，否则必"阴阳反作"而生病。适阴阳而生，必须掌握阴阳的平衡原则，阴阳失衡是疾病之本。如既生病，又当查病之逆反，因势导之，调阴阳，和气血，此乃治病之根本所在。朱丹溪在《丹溪手镜》中指出："日增夜静，是阳气病，而血不病；夜增日静，是阴血病，而气不病。"疾病的发生因其病变之阴阳气血的不同而有了相应的昼夜变化。在治疗疾病之时，要顺应疾病内在阴阳气血的虚实盈亏，顺势进行早晚分治，以提高疗效。

（三）药物的功效特性与早晚节律变化存在相互作用

中药因时而生、长、化、收、藏，其在不同的时辰所得之气各异。因而我们要知其常变，反其逆从，根据时气、病气的变化，结合其在不同时间的升降浮沉，合理地把握阴阳之间的相互转化，将疗效发挥到最大程度。服药的时间对于疾病的治疗也有重要的意义。《本草蒙筌》说："昼服之，则从热之属而升；夜服之，则从寒之属而降。至于晴日则从热，阴雨则从寒。所从求类，变化犹不一也。"换言之，便是顺应自然，根据不同时间气机的升降浮沉以及药物的寒热温凉，结合疾病的寒热虚实等特点进行调治。《侣山堂类辩》云："《经》云：升降浮沉则顺之，寒热温凉则逆之。"基于早、晚阴阳转换、昼夜交替对药物性味、功效的影响，须在不同的时机选择最为合适的药物，运用早晚分治的策略，有助于充分发挥药物的功效，提高临床治疗效果。

二、早晚分治的四大原则

疾病的发生不但与人体气血阴阳自身异常有关，也与外邪、环境、心理等因素密切相关。治疗疾病时应多方综合，取其宜而用之。一般情况下早晚分治应结合平衡、顺势、反势、适时四大原则。

（一）平衡

动态平衡是自然万物之所以生、长、化、收、藏，进行不断循环轮回的根本。维护动态平衡是任何系统正常运转的基础。健康的人体具有多种平衡，如阴阳平衡、体液平衡、升降平衡、出入平衡等，而以阴阳平衡最为关键。维护这些平衡是辨证论治的核心。维护平衡的治疗方法即为补其不足、消其有余。而这些平衡大多有早晚节律的变化。抓住早晚节律变化的关键时机以药调治，可提高疗效。

阴阳两虚之病，当早补阴而晚补阳。因平旦阳气升，阴气势渐衰，处于相对的阳强阴弱之势；而晚上阴气渐盛，阳气渐消减，又处于相对的阴强阳弱状态。治疗当扶弱平强，促进恢复阴阳对立面的均势。

（二）顺势

气血阴阳都具有由弱渐强、由强渐弱的周期性动态变化过程。顺势原则主要体现为"虚则顺势而补"：属虚的疾病，可在其由弱至强的过程中顺势助之以补，犹如顺水推舟，事半而功倍。如气虚则早益气，阳虚则早补阳，阴虚则晚养阴，使不足者顺势得补，从而恢复阴阳盛衰的动态平衡。根据病情特点，必要时也可"实则顺势而泻"，即在其由盛到弱的过程中削其有余，如阳亢晚抑阳，使阴能正盛；阴气太过宜早泻阴，使阳能正盛。

（三）反势

对于因太过致病之实证，在其欲盛而未肆张之时平抑之，削其有余，制其亢旺，即"实则反势而泻"。例如，气盛予早降气，阳亢予早抑阳，则可达到事半功倍之效。必要时，也可考虑"虚者反势而补"，如阴虚者晚养阴，助其潜藏与滋养；阳虚者早助阳实，促其升发与温化。

（四）适时

视病之所现而择时治之。如失眠、早泄当在晚上治疗；男女性事失能当在晚上治疗；夜尿频者当在晚上治疗；五更泄者可在早上治疗。有的患者头昏或心悸常常在上午出现，亦当在早上治疗。

三、早晚分治的具体策略

（一）邪正并治，早祛邪晚补虚

临床上患者的病情往往较为复杂，不能一味地以绝对的虚实寒热来论定。如糖尿病患者，往往素体阴虚，虚火蒸灼阴液，痰浊内生。正如《灵枢·五变》云："五脏皆柔弱者，善病消瘅。"患者五脏之气本虚，病程日久迁延，体内酿生痰瘀，久病入络，痰瘀阻于脉络，百病丛生。临床治疗时，抓住糖尿病虚实夹杂这一病理特点，结合人体营卫阴阳之气早晚更替的规律，采取早攻实、晚补虚的治疗方法。白天人体阳盛，多趋于表，治以攻邪为主，药力随人体正气升发之力直趋病灶以攻邪，起效时间更快，且祛邪之力更强；并且，晨起阳气渐盛以护卫机体，使邪去而不伤正。晚服方以益肾填精补虚为主。因夜晚阳气入里，营气主事，此时服药以补虚养营，药力随人体营气布散于周身，以濡养四肢百脉，补益之效更宏。如薛立斋治一妇人，面目浮肿，月经不通，此水分也。朝用葶苈丸，夕用归脾汤，渐愈，更用人参丸兼服而痊愈（《续名医类案》）。

（二）脾肾同治，早补脾晚补肾

脾胃者，仓廪之官，为气血生化之源，是人体后天之本。脾主运化，主升清，脾气的运动特点是以上升为主，脾升清功能正常，水谷精微物质方可布散于全身，濡养四肢百脉。李东垣强调脾气升发的重要性，认为脾气功能正常，则元气充沛，人体始有生生之机，脏腑亦各司其位不致下垂。肾为先天之本，为脏腑阴阳之根，生命之源，主藏精。《素问·六节藏象论》曰："肾者主蛰，封藏之本，精之处也。"强调了肾藏精的功能。精气是构成人体的基本物质，也是人体生长发育、各种活动及功能的物质基础。肾对精气的闭藏作用，使得精气不得无故流失，在体内充分发挥其应有的效应。明代著名医家李中梓重视脾肾互济同治，他在《医宗必读》中反复强调"肾为先天本，脾为后天本"。在补益脾肾之时，他提出了顺应早晚阴阳之变化，早补脾、晚补肾的治疗思路。根据脾、肾各自的生理特点并结合人体阴阳昼夜更迭变化的特点，在治疗脾肾功能失调所造成的疾病之时，可将治脾的时机置于早上人体阳气生发之时，顺应脾主升发之性；治肾的时机置于晚上人体阳气收敛回藏之时，呼应肾的封藏功能。早治脾以复其升发，晚治肾以助其收藏，通过早晚分治，集中药力，从而提高治疗效果。

（三）阴阳双补，早补阴晚补阳

"夫自古通天者，生之本，本于阴阳。"阴阳的动态平衡乃维持人体正常生命活动之根本。故治病必求于本，在疾病的治疗过程之中，须透过疾病的表面现象，抓住阴阳平衡这个真正的关键点，务必以调整其动态平衡为治病之本。"阴胜则阳病，阳胜则阴病。阳胜则热，阴胜则寒。"阴阳失衡，百病得生，凡阴阳之要，阴平阳秘，精神乃治。人体阴阳之气随自然阴阳交替而不断变化，阴阳两虚者，在清晨之时阳渐趋旺，阴相对变得愈弱；反之，晚上阴气渐盛，但阳气则相对更弱。可见，阴阳俱虚者，早晚存在相对加重的阴阳失衡。治疗当法于阴阳，顺应自然，以恢复人体阴阳平衡。因此，对于阴阳两虚者，宜早补阴以配合自然升起之阳气，晚补阳以配合自然趋盛之阴气，以实现阴阳的平衡。

（四）气火同调，早调气晚降火

"人以天地之气生，四时之法成，天地合气，命之约人。"气是构成人体的最基础的物质，也是维持人体正常生命活动的基本物质。张景岳在《类经》中曰："人之有生，全赖此气。"早上人体的阳气随着自然界中阳气的升发，逐渐运行于人体体表，故在此时顺势运用理气之品对人体阴阳之气进行调节，便可借阳气升发之势而获得事半功倍之效。夜间人体阳气多趋于里，营气行于外，借此时随人体阳气内藏之势，适当运用降火之品，便可更有效地清除内生火热病邪，达到良好的降火之效。在诊治气机运行不畅又兼有火热之邪内扰的患者之时，遵循早调气晚降火的治疗原则，合理地借助人体阴阳之气在不同时机升发内藏的生理特点来进行早晚分治，从而获得更好的疗效。

（五）早晚证、症分治

当然，日常诊疗的患者的病情总是千变万化的，有些患者的病证发作具有明显的时间特点，实践中可根据其病情进行合理的分析，并处以适当的早、晚对症治疗。例如，围绝经期的女性糖尿病患者，常有不同程度的潮热、易汗、易激动、烦闷、易惊等，并且晚上口干突出，每夜必饮水数次，舌质偏红，苔薄，脉细。其基本病机当为冲任失职、阴阳失调。阴阳失调的基本特点是阴虚阳浮。白天虚阳浮于外则感烦热，晚上阳郁于里而化热上蒸，阴本已虚更受其伤，故口干症状于夜间更为突出。如投之以二仙汤，二仙汤总体上偏温，若在此基础之上加清热药，势必更损虚阳，有可能导致白天症状的进一步加重。这时可采用早晚分治策略，予其二仙汤早服，另予清热生津之方晚上服用。若围绝经期的女性糖尿病已经有明显的并发症，亦伴有烦热、失眠、易激等围绝经期症状，可予早治糖尿病及并发症，晚治围绝经期表现。通常阳痿及性功能下降、失眠、夜间口干、夜尿频多、围绝经期表现等宜晚治；食欲下降、痰湿困脾、阳亢、热盛类，多宜于早上治疗。当然也应当结合患者的实际情况。如有显著便秘或者需要常规多通大便的患者（如糖尿病肾病），若患者白天方便，则将通便药放于早晨服用，以免晚服通便影响睡眠质量。如若患者白天工作繁忙或不方便，则可将通便药放在夜间服用。一切皆以患者方便为先。

四、早晚分治例案举隅

【例案1】患者，男，66岁，糖尿病病史9年余，自诉近期自觉全身皮肤刺痛不适，左下肢尤甚；四肢倦怠无力，腰部酸麻不已，常感腰部冰冷不温。寐不甚安，纳可，小便调，大便干结，舌暗红，苔薄白少津，脉象细弦。属虚实夹杂，虚为肝肾不足，实为痰瘀结滞。采用虚实分治。据早晚分治的具体策略，宜早祛邪、晚补虚。以自拟痰瘀方、补肾强筋方加减。早服方以祛实邪为主：川芎10g，赤芍10g，郁金10g，瓜蒌15g，半夏6g，薤白6g，僵蚕6g，丹参15g，茯苓10g，黄芪30g，红花6g，酸枣仁20g。晚服方以补肝肾为主：杜仲10g，狗脊10g，白芍10g，泽兰10g，酒黄精10g，独活15g，桑寄生10g，仙鹤草10g，陈皮10g，川牛膝15g，川芎10g，续断10g，夜交藤15g，酸枣仁20g，柏子仁20g，巴戟天10g。各4剂，水煎服，每剂服2次。嘱患者慎起居，节饮食，适寒温，勤活动，调情志。1周后复诊，患者自诉周身皮肤已无刺痛感，腰部酸冷缓解。但睡眠质量仍较差，入睡困难且易惊醒。其肝肾不足仍然明显，但当前失眠为突出症状。根据适时施治的原则，采用早晚证、症分治策略，予早补肝肾，晚宁心神。分别用自拟补肾强筋方及安神宁心方加减。早服方：杜仲10g，狗脊10g，白芍10g，泽兰10g，酒黄精10g，独活15g，桑寄生10g，仙鹤草10g，陈皮10g，川牛膝15g，川芎10g，续断10g，夜交藤15g，酸枣仁20g，桂枝10g。晚服方：远志6g，茯神10g，首乌藤15g，合欢皮15g，柏子仁20g，川芎10g，知母10g，酸枣仁20g，栀子10g。各7剂。2周后复诊，患者腰部酸冷已好逾八九，睡眠质量明显改善，但入睡仍较为困难。效不更方，守方加减再进。[医案来源:《衡先培医论与临床经验》]

按：患者虚实同现，采用早攻邪、晚补虚的治疗策略，早用痰瘀方、晚用补肾强筋方治疗。待患者痰瘀之证所引起的周身刺痛不适有所缓解后，再根据证、症分治的策略，早治其肾虚之本，晚治其夜寐不安之标，标本同治。如此适时变法，依症变方，灵活转变治疗思路，有利于提高临床治疗效果。在疾病的治疗过程之中，应充分认识疾病的发生、发展规律，并与自然界阴阳之变化相结合，将这些规律运用到临床实践，因势变法，因症（证）变方，以彰疗效。

【例案2】患者，女，64岁，糖尿病病史6年余，形体肥胖，舌暗红，可见瘀斑，脉象弦滑。平素规律服用二甲双胍0.5g，1次/d；瑞格列奈2mg，3次/d。嗜食肥甘之品，运动控制不佳。患者近期血糖波动较大，餐前血糖较为平稳，控制在5.3~6.8mmol/L，餐后血糖较高，波动于12.5~18mmol/L。糖化血红蛋白7.9%。自诉平素自觉四肢乏力，腰酸不适，口干、口苦，纳可，寐欠佳，小便频数，大便干结难解。患者年事较高，气血津液皆有所不足，不能濡养四肢百脉，肾府亏虚，肝肾精血不足，故自觉四肢乏力，腰酸不适；阴液亏损，阴火炽盛，消烁阴血，瘀血内生，故舌暗红，可见瘀斑，皆为瘀血内停之象；形体肥胖，易生痰湿，偏嗜甘美，更助痰邪内停，导致内热中满，痰浊内生，蓄积于脾，上蒸于口，故患者自觉口苦、口干不得解。患者病属本虚标实，虚为肾精不足，实为痰瘀互结。根据虚实同见、早祛邪晚补虚的策略，予早祛痰活血，晚补肾益精。分别予自拟痰瘀方及补肾方加减。早服方：川芎10g，赤芍10g，郁金10g，瓜蒌15g，半夏6g，薤白6g，僵蚕6g，丹参15g，茯苓10g。晚服方：菟丝子15g，金樱子10g，枸杞子10g，黄精10g，山茱萸6g，川牛膝10g，槲寄生15g，茯苓10g，山药10g，酸枣仁20g。各4剂，水煎服，每剂服2次。嘱患者慎起居，节饮食，勤活动，调情志。1周后复诊，测餐后2小时血糖为9.1mmol/L，周身乏力以及腰部酸痛不适症状较前有明显改善，二便已调，纳可，寐欠安。守前方继续加减治疗：早服方加杜仲10g，淫羊藿15g；晚服方加酸枣仁30g，柏子仁20g，淫羊藿15g。半个月后复诊，测餐后2小时血糖为7.6mmol/L。自诉已无不适，精神好。续予上法加减，巩固治疗。[医案来源：中华中医药杂志，2018，33（6）：2400-2403.]

按：患者痰瘀症状明显，肾亏表现亦甚。按照早攻邪、晚补虚的治疗策略，予早服痰瘀方，晚服补肾方。痰瘀方中丹参活血祛瘀，瓜蒌化痰理气，佐以赤芍、川芎、半夏、郁金等行气化痰、散结消瘀，共奏痰瘀同治之功；补肾方中诸益肾填精之品配以补益脾胃之药，使得滋补而不致滋腻。二方同用从而达到邪气得去而正不伤、肾虚得补亦濡周身之效。

第四节　复合病机先后分治

一、病机先后分治的理论基础

病机治疗分先后是中医经典建立的治疗规范之一。《素问·方盛衰论》："阴阳交并者，阳气先至，阴气后至。是以圣人持诊之道，先后阴阳而持之。"也就是说，疾病的形成与演变是有一个过程的，是一个由浅入深、由简单到复杂的发展历程，这个过程实际是病机的演变过程。当病机由简单到复杂演变，由早期仅涉及单脏腑进展到多脏腑，由单系统进展到多系统，由单一病邪进展为多病邪，由单病机进展为多病机，疾病也由单证型演变为复合证型或多证型。

《素问·标本病传论》："先泄而后生他病者治其本，必且调之，乃治其他病。"这里的"泄"可以看作早期的疾病，后所生"他病"可以看作是"泄"病的进一步发展，或者因泄而损伤人体正气，使外感六淫更易侵犯。无论如何，都是疾病进展及加重的征象。对此种情况，经典指出当先治本病，后治他病。这就是说，可以根据病情进行先后不同的分解病机治疗："泄"的病机在前，予先治；"他病"病机在后，予后治。

"急则治其标，缓则治其本"是另一个广泛指导临床实践的病机先后分治指导原则。该原则说明，疾病在发展过程中出现紧急危重证候，危及患者生命，就应先行解除，后再治本。如鼓胀出现重度腹水，致呼吸喘促，难以平卧，二便不利，若正气可支，就应攻逐利水，以治其标，待水消病缓，再予补脾养肝，以图其本。又如阴虚咯血，则咯血为标，阴虚为本。若咯血量多，则应先治其标以止其血，存得一分血则保得一分命；血止再治其本，滋养肺阴。

《灵枢·师传》："春夏先治其标，后治其本；秋冬先治其本，后治其标。"指出了病机先后分治要因时、因人根据具体情况而定。春夏阳气易张，故当先治标；秋冬阳气内敛，腠理密闭，征象不易外显，故当先治本。又如表里同病，要分先后缓急，急者先治，缓者后治。

二、病机先后分治的原则

（一）病发有时，因时施治决先后

由于人体正气的变化与四时气候、环境、时空的变化相应，其中存在着某些内在逻辑联系，这符合天人相应的基本原理。即根据疾病发生的时节，来决定哪些病先治，哪些病后治。春夏阳气主事，当以养阳为主，常须增阳减阴，故宜夜卧早起。阳性开泄，早上虽然阳升阴降，但阳气未盛，仍然阴气较重。过早起床则阴胜于阳，易于邪害空窍，从而感受外邪。因早起而病者，多因阳气开泄而外感时邪。这时当先治其外感时邪，再扶助固本。故《灵枢·师传》说："春夏先治其标，后治其本。"这里的"标"一般认为是指外邪，本则是指正气。秋冬阴气主事，当重养阴，常须早卧养阴，使阴气内守，阴固则阳不外泄。此时生病，多为太阴不收而肺气焦满，或者少阴不藏而肾气独沉，病多生于内。故《灵枢·师传》又说"秋冬先治其本，后治其标"，即先治生于内之太阴和少阴之病，攘外必先安内，内不病则外病自愈。

（二）病有深浅，先浅后深功倍增

疾病有轻重之别，病邪也有深浅之分。一般而言，病邪较深者病情也较重，多伤及正气；病邪浅者病情也较轻。如果病重，正气又伤，则当先治。《金匮要略·脏腑经络先后病脉证》："病有急，当救里救表者，何谓也？师曰：病，医下之，续得下利清谷不止，身体疼痛者，急当救里。后身体疼痛，清便自调者，急当救表也。"这是因病而攻下伤脾，使得脾失运化与升清，导致清浊不分而下泄。下泄不止，必损耗伤阴，并可进一步因阴伤而耗气、伤阳，其病位在脏，较深；而身体疼痛是病位在肌肉，较浅。这时就应当先治疗在脏之病，以免正气损伤进一步加重而致不治。在脏较深之病邪得治，往往有助于消除较浅之病邪，具有治一而得二之效。

（三）病有新旧，先后分治要分清

复杂的病情，多是逐渐出现的。先是单一问题，在若干年后又发生另外一种或多种疾病。旧病往往成为痼疾，经久难以治愈。而新发疾病，在疾病初发、病情还未加深时，及时治疗，往往容易取效。因此，对于此种情况，先及时治疗新发疾病，对于改善预后、提高疗效，无疑是有价值的。正如《金匮要略·脏腑经络先后病脉证》所说："夫痼疾加卒病，当先治其卒病，后乃治其痼疾也。"论述了新久同病时治疗的先后缓急。新病与久病同时存在时，因久病痼疾之病势缓而深，当患者又卒发新病，当及时先治疗新病，避免迟则生变，与痼疾相互交错，使整体病情的治疗更为困难。例如消渴或血浊患者，新患卒中。旧病消渴或血浊病势较缓，而卒中则急，当先治其卒中。但是，如果旧病与新病之间有明确的因果关系，旧病限制了新病的治疗，旧病不治，则新病难消。这时则又应遵循明代医学家李时珍所说"百病必先治其本，后治其标"的原则。这里的"本"是指旧病痼疾，"标"则是指新病或继发疾病。如（高血压）眩晕与中经络，眩晕为旧病，中经络为新病。如果不首先治疗眩晕，不但难以治疗新病中经络，而且还有可能进一步发展成为中脏腑。反之，如果旧病眩晕能得到及时有效治疗，则新病中经络也容易得到有效治疗。可见，根据疾病之新旧来决定治疗的先后，要以病情为据，因势而施。

（四）病有难治与易治，先易后难效更显

"难"是指由于难以痊愈，常需要长期治疗，尤其是需要药物治疗的疾病。有的难治病可能短期危及患者生命。但更多的难治病属于慢性疾病，通常呈渐进性但缓慢进展，病程相对较长，短期内不至于危及患者生命，一般称为"基础病"。"易"是指容易痊愈或者显著缓解的疾病，通常属于新病或近期发生的疾病，病程较短，病机也较为单纯，常涉及单一脏腑。在同时患有难治病和易治病的情况下，一般可考虑先治疗易治病，在易治病得到有效治疗后，再集中力量持续治疗基础病。这样既可以提高临床疗效，尽可能有效地减轻患者疾病之苦，还可以减少复杂用药，执简驭繁地治疗患者。如消渴患者，近期因饮食不节又发生腹泻。消渴为基础疾病，难于治愈；而腹泻相对易于治愈。腹泻治愈也为更好地治疗消渴创造条件。所以先治愈腹泻，再治疗消渴。

（五）病分缓急，先急后缓是良训

"急"是病势危急，可以危及生命；"缓"是指病势进展缓慢，短期内发生重大疾病或者危及生命的可能性很低。在患有多种疾病的情况下，一般应遵循先急后缓的治疗原则，即所谓"急则治其标，缓则治其本"。如胸痹患者出现心胸绞痛憋闷，喘促不宁，心慌，大汗淋漓，烦躁不安，甚者伴四肢厥冷，则提示有真心痛。当立即予回阳固脱，救残阳于将脱。待

阳回病稳，阳气得固，可再按胸痹治疗。

（六）表里同病，先表后里为常法

如果患者被外邪所伤，同时又患有里证，都需要治疗，在都不危及生命的情况下，通常应先解其表。因为外感病，多是一时感受六淫外邪致病，是邪犯肌表，伤及表卫。无论风寒、风热，均可一汗而解，此为其常。内伤杂病缠绵难愈者，再感风寒、风热之邪，也常应先解表、和卫，使表邪速散，卫气疏达，则躯体内气机畅达，出入有常，有助于里证内伤杂病的向愈。如太阳病不解，又热结膀胱，《伤寒论·辨太阳病脉证并治》指出："其外不解，尚未可攻，当先解其外；外解已，但少腹急结者，乃可攻之，宜桃核承气汤。"这是外证不解，内外合邪致病，先解其外的病机分治例案。

至于体虚外感，正气易伤，则须结合病情，选取先解表、后治里虚，或解表为主兼治其里虚。通常，如果里虚不甚者，为避免表邪自表入里，或由阳入阴，或损及脏腑，致使邪气内传，变生他病，更伤正气，应当先解其表，并且只宜轻清宣透，微开肌表，取微汗以解。不可大开毛窍，以重剂发汗，避免耗气伤津，致弱者更伤。也可配合扶正之法，以保无虞。

一般而言，先表后里为常法，先里后表为变法，表里同治为权宜之法。如果表邪已入里，则须表里同解，解表重在引邪外达，治里一是祛除自表已经入里之邪，二是扶助正气，使正气祛邪外达。

（七）多重病机须理顺，顾脾为先

脾胃为后天之本，气血生化之源。身体之强弱，肌表之疏密，筋骨之健碎，精血之盈亏，全在于脾胃功能。脾胃生病，气血生化无源，水谷之气不足，母不养子，肺气必虚，宣降失职，并可导致肌表不固；水谷不能生血，心血必损，肝失藏血，心肝亦病。脾与肾相互滋生。脾胃不化水谷，先天失于后天之滋养，久则肾精必虚。可见，脾胃为五脏之本，正气之源。脾胃受损，正气必虚，五脏因之而失养，外邪因之而易犯，内邪乘机而自生。这时，已有宿病者，诸症蜂起；无宿病者，也将百病萌生。因此，无论治疗外感，抑或治疗内伤，务须顾护脾胃为先，使脾胃运化有力，治他病亦当以不伤脾胃为用药要旨。如患多种慢性疾病，具有复杂病机，同时涉及五脏系统，治疗也当以理脾运脾为先，务使脾能运化，胃能受纳，才可移方他病他机。如《衡先培医论与临床经验》指出，若消渴中后期，既合并肝癖，又有消渴肾病、胸痹、中风后遗症及痴呆，也有脘痞呕逆等，此时治疗，切不可面面俱到。在稳住患者的生命体征后，当首先调理脾胃，于上止呕开胃，于中运脾消痞，于下通降阳明。务使脾胃上开、中运、下通，枢机运转，气机亦畅，血脉易通，从而为治疗其他病机创造条件。

再如《素问·标本病传论》："先病而后生中满者治其标，先中满而后烦心者治其本。"这里的"标"是后病，"本"是先病。中满多因脾胃受损，运化失职。本条明确指出，"中满"之症无论是先发生还是后发生，都当先治，这充分地体现了顾脾为先的治法学思想。

（八）出入有常，先通二便

《素问·六微旨大论》云："出入废则神机化灭，升降息则气立孤危。"指出升降与出入运动的持续，是万事万物不灭亡的最基本原因。万事万物都必须要在升降变化、出入运动中维持动态平衡，才能得以正常存续。因此，该篇接着又说："非出入，则无以生长壮老已；非升降，则无以生长化收藏。"可见，升降出入运动，对于事物健康状态的维护具有至关重要的作用。

诚然，对于升降出入的平衡，"入"也是十分重要的。但在临床疾病的诊治中，优先维护二便排泄的正常尤其重要。不能出，则入也必将难以为继。大小便不能外排，糟粕久留于体内，浊物充盈六腑，扰乱了六腑"实而不能满"的生理需要，人体必不能正常摄纳水谷精微，脏腑得不到必要的滋养，终将阴尽阳竭。因此，《素问·五脏别论》指出："凡治病必察其下，适其脉，观其志意与其病也。"这里的"下"即大小便。可见，《黄帝内经》已经把大小便是否正常列为日常诊疗的必要环节，其重要性有时甚至超过了患者的脉象、神志等基本生命要素。在治疗环节，《黄帝内经》仍然将大小便的调治放在重要位置。如《素问·标本病传论》："小大不利治其标；小大利治其本。"指出患者有大小便排泄不畅，就需要首先解决大小便排泄的问题。只有大小便能正常地排泄，才能依据"治病必求其本"的原则而治其本。验之于临床，无论外感疾病，还是内伤杂病，调理大小便的重要性都不容忽视。

外感疾病方面，《伤寒论》为治病先调二便的原则列出了诸多规范，尤其是通下大便在治疗疾病中的应用。在《伤寒论》中提到"下之"多达134处，提到"承气汤"达54处。应用了小承气汤、调味承气汤、大陷胸汤、大陷胸丸、大柴胡汤、十枣汤、蜜煎导方、抵当汤、土瓜根及大猪胆汁等通下之剂。如"发热，阳明汗多者，急下之，宜大承气汤""发汗不解，腹满痛者，急下之，宜大承气汤""腹满不减，减不足言，当下之，宜大承气汤"都是在表证治疗中用通导大便法的例子。还有其他条文如"其人汗出，发作有时，头痛，心下痞，硬满，引胁下痛，干呕，短气，汗出，不恶寒者，此表解里未和也，十枣汤主之""呕不止，心下急，郁郁微烦者，为未解也，与大柴胡汤下之，则愈"等。可以说，《伤寒论》是指导医者在治疗外感疾病中通调二便的准则。

内伤疾病方面，不少慢性疾病，如消渴、眩晕、肺胀等，都涉及大小便调治问题。如果长期便秘，大便难排，可使血糖、血压升高，加大肺胀的治疗难度，甚至可能促发急性心脑血管事件，引发中风、昏厥等。再如慢性肾脏病，长期大便干燥难排，有毒浊物不能及时排出，在体内不断蓄积，可加速尿毒症的形成。实践证明，对于这些慢性疾病，维持每天正常的排泄，对于促进疾病治疗的向愈非常重要。

（九）先祛邪，后扶正

正常人体都具有天然的抵御邪气的能力。即使已经初显虚象的患者，其自身固有的驱逐外邪的能力，也是显著而有力的。因此，在患病早、中期，或者虽病程已久但正气尚存时，正气尚能抗邪，应当充分发挥人体自身的抵抗力，而不宜过早去扶助。扶正过早，不但使自身正气抵抗邪气的功能得不到充分的发挥，久而久之抵御邪气能力下降，而且对于痰浊、水湿这类有形之邪，尚可导致邪气壅滞，间接地增加了祛除致病邪气的难度。因此，治疗正气尚盛，或正气虽有不足但尚可有效响应的病患，宜直攻邪气，使药力直达病所，药力与正气形成合力。

无论外邪致病，还是内生病邪，祛邪都宜奉行"实则泻之""坚者削之""结者散之""留者攻之"大法。感受外邪致病，无论风寒、风热，均当散而解之。

至于内生病邪，以湿、浊、痰、瘀、气郁最为常见。例如，垂体瘤多因痰瘀胶结而成，治疗当针对痰瘀，予逐痰化瘀。痰饮、瘀血均是脏腑功能失调后形成的病理产物，同时作为本病的致病因素引起垂体瘤。津病成痰，血病成瘀，两者虽成因不同，但"津血同源"，往往相互影响，互为因果，既可因瘀致痰，亦可因痰致瘀，即"痰瘀同病"，凝毒聚邪，缠绵交错，痰夹瘀血，遂成窠囊。在临床治疗中予"痰瘀同治"，痰消有利于瘀散，瘀散又促进痰消。通过化痰逐瘀，先祛其邪，使邪去正安，再扶其正气。

（十）先扶正，后祛邪

正气是人体健康得以持续的基础层面。如果正气亏虚，不足以抵御外邪入侵，或者内生邪气乘虚而作，则在治疗时就应先扶其正，使正气恢复再施以祛邪，正气与药力方可形成合力。《石室秘录》曰："人有正气虚寒，以中邪气风寒，不可先攻其邪。盖邪之所凑，其气必虚，邪之敢入于正气之中者，是人之正气先虚也。不急补其正气，则邪何所畏而肯速去哉。……必先补其正，而后可以散邪。"指出了正虚而感受外寒，当先扶助正气的治疗策略。

再如内生邪气致病，《衡先培医论与临床经验》指出，治疗儿童格雷夫斯病（Graves病）甲状腺功能亢进时，因儿童肾气未充，筋骨未盛，精气未满，实则正气未盛，多应采取先扶正后祛邪的病机分治的思路：先补其津液之亏虚，填其肾精骨髓之不足，固护脾胃后天之娇弱；而后方可大力攻伐病邪，予以活血、化瘀、导滞、行气之法，攻补兼施。正气先固，故祛邪之力更强。肾气得补、骨髓得充，使得患者的生长发育不受病邪影响。并且先后分治，集中优势药力，使药力集中，药效也更好。

以上病机先后分治十条原则，可根据临床实际需要来选择。

第五节　病机联合治疗

不同的脏象系统、气血津液，或者六淫、七情等之间，都存在相互影响，相互作用。但不同因素之间的相互影响和相互作用又是有区别的，有的相互资生、相互促进，在治疗某方面时，同时处理与其相关的另一方面，可促进整体病情的好转。有的互为条件，如阴阳，一个要素不足，将会导致另一个要素不足；有的互为因果，如气血的运行；也有的相互牵制，如痰与瘀、湿与痰等。在治疗时，需要有选择性地给予不同程度的联合干预，方能提高临床疗效。也就是说，临床辨证论治，不是将辨证所获得的复合病机各组分，给予同等关注、同等分配治疗强度。而是需要根据当前疾病的特点、患者的需求等，有选择地取舍及组合当前治疗病机，以期取得更快、更好的治疗效果。

一、基于脏腑功能的治法联合

（一）补肺气与益脾气

肺主呼吸之气，是人体内之气与自然之气相互交换、通联的关键环节。通过肺的呼吸之气吐故纳新及时排出体内的浊气，同时纳入自然之清气以滋养人体，维护人体之气的生化。

脾主运化、升清，将水谷精微运输并送达全身，以营养脏腑组织，是推动人体生、长、化、收、藏的不断循环运转的动力源泉。肺所主呼吸之气，与脾所化生水谷精微之气，在生理上相互依存、互为条件。只有二者相互协调，呼吸之气与水谷精微之气才能共同作用以使津液化赤为血，以养五脏，从而维持身体的健康。在病理上也相互影响，其中一方虚弱，日久导致另一方的不足。在治疗肺气虚时，补肺气当兼健脾，使脾能将水谷精微之气输布于肺，进而与自然之气交互。脾气虚时常常出现表卫不固，显示伤及了肺气。治疗脾气虚时，也当关注肺气，必要时当宣降肺气以助脾之升降。

（二）疏肝与宁心安神

生之来谓之精，两精相搏谓之神。神生于精，是精的高级功能，常称为神志，是人能辨别事物的原因，为心所主，也常称为心神，包括了感觉、感知、记忆、思维、逻辑、决断、情感、想象等精神活动。肝主疏泄，主情志，是七情的主要调控者。情志是人的情感变化，是神志的具体反映之一。肝失疏泄则七情失调，可损伤神志，久则导致神志疾病。神志异常，则易于发生情志失节，伤及肝之疏泄功能。临床在治疗七情失节的疾病时，疏肝可伍宁心安神之药，使主明则神安；在治疗神志疾病时，也宜佐疏肝之剂，如癫狂梦醒汤中用柴胡、香附、青皮；在治疗热入营血、心神不宁的天王补心丹中配柏子仁、朱砂、远志。

（三）补脾阳与益肾阳

肾阳为守，脾阳为使，脾阳根于肾阳。肾者主蛰，为封藏之本。肾中元阳为命门之火，源于先天，是发动生机之根本，不可耗散，必蛰于内。其功重在温精化气、上暖脾阳。脾为孤脏，中央土以灌四傍。肾阳通过温煦脾阳，借脾阳运化、升散之功，以温化五脏，外暖四傍。因脾能首先获得胃中游溢而来的五谷之精的持续滋养，通过脾阳的气化功能，将五谷之精化为气，气化为阳，从而使承纳于肾之阳气升散不竭。张介宾谓"五脏之中皆有脾气"，气为阳，意即脾阳将肾中元阳分发五脏。基于脾阳与肾阳的这种顺接依存的关系，临床在温脾助阳时，当顾护肾阳；在补火暖肾时，也当顾护脾阳。附子补火助阳即是温肾，回阳救逆则是暖脾，体现了脾肾阳气同治的思想。淫羊藿、巴戟天、仙茅功在益肾壮阳；而干姜则重在温脾散寒，使脾阳能温散四傍；吴茱萸辛散重在温脾，继而暖肝。在治疗阳虚病证时，须考虑适当选用一药温多脏的药物，来实现具有内在逻辑关系的病机联合治疗。

（四）益精血与运脾

精血同源。精可化血，血生于精。肾主藏精，肾中元精源于先天，同时受脾所化五谷之精的滋养。脾主运化，将胃所受纳之水谷化生为精微，并上传于肺，经与肺所纳自然清气相互作用，化赤为血。血旺则可养精。可见，人一旦出生，其精血的盛衰，取决于脾的运化、升清功能。脾失运化，不能化生、输运水谷精微，久必导致血虚甚或精亏，进而伤及肾中元精。元精受损，不能化生充足的元阴元阳，五脏阴阳之根本不足，则可能造成五脏亏虚。基于精血与脾的这种密切关系，临床治疗时补血必助运脾，益精当助脾升清。脾之性喜燥恶湿，得阳始运。故运脾多补脾气，升脾多施芳化。如归脾汤、八珍汤皆含四君子汤；七宝美髯丹、左归饮中用茯苓等。

（五）利胆与通腑

胆为中正之官，主决断，不能耐受邪气壅塞。胆为六腑之一，实而不能满。满则胆汁横溢，决断失职，可导致五脏六腑功能紊乱，正如《素问·六节藏象论》所谓"凡十一藏，取决于胆也"，可见，胆腑也具有喜条达、恶壅滞的生理特性。胆与胃、大肠、小肠、膀胱均属中空之腑，满则生乱，气机壅塞，功能则因之失职。由于胆主决断，五脏六腑凡十一个脏器失职，都会影响胆之决断功能。尤其六腑邪壅对胆的决断功能影响显著，导致胆气逆乱而为病。因此，胆之为病，最怕腑气壅塞。六腑之中，大肠为传导之官，是将糟粕排到体外的通道；膀胱为州都之官，主管津液的分布与排泄。如聚于体内的津液过多，则化为痰饮，必须通过膀胱及时排出，否则也会壅塞腑气。因此，大肠和膀胱是影响胆功能的关键脏器。凡治胆腑之病，必通腑气，使胆腑之气降则不壅，则决断可复，自可恢复其中正之功。如大柴胡汤、茵陈蒿汤之用大黄，同时主药茵陈通过通利膀胱以利胆气；茵陈五苓散通过六味通利州都之药以利胆退黄。

二、基于阴阳气血津液的常用治法联合

（一）补气与补血

气与血相互依存，互为化生的条件，二者均化生于水谷之精微。血赖水谷精微方能不断化生，其中需要自然之气使之变化为赤方能成血。气旺能生血，气为血之帅，无气则血不能行。血为气之母，血虚则气必耗散，无血则气无以生。由于血与气相互为用，临床气虚者往往多兼血虚，血虚者每兼气虚，最终常常表现为气血两虚。临床治疗气虚时，补气常兼养血；治疗血虚时，补血多兼益气。如归脾汤、当归补血汤、八珍汤等。

（二）补阴与补阳

阴阳备物，化变乃生。万物不离阴阳，阴阳是事物发生发展的根本，二者相互依存，互根互用，在动态平衡中推动事物的生、长、化、收、藏，即所谓"刚柔阴阳，固不两行"。阴阳的平衡是相对的动态平衡，在动态平衡中持续地发生着阴消阳长与阳消阴长的交互运动变化。因此，阴阳的变化必须要维持在适当的范围，才能相互制约而不失其常。一旦阴阳消长超过了相互制约的范围，这种动态的平衡就被打破，阴失阳制则寒浊内生，阳失阴约则阳亡于外，故有"极阳杀于外，极阴生于内"之说。因此，在治疗阴阳失调的疾病时，无论阴病还是阳病，都当阴阳共调，以恢复阴阳的动态平衡。如六味地黄丸之滋阴平阳，真武汤之益阳平阴；知柏地黄汤之扶阴抑阳，四逆汤之扶阳抑阴；右归丸之阴中求阳，左归丸之阳中求阴，都是阴阳共调的基本方略。

（三）理气与理血

气与血在运行方面相互为用，互为必要条件。气滞则血滞，血瘀则气郁。气与血的任何之一运行失畅，最终都会导致气、血共病，形成气血俱滞，甚或气滞血瘀或气郁血瘀。郁气之下必无畅血，瘀血之后定无达气。因此，临床治疗血滞血瘀病证，活血化瘀必兼理

气行气。例如，血府逐瘀汤名曰"逐瘀"，但其中却包含了行气理气的四逆散方；膈下逐瘀汤亦名"逐瘀"，其中也用上了理气疏郁的香附、枳壳。其他如《医学入门》用于治疗外伤的当归须散、《万病回春》用于治疗跌打损伤的通导散等，都体现了活血当理气的气血并治思想。

同样，治疗气郁气滞病证，理气行气亦当行血化瘀。例如，疏肝理气名方柴胡疏肝散，其中却有专主活血化瘀的川芎以助气行；苏子降气汤名曰"降气"，方中用了活血化瘀的当归；逍遥散中也用当归活血行血。此外，《外科正宗》治疗一切忧郁气滞的清肝解郁汤用川芎、当归；《万病回春》用于疏肝理气的平肝流气饮，《景岳全书》用于疏肝理气、化湿和中的解肝煎，《医林改错》用于疏肝理气的通气散等，皆为体现行气当活血的气血同治法思想的典范。

（四）化痰、祛湿、健脾

痰与湿互生互化。湿邪凝结可变成痰，而痰邪阻滞使津液失于畅达又可使津郁成湿。脾与肺均为主水之脏，痰与湿均为津液所化，因此与肺脾关系密切。脾失运化则生湿，肺失升降则生痰。由于痰与湿的一体两面的关系，临床往往治痰须除湿，祛湿常佐化痰，除湿化痰或化痰除湿复治法，在实践中广泛应用。脾又为生痰之源，湿浊之邪均从脾病而生。因此，治疗痰湿为病，常须理脾运脾。太阴脾土，喜燥恶湿，故理脾运脾多用燥化之品。痰湿共治之方，如二陈汤、平陈汤等，都是基于痰与湿的互生互化来构建的，且主药温燥而顺脾之性，具有理脾运脾之功。尤其是二陈汤，被视为化痰除湿、痰湿并治又兼能健脾的基础方，无论是治疗湿邪困脾，还是治疗痰邪阻肺，都以其为基础进行化裁。在治疗痰邪阻肺的病证时，实则体现了培土生金的治疗思想。如化痰为主的名方温胆汤（二陈汤加竹茹、枳实）、涤痰汤（温胆汤加人参、石菖蒲、胆南星）、导痰汤（二陈汤加枳实、胆南星）、半夏白术天麻汤（二陈汤加天麻、白术）、枳术二陈汤（二陈汤加枳实、白术）以及除湿名方六君子汤（二陈汤加党参、白术）、香砂六君汤（六君子汤加木香、砂仁）、藿香正气散（二陈汤加大腹皮、白芷、紫苏、白术、厚朴、桔梗、藿香）等。在此基础上，还可进一步化裁为化痰祛湿合并其他功效的处方，如《医方考》清气化痰丸，即以二陈汤配伍胆南星、黄芩、瓜蒌、杏仁、枳实，以治疗痰湿化热；白术散在二陈汤基础上加白术、桂心、附子、丁香、前胡，用于治疗痰湿化饮，留于胸膈等。

以上病机联合治疗方略，仅为举例。临床实际情况错综复杂，则分联交错之治疗方法，当随病而定。

第六节　冬病夏治

冬病夏治是一种治未病的养生策略，通过遵循人体阴阳盛衰的变化规律，在夏天阳气充盛之时顾护阳气，使人体在冬天天气寒冷、阴气主事的季节到来时仍然阳气充足，使阳能平阴，仍然维护阴平阳秘的状态，从而减少冬天疾病的高发态势。实现冬病夏治的基本策略是"夏阳护冬"。

一、冬病夏治的生理病理基础

（一）冬病夏治的生理基础

中医学有着丰富的天人相应的整体观思想，认为不但人体自身各器官组织是一个密切关联的整体，而且人和其生存的自然环境也是一个相互影响的整体。人作为自然的一部分，必须顺应自然、适应自然，这是人类之所以能生生不息传承的根本。人生存于自然，必然已经深深地烙上了自然规律的印迹。人的主观能动性及自然感知的落后性，决定了人类生活与自然规律总是存在相对的不协调性，这是导致人类的生、老、病、死的重要因素。

人同自然一样，是一个阴阳对立的统一体。阴在内为守，阳在外为使。人体正是通过阳气的盛衰、出入，来适应自然的变化，从而减少疾病的发生。"春夏养阳，秋冬养阴"就是适应自然阴阳变化的养生思想。冬季天气寒冷，阴气主事，阳气内藏，护外功能薄弱，易感邪气而生病；原有疾病者，也易于在冬季加重。《素问·宣明五气》"阳病发于冬，阴病发于夏"，即指出阳不足之病易于在冬天发作。

春天阳气当升发，向上向外；至夏则阳气充盛，易于外泄。因此，春夏时节，要顾护阳气，当养护以使其不耗散。《素问·四气调神大论》："逆春气则少阳不生，肝气内变；逆夏气则太阳不长，心气内洞。"肝与胆、心与小肠相表里。少阳主时冬至，阴气最盛，同时也是阴尽阳生、阳气始动的关键时刻。春天承接少阳升发之气，阳气由弱渐强、由内至外、由下向上不断升发，至夏天阳气盛极，阴气渐生，此正值手少阴心主时，下承太阳小肠。所以《素问·至真要大论》说："春秋气始于前，冬夏气始于后。"可见，春夏是阴阳转化的关键，并且由阳气的变化为主导。在春夏阳气充盛之时，能够顺阳气之性以顾护之，阳气不损，则手太阳之后进入秋冬，能够保持阳气的充盛，能与渐盛之阴气维持动态平衡，相互顺接，是实现阴阳消长周期性循环，推动事物生、长、化、收、藏的关键环节。可见，冬病夏治的核心是春夏养护阳气。《素问·四气调神大论》提出"所以圣人春夏养阳，秋冬养阴，以从其根"，为冬病夏治提供了直接的理论基础。

（二）（春）夏在病理上对（秋）冬的影响

春夏主事之阳气，起于冬季至阴之时所生之初阳。所谓"冬至一阳生"，就是阴极至尽而生阳。秋冬主事之阴气，起于夏季阳气盛极之时的夏至，故有"夏至一阴生"之说，即阳极至尽而阴自生。这种阴阳的规律性的盛、衰循环，是自然万物生生不息的基本条件。

《素问·宝命全形论》"人以天地之气生，四时之法成"，说的是人生于天地之间，人的健康状态的维护，必须与大自然阴阳变化规律相应。顺应天地自然规律，是人之所以能生于天地之间的基本前提。如果人不遵循自然规律，就丧失了基本的健康前提。"人生于地，悬命于天"，强调了人遵循自然规律的关键意义：人应自然规律而生，逆自然规律则亡。所以《素问·四气调神大论》又说："阴阳四时者，万物之终始也，死生之本也，逆之则灾害生，从之则苛疾不起。"人必须遵循的自然规律，就是四时阴阳的盛衰变化，即春夏养阳护阳，秋冬养阴护阴。

四时阴阳变化应于人之脏腑，可借以判断夏季人体脏腑的生理病理变化。夏季脏腑的阴阳盛衰失常，可影响冬季人体的健康和疾病。《素问·生气通天论》"夏伤于暑，秋为痎疟"；《素问·疟论》说，夏伤于暑则"令人汗空疏，腠理开"；《素问·生气通天论》说"阳气者，烦劳则张"。夏天无论是过劳耗气，还是汗出过多，都可导致阳气耗泄，至盛夏阳气当盛极之时，而不能达到其当达到的盛态，这时阴气已开始产生并逐渐增强，到秋冬时快速出现阴盛阳衰之候，从而为发生各种疾病埋下了隐患。一旦养生失常，天气骤变，或衣少受凉，或遭受冷雨，或伤湿受寒，进一步损伤阳气，则导致多种疾病。如临床常见的咳嗽、喘证、哮证、风寒感冒、腹泻、风寒湿痹等。《素问·疟论》有"夏伤于大暑，其汗大出，腠理开发，因遇夏气凄沧之水寒，藏于腠理皮肤之中，秋伤于风，则病成矣"之说，实则与"夏伤冬病"之机制同理。

人体要减少冬季生病，则需要遵循自然规律来顾阴强阳，使冬季阳气充盛，阴阳各得守其位，邪气不相害。春夏阳气充盛，此时顾护阳气，减少阳气的耗散，使冬季阳气存留丰足，则能阴平阳秘，达到"夏阳护冬"的目的。

二、冬病特点

（一）冬季易于感受外寒

由于冬季阴寒主事，阳气内藏，表卫薄弱，则寒邪易袭，首伤肌表，临床表现为表寒证候；如寒邪内传深入则伤肾，发为少阴恶寒证，当用麻黄附子细辛汤。《素问·咳论》："人与天地相参，故五脏各以治时，感于寒则受病，微则为咳，甚者为泄为痛……乘冬则肾先受之。"指出冬季感寒，更易损伤肾阳。如发生咳嗽、腹泻、痹痛等病症，不易治疗，常宜温肾纳气，或益肾健脾，或温经通络，注重从肾入手以施治。

（二）冬季易于内生寒湿

冬季时，阳气周期性进入低谷，阴气独盛，寒水不化，导致寒湿内生。《素问·四气调神大论》："逆冬气则少阴不藏，肾气独沉。"肾气不足，肾阳不能温化寒水，化而为湿。表明冬季收藏不当，则可损伤肾气，容易发生肾脏虚寒疾病。由于肺气需要肾气的摄纳，心气需要肾气的蒸腾，肝气之升发需要肾气的推动，脾之运化则需要先天肾气的温化。可见，一旦冬季肾阳不足，肺、心、肝、脾都可因之而生病。临床上，冬天各系统的疾病均呈现高发态势，不少与夏季养护不当，或夏季因病伤阳，导致冬季肾阳不足有关。

（三）冬季宿病痼疾易于复发或加重

宿病、痼疾是由于致病邪气长期深潜于体内，在人体正气下降之时伺机而发所形成的。阳气是推动人体气血津液及精微物质生化的动力之源，是人之所以生、老、病、死的决定因素。人的正常生存和健康状态的维护，必须要阳气的支撑。阳气充足则表现为正气旺盛，健康得以维护。"正气存内，邪不可干"的本质是人体阳气的充盛。冬季阳气潜藏，五脏阴强阳弱，这为宿病、痼疾的发作提供了温床。如慢性支气管炎、肺源性心脏病、各种关节炎、风湿性疾病、硬皮病、经行腹痛等，都易于冬天发病。

（四）冬季易发中风、胸痹

中风为脑府之病，脑为元神之府，又为髓海。心位于胸中，属深居血府之少阴，性喜阳则动，动则健。心主血，主神志，为君主之官。《素问·灵兰秘典论》云："主不明则十二官危。"髓为血海。脑神亦为心神所主，心阳鼓动则气血畅达，使心神敏捷，元神亦随之运转。可见心阳通过血气，主管着元神和心神。冬季阳气潜伏，气血内涵，邪气易犯而致气血不行，则易于发生脑络暴闭或心脉瘀阻，发为中风或胸痹之类。所以《素问·脏气法时论》指出："病在心，愈在长夏，长夏不愈，甚于冬……心病者，愈在戊己，戊己不愈，加于壬癸……"壬癸为寒水，盛于冬。

（五）冬季易生痰变肥

肥人多痰，痰积则肥。津液正常敷布，依赖于阳气的气化功能。冬季阳气不张，气化易损。如津液气化失常，不循常道，停于皮里膜外，则成饮成痰。痰饮之邪，迫束经络，壅塞脏腑，阻碍气机，又常阻碍津液的气化，形成致病机制的循环，痰饮不断积聚，成脂变肥。古人有肥人多阳虚之说，实则是阳气不充，易于生痰变肥。

（六）冬季易发风寒湿痹

经络的通达，气血的运行，依赖阳气的温煦和推动。冬季寒水主事，阳气潜藏。一旦养生不慎，或冒雨触水，或寒潮来袭，可致经络闭塞，发而为痹。《素问·痹论》："风寒湿三气杂至，合而为痹也。"此为因寒而闭，故多为寒湿痹证，发为关节、肌肉、筋骨的疼痛。《素问·刺要论》说"骨伤则内动肾，肾动则冬病胀腰痛"，又说"气寒犹不去，民病痹厥，阴痿，失溺，腰膝皆痛……"表明腰胀腰痛、膝痛、排尿异常是感寒生痹的主要特点。《素问·金匮真言论》又说："北风生于冬，病在肾，俞在腰股……冬气者，病在四支，冬善病痹厥。"冬气者，寒气也，少阴肾所主。四肢者，四末也，阳气少之所。表明冬季寒气致痹，关键在于肾阳不足，阳气难达四末，从而发生四肢厥冷之寒痹。

三、根据冬病夏候识别适合冬病夏治的人群

冬病夏治需要根据其目的来锚定适宜的患者。冬病夏治的目的，是在冬季疾病高发到来之前，提前加以干预，以减少冬季疾病的发生，改善冬季患病的预后。这就需要提早知道哪些人易于冬季发病，哪些人冬季病重，从而使夏季提前干预目标明确，更好地实现冬病夏治的目的。

一是断其形气。一般而言，宿疾老病，风寒感冒，内生寒湿，中风、胸痹、风寒湿痹等，大多易在冬季发作或复发，尤其是阳气不足、形色衰弱者。临床实践中，可以通过《素问·玉机真藏论》"察其形气色泽，脉之盛衰，病之新故"来锚定这些人群。

就形气的关系而言，形盛者气盛，形弱者气小，是谓"形气相得"，虽病易治。形盛而气弱，或形弱而气高，如身体消瘦虚弱，却声高气粗；体粗腰廓，却气微声低，就是形气不相得，是正气虚损的表现，易患疾病。《素问·方盛衰论》指出，就形气的重要性而言，是气重于形。"形弱气虚"一般病较重；"形气有余，脉气不足"，也是病重的表现。凡形气不相得，或气不足之人，皆为逢冬易病之人。"脉气有余，形气不足"表明宗气未泄，大气未陷，虽病尤轻。

二是判其胃气。脾胃为后天之本，气血生化之源。五脏皆赖胃气的滋养。《素问·玉机真藏论》指出："五脏者，皆禀气于胃。胃者，五脏之本也。"临床见"脉弱以滑"，表明其

脉徐缓从容而平和，是"谷气来也"之征兆，是有胃气的表现。胃气不足之人，其气必虚，精血不充其廓，其夏脉急而涩，甚或虚芤，或夏季见其脉沉涩迟滞，是脉不应其时，皆是无胃气，近则易伤，远则形损，造成"形气衰少，谷气不盛"之虚候。

三是观其色泽。色贵有泽，应四时之象。如夏季面色红润，或白皙有泽，是精气充沛；如夏季面色凝滞，或晦暗而无光泽，多是阳气不足，精气虚损，病多及肾，冬易肌冷腰酸、肢寒、关节疼痛，或易感受风寒，或发为喘咳，甚或洞泄；如夏季面色青绿，又无光泽，是为逆色，乃气盛阳衰、血脉不充之象，至冬必形损，发为厥逆，或生中风，可发为胸痛胸痹。

四是诊脉之盛衰，判气之逆从。脉从四时，春脉如弦，夏脉如钩，秋脉如浮（浮中带紧，有收敛之意，非真浮也），冬脉如营。春气转温，脉应于肝，万物之所以始生也，故其气来则软弱轻虚而滑，端直以长，称为弦脉。如春脉来实而强，此谓太过，病在外；春脉来不实而微，此谓不及，病在中。如春脉太过则令人善忘，忽忽眩冒而颠疾；春脉不及，则令人胸痛引背，下则两胁胠满。逢夏气热，脉应于心，万物之所以盛长也，其气来盛去衰，称为钩脉。如夏脉来盛去亦盛，此谓太过，病在外，见于外；如来不盛去反盛，此谓不及，病在中，藏于内。如夏脉太过则令人身热而肤痛，为浸淫；夏脉不及，则令人烦心，上见咳唾，下为气泄。如脉不应时，或脉反四时，均属病态。春得秋脉，夏得冬脉，长夏得春脉，秋得夏脉，冬得长夏脉，中医称为"五邪"之脉，是为病态，逢冬则病。

《素问·玉机真藏论》云："春得肺脉，夏得肾脉，秋得心脉，冬得脾脉，其至皆悬绝沉涩。"因为其脉象没有能与其所属脏象系统相应，皆为不健康之脉象。凡"春夏而脉沉涩，秋冬而脉浮大"，均属"逆四时"之脉。《素问·示从容论》又说："夫浮而弦者，是肾不足也。沉而石者，是肾气内着也。怯然少气者，是水道不行，形气消索也。"可以据此来判定肾气盛衰强弱，为潜在的冬季患者早期益肾固气，防患于未然。

四、冬病夏治需要注意的共性方面

（一）起居养生

认识春夏秋冬的变换规律，及时调整饮食起居与作息安排，以适应四季寒暑的变化，是人类获得生存先机、能够不断繁衍壮大的最基本条件。在此基础上，智慧的中华民族发现了调节不同季节的生活起居，不但可以提升当前的健康状态，还可以减少疾病高发季节的发病。尤其夏季阳气充旺，万物生机勃勃，人也应跟随自然万物的步伐，展现出旺盛的生命力，晚上抓紧时间充分休息，紧随天地之气的交互变化，早晨早早起床，外出活动，舒展筋骨，充分吸纳夏日的阳气，在生产、生活或运动锻炼中吐故纳新，充分排出体内产生的浊气，放下内心的怨怒忧愁等不良情绪，心存对大自然的敬意和热爱，使心智阳光，将自己的作息起居与万物同步协调，成为和谐自然整体的组成部分，共同构成协调融洽、充满生机的繁茂自然盛景。这就是《素问·四气调神大论》所倡导的夏季养生之道："夏三月，此为蕃秀。天地气交，万物华实，夜卧早起，无厌于日，使志无怒，使华英成秀，使气得泄，若所爱在外。"其中的关键要点，一是行动与自然同步，二是情感与自然相融，三是放下七情六欲，四是做到恬淡内守。

如果违反了夏季的起居养生之道，身体健康的获益就会因之减少，时至冬季易于发生重病。尤其是心应夏气，逆夏季养生之道，则易导致心气闭郁，心阳不展，从而增加心系疾病的风险，如心悸、胸痹、心痛等。同时，心为五脏六腑之大主，心病则五脏脆弱，也会增加患病风险，冬致重病。所以《素问·四气调神大论》又说："逆夏气则太阳不长，心气内洞。"对于体质虚弱，冬季常犯病者，夏季更要注意起居得宜，既强健身体，又不妄作劳，白天多在阳光下运动，无厌于日，使华英成秀。

（二）劳逸适度

劳动是人类的基本特征，只有通过劳动来创造价值，人们才能获得生活来源。夏季万物华实，人的体力充沛，是通过劳动以贮备生存所需的最佳时节，有利于为冬季进入潜藏做好充分的物质准备。但劳动又当讲究一个度，无论劳体或劳心，都应当做到劳逸结合，以利于长时间持续创造更多的社会价值。《素问·经脉别论》："故春秋冬夏，四时阴阳，生病起于过用，此为常也。""生病起于过用"实质上就是指过劳则损伤身体而引起疾病。如劳体过度，不但可能导致机械损伤，还可耗伤人体气血，更会损耗阳气，重则当即发病，轻者发病可能延至冬季阴寒主事时。正如《素问·生气通天论》所说"阳气者，烦劳则张，精绝，辟积于夏，使人煎厥"，就指出了过劳伤阳的病机，这种损伤在夏天不断积累，为冬天阴寒主事时发生疾病埋下了隐患，可导致"目盲不可以视，耳闭不可以听，溃溃乎若坏都，汩汩乎不可止"等阳气耗损的多种临床表现。

夏季被认为是人创造财富的最佳时季，但仍须做到劳作有时，劳逸结合。劳体之后，要合理休养，恢复体力，涵养阳气。劳心之后，又当间以一定的时间进行运动，激发气血的运动，鼓动阳气。过劳伤身，过逸则致邪而生气郁痰瘀，皆可致病。因此，每天当保持充分的体力活动或体力劳动时间。

（三）夏治用穴

穴位是脏腑及经络之气血输注出入的特殊部位。通过针灸、推拿、药物敷贴、药物注射等多种方法，施之于穴位，从而起到治病防病的作用。尤其是在夏季人体阳气旺盛之时，通过穴位的治疗，可以更加有效地激发阳气，改善气血的运行。在用穴冬病夏治时，多宜使用温和、轻柔的治疗手段，似轻风荡绿叶般，在无声无息中起到防病治疗作用。不宜重治。

《黄帝内经》阐释了不同季节正确地选穴用穴的重要性，指出不能错选穴位。《素问·诊要经终论》阐述夏天选穴时说："夏刺络俞，见血而止，尽气闭环，痛病必下。"指出夏天针刺宜以浮络的腧穴为主。并言："夏刺春分，病不愈，令人解㑊。夏刺秋分，病不愈，令人心中欲无言，惕惕如人将捕之。夏刺冬分，病不愈，令人少气，时欲怒。"

冬病夏治，不但可用针刺、灸法，也可用天灸发疱、贴敷、熏洗、穴位按摩等，目的是扶阳固正，以有利于减少冬季发病。对于冬季易病者，多为虚为寒，可在夏季用穴扶阳，尤其是三伏灸。

（四）夏护胃气

脾胃为后天之本，气血生化之源。脾运有力，胃气强盛，则正气不衰。脾胃一损，后天化源不足，则致体虚气弱。尤其是夏季，气候炎热，人们的生活恣意，易于造成脾胃损伤。如过食冷饮冷食，折损脾阳，戕伐胃气；过用空调，或久居空调室内，都可能感受寒邪，伤及肌表。脾主肌肉。有的人感受肌表寒邪后，寒邪可循肌肉而入太阴。因太阴脾土得阳始运。寒为阴邪，伤脾则使脾失运化。此外，夏天日长而夜短，晚上加餐常见，过食则伤脾，胃气不行。且夏天的社交活动也更多，聚会聚餐，往往增加摄入总热量，久则变生痰浊而变肥。以上种种，都可损伤脾的运化，或使脾阳不展。《素问·平人气象论》云"夏以胃气为本"，应针对夏季的生活起居特点，注重保护脾胃。脾胃一衰，五谷之养不足，则冬必易病。

夏护脾胃，要点有四：一是不欲饮冷。夏季炎热，不欲求一时之快，吃冰糕、饮冰水、进冰食。二是不欲贪凉。现代人用空调要适度，尤其夜间，更易受凉，导致寒湿困脾。三是进食勿过量。夏天白天长，夜生活多，进食容易超量，导致痰湿困脾。四是勿过食煎、炸、腌、卤食品。因其辛燥耗散，易伤脾阳。对于冬季易患虚寒性疾病者，可于夏季常服偏于温补之食物或中药，以扶助阳气。

五、冬病夏治适用疾病

冬季之病，多与阳气不旺有关。既有阳虚而阴正，也有阳虚阴盛而生寒，还可能是肾精不足、阴阳俱虚。一般而言夏秋之病一直延续至冬不愈者，多属肾精不足、阴阳两虚；逢冬而发，多属阳虚阴正而气化受损；至冬而加，则常为阳虚生寒、温煦不足的虚寒性疾病。这些特点，因人因体质而异，相同的疾病发生于不同体质的人群，可能特点不同。临床需要因人而辨其异。

第一类是呼吸系统疾病：反复感冒、流行性腮腺炎、肺结核、流行性脑脊髓膜炎、过敏性鼻炎、慢性咳嗽、支气管哮喘、急性或者慢性支气管炎、慢性阻塞性肺疾病、肺部感染等。

第二类是骨与关节疾病：颈椎病、骨关节炎、肩周炎、类风湿病、风湿性关节炎、骨质增生、腰椎间盘突出症、外伤性骨折、股骨头坏死等。

第三类是消化系统疾病：酒精性肝病、慢性胃炎、肠易激综合征、慢性结肠炎、慢性腹泻、消化不良等。

第四类是耳鼻喉科疾病：过敏性鼻炎、慢性鼻窦炎、急性或慢性咽喉炎等。

第五类是慢性皮肤病：瘙痒症、手足皲裂、银屑病、皮炎、皮肤干燥、荨麻疹、水痘、病毒疣、手足口病、冻疮、硬皮病等。

第六类是妇科疾病：阴道炎、尿道炎、宫颈炎、急性或慢性盆腔炎、痛经、经行泄泻、不孕症等。

第七类是神经系统疾病：脑卒中（出血性卒中）、短暂脑缺血、脑血栓形成或脑栓塞、神经症、认知功能障碍加重、自主神经功能紊乱等。

第八类是心血管系统疾病：高血压、冠心病、心肌梗死、心源性猝死、急性或慢性心功能不全、心肌炎、心律失常（心房颤动、房性或室性期前收缩）等。

六、冬病夏治常用治疗方法

（一）穴位贴敷

根据病情的需要，选择适当的单方或复方打成粉末，体质强盛、皮肤厚实者，选用醋、酒、姜汁之一来调制；皮肤娇嫩薄透者，选蛋清、蜂蜜、菜籽油之一调制；易于过敏者，可用米汤、枣泥调制。也可用水、凡士林或其他赋形剂。可制成小饼状、软膏、药丸。也可直接将药熬成膏，进一步制成其他剂型。选穴也要结合病情或辨证。穴位贴敷可与熏、蒸、洗、浴、擦、揉、点、熨等多种外治法结合。

一般而言，温阳化气可酌选肉桂、桂枝、附子、花椒、朝天尖椒、荜茇配方；脾阳虚多选用干姜、吴茱萸、砂仁配方；温肺化痰配法半夏、天南星、白附子、皂荚、细辛。可基于《理瀹骈文》"外治之理即内治之理""外治之药亦即内治之药"的思想组方。如《普济方》用"生附子末，葱涎和如泥，罨涌泉穴"来治疗鼻渊流涕不止。有些疾病可选特定的穴位，如咳嗽用天突穴，定喘用肺俞穴，遗尿或痛经用神阙穴，利水敷脐心等。

穴位贴敷后，局部皮肤可能出现瘙痒、发红、水疱等刺激反应，注意保护，勿使皮面溃破。如溃破，可适当进行局部处理。

（二）天灸

天灸属于特殊的穴位贴敷。在对所选穴位做贴敷时，使局部皮肤起水疱。功能为助阳散寒，温经通络，固护肌表。尤其能助肺气，减少冬季寒邪袭肺。不同的穴位用不同的发疱药，其功能也有所不同。常用发疱中药如新鲜的毛茛叶、威灵仙叶、蓖麻仁、大蒜泥，或吴茱萸末、白芥子粉等。需要刺激及腐蚀性更强的，可用斑蝥。

将发疱药捣烂敷于所选穴位1~2小时，刺激性较强，发疱后局部有色素沉着，可自行消退。如针对风寒湿痹，可用威灵仙叶加适量红糖，捣成糊状贴穴位上，覆盖油纸固定。局部有蚁走感后5分钟去除贴药，以免发疱太过。

吴茱萸发疱法：取吴茱萸适量，研为细末，以陈醋少许调成糊状，贴敷穴位上，覆盖油纸，胶布固定，贴敷时间为2~4小时。如贴百会穴治疗子宫脱垂、脱肛、胃下垂；贴涌泉穴主治小儿水肿；敷脐周主治脘腹冷痛、胃虚呕吐及虚寒久泻，有较好疗效。

白芥子发疱法：白芥子研末，以醋或姜汁调成膏状，每次用5~10g贴于穴位上，油纸覆盖，胶布固定，贴敷时间为2~4小时，以局部充血潮红或起疱为度。该法主要用于治疗风寒湿痹、哮喘痰嗽、口眼歪斜等症。

蓖麻仁发疱法：取蓖麻仁捣烂如泥状，贴敷穴位上，覆盖油纸，胶布固定。如敷涌泉穴治疗滞产；敷百会穴治疗子宫脱垂、脱肛、胃下垂等。

（三）中药内服

为便于较长时间服用，可将中药打粉做成散剂，使用时用温开水或加蜂蜜冲服或调服。也可做成膏剂或丸剂。短期可用汤剂。

固护后天、补脾益气，多用补中益气汤、香砂养胃丸、归脾汤，脾阳不足可用理中汤。补养先天、益肾助阳，多用金匮肾气丸、右归丸。益肺固表，多用玉屏风散、补肺汤。益气补血，多用十全大补汤、人参养营汤。

（四）中药熏洗

于三伏天选用具有辛温通阳作用的中药，煎水熏蒸，或泡浴全身或局部肢体，每伏治疗三天。主要适用于类风湿性关节炎、皮肌炎、硬皮病等疾病。也可用于冻疮、肢寒症等。

（五）食疗

对于虚寒体质人群易得疾病，如寒哮、渐冻症、风寒湿痹等，可于三伏天烹饪温补类食材，每伏食用三天。如食用当归生姜羊肉汤，乘三伏天阳气极盛之势，用以祛散陈寒痼疾。

（六）其他

如使用温针刺、艾灸、刮痧、脐针、拔罐、埋线、热奄包等治疗，对特定的疾病，也可达到冬病夏治的目的。也有使用药物注射来冬病夏治的。

第七节　迭用攻补

一、迭用攻补体现补虚泻实治则

病有虚实之分，治有补泻之宜。或补或泻，当结合病情，因病情施策，选用相应的治疗策略。如《伤寒论·呕吐哕下利病脉证治》："下利腹胀满，身体疼痛者，先温其里，乃攻其表。温里宜四逆汤，攻表宜桂枝汤。"此实为迭用攻补之策。若用桂枝汤后，其下利仍未止，可再予温里。

清代医家周学海《读医随笔》谓："汗、吐、下，皆泻也；温、清、和，皆补也。有正补、正泻法，即直补虚脏、直泻实腑。如脾气虚用四君补脾气，肝血不足用四物直补肝血是也。有隔补、隔泻法，如虚则补母、实则泻子是也。有兼补、兼泻法，如调胃承气、人参白虎是也。有以泻为补、以补为泻法，如攻其食而脾自健、助其土而水自消是也。有迭用攻补法，是补泻两方，早晚分服，或分日轮服也。此即复方，谓既用补方，复用泻方也。"

这里除提出的正补正泻、隔补隔泻、兼补兼泻、以泻为补、以补为泻及迭用攻补法外，治疗病之虚实，还有并用补泻策略。所谓并补并泻是补泻所针对的标的不同，在一方之中对其中之一标的用补，对另一标的用泻，且补、泻之力平均。此非兼补兼泻之补泻轻重差异。而其中的迭用攻补法，可以结合正补正泻、隔补隔泻、兼补兼泻、以泻为补、以补为泻等法来应用。

二、虚实之判是正确使用迭用攻补策略的基础

攻补之用，必先判虚实，定其先后，断其多少，分其轻重缓急。虚者当补，实者用攻。因虚而病，当先补虚，迭攻其实；因邪而病者，宜先攻邪，迭扶其正。然也有因虚致病而先攻邪者，如脾虚生湿，必使胃不能纳，如益气补虚，则湿必更盛。《黄帝内经》谓六腑实而不能满。胃因脾实而不能受纳，再用补法来填补胃，必然使胃胀满壅塞，从而难于受纳五谷，后天化源尽失，正气更虚，脾湿也不能尽除。脾为喜燥恶湿、得阳始运之脏，如顺从脾的喜燥恶湿的特点，先燥化湿浊，使脾的运化功能恢复，则胃腑自能受纳五谷，此虽为攻，但能取得补益之效，体现了以攻代补的策略。也有因邪致病而当先用补者，如水饮凌心而致

心阳暴脱，如仅攻逐水饮，则恐更伤阳气。因此，当先以参附救其心阳，使心阳得补，然后攻下水饮，循环迭用，从而使正气逐渐恢复，邪气亦逐渐消退。

虚实既定，又当判其所在。虚与实各判其在脏、在腑；有余、不足亦分其在上、在下，依其势，别而治之。脏虚腑实，当补脏而泻腑；如脾虚食积，当健脾消食。腑虚脏实，当实腑而松脏；如胆虚肝实者，怯弱而易郁，治当益胆气而疏肝郁。上虚下实者，不足在上而有余在下。在上不足之症，如颊赤心松，举动颤栗，语声嘶嗄，唇焦口干，喘乏无力，面少颜色，颐颔肿满；诊其左右寸脉弱而微。在下有余之症，譬如大小便难而饮食如故，腰脚沉重，踝趾红肿，脐腹疼痛；诊其左右手脉，尺中脉伏而涩。上实下虚者，有余在上而不足在下。胸膈痞满，头目碎痛，饮食不下，脑项昏重，咽喉不利，涕唾稠黏。诊其脉，左右寸口沉、结、实、大者，为在上有余，属邪实；而脉微涩短小，鹤腿膝软，二便自遗，足心凉如透骨，为在下不足之症，则属正虚。攻补之变，循性而定，因势利导，迭之复之，乃可求得。

三、迭用攻补法的实施方案

（一）补方、泻方早晚分用法

李中梓有早补脾、晚益肾之说，为纯补虚之法。而此早晚分治，则是早补晚泻，或早泻晚补，补泻交替。如肝火犯肺之燥咳，可早泻肝火用龙胆泻肝汤，晚润肺燥用沙参麦冬汤；肾阴虚燥结而大便干结不排，可早润肠通便用火麻仁、肉苁蓉之类组方，晚养肾阴用左归饮，皆早泻晚补之法。至于早补晚泻，如老年阴虚郁热所致夜间尿频，可早养肾阴用地黄丸或左归饮，晚用八正散加减或衡氏清利郁热汤（栀子、黄柏、知母、瞿麦、萹蓄、地肤子、蛇床子、白鲜皮、蒺藜、蒲公英、大蓟）；成年男性膝软腰酸腰痛，可早用《太平惠民和剂局方》青娥丸或《中国医学大辞典》狗脊饮以补肾强筋，晚用独活寄生汤或蠲痹汤、豨桐丸活络止痛。

（二）补方、泻方分日轮服法

即先服几日补益方，再服几日攻邪方，随之又服补益方，如此交替进行。基于方便，一般一周一轮换。也可根据病情分配服用补方、泻方的天数。如补重于攻，则补七天攻三天；反之，如攻重于补，则可攻七天补三天。或者攻二补八，或者攻四补六，全在于权衡邪气之多少、正气之盛衰，终以攻邪而不伤正、正复而不助邪为要。临床多用于慢性进行性疾病的治疗。如痴呆一病，患者反应迟钝，精疲力微，腰酸腿软，头重如裹，咳吐痰涎，舌质淡胖，苔腻，脉细无力。证属肾虚精亏，痰湿蒙窍。如果予迭用攻补法，则可先予涤痰汤、半夏白术天麻汤等加减七剂，以化痰除湿、降浊开闭；再予地黄饮子加减七剂益肾填精。继之又根据患者湿气之多少、痰浊之轻重，决定是更换攻邪方，还是继续化痰除湿、降浊开闭。后续治疗可循此攻补交替。

（三）格补、格泻迭用法

按五行生克制化的规律，格补即补病因之脏，格泻即攻病因之所。如水不涵木而致肝阳上亢者，阳有余即是火。肝火灼金犯肺（木旺侮金），可致咳嗽，此种咳嗽往往在子时之后发作。对此种病情，可未申之时格补，用杞菊地黄丸补肝肾之阴虚；丑寅之时格泻，用龙胆泻肝汤，泻肝胆之贼火。其症虽在肺，而其因在肝肾。滋肾阴以制肝之阳亢，此即格补；泻肝火以宁肺金，此即格泻。

（四）兼补、兼泻迭用法

兼补即在以祛邪为主的处方中，配以扶正之品；兼泻即在扶正为主的处方中，兼以攻邪之药。兼补则攻邪而不伤正，兼泻则扶正而不留邪。如肾阳亏虚，阳不制水，而致水气上犯肺金，引发水饮犯肺之咳嗽痰多、咳白色泡沫痰。治疗可晚补肾阳为主，兼泻肺水，用真武汤加减，在温肾补阳方中，佐以泻肺逐饮药；早泻肺水为主，兼扶阳气，用苓桂术甘汤化裁，在泻肺逐饮方中，佐以扶阳化气药。此攻补同施之策，攻中有补，益中有泻，贵在权衡补、泻之轻重，用药之主次。

第八节　择时治疗

一、择时治疗的依据是正气与邪气的盛衰变化规律

治疗疾病必须要掌握疾病与证候发生发展的规律。在辨证论治的同时，结合疾病、证候的规律治疗，有助于提高治疗效果。《灵枢·刺疟》指出："凡治疟，先发如食顷，乃可以治，过之则失时。"可见，古人已经认识到治疗疟病要选择时机。这是择时治疗的应用范例。《素问·八正神明论》指出："凡刺之法，必候日月星辰四时八正之气，气定乃刺之……是以因天时而调血气也。"进一步指出，调理气血，要结合春夏秋冬四时，以及二分、二至、四立八大节气的正常气候来施治，这也是择时治疗的一个原则。

同时，疾病的发生发展常常具有一定的规律性。疾病在发生发展过程中，往往不是随时间同速进展的，而是呈阶段性进展、间歇性发作。疾病何时进展、临床症状何时发作，这主要由正气的盛衰、邪气的强弱来决定。正似明堂，邪气如贼。邪气特别强大且正气不足以与之抗争，则疾病的发作与否全在于邪气自身的特征，随时可以发作。但一般情况下正气尚存，疾病是否发作，则要看正气的盛衰变化：正气渐盛，则邪气渐退；正气健康运转，邪贼潜伏隐藏。当正气由盛转衰时，邪气则伺机发作。

（一）一日阴阳变化规律

人体正气的变化规律，与自然阴阳的周期性转化相应，体现在人体阴阳消长的动态平衡变化之中。一日之中，白天阳胜于阴，午时阳盛生阴；夜间阴胜于阳，子时阴盛生阳。人与自然相应，也具有一日阴阳消长规律：子时一阳生，阳气由复至乾，经由胆、肝、肺、大肠、胃，而终至脾以合于乾，是阳气由弱到盛、阴气由盛至弱；午时一阴生，阳气由姤至坤，经由心、小肠、膀胱、肾、心包，至三焦则合于坤，是阳气由盛渐衰、阴气由弱至盛。

（二）一年阴阳变化规律

一年四季12个月、24个节气，阴阳随四季及节气呈规律地消长变化。冬至一阳生，阳气从农历十一月中下旬，经十二月、正月、二月、三月逐渐由弱至强，到四月阳气盛极而合于乾，同步的阴气变化则由盛至弱；夏至一阴生，五月中下旬开始阴气渐生，阳气经六月、七月、八月、九月由盛渐弱，到十月进入至阴之时而合于坤，同步阴气则由弱转盛。

（三）邪气致病发作规律

伴随着一日或四时阴阳之气的盛衰变化，邪气伺机而动，发则为病。邪气发动的时机，除与邪气的强弱有关外，还与邪气所犯脏腑及阴阳的多少有关。邪气过于强大，正气不足以胜邪，则邪气可于任何时机发动，导致疾病发作。但致病之邪，常阴多而阳少，易在人体阴胜于阳时发动，因此大多数疾病都呈现旦慧、昼安、夕加、夜甚的规律。但邪气也有阳多阴少者，则易于在阳胜于阴时发动。脏腑所主时和经气运行的规律，从属于一日或四时的阴阳变化规律。因此，疾病是否发作，也与邪气所犯脏腑和所循经脉有关。如半表半里之邪易于在年节律中肝、胆所主气之十一月、十二月、九月、十月发病，在日节律的子时、丑时，及戌时、亥时发病；外感风热多在阳胜于阴的太阳主时的午后发病，外感风寒则多于阴胜于阳的傍晚或凌晨发病。

二、择时治疗要辨证论治

择时治疗包含择时与治疗两个要素。择时的依据是正气与邪气的盛衰变化规律，而治疗则是要遵循基本的辨证论治原则。如潮热一症，有黎明潮热，有日晡潮热，有潮热盗汗。然而同是潮热，有因于阴虚火旺者，有因于湿郁化热者，有因于阳气不足而虚阳上浮者，有因于气虚失固者，有因于血虚失养者，也有因于阳明实热者。同是日晡潮热，可因于湿温或湿热，治之当用除湿清热法；也可因于热结阳明，治之则当用清胃泻火法。

病邪发作在时间上的规律性，为择时用药奠定了基础。治疗或服用药物的时间，当根据病邪发作的时间，结合疾病的性质、药物的起效时间、脏腑所主时等来综合确定。就年节律而言，多于发病季节用药，或者基于治未病思想，提前治疗，如冬病夏治。就日节律而言，通常在病邪发作之前用药，使药物发挥作用的最佳时间，与病邪伤害机体最盛的时间耦合，从而发挥最佳的治疗效果。

【例案】李某，男，61岁。以"反复发热3周"为主诉入院。入院前3周无明显诱因出现发热，最高体温39.8℃，无汗，伴全身酸痛。曾就诊于当地诊所，予退热处理（具体不详），体温有所下降，但反复升高，以午后和夜间为主。为进一步系统诊治，求诊我院，门诊拟"发热待查"收入院。既往糖尿病病史1年，未规范诊治。入院体格检查及辅助检查未见明显异常。入院后西药予胰岛素控制血糖。经多科联合会诊，先后予哌拉西林/舒巴坦钠、左氧氟沙星、美罗培南抗菌，奥司他韦抗病毒，并使用非甾体抗炎药退热，同时配合积极补液处理。经上述治疗8天后患者仍反复发热，体温最高达40℃，常于午后发热。刻下症见：发热无汗，全身酸痛，四肢冰凉。患者平素畏冷喜暖、四肢冰凉，神疲乏力，口喜热饮，纳差呕恶，大便稀溏。舌淡胖，苔白腻，关脉沉细数。中医诊断：消渴，发热。证属"脾阳亏虚，寒湿束表"。根据患者的病情特点，采用病机分治、择时治疗的策略：①无发热时以治里为主：治以温阳健脾，益气化湿。处方：茯苓10g，生白术10g，干姜10g，淡竹叶6g，生黄芪10g，甘草10g，薏苡仁15g，佩兰10g，广藿香10g，陈皮10g，神曲15g，水煎服，1剂分2次服，每4小时服用1次。②发热前治表祛邪：治以散寒祛湿、助阳解表。根据发热规律于发热前（下午2点、5点，晚上8点、12点）服用。处方：羌活10g，防风10g，生白芍15g，五味子6g，桂枝6g，细辛6g，滑石15g，佩兰10g，白芷10g，生姜10g，大枣6g，茯苓10g，薏苡仁10g。患者交替服用两方，体温逐渐下降，2天后体温恢复正常，未再发热，体温正常4天后出院。[医案来源：中国中西医结合杂志，2022，42（4）：504-507.]

三、外感病择时治疗

外感病择时治疗，适用于症状呈间断性发作，在发作时间上有一定的规律性的患者。通常在症状发作前半小时服药。大多数风寒感冒患者，症状多在傍晚加重，可以在进入酉时的时间（17：00）服药。进入酉时则当日人体阳少于阴，阴寒之邪常常在此时开始发作，患者症状加重，是截断阴寒之邪发作的时机。

仲景"先其时发汗"法，即为外感病择时用药的范例："病人藏无他病，时发热，自汗出，而不愈者，此卫气不和也。先其时发汗则愈，宜桂枝汤。"姚秀琴宗此法治疗外感发热已退，但汗出恶风不解的患者，采用汗出恶风发作时前半小时服用桂枝汤，效果良好。[山东中医学院学报，1996（3）：190-191.]

四、宿病复患新病择时治疗

慢性疾病患者多具有不同程度的正气不足，易于感受病邪，形成宿病、新病交织的复杂病情。宿病与新病各有其发作规律和病机特点。如果宿病势缓，可先治新病。但有的宿病不宜暂停治疗；有的宿病与新病相互影响，宿病不治则新病难愈，这就需要新病、宿病并行治疗。如果新病或宿病有明显的发作规律，就可以采用病机分治、择时用药的方法，通过精准用药，提高疗效。通常宿病常规一日二次或三次服药，新病择时用药。例如本节"二、择时治疗要辨证论治"中的病案。

五、慢性病择时治疗

有的慢性病需要长期持续治疗，但有的慢性病呈季节性发作或加重，或者经常在一天中的某个基本固定的时间发作（如早上、午后、傍晚等）。对于季节性发作或加重的慢性病患者，采用择时治疗的方案，有助于提高疗效。传统的三伏灸、冬病夏治方法，就适合慢性病的择时治疗方案。多数慢性病间隙期宜补脾益肾，或益气，或强精，或助阳。发作期以治标为主或标本兼治。如肺胀，多于冬春季发作，夏季缓解。可于夏季用补土生金法，予益气健脾，用四君子汤、香砂四君子汤之类加减；或用金水相生法，予补肾益精助阳，用右归丸、八味地黄丸等化裁。在冬季发作时，根据病情予宣肺降气、纳气平喘、化痰逐饮等治疗。痹病也常在冬春发病、夏秋缓解，也可用夏秋治本、冬春治标的方法择时治疗。再如复发性风疹常在春天发病，这类患者往往脾肺不足，肌表不固。可用食疗的方法，夏秋益脾，常吃健脾益气之香菇、薏米、山药、大枣；冬季益肾固肺，常吃黑芝麻、核桃、白萝卜，或煎服益气固表方（如黄芪、白术、防风）；春季发作时宜肺祛风止痒。对于在一天中固定时间发作的病例，可于发作前半小时到一小时服药。

六、早晚择时治疗

对于采取病机分治的病例，如虚实夹杂，多早服攻邪方，晚服扶正方。对于纯虚之证，一般补脾剂放在早上服，补肾放在晚上服。如腰酸膝软，疲乏无力，属于脾肾亏虚者，可早服归脾汤或补中益气汤补益脾气，晚服右归丸补肾强腰。土不生金之肺脾气虚所致慢性咳嗽，可早予益气健脾法，晚则予宣肺降气法以止咳。失眠通常可用早晚病机分治法，于晚上临睡前服用安神宁心药。如肾阴不足、心肾不交所致之失眠，可早用六味地黄汤补益肾阴，晚上用安神宁心方（衡先培经验方：酸枣仁，柏子仁，茯神，首乌藤，合欢皮，百合，磁石，远志，五味子，莲子心）以改善睡眠。心肝火旺、心神不安之失眠，可以早上用清肝泻火法，予龙胆泻肝汤加减；晚用安神宁心法，服安神宁心方。

七、阴阳气血之择时治疗

（一）择时补阳

就一日而言，子时阳气升，寅时为泰，阴阳平均，之后阳气渐盛，至12：00阳气盛极，下午则由强渐弱。如因阳气亏虚而用补益阳气法，通常宜在阳气由弱变强时治疗，顺阳气上升之势用药，服药时间通常宜放在早上，顺势而为，可达到事半功倍之效。但也有例外。如有的患者因肾阳不足、虚阳浮越，导致心火旺盛，傍晚时出现烦躁心悸，夜间盗汗，当用引火归元法治疗，服药时间则宜放在傍晚。如因虚寒内生，失于温化，患者主要表现为夜间身寒，睡眠难暖，这时也可以将补阳药放在睡前来服，同时睡前用辛温助阳药煎水置温后泡足。但由于傍晚或睡前补阳，是逆势之治，取效更慢，宜徐徐渐进，且多法并举。有的患者阳气不足，常于冬季发病，作为治未病策略，则宜于一年中阳气渐盛之时补益阳气，以预防冬季发病。三伏灸就是这种策略的应用范例。有老年阳虚家族史的家庭，可于40岁以前适当扶助阳气，以防治老年时阳虚的发病。

（二）择时养阴

午时一刻阴气始生，阴气由弱渐强，申时为否，阴阳平均，至亥时（21：00—23：00）阴气最盛。对于阴虚之证，当用补阴法，在酉时（17：00—19：00）阴气盛而未极时用药，顺阴气变化之势，扶助阴气。若阴虚阳亢，欲滋阴以潜阳，宜在阳气潜而未尽的戌时（19：00—21：00）治疗，益阴以涵阳，既顺阴气渐盛之势，又顺阳气渐藏之机。若单一的脏腑阴虚，则又宜结合相应脏腑之特性而治。

（三）择时益气

气为阳之渐。气虚则多阳弱。故补气从阳，可参考择时补阳策略。同时，脾胃为后天之本，气血生化之源。因此，大凡益气，皆宜顾护脾胃。益气之方，多偏滋腻。若安排在脾胃功能旺盛之时的7：00—11：00服用，则可扬长避短，顺脾胃之势以生气。

（四）择时补血

血主要由营气和津液组成。营气和津液都来源于脾胃所摄水谷之精微。水谷精微化生而成的营气和津液，还需要肺所纳之气。《灵枢·营卫生会》指出："中焦亦并胃中，出上焦之后，此所受气者，泌糟粕，蒸津液，化其精微，上注于肺脉，乃化而为血。"因此，补血治法，首重脾胃，兼顾肺。治疗血虚，当补血法与健脾法同施，选择肺主时用药（4：00—5：00）。

八、五脏象的择时治疗

（一）肺脏象择时治疗

肺主气，司呼吸，主宣发肃降，与手阳明大肠相表里。其上通喉咙，外合皮毛，开窍于鼻。由于皮毛、喉咙和鼻是人体与天气交换的场所或通道，易被外感六淫所伤。尤其寒主收引，最易伤及肺的宣发功能，因而常常感受风寒之邪。风寒束肺，肺失宣发，当用宣肺散寒法治疗时，实则泻其表，宜于大肠所主之卯时服药，助阳气上升之势以驱散风寒之邪。若阳明大肠腑实，用通腑泻实法，宜在卯时或辰时服药；也可以实则泻其子，在膀胱所主之申时服药。肺为娇脏，喜润恶燥，其阴易伤。若是肺阴亏虚，予滋养肺阴治疗，则宜在肺主之寅时服药。当肺气不足而用补益肺气法治疗时，结合虚则补其母及脾胃的运化功能，可选7：00—11：00服药。

（二）心脏象择时治疗

心主血脉，五行属火，阳常有余而阴常不足，多患心火亢旺之证。舌为心之苗。若心火亢旺而发口舌生疮，治当用清泻心火法，宜在心所主之正时12：00服药，以直折心火。心主神志，如邪热扰心而致心神不宁，当以清热宁心法治疗，《灵枢·邪客》有"诸邪之在于心者，皆在于心之包络"之说，结合心神不宁多影响夜间休息，故清热宁心药也可在心包所主之戌时服用。心与小肠相表里，若是心火下移下肠而发小便灼热疼痛，用清心泻火法治疗，则宜直折小肠之火，服药时间安排在13：00—15：00的未时。如为内生小肠郁火，可选心包之表三焦主时21：00—22：00服药。如心阴亏虚，因阴虚火旺而发惊悸等症，当养心定悸，服药时间可在午时，或在其母所主之丑时，也可根据水火互济的思想而安排在酉时。

（三）肾脏象择时治疗

肾者主蛰，封藏之本，精之处也。其病多虚，常用补法。精气亏损，治当用补肾填精法，于肾所主之酉时服用，或于水之母所主时的寅时服用。中医自古有早补脾、晚补肾之说，实则皆取其所主时。肾中精气，合则为一精，分则为肾阴肾阳。肾阳亏虚，若表现为气化不足，当用益肾化气法治疗，则宜在其母所主寅时服药，顺阳气向上升发之势；若表现为温煦不足，多在夜间出现寒象，当用温肾散寒法治疗，则宜在肾所主之酉时服用；若表现为推动无力、阳事不举，亦宜在傍晚服用补肾壮阳之剂，使阳药入阴以助肾阳之推动。肾阴亏虚，法当滋补肾阴，亦宜酉时服药；但如阴虚火旺，用滋阴降火法治疗，选择丑时服药，更有助于降亢旺之虚火。在慢性疾病的防治中，补肾填精，不漏冬至；补肾助阳，必用夏至。

（四）脾脏象择时治疗

脾属土，主四时，为升降之枢，喜燥恶湿，易被湿困。如湿邪困脾，则脾失运化，当用燥湿运脾法治疗，服之不择时，可结合临床病证的发作特点安排服药时间。一般燥湿运脾之剂宜餐前服用，先使脾胃运动，消其呆滞，再进水谷。然如脾气不足，或者脾阳亏虚，予补益脾气或补益脾阳法治疗时，因脾气主升，其性属阳，最宜阳气升发之时服之，所以宜放在7：00进早餐时服用。若脾不统血而出现失血诸症，多因脾气之虚，用益气摄血法治之，亦多遵从脾气亏虚的治疗用药思路。

（五）肝脏象择时治疗

肝属木，具有升发之性，在伏羲五符爻卦中独占天阳，多气多血，是阳常有余而阴常不足之脏。若肝阳亢旺即是火。肝阳上亢，或肝火上炎，或肝风内动，均为肝阳有余，治当平肝潜阳，抑或清泻肝火，最宜在肝阳初升的子时一刻来服用，能起到事半功倍之效。若母病及子，肝火绕心，是二阳相加，风火互助，治之最宜直折其火，予清肝泻火之法，选在丑时和午时一刻服用。亦有肝阴亏虚，或者肝血不足者，多兼阴血不涵肝木，补肝阴、养肝血之剂，既可安排在黎明服用，也可考虑取其母所主时，安排在傍晚时服用。

第三章
中医治法通则

第一节　扶正通则

扶正即扶助正气，勿允其衰。《素问·刺法论》："正气存内，邪不可干。"正气不足者，当补益以扶正；正气虽不衰，邪气强大，欲防其衰，可扶正以防正衰。正本平均，虽未病，欲防正气随着年龄的变老而渐衰，也可扶助正气以防其衰减。扶正一般以补益为主，但也不全是补益。凡能使正气强大或更好发挥功能或由病而恢复常态的治疗，均为扶正。《素问·四时刺逆从论》："故刺不知四时之经，病之所生，以从为逆，正气内乱，与精相薄，必审九候，正气不乱，精气不转。"《仁斋直指方论》："有汗者要无汗，扶正为主；无汗者要有汗，散邪为主。"都表明了非补益扶正的道理。

常用的扶正措施包括因虚而扶正，即扶正补虚；形不足者当补之以谷气，精气不足者当补之以厚味，同时也可扶正以祛邪。

扶正补虚

《伤寒论纲目》提出："此条乃明先时极经吐下。中虚而胃不成实之故。以示虚虚之禁也。盖此又太阳传入少阳。不必治少阳。亦不必治阳明。但须扶正补虚。"《灵素节注类编》对扶正补虚给出了解释："夫阴阳之理，包括甚广，能明阴阳，则逆从标本之道在其中矣。假如天地四时，有阴阳之分，人身经络有阴阳，腑脏血气有阴阳，脉象有阴阳，外邪六气有阴阳，故有阴虚阳盛者，有阳虚阴盛者，有阳邪伤阴分者，有阴邪伤阳分者，内伤、外感之病，变化莫可数计。阴病见阳脉为从，阳病见阴脉为逆，合天地四时之气化为从，反天地四时之气化为逆。先病者为本，后病者为标，发病之因为本，所现病状为标。是故因气血虚而生病者，虚为本，补虚则病自愈。"

现代认为，扶正补虚法是针对正气亏虚采取培补正气的治疗方法，临床适用于正气不足甚或亏虚的各种疾病。临床可根据实际需要，或直补其虚，或间接补虚，补虚即为扶正。据临床报道，可用扶正补虚法治疗老年人眩晕、肺癌、肝癌、气血两虚型带状疱疹、慢性心功能不全，或用扶正补虚法、以针药结合方案治疗慢性骨髓炎，都取得了一定的疗效。

【例案】殷凌霄兄令眷，年近五十，体肥便血，先医皆用芩连凉血寒中之剂，将两月而未痊。仲秋忽遍身发麻，合目更甚，因不敢合目，遂不寐者半月矣。诸医作风痰治疗，用星、夏、天麻、秦艽，病益甚。请余求治，病人畏怖，许以重酬。诊其脉虚大而濡，便血犹未止，胃弱不能食，面上时有火起，此气随血下而虚也。盖卫气行阳则寤，行阴则寐，卧则卫气行于阴，气虚行于阴，遂不能周于阳，故合目则身麻也。正合东垣补气升阳和中汤证，即用补中益气汤，加苍术、黄柏、干姜、麦冬、芍药各五分，二剂病知，四剂病减，十剂血止病瘥。予再往诊，病者托故他出以避药矣。夫对证合方，其应如响，于此可见。[《素圃医案》]

按： 本例患者体肥便血，投凉血寒中之剂未愈；又仲秋遍身发麻，不寐半月，作风痰治，其病益甚。失血伤正，正气不足，攻邪无功，徒伤正气。今脉虚弱无力，考虑正本亏虚为主，中气亏虚，失于温化。故治以扶正补虚，治病达本，病乃愈。

形不足者温之以气

《素问·阴阳应象大论》提出："病之始起也，可刺而已；其盛，可待衰而已。故因其轻而扬之，因其重而减之，因其衰而彰之。形不足者，温之以气；精不足者，补之以味。"《内经知要》对"形不足者温之以气"给出了解释："此正言彰之之法，而在于药食之气味也。以形精言，则形为阳，精为阴。以气味言，则气为阳，味为阴。阳者卫外而为固也，阴者藏精而起亟也。故形不足者，阳之衰也，非气不足以达表而温之。精不足者，阴之衰也，非味不足以实中而补之。阳性暖，故曰温。阴性静，故曰补。愚按：本论有云味归形，形食味，气归精，精食气，而此曰形不足者温之以气，精不足者补之以味，义似相反；不知形以精而成，精以气而化，气以味而生，味以气而行。故以阴阳言，则形与气皆阳也，故可以温；味与精皆阴也，故可以补。以清浊言，则味与形皆浊也，故味归形；气与精皆清也，故气归精。然则气不能外乎味，味亦不能外乎气，虽气味有阴阳清浊之分，而实则相须为用者也。"

"形不足者温之以气"用于指导虚劳、心悸、女子崩漏、男子遗精阳痿等以身体虚弱为主要表现疾病的治疗，意即用气味厚重的温补药来治疗形体虚损性疾病。温即温补，气是指气味厚重的补益之品。涉及补脾、益肾、补气益血、补阴益阳、填精壮骨等临床各科具体治法。据临床报道，根据"形不足者温之以气"的原则，可用温补法治疗男科不育；可用扶阳挽精法治疗肿瘤恶病质、干燥综合征、慢性心力衰竭合并贫血，均收到较好的疗效。此外，将该治法运用于评估不同的体质，以防治慢性并发症的发生发展，还能够指导食疗。

【例案】智翁令孙三岁，痘后左手曲池穴侧鬼肿，溃经年余，外科疗治，不能收口，逆予商之。维时伊兄朗玉翁，及同事叶殿扬兄在座，二公俱知医理，予视毕告曰：毒生手足，固不害命，然溃久脓水流多，气血受伤，面黄肌瘦，神形疲倦，目无精采，天柱骨垂，一派大虚之象，最为可虑。溃口收否，无暇计也。朗翁云：证既属虚，虚则当补。予曰：不但用补，且须用温。智翁云：时下炎暑如蒸，过温恐其难受。予曰：医家治病，盛夏遇寒证，用热药，隆冬遇热证，用凉药。所谓舍时从证也。病若虚而不寒，单补亦可见功，今虚而兼寒，非温补莫能奏效。爰定人参养营汤，加附子、鹿茸、枸杞、杜仲，合乎《内经》形不足者，温之以气，精不足者，补之以味之义。二公见方称善。初服精神略转，再服颈骨不倾，守服数十剂，气血恢复，溃口亦敛，此证获痊。虽予之执理不阿，亦赖二公赞襄之力也。[《程杏轩医案》]

按： 患儿皮肤久溃不愈，全身和局部又有气血亏虚之证候，病在本虚，单治标无法解决该顽疾。故治以益气养血之人参养营汤，再加气味厚重之附子、鹿茸等温补阳气，升阳举陷，以治疗形体虚损，托邪外出，使皮肤溃烂得痊。

精不足者补之以味

《素问·阴阳应象大论》提出："病之始起也，可刺而已；其盛，可待衰而已。故因其轻而扬之，因其重而减之，因其衰而彰之。形不足者，温之以气；精不足者，补之以味。"《黄帝内经太素》："五脏精液少者，以药以食五种滋味而补养之。"

"精不足者补之以味"意即当用五味厚重之食药来治疗精血不足的病证。也常用血肉有情之品填精补血，或者益肾填精，以补虚固体，强壮身体。现代也广泛用于指导食疗。据临床报道，可将该原则运用于骨质疏松的防治，或用该方法治疗男性不育的少精、弱精，或用于指导治疗乳腺癌相关的贫血，均收到较好的临床疗效。

【例案】邹某年二十四，向有失血，是真阴不旺。夏至阴生，伏天阳越于表，阴伏于里，理宜然矣。无如心神易动，暗吸肾阴，络脉聚血，阳触乃溢。阴伏不固，随阳奔腾，自述下有冲突逆气，血涌如泉。盖任脉为担任之职，失其担任，冲阳上冲莫制，皆肾精肝血不主内守，阳翔为血溢，阳坠为阴遗，腰痛足胫畏冷，何一非精夺下损现证？《经》言，精不足者，补之以味。药味宜取质静，填补重着归下。莫见血以投凉，莫因嗽以理肺。若此治法，元海得以立基，冲阳不来犯上。然损非旬日可复，须寒暑更迁，凝然不动，自日逐安适，调摄未暇缕悉也。人参三钱，熟地炒松成灰四钱，冷水洗一次，鲜河车膏一钱和服，茯苓钱半，炒黑枸杞子钱半，北五味一钱，沙苑蒺藜一钱半，紫石英五钱生研。[《续名医类案》]

> **按：** 患者向有失血，真阴不足，精血亏虚，治以五味厚重之药。紫河车为血肉有情之品，味重入肾经，加以熟地黄、黑枸杞子增强其补肾填精之效，再以人参、茯苓等补气，从根本上治疗精血亏虚。

扶正祛邪

《医学入门》提出："扶正祛邪虫亦亡。虫亦气血凝滞，痰与瘀血化成。但平补气血为主，加以乌梅、青蒿、朱砂之类，而虫自亡矣。"《类经》对扶正祛邪给出了解释："故食岁谷以安其气，食间谷以去其邪。"岁谷，正气所化，故可安其气。间谷，间气所生，故可以去邪。祛邪者，有补偏救弊之义，谓实者可用以泻，虚者可用以补。

扶正祛邪法是针对感受邪气所致的疾病，通过扶正来治疗的方法。扶正既可以作为祛邪的主要方法，也可以作为祛邪的辅助方法。如邪实而正不虚，重在祛邪，佐以扶正，助正压邪，也体现了"邪之所凑，其气必虚"的思想；如正已虚且邪气已折，可着重扶正，佐以祛邪；如邪实、正虚并重，可扶正与祛邪共进。内科杂病如病程迁延日久，病邪顽固，正气也往往不足，治疗多宜扶正、祛邪同用。据临床报道，徐经世国医大师采用扶正祛邪法治疗肝癌；也可根据扶正祛邪法治疗宫颈鳞状上皮内病变，防治肾纤维化，或治疗慢性乙型肝炎（简称乙肝）、幽门螺杆菌感染性胃病、糖尿病、类风湿性关节炎，或基于扶正祛邪分期论治间质性肺炎，都取得了较好的疗效。

【例案】戚，右，七月，读书港。午后寒热，汗出而解，白疹不隐，咳嗽痰臭，屡进清化未效，良由经久正虚不能振邪外出故。白疹屡见不已，再拟扶正祛邪治。西洋参（一钱），宋半夏（三钱），瓜蒌（四钱），杏仁（三钱），制首乌（五钱），生姜衣（六分），甘草（三分），海蜇（四钱），净归身（二钱），旋覆花（三钱），枇杷叶（五钱）。诸恙悉平，宗原善后，去旋覆，加麦门冬、茯神。[《慎五堂治验录》]

> **按：** 本案患者白痦久而不去，非单纯邪气强盛，所谓"正气存内，邪不可干"，是因素体正气不足而导致病邪久恋不解。医者以西洋参、制首乌益气生津，补益精血，扶助正气；再以半夏、瓜蒌、杏仁等药燥湿化痰、降气止咳，祛除邪气。全方扶正祛邪并重，促进了诸恙归平。

第二节　祛邪通则

祛邪即祛除致病的邪气，达到邪去正复。《素问·阴阳应象大论》："中满者，泻之于内；其有邪者，渍形以为汗；其在皮者，汗而发之；其慓悍者，按而收之；其实者，散而泻之。"《灵枢·口问》云："故邪之所在，皆为不足。"《灵枢·百病始生》："此必因虚邪之风，与其身形，两虚相得，乃客其形。"《读医随笔》认为祛邪即是："凡治病，总宜使邪有出路。宜下出者，不泄之不得下也；宜外出者，不散之不得外也。"

祛邪是通过药物或其他疗法祛除或削弱致病实邪，减少邪气侵袭和损害，达到邪去正安的目的。疾病的产生，一方面是正气不足，另一方面是邪气侵犯。祛邪乃为扶正而立，邪气得祛则正气来复。据临床报道，可用该治则指导肿瘤、肝炎、肾炎、呼吸道疾病、脑血管病等的治疗。

【例案】 新寨马叟，年五十九，因秋欠税，官杖六十，得惊气，成风搐已三年矣。病大发则手足颤掉，不能持物，食则令人代哺，口目张睒，唇舌嚼烂，抖擞之状，如线引傀儡。每发市人皆聚观。夜卧发热，衣被尽去，遍身燥痒，中热而反外寒。久欲自尽，手不能绳，倾产求医，至破其家，而病益坚。叟之子，邑中旧小吏也，以父母病讯戴人。戴人曰：此病甚易治。若隆暑时，不过一涌，再涌，夺则愈矣。今已秋寒，可三之，如未，更刺腧穴必愈。先以通圣散汗之，继服涌剂，则痰一二升，至晚，又下五七行，其疾小愈。待五日，再一涌，出痰三四升，如鸡黄，成块状，如汤热。叟以手颤不能自探，妻与代探，咽嗌肿伤，昏愦如醉，约一二时许稍稍省。又下数行，立觉足轻，颤减，热亦不作，足亦能步，手能巾栉，自持匙箸。未至三涌，病去如濯。病后但觉极寒。戴人曰：当以食补之，久则自退。盖大疾之去，卫气未复，故宜以散风导气之药，切不可以热剂温之，恐反成他病也。[《儒门事亲》]

> **按：** 患者因受杖刑，精神受到刺激，肝气郁结，日久化火，煎津成痰，火盛风动痰壅，此仍实邪为患，上有痰，下有积，邪气阻滞。治疗先以汗法，次以催吐，复以攻下，皆为祛邪之法。汗之则郁结得散，吐之则痰浊得祛，下之则炽火得泻，邪去则正复而病愈。

第三节 正治与反治

一、正治

即逆着病机性质用药的治疗方案。《素问·至真要大论》提出正治原则："帝曰：何谓逆从？岐伯曰：逆者正治，从者反治，从少从多，观其事也。"《素问·至真要大论》："帝曰：何谓逆从？岐伯曰：逆者正治，从者反治，从少从多，观其事也。"《素问·生气通天论》对正治策略举例说明："故阳蓄积病死，而阳气当隔，隔者当泻，不亟正治，粗乃败之。"正治法则是临床最为常用的治疗策略，通常所说的热者寒之、寒者热之、实则泻之、虚则补之，都是正治法则的体现。正治法则可以联合使用，如补虚泻实、攻补兼施。

补虚泻实

《灵枢·胀论》提出："凡此诸胀，其道在一，明知逆顺，针数不失，泻虚补实，神去其室，致邪失正，真不可定，粗之所败，谓之夭命；补虚泻实，神归其室，久塞其空，谓之良工。"《灵枢·刺节真邪》："岐伯曰：泻其有余，补其不足，阴阳平复。"《针灸大成》对补虚泻实的解释："百病之生，皆有虚实，而补泻行焉。……凡用针者，随而济之，迎而夺之，虚则实之，满则泻之，菀陈则除之，邪盛则虚之。"

虚即正气不足，实者邪气盛。泻实即为祛邪，是针对邪气而言的。补虚即是扶正，是针对正虚而言的。补虚泻实是针对机体既有正气不足又存在邪气较盛的病变，采取补正气、祛邪气的复合治法。在疾病发展变化过程中，正气与邪气是互相对立统一的，补虚则正气恢复，抗邪有力，可促进邪气消退。泻实则让邪气有外出之机。据临床报道，可根据补虚泻实法治疗不寐，肺系顽疾，男性不育少精、弱精，系统性红斑狼疮，脱发，围绝经期综合征等，均取得了较好的疗效。

【例案】观察毛公裕，年届八旬，素有痰喘病，因劳大发，俯几不能卧者七日，举家惊惶，延余视之。余曰：此上实下虚之证，用清肺消痰饮，送下人参小块一钱，二剂而愈。毛翁曰：徐君学问之深，固不必言，但人参切块之法，此则聪明人以此炫奇耳。后岁余，病复作，照前方加人参煎入，而喘逆愈甚。后延余视，述用去年方而病有加。余曰：莫非以参和入药中耶？曰然。余曰：宜其增病也，仍以参作块服之，亦二剂而愈。盖下虚固当补，但痰火在上，补必增盛，惟作块则参性未发，而清肺之药已得力，迨过腹中，而人参性始发，病自获痊。此等治法，古人亦有用者，人自不知耳。于是群相叹服。[《洄溪医案》]

按：患者久病，素体肺肾两虚。肾主水，肺主治节，二者失司则机体水湿运化失常，痰湿内生，久病郁而化热，则虚实并见，治疗该患者，当做到虚实并重，补虚泻实。然补虚为补正气不足，泻实为泻邪气有余，不可相悖。本案中人参当切块送下，使其缓慢起效以补元气之虚。而清肺药煎服起效慢，间接达到先攻后补之效。如与清肺之药混煎共服，则助长上焦痰火，即人参不仅未能起到补虚之效，还助长了邪气，故不能见效。

实则泻之

《素问·三部九候论》提出："帝曰：以候奈何？岐伯曰：必先度其形之肥瘦，以调其气之虚实，实则泻之，虚则补之。"《难经》指出："东方实，西方虚，泻南方，补北方，何谓也？然。金木水火土，当更相平。东方木也，西方金也，木欲实，金当平之；火欲实，水当平之；土欲实，木当平之；金欲实，火当平之；水欲实，土当平之。东方者，肝也，则知肝实；西方者，肺也，则知肺虚泻南方火，补北方水。"阐释了基于五行相克制定泻实的方法。

实，指邪气盛实，即《素问·通评虚实论》所说："邪气盛则实。"实证是以邪气实为主要矛盾的病证。治疗实证时以祛除邪气为主。泻即祛邪的各种治法，不局限于泻下。如燥屎内结、痰饮、瘀血、食积、寒积等病证，分别采用的寒下润下、除痰、祛瘀、消导、温下等治法，均属于"实则泻之"的具体运用。叶天士治疗实证胃痛时根据不通则痛的病机和实则泻之的治疗原则，采用调理气机、祛痰化饮和活血通瘀的治疗方法。现代专家对心悸的辨证治疗，认为水饮、痰浊、瘀血不仅是心悸的病理产物，亦可作为病因影响着心悸的发生发展，故而应据不同的邪实特征采用实则泻之法治疗。有人结合现代研究，提出"胃强脾弱"是2型糖尿病的主要病机，运用泻法针刺中脘、足三里、内庭可较好地帮助患者控制食欲，从而获得较好的临床疗效。

【例案】一武弁李姓，在宣化作警，伤寒五六日矣，镇无医，抵郡召予。予诊视之曰：脉洪大而长，大便不通，身热无汗，此阳明证也，须下。病家曰：病者年逾七十，恐不可下。予曰：热邪毒气并蓄于阳明，况阳明经络多血少气，不问老壮当下，不尔，别请医治。主病者曰：审可下，一听所治。

予以大承气汤，半日，殊未知，诊其病，察其证宛然在。予曰：药曾尽否。主病者曰：恐气弱不禁，但服其半耳。予曰：再作一服，亲视饮之，不半时间，索溺器，先下燥粪十数枚，次溏泄一行，秽不可近。未离已中汗矣，濈然周身，一时顷，汗止身凉，诸苦遂除。

次日予自镇归，病患索补剂。予曰：服大承气汤得瘥，不宜服补剂，补则热仍复，自此但食粥，旬日可也。故予治此疾，终身止大承气，一服而愈，未有若此之捷。论曰：老壮者形气也，寒热者病邪也。脏有热毒，虽衰年亦可下；脏有寒邪，虽壮年亦可温。要之与病相当耳，失此，是致速毙也，谨之。[《伤寒九十论》]

按： 本例患者大便不通，脉洪大而长，在里为实，纯实无虚，遵"实则泻之"之法，邪不去则疾不瘥。首剂服药量较小，再服而愈，瘥后正气不虚，故不宜服补剂。由此可知，实则泻之，邪尽去则病可愈。

虚则补之

《素问·三部九候论》提出："阴阳和平之人，其阴阳之气和，血脉调，谨诊其阴阳，视其邪正，安容仪，审有余不足，盛则泻之，虚则补之，不盛不虚，以经取之，此所以调阴阳，别五态之人者也。"《灵枢·官能》："上气不足，推而扬之；下气不足，积而从之；阴阳皆虚，火自当之。"进一步阐释了补虚之含义。

虚即正气不足，《素问·通评虚实论》说："精气夺则虚。"虚则补之是指对邪气不盛而正气衰，或邪气盛而正气已虚而采用补益的方法，是治疗虚弱性疾病的一种治疗原则，如气虚、血虚、阴虚、阳虚，分别用补气，补血、补阴、补阳的方法治疗。明代医家吴楚认为，食积若为脾胃虚弱者则以补脾为先、消导为后，重视病后调养。近代浙东名医阮怀清治疗脾胃病痞胀食减者，责之湿伤脾阳，治当斡理中州；而脘腹胁痛者，缘于阴寒留滞，治用温补通滞，具体分为补土通阳、养血通阳、温散通滞三法。现代医家也将虚则补之的法则应用于职业病、痹证等多种疾病的临床诊疗中。

【例案】 某内损虚证，经年不复，色消夺，畏风怯冷。营卫二气已乏，纳谷不肯充长肌肉，法当建立中宫。大忌清寒理肺，希冀止嗽，嗽不能止，必致胃败减食致剧。黄芪建中汤去姜。[《临证指南医案》]

按：内损虚证，经年不复，说明此为慢性虚损性疾病，故而虚则补之。源于营卫二气匮乏，法当调和营卫、建立中宫，故予黄芪建中汤加减治疗，以温养脾胃，中阳健运，化生气血，以灌溉四旁，使虚损得补，诸证可愈。

二、反治

即顺着病机性质用药的治疗方案。《素问·至真要大论》对反治法则给出的定义是："逆者正治，从者反治，从少从多，观其事也。"并进一步用实例说明了反治法则如何应用："帝曰：反治何谓？岐伯曰：热因寒用，寒因热用，塞因塞用，通因通用，必伏其所主，而先其所因，其始则同，其终则异，可使破积，可使溃坚，可使气和，可使必已。"

热因热用

热因热用即以热治热。有两种情况：一是基于疾病需用热药"通""散"的特有性质，采用热性的药物治疗临床有热象特征的疾病。如痹证皆因风、寒、湿三气杂至，阻塞经络而致气血不畅所发。致痹之邪皆有得寒则凝、得温则行的性质。因此，无论寒痹、热痹，闭阻不通都是固有特征；治疗也常用温通之法，对于热痹采用"热因热用"法则，以通治之。《医学纲目》："风痹，风与痹杂合病也。盖风痹痿厥四者多杂合。……《灵枢》：病在阳者，命曰风（寿夭刚柔篇）。东垣云：此病在阳，因十二经各受风邪，以高言之气分也。故身半以上，风之中也，用针当引而去之也。又曰：散而去之，用药以辛温发散，通因通用，又热因热用是也。"又如，饮邪为病，常致心烦而渴，为热象之征。然饮邪有得温则散的性质，治疗以温为核心法则。无论寒饮，抑或饮邪郁化生热，如确属水饮难化，皆当温以化之。《伤寒论注》："表热不解，内复烦渴者，因于发汗过多。反不受水者，是其人心下有水气。因离中之真水不足，则膻中之火用不宣。邪水凝结于内，水饮拒绝于外，既不能外输于玄府，又不能上输于口舌，亦不能下输于膀胱，此水逆所由名也。势必借四苓辈味之淡者，以渗泄其水。然水气或降，而烦渴未必除，表热未必散。故必借桂枝之辛温，入心而化液；更仗暖水之多服，推陈而致新。斯水精四布而烦渴解，输精皮毛而汗自出，一汗而表里顿除，又大变乎麻黄、桂枝、葛根、青龙等法也。暖水可多服，则逆者是冷水，热淫于内故不受寒。反与桂枝暖水，是热因热用法。五苓因水气不舒而设，是小发汗，不是生津液，是逐水气，不是利水道。"

二是以热性药物治疗假热病证。适用于阴寒内盛，格阳于外，反见热象的真寒假热证。热证用热药，从表面上看是矛盾的，但实际上热药是针对疾病本质"真寒"而用。真寒得除，假热自会消失。如《伤寒论·辨少阴病脉证并治》言："少阴病，下利清谷，里寒外热，手足厥逆，脉微欲绝，身反不恶寒，其人面赤……"其面赤、身热等症，即由阴盛格阳所致，用通脉四逆汤急祛真寒以敛欲脱阳气，假热之症可随之消。又如患者四肢逆冷，下利清谷，面颊浮红，烦躁，口渴不欲饮，脉沉细，用白通汤加猪胆汁煎汤冷服治之。以上两例皆属"热因热用"的具体运用。现代临床对于更年期综合征、冠心病、慢性心力衰竭、脑血管疾病等，都常遵循"热因热用"的治则，可提高疗效。据临床报道，有人基于热因热用治则治疗无明显诱因的周身皮肤烘热有效。对于经抗感染处理效果不明显的病例，有人用经方"热因热用"治疗后，疗效显著。全国名中医高如宏教授运用"热因热用"治疗面部糖皮质激素依赖性皮炎取得满意疗效。

【例案】叶天士先生治嘉善周姓，体厚色苍，患痛风。膝热而足冷，痛处皆肿，夜间痛甚。发之甚时，颠顶如芒刺，根根发孔觉火炎出，遍身躁热不安。小便赤涩，口不干渴。脉沉细带数，用生黄芪五钱，生于术三钱，熟附子七分，独活五分，北细辛三分，汉防己一钱五分。四剂而诸症皆痊，惟肿痛久不愈，阳痿不举，接用知、柏、虎膝、龟板、苁蓉、牛膝，不应。改用乌头、全蝎各一两，穿山甲、川柏各五钱，汉防己一两五钱，麝香三钱，马料豆生用二两，茵陈汤泛丸。每日一钱，开水下而全愈。[《痹病古今名家验案全析》]

> **按：**本案是由于阴寒内盛，格阳于外，阴阳寒热格拒所致的"真寒假热"证。因阴寒内盛，虚阳上越，故出现颠顶如芒刺，发孔觉火炎出，遍身躁热不安。足冷，夜间痛甚，口不干渴，脉沉细为阴寒内盛之象，叶氏根据"热因热用"的治疗原则，采用甘温除热法治疗，获得良效。

寒因寒用

寒因寒用即治寒用寒。有五种情况：一是引药，在治疗寒证的方中少量使用寒药以引诸药逐寒。如《张氏医通》："苏合香丸（局方裁定）治传尸痾瘵、心腹卒痛、僵仆不省，一切气闭，属寒证。苏合香（另研，白色者佳），安息香（无灰酒熬，飞去砂土，各二两），薰陆香（另研），龙脑（另研），丁香，麝香（另研，勿经火，各一两），青木香，白术，沉香（另研极细），香附（炒），乌犀角（镑屑，另研极细）。上十一味为末，逐一配匀。谅加炼白蜜和剂。分作五十丸。另以朱砂一两，水飞为衣。蜡护。临用剖开。井花水生姜汤，温酒化下一丸。（原方尚有白檀香、荜茇、诃黎勒三味。因太涩燥。故去之。苏合香丸取诸香以开寒闭。仅用犀角为寒因寒用之向导。与至宝丹中用龙脑。桂心无异。）李士材曰：牛黄丸、苏合香丸，皆中风门中夺门之将。而功用迥异。热阻关窍，用牛黄丸开之。寒阻关窍，用苏合香丸开之。"

二是泻实用寒。里积在内，无论寒热皆当泻之以除邪积。凡攻下之品，皆苦寒之性。寒积用泻，也必用苦寒泻下之品，即寒因寒用，当配逐寒之药，大黄附子汤即是此例。《内外伤辨惑论》："食伤肠胃，当塞因塞用，又寒因寒用，枳实大黄苦寒之物，以泄有形是也。"此是食伤脾阳，实积阳明，以大黄寒因寒用以除食积。

三是真热假寒。即以寒性药物治疗真热假寒病证。适用于里热盛极，阳盛格阴，反见寒象的真热假寒证。以寒治寒，寒性方药是针对疾病的"真热"本质而用的。如《伤寒论·辨厥阴病脉证并治》所言："伤寒脉滑而厥者，里有热，白虎汤主之。"即用白虎汤清其里热，里热除则不格阴于外，肢厥之症亦可随之而解。

四是阴经用寒药。三阴之经，本具阴寒之性，常感寒邪而病，治之当温，如用寒药，即寒因寒用。伤寒少阴病自利清谷用大承气汤即是。《脉因证治》："治肺便有脾太阴，故寒因寒用，大黄枳实下之。"《普济方》说："又况内伤饮食，其物有形，亦属于阴也。所主内而不出，故物塞其中。以食药寒令不行也，但脾胃有癖气。仲景治癖有五药，皆用黄连以泄之。兼阳之物，有形质也，皆从阴物乃寒之类，亦以大黄枳实阴寒之药以下泄之。举斯二者。是塞因塞用，又为寒因寒用，可以明知之矣。……为病逆而不顺也，故圣人立急治之法以应之。……其病为从治之法。"

五是寒药冷服。寒药易伤脾胃，尤其苦寒泻下之品，更易伤阳耗津液。寒药冷服，顺阳明胃土得阴自安之性，使病去而胃阴不伤。《医方考》："大黄甘草饮子：大黄（一两五钱），甘草（四两），大豆（五升，先煮二三沸，去苦水再煮）。三物用井花水一桶煮熟，冷服无时。此治中、上二焦消渴之方也。大黄能去胃中实热，甘草能缓燥急之势，大豆能解诸家热毒，而必冷服者，寒因寒用也。"

据临床报道，有人遵寒因寒用法成功治疗胸中烦而不舒且偶有似风吹之凉感的病证。东汉名医壶仙翁寒因寒用治谵狂有效。也有人寒因寒用治疗妇人产后阳郁有临床疗效。

【例案】王左，灼热旬余，咽痛如裂，舌红起刺，且倦，口干不思汤饮，汗虽畅，表热犹壮，脉沉细，两尺空豁，烦躁面赤，肢冷囊缩。显然少阴证具，误服阳经凉药，苟读圣经，何至背谬如此？危险已极，计惟背城借一，但病之来源名目，虽经一诊道破，尚虑鞭长莫及耳。勉拟仲圣白通汤加猪胆汁一法，以冀挽回为幸！淡附子二钱，细辛三分，怀牛膝一钱，葱白三茎，上油肉桂五分，左牡蛎七钱，猪胆汁一个，冲入，微温服。[《张聿清医案》]

> **按**：患者表现为咽痛如裂，舌红起刺，口干不思汤饮，汗虽畅，表热犹壮，呈现一派热象。但两尺空豁且倦，肢冷囊缩，乃为阴寒内盛，而烦躁面赤，是浮阳外越。治以桂、附、细辛温散里寒，佐葱白宣通上下。加咸寒之牡蛎、苦寒之猪胆汁为引药，引热药入寒巢以发挥祛散里寒的作用。

塞因塞用

塞因塞用是指用补益方药治疗具有闭塞不通之证的一种治法。亦称"以补开塞"，用于治疗真虚假实证。《内经知要》："塞因塞用者，如下气虚乏，中焦气壅，欲散满则更虚其下，欲补下则满甚于中，治不知本而先攻其满，药入或减，药过依然，气必更虚，病必转甚，不知少服则壅滞，多服则宣通，峻补其下则下自实，中满自除矣。"《神农本草经疏》："《经》曰：塞因塞用者，譬夫脾虚中焦作胀，肾虚气不归元，致上焦逆满，用人参之甘以补元气，五味子之酸以收虚气，则脾得补而胀自消，肾得补而气自归元，上焦清泰，而逆满自平矣。"

临床有因虚而闭者，治疗时不但不能用通法，反而要用补法。如患者胸脘痞满、时胀时减、喜按、纳呆、舌淡脉虚，但无水湿、食积内停征象，此属中气不足，脾虚不运所致，可用补中益气汤以益气健脾。又如《金匮要略·腹满寒疝宿食病脉证治》说："心胸中大寒痛，呕不能饮食，腹中寒，上冲皮起，出见有头足，上下痛而不可触近，大建中汤主之。"上述症状，看似大实，但属脾胃虚寒重证，即所谓"至虚有盛候"，用大建中汤。此亦属以补开塞之例。此外，命门火衰所致的癃闭、便秘，气虚血枯、冲任亏损所致的闭经，年老津亏引起的便秘等，应分别采用补肾温阳、益气滋阴等方法，皆属于"塞因塞用"治法的范畴。据临床报道，用塞因塞用治疗二便失调的病症常有意想不到的疗效。遵塞因塞用法治疗胃痞病、小儿各种真虚假实证，临床取得了良好的疗效。有研究发现，基于塞因塞用法针刺对剖宫产术后胃肠道功能恢复有效。

【例案】 歙呈坎罗斯总，年逾三十，病中满，朝宽暮急，屡医不效。居士诊视，脉浮小而弦，按之无力，曰：此病宜补。以人参二钱，白术、茯苓各一钱，黄芩、木通、归尾、川芎各八分，栀子、陈皮各七分，厚朴五分，煎服。且喻之曰：初服略胀，久则宽矣。彼疑气，无补法。居士曰：此世俗之言也。虚气不补，则失其健顺之常，痞满无从消矣。《经》曰塞因塞用，正治此病之法也。服之果愈。[《石山医案》]

按： 本案本质为脾气虚，运化功能失常，若此时不益气健脾，反用消胀等攻伐之法，则痞满无从消矣。

通因通用

通因通用是指以通利方药治疗因实邪积滞导致通泄表现的一种治法。《类经》："火热内蓄，或大寒内凝，积聚留滞，泻利不止；寒滞者以热下之，热滞者以寒下之，此通因通用之法也。"《神农本草经疏》："通因通用者，譬夫伤寒挟热下利，或中有燥粪，必用调胃承气汤，下之乃安，滞下不休，得六一散清热除积而愈。皆其义也。"一般情况下，通利应采用补益或固涩法，但对某些现象是"通"，而本质是瘀热或积滞的病证，则不但不能用温补固涩，反而应用通利之法，祛除实邪，其通利症状自除。如《伤寒论·辨少阴病脉证并治》说："少阴病，自利清水，色纯青，心下必痛，口干燥者，急下之，宜大承气汤。""下利谵语者，有燥屎也，宜小承气汤。"其自利、下利，均为"热结旁流"之症，用大、小承气汤泻下结滞，除去病因，诸证可自愈。其他如湿热蕴积膀胱、气化不利引起的小便频数，当清利湿热、通利小便；瘀血停积引起的崩漏，当破血行瘀；饮食停滞导致的腹泻，又当消食导滞等，均属通因通用的具体体现。有学者据"通因通用"思想，将糖尿病肾病蛋白尿瘀血阻络的成因概括为热燔血瘀、气虚血瘀、气滞血瘀、阳虚寒凝血瘀四类，以清热活血化瘀法、益气活血化瘀法、行气活血化瘀法、温阳散寒化瘀法分治。采用"通因通用"法治疗腹型紫癜，临床屡获效验。使用通因通用法对多种原因所导致的汗证都具有很好的疗效。还有人提出，血瘀是妇科血证和痛证的常见和基础病机，故以通因通用法治疗，以桂枝茯苓丸为基础方，随症加减。

【例案】 医者王月怀，伤寒五六日以来，下利日数十行，懊憹目胀。一时名医共议以山药、苡仁补之。且曰：不服是药，泻将脱矣。余独曰：脉沉且数，按其腹便攒眉作楚，此协热自利，谓之旁流，非正粪也，当有燥屎。饮以承气汤，果得结粪数枚，利乃止，懊乃定。[《脉诀汇辨》]

按： 腹泻止泻，这是常规疗法。但是若因燥热内结，而致时泄臭水，应因势利导，让患者把积留体内的秽浊之物泻去，这就是"通因通用"。

甚者从之

《素问·至真要大论》提出："微者逆之，甚者从之。"《类经》阐述其意："微者逆之，甚者从之，病之微者，如阳病则热，阴病则寒，真形易见，其病则微，故可逆之，逆即上文之正治也。病之甚者，如热极反寒，寒极反热，假证难辨，其病则甚，故当从之，从即下文之反治也。王太仆曰：夫病之微小者……病之大甚者，犹龙火也，得湿而焰，遇水而燔，不知其性，以水折之，适足以光焰诣天，物穷方止矣；识其性者，反常之理，以火逐之，则燔灼自消，焰火扑灭。"至于如何方为"从之"？《中西汇通医经精义》："惟微者逆之、甚者从之。此理极其微妙。盖微者如小贼，可以扑灭；甚者如巨盗，巢穴深固，非诱之不为功。西医如治热证，则以冰压胸，此热者寒之之正法也。然热之微者，可以立除。如热之甚者，反逼激其热，使内伏入心而死。香港疫症。如此治死者多矣。皆不知甚者从之也。比如被火伤甚重，则忌用冷水浇，恐火毒伏心而死也。"

甚者是指病情异常的发展，突破了常规，如病势严重，症状复杂，甚至出现假象者。热极似寒，寒极似热，至虚有盛候，大实有羸状，此其类也。据临床报道，遵"甚者从之"之法可治愈咽峡炎及皮肤结节性红斑，效果良好。有人根据"甚者从之"阐释白通加猪胆汁汤是治疗阴盛戴阳服热药发生格拒的主方，功能破阴通阳。也有人用"甚者从之"这一治疗法则，治疗疑难杂证，收效卓奇。实践表明，通过对"甚者从之"的理解，在临床上合理运用通因通用、热因热用、塞因塞用、寒因寒用等方法，可显著提高疑难病证的治疗效果。

【例案】 雍正癸丑年间以来，有烂喉痧一症，发于冬春之际，不分老幼，遍相传染。发则壮热烦渴，痦密肌红，宛如锦纹，咽喉疼痛肿烂，一团火热内炽。医家见其热火甚也，投以犀、羚、芩、连、栀、膏之类，辄至隐伏昏闭，或喉烂废食，延俟不治；或便泻内陷，转倏凶危，医者束手，病家委之于命。孰知初起之时，频进解肌散表，温毒外达，多有生者。《内经》所谓微者逆之，甚者从之。火热之甚，寒凉强遏，多致不救。良可慨也。[《丁甘仁医案》]

按： 喉痧表现虽是火热内炽，但其病位在表。发于冬春，乃表寒郁闭，里热不得透越，故而出现火热内炽之症。寒凉强遏则又表邪内陷，使病情加重。其在表者，当汗而发之。甚者从之，从表而汗，故予解肌散表，以使表寒得散，温毒外达，方有生机。

第四节　内治与外治

《素问·至真要大论》："调气之方，必别阴阳，定其中外，各守其乡。内者内治，外者外治，微者调之，其次平之……""从内之外者，调其内；从外之内者，治其外；从内之外而盛于外者，先调其内而后治其外；从外之内而盛于内者，先治其外而后调其内。"阐述了内治与外治的法则。

内病内治

《李时珍研究》："人体是有机的整体，在外之皮毛与在内之脏腑，通过经络联系，息息相通。故内服药物可以治疗外表的疾病，外用药物也可治疗内在疾病。因此，李时珍不独重视内病内治，亦且重视内病外治。"冯兆张《冯氏锦囊秘录》认为："病有中外，治有表里。在内者，以内治法和之；在外者，以外治法和之。"内病内治法则是所有内伤疾病的治疗通则。由机体内部阴阳失衡所引起的疾病，首先可以考虑内病内治。内病外治、外病内治则是在此基础上进行延伸发展的，可以在内病内治、外病外治效果不佳的前提下进行。内病之所以内治，是内病的主要矛盾存在于机体内部，如脏腑、精血为病，生痰生瘀，气郁神乱，皆起于内。通过内服药，治寒以热，治热以寒，正反从逆，以去病因则愈。为内、妇、儿科的主要治疗方略。

【例案】妇人有生产之时，被稳婆手入产门，损伤胞胎，因而淋漓不止，欲少忍须臾而不能，人谓胞破不能再补也，孰知不然。夫破伤皮肤，尚可完补，岂破在腹内者，独不可治疗？或谓破在外可用药外治，以生皮肤；破在内，虽有灵膏，无可救补。然破之在内者，外治虽无可施力，安必内治不可奏功乎！试思疮伤之毒，大有缺陷，尚可服药以生肌肉，此不过收生不谨，小有所损，并无恶毒，何难补其缺陷也。方用完胞饮：人参（一两），白术（十两，土炒），茯苓（三钱，去皮），生黄芪（五钱），当归（一两，酒炒），川芎（五钱），桃仁（十粒，泡、炒，研），红花（一钱），益母草（三钱），白及末（一钱）。

用猪羊胞一个，先煎汤，后煎药，饥服十剂全愈。夫胞损宜用补胞之药，何以反用补气血之药也？盖生产本不可手探试，而稳婆竟以手探，胞胎以致伤损，则难产必矣。难产者，因气血之虚也。产后大伤气血，是虚而又虚矣，因虚而损，复因损而更虚，若不补其气与血，而胞胎之破，何以奏功乎！今之大补其气血者，不啻饥而与之食，渴而与之饮者也，则精神大长，气血再造，而胞胎何难补完乎，所以旬日之内便成功也。[《傅青主女科歌括》]

按：本例妇人于生产之时损伤胞胎，淋漓不止，病位在内，生肌敛疮等外治法无力可施，故予内治，适其逆从，大补气血乃愈。

外病外治

《素问病机气宜保命集》："故从所来者为本，其所受者为标。是以内者内调，外者外治。内者调之，不言其治。外者治之，不言其调。《经》所谓上淫于下，所胜平之。外淫于内，所胜治之。此之谓也。若从内之外盛于外，先调其内而后治其外。从外之内而盛于内者，先治其外而后调其内。王注曰：皆谓先除其根底，后削其条也。"阐明了内调外治的用药特点，指出外所生病，主要当从外而治之。《小儿外治疗法》："外病外治则主要是依靠药物局部的治疗作用。它和内治一样，在辨证施治原则的指导下，选用相应的药物和方法，进行消肿、止痛、去腐、生肌，具有药径效捷的优点。还有在局部使用冷、热、磁、电等物理疗法，祛风寒、通络脉，以驱除病痛，也较为常用。"

外病外治，指使用方药或针灸康复等手法通过各种介质作用于躯体外部以治疗创口、溃疡等外病为主的治病方法。用药如雄黄、黄连粉之属，另见灸法、按法、针法等中医特色操作手法。另外，对于外邪所致之病，如伤风、冒暑等，也可以通过热敷、热蒸或降温等外治法进行治疗。有人将《金匮要略》外治总结归纳为矾石浸脚法、百合洗身法、药物外洗前阴法等十六种特色外治法。基于"外病外治"理论，有人采用中药涂搽、熏洗、针灸、自血疗法结合西医药物外治法治疗银屑病，疗效显著。

【例案】有人偶含刀在口，割舌，已垂未断。一人用鸡子白皮袋之，掺止血药于舌根。血止，以蜡化蜜调冲和膏，敷鸡子皮上。三日接住，乃去皮，只用蜜蜡勤敷，七日全安。[《明医心鉴》]

> 按：舌体娇嫩而润，灵活常动，若遇创伤，极难疗护，一般包扎固护之品皆难施用，李时珍援引《仙传外科》之发明，释之云："此用鸡子白皮无他，但取其柔软而薄，护舌而透药也。"此皮喜润而质地柔韧，极适用于常湿而润的部位上贴敷，调入稠黏药剂，可加强其黏附之性，易于固定创口，并可浸含药剂于皮中缓缓透入患部。近代有先取皮浸药，再于黏膜及体表细嫩部位处贴敷，即此法之应用。

内病外治

内病外治即对内所生病用外治法进行治疗。《理瀹骈文》指出："外治之理，即内治之理，外治之药，亦即内治之药，所异者法耳。"指出了内病外治的基本原则。一般认为，内病外治包括了除口服药物以外而施于体表皮肤（黏膜）或从体外进行治疗的方法。经络内与脏腑相连，外与四肢九窍相通。经络血脉的沟通为内病外治的原理所在。内病外治法广泛用于呼吸系统疾病、消化系统疾病、肿瘤等。据临床报道，有人应用中医分期辨证联合外治疗法治疗小儿肺炎急性期与恢复期，疗效均有显著提高。也有人对类风湿性关节炎的中医治疗策略进行了综合分析，内治法、外治法及其他疗法的综合运用，使类风湿性关节炎的治疗效果更确切。实践证明，中医药内病外治法对于慢性盆腔炎的治疗有效。对于儿童的泄泻、遗尿、厌食等疾病，运用外治法的临床疗效理想。

【例案】一人病伤寒，经汗下，病去而人虚，背独恶寒，脉细如线，汤熨不应。滑乃以理中汤剂，加姜、桂、藿、附，大作服。外以荜茇、良姜、吴椒、桂、椒诸品大辛热，为末，和姜糊为膏，厚敷满背，以纸覆之，稍干即易，如是半月，竟平复不寒矣。此治法之变者也。[《名医类案》]

> 按：汗多亡阳，下多里虚，导致表里两伤。所以其人背独恶寒，而又脉细如线。治以温阳祛寒，表里交进。又外用荜茇、良姜等大辛热药姜糊为膏敷背，既能增强温阳祛寒的作用，亦是内病外治的一种良法。

外病内治

外病内治即对体表的疾病通过内服药来进行治疗。张琦主编的全国中医药行业高等教育"十三五"规划教材《〈金匮要略〉理论与实践》（2017年）对外病内治的定义为："凡人体反映在体表部位的病变，通过内服药来达到治疗效果，可称为外病内治。"如对体表疮疡，采用清热解毒、托毒排脓等方药内服治疗，以促进毒消脓排而愈。皮肤风疹、麻疹，传统也可通过祛风、透疹等以内服药治疗而愈。在临床实践中，凡外病或体表疾病，皆可用内治法进行治疗。据临床报道，可用内外治法治疗肉芽肿性乳腺炎。对类风湿性关节炎，内治法、外治法及其他疗法的综合运用，可提高治疗效果。内外合治甲状腺结节，在缩小结节体积、改善患者症状方面疗效显著。肛门术后运用补中益气汤内服以调理术后伤口愈合，可减少并发症，减少术后瘢痕形成。有人用腾龙汤内服治疗肠痈、肛痈，疗效显著。用内治法治疗带状疱疹、小儿过敏性紫癜等疾病，确定有效。

【例案】某（氏），乳房结核，是少阳之结。此经络气血皆薄，攻之非易，恐产育有年，酿为疡症耳。青蒿、香附、橘叶、青菊叶、丹皮、泽兰、郁金、当归须。……大凡疡症虽发于表，而病根则在于里。能明阴阳虚实寒热经络腧穴，大症化小，小症化无，善于消散者，此为上工。其次能审明五善七恶，循理用药，其刀针砭割，手法灵活，敷贴熏洗，悉遵古方，虽溃易敛，此为中工。更有不察症之阴阳虚实，及因郁则营卫不和，致气血凝涩，酿成疡症。但知概用苦寒攻逐，名为清火消毒，实则败胃戕生，迨至胃气一败，则变症蜂起矣。又有借称以毒攻毒秘方，类聚毒药，合就丹丸，随症乱投。希冀取效于目前，不顾贻祸于后日，及问其经络部位，症之顺逆，概属茫然，此殆下工之不如也。至于外治之法，疡科尤当究心。若其人好学深思，博闻广记，随在留心，一有所闻，即笔之于书。更能博览医籍，搜采古法，海上实有单方，家传岂无神秘？其所制敷贴膏丹。俱临症历试，百治百验，能随手应效者，即上工遇之，亦当为之逊一筹矣。[《临证指南医案》]

按：外病内治法如今临床多见。本案患者罹患乳房结核，在外治法基础上，同时采用外病内治，服清热活血通络之方，以调其根本，内外合治。

第五节　治法异同

辨证论治是中医治病的基本策略。辨证即是辨病机，论治也是针对病机而治。同一种疾病，在不同阶段可以有不同的病机，也可以有相同的病机；同一种疾病，在不同的人，可以病机相同，也可以病机不同。同时，不同的疾病，也可有相同或相近的病机。病机相同，则治法相同；病机不同，则治法不同。早在《黄帝内经》就有同病同治、同病异治、异病同治的思想。这里的"同病"是指相同的疾病。如《素问·大奇论》："脾脉外鼓，沉为肠澼，久自已。肝脉小缓为肠澼，易治。肾脉小搏沉，为肠澼下血，血温身热者死。心肝澼亦下血，二脏同病者可治。其脉小沉涩为肠澼，其身热者死，热见七日死。"指出五脏皆可致相同的疾病，即肠澼。

同病同治

同病同治意即患相同病机的同一种疾病，可用相同的治法进行治疗。同时，也指不同脏象系统功能异常引发相同的疾病，如病机相同也可以用相同的治法进行治疗。一般以病言之，则同病同治、异病异治是其常；同病异治、异病同治是其变。临床实践中，同病同治是主流，也是制定各种疾病诊疗指南、规范的基本前提。如对于不同的患者，大多数伤寒表实证皆可用麻黄汤，表虚证皆可用桂枝汤；对于阳明经证实热者，皆可用白虎汤；阳胆腑证实结者，皆可用大承气汤，是同病同治之例。据临床报道，基于"同病同治"理论，分别采用补中益气汤加减治疗气虚眩晕，宁肺杏苏汤加减治疗风寒咳嗽，在不同年龄、职业患者中疗效均显著。有人基于同病同治法则的指导，使用具有普适性的肾衰尿毒症治疗方药，使患者肌酐、尿常规等相关指标皆得到明显改善。

【例案】案一：吴三岁、吴五岁、吴八岁三幼孩，连咳数十声不止，八岁者且衄。与千金苇茎汤加苦葶苈子三钱。有二帖愈者，有三四帖愈者；第三四帖减葶苈子之半，衄者加白茅根五钱。

案二：文，四岁。幼孩呛咳，数十日不止，百药不效，用千金苇茎汤加苦葶苈子，二帖而愈。[《吴鞠通医案》]

按： 吴鞠通治疗不同幼童之咳嗽，均采用千金苇茎汤加苦葶苈子。该方主要功效是清热散结，逐瘀排脓，因势利导助邪外出。临床见痰热蕴肺之证，症见连咳痰脓者，皆可同病同治，采用该法进行治疗。

同病异治

同病异治指患相同的病症，如病机不相同，则应当使用不同的治疗方法。《素问·病能论》："有病颈痈者，或石治之，或针灸治之，而皆已，其真安在？岐伯曰：此同名异等者也，夫痈气之息者，宜以针开除去之，夫气盛血聚者，宜石而泻之，此所谓同病异治也。"《素问·五常政大论》也有记载："帝曰：善。其病也，治之奈何？岐伯曰：西北之气，散而寒之，东南之气，收而温之，所谓同病异治也。"《灵素节注类编》对同病异治的认识："圣人察其病之所由，循其气化之理，随宜而治，故同一病而治法各异，皆能使之愈者，以得其病情之所宜，而知常变之理，为治之大体也。"对于同病为何需要异治，在《素问·异法方宜论》中有所涉及："黄帝问曰：医之治病也，一病而治各不同，皆愈，何也？岐伯对曰：地势使然也。"

同病异治是中医辨证论治思想的充分体现，其基础是相同的疾病所处的病理阶段、病性虚实、邪处部位、病理机制等的不同。中医治病的法则，不是着眼于病的异同，而是着眼于病机的区别，在临床疾病治疗过程中必须抓住病机的不同特点进行辨证论治。因此，同病异治是辨证论治个体化的体现。据临床报道，治疗胃食管反流，辨病、辨症与辨证相结合，治疗方案因人而异，体现了治疗的个体化，进一步提高了临床疗效。通过审证求因，从厥阴病和太阴病的角度论治上寒下热证，分别使用乌梅丸和甘草泻心汤治疗，同样取得了显著的临床疗效。有人研究肠道菌群失调所致的泄泻时也提到，该病有不同证型分类，在治疗上需要根据证型作出相应的变化。

【例案】许庆承之子，及黄起生之弟，年俱二十，同患瘟疫，医进达原饮，大柴胡汤，潮热不熄，燥渴反加，因而下利谵语。许氏子，病经两旬，身体倦怠，两目赤涩，谵语声高，脉来数急，知其下多亡阴，所幸小水甚长，足征下源未绝，与犀角地黄汤，加蔗汁、梨汁、乌梅，甘酸救阴之法，频进而安。

黄氏弟，悉同此证，但此病不过三日，即身重如山，躯骸疼痛，谵语重复，声微息短，脉来鼓指无力，此病虽未久，然表里有交困之象，阴阳有立绝之势，急进十全大补汤，重加附子，二十剂始安。夫同一潮热燥渴，同一谵语下利，而用药角立，毫厘千里，岂易言哉！[《得心集医案》]

按： 案中两名患者皆见外感瘟疫后症见谵语，但前者谵语声高脉来数急，小便尚可，不可下之，故予犀角地黄汤从血分论治，并加以酸甘养阴之品；而后者脉无力，声低气微，属阴阳离决之象，急当回阳救逆。

异病同治

异病同治是指不同疾病在发生、发展过程中，因出现相同或相似的病机证候，而采用相同的治疗方法。这是辨证论治的又一特征，运用望闻问切所获得的信息对疾病进行识机辨证，探寻疾病的共同规律，进而深刻认知疾病的本质，以此选方用药，最终有效提高疾病的整体治疗效果。吴亦鼎《神灸经纶》指出："天有四时不及之气，地有东南西北、寒热燥湿之不同，人有老幼少壮、膏粱藜藿之迥异，又有先富后贫、先贵后贱、所欲不遂，所欲病机发为隐微。治之者，或同病异治，或异病同治。"《石室秘录》认为异病同治是"同经者，同是一方，而同治数病也。如四物可治吐血，又可治下血；逍遥散可治木郁，又可治数郁"。《医通祖方》指出，黄芩汤本治春夏温热、热自内发；也可用于治疗下利身热。黄芩加半夏汤既可治疗自利而呕，又可治疗夏秋下利白沫。据现代临床报道，可用补中益气汤为主方治疗中气下陷型不孕症、发热、颤证、骨痛、痞满等。无论复发性口腔溃疡、自汗盗汗、淋证，只要病机为阴虚火旺，就可以知柏地黄汤为主方，随症加减而取效。研究发现，四妙勇安汤能降低冠心病和血栓闭塞性脉管炎患者C反应蛋白水平，说明四妙勇安汤"异病同治"两种疾病时具有相似的作用机制。

【例案】 伏气之发于夏至后者，热病也。其邪乘夏火郁发，从少阴蒸遍三阳，与伤寒之逐经传变不同。亦有兼中暍而发者，其治与中暍无异。暍虽热毒暴中，皆缘热耗肾水。汗伤胃汁，火迫心包，故用白虎之知母以净少阴之源。石膏以化胃府之热，甘草、粳米护心包而保肺胃之气，与热病之邪伏少阴，热伤胃汁，火迫心包不殊。故可异病同治而热邪皆得焕散也。若热毒亢极不解，腹满气盛者，凉膈、双解、承气、解毒，兼苦燥而攻之，或三黄、石膏、栀子豉汤汗之。用法不峻，投剂不猛，必不应手。非如伤寒，待阳明胃实而后可攻下也。[《张氏医通》]

按： 温病所涉及的伏气致病与伤寒逐经传变致病虽病因不同，但临床表现及病机却有互通之处，皆可表现为大热大烦渴等症，故可采用相同的治疗方法，都可运用白虎汤等方剂进行治疗。

第六节　标本缓急

《素问·标本病传论》："先病而后生中满者治其标，先中满而后烦心者治其本。人有客气，有固气。小大不利治其标，小大利治其本。病发而有余，本而标之，先治其本，后治其标；病发而不足，标而本之，先治其标，后治其本。"

急则治其标

急则治其标是指病情危急之际，应以治标为要，先挽救患者生命或解除患者现实痛苦，使病情趋于稳定。所谓治其标，并不是对症疗法，而是要求医生在患者危急之时，善于抓住矛盾的主要方面，即主症，并尽快缓解或消除其危急之候，使病情转危为安，趋向稳定。只有深入探究其主症的病机，立法用药，才能切中病情，而达到缓解和消除危急之症的目的。《儒门事亲》说："《经》曰：本病相传，先以治气。治病有缓急，急则治其标。"提示急治多属功能性改变，大多属阳气的范围。对于疾病的新旧而言，一般认为旧病为本、新病为标，大多新病易治而宿疾难消，故多先治新病。正如周学海《脉义简摩》所言："当视标本之缓急而治之。先见病为本，缓；后见病为标，急。如二便不通，吐泻不止，咽喉肿痛，饮食不入，或心腹厥痛之类，虽后得之，当先治之。故曰急则治其标也。"据临床报道，根据急则治其标的原则，鼻咽癌晚期鼻衄不止当急泻火毒以止其血，肺心病痰热内蕴急宜通腑泻热、泻表救里，中风风阳夹痰火上窜当急行通腑下痰浊以除痰闭，肝硬化腹水湿热水浊壅滞当急需攻下逐水，取得了良好的实际效果。研究表明，越早解决椎体骨折的疼痛症状，患者预后越好，并发症越少，验证了急则治其标的思想。在肿瘤化疗过程中，也可根据急则治其标的原则对恶心呕吐、腹泻、呃逆、便秘、肠易激综合征等并发症进行处理，以缓解患者痛苦，提高治疗效果。

【例案】征南元帅不潾吉歹，辛酉八月初三戌时生，年七旬。丙辰春东征，南回至楚丘，诸路迎迓，多献酒醴，因而过饮。遂腹痛肠鸣，自利日夜五十余行，咽嗌肿痛，耳前后赤肿，舌本强，涎唾稠黏，欲吐不能出，以手曳之方出。言语艰难，反侧闷乱，夜不得卧。使来命予，诊得脉浮数，按之沉细而弦。即谓中书粘公曰：……今胃气不守，下利清谷，腹中疼痛，虽宜急治之，比之咽嗌，犹可少待。公曰：何谓也？答曰：《内经》云：疮发于咽嗌，名曰猛疽。此疾治迟则塞咽，塞咽则气不通，气不通则半日死，故宜急治。于是遂砭刺肿上，紫黑血出，顷时肿势大消。遂用桔梗、甘草、连翘、黍粘、酒制黄芩、升麻、防风等分。㕮咀，每服约五钱，水煮清，令热漱，冷吐去之。咽之恐伤脾胃，自利转甚，再服涩清肿散，语言声出。后以神应丸辛热之剂，以散中寒，解化宿食，而燥脾湿。丸者，取其不即施化，则不犯其上热，至其病所而后化，乃治主以缓也。不数服，利止痛定。后胸中闭塞，作阵而痛。……再以异功散甘辛微温之剂，温养脾胃，加升麻、人参上升，以顺正气，不数服而胸中快利而痛止。《内经》云：调气之方，必别阴阳。内者内治，外者外治。微者调之，其次平之。胜者夺之，随其攸利，万举万全。又曰：病有远近，治有缓急，无越其制度。又曰：急则治其标，缓则治其本，此之谓也。[《卫生宝鉴》]

按： 仲景言"下利清谷，身体疼痛，急当救里，后清便自调，急当救表"。但本案患者虽胃气不守，下利清谷腹中疼痛，但"咽嗌"之疾更加致命。《灵枢》认为上焦如雾，宣五谷味，熏肤、充身、泽毛，若雾露之溉，是为气也。本案患者年高气弱，自利无度，致胃中生发之气不能滋养于心肺，故闭塞而痛。

缓则治其本

缓则治其本是指当病情趋于稳定状态的时候，患者的现实痛苦已经缓解、急性病变已经控制，这时就需要转为治疗旧病、原发病，或者不失时机地扶正固本，寻找病因，补益正气，增强患者的抗病能力。该法一般适用于慢性疾病，或当病势向愈，正气已虚，邪尚未尽之际。如内伤病其来也渐，且脏腑之气血已衰，必待脏腑精气充足，人体正气才能逐渐恢复。王好古《汤液本草》对缓则治其本的理解是"缓，补上治上制以缓，缓则气味薄。治主以缓，缓则治其本"。据临床报道，基于缓则治其本的原则，有人提出了冬病夏治的两种策略，包括内治法和外治法，内治法以内服温补药物为主达到补益正气的作用，外治法以外贴发疱药或者外用温散药为主。在治疗癫痫时，急性发时用西药控制发作，休止期以中药扶正为主，中西医结合，扬长避短，以达到调整人体阴阳平衡和脏腑功能的目的。

【例案】肖敬吾，嘉靖丙午科举人。庚戌冬得风疾，请医治之，未尽。辛亥春，右肩膊掣动，唇吻随动，请予诊之。脉浮缓而涩，予曰：此风邪在太阴经也。太阴肺经，脉浮而涩，肩膊动者，肺病也；足太阴脾之脉缓，唇动者，脾病也。主方以黄芪（蜜炙）、白芍药（酒炒）、甘草（炙），作大剂服之。敬吾乃问：何以不用治痰治风之药？予曰：此奇方之大者，缓则治其本也。盖风伤卫，肺者，卫气之主也。黄芪之甘温以补肺；芍药味酸，曲直作酸，酸者甲也；甘草味甘，稼穑作甘，甘者已也。甲己化土，所以补脾。《经》曰：诸风振掉，皆属肝木。肝苦急，食甘以缓之，用甘草；肝欲收，酸以收之，用白芍药。敬吾闻之喜，守法调理，至夏四月而安。[《保命歌括》]

按：本案中，表面上是因风痰之邪困扰所致的肩臂掣动，治风治痰之药治疗亦可有效，但见效未必快，因只知其标未见其本。依据《素问·至真要大论》所言"诸风掉眩，皆属于肝"，从肝论治，且结合患者脉象，确实因肝经病变所致，且患者掣动的症状日久，并无危及生命之危险，故当直接治其本。

第七节　预防为本

预防为本体现了中医治未病的思想，未病先防、既病防变是其主要内容。《灵枢·逆顺》："上工，刺其未生者也；其次，刺其未盛者也；其次，刺其已衰者也。下工，刺其方袭者也；与其形盛者也；与其病之与脉相逆者也。故曰：方其盛也，勿敢毁伤，刺其已衰，事必大昌。故曰：上工治未病，不治已病，此之谓也。"

未病先防

未病先防是指在未发生疾病之时做好预防工作，以预防疾病的发生。正气不足是发病的内在根据，邪气是发病的重要条件。未病先防重在保养正气，正气存内邪不可干；同时也防御病邪。主要方法有顺应自然、起居有节、劳逸适度、运动锻炼等，以增强体质，提高正气抗邪能力；也可适当服用益气固本、补益脾肾之品，或者施以三伏灸、理疗等。也要讲究卫生，避免外邪，必要时进行针对性药物预防、人工免疫等，以防止病邪的侵袭。历代医家不断丰富治未病理论，不断地研究并运用于实践，发明了五禽戏、八段锦、太极拳等运动，用以强身健体，御邪于外。运用针灸、敷贴等方法"冬病夏治"，治疗易复发的季节性疾病。如张宗法《三农纪》提出："正如医者之头痛医头、足疼治足，其若病之原何？不若自于未病先防也。"《丹溪心法》也对未病先防作了阐释："与其救疗于有疾之后，不若摄养于无疾之先，盖疾成而后药者，徒劳而已。是故已病而不治，所以为医家之法；未病而先治，所以明摄生之理。"强调了未病先防的重要意义。据临床报道，有很多未病先防的事例。如三伏贴是将"冬病夏治"的中医治未病理论与"天灸"相结合，且三伏贴治疗范围已经扩大到内、外、妇、儿各科疾病，内科如冷哮病、风寒咳嗽、虚寒腹痛，外科如痛痹、着痹，妇科如宫寒痛经，儿科如肺炎喘嗽、小儿哮喘、小儿腹泻等多种疾病都可使用以预防发病，尤其在治疗呼吸系统的虚寒性病证方面效果更佳。在亚健康状态调理中运用未病先防的干预手段较多，如饮食调节、情志干预、生活方式调节、运动锻炼、药物干预等，均有明显的效果，可有效促进机体脏腑功能的恢复、阴阳的平衡以及气血津液的正常运行。可从形体锻炼、饮食有节、劳逸结合、个人体质等方面对腰椎间盘突出进行预防。现在已将"未病先防"的理论扩展到对于妇女的生育胎产，以预防妇女孕前、孕中以及胎停育后的疾病。

【例案】一小儿九岁，因惊发热，抽搐顿闷，咬牙作渴，饮冷便秘，面色青赤，而印堂、左腮尤赤，此心脾二经风热相搏，乃形病俱实之症也，先用泻青丸料炒黄连一剂，大便随利，热搐顿减；继用抑青丸一服，诸症悉退。但面色萎黄，肢体倦怠，饮食少思，此病气去而脾气未复也，用补中益气汤及地黄丸而痊愈。[《保婴撮要》]

按：虽早期文献未提及"未病先防"四字，但未病先防的理念却渗透于各年龄段健康或亚健康人群的治疗及保健中。本案中，若因外物惊者，宜用黄连安神丸。因气动所惊者，宜用安神镇惊丸之类，大忌防风丸。如因惊而泻青色，宜用朱砂丸，大忌凉惊丸。盖急惊者，风木旺也，风木属肝，盛则必传克于脾，欲治其肝，当先实脾，后泻风木，若用益黄散则误矣。

既病防变

既病防变是指疾病已经发生，应早期诊断，并根据疾病的发展规律，早期治疗，以防止疾病传变。例如，外邪侵袭人体，"善治者治皮毛"防止邪气由表入里，以致侵犯内脏；发生肝病常易乘克脾胃，应"先实其脾气，无令得受肝之邪"。在防治疾病过程中，如已发生疾病，则当"既病防变"，防微杜渐。《医学源流论》指出："总之人有一病，皆当加意谨慎，否则病后增病，则正虚而感益重，轻病亦变危矣。至于既传之后，则标本缓急先后分合，用药必两处兼顾，而又不杂不乱，则诸病亦可渐次平复，否则新病日增，无所底止矣。"阐述了已病防变、已病防新感的必要性。据临床报道，基于既病防变的思想，治疗尿酸性肾病的核心是对患者提前干预，目的是防止大量蛋白尿、肾衰竭等严重并发症的发生。高血压的既病防变，即在降压的同时，尽早进行中医药的干预，防止高血压的发展及并发症的发生。既病防变在乳腺癌临床诊治中主要体现于"截断扭转"和"先安未受邪之地"两种原则。

【例案】郭，五八，知饥能纳，忽有气冲，涎沫上涌，脘中格拒，不堪容物。《内经》谓：肝病吐涎沫。丹溪云：上升之气，自肝而出。木火上凌，柔金受克，呛咳日加。治以养金制木，使土宫无戕贼之害；滋水制火，令金脏得清化之权。此皆老年积劳致伤，岂攻病可效？苏子、麦冬、枇杷叶、杏仁、北沙参、桑叶、丹皮、降香、竹沥。[《临证指南医案》]

按： 肝病犯脾土，是肝旺乘其所胜。肝为将军之官，主疏泄，一有怫郁则易发肝气横逆，而致乘脾、犯胃。患者所得之病，缘由老年积劳致伤，泻肝伤正则不宜。故本案独辟蹊径，于大量补肺气、养肺阴药方中，以求肺强则乘己所胜之木，木被金克则不能乘土。如脾受肝伐，久必致脾虚而不生金，从而诱发肺疾。此为间接治肝护脾之法，同时也起到既病防变的效果。

第八节　调和气血

调和气血即维持气血的正常运行以发挥其正常的生理功能。通过调和气血，使气顺血和，气血协调，既是顾护正气，也可预防致病邪气的入侵。《素问·至真要大论》："谨守病机……疏其血气，令其调达，而致和平，此之谓也。"《素问·四时刺逆从论》又说："是故邪气者，常随四时之气血而入客也。"表明调和气血可以起到固本和防邪双重作用，这对于健康的维护至关重要。《景岳全书》指出："夫所谓调者，调其不调之谓也。凡气有不正，皆赖调和，如邪气在表，散即调也；邪气在里，行即调也；实邪壅滞，泻即调也；虚羸困惫，补即调也。由是类推，则凡寒之、热之、温之、清之……正者正之，假者反之，必清必静，各安其气，则无病不除，是皆调气之大法也。"对调和气血的方法进行了阐述。调和气血法在临床广泛应用于冠心病、睡眠障碍、月经不调、慢性胃炎、关节退行性改变及恶性肿瘤后期调理等。据临床报道，用调和气血法治疗肝纤维化疗效显著。有人认为气血运行失常是慢性萎缩性胃炎的致病机，采用调和气血法治疗慢性萎缩性胃炎获得了良好的临床效果。也有用调和气血法治疗慢性筋骨病，发现可促进骨代谢、促进骨细胞增殖、改善骨内血流动力学和血液流变学，以利于营养物质进入骨骼，并调节血钙、碱性磷酸酶，临床疗效显著。

【例案】洞庭钱永泰子，患痘毒，医用清火解毒之剂，以一医毒增六七，再医毒生二十，医至第二年，孔皆有管，日流臭浆，右足缩不能行，坐卧三载，始来就治。以阳和、小金、犀黄等丸与服，内用化管药，半月愈半，一月管化，有多骨者亦出。彼欲领子回家，才以生肌散并调和气血之丸与回。任子率性，欲食即与，不洗即止，不敷即停，日以酸橙、石榴等果消闲，严冬复臭难闻。余曰：臭则烂，香则生。肌寒疽未敛，日食酸涩，领回三月，患管

复旧，乃父母害之也。[《外科证治全生集》]

按：患者生痘毒单纯以清火解毒之剂治疗反致毒邪更甚，可见并非单纯邪盛所致的皮肤疾患，若肌肤经络气血不畅，使用再多的药物治疗皆无法到达病所，当加以调和气血之药，使周身气畅血型，脉络畅通，则邪自易祛。

第九节　平衡阴阳

平衡阴阳就是调整阴阳两者之间的关系，使阴阳双方的消长转化保持协调，既不过分也不偏衰，呈现着一种协调的状态。《素问·阴阳应象大论》："阴在内，阳之守也；阳在外，阴之使也。"阴阳互根互用，又相互制约，二者必须维持动态平衡，事物才能生生不息。《素问·生气通天论》中记载："阴平阳秘，精神乃治，阴阳离决，精气乃绝。"表明调和阴阳的平衡对于疾病的预防与转归具有关键作用。阴盛则阳病，阳盛则阴病，这是疾病发生发展的基本规律和特征。只有阴阳恢复了平衡，疾病才能向愈。平衡阴阳治法利用药物或食物的气味性能、情志的属性、针灸补泻的作用等，通过调整阴阳的偏盛偏衰，损其有余，补其不足，促进阴平阳秘，以恢复机体阴阳的相对平衡，达到治疗疾病的目的。可以治疗焦虑、失眠、癫痫、癌症、中风、高血压、心脏病等各系统的疾病，并用于指导养生保健。据临床报道，基于阴阳平衡的健康法则治疗肺癌，立足整体，谨察阴阳，临床疗效显著，能有效改善肺癌患者生存质量，延长生存期。中医药通过调节胰岛素/胰高血糖素间的"阴阳平衡"，可达到治疗2型糖尿病的目的。阴阳平衡法则在指导不寐、慢性乙型肝炎、郁病等疾病的治疗上有重要意义，是提高临床疗效的关键。

【例案】倪左，诊脉左尺沉濡，寸关弦滑而数，右寸郁涩，右关软滑，舌质红，苔淡白。此乃少阴水亏，水不涵木，厥阳独亢，引动中焦素蕴之痰浊，上蒙清窍，堵塞神明出入之路，上焦清旷之所，遂成云雾之乡，是以神机不灵，或不语而类癫，或多言而类狂，经所谓重阴则癫，重阳则狂是也。重阳者，乃风乘火势，火借风威，则痰悉变为火，故云重阳。重阴者，乃火渐衰而痰浊弥漫，类乎阴象，究非真阴可比。据述大便通则神识稍清，胃络通于心包，胃浊下降，痰亦随之而下也。小溲短少而黄，气化不及州都也。恙久根深，非易速功，拙拟滋肺肾以柔肝木，涤痰浊而清神智，冀水升火降，阴平阳秘，则肺金有输布之权，痰浊有下降之路，伏匿虽深，可望其肃清耳。北沙参（三钱），全瓜蒌（切，四钱），朱茯神（三钱），鲜竹茹（一钱五分），枳壳（一钱同炒），川贝母（八钱），珍珠母（八钱），酒炒黄连（三分），生甘草（四分），仙半夏（三钱），青龙齿（三钱），酒炒木通（七分），远志（一钱），鲜石菖蒲（七分），保心丹（开水吞服，三分）。[《丁甘仁医案》]

按：方中以北沙参、竹茹、茯神等药养阴生津，再加之保心丹，温阳益气，阴阳并治，平衡阴阳，以达阴平阳秘之效。

第十节　久病从血治

久病从血治是临床诊治疑难病症时选择具体治法的重要指导原则，是指某些慢性疾患迁延日久，病邪深入，血络受病，所以从血而治。《叶氏医案存真》指出："凡久病从血治为多，今既偏患于上，仍气分之阻，而致水饮瘀浊之凝，此非守中补剂明甚，但攻法必用丸以缓之，非比骤攻暴邪之治，当用稳法。"多因久病入络，血络受损而病多难愈。故《临证指南医案》又说："初为气结在经，久则血伤入络。"血是人的生命存续的关键物质，得血则生，失血则亡。因此，久病治血有助于促进疾病的康复。《素问·至真要大论》云："疏其血气，令其调达，而致和平。"《普济方》也指出："人之一身不离乎气血，凡病经多日治疗不痊，须为之调血。"《血证论》更指出："一切不治之证终以不善祛瘀之故。"国医大师郭子光教授指出，久病入络，奇病从瘀治；久虚羸瘦从瘀治；久积从瘀治；常法论治不效者从瘀治，目的是"疏其血气，令其条达而致和平"。久病治血法则可以用来指导治疗痹证、郁证、积聚、噎膈、便秘等，也可指导妇科多种慢性复发性病症的治疗。据临床报道，久病治血法则可指导治疗中风、冠心病、慢性支气管炎、慢性结肠炎等多种疾病；该法则对于治疗慢性肾炎、顽固遗尿、精神分裂症等多种慢性疾病也有指导意义。可将该法则用于治疗失眠、泄泻、呃逆；或采用该法则治疗糖尿病久病所致诸症，均能收到较好的疗效。

【例案】薛妪，大小便不爽。古人每以通络，兼入奇经。六旬有年，又属久病，进疏气开腑无效。议两通下焦气血方。川芎（一两，醋炒），当归（一两，醋炒），生大黄（一两），肉桂（三钱），川楝子（一两），青皮（一两），蓬术（煨，五钱），三棱（煨，五钱），五灵脂（醋炒，五钱），炒黑楂肉（一两），小香附（醋炒，一两）。上为末，用青葱白去根捣烂，略加清水淋滤清汁泛为丸，每日进食时服三钱，用红枣五枚，生艾叶三分，煎汤一杯服药。[《临证指南医案》]

按： 方中川芎为"血中之气药"，补血润肠的同时又兼有行气之效；当归养血活血，助下焦之气血，加之川楝子、三棱、青皮等破气之品，气血并调，疏通前后二便。

第十一节　怪病多从痰治

痰是机体内水湿津液代谢异常的病理产物，同时又可作为新的致病因素，引起更广泛的病理变化。痰有淡荡之性，痰邪为患，变化多端，涉及病种甚多，且留伏不易祛除。尤其是无形之痰导致的病证，症状纷繁庞杂，离奇古怪，故称之为奇病、怪病。怪病多从痰治，指不论任何系统的任何病变，如他法久治不效，可考虑从痰论治。如果表现有"痰"的特异性证候的，可根据异病同治的精神从痰论治。《杂病源流犀烛》："人自初生，以至临死，皆有痰。……而其为物，则流动不测，故其为害，上至巅顶，下至涌泉，随气升降，周身内外皆到，五脏六腑俱有。……故痰为诸病之源，怪病皆由痰成也。"

国医大师郭子光《中医奇证新编》指出："古有冷涎一证，谓其涎清如水，冷如雪，积于胸脘而为病。此证口中奇冷如含冰，虽未吐清冷之痰涎，但用治痰涎之方，并吐痰涎后而口冷减轻，当属冷涎证无疑。痰涎为病，千奇百怪，表现多端，故有怪病多从痰治之论。"《景岳全书》也指出"痰生百病""百病多兼有痰者""怪病之为痰者……正以痰非病之本，乃病之标耳""见痰休治痰而治其生痰之源"，充分认识到了痰在久病、难治疾病、怪病的治疗中的关键作用。临床遇到怪病可从痰论治，但非皆用化痰之法，而当求本，遵循"痰从气生，顺气为先""治痰先理脾，脾健痰自化""温脾温肾，为治痰之本""治痰要因人、因证制宜"等原则以治痰。据临床报道，可将该治法应用于肝癌的辨证施治。有人从妇科疾病方面探讨该治法，将其用于治疗子痫、子晕、妊娠呕吐、经闭不孕等病。或从伏风宿痰辨治神经系统"怪病"，将此法则用于治疗中风、颤证等神经系统疾病。

【**例案**】邓××，女，49岁。1980年5月25日初诊。自诉半年前因患泌尿系感染，曾服大量清热利湿的中草药。病愈后，觉口淡，饮食无味，继之出现口腔冰冷，如噙冰条，甚至难以忍受。曾经多方诊治，久服大量附、桂、姜等温热之品，并多次服人参未效，又用桂附理中汤、吴茱萸汤、补中益气汤等百余剂，全无效果。自以为得此怪证，难以治愈，十分焦急，四处访医求治，而随夫特来就诊。诊见患者无寒热，惟感口腔奇冷，用手探其口腔各处亦有清冷感，纳差，饮食无味，畏进水，自觉喉中有痰，难于咯出，二便正常，舌质淡，苔白腻，脉沉滑。按前已服过大量温补脾肾药物无效，细察病情，脉症合参，拟属痰湿阻滞中焦，治以燥湿化痰为主，投二陈汤合平胃散加减。陈皮9克，法半夏12克，茯苓15克，苍术15克，厚朴12克，白豆蔻9克，藿香9克，神曲12克，甘草6克，二剂。5月27日二诊：药后，清晨起床时有痰凝咯出，但口冷减轻。再予前方加吴萸12克、干姜9克，二剂。5月29日三诊：药后，觉口冷又有所减轻，痰涎已少，舌苔转薄白。药已见效，嘱再服二剂。6月1日四诊：口冷已除，食欲增进，亦已知味，再按前方服四剂，以资巩固。[《中医奇证新编》]

按：古有冷涎一证，谓其涎清如水，冷如雪，积于胸脘而为病。此证口中奇冷如含冰，虽未吐清冷之痰涎，但用治痰涎之方，并吐痰涎后而口冷减轻，当属冷涎证无疑。痰涎为病，千奇百怪，表现多端，故有"怪病多从痰治"之论。但怪病不一定用"怪"药，中医谓脾开窍于口，可知本病与脾有密切关系。结合脉症，为痰湿阻中焦。中焦脾胃为气机升降之枢，若痰浊塞滞，脾胃升降失调，清阳不升，浊阴上逆，可见口淡，甚则口冷。故治从脾胃痰湿入手，投二陈汤合平胃散加减，以燥湿化痰为主，加升发脾阳药物调其升降，运化复常，而口冷即除矣。

第二篇

常治法

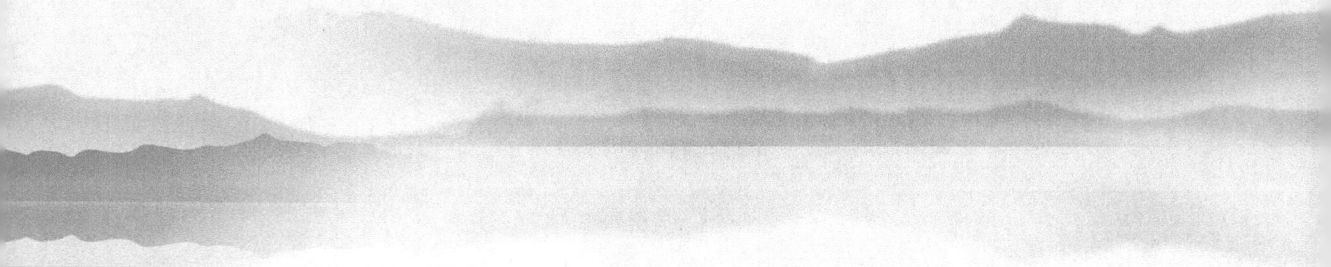

第二篇

常用术语

第四章
九　法

　　九法是在传统汗、吐、下、和、温、清、消、补八法的基础上，加上中医诊疗特色突出的升法。

　　疾病是在正邪的抗争中产生的。正气存内，邪不可干；邪之所凑，其正气必损。临床之疾病，因于正气不足而病者为虚，因于邪气强大而病者为实。有正虚邪犯者，则为虚中夹实。如实邪伤正，正气已损，则形成实中夹虚。后二者皆为虚实并见之病证。

　　凡治病，必分清寒热虚实，此为大要。正虚可补，邪实可攻。攻邪之法，当依据邪之寒热，以及在脏在腑、在上在下、在表在里而选用。邪实在上，可吐而去之；邪实在表，可汗而祛之。有病在表里之间者，则当和之以却病。邪实在下，可降而除之。邪之所结，可消而散之。邪性寒而当用温，亦有因阳虚而生寒者，则当温而补之。邪性热者，多用清法以除其热。因势利导，祛邪顾正，乃治病之大要。邪既有上下表里之分，正气当有升降出入之为。世间万物，升则勃发，降则凋枯。生命健康的维护，必赖正气之升发。故凡当升不升，或升而不足，甚或反降者，必以升法治之。

　　无论攻邪还是扶正，都当据病而施。邪盛多攻，邪少轻攻，邪之十分，攻之理可十分；如邪仅三分，当攻以三分为宜，过攻则正气伤。扶正之药，亦当以正气虚损之程度而施，小虚不可大补，大虚用小补则无功。

　　本章九法所列词条，多为治疗杂病者。至于伤寒、温病之所用，特定脏腑疾病之所需，以及专用治法等，则见相关章节。

第一节　汗法类

　　汗法是通过促进出汗来治疗疾病的方法，使病从汗而解。

　　汗法有广义和狭义之分。广义的汗法是指通过和阴阳、通表里、畅营卫、调脏腑等以防治外感及内伤杂病的治法；狭义的汗法即解表法，指通过开泄腠理、调和营卫等，使在表的外感六淫之邪随汗而解的一类治法。所以汗法不等于解表法。解表法除了发散，还有和解、调补等方法，其中发散除了发汗外，还有发斑、发疹、发痘等方法。解表的过程可汗出亦可无汗出。因此，解表不局限于发汗。

　　汗法是通过"发汗"和"不发汗而致汗（得汗）"两种方式发挥治疗作用。发汗指运用辛散之品开通郁闭的腠理，使汗出邪散；得汗是指根据病机因势调和阴阳、表里、营卫、脏腑，使正胜邪退而汗出。汗法不仅可用于治疗表证，还可用于治疗里证。

　　《素问·阴阳应象大论》："其有邪者，形以为汗，其在皮者，汗而发之。"《世医得效方》：“凡发汗，欲令手足俱周，漐漐然一时许为佳，不欲如水淋漓，服汤中病即已，不必尽剂。然发汗须如常覆腰以上，厚衣覆腰以下。盖腰以上淋漓，而腰以下至足心微润，病终不解。凡发汗病证仍在者，三日内可二三汗之。令腰脚间周遍为度。”可见，用汗法治病，不可过剂。

本节治法以内伤杂病适用为主。至于为解表而汗者，可见其他相关章节。

发汗散寒法

【出处】《医方集解》：“此足太阳药也。成氏曰：桂枝主中风，麻黄主伤寒，今风寒两伤，欲以桂枝解肌驱风，而不能已其寒；欲以麻黄发汗散寒，而不能去其风；仲景所以处青龙而两解也。”

【溯源】《伤寒论·辨少阴病脉证并治》：“少阴病，始得之，反发热，脉沉者，麻黄附子细辛汤主之。”

【释义】发汗散寒法不仅限用于表证。寒客肌表，卫阳被遏而热郁者，法当发汗散寒；若寒客五体、五脏、六腑、官窍，同时伴有阳气被遏而成郁热者亦当发汗散寒，祛其壅塞……痹者闭也，经脉不通，气血不行，亦可阻遏阳气而为郁热。其痹阻的部位，可为皮肉筋骨的五体痹，亦可内入脏腑而成五脏痹、六腑痹。因寒客所引起诸病，首当祛寒，无论在表在里皆当汗而解之。所以，对于寒客热郁者，发汗散寒，即是祛其壅塞，展布气机。

【例案】张敬修内人寒邪客肺，身热、咳呛、无汗治验。横山张敬修内人，年二十五岁，季冬初五日诊。平常经水约廿余日即至，自去年出嫁之后经水愈觉趋前，或半月或数日一至。今于前月二十九日畏寒发热，骨节酸疼，咳嗽不已。延邻医治，用轻疏不应，随用玉竹、白薇、丹皮、黄芩、紫菀、赤苓、旋覆花等治咳，而咳转剧。始问治于余，诊其脉右寸浮紧，寒邪客肺。身热六日，咳呛不已，舌苔腻白，经水适来，寒郁营分。亟宜疏肺以免变迁，拟麻黄汤加味，以发汗散寒，兼治经水。……进药未几即渐微汗，咳呛顿除，经水停而病霍然矣。[《竹亭医案》]

按：患者素有月经前期，新病发热、无汗、呛咳，被误以滋阴清热治之而症剧。诊脉见右寸浮紧，辨为寒邪客肺，以麻黄汤发汗散寒，热去咳止。月经亦恢复如常，盖寒客冲任所致，以麻黄汤发挥温经通脉之功取效。

【析拓】发汗散寒法运用具有辛温发汗散寒功效的药物如麻黄、桂枝等，治疗病机属于寒凝的内科诸证，是寒凝于肌窍致阳气不得宣散，属于里寒证。温经发汗法用于阳虚感寒，治在助阳散寒并发汗，是表里兼治。发汗解表法在于解除客于表卫的外寒。发汗散寒法常用于治疗现代医学的支气管哮喘、冠心病、雷诺病、动脉闭塞、腰椎间盘突出症以及消化道疾病等，中医病机属于寒邪凝结的病症。据临床报道，还可用于治疗高血压、胃肠疾病，也可用于治疗膝骨关节炎。临床有用寒痉汤辅助治疗寒凝证型膝关节炎的案例，可有效缓解患者关节痛。

◎ 其他汗法

补中发汗法

《医学心悟》："总而言之，凡一切阳虚者，皆宜补中发汗；一切阴虚者，皆宜养阴发汗。"该法又称为益气发汗法。凡中气衰弱，无力鼓动，致表邪不能外出，或初病误治，正气已亏，表邪仍在者，宜用补中或益气发汗法。以补益中气和发汗解表的药物治疗气虚兼表证。临床常用于治疗慢性阻塞性肺疾病、小儿感冒、过敏性鼻炎、咯血等病机属气虚兼表证的疾病。研究发现，益气发汗法能在不同时间点不同程度地上调炎症 16HBE 细胞表达 TLR4 mRNA、NF-κB p65 mRNA、hBD-2 mRNA。

发汗消肿法

《金匮要略·水气病脉证并治》："师曰：诸有水者……腰以上肿，当发汗乃愈。"发汗消肿法是应用具有发汗和利水作用的药物治疗水肿的治法。可用于治疗慢性肾小球肾炎、手足口病、水痘以及湿疹、麻疹、脚气等疾病，中医认为这些病的病位在肌表。据临床报道，可用发汗消肿法治疗水肿、肉极、附骨疽、痹证、鼻衄、咳嗽、哮证、偏头风、心痛等，均有效。

清凉发汗法

《医学心悟》："又热邪入里而表未解者，仲景有麻黄石膏之例，有葛根黄连黄芩之例，是清凉解表法也。"该治法也称为解表清里法。清凉发汗法以解表药和清里热药共用，以达到表里双解之效，适用于表证兼里热的病证。代表方有麻杏石甘汤、葛根芩连汤等。临床常用于治疗荨麻疹、肺炎、夏季热、痔、2 型糖尿病、溃疡性结肠炎等病机属表证兼里热者。据临床报道，也可用清凉发汗法治疗急性支气管炎。

温经发汗法

《伤寒六书》："身体痛者，虽曰太阳表邪未解，又有温经发汗不同。"该法又称为温阳发汗法、温经解表法，是运用具有温经助阳、发汗解表的药物治疗阳虚表寒证，即六经辨证中的太阳少阴两感证。代表方为麻黄附子细辛汤。而辛温解表法主要用于表寒证，并不扶助阳气。温经发汗法常用于治疗腰痛、咳嗽、失聪失音等病机属阳虚表寒者。据临床报道，可用温经发汗法治疗现代医学的过敏性鼻炎、小儿病毒性肺炎、类风湿性关节炎、皮疹、气管炎、哮喘、慢性肾衰竭、感染性休克、糖尿病心肌病等。

消导发汗法

《医学心悟》："总而言之，凡一切阳虚者，皆宜补中发汗；一切阴虚者，皆宜养阴发汗。……伤食者，则宜消导发汗。"该法又称为消食发汗法、消食解表法，是运用消食导滞及解表发汗的药物治疗伤食兼外感证。临床主要用于治疗小儿感冒属于外感夹有食积证。

养阴发汗法

《医学心悟》："总而言之，凡一切阳虚者，皆宜补中发汗；一切阴虚者，皆宜养阴发汗。"该治法也称为滋阴发汗法、滋阴解表法，是程国彭根据朱丹溪运用芎归汤加解表药治疗"阴虚"兼表证而提出的治法。指在滋阴养液的方药中加发汗的药物以治疗阴虚邪气滞表的治法，其代表方有麻黄升麻汤、加减葳蕤汤。临床主要用于治疗发热、慢性咽炎、小儿咳嗽、病毒性心肌炎等感染性疾病以及无汗症、硬皮病、银屑病、荨麻疹等皮肤病，病机属阴虚邪气滞表的病症，都取得良效。

第二节　吐法类

吐法是通过引发呕吐来迫邪外出或升发阳气，以达到治病目的的方法。

引发呕吐可用催吐药，也可以其他物理刺激引起呕吐，以消除停留在咽喉、胸膈、胃脘部位的痰涎、宿食、毒物等，为祛邪法的一种。此外，呕吐之动作，可激发阳气上升、外达，也可用于正气升发不足，或邪气束缚正气而正气不得宣达者。

吐法有激发阳气之利，但其本质还是一种强烈的祛邪之法，吐而太过，损伤正气，耗散阳气，因此当适可而止。在吐完之后，当继以扶正养胃之品调理。

催吐法

【出处】《外科证治秘要》："先用鹅翎蘸桐油探吐；或以胆矾末一钱、醋半杯，以鹅翎蘸之探吐；或以针刺肿处，出恶血，或刺手大指少商穴。"

【溯源】《伤寒论·辨厥阴病脉证并治》："病人手足厥冷，脉乍紧者，邪结在胸中。心中满而烦，饥不能食者，病在胸中，当须吐之，宜瓜蒂散。"

【释义】催吐法是用食物、药物或机械的方法使滞留在咽喉、胸膈、胃脘的宿食、毒物、痰涎从口吐出，从而治疗临床所见痰厥、积食、中毒诸证。药物催吐常用瓜蒂、常山、胆矾，其中瓜蒂最为多用，选方如瓜蒂散；食物催吐常用盐汤；机械吐法可予洁净鸡羽或手指探喉催吐。

【例案】一小儿五岁，食粽后咬牙欲吐，顷间腹胀昏愦，鼻青黄赤。此脾土伤而食厥也。令用鸡翎探吐，出酸物，顿醒。节其饮食，勿药而愈。[《保婴撮要》]

> 按：本例患者为小儿，素体质嫩，食粽后饮食积滞停于腹中，脾胃升降失司，气机痞塞而致鼻青黄赤、昏愦等食厥症状。故因势利导以鸡翎催吐而出，使得脾胃升降有序，气机相顺接则顿醒。

【析拓】催吐法采用食物、药物、机械的方法，使患者产生呕吐，以迫使留滞在胸脘之实邪从口涌吐而排出。主要用于临床急救。现代常用催吐法治疗食滞腹痛、呃逆、中毒等疾病。临床有用于治疗产后尿潴留的报道，起到提壶揭盖，宣上通下的作用。

◎ 其他吐法

缓吐法

《重订通俗伤寒论》："淡盐汤合橘红，是缓吐痰涎。"《医方集解》："［参芦散］病人虚羸，故以参芦代藜芦，瓜蒂宣犹带补，不致耗伤元气也。"缓吐法通过用缓和的催吐方药，引起患者以呕感为主的呕吐反应，因势利导，以排泄郁结于胸膈的痰涎郁气。多配合扶正益气之品。适用于体虚、久病者，祛邪而不伤正，重在调达胸中气机，升发阳气。据临床报道，运用缓吐法治疗痰火蕴结之咳嗽，或用缓吐法因势利导治胎漏，均有效。

峻吐法

《医寄伏阴论》："治痰之法，在上者越之，而正气已虚，难堪再事峻吐，故宜二陈汤加香豉、砂仁运脾和胃，理气化痰……"峻吐法通过作用峻猛的催吐方药，引起患者剧烈的呕吐，以吐出停滞于胸脘的有形之痰涎宿食或致病邪物。适用于体质壮实者。对于误食异物久停胃中，几成痼疾者，非峻吐不足以排出外物，也须慎用峻吐之法。待异物吐出后，以益气、养胃等扶正之法调养。常用三圣散、瓜蒂散。据临床报道，可用峻吐法治疗精神分裂症、中风阳闭证、抑郁症等。有人用峻吐法治愈癫狂重证。运用峻吐法戒酒的成功率高，治疗肝硬化腹水也有一定疗效。

撩痰法

《儒门事亲》："岂知上涌之法，名曰撩痰。撩之一字，自有擒纵卷舒。"《千金方》载："令以指刺喉中，吐之病随手愈。"撩痰法指以手指或鸡羽等刺激咽喉以促进吐痰的方法。较之纯用药物涌痰之法，撩痰法胜在能根据病情及吐势灵活掌握涌吐强度，使其既能达到吐痰效果，又能防止过吐伤正之弊。据临床报道，本法用于治疗小儿惊风及急性酒精中毒，都获得良好的效果。

盐汤探吐法

《医方考》盐汤探吐法："烧盐（四合），温汤（二升）和匀饮之，以指探吐。饮食自倍，胸膈饱胀，宜以此法吐之。《经》曰：阴之所生，本在五味。阴之五宫，伤在五味。故饮食过之，则胸膈饱胀者势也。与其胀而伤生，孰若吐而去疾，故用盐汤之咸以软坚，复使探喉以令吐。"盐汤探吐法也称为外探法，是结合食盐软坚散结及外物探吐，吐出痰涎宿食，也可用于激发阳气、醒脑回神。可用于宿食停积胃脘、痰涎积于胸膈、郁气闭郁、痰闭晕厥等。据临床报道，可用指针足三里联合外探法治疗食积型胃脘痛，或用外探法治疗小儿感冒夹滞、宿食、急性单纯性呃逆、耳源性眩晕等。研究表明，补中益气汤加味配合外探法治疗产后尿潴留有良好效果。

涌吐法

《通俗伤寒论》："若干霍乱证，其人吐泻不得……急用涌吐法，川椒五七粒和食盐拌炒微黄，开水泡汤……使其上吐下泻，急祛其邪以安正，历验如神。"涌吐法主要通过药物的催吐作用引起呕吐反应，产生良性刺激，同时也排出闭郁于胸膈、胃脘等处的痰涎、水饮、郁气，使郁邪得以疏解，以恢复组织器官功能的升降平衡。催吐法重在排出有形之毒物、宿食等。据临床报道，用涌吐法可治疗癫痫、积食、癃闭、痰喘、头晕、奔豚等。

第三节　下法类

下法指向下排出浊邪的治疗方法，包括通大便和利小便。

出入平衡是维护健康的基本条件。出入废则神机化灭，非出入则无以生长化收藏。适当地排泄大便，是人体出入有常的关键一环。通过排泄大便，同时也排出了人体内生之浊邪，达到清静脏腑、畅通气机的作用，则人体之升降出入也就易于维护。

下法主要用于排出停滞于体内的浊邪，是一种祛邪治法。用下法要适可而止，一般邪尽则停攻。需要长期用下法治疗的病例，当注意兼顾正气，且宜缓下。

本节主要讨论以通下大便为主的治疗方法。

松柏通幽法

【出处】《时病论》："松柏通幽法：治燥结盘踞于里，腹胀便闭。松子仁四钱，柏子仁三钱，冬葵子三钱，火麻仁三钱，苦桔梗一钱，瓜蒌壳三钱，薤白头八分，大腹皮一钱（酒洗）。加白蜂蜜一调羹冲服。此仿古人五仁丸之法也。松、柏、葵、麻，皆滑利之品，润肠之功非小，较硝、黄之推荡尤稳耳。丹溪治肠痹，每每开提上窍，故以桔梗、蒌、薤开其上复润其下，更加大腹宽其肠，白蜜润其燥，幽门得宽得润，何虑其不通哉。"也称为润燥通便法。

【溯源】《杨氏家藏方》："老人及气血不足人，大肠闭滞，传导艰难。桃仁（一两），杏仁（一两，麸炒，去皮尖），柏子仁（半两），松子仁（半两），郁李仁（一钱）。上共将五仁别研为膏，合橘皮末同研匀，炼蜜为丸如梧桐子大。每服三十丸至五十丸，食前米饮下。"

【释义】《时病论》："燥金主气，自秋分而至立冬。如诸证一无，惟腹作胀，大便不行，此燥结盘踞于里，宜用松柏通幽法治之。"

【例案】某，高年下焦阴弱，六腑之气不利，多痛，不得大便，乃幽门之病，面白脉小。不可峻攻，拟五仁润燥，以代通幽，是王道之治。火麻仁、郁李仁、柏子仁、松子仁、桃仁、当归、白芍、牛膝。[《临证指南医案》]

> **按：** 患者高龄，面白脉小，多为阴血亏虚；不得大便且痛，病机应为阴血不足，肠道失濡，以致燥屎内结、腑气不通。故用松柏通幽法润燥通便，用五仁通幽，加当归、白芍滋养阴血，加牛膝引血下行。

【析拓】松柏通幽法基于肺与大肠相表里的理论，通过宣发肺气、润肠降气，以治疗肺气不宣而致津液不布之大肠燥结证。多用于老年便秘、小儿便秘患者。据临床报道，可用松柏通幽法治疗粘连性肠梗阻、老年便秘。也可用润肠通便之五仁汤加减治疗功能性便秘，或用柏子仁、佛手联合治疗便秘型肠易激综合征等。

咸寒增液法

【出处】《温病条辨》："增液汤（咸寒苦甘法）……之所以用玄参为君药，是因玄参味苦咸微寒，能滋阴泄火，亦能通二便，滋肾润肺，能治疗阴液枯竭的证候。"咸寒增液法也称为增液润肠法。

【溯源】《素问·至真要大论》："热淫于内，治以咸寒，佐以苦甘，以酸收之，以苦发之。"

【释义】《素问灵枢类纂约注》："水胜火，故治以咸寒。甘胜咸，佐之所以防其过也。心苦缓，故以酸收之。热郁于内，故以苦发之。司天无苦发句。"现代凡是热邪渐解、阴液受伤、津枯肠燥者，应以甘寒合咸寒之品生津养液、润肠通便。

【例案】顾妪，阳明脉大，环跳尻骨筋掣而痛，痛甚足筋皆缩，大便燥艰常秘。此老年血枯，内燥风生，由春升上僭，下失滋养。昔喻氏上燥治肺，下燥治肝。盖肝风木横，胃土必衰，阳明诸脉，不主束筋骨，流利机关也。用微咸微苦，以入阴方法。[《临证指南医案》]

> **按**：患者阳明脉大，多为中焦有热；环跳尻骨筋掣而痛，甚则足筋皆缩，病机应为津液不足，筋脉失养；大便燥坚且秘，为津液不足、水不行舟。故用甘寒合咸寒之品生津养液、润肠通便。

【析拓】咸、肾同象，皆属水。咸寒增液法通过补肾水以制心火，以治疗邪热伤阴所致心火伤及小肠而致的燥结便秘病症，用于温病热邪久羁，劫烁真阴，身热面赤、手足心热甚于手足背、口干咽燥、神倦、舌干绛、脉虚细等症。方如加减复脉汤、增液汤、定风珠等。本法有滋补真阴、壮水增液的作用，宜用于邪少虚多之候。故邪盛时不可用，用之不但不能祛邪反而助邪。增液汤用于治疗津枯肠燥则体现咸寒增液法；用于温病邪热未尽、津液已伤时则体现咸寒苦甘法。据临床报道，可用增液汤治疗小儿便秘、口腔溃疡，用复脉汤联合温针灸治疗慢性心力衰竭，用大定风珠治疗肝肾阴虚型晚期肝癌及帕金森病。这些都是咸寒增液法的具体应用。

增水行舟法

【出处】《温病条辨》："温病之不大便，不出热结、液干二者之外，其偏于阳邪炽甚之实热证，则从承气法矣；其偏于阴亏液涸之半虚半实证，则不可混施承气，故以此法代之。（元参、麦冬、生地）三者合用，做增水行舟之计，故汤名增液。"也称为增液通便法。

【溯源】《杂病源流犀烛》："大便秘结，肾病也……肾主五液，津液盛，则大便调和。"

【释义】增水行舟就是滋补阴液，以纠正人体的阴伤状态，从而达到恢复人体功能的正常运转状态。通过滋补阴液、濡润脉道或肠道，使积粪得下、血行得畅。

【例案】庚戌四月。史汉泉君患温病，昏沉不语，面垢目赤，鼻孔如烟煤，壮热烁手，汗然，舌苔黑燥，手臂搐搦，两手脉数疾，溲赤。问不能言几日矣。曰：昨犹谵语，今始不能言。然大声唤之，犹瞠目视人。问近日大便通否。曰：始病曾泄泻，今不大便已三日矣。问服何药，则取前医之方示予。盖皆不出银翘散、三仁汤。此增液汤之范围。[《丛桂草堂医案》]

按： 病者患温病而出现昏沉不语，面垢目赤，鼻孔如烟煤，壮热烁手，汗然，舌苔黑燥，手臂搐搦，两手脉数疾，溲赤，皆是热盛伤津，阴液枯竭之象。银翘散力在解除表热，却不能补其津液，且发汗也有伤津之虑；而三仁汤分消湿邪，有温燥伤阴之弊。当助以增液之法，使水能行舟，血脉得行，大便得下，血行则热易散，便通则热随便下，此为治热病伤津之法。

【析拓】 增水行舟法用滋阴增液方药，以治疗阴液亏虚的便秘。犹如水涨则船自行，适用于阴液不足的大便秘结。代表方为增液汤。也可用于治疗血虚生瘀、阴虚血瘀、阴虚燥痰不出等，因津液不足而致邪气内停者。据临床报道，可用该法治疗结肠慢传输型便秘、糖尿病便秘、功能性便秘及胸腔镜术后津亏等。也有用增液行舟法熏蒸鼻腔治疗慢性鼻炎，以及不伴鼻息肉的慢性鼻窦炎致鼻塞多涕等病。

◎ 其他下法类

攻下逐水法

《金匮要略·水气病脉证并治》："夫水病人，目下有卧蚕，面目鲜泽，脉伏，其人消渴。病水腹大，小便不利，其脉沉绝者，有水，可下之。"也称为峻下逐水法，是用峻下逐水药如甘遂、巴豆、牵牛子等，以峻猛之势通泻大便，使水随粪下。适用于水饮浊积不消，病情重，但正气尚存者。可治疗胸腹积水、痰饮喘满，或水肿经利水不消等。代表方如十枣汤、巴豆丸、舟车丸等。据临床报道，可用该法治疗癌性胸腹水、子痫、肾病综合征等。有人基于肺肠同治以十枣汤治疗慢性阻塞性肺疾病或急性心力衰竭，用舟车丸加软肝汤治疗肝硬化腹水、水肿及晚期腹水型血吸虫病等。

寒下法

《医宗金鉴》："近世但知寒下一途，绝不知有温下一法。盖暴感之热结可以寒下，久积之寒结亦可寒下乎？"寒下法即用苦寒通便的方药，治疗里实热结，适用于热结便秘，也可用于阳明炽热证用他法而热不退者。功在通腑泻热，同时也泻热存阴。一般中病即止，不必尽剂。过则损阴伤阳。据临床报道，可用该治法治疗粘连性小肠梗阻、外障眼疾，或用介入结合寒下法治疗胃癌伴幽门梗阻。

润下法

《类经》："脾色黄，宜食咸，大豆豕肉栗藿皆咸。咸从水化，其气入肾，脾宜食咸者，以肾为胃关，胃与脾合，咸能润下，利其关窍，胃关利则脾气运，故宜食之。"《金匮要略·五藏风寒积聚病脉证并治》："趺阳脉浮而涩，浮则胃气强，涩则小便数，浮涩相抟，大便则坚，其脾为约，麻子仁丸主之。"润下法即用润肠通便方药，缓通大便，适用于久病体虚之人，或年老体弱，肠道津液不足又不宜急下的肠燥便秘，没有明显的寒热倾向者。常用于治疗老年习惯性便秘、久病后体弱便秘、产后便秘等。据临床报道，可用滋阴润下法治疗慢性咽炎、糖尿病、老年性便秘等；或用润肠汤联合痔愈洗剂治疗混合痔套扎器改良内扎内注术后并发症。

润下救津法

《时病论》："如撮空理线，苔黄起刺，或转黑色，大便不通，此湿热化燥，闭结胃腑，宜用润下救津法。"润下救津法用寒凉缓通大便之剂，合用养阴增液药，治疗体弱之人感受温热而伤津，发为阳明燥结者。其要点是用熟大黄且量仅为甘草的一半。而承气诸方均以大黄为君药且用量全方最大。据临床报道，用大承气汤联合增液汤治疗便秘，用增液承气汤与大承气汤治疗急性有机磷中毒，增液大承气汤用于妇科肿瘤腹部手术后排气等，均取得较好疗效。

通腑法

《伤寒论条辨》："下而通大便，通腑也。腑，内也。"通腑法通过通下肠腑，祛除积滞、宿食、痰饮、水湿、瘀血，通降逆气，达到治病的目的。通腑法在内科常见危急重症中应用较为广泛，通过釜底抽薪，予邪以出路，达到上病下取，以下为清的目的。据临床报道，可用该法治疗痰热腑实型脑出血后脑水肿、社区获得性肺炎，以及促进胸腰椎压缩性骨折围手术期患者并发症和切口愈合，或用于恶性肿瘤姑息治疗，或以该疗法灌肠以改善肝硬化腹水并降低炎症因子水平等。

通腑泄热法

《疡科心得集》："胸发疽生于正胸堂，去结喉三寸，与心窝不远，乃手足六经交会之所，其患最凶，丧人性命，宜速治之。若三四日失治，则皮开肉裂，甚可畏也。宜用牛黄、熊胆研细，香油调涂四边弦上，以免开花。如痛甚，用乳香、没药为末，铺粗纸上，外以青布片卷好，蘸清油点火，在疮四围照之，痛自止矣。内服蟾酥丸、活命饮，以消散之。若便秘脉实者，即与凉膈散通腑泄热；成功后，托里消毒；溃，则用八珍、十全等补剂敛口。"通腑泄热法用寒凉既清热又通便的方药，治疗里热证有大便不通者，适用于热结便秘。寒凉通便药可同时泻下里热，因此又可用于热化为毒的里热结滞证。据临床报道，该法可治疗感染性疾病、高热、脓毒症胃肠功能障碍、胆石症、急性期中风等，或用西医联合该法治疗重症急性胰腺炎，均有满意疗效。

温润通便法

《景岳全书》："便闭有不得不通者，凡伤寒杂证等病，但属阳明实热可攻之类，皆宜以热结治法通而去之。若察其元气已虚，既不可泻，而下焦胀闭，又通不宜缓者，但用济川煎主之，则无有不达。"温润通便法主治肾气虚所致便秘，代表方为济川煎。可联合益气、润燥等法使用。据临床报道，用温润通便法治疗老年性便秘，或用润肠行气汤治疗小儿功能性便秘，用四仁润肠方联合大黄敷脐治疗便秘型肠易激综合征，用益肾润肠方治疗肾虚津亏型慢传输型便秘，用济川煎治疗老年脾肾阳虚便秘，以及用济川煎联合低聚果糖治疗老年人慢传输型便秘肾阳虚证，均有效。

温下法

《医宗金鉴》："近世但知寒下一途，绝不知有温下一法。盖暴感之热结可以寒下，久积之寒结亦可寒下乎？"《金匮要略·腹满寒疝宿食病脉证治》："胁下偏痛，发热，其脉紧弦，此寒也，以温药下之，宜大黄附子汤。"温下法是以性温、能通大便的方药，如一味巴豆丸、温脾汤、大黄附子汤、三物备急丸，以泻下寒积，适用于里寒实证。可配合甘温益气、养血生津等治法扶助正气，使之能更好地发挥温下的作用，达到"祛邪不伤正，扶正不滞邪"的目的。据临床报道，可用该法治疗慢传输型便秘，或用温脾汤治疗溃疡性结肠炎，用大黄附子细辛汤温下法治疗急性有机磷中毒，以及用大黄附子汤加减温下法治疗肾结石等，均取得较好疗效。

泻下逐水法

《丹溪心法》："外湿宜表散，内湿宜淡渗。若燥湿，以羌活胜湿汤、平胃散之类；若风湿相搏，一身尽痛，以黄芪防己汤；若湿胜气实者，以神佑丸、舟车丸服之。"泻下逐水法是用通泻大便的药，使积蓄在体内的浊水随大便排出。适用于正气未损之阳水患者。通常联合利尿药使用。代表方为疏凿饮子。

泻下通瘀法

《素问·缪刺论》："人有所堕坠，恶血留内，腹中满胀，不得前后，先饮利药。"也称为通下逐瘀法，是合用活血化瘀与泻下之品，以治疗瘀热里结阳明，或下焦血结水阻所致病证。临床可用于急性肾衰竭、流行性出血热等疾病的少尿期。代表方为桃核承气汤或下瘀血汤。据临床报道，该法也可用于治疗胸腰椎骨折后肠麻痹等。

第四节　和法类

和法是通过和解或者调和的方法来消除疾病状态以愈病的治疗方法。

疾病有因虚而致者，有因邪而致者。然也有既无实邪为患，也无正气之虚损者，仍脏腑不和而生病也。此者无虚则不当补，无邪也不当泄，唯当以调和之法，使脏腑功能相互协调，则病已。致病之邪气，有在表者，当散而驱之；有在里者，可下、可消、可化等。然有半表半里者，则当以和解之法治之。

凡脏腑失和，或邪在半表半里，均当以和法治之。脏腑失和，多见于肝脾不调，治当调和肝脾；或见于脾胃失和，则当调和脾胃。如邪在半表半里，则当调和营卫或者和解少阳；也兼有实邪，则可和解兼攻治之。

和法之方，大多中正平和，如果实邪壅盛或正气不足，不可和而不攻，也不可和而不补。

和解少阳法

【出处】《医方考》："小柴胡汤：柴胡（去芦）、黄芩（炒）、人参、甘草、半夏（法制）、生姜、大枣，疟发时，耳聋，胁痛，寒热往来，口苦，喜呕，脉弦者，名曰风疟，此方主之。此条皆少阳证也，以少阳为甲木，在天为风，故《机要》名为风疟。柴胡、黄芩能和解少阳经之邪，半夏、生姜能散少阳经之呕，人参、甘草能补中气之虚，补中所以防邪之入里也。正考见伤寒门。"

【溯源】《伤寒总病论》："少阳之证，口苦、咽干、目眩也。此三阳经皆病，未入于藏，可汗而解。仲景少阳证，虽小柴胡，乃和表药耳。"

【释义】《素问病机气宜保命集》："其少阳病者，标阳本火。从标则发热，从本则恶寒；前有阳明，后有太阴。若胸胁痛而耳聋，往来寒热，少阳经病。故宜和解。"

【例案】治张太来之妻，寒热间作，口苦咽干，头痛两侧，默不欲食，眼中时见红影动，其家以为雷号，来寓备述。予曰：非也，此少阳腑邪溢于肝经，目为肝窍，热乘肝胆而目昏花也。予用小柴胡和解少阳，加当归、香附宣通血分，羚羊角泻肝热而廓清目中，不数剂而愈。[《齐氏医案》]

按：患者寒热间作，口苦咽干，为邪居半表半里之症。同时，足少阳经起于眼外角，上抵头角，下耳后，手少阳经起于无名指端，沿上肢外侧中线上行，其支者从锁骨上窝绕耳后，入耳中，出走耳前，与足少阳经交于眼外角，故患者头痛两侧，眼中时见红影动，皆少阳经络循行之故。故医家予小柴胡汤加减：柴胡为君，入肝胆经，透泄少阳之邪使之从外而散，并能疏泄气机郁滞；黄芩助柴胡以清少阳邪热，柴胡升散，得黄芩降泄，则无升阳劫阴之弊为臣；胆气犯胃，胃失和降，佐以半夏、生姜降逆和胃，人参、大枣、炙甘草益气扶正，并加用当归、香附宣通血分，羚羊角清肝明目，体现了和解少阳的治疗策略。

【析拓】和解少阳法适用于外邪传至半表半里的少阳证。因为病邪位于半表半里之间，汗、吐、下三法均属忌用。只有和解一法。主治症见往来寒热，胸胁苦满，默默不欲饮食，心烦喜呕，口苦，咽干，目眩，舌苔薄白，脉弦。临床应用于呼吸系统疾病、神经系统疾病、外科、皮肤科、耳鼻喉科等疾病疗效显著。据临床报道，用和解少阳法可治疗咳嗽变异性哮喘、癫痫、急性阑尾炎、激素依赖性皮炎、突发性耳聋。研究表明，小柴胡汤对T细胞、B细胞、NK细胞及免疫相关细胞因子均有一定调节作用。

调和肝脾法

【出处】《曹沧洲医案》："当脐痛，二便不流利，脉弦。宜调和肝脾，疏利二便。苏梗（三钱五分），枳壳（三钱五分，切），广木香（一钱），淡吴萸（二分，盐水炒），四制香附（三钱五分），沉香曲（三钱，包），车前子（三钱，绢包），川通草（一钱），川楝子（三钱五分、小茴香七分同炒），炙鸡金（三钱，去垢），香橼皮（一钱）。"

【溯源】《校注妇人良方》："一妇人项结核，寒热头痛，胁胀乳痛，内热口苦，小便频数。属肝火血虚，用加味四物而愈，又用加味逍遥散调补肝脾而安。"

【释义】《明医杂著》："胸乳胀痛，肝经血虚，肝气痞塞也；四肢不收，肝经血虚，不能养筋也；自汗不止，肝经风热，津液妄泄也；小便自遗，肝经热甚，阴挺失职也；大便不实，肝木炽盛克脾土也。遂用犀角散，四剂诸症顿愈；又用加味逍遥散，调理而安。后因郁怒，前症复作，兼发热，呕吐，饮食少思，月经不止，此木盛克土，而脾不能摄血也。用加味归脾汤为主，佐以逍遥散，调补肝脾之气、清和肝脾之血而愈。"

【例案】西庄俞，潮热不清，右脉涩，左关沉弦，大便忽泻，经停，腹中有瘕，脐下痛较缓，气转至咽，舌微黄。宜清热、养胃、和肝。银柴胡（一钱），扁豆衣（三钱），制香附（三钱），乌药（钱半），地骨皮（三钱），茯苓（四钱），杜仲（三钱），绿萼梅（钱半），青蒿梗（钱半），丹参（三钱），广木香（七分），清煎五帖。又，寒热较差，胃纳已和，右脉虚，左弦细，经停，腹中有瘕，脐下偶痛，肝木抑郁。仍宜逍遥散加减。（十一月初四日）柴胡（八分），当归（钱半），青木香（五分），木蝴蝶（四分），炒白芍（钱半），制香附（二钱），杜仲（三钱），川楝子（钱半），茯苓（四钱），生地（三钱），炒青皮（八分），清煎四帖。介按：肝郁不畅，血气凝滞，以致脐下偶痛，而经停成瘕。然大便作泻，又是肝阳侮脾之候，治以理气疏肝，健脾清热，而寒热较差，胃气稍和。次以泄肝热而解肝郁，逍遥散为对症之方。因其既和气血，又佐柴胡以微升，借引少阳之生气。如是治疗，俾郁勃之气，由此可以条畅。[《邵兰荪医案》]

> 按：病者腹痛潮热，腹泻停经，以调肝和胃治疗，病虽好转，但仍脉右虚左弦细，月事未行，腹中有瘕，脐下偶痛，为木郁克土，故予逍遥散加减，调和肝脾。方用柴胡、青木香、制香附、木蝴蝶、川楝子、炒青皮疏肝理气，当归、炒白芍养血柔肝；以杜仲、茯苓、生地益肾健脾，使先天能养后天。此以抑肝助脾之法以调和肝脾，使土疏木达。

【析拓】调和肝脾法是通过疏肝调脾、养肝理气、培土抑木等治疗肝郁不疏克制脾胃或脾胃虚弱则土虚木乘的方法，主治胸闷胁痛、脘腹胀痛、嗳气吞酸或腹痛泄泻等肝脾不和之症，在心血管疾病、妇科疾病、皮肤病、消化系统疾病及情志病等的临床诊治中运用广泛。据临床报道，可用调和肝脾法治疗高血压、妊娠恶阻、炎症性非瘢痕性脱发（斑秃）、慢性非萎缩性胃炎、肠易激综合征等。研究发现，调和肝脾法可通过降低海马多巴胺（DA）、去甲肾上腺素（NE），皮质一氧化氮（NO）、DA、NE及丘脑NO含量以改善失眠。

◎ 其他和法

和解兼攻法

《通俗伤寒论》："少阳阳明。热结膈中，膈上如焚，寒热如疟，热重寒轻，心烦懊憹，口苦而渴，大便不通，腹满而痛，舌赤苔黄，脉右弦大而数，左弦数而搏，此仲景所谓误发汗而利小便，胃中燥烦而实，大便难是也。轻则和解兼攻下法，大柴胡汤主之；重则攻里兼和解法，柴芩清膈煎主之。"和解兼攻法即和解少阳、兼攻里热的治疗方法，主要用于治疗少阳阳明合病，症见往来寒热，胸胁苦满，呕不止，郁郁微烦，心下痞硬，或心下满痛，大便不解，或协热下利，《伤寒论》中为大柴胡汤证，后世雷丰《时病论》则进一步用于治疗寒热疟疾，兼攻里积。现代用于治疗急性胰腺炎、急性胆囊炎、脑出血、脂肪肝等。据临床报道，用和解兼攻的大柴胡汤治疗急性恶性梗阻性黄疸、胆结石合并慢性胆囊炎、脂肪肝、中风后不寐，均有良好效果。也有用和解少阳兼攻下法治疗蛛网膜下腔出血。研究表明，大柴胡汤对重症中暑大鼠肠道黏膜屏障有保护作用。

调和脾胃法

《圣济总录》："论曰：脾者，仓廪之官，胃为水谷之海，其气和平，布散精微，上注于心肺，下流于肾肝，虚损之人，仓廪不足，谷气衰弱，腹脏不调，治法宜以调和脾胃为先。"脾主运化，胃主受纳，脾主升清，胃主降浊，二者互为表里。若脾胃功能和谐，则既能运化饮食，布散津液，升清降浊，又可化生气血濡养肌体。调和脾胃法适用于邪犯脾胃，寒热错杂，清浊升降失常之脾胃不和证。临床常运用于心血管系统、消化系统疾病以及情志病。据临床报道，可用调和脾胃法治疗冠心病、高血压、不寐、腹泻型肠易激综合征等。研究表明，调和脾胃的半夏泻心汤抑制胃组织晚期糖基化终末产物生成和受体表达，促进神经元型一氧化氮合酶表达，以调节胃组织间质卡哈尔细胞（ICC）及其干细胞的增殖，从而增强胃动力。

调和营卫法

《黄帝素问宣明论方》："川芎、当归、芍药、熟地黄、白术、牡丹皮（各半两），地骨皮（一两）。上为末，每服五钱，水一盏，煎至六分，去滓，温服，食前。当归川芎散治风壅头目，昏眩痛闷，筋脉拘卷，肢体麻痹，保护胎气，调和营卫。"调和营卫是通过发汗解肌、补益气血、和畅气机等，以调和营气卫阳的平衡的治疗方法。营气行于脉中，卫气行于脉外，本治法通过调和两者的平衡，具有滋养全身、温煦肌表、保卫肌体的作用。在过敏性疾病、血液病、妇科疾病、儿科疾病临床诊治中运用广泛。据临床报道，可用调和营卫法治疗围绝经期综合征烘热汗出、小儿厌食症、顽固性失眠、慢性荨麻疹、反复发作性紫癜，均有良好效果。研究证实，调和营卫法具有降低肿瘤坏死因子-α（TNF-α）、白细胞介素-6（IL-6）水平的作用。

第五节　温法类

温法是以温热性质的方法或方药来促进疾病向愈的治疗方法。

病邪有寒热之分，正气有盛衰之别。寒性凝涩、收引。如寒邪致病，则多闭塞孔道，导致气不畅达，多致疼痛或肢厥。也有阳失温煦而生寒者，则为虚寒之证。

温法类治法有温化寒邪和温补正气之不同。温化寒邪包括辛温散寒或温里散寒。温补之法，可以益气、护阳、固精。古有甘温有益寒无补之说，所以温法多为补法，一般称为温补法。

凡用温法，大多宜寒散则止，尤其是治疗实寒为病，过用则伤阴耗液，甚或化为燥邪。

补火生土法

【出处】《景岳全书》："补火生土，即所以治脾也，壮水通窍，即所以治肾也。"

【溯源】《医贯·五行》："若夫土者，随火寄生。即当随火而补。"

【释义】《时病论》："总而言之，良由春伤于风，风气通于肝，肝木之邪，不能条达，郁伏于脾土之中，中土虚寒，则风木更胜，而脾土更不主升，反下陷而为泄也，故《经》又谓：清气在下，则生飧泄。所以当春升发之令而不得发，交夏而成斯证矣。其脉两关不调，或弦而缓，肠鸣腹痛，完谷不消，宜以培中泻木法治之；如尺脉沉迟，按之无力，乃属下焦虚寒，寒则不能消谷而成是病，宜以补火生土法治之。"

【例案】山西赵景福，年五十五岁。体小形瘦，六脉沉细乏力。痛起于左乳下，因痛而呕，呕则食物俱出，甚则酸水上逆。病起于七月间，客于上洋，医作肝胃气治，用"左金"合归、芍、厚朴、郁金疏气、平肝、温中，间有用参、附、川楝、吴茱萸等。服药月余，似效非效，因买舟来郡，友人程梅溪翁特荐治于余。细审病情，合之色脉，呕痛两月却非每日如是，或因食不如意而痛呕并至，或因劳役动怒而即痛且呕，日积月累。痛呕皆从左乳下起，正阳明胃络也，可以容受水谷，即痰饮之征也。医者概作肝胃气治，用香燥破气、辛凉之品以治标。岂知胃气弥伤，脾阳愈弱，即间佐参、附于泻肝药中，亦非法也。据述日来饮粥方安，得饭即有呕痛之势，每发在午后者居多。所呕之物，或稠痰兼酸，或仍是所食之原物也，且有冷气自下冲上。足征脾土之不运，胃底之无火可知矣，此又虑其下膈反胃之成也。不思扶土温中，补火生土，佐以养肝疏木，而妄行耗散，鲜有不误事者。今先以调脾温中，少佐补火生土法，再为之计。於白术（二钱，土炒），淮山药（三钱，炒），淡干姜（六分，炒），茯苓（一钱半），代赭石（三钱，煅红醋淬），益智仁（一钱半），广木香（八分），炙草（五分），菟丝饼（一钱半）。加紫沉香二分，磨汁冲。据述未服余方前，食粥后即觉胃中有泛泛欲上之势，且常嗳腐气，顷之又有一团冷气上奔。大便日解溏粪一二次，解后亦有冷气一团下走，脐上不时作疼。自服余药一剂，腹中冷气即不觉上奔，粥后泛泛欲上之势亦平。再剂仍解溏粪，而冷气下走之势全无，服药颇合。[《竹亭医案》]

> **按：** 足阳明胃经行贯乳中，故患者痛呕皆从左乳下起，乃正阳明胃络，因痛而呕，呕则食物俱出，甚则酸水上逆，皆因脾土之不运，胃底之无火所致。故治以白术、山药、茯苓健脾补土，同时加用淡干姜温中散寒，广木香、益智仁温脾阳，菟丝饼补肾阳之火，均体现了补火生土之法。

【析拓】补火生土法是据先天生后天的理论，用辛温助肾阳之品以温运脾阳，治疗脾肾阳虚所致之肠鸣腹痛、完谷不化等症。临床常用于治疗脾胃消化疾病。据临床报道，补火生土法可治疗慢传输型便秘、慢性肝炎及慢性萎缩性胃炎，皆有良效。

引火归原法

【出处】《景岳全书》："若阴盛格阳，真寒假热者，则当以大补元煎、右归饮、崔氏八味丸料之类，此引火归原之治也。其有阴盛阳衰之证，身虽发热，而畏寒不已，或呕恶，或泄泻，或背凉如水，或手足厥冷，是皆阳虚之极，必用大温中饮，或理阴煎，不可疑也。"

【溯源】《伤寒论·辨少阴病脉证并治》："少阴病，下利清谷，里寒外热，手足厥逆，脉微欲绝，身反不恶寒，其人面色赤，或腹痛，或干呕，或咽痛，或利止，脉不出者，通脉四逆汤主之。"

【释义】《景岳全书》："阳浮于外而发于皮肤肌肉之间者，此其外虽热而内则寒，所谓格阳之火也。王孟英《归砚录》阐释：格阳……所谓内真寒而外假热，故可以用桂、附引之内潜，不可谓龙雷之火上炎也。"

【例案】光禄卿李瀛少夫人患口疮，医屡投清火寒凉之剂，无效，更兼泄泻，饮食少思，始求治。惟补其火，散其寒，则火得所助，接引而退舍矣。方用人参、白术、附子、炮姜、炙甘草。李君畏不敢与服，逡巡数日，势益困，勉用前方，连进数剂即安。[《御纂医宗金鉴》]

按：口疮多属实热，或者阴虚火旺，用寒凉之剂者多，滋阴降火者也有。但属阴盛格阳者较少。本案患者口疮用寒凉之剂不愈，反致泄泻，无伤阴之症，显示其既非热证，也非阴虚火旺。方中用附子、炮姜之大辛大热之品散寒而愈，亦未见伤阴、助火之弊，证明其寒邪在内，格阳于外，阳化为火而上炎所致。以辛热之剂散其内寒，外越之阳归其位则愈。

【析拓】引火归原法适用于因阴寒盛于内，以致孤阳逼越于外，表现出身热烦躁等真寒假热之象，如格阳证。治当以姜、辛、桂、附、吴茱萸等大剂大辛大热之药祛散盛于内之寒邪，引浮于外之孤阳内潜原位，则热自退藏。方如四逆汤、通脉四逆汤等。其治疗若误投凉剂，初亦如无损，旋必加重，阳绝而死。据临床报道，可用引火归原法治疗心力衰竭、肾性高血压、顽固性头痛、慢性肾衰竭，或用引火归原法治疗孕痫，均获良效。

辛甘化阳法

【出处】《绛雪园古方选注》："桂枝汤，和方之祖，故列于首。太阳篇云：桂枝本为解肌，明非发汗也。桂枝、甘草辛甘化阳，助太阳融会肌气，芍药、甘草酸甘化阴，启少阴奠安营血，姜通神明，佐桂枝行阳，枣泄营气，佐芍药行阴。"

【溯源】《素问·阴阳应象大论》："气味，辛甘发散为阳，酸苦涌泄为阴。"

【释义】《医学指要》："夫发表之药用温，攻里之药用寒，温里之药用热者何也？盖表既有邪，则为阳虚阴盛，温之乃所以扶阳，阳有所助而长，则阴邪所由以消，故用辛甘温之剂发散为阳，此发表之药宜温也。"

【例案】陆，劳伤阳气，不肯复元。秋冬之交，余宗东垣甘温为法，原得小效。众楚交咻，柴、葛、枳、朴是饵。二气散越，交纽失固，闪气疼痛，脘中痞结，皆清阳凋丧。无攻痛成法，唯以和补，使营卫之行。冀其少缓神苏而已。（人参，当归，炒白芍，桂心，炙草，茯神）。又：右脉濡。来去涩。辛甘化阳，用大建中汤。（人参，桂心，归身，川椒，茯苓，炙草，白芍，饴糖，南枣）。[《临证指南医案》]

按：病者因劳伤为病，多为虚证。过劳伤气，气损及阳，终可致阳气受损，推动无力。切不可用清凉攻破之品，更损阳气。患者两诊，皆以桂之辛、草之甘，配合人参、当归，使血旺则能化阴，实则气血阴阳并补，而其重点在于升发阳气，使阳气得彰，可助气血之生，是治劳伤之要法。

【析拓】辛甘化阳法是指以辛温药与甘味药配伍使用，通过辛温药之升散宣通、甘味药平和益气，辛甘合化，以助阳气之宣通，使寒邪得以疏解。临床常用于治疗上呼吸道疾病、心血管疾病、心理疾病。据临床报道，可用辛甘化阳法治疗肺腺癌、围生期心肌病、抑郁症等。研究表明，运用辛甘化阳法可增加线粒体生物发生调节因子-1α（PGC-1α）、柠檬酸合成酶（CS）、α酮戊二酸脱氢酶（α-KGDHC）表达，调节心肌能量代谢。

◎ 其他温法类治法

甘热祛寒法

《时病论》："如果脉微欲绝，昏不知人，问之不能答，似此难分经络，始可遵丹溪用温补之剂，急拟挽正回阳法治之。三阴中寒，皆以甘热祛寒法治之。"甘热祛寒法指以甘味之甘草，联合姜、附、萸等辛热之药，治疗寒邪不经三阳直中三阴所致之证候。症可见戛然战栗，面青切牙，吐泻腹痛，或四肢冰冷，或手足挛蜷，或昏迷僵直，身凉不热。代表方为四逆汤。现代临床可用于治疗心血管疾病、消化系统疾病、感染性疾病及妇科、骨科疾病。据临床报道，用甘热祛寒之四逆汤可治疗老年心阳亏虚型慢性心力衰竭，也可用该法治疗糖尿病足、感染性休克、寒湿瘀滞型慢性盆腔痛、膝骨关节炎。研究发现，运用甘热祛寒的四逆汤可降低Toll样受体4（TLR4）、核因子κB（NF-κB）、TNF-α、IL-10、IL-16水平，升高TFF3、MUC2表达，有利于治疗溃疡性结肠炎。

甘温除热法

《六因条辨》："中热汗大泄，口大渴，身大热，气喘神倦，脉虚且大，并不鼓指，此热伤气分，阴不恋阳。宜用人参、黄芪、白术、麦冬、五味、地骨皮、甘草、生地、牡蛎、白芍等味，甘温除热也。"《内外伤辨惑论》："《内经》曰：劳者温之，损者温之，盖温能除大热，大忌苦寒之剂泻胃土耳，今立补中益气汤。"甘温除热是使用味甘性温的方药治疗内伤发热，多属中气亏虚或脾胃阳虚所致，也有气血亏虚所致者，是虚损性疾病的常用治法。临床可用于各系统疾病证属阳气亏虚或气血不足所致发热者。据临床报道，可用甘温除热法治疗冠心病、脾切除术后发热、妇产科术后高热。

温补法

《片玉痘疹》："看取时行疫疠，天时热气炎炎，精神肥健又能飧，解毒清凉甚便。若是风寒太甚，虚羸吐泄连绵，此宜温补法为先，又在医人活变。"温补法运用具有补益性的温热方药或以补益药配合辛温散寒药，以达到补虚散寒的目的，适用于脾胃虚寒或肾气虚寒等里虚寒证。临床常应用于心血管疾病、呼吸道疾病、脾胃病、血液病及眼科病等。据临床报道，可用温补法治疗慢性心力衰竭、老年慢性阻塞性肺疾病继发真菌感染、慢性萎缩性胃炎、再生障碍性贫血、早期特发性黄斑前膜及痤疮等。

温补脾肺法

《寿世保元》："抱龙丸：南星（为末，入腊月黄牛胆中阴干百日，取出八钱），天竺黄，雄黄，辰砂（研，各四钱），麝香（一钱）。上为细末。煮甘草膏为丸。如皂角子大。每服一丸。薄荷汤研化下。百晬内者作三服。或用腊雪水煮。甘草膏汁和药尤佳。按上方：若风热痰嗽，或急惊发搐，昏睡咬牙，形病俱实，宜用此方。若初冒风寒，咳嗽痰盛，气喘者，属客邪内作也。先用十一味参苏饮。若邪既解，而腹胀吐泻，或发搐咬牙，睡而露睛，属脾肺气虚也。用四君子汤加陈皮，名异功散。切忌祛痰表散。若过服攻伐而致前症者，尤宜温补脾肺。"脾化五谷而生气，肺主呼吸而纳清气，二者皆为主气之脏。温补脾肺法用温补益气之品以补益肺气、健脾助运，以治疗脾肺阳气不足所致病症。可用升陷汤或玉屏风散合六君子汤、理中汤之类加减。临床可用于治疗肺系疾病、耳鼻喉病，以及消化系统、免疫系统等疾病，病机属脾肺阳气亏虚者。据临床报道，可用温补脾肺法治疗新型冠状病毒感染、咳嗽、变应性鼻炎、压力性尿失禁。研究表明，温补脾肺法能提高IL-2、超氧化物歧化酶（SOD）水平，降低TNF-α、脂质过氧化物（LPO）、NO水平，治疗溃疡性结肠炎。

温补脾肾法

《扁鹊心书》："眼生内障由于脾肾两虚，阳光不振耳。故光之短主于脾，视物不明主乎肾。法当温补脾肾，壮阳光以消阴翳，则目明矣。"温补脾肾法用温补之剂，补益脾肾阳气，治疗脾肾阳虚或脾肾阳气俱虚所致病症，症见形寒肢冷，面色㿠白，腰膝酸软，腹中冷痛或久泻久痢，五更泄泻，下利清谷或小便不利、肢体浮肿，甚则腹胀如鼓；或见小便频数，余沥不尽，或夜尿频多，舌淡胖或边有齿痕，舌苔白滑，脉沉细无力。可用于临床各科疾病的治疗。可用实脾饮、补天大造丸等加减。据临床报道，可用温补脾肾汤治疗慢性阻塞性肺疾病、慢性乙型肝炎、功能性便秘、慢性肾小球肾炎、甲状腺功能减退症。研究表明，温补脾肾法可改善血清免疫球蛋白、血浆和肽素水平，治疗慢性阻塞性肺疾病合并肺癌；还能上调Na⁺-K⁺-ATPα1亚基mRNA酶的表达，治疗甲状腺功能减退症。

温肺固表法

也称为固表温肺法。《国内外中医药科技进展》（1992年）："温肺固表法。用于久咳属肺虚寒咳者，方用温肺汤合玉屏风散。"《传信适用方》："此药大能调顺三焦，扶表救里，温润肺经，正四时之气，升降阴阳，进美饮食，和解发散，凉汗清肌，退热固表，则止九种自汗。"温肺固表法以温肺散寒药与益气固表药，治疗肺气虚寒、卫表不固所致病证，症见面色淡白，畏寒怕冷，短气自汗，易于感冒。临床常用于治疗耳鼻喉科及肺系疾病等表现为肺气虚寒、肌表不固者。常用温肺汤合玉屏风散加减。据临床报道，可用温肺固表法治疗慢性鼻窦炎术后感冒、儿童哮喘、儿童鼻衄。

温化法

《时病论》："伏天所受之暑者，其邪盛，患于当时；其邪微，发于秋后，时贤谓秋时晚发，即伏暑之病也。是时凉风飒飒，侵袭肌肤，新邪欲入，伏气欲出，以致寒热如疟，或微寒，或微热，不能如疟分清。其脉必滞，其舌必腻，脘痞气塞，渴闷烦冤，每至午后则甚，入暮更剧，热至天明得汗，则诸恙稍缓。日日如是，必要二三候外，方得全解。倘调理非法，不治者甚多。不比风寒之邪，一汗而解，温热之气，投凉则安。拟用清宣温化法，使其气分开，则新邪先解，而伏气亦随解也。"温化法以性温而又能化湿的方药，治疗寒邪夹湿之病证。无论风寒夹湿，抑或寒湿直中太阴，还是暑湿所伤、寒热夹杂，都常使用温化之法。多用于呼吸疾病、脾胃病、内分泌疾病、骨关节病及儿科疾病等的治疗。据临床报道，可用温化法治疗慢性咳嗽、慢性结肠炎、糖尿病微血管并发症、膝骨关节炎关节积液、小儿先天性脑积水等，均有良效。

温里法

《素圃医案》："前汪病案，乃太阴传厥阴，里不甚虚，仍从外解，此初病即属厥阴，得温里法，亦外解矣。"《黄帝内经太素》："邪在肝，则两胁中痛，寒中，恶血在内行者，善瘈节时肿。（肝病有四也。平按：则两胁中痛，《甲乙》作则病两胁中痛。行者善瘈节时肿，《灵枢》作行善掣节时脚肿，《甲乙》作胕节时肿善瘈。）取之行间以引胁下，（行间，足厥阴脉荥，肝脉也，在大趾间。肝在胁下，故引两胁下痛，与《明堂》少异也。）补三里以温胃中。（三里，足阳明胃脉。人病寒中，阳虚也。故取三里补足阳明，即胃中温也。）"温里法是以温热药物通过温通脏腑经络、助阳散寒，以解除脏腑经络间寒邪，适用于寒邪直中脏腑或阳虚内寒；寒邪凝滞经络，血行不畅；或阳气衰微，阴寒内盛所致的里寒证。临床可用于治疗各脏象系统疾病。据临床报道，可用温里法治疗慢性溃疡性结肠炎、腰椎间盘突出、小儿功能性再发性腹痛、小儿肠系膜淋巴结炎等。研究表明，温里法可抑制平滑肌 Ca^{2+}–ATPase 活性，从而降低细胞内 Ca^{2+} 浓度，舒张肠平滑肌。

温通法

《临证指南医案》："郭（三五）痛必右胁中有形攻心，呕吐清涎，周身寒凛。痛止寂然无踪。此乃寒入络脉，气乘填塞阻逆。以辛香温通法（寒入络脉气滞）。"《灵枢·本脏》："寒温和则六腑化谷，风痹不作，经脉通利，肢节得安矣，此人之常平也。"温通法是用温热散寒、通经活络的药物，使阴寒凝滞之邪得以消散，用于治疗阳虚寒盛，或寒邪内闭、寒滞经脉，使经脉凝滞不通之病症。临床常用于心脑血管疾病、下肢血管疾病、风湿性疾病、血液病及皮肤病等的治疗。据临床报道，可用温通法治疗变异型心绞痛、痛风性关节炎、脑卒中后顽固性呃逆、难治性抑郁症、下肢血栓性静脉炎、急性带状疱疹及小儿肠系膜淋巴结炎等，均有良效。

温阳化饮法

《金匮要略·痰饮咳嗽病脉证并治》："病痰饮者，当以温药和之。"《路志正医林集腋》："温阳化饮治眩晕。眩指目眩，即眼花缭乱，或眼前发黑，视物模糊不清；晕指头晕，即自觉身体或外界景物旋转，行走甚至站立不稳。二者多同时出现，故统称眩晕症。《内经》谓之'眩''眩冒'，并提出'邪中于项，因逢其身之虚'（《灵枢·大惑论》），'髓海不足'（《灵枢·海论》），'诸风掉眩，皆属于肝'（《素问·至真要大论》）等为眩晕的常见病因。至张仲景，更提出了痰饮致晕的机理和温阳化饮治疗眩晕的方法，并沿用至今。"阳主化气。温阳化饮是以辛温之药以化散水气，从而消散水饮的治法，常佐以健脾利水之品。临床可用于治疗肺系疾病、心系疾病、耳鼻喉科疾病及儿科疾病等表现为水饮为患者。据临床报道，可用温阳化饮法治疗慢性阻塞性肺疾病、慢性心力衰竭、轻中度儿童腺样体肥大、分泌性中耳炎、支气管哮喘；也可用温阳化饮方干预气道重塑。

温中补虚法

《普济方》治冷痢："以蛏煮食之，于饭后食之佳，与服丹石人相宜。天行病后不可食，切忌。治腹内冷胀满，泄痢肠澼，温中补虚。"温中补虚法使用甘温之方药治疗中焦阳虚之证。中焦阳虚而虚寒内生，症见胃脘隐痛，得食则痛缓，空腹痛甚，喜温喜按，纳谷不香，呕吐呃逆，或泛吐清水，四肢不温，神疲乏力，面色不华，大便溏薄，舌质淡，苔白，脉迟缓或细沉无力。临床常用于治疗脾胃病、心血管疾病及内分泌、口腔疾病。据临床报道，可用温中补虚法治疗溃疡性结肠炎、虚寒性胸痹心痛、糖尿病性胃轻瘫、虚寒性口疮。

挽正回阳法

《时病论》："倘吐泻不已，损伤中焦之气，以致阴阳间隔，手足厥冷，脉微欲绝，不多饮水者，无分风、寒、暑、热，急以挽正回阳法救之。"挽正回阳法以益气加温热助阳之剂，挽复正气。据临床报道，可用于治疗正气虚衰、脾阳不固所致中寒腹痛、吐泻肢冷等症；也可用于治疗脾肾阳虚所致寒痰水饮内闭者。

温中健脾法

《本草蒙筌》："大茴香：散气除胁肋膨，调馔杀鱼肉毒。消食开胃，温中健脾。"《症因脉治》："一曰病痰饮者，当以温药和之，而不立方，以水寒凝结，温中健脾，则气化痰行，若用寒凉，反凝结不散矣。"温中健脾法用干姜、吴茱萸、附子等辛温暖脾之品，联合健脾益气或健脾除湿之药，治疗中焦虚寒或脾阳亏虚所致病症，如久泻、久痢，或伴呕吐、脘腹疼痛等。临床多用于治疗脾胃病及口腔疾病。据临床报道，可用温中健脾汤治疗脾胃虚寒型慢性萎缩性胃炎、剥脱性唇炎、婴儿肠绞痛、小儿复发性口腔溃疡。研究表明，用温中健脾法可增加 Occludin 蛋白表达，提高肠上皮细胞间紧密连接完整性，治疗溃疡性结肠炎。

温中祛寒法

《得配本草》："紫苏子，降气定喘，宽肠开郁，利大小便，温中祛寒，消痰止嗽。"温中祛寒法用归脾胃经的辛温药，祛除中焦脾胃中的寒邪。脾胃之寒邪，有因素体阳虚、寒自内生引起的虚寒，也有寒邪入侵中焦所致的实寒，可导致腹痛、腹泻、呕恶等，通常伴手足不温，舌淡苔白。常用于治疗胃肠道疾病及口腔疾病等。据临床报道，可用温中祛寒法治疗慢性结肠炎、复发性口腔溃疡等。研究表明，用温中祛寒法可下调香草酸 1 型受体（TRPV1）、神经激肽 1 受体（NK1R）和降钙素基因相关肽（CGRP）的蛋白表达，减轻急性胰腺炎的炎症反应。

温阳益气法

《杂病源流犀烛》："如脾虚，缘心火亢盈，而乘其土也。其次肺气受邪，为热所伤，必多用黄芪，甘草次之，人参又次之，三者皆甘温阳药也。脾始虚，肺气先绝，故用黄芪以益皮毛之气，而填腠理，不令自汗而损元气也。"王云凯《新编中医学》："虚则补之是指虚证出现虚象，用补益的方药治疗。如阳气虚证用温阳益气法，阴血虚证用滋阴养血法等。"温阳益气法用温补之药补阳、补气，以治疗阳气亏虚所致诸症。临床可用于治疗肺系疾病、心系疾病、内分泌疾病、男科疾病、肾脏疾病表现为阳气亏虚者。据临床报道，可用温阳益气中药治疗肺肾阳虚型支气管哮喘、心脏射频消融术后三度房室传导阻滞、2型糖尿病伴肾功能不全、脾肾两虚型勃起功能障碍。研究表明，温阳益气法可下调转录因子叉头盒子P3（Foxp3）、维A酸相关孤儿受体γ（RORγ）的mRNA及蛋白表达，改善Th17/Treg细胞体外失衡；并降低血浆肾素（REN）、血管紧张素Ⅱ（AngⅡ）、醛固酮（ALD）水平，治疗原发性肾病综合征。

温中止泻法

也称为温肠止泻法。《伤寒证治准绳》："下利身热，胸胁痞满而呕，或往来寒热，目疼鼻干，宜大柴胡汤。大抵阳热之利与阴寒之利自不同，阳利粪色必焦黄，热臭出作声，脐下必热，得凉药则止，得热药愈增。阴利必洞下清谷，粪色或白或淡黄，脐下多寒，宜温中止泻之剂。此之谓阴利、阳利，指阴阳二气而言，非曰阴阳二经也。"温中止泻法使用温暖中焦的方药治疗脾胃虚寒而导致的泄泻之证，多症见下利清谷，腹部喜温，可伴胀气、腹痛、肠鸣等，多配合温中涩肠药。临床常用于治疗消化系统疾病。据临床报道，可用温中止泻汤治疗老年顽固性腹泻、小儿轮状病毒肠炎并发心肌损伤。研究表明，用温中止泻法可降低IL-6水平，升高IL-10水平，治疗难治型溃疡性结肠炎。

第六节　清法类

用寒凉性质的方药治疗具有热性证候的治法，即为清法。

寒热是疾病的显著特征，是病邪性质的反映。相对于寒邪，热邪致病的临床表现为阳热有余的证候，如苔黄、舌质红、面目红赤，或出热汗，小便短少或色黄。热邪多伤阴，而至口干、舌面少津，或大便干燥等。如属表热，多兼恶寒；如为里热，常伤脏腑。也有阴虚阳亢的虚热证候，如颧红、心烦、五心烦热、夜多噩梦等，则为正气不足所致的阳热有余。

凡治热证，属邪热者当清，以寒凉之方药清以祛热。由于热邪多夹其他邪气致病，根据所伴邪气其特点不同，常使用不同的清法。如热在中下焦，多兼降泻；糟粕结在胃肠，当清热通腑。热在胸膈，当凉膈清热；热在上焦，多兼清宣。热在表当散，热在半表半里当透。若属伤寒、温病之发热者，则各遵其属性。

凡用清法，当下不伤阴，散不耗阳；苦寒直折，最易伤胃，胃气一伤，多致轻病转重，用必当兼顾胃气，做到热清而正不伤。

本节主要收入内伤杂病之清热治法。至于伤寒、温病之清法，则放在相应章节。

苦寒清气法

【出处】《金匮方歌括》："元犀按：病久不经吐下发汗病形如初者，是郁久生热耗伤气血矣。主以百合地黄汤者，以百合苦寒清气分之热，地黄汁甘润泄血分之热，皆取阴柔之品以化阳刚，为泄热救阴法也。"

【溯源】《内经药瀹》："黄芩、黄连汤诸治所以苦寒散火而解邪热，皆苦寒清冷之例。

火论凡动皆属火，火不妄动随触而发，人在气交之中多动少静火，一妄动元气更伤，故火证独多。《内经》病机十九条而属火者五，然火有君火、相火，君火可以轻伏以直折芩连之属以制之。"

【释义】《中医实用名词术语词典》：此法使用性味苦寒为主的药物，以清气分中的邪热，如黄芩汤、白虎汤。多用于发热恶寒不显、关节痛、身痛、汗少、尿黄、苔黄、脉数的情况。

【例案】余姻侄世职马荣升，年十六龄。于夏初陡患温病，身热如火，头晕，鼻衄，即延余诊视。审其脉洪数。余告之曰：此名温病，症实凶猛。若见发热，误认为寒，辛温一投，危亡立至。余始用清凉散二剂，散其表热，衄止头轻。随现口渴便闭，继用白虎汤加元、麦、生地、枳、桔等味，以荡其内热。服两剂，忽而寒战，继之以大汗淋漓，湿透重衣，汗后酣然大睡，四肢冰凉。其母惶灰，恐其气脱，赶余往视。余询其出汗情状，见其脉静身凉，因晓之曰：此汗系服凉药而出，并非发出之汗，乃大吉之征，非脱象也。任其熟眠，不可惊觉。果然酣睡一夜。次日晨早，大便已通，泻出稀屎，其热臭非常……至二十余日，又复发热……仍前调治，复汗而解……缠绵直至两月之久，始能扶杖而行。[《温病浅说温氏医案》]

按： 温病初期以邪在肌表为主要表现，但若迁延失治则内及阳明，须用凉药清泄邪热。邪气内传，热炽阳明，呈现表里俱热则宜用苦寒清气之法，使得充斥肌表之热得以透散，郁结于里之热得以清泄。气分热盛，但未致腑实，故不宜攻下；热盛津伤，又不能苦寒直折。方中石膏辛甘大寒，入肺胃二经，功善清解，透热出表，以除气分之热，故为君药；知母、玄参、生地苦寒质润，一助石膏清肺胃热，一滋阴润燥。佐以粳米、炙甘草益胃生津。此法是治热以寒，而不为寒伤的良法。

【析拓】苦寒清气法以苦寒入气分之方药，治疗热蕴气分的温热证候。温热阳邪，深入气分，从火而化，发热不恶寒，口苦唇干，心烦溲赤，舌苔黄燥，脉弦而数。其病变重心虽在气分，但既非轻清宣气所宜，也非辛寒清气所宜。惟宜苦寒清气，大清蕴结之邪热。在热盛时及时清泄，从而达到既病防变的效果。如叶天士言："苦寒直清里热，热伏于阴，苦味坚阴，乃正治也。"据临床报道，可用苦寒清气法治疗溃疡性结肠炎、慢性非萎缩性胃炎、湿热痢疾、小儿肺炎喘嗽、肝癌腹水。研究表明，苦寒清气法治疗溃疡性结肠炎和相关结肠癌的作用机制，可能与保护肠黏膜屏障、抑制炎症反应、促进线粒体自噬、抑制氧化应激、调控肠道菌群、调控细胞周期和基因表达，从而抑制细胞增殖和促进细胞凋亡等机制相关。

清热解毒法

【出处】《脏腑标本虚实寒热用药式校释》："甘草，色黄味甘，入十二经。生者长于清热解毒，调和诸药；炙则气温，擅补脾益气。"

【溯源】《素问·至真要大论》："热者寒之。"

【释义】清热解毒法是清解火邪热毒的一种治法。火热易化为毒，火毒内炽，三焦俱盛，或邪郁生热，热聚胸膈；感时行疫毒，邪毒充斥上下表里，都当以清热解毒法治之。

【例案】一少年四月戒烟，午节后感冒。初用桂附，致尿赤、多汗、谵语。复用大黄，致便滑、结胸，十日矣。诊其左脉沉细无力，右脉皆洪，寸上鱼际，尺下尺泽，耳聋，唇舌如常，有津而渴，喜饮热，频汗频泻，长卧而已。知非实热，而结胸又不可补，用洋参、白芍、贝母等无效。嗣问知戒烟未久，急用烟泡一粒，开水化服，再用生首乌、洋参、甘草、麦冬、牡蛎、贝母等味，仍加烟泡一粒，数日愈。[《脉义简摩》]

按：有因病需要戒烟者，不可急戒，当先调足气血方可戒烟。并且要结合吸烟的时间和体质的强弱来安排。吸烟史一年以内又体质强壮者，可先用解毒清热药，加大黄、车前子，服用两天后，用四君汤或六君子汤以补气。如下利不止，加益智。能一次性戒掉不抽最好。如不能一次性全戒，或先减烟一半，另一半逐日减少，并要有恒心坚持。吸烟史一年以上又体弱有病者，可先用清热解毒药十天到半个月，待烟瘾稍减，大便略溏，小便略清，就开始加服益气健脾养血之方。清热解毒方药要在早晨空腹服用，补益方宜晚上睡觉前服用。最好用膏剂，也可用丸剂，但不可用汤剂。

【析拓】清热解毒法使用药性寒凉、具有清热解毒作用的方药，治疗具有热性特征的疾病，如瘟疫、温毒、火毒疫、疮疡疔毒等。以发热、烦躁、舌红苔黄、脉数有力为辨证要点。临床可用于治疗败血症、脓毒血症、痢疾、肺炎、泌尿系统感染、流行性脑脊髓膜炎、乙型脑炎等属热毒者。根据临床报道，可用清热解毒法治疗热毒壅盛型小儿湿疹、肛肠疾病（如重症肛周脓肿）、2型糖尿病、慢性牙周炎等，均取得良效。研究表明，清热解毒法通过抑制 $ApoE^{-/-}$ 小鼠巨噬细胞极化和炎症，减轻高脂饮食诱导的动脉粥样硬化，可调控巨噬细胞极化方向，降低炎症反应，从而发挥抗动脉粥样硬化作用。

◎ 其他清法类治法

轻清宣解法

叶天士云："皆因郁则气滞，气滞久则必化热，热郁则津液耗而不流，升降之机失度，初伤气分，久延血分……"故其治以轻清宣解为法，内宣其肺、畅通气机，外以宣通鼻窍、疏散外邪，双解而治。《丁甘仁医案》："身热及旬，咳嗽痰有腥味，大便不实，舌质红，苔黄，脉滑数，白疹布而未透，风温袭入肺胃，湿热蕴蒸气分，症势非轻。拟宣解轻清，轻可去实，千金苇茎加味。"轻清宣解法主治风邪袭肺，气机失畅。其病因以风邪为主，或夹热，或夹湿阻于鼻窍，致清窍受阻，气机失畅。轻清宣解法内畅气机，使邪无依附之所，外通肺窍，疏散外邪使得内外顺畅，气机协调，邪无郁滞。据临床报道，可用轻清宣解法治疗慢性阻塞性肺疾病、肺癌、发作期慢性支气管炎、急性加重期肺心病、鼻渊，都取得较好的临床疗效。研究表明，轻清宣解法治疗痰热壅肺型重症肺炎患者，能快速下调降钙素原水平，降低患者器官功能衰竭严重程度评分，改善患者预后。

轻清宣透法

《温热论》："在表初用辛凉轻剂。"温热之邪初入气分，其热未炽，热郁上焦，气机闭塞，表现为胸膈满闷，心中懊恼的栀子豉汤证。方中淡豆豉疏透郁热外达，栀子破热下行，恢复气机升降之司，调畅热邪郁闭之机，此即《黄帝内经》中所谓"火郁发之"，其中的"发之"具体而言便是"轻清宣透法"。"轻"即轻灵，指治疗温病应用药量轻、选药柔和、组药灵巧；"清"即清解，温邪袭人易生火酿毒，须治以清热解毒；"宣透"即宣发透散之意，强调祛邪，应使邪有出路，透邪外出。适应病机为温邪袭表，卫气郁滞，以发热、微恶风寒、头痛、无汗或少汗、舌边尖红、苔薄白等症状为辨证要点。外感热病，在表邪未尽传入气分之时，宜加轻清之品从而达到透泄热邪，宣畅气机，使邪从表解的效果。轻清宣透法用于风袭肺卫而气机失宣者，治疗要点在于内畅气机、外宣肺卫。据临床报道，用轻清宣透法治疗儿童急性扁桃体炎、儿童轻中度急性感染性喉炎、亚急性甲状腺炎、咳嗽、外感热病，都取得较好疗效。研究表明，轻清宣透法能显著降低哮喘大鼠血清TNF-α、内皮素-1（ET-1）、IL-1、IL-6、NO含量，有效控制气道炎症，从而改善气道重塑。

清热降火法

《名医类案》："此产后热入血室，因而生风，即先为清热降火，治风凉血，两服颇爽；继以琥珀、牛黄等，稍解人事；后以张从正三和散，行血破瘀，三四服，恶露大下如初，时产，已十日矣。于是诸症悉平。"也称为清热降泄法，是用寒凉清解药治疗热火、热毒之邪所致疾病，通过排便、出汗等方式将火热毒邪排出体外。如白虎汤治疗气分热盛证之壮热面赤，烦渴引饮，汗出恶热，脉洪大有力。据临床报道，可用清热降火法治疗青壮年高血压、两目干涩、胃热壅盛型上消化道出血、儿童反复呼吸道感染、疔疮、反流性食管炎及复发性口腔溃疡，皆疗效显著。

清胃泻火法

《济阳纲目》："故口臭者，乃脏腑臊腐之气，蕴积于胸臆之间而生热，冲发于口也。口疮者，脾气凝滞，加之风热而然也，治之当清胃泻火是也。"也称为清泻胃火法，是为阳明有余，胃热炽盛所设。是以清泻阳明胃热，或兼用泻下阳明结热之品，以治疗阳明实热所致病证。火热易伤津液，且阳明阳常有余而阴常不足，故常佐以养阴、生津之品。常用于治疗牙龈肿痛或出血、口舌生疮、口臭等。可用于消化、神经以及内分泌等系统疾病的治疗。据临床报道，可用清胃泻火法治疗胃火炽盛证糜烂性胃炎、急性牙周炎、遗精、急性上消化道出血、三叉神经痛，均取得良效。研究表明，清胃泻火法联合活性银离子抗菌液治疗口腔正畸所致牙龈炎，可明显降低龈沟液TNF-α、sICAM-1、NO水平，减轻牙龈肿痛程度，加速牙龈健康状态恢复，降低复发率。

清虚热法

《六因条辨》："麦冬、玉竹清虚热，杏仁、川贝肃肺气，车前、牛膝驱下焦之浊饮，桑叶、地骨泄上焦之余邪，再审其邪已尽泄。"亦称退虚热法，是用清虚热的方药来治疗阴虚发热，用药多苦寒凉血，兼能透热。常合用甘味微寒养阴之品以治本，以养带清。对于阳虚发热、气虚发热、血虚发热者，则多当以治本为主，用药多甘温，而非治阴虚发热之寒凉。主要用于肝肾阴虚，虚火内扰所致的骨蒸潮热，午后发热，手足心热；或温热病后期，邪留阴分，伤阴劫液而致夜热早凉，热退无汗，舌质红绛，脉细数。据临床报道，可用清虚热法治疗日光性皮炎、阴虚内热证狼疮性肾炎、肾阴虚型围绝经期焦虑症、肺癌骨转移，皆疗效显著。研究表明，清虚热法治疗癌性发热退热效果显著，能够缩短患者体温恢复正常的时间，改善NF-κB p65蛋白、IL-6、IL-10、TNF-α水平。

清泄少阳法

《临证指南医案》："至于平治之法，则刚柔寒热兼用，乌梅丸、安胃丸、逍遥散。若四君、六君、异功、戊己则必加泄肝之品，用桑叶、丹皮者，先生云：桑叶轻清，清泄少阳之气热，丹皮苦辛，清泄肝胆之血热。"病在少阳，多由太阳表邪而入。太阳之邪未解，皮毛未清，可有肺卫之症；太阳主水不利，则排尿异常。波及阳明可影响胃与大肠。足少阳与足厥阴相表里。肝为将军之官，阳有余，其邪易从阳化火。胆为中正之官，不受邪郁，肝代为受之。故少阳之邪当清泄。清泄少阳法用药性味属芳香辛凉，舒发升散，能宣疏肝胆之郁火。代表方为蒿芩清胆汤。常用该法治疗类风湿性关节炎（急性活动期）、荨麻疹、肝炎、感冒、急性胆囊炎、急性胰腺炎、多种发热等以邪热内蕴少阳为病机的疾病。据临床报道，可用清泄少阳法治疗慢性胃炎、类风湿性关节炎、急性肾盂肾炎。可用蒿芩清胆汤治疗湿热病毒郁阻三焦、少阳枢机失调而出现的不同程度的发热，均有良效。研究表明，清泄少阳法能够有效抑制大鼠关节炎的发生，调节其紊乱的细胞免疫，减少炎症介质的产生而减轻局部关节病理损伤。

清营凉血法

《感症宝筏》："风温之邪入于营分不解，以致舌赤音低、神呆潮热、脉数左甚，或发丹疹，此邪过营而已及血分也……即苦寒直走肠胃，须犀角、元参、鲜生地之类主之。邪在血分，入里极深，中焦俱病，阴液受伐，每多液涸内闭之候，宜清营凉血治之。"清营凉血法治疗热毒深入营血分，动血耗血，一则扰乱心神而见身热、谵语，二则迫血妄行而致出血、发斑等。药用清热凉血之剂，或佐清热护阴之品。前者配凉血清心药，后者伍凉血止血药。可用于治疗血液病、儿童过敏性疾病、毒蛇咬伤，以及多种疾病表现为热在营血者。据临床报道，可用清营凉血法治疗真性红细胞增多症、儿童过敏性紫癜、糖尿病并发症、火毒证毒蛇咬伤致凝血功能异常，均取得较好疗效。研究表明，清营凉血法联合西医常规治疗可以通过清除IL-6、TNF-α等炎症介质改善重症肺炎机械通气患者的临床症状，缩短机械通气时间。

清脏腑热法

《厘正按摩要术》："掐外劳宫，外劳宫在掌背中间，与内劳宫相对，能清脏腑热，以及午后潮热，腹见青筋，皆可用。"《陈素庵妇科补解》："是方荆、防、羌、藁、柴、芷逐头脑之风；知、黛、芦、竹、黄芩清脏腑火邪；泽、通、甘草引热下行；前胡去痰热。火散于上，火降于下……俟毒势渐减，肿赤尽消。"是用具有脏腑针对性的寒凉方药，或在寒凉方药中加入特定的脏腑引经药，以清泄该脏腑的火热证。据临床报道，可用清脏腑热法治疗早期糖尿病肾病、早泄、经间期出血、老年女性下尿路感染、尿道综合征，均取得较好疗效。

第七节　消法类

消法是针对实邪壅滞，甚或成形成块，壅阻气机，用以消除实邪的治法。

致病之邪气，既有无形之邪，也有有形之邪。无形之邪如热邪、燥邪、情志过极；有形之邪，如痰邪、瘀邪、饮邪、脓毒等。有形之邪为患，除其本身毒性给身体带来危害外，大多会壅塞窍道、经络、血脉，导致气血津液及精血的运行、分布失常，同时也影响人体气机的升降出入，发而为病。

既是有形之邪，治疗理当予消以除之。在实际应用时，消法又有消而散之，使有形之邪散于无形；消而化之，使有形之邪化为水液，进而进入水液代谢；或者消而磨之，将有形之邪磨而溃解；或消而软之，使因居而变硬之脏腑，恢复柔软的正常状态。

消法用药，作用多峻猛，易伤正气，适可而止。往往在使用消法时，佐以扶正之品，尤其顾护脾胃，以使邪去而正不伤。

利水消肿法

【出处】《扁鹊心书》："此证由脾胃素弱，为饮食冷物所伤，或因病服攻克凉药，损伤脾气，致不能通行水道，故流入四肢百骸，令人遍身浮肿，小便反涩，大便反泄，此病最重，世医皆用利水消肿之药，乃速其毙也。"

【溯源】《素问·灵兰秘典论》："三焦者，决渎之官，水道出焉。膀胱者，州都之官，津液藏焉，气化则能出矣。"《金匮要略·水气病脉证并治》："诸有水者，腰以下肿，当利小便。"

【释义】《中医处方方法学》：利水消肿法是以利水消肿的药物为主组成处方，用以治疗水湿停蓄体内所致的水肿病证的处方方法。

【例案】张后溪先生令孙，遍身疥疮浮肿，肿自足背起，渐肿上大腿，今且至腹，大便泄泻，发热不得安寝。此风湿之症，当令与时违之候。治从开鬼门，洁净府二法，使清阳升，则泻可止。小水利，则浮肿可消。上下分去其湿之意也。苍术（一钱），薏苡仁、桑白皮（各三钱），青蒿、防风、升麻、柴胡（各五钱），大腹皮、五加皮、赤茯苓、泽泻（各六分），八帖全安。[《孙文垣医案》]

按：本例患者遍身浮肿，肿自足背起，渐肿上大腿，今且至腹，大便泄泻，可确定水湿泛溢。"邪在里者化之"，故用利水消肿之法，使水湿从小便去。

【析拓】利水消肿法指用通利小便的方药，治疗由于膀胱不利水湿所致的水肿。可用于急性或慢性肾小球肾炎、肾病综合征、慢性肾衰竭及心脏疾病的严重阶段。方如五苓散、五皮饮等。据临床报道，利水消肿法治疗慢性心功能不全所致水肿、恶性肿瘤胸腔积液、肝硬化腹水、特发性水肿，皆临床疗效显著。

消坚磨积法

【出处】《汤液本草》："《雷公》云：得火则良。若急治为水谷道路之剂，去皮、心、膜、油，生用；若缓治，为消坚磨积之剂，炒烟去，令紫黑，研用。可以通肠，可以止泄，世所不知也。"也称为消坚破积法。

【溯源】《素问·阴阳应象大论》："其实者，散而泻之。"《素问·至真要大论》："必伏其所主，而先其所因，其始则同，其终则异，可使破积，可使溃坚，可使气和，可使必已。"

【释义】《中医养生图典》：消坚磨积，是消散和破削坚硬积块之法。凡属气结、血瘀或痰湿凝积所致肿核、痞块，根据病因性质，使用软坚磨积或行气消瘀之法，都属这一法则。如消除疟母的鳖甲煎丸之类。

【例案】治一妇人，因有大不如意事，遂致膈满不食。因循累月，积成癥痞，不能起坐。至午巳间必发热面赤，酉戌后热退，面赤亦退。至夜小便虽数，每出数滴而已。六脉沉涩而短小，左右一般，重取皆有。经水虽按月，亦数滴而已。予曰：此志不遂而气郁，胃有瘀血而血亦虚。郁气成痰在中宫，却不食。兼用补泻之治法。以白术二钱，人参、茯苓各一钱，红花一豆大，陈皮一钱，煎取浓汤一呷，食前热服之。少顷药行，后与半匙稀粥。又少顷，用减轻粉牵牛三花丸，如芝麻大，以津唾下十五丸。一日一夜煎药、丸药各服四遍。至次日方食知味，又次日食稍进，第三日则热退面亦不赤。如此七日，饮食起坐，平复如初。
[《医学纲目》]

> **按：** 本案妇人因情志所伤而致膈满不食，久则积成癥痞。治疗上以白术、人参、茯苓、陈皮等健脾消痞，红花活血化瘀，牵牛三花丸泻水消痰，使气郁所致癥痞得消，乃消坚磨积法的具体应用。

【析拓】消坚磨积法运用软坚散结、破瘀消癥或消食导滞的药物如三棱、山豆根、巴豆、龟甲、焦三仙之属，现代多用于治疗结石、肿瘤、肝硬化、消化不良、多种增生性病变等。方如三棱消积丸。临床根据结聚之性质，可配伍理气温阳、清热解毒、祛痰化瘀等法，以增其效。据临床报道，可以消坚磨积法治疗声带息肉以复音；或以炮山甲消坚磨积，防治肠息肉与腺瘤病变；有人遵消坚磨积法，选用皂角刺、牡蛎等治疗乙型肝炎见胁下积块者；或基于消坚磨积法，采用输卵管加压通液配合消癥散，治疗输卵管炎性阻塞引起的不孕，提高了疗效。

◎ 其他消法类

表里分消法

《神农本草经疏》："暑邪盛，解散不早，陷入于里，则变为滞下，急投芩、连、芍药、滑石、红曲、甘草，佐以葛根、升麻、柴胡，以表里分消之。脾胃薄弱者，加人参、扁豆、莲肉，大剂与之，以愈为度。滞下若愈，疟亦随止，即不止，其热必轻，仍随经随证以治之，不烦多药而自止也。"《仁斋直指方论》："夫酒者……《金匮要略》云：酒疸下之，久久为黑疸。慎不可犯此戒，不若令上下分消其湿，葛花解醒汤主之。"表里分消法是用具有发汗解表、清泻里实作用的方药，使病邪从汗、泻两个途径消除的治法。据临床报道，可用表里分消法治疗冠心病收缩性心力衰竭伴利尿剂抵抗、心源性水肿、糖尿病并发急性湿疹、原发性肾病综合征，均有良效。

祛湿法

《临证指南医案》："湿壅生热，至胃痛脓。清热则阳亡即死，术、苓运中祛湿，佐附迅走气分，亦治湿一法。"《素问·阴阳应象大论》："其下者引而竭之。"《素问·至真要大论》："以淡泄之。"痰饮水湿，一源而四歧。因湿邪常与患者体质及内外诸邪相合，机制各有不同；同时湿邪致病无处不到，症状多端。故祛湿法又演化出芳香化湿、淡渗利湿、苦温燥湿、清热利湿、清热燥湿等法。祛湿法常用于内、外、妇、儿各科疾病的治疗。据临床报道，可用化痰祛湿定眩汤治疗老年原发性高血压，或用活血祛湿方联合针刺治疗乙型肝炎肝硬化及肝源性糖尿病患者胰岛素抵抗，用补肾祛湿汤联合刺络放血治疗腰椎间盘突出症，用清热祛湿通痹汤治疗痛风性关节炎，以活胃祛湿汤治疗残胃炎等，都取得了一定疗效。

消积驱虫法

《本草纲目》："时珍曰：铅丹体重而性沉，味兼盐、矾，走血分，能坠痰去怯，故治惊痫癫狂、吐逆反胃有奇功。能消积杀虫，故治疳疾下痢疟疾有实绩。能解热拔毒，长肉去瘀，故治恶疮肿毒，及入膏药，为外科必用之物也。"消积驱虫法通过用驱虫药以驱除生存于体内的寄生虫，从而消除虫结及其所引起的临床表现。主要用于肠道内各种寄生虫病及其所引起的腹中嘈杂、腹胀腹痛、时作时止、面色萎黄、四肢乏力、好食异物等症。如迁延失治，则见消瘦、目睛无神、食欲不振、腹胀筋露，成为疳积之证。常用药物如苦楝皮、雷丸、鹤虱、乌梅、使君子、槟榔等。适当配伍大黄、芒硝等泻下药组成方剂，以排出虫体。代表方为《太平惠民和剂局方》化虫丸、乌梅丸。据临床报道，可用消积驱虫法治疗蛔虫性肠梗阻、虫积泄泻、小儿虫积腹痛，以及虫积引起的咳嗽、嗜盐、小儿夜啼、印斑、虚劳等，均获良效。

消痞化积法

《普济方》："宽中丸专治男子妇人一切气疾，宽胸进食，消痞化积，诸般停滞，肚腹疼痛不止。"《素问·六元正纪大论》："大积大聚，其可犯之，衰其大半而止。"《类证治裁》："伤寒之痞，从外之内，故宜苦泄；杂病之痞，从内之外，故宜辛散。"消痞化积法用消散食积药如山楂、神曲等和行气化滞药如槟榔、枳实等，治疗食积气滞所致的气滞脘痞或食积等胃脘不适病证。胃腑以通为顺，因各种原因所致的胃脘部气机不顺，均可导致痞积，因此消痞化积法多配合理气法应用。可以用于治疗胃炎、胃食管反流、功能性消化不良等。据临床报道，可以消痞化积法治疗胃低级别上皮内瘤变、原发性肝癌，以枳实消痞汤联合针刺法治疗胃癌术后胃轻瘫，或用消痞化积法治疗功能性消化不良伴睡眠障碍，均有临床疗效。

消食导滞法

《本草约言》："神曲，味甘，气温，无毒，阳也，可升可降。消食化滞，与麦蘖同；益胃调中，优于麦芽。"也称为消食化滞法。胃为仓廪之官，贮纳五谷，经脾运化而至全身。脾失运化，则胃中五谷积滞不消而化为腐浊之邪。因此，通过健脾消食可化解胃中食物积滞。消食化滞即通过健脾消食药以化解胃中积滞。现代将过食导致的痰浊肥胖也视为积滞。该治法常用于治疗食积或儿童疳积，也用于治疗肥胖、胸腹诸病、咳嗽、眩晕等与过食积滞有关的病症。据临床报道，可用消食导滞法治疗小儿厌食症、小儿肺炎、湿热病、小儿泄泻、小儿痒症、小儿盗汗、多囊卵巢综合征、咳嗽、心痹（胃心痛）、胃脘痛、眩晕，也可用消食导滞汤联合益生菌治疗食积气滞型小儿便秘，或用健脾和胃、消食导滞法治疗婴儿湿疹，皆有良效。

消肿溃坚法

《药性切用》："一名鲮鲤甲，即川甲片。咸寒有毒，性窜善走，入足厥阴、阳明，通经下乳，消肿溃坚，为行经散结专药。尾甲尤胜。醋炙、酒炙任用。"《素问·至真要大论》："可使破积，可使溃坚，可使气和，可使必已。"消肿溃坚法运用软坚散结药如穿山甲、三棱、莪术、皂角刺等，消散肿块，治疗因气血毒邪等瘀滞成形所导致的病证。可用于治疗现代医学中各种良性或恶性肿瘤、增生、息肉、乳腺炎等疾病。据临床报道，可用消肿溃坚、逐瘀排脓法治疗肺痈、乳腺疾病，或运用仙方活命饮治疗肛周脓肿、肝脓肿、阑尾脓肿、盆腔炎性包块等各种脓肿。也有人运用该法治疗骨膜炎，拓展了该治疗方法的应用范围。

第八节　补法类

补法是用于恢复人体正气，以治疗正气不足甚或亏虚的治疗方法。

气和血是人体生命活动的动力和源泉，气为阳，血为阴。气和血有阴阳相随、互相资生、互相依存的关系。气为阳之渐。气与阳有推动、温煦、防御、固摄和气化作用。阴与血皆能营养滋润全身。

本节虚损证候分气虚、血虚、阴虚、阳虚四类，补法总体以补气、补血、补阴、补阳为原则。可以通过以下几个方面来恢复气血阴阳的功能：一是通过补益气血阴阳，使气血阴阳功能恢复。如峻补法、填精补髓法、补阳法、壮阳法、补阴法、益气固脱法和气血阴阳俱补法。二是根据脾肾先天后天相互资生、促进的关系，补益脾肾两脏。如脾肾两补法、补益脾肾法、健脾补肾法和补肾健脾法。三是根据脏腑的特性，脾为太阴湿土，主运化升清，甘入脾，肾藏精的属性来治疗。如建中补虚法、甘药培中法、崇土伏火法、暖培卑监法和补肾填精法。

临床应用补法，可直接补益，也可根据脏腑相生关系间接补益；补法应注意补中寓通，补而勿滞，且兼顾阴阳。通常补气勿忘行气除湿，补血常兼补气，多注重脾肾两脏的补益。

甘药培中法

【出处】《金匮玉函经二注》："此为劳伤元气，所以至此，然则仲景即不言治法，自当调以甘药，培中土以益元阳，不待言矣，若舍黄芪建中，又何以为法耶？"

【溯源】《灵枢·邪气脏腑病形》："阴阳形气俱不足，勿取以针，而调以甘药。"

【释义】《中医各家学说》：虚损患者，叶氏力主甘药培中，其目的在于恢复胃气，因人身之精气本资于水谷，所以以护养脾胃为关键。他指出甘药能培生初阳，是劳损主治法则。因而治劳损强调以甘药建立中宫为主，以建中为要务。

【例案】薛，痛久热郁，口干内烦，不宜香燥劫液，询得食痛缓，知病在脾之大络受伤，由忍饥得之。甘可缓痛，仿当归建中汤法。炒白芍（二钱半）、当归（钱半）、炙草（一钱）、豆豉（炒，钱半）、橘白（八分）、糯稻根须（五钱）、饴糖（熬，三钱，冲），数剂痛定。常时食炒粳米粥，嗣后更与调养胃阴。杏仁、麦冬、白芍、当归、蒌仁、半夏（青盐炒）、南枣。数服痛除。[《类证治裁》]

> 按：患者病虚劳里急，五脏阴精阳气俱不足，补阴则阳脱，泄阳则阴竭，当调以甘药培中土，以益元阳，以饴糖、炙草、糯稻根须健中气，使气血生于中焦；又有豆豉、橘白味辛，以宣上焦阳气；中土虚则木邪肆，故用芍药之苦泄，配当归以柔肝养血，于土中泻木，使土木无忤，而精气以渐而复。

【析拓】甘药培中，指用甘温或甘寒之剂培补中焦脾胃。叶天士将此法视为治疗虚损之关键，认为可以使"食欲增而津血旺，以致充血生精，而复其真元之不足"，并根据伤阴或伤阳不同，用药有甘寒和甘温之异，临床常与其他治法联合应用。阳伤者，甘温以益阳气，治以补中益气汤、小建中汤、四君子汤、异功散等；阴伤者，甘凉以养气阴，用麦门冬汤、复脉汤等。多用于治疗肺脾虚损病证。据临床报道，可用甘药培中之小建中汤治疗肝炎；用甘凉麦门冬汤防治2型糖尿病；用复脉汤联合温针灸治疗慢性心力衰竭；用甘温补中益气汤类方防治重症肌无力。此外，甘药培中法还可治疗儿童呼吸道反复感染、慢性特发性中性粒细胞减少症、慢性阻塞性肺疾病、肿瘤、特应性皮炎等。

暖培卑监法

【出处】《时病论》："水谷痢者，糟粕脓血杂下，腹中微痛，登圊频频，饮食少餐，四肢困倦，脉来细缓无力，或关部兼弦，此因脾胃虚寒，虚则不能健运，寒则不能消化也，当用暖培卑监法治之。"

【溯源】《伤寒论·辨太阴病脉证并治》："自利不渴者，属太阴，以其藏有寒故也。当温之，宜服四逆辈。"

【释义】《时病论》："暖培卑监法：治脾土虚寒泄泻，及冷痢水谷痢。西潞党（三钱，米炒），白茯苓（三钱），於潜术（二钱，土炒），粉甘草（五分，水炙），炮姜炭（八分），茅苍术（六分，土炒），益智仁（一钱），葛根（五分，煨），加粳米一撮，煎服。《经》云：土不及曰卑监。法中以四君合理中，暖培其脾土也。脾喜燥，故佐以苍术，喜温佐以益智，喜升佐以葛根，喜甘佐以粳米。"

【例案】城东孔某之子，放学归来，腹中作痛，下利清血，其父母疑为伤损，遂服草药，应效全无，始迎丰诊。脉象缓怠而小，右关独见弦强。丰曰：非伤损也，是属春伤于风，夏生肠澼之候也。肠澼虽古痢之名，然与秋痢治法有别，痢门成方，弗宜胶守。即用培中泻木法去炮姜，加黄连治之，服下未有进退。更医调治，便云血痢，所用皆是止涩之药，血虽减少，而腹痛尤增，甚则四肢厥冷。仍来商治于丰，诊其脉，往来迟滞，右关依旧弦强，此中土虚寒，被木所凌之象，总宜温补其脾，清平其肝，用暖培卑监法加黄连、川楝，服之腹痛顿止，手足渐温，惟下红未愈。照前法除去炮姜、智、楝，加芥炭、木香、枯芩、艾叶，令尝五剂，喜中病机，复用补中益气，方获全安。[《时病论》]

按： 患者下利清血，多为阳气不足；同时四肢厥冷，又脉来迟滞，可确定脾阳不足。但同时右关脉弦强，则属肝气过旺。故用暖培卑监法，以理中汤温暖中阳，同时加川楝子、黄连泄降肝气。体现了抑木扶土的策略，而暖培卑监法重在扶土。

【析拓】暖培卑监法用于治疗虚寒泻痢属脾胃阳、气不足患者，用温脾暖胃的理中汤和补脾益气之四君子汤。现多运用于泄泻、痢疾、霍乱、胃痛、呕吐、便血、黄疸、肾病性水肿等证属脾土虚寒者。据临床报道，可用雷氏暖培卑监法辨治寒湿型急性胃肠炎，也可用于治疗胃痛、呕吐、便血、黄疸、浮肿，或用暖培卑监法治疗急性肾炎、痢疾，皆取其培土制水，益火散寒之效。

◎ 其他补法类

补肾健脾法

《石室秘录》："盖大麻风，纯是热毒之气，裹于皮肤之间，湿气又藏遏于肌骨之内，所以外症皮红生点，须眉尽落，遍体腐烂，臭气既不可闻，人又安肯近而与治？予心痛之，乃立一奇方。用元参四两，苍术四两，熟地四两，苍耳子四两，薏仁四两，茯苓四两，名为四六汤……盖此方之妙，能补肾健脾，而加入散风去湿，正补则邪自退，不必治大风而大风自治矣。"补肾健脾法主张补肾为主，以直接培补日益衰亏的肾气，即以先天养后天，治疗肾脾两虚而以肾虚为本者。脾的运化赖脾之阳气，而脾阳须依赖于肾阳的温煦。肾阳虚不能温脾阳，而致脾阳虚衰，运化不利，临床可表现为脾肾两虚以肾虚为本的病证。该法可用于慢性肾炎、慢性支气管炎、肿瘤、再生障碍性贫血、慢性肝炎、糖尿病等。据临床报道，可用补肾健脾法治疗血管性认知功能障碍、慢性乙型肝炎、2型糖尿病，均获得较好临床效果；补肾健脾法联合顺势牵引治疗脾肾两虚型腰椎间盘突出症患者，能够改善腰椎、椎旁肌功能；用该法联合西医免疫疗法可用于治疗封闭抗体阴性复发性流产。

填精补髓法

《太平圣惠方》："治男子水脏虚冷，诸有不足，填精补髓，功效不可备述，獐骨丸方。獐骨（四两，涂酥炙微黄），桑螵蛸（二两，微炒），钟乳粉（二两），石斛（一两，去根，锉），肉苁蓉（一两，以酒浸一宿，刮去皱皮，炙干），鹿茸（一两，去毛，涂酥炙微黄），菟丝子（一两，酒浸三日，晒干，别捣为末），龙骨（一两），黄芪（一两，锉），五味子（一两），牡蛎粉（一两），巴戟（一两），防风（一两，去芦头），诃黎勒皮（一两），附子（一两，炮裂，去皮脐），桂心（一两），羚羊角（一两）。"也称益精补髓法、补精益髓法、益精填髓法、填精益髓法、填补精髓法。填精补髓法是基于"形不足者补之以味"的原则，配合使用血肉有情之品，治疗精髓亏虚的治法，适用于形体薄弱，躯体不健诸症。临床可用于小儿发育不良，成人早衰，或精髓亏虚所致男女不育等。常用方如左归丸、龟鹿二仙胶、补天大造丸等。据临床报道，可用加味填精补髓丹联合钙尔奇D治疗原发性骨质疏松、痉挛型脑瘫；以破血化瘀、填精补髓法治疗出血性中风；用益气养血、填精补髓法治疗肿瘤化疗后白细胞减少症，均获良效。

补肾填精法

《素问·六节藏象论》："肾者，主蛰，封藏之本，精之处也。"《素问·阴阳应象大论》："形不足者，温之以气；精不足者，补之以味。"补肾填精法通过使用补肾益精药，来治疗肾精亏虚所致的病证。由于精化阴阳，临床可根据病情，联合补肾阴或者助肾阳的药来使用。常用药物如冬虫夏草、龟甲、鹿角、枸杞子、阿胶等，代表方剂如左归丸、右归丸等。据临床报道，用补肾填精法治疗能够提高卵巢储备功能下降患者的妊娠率，或明显改善脑出血恢复期患者的神经功能，也可提高肾虚型崩漏患者的临床疗效。还可用于治疗乙型肝炎肝硬化及中老年男性性腺功能低下。

补阳法

《灵枢·终始》："补阳则阴竭，泻阴则阳脱。如是者，可将以甘药，不愈，可饮以至剂。"又称为益阳法或温阳法。补阳法是治疗阳气亏虚之治法，多为肾阳虚，也可为脾阳虚或脾肾阳虚或心阳虚。这里的阳，是与阴相对立的。广义的补阳法，内涵相当于扶阳，包括用补阳药如杜仲、淫羊藿等补阳，以及用温里药如附子、干姜温里散寒，也称为助阳。根据阳虚的表现不同，广义的补阳法大体分为四类：一是温阳散寒，适用于阳虚生寒证，药用辛热之附子、干姜、肉桂等；二是补益肾阳，适用于肾气不足证，药用辛温之杜仲、菟丝子、肉苁蓉等；三是益肾壮阳，适用于肾阳虚之阳痿不举，药用淫羊藿、仙茅等；四是补肾摄纳，适用于肾阳不固之遗尿或大小便失禁、流唾液，药用覆盆子、桑螵蛸、肉豆蔻等。临床常用于骨质疏松、腰椎间盘突出、少弱精子症、变应性鼻炎、哮喘、水肿、心衰等属阳气亏虚者。据临床报道，可以温肾助阳、补脾益肾、温补心肾等补阳方法治疗甲状腺功能减退症，或用温肾补阳法治疗腰椎间盘突出、骨质疏松性脊柱骨折，或用补阳法治疗老年性咳嗽、胃出血，均有一定疗效。

补阴法

《黄帝内经太素》："故强不能，阴气乃绝，阴气衰者，可以补阴，更强入房泻其阴，故阴气绝也。"也称为益阴法、滋阴法、养阴法、育阴法，是用滋阴药提升阴的水平，纠正机体阴虚，以补阴精、生津液、滋养脏腑的一种补益方法。临床广泛用于内外各科疾病证属阴液不足者。常用方有六味地黄丸、左归饮、大补阴丸等。据临床报道，可用大补阴丸明显改善阴虚型围绝经期综合征患者的临床症状；用大补阴丸合六味地黄丸加减治疗气阴两虚型2型糖尿病，用大补阴丸联合知柏地黄丸治疗女童性早熟，均有效。

补益脾肾法

《御药院方》："大补益脾肾，强壮筋骨，辟除一切恶气。令人内实五脏，外充肌肤，补益阳气，和畅营卫。沉香（一两），麝香（一两，另研），鹿茸（一两）。上件药三味，同研拌令匀，水煮白面糊和丸，如梧桐子大。每服三十丸或五十丸，暖酒送下，空心服。"补益脾肾法适用于治疗筋骨不健、肌肤薄弱为主要特征的脾肾两虚证。肾主骨生髓，脾主肌肉。通过补肾壮骨、健脾生肌以实现脾肾双补之效。常用于现代医学的骨质疏松、骨关节退行性病变、佝偻病、慢性疲劳综合征、骨骼发育不良，以及由糖尿病、肾病、肿瘤、血液病、多种慢性消耗性疾病、骨科疾病、妇科疾病等导致的骨骼、肌肉病变，表现为脾肾两虚者。据临床报道，补益脾肾法可用于肾衰竭控制后的恢复阶段，或用于治疗崩漏、胎漏、不孕等妇科疾病；也可用于恶性肿瘤治疗全过程。在使用钙剂基础上加用补益脾肾方，对脾肾不足型骨质疏松疗效显著。

崇土伏火法

是《医门法律》中的特色治法，指补脾益气以治疗下焦阳虚火气上升所致的上焦出血病症。肝、肾居下焦，脾土居中焦。土厚则下焦之火不能越过中土，则上焦血络得安。现引申为用健脾益气以治疗虚火内生所致的病症。源于土厚火自敛的理论，即在于培土，补土母，母恩达子，土厚龙游其中，火游其中，土能厚德载物。因脾土虚弱，火可上炎；中州脾胃得以振作，虚火则可敛。临床多用治口腔溃疡、白塞病、牙龈肿痛、咽喉肿痛等，或属于阳虚火炎的病证。据临床报道，可用该法治疗复发性口疮、肾癌、遗精、失眠。也用于治疗心血管疾病。

峻补法

《类经》："塞因塞用者，如下气虚乏，中焦气壅，欲散满则更虚其下，欲补下则满甚于中。治不知本而先攻其满，药入或减，药过依然，气必更虚，病必渐甚。乃不知少服则资壅，多服则宣通，峻补其下以疏启其中，则下虚自实，中满自除，此塞因塞用之法也。"峻补法指用强力补益药治疗气血大虚或阴阳暴脱的方法。极度虚弱和危重证候非大剂峻猛补药不足以挽救垂危，故名。如产后亡血用十全大补汤；峻补元阳用参附汤之类。据临床报道，可用峻补真阴法治疗脑神经系统疾病，重用熟地黄峻补五脏元真治疗晚期癌症，用补中益气汤峻补中气治疗老年痹证，或在温阳益气法基础上使用附子、肉桂等大辛大热之品"峻补元阳"治疗哮病。

健脾补肾法

《医宗说约》："山药甘温，健脾补肾，补阴固精，泻痢能定，消肿长肉，筋骨强盛，人乳拌蒸，喜麦门冬，恶甘遂，单食多食，亦能滞气。"《鸡鸣普济方》："治脾胃虚弱，不入饮食，孙兆云：补肾不如补脾。脾胃既壮，则能饮食既入，能旺荣卫，荣卫既旺，滋养骨骸，保养精血，是以《素问》云：精不足者补之以味，形不足者补之以气。宜服此药，大补脾肾虚损，温中降气化痰进食。"健脾补肾法基于后天养先天的思想，以健脾益气为主，通过益脾气以促进肾气的充盈，以治疗脾气虚为本的脾肾两虚证。健脾补肾法与补肾健脾法均体现脾肾相辅相成关系。脾为后天之本，肾为先天之本，先天温养激发后天，后天补充滋养先天，是以"水谷之海赖先天为之主，而精血之海又必赖后天为之资"，先后天相互资生、相互依存，共同促进人体正气的旺盛。补肾健脾法重在补肾气以促脾健，强调以先天生后天，适用于以肾阳虚为本的肾脾两虚证。据临床报道，健脾补肾法可促进矮小症患者生长发育，也可用此法辨治妇科疑难病如崩漏、胎动不安、癥瘕、不孕等；还可用于治疗阿尔茨海默病及男性不育症。健脾补肾法协同化疗方案可精准缓解化疗导致的不良反应。

建中补虚法

《金匮要略·血痹虚劳病脉证并治》："虚劳里急，悸，衄，腹中痛，梦失精，四肢酸疼，手足烦热，咽干口燥，小建中汤主之。"建中补虚法是指以辛甘化阳之剂温养中气，使中气得以恢复，水谷精微得以敷布，气足血充，阳生阴长。用于治疗虚劳久病，中气不足以致营卫失调，或气血虚弱，阴阳不相维系的病证。常联合酸甘化阴之法以调和肝脾。用于治疗慢性胃炎、消化道溃疡、消化不良等属脾胃虚寒者，以及眩晕、贫血、神经衰弱、慢性肝炎、虚热或心中悸动等慢性虚弱性疾病。代表方如小建中汤、黄芪建中汤。据临床报道，可用建中补虚法治疗脾胃病、盆腔炎性疾病后遗症、冠心病、大肠癌等。

脾肾双补法

《先醒斋广笔记》："脾肾双补丸治肾泄。人参、莲肉、菟丝子、五味子、山茱萸肉、真怀山药、车前子、肉豆蔻、橘红、砂仁、巴戟天、补骨脂。为细末，炼蜜和丸，如绿豆大。每五钱，空心、饥时各一服。"又称为脾肾两补法，是用益气健脾之品配合补肾固摄之药，治疗以肾失摄纳为主要病机的久泻久痢或二便失禁。据临床报道，可用脾肾双补法治疗慢性肾小球肾炎，也可治疗复发难治性多发性骨髓瘤等。

益气固脱法

《重订通俗伤寒论》："血随而溢，以致大吐大衄，恶心干呕，手足厥冷，六脉微细。元阳脱在顷刻者，速宜景岳镇阴煎。（别直参三钱，附子二钱，紫猺桂八分，拌捣大熟地六钱，黑炮姜七分、淮牛膝、泽泻各钱半，炙甘草一钱。）益气固脱，滋阴纳阳，以救气随血脱之危症，失血狂吐之候。临证时每有所见，不可不知此急救之法也。"益气固脱法是指大补元气以固因气血津液暴脱而导致的阳气暴脱。适用于大出血、严重腹泻而津液暴亏或心衰及各种休克之抢救，以手足厥冷、汗出淋漓、脉微为辨证要点。常选用独参汤、人参养营汤、生脉散、参附汤等方。据临床报道，可用益气固脱类中药注射液联合左西孟旦治疗心力衰竭，可以益气固脱、化瘀解毒法增加脓毒症的抢救成功率等。

壮阳法

《证类本草》："日华子云：牛膝，治腰膝软怯冷弱，破症结，排脓止痛，产后心腹痛并血晕，落死胎，壮阳。怀州者长白，近道苏州者色紫。"《诸病源候论·虚劳阴痿候》说："肾开窍于阴，若劳伤于肾，肾虚不能荣于阴器，故萎弱也。"壮阳法是用补肾壮阳药治疗肾阳亏虚、振奋无力所致阳事不兴的治疗方法，用于治疗阳痿、早泄及不育症等属于肾阳虚、鼓动无力者。据临床报道，可用壮阳填精中药联合左旋肉碱治疗特发性弱精子症，用蚕蛾温肾壮阳膏穴位贴敷防治肾阳虚衰型良性前列腺增生术后膀胱痉挛，用壮阳起痿汤联合他达拉非治疗男性勃起功能障碍。研究表明，用升气壮阳汤雾化吸入可有效降低变应性鼻炎患儿炎症因子水平。

第九节　升法类

运用作用趋势向上的方药，治疗脏腑下陷，或气机当升不升而郁滞，甚或下陷所致病证的治法，归入升法类。升法和降法，是针对气机失调所出现的气机陷下和逆上而制定的治法。

气机的升降，具体体现于脏腑间功能的不同层次的协调关系。就三焦气机升降而言，心肺居于上焦，总体宜降。肝肾居于下焦，总体宜升。脾胃位居中焦，为阴阳升降之枢轴，宜升降平衡。就上焦心肺功能而言，则心火常升、肺金常降；就下焦肝肾功能而言，肝以阳为本而常升、肾以阴为本而常降，肝主升发而肾主潜藏。就上焦与下焦的关系而言，则心火宜降、肾阳宜升，肝气常升、肺气常降。升降出入又为三焦所主施。只有脏腑气机的升降出入处于相对平衡状态，才能维持机体正常的生理功能。

升降失衡是导致疾病的常见原因。虽然五脏六腑均参与气机的升降活动，但脾胃和手少阳三焦在气机升降的过程中起至关重要作用，一切升降失调的病变，多与二者有关。脾胃位居中焦，是阴阳升降的枢轴，且脾主升清胃主降浊，而三焦是津气升降的通道。故脾气不升，当升阳举陷；胃气不降，宜调中降逆；脾胃升降失职，宜升清降浊。三焦升降失调，当升降三焦。

临床使用升法，当注意以下几点：一是要注重升降相因的原则，用升法常宜佐用降法。二是多数升药具有温燥、升散之性，过用反而耗散阳气，注意适量。三是用风药升阳时，用量从小，去性取用；用益气升提时，用量从大，升提有力。

补中升阳法

【出处】《脾胃论》："治以辛甘温剂，补中升阳，甘寒泻火，则愈。大忌苦寒，损伤脾胃，所谓劳者温之，损者益之是也。"

【溯源】《素问·至真要大论》："劳者温之，损者益之。""形不足，温之以气。"

【释义】《冯氏锦囊秘录》："肠胃本无血，而有下血者，大肠之病也。……更有内伤阳气不足，下焦之阴，无元阳以维之，而下血者，书所谓病人面无色，脉浮弱，手按之绝者，下血是也。有脾虚阳气下陷，不能统血，以致血随气降而下者，盖阴必从阳，血必从气，脾为气血生化之源，故必赖补中升阳，以胃药收功。"

【例案】薛，便泄半载，脾肾两亏。脉沉细涩，阴阳并弱。阳痿不举，精伤特甚。面白无华，气虚已极。足跗浮肿，阳虚湿注于下。纳食嗳气，胃虚气逆于中。调治之方，自宜脾肾双补，阴阳并顾。然刚热补阳，恐劫其阴。滋腻补阴，恐妨其胃。刻下节届清明，木旺土衰之候。脾者，土也。肾属坎水，一阳藏于二阴之中。当于补土中兼顾肾藏阴阳为是。怀山药、炮姜、炙甘草、党参、五味子、菟丝子、砂仁、茯苓、冬术、鹿角霜。如不效，党参换人参，鹿角霜换鹿茸。复诊，脾肾双补，略见小效。今腹中鸣响，气向下坠，属脾虚气陷。舌心光红，脉沉细数，为肾藏阴伤。用补中升阳法。高丽参、怀山药、冬术、炙甘草、肉果、五味子、菟丝子、陈皮、沙苑子、川断、鹿角霜、白芍。[《环溪草堂医案》]

按: 患者便泄、阳痿不举、腹中肠鸣，皆为气虚下陷所致。气虚不能升举，非补中升阳之药不能愈，切忌寒凉之剂。故用高丽参、怀山药、冬术、炙甘草以补中焦脾土，肉果、五味子、菟丝子、沙苑子、川断、鹿角霜补肾助阳。体现了补中升阳，从本求治的辨证思路。

【析拓】补中升阳法是治疗脾胃内伤、中阳不足的基本方法。阳化气，气生阳。脾胃为后天之本。脾胃久亏，中气不足，脾阳生化不足。吴谦《杂病心法要诀》："补中升阳泻阴火，火多湿少困脾阳，虽同升阳益胃证，然无泻数肺阳伤。补脾胃气参芪草，升阳柴胡升与羌，石膏芩连泻阴火，长夏湿令故加苍。"阐明了补中升阳法的用药特点是甘温并用辛温，补益中气、升散助阳。补中益气法适用于气虚发热，是甘温除热之代表；益气升提法适用于气虚下陷。据临床报道，可用补中升阳、透泻阴火为本治疗小儿周期性发热综合征；以补中升阳法治疗反流性食管炎；用补中升阳散火法治疗复发性口腔溃疡；用补中升阳法治疗寻常痤疮，均取得满意疗效。

升阳除湿法

【出处】《脾胃论》："升阳除湿汤：治脾胃虚弱，不思饮食，肠鸣腹痛，泄泻无度，小便黄，四肢困弱。甘草、大麦蘖面（如胃寒腹鸣者加）、陈皮、猪苓（以上各三分）、泽泻、益智仁、半夏防风、神曲、升麻、柴胡、羌活（以上各五分）、苍术（一钱）。上咬咀。作一服，水三大盏，生姜三片，枣二枚，同煎至一盏，去渣，空心服。"

【溯源】《医学启源》："风升生：味之薄者，阴中之阳，味薄则通，酸、苦、咸、平是也。防风，气温味辛，疗风通用，泻肺实，散头目中滞气，除上焦风邪之仙药也，误服泻人上焦元气。《主治秘要》云：味甘纯阳，太阳经本药也，身去上风，梢去下风。又云：气味俱薄，浮而升，阳也。其用主治诸风及去湿也。去芦。"

【释义】升阳除湿者，即通过"升发阳气"而达到祛除湿邪之目的。升发阳气其义有二：一为上升、升举阳气。湿为阴邪，其性重浊，脾胃阳气亏损，往往易致阴湿之邪下溜而生病变，故以升举阳气之法治疗，使下陷之阳气得以复升，水湿之邪则以自除。二为发越、升发阳气。湿性黏滞，易阻遏阳气，阻塞气机，故治宜舒展郁阳，畅通气机，使郁阻之阳气得以舒通。二者一纵一横，纵横交错，阳气贯通，则湿邪不能为害。[四川中医, 1994（4）: 5-6.]

【例案】宣德侯经历家人病崩漏，医莫能效。切脉之后，且以纸疏其症，至四十余种，为制调经升阳除湿汤疗之，明日而十减其八，前后五六日良愈。调经升阳除湿汤：治女子漏下恶血，事不调，或暴崩不止，多下水浆之物。皆由饮食不节，或劳伤形体，或素有心气不足，因饮酒劳倦，致令心火乘脾。其人必怠惰嗜卧，四肢不收，困倦乏力，无气以动，气短上气，逆急上冲，其脉缓而弦急，按之洪大，皆中指下得之，脾土受邪也。……柴胡、防风、甘草（炙）、藁本、升麻（各一钱）、羌活、苍术、黄芪（各一钱半）、独活、当归（酒浸，各五分）、蔓荆子（七分）。[《医学纲目》]

按: 脾主运化水谷精微，滋养全身。心主血，血行于脉，血或脉受邪，病皆在脉。脉为血之府，神气赖血脉的滋养。心为君主之官，不主时令，胞络代心主时，因此心脉主属心系。心系包括胞络、命门之脉也，主月事、主孕。心为脾之母。妇女月事失常或不孕，皆由脾胃虚而心胞乘之，是母病及子，因此易发漏下、月经不调。况脾胃为血气阴阳之根蒂，当除湿去热。风能胜湿，故益风气上升以胜其湿。又有火郁则发之之说。升阳即发，风药升阳，以风胜湿。

【析拓】李东垣发扬了张从正"风药"学说，首创升阳除湿法。《脾胃论》云："升麻，二分或三分，引胃气上腾而复其本位，便是行春生之令；柴胡，二分或三分，引清气，行少阳之气上升。"一是运用具有升发、疏散特性的药物如柴胡、升麻等调畅脾胃的气机，恢复脾胃本有的升清降浊功能，补益脾胃而不阻滞，运化中枢而免壅塞；二是用风药能胜湿的功效去除湿邪，如"地上淖泽，风之即干"。升阳除湿法可用于治疗泄泻，妇科疾病如血崩、带下等。据临床报道，可用升阳除湿、益气调脾法治疗慢性泄泻；以升阳除湿汤治疗腹泻型肠易激综合征；用健脾益气、升阳除湿的完带汤加减方治疗脾虚湿盛之带下病；用升阳除湿的防风汤加味治疗湿阻便秘，均取得较好疗效。

升阳泻火法

【出处】《杂病治例》："抑火升水：热在上而阴水不升，虚火沸腾，宜升阳泻火法，虚者补之。""凡气有余便是火，不足者便是气。阴虚火动难治。发汗：火郁在何经络，当发散。降散：轻则可降，小便降火急速，益元散、八正散之类。升发：重则从其气而升之，升阳泻火汤例。"

【溯源】《周易》："未济，离上坎下，火水未济。""象曰：未济，亨；柔得中也。小狐汔济，未出中也。濡其尾，无攸利；不续终也。虽不当位，刚柔应也。""初六：濡其尾，吝。"《素问·阴阳应象大论》："壮火之气衰，少火之气壮。壮火食气，气食少火。壮火散气，少火生气。"

【释义】《古今医统大全》："热在上而阴水不升，阴火腾沸，宜升阳泻火法。"结合出处所论，可以看出这里的阴火是指下焦阴气不升之火。阴气不升不是阴虚，而是失于少火来升气。水下火上，各走其所喜，则水失济而热在上。故其火非因火盛，而是因于失于水的制约。"濡其尾，无攸利"，提示治疗这种水火失济之病，不能用徒补其阴的方法。

【例案】一产妇咳嗽痰盛，面赤口干，内热晡热，彻作无时。此阴火上炎，余用补中益气汤、六味地黄丸而愈。[《校注妇人良方》]

按：患者病邪在上，咳嗽痰盛则非阴虚咳嗽。面赤口干，内热晡热，彻作无时，皆为邪气有余之证候。这是阴气不升而阴阳各走其所喜之热，是阳失阴制所生之热。治疗当升阳化气，使阴得阳助而能化气上升，以制约阳气之浮动。故用补中益气汤之温化升发，再结合六味地黄丸之温补强阴，以少火生气，使阴以化气则能制阳，其上焦之火可自灭。

【析拓】升阳泻火法是治疗水下火上、水火失济，阳失阴制而独居成热所致之上部发热的治法。此热非生于阴虚，而是生于阳失阴制。而甘温除热法针对的是阴虚发热，本质是虚热，有气虚发热、阳虚发热、血虚发热。升阳泻火法不能只补阴，否则则犯"濡其尾，无攸利"之咎。据临床报道，用补土升阳泻火法治疗复发性口腔溃疡，以升阳泻火法改善非酒精性脂肪肝，拟升阳泻火化浊方治疗2型糖尿病，也有人配合升阳泻火法治疗男科疾病，皆取得疗效。

升举大气法

【出处】大气下陷之实质是宗气重亏，不司其职，下沉气街。气虚不能升腾则必下沉。宗气既沉，则一难于走息道而行呼吸，二难于贯心脉而行气血。前者表现为气短不足以息，努力呼吸似喘等呼吸衰竭的症状，后者则导致心累心悸、胸闷，或神昏，脉沉迟微弱等心失所主的征象。……大气既陷，益气举陷固为主要治疗大法，然脾为升降之枢、气血生化之源，三焦为原气之别使，肾藏原精，为诸气之本始。……因此，升举大气必兼补肾、运脾、疏通三焦。［四川中医，1995（8）：7-8.］

【溯源】《医学衷中参西录》："治胸中大气下陷，气短不足以息。或努力呼吸，有似乎喘。或气息将停，危在顷刻。其兼证，或寒热往来，或咽干作渴，或满闷怔忡，或神昏健忘，种种病状，诚难悉数。其脉象沉迟微弱，关前尤甚。其剧者，或六脉不全，或参伍不调。"《金匮要略》："师曰：寸口脉迟而涩，迟则为寒，涩为血不足。趺阳脉微而迟，微则为气，迟则为寒。寒气不足，则手足逆冷。手足逆冷，则荣卫不利。荣卫不利，则腹满胁鸣相逐，气转膀胱，荣卫俱劳。阳气不通即身冷，阴气不通即骨疼。阳前通则恶寒，阴前通则痹不仁。阴阳相得，其气乃行，大气一转，其气乃散。实则失气，虚则遗溺，名曰气分。"《灵枢·五色》："雷公曰：人不病卒死，何以知之？黄帝曰：大气入于脏腑者，不病而卒死矣。雷公曰：病小愈而卒死者，何以知之？黄帝曰：赤色出两颧，大如拇指者，病虽小愈，必卒死。黑色出于庭，大如拇指，必不病而卒死。"

【释义】（升举大气）张氏首重黄芪，并常用柴胡、升麻、桔梗。认为柴胡为少阳之药，能引大气之陷者自左上升；升麻为阳明之药，能引大气之陷者自右上升；桔梗自中导诸药直达胸中。脾乃升降之枢，三焦为水气运行之道路，两者既损，大气既陷，困闭于下，升柴桔梗安能奏效？如用运脾、疏通三焦之法……使三焦及脾胃运转，道路通畅，当升者可升，当降者可降，何愁大气不举？再用补肾法鼓动肾气，填精予熟地、枣皮、首乌，温化选桂、附、鹿茸等，则大气之升有源。不必拘于升柴桔梗。［四川中医，1995（8）：7-8.］

【例案】兄弟二人，其兄年近六旬，弟五十余。冬日畏寒，共处一小室中，炽其煤火，复严其户牖。至春初，二人皆觉胸中满闷，呼吸短气。盖因户牖不通外气，屋中氧气全被煤火着尽，胸中大气既乏氧气之助，又兼受炭气之伤，日久必然虚陷，所以呼吸短气也。因自觉满闷，医者不知病因，竟投以开破之药。迨开破益觉满闷，转以为药力未到，而益开破之。数剂之后，其兄因误治，竟至不起。其弟服药亦增剧，而犹可支持，遂延愚诊视。其脉微弱而迟，右部尤甚，自言心中发凉，少腹下坠作疼，呼吸甚觉努力。知其胸中大气下陷已剧，遂投以升陷汤，升麻改用二钱，去知母，加干姜三钱。两剂，少腹即不下坠，呼吸亦顺。将方中升麻、柴胡、桔梗皆改用一钱，连服数剂而愈。［《医学衷中参西录》］

按：胸中大气，来源于呼吸的自然之气与水谷之气。久居密室，呼吸之自然之气不足，又室内浊气充斥，以致胸中大气不能正常运转，故而胸中满闷，呼吸短气。开破之药，更伤正气，致使胸中大气不举而下陷，进而导致胸凉脉微，呼吸困难。用升陷汤升举大气，更佐干姜开通阳气，大气一转，下陷之气即可上升。

【析拓】升举大气法由补气升阳之品，配合理气宽胸、温振胸阳之药组成，用于治疗宗气亏虚、胸中大气下陷所致病证。大气下陷相关理论，发源于《黄帝内经》《金匮要略》，经孙一奎、喻嘉言发挥，最终由张锡纯完善，在其所著的《医学衷中参西录》详细记载了大气下陷的病因、病机以及升举大气的理法方药，张锡纯创设的升陷汤、回阳升陷汤、理郁升陷汤标志了该法的建立，现代作者在"大气下陷证治疗体会"中明确提出升举大气治法，进一步发展了该理论。升举大气法与由李东垣建立的补中益气之法不同：升举大气所治疗的大气为"充满胸中，以司肺呼吸之气"，以"元气为根本"，以"水谷之气为养料"，大气失陷以胸中宗气不足、心肺功能失常为主要表现，且常有中气下陷、升举无力之证；补中益气所治的中气下陷是指脾气亏虚，升举无力而反下陷所表现的证候，症状不如大气下陷之证危笃。据临床报道，在升举大气法常用于治疗呼吸系统与循环系统疾病。非小细胞肺癌术后、肺结节病终末期及术后、冠心病心绞痛、慢性阻塞性肺疾病急性发作期呼吸衰竭等重危疾病的治疗中，也常配合本法治疗。

◎ 其他升法类

升降法

《普济方》："脾胃不足之源，乃阳气不足，阴气有余，当从六气不足，浮沉升降法，随证用药治之。"升降法指利用药物的升降浮沉作用趋向来针对疾病升降出入的病理趋向，升药与降药并用，升降相因配伍，相反相成，达到治病目的的一种配伍方法。应用于"各脏腑经络的气机升降运动失调"，以五脏为核心，如肺主宣发肃降，脾胃主升清降浊，心肾主阳升阴降、水火既济，肝司升发疏泄，使五脏协同，维持升降出入的动态平衡。可用于消化系统、循环系统、呼吸系统、内分泌系统、神经系统、肛肠科、妇科等疾病的治疗。据临床报道，可用升降法治疗胃痛、泄泻、妇女崩漏及带下、胸痹、中风偏瘫，以及现代医学的胃下垂、尿路感染、喉源性咳嗽、难治性高血压，均获良效。

升降三焦法

《明医指掌》："是气也，常则为气，导引血液，升降三焦，周流四体。"《难经》："三焦者，水谷之道路，气之所终始也。"升降三焦法以畅利三焦、升清降浊为原则，以"汗、运、疏、利"为祛邪之法，以"温、清、和、补"为求本之策，通过升降三焦气机，使气行水化。据临床报道，升降三焦法可用于治疗新型冠状病毒感染、支气管扩张、发热、肿瘤、糖尿病、水肿等疾病。

升提中气法

《证治汇补》："一身之气关于肺，肺清则气行，肺浊则气壅。故小便不通，由肺气不能宣布者居多，宜清金降气为主，并参他症治之。若肺燥不能生水，当滋肾涤热，夫滋肾涤热，名为正治；清金润燥，名为隔二之治；燥脾健胃，名为隔三之治。又有水液只渗大肠，小肠因而燥竭者，分利而已。有气滞不通，水道因而闭塞者，顺气为急。实热者，非咸寒则阳无以化；虚寒者，非温补则阴无以生；痰闭者，吐提可法；瘀血者，疏导兼行；脾虚气陷者，升提中气；下焦阳虚者，温补命门。"也称益气升陷法。《脾胃论》："黄芪（病甚，劳役热者一钱），甘草（以上各五分，炙），人参（去节，三分，有嗽去之）。以上三味，除湿热、烦热之圣药也。当归身（二分，酒焙干，或日干，以和血脉），橘皮（不去白，二分或三分，以导气，又能益元气，得诸甘药乃可，若独用泻脾胃），升麻（二分或三分，引胃气上腾而复其本位，便是行春升之令），柴胡（二分或三分，引清气，行少阳之气上升），白术（三分，除胃中热，利腰脐间血），上件药咀。都作一服，水二盏，煎至一盏，量气弱气盛，临病斟酌水盏大小，去渣，食远，稍热服。如伤之重者，不过二服而愈；若病日久者，以权立加减法治之。"升提中气法用补益中气之品，配以升麻、柴胡等升提药，以治疗中气不升甚或下陷所致病证，多症见面色无华，气短乏力，语声低微，脉弱无力，以及腰腹重坠、便意频频等，或有内脏下垂。脾胃为气之枢纽，脾不升清往往伴随胃不降浊，因此升提中气法亦可用于中气不升导致的浊气不降病症。据临床报道，可用升提中气法治疗慢性盆腔炎、老年功能性便秘、子宫脱垂、先兆流产、胃下垂，常获良效。

升阴法

《石室秘录》："譬如人阴虚脾泄，岁久不止，或食而不能化，或化而溏泄是也。方用熟地五钱，山茱萸五钱，北五味一钱，白术一两，山药三钱，车前子一钱，肉桂一钱，茯苓三钱，升麻三分，水煎服。〔批〕升阴汤。此方之妙，不意张公见及。雷公曰：张公之方妙甚，真补天手也。此方之妙，纯是补阴之药，惟加升麻三分，以提阴中之气，阴气升而泻自止。"升阴法是在以养阴为主的组方中，助以益气、升气、化气之品，为针对阴虚下陷所立之法。明代傅青主创立了治阴虚下陷的"升阴汤"（后世命名）。据临床报道，可用体现升阴法的升阴汤加减治疗脱肛、血淋、久泻、胃下垂、慢性肠炎、肾盂肾炎、子宫脱垂、消渴。通过降阳升阴、健脾补肾辨治围绝经期综合征，以益精升阴敛聚治疗视神经萎缩，均可提高疗效。

升阳固脱法

《育婴家秘》："又泻不止，非清气之下陷，则肠滑不禁，及肺虚不行收令也，宜家传升阳固脱汤主之。人参，白术，白茯苓，甘草（炙），当归，白芍，地黄，升麻，猪苓，泽泻，葛根，陈皮，乌梅，诃子肉。共十四味，等分，量儿大小，咬咀，水煎服无时，即大人亦可服之。"《龙砂八家医案》："吐泻，六脉微弱，面青肢冷，气脱神疲，中气衰而脾阳欲脱，已成慢脾风候，拟参附理中以升阳固脱。"升阳固脱法是升举清阳与固涩药并用，适用于气虚下陷、阳气暴脱之证，以升举清阳、收敛固涩为主的一种治法。临床多用治脱肛、阴挺、内脏下垂、血压下降等疾病。以李东垣的补中益气汤加固涩药为主，亦可配合灸百会、足浴等外治法。据临床报道，直肠脱垂术后可适时运用健脾益气、升阳固脱等辅助治疗；可用化湿温中、升阳固脱法治疗溃疡性结肠炎；用升阳举陷、益气固脱法治疗脱肛；中风后尿失禁可用针刺以达开窍醒神、升阳固脱的疗效。

升阳举陷法

《药性切用》："水部（天水 地水）立春、雨水节内雨，性味甘平，升阳举陷；可煎中气不足，清阳下陷之药。"《素问·五运行大论》："岐伯曰：地为人之下，太虚之中者也。帝曰：冯乎？岐伯曰：大气举之也。"《医学求是》："脾以阴土而升于阳，胃以阳土而降于阴。土位于中，而火上水下，左木右金。左主乎升，右主乎降。五行之升降，以气不以质也。而升降之权，又在中气……故中气旺，则脾升而胃降，四象得以轮旋；中气败，则脾郁而胃逆，四象失其运行矣"。升阳举陷法是通过温补升提，治疗清阳不升、不升反降、降而太过的方法。应用于"中气下降""大气下陷""上气下陷"证，遵循"陷而举之"的治法原则，以升降浮沉理论为指导组方和配伍。代表方剂有升陷汤、补中益气汤、益气聪明汤等。适用范围广泛，包括消化系统、循环系统、呼吸系统、免疫系统、内分泌系统、神经系统、五官科、肛肠科、妇科等疾病。据临床报道，可用升阳举陷法治疗带下病，用升阳举陷汤治疗帕金森病伴体位性低血压患者，用升阳举陷法辨治肛肠科疾病，在脓毒症休克中运用升阳举陷法，在眼科重症肌无力、角膜溃疡、外伤性或手术后低眼压等方面运用升阳举陷法，均取得满意疗效。

升阳散火法

《内外伤辨惑论》："升阳散火汤，治男子妇人四肢发困热，肌热，筋骨间热，表热如火，燎于肌肤，扪之烙手。夫四肢属脾，脾者，土也，热伏地中，此病多因血虚而得之也。又有胃虚过食冷物，郁遏阳气于脾土之中，并宜服之。"《〈内经〉运气病释》："火郁发之。发，发越也。凡火之所居，其有结聚敛伏者，不宜蔽遏，故当因其势而解散之、升扬之也。凡病于阳虚、阳盛二者之外，另有阳为阴遏之证，皆当用升阳散火之法，即此之谓。"升阳散火法是升阳散火之风药与健脾和中药并用，主治"郁火"，适用于脾胃气虚，中气下陷，不能上行阳道，阳经火郁而见头面肌表及七窍热证。临床上用治发热、口腔溃疡、慢性咽炎、慢性扁桃体炎、原发性三叉神经痛、肠胃炎、糖尿病、耳鸣、皮肤病、餐后心绞痛、头痛、哮喘等，常用方剂有升阳散火汤等。据临床报道，可用此法治疗不明原因发热、糖尿病周围神经病变早期感觉障碍之皮肤温度觉异常、结肠癌术后、肠粘连及肠道菌群失调、阳郁型皮肤瘙痒症，用升阳散火汤加减治疗脾虚火逆型白塞病口腔溃疡，均获良效。

升阳益胃法

《内外伤辨惑论》："升阳益胃汤：黄芪（二两），半夏（洗，此一味脉涩者用），人参（去芦），甘草（炙，以上各一两），独活，防风（以秋旺，故以辛温泻之），白芍药（何故秋旺用人参、白术、芍药之类反补肺，为脾胃虚则肺最受邪，故因时而补，易为力也），羌活（以上各五钱），橘皮（四钱），茯苓（小便利不渴者勿用），柴胡，泽泻（不淋勿用），白术（以上各三钱），黄连（一钱）。上㕮咀，每服秤三钱，水三盏，生姜五片，枣二枚，煎至一盏，去渣，温服，早饭后。或加至五钱。服药后如小便罢而病加增剧，是不宜利小便，当少去茯苓、泽泻。若喜食，一二日不可饱食，恐胃再伤，以药力尚少，胃气不得转运升发也，须薄味之食或美食助其药力，益升浮之气而滋其胃气，慎不可淡食以损药力，而助邪气之降沉也。可以小役形体，使胃与药得转运升发；慎勿太劳役；使气复伤，若脾胃得安静尤佳。若胃气稍强，少食果以助谷药之力。"升阳益胃法由补益中气、理气化湿及升散之风药组成，体现了李东垣"风能胜湿"与"升发脾胃阳气"的学术思想与临床经验。较之其他升法，升提中气法必用升柴，而升阳益胃法升柴非必用；升阳除湿法并用风药与升柴；升阳泻火法在调理中焦气机的同时，佐以理气、补血，助气旺化阳而能升。升阳益胃法主要用于治疗消化系统疾病，还可以用于治疗代谢疾病及妇科疾病。据临床报道，该法可用于治疗慢性疲劳综合征；用升阳益胃汤治疗中、晚期非小细胞肺癌辨证属气虚者、糖尿病胃轻瘫；以升阳益胃汤加减改善腹泻型肠易激综合征，用升阳益胃汤加减治疗带下，均取得满意疗效。

升阳止泻法

《素问·阴阳应象大论》指出："清气在下，则生飧泄，浊气在上，则生䐜胀。"《脾胃论》："清气在阴者，乃人之脾胃气衰，不能升发阳气，故用升麻、柴胡助甘辛之味，以引元气上升，不令下陷为飧泄也。"升阳止泻法用于脾虚湿盛及清阳不升之泄泻，治疗关键在于风药的运用。风药胜湿，是建立在升阳的基础上，借风药轻清发散之性，升举脾胃清阳之气，恢复脾胃气机升降功能，阳气得升，浊阴自降，从而止泻。用于治疗脾气下陷所致的泄泻，如胃肠功能紊乱、肠易激综合征、慢性结肠炎、溃疡性结肠炎等。据临床报道，可用升阳止泻法治疗腹泻型肠易激综合征；用升阳止泻汤联合中药热奄包治疗慢性糖尿病性胃肠功能紊乱性腹泻；以健脾温肾、升阳止泻法组方内服，以清热利湿、涩肠止泻法组方保留灌肠，内外同治慢性结肠炎。

益气升提法

《资生集》："妇人产下，其血不止，大约一月为期。如不及一月而止者，气血虚也；如逾一月二月而淋沥不绝，非气虚不能摄血，即立斋所论肝脾二经有亏。《大全》云：经血虚损，不足是矣，又主于脏腑挟宿冷所致。夫血得热则行，得冷则凝，岂恶露不绝，反为寒冷致病之理？立斋以为肝脾郁热怒火，此诚善悉病机者也。但产后血脱，当用益气升提之法，如《千金》方治恶露不绝，经月半岁，用一味升麻酒煎服，正是此意。至下多亡阴，则有寒无热，姜、桂亦所宜用，临证审之。"益气升提法以升提举陷为目标，通过益气合升举之剂，使下脱之势获固，适用于下脱而致气虚之病机，现代也用于治疗气虚下脱（突）证候。代表方为《医学衷中参西录》升麻黄芪汤（生黄芪五钱，当归四钱，升麻二钱，柴胡二钱）。而补中益气法主要用于治疗中气亏虚而气不能外达的气虚发热证。益气升提法用于治疗内脏下垂，或清气下陷之崩漏、久泻久痢、遗尿、滑精、早泄、滑胎等，属于气虚不升的病症。据临床报道，可用益气升提法治疗喘咳、胃肠疾病及肾、膀胱病症，也可治疗重症肌无力；在盆底肌肉训练的基础上采用益气升提法治疗阴道前壁膨出；用益气升提法论治"心如悬若饥状"；用针灸合益气升提法治疗脱肛，均疗效显著。

第五章
祛邪治法

以祛除致病实邪、病理产物为目标，使机体恢复正常生理功能的复合治法，归入祛邪治法，也称为攻邪治法。

正气，简称"正"，是指人体的功能活动（包括脏腑、经络、气血等功能）和抗病修复（新生）能力。邪气，简称"邪"，泛指各种致病因素，包括存在于外界和人体内产生的具有致病作用的因素。致病邪气会通过损伤脏腑、形体、官窍或损耗精气血津液，干扰人体的功能活动，造成对正气的损伤。正气在疾病的发生中起着主导作用，邪气是致病的条件。正邪相争是正气与邪气之间的相互对抗、交争，贯穿于疾病的全过程，不仅影响疾病的发生，而且还关系到疾病的发展、变化与转归。

祛邪治法的确定，一般遵循以下原则：一是辨证求因、审因论治。分清邪气的种类、性质，是祛邪泻实的首务，如痰湿致病，可采用祛痰湿治法；血瘀致病，可采用活血化瘀治法；水饮致病可采用利水治法；热邪致病可采用清热治法等。二是统筹兼顾。在攻邪过程中，需要统筹兼顾患者的正气和邪气之间的关系。如果过度攻邪，可能会损伤正气；如果过于扶正，则可能会助长邪气。因此，需要在攻邪和扶正之间找到平衡点，既要保证正气不伤，又要有效地除去邪气。三是因势利导。祛邪时应准确把握病位、病势，因势利导给邪以出路，使邪不被阻遏于内。

应用祛邪治法要注意以下几个方面：一是掌握攻邪的时机与力度。外邪客犯人体，正邪交争而发病，强调早期、快速、全面地祛除邪气，及时阻断病邪的蔓延、减少对正气的伤害，利于正气御外托邪功能的发挥，有利于疾病恢复。二是重视邪正消长盛衰的动态关系，以确定祛邪的方法与途径。邪盛阶段初期、中期正伤不著，以祛邪法为主，必要时适当结合扶正之法；正复阶段多以扶正为主，并视病邪的多少而佐以祛邪，改变邪正双方的力量对比，以利于疾病向痊愈方向发展。三是注意顾护脾胃，根据患者的具体病情和体质，选择对脾胃损伤较小的药物。对于一些过于寒凉或燥热的药物，应该慎重使用。适当配伍一些健脾和胃的药物，保护脾胃功能。注意饮食调养，保持食量适宜、定时定量，选择易于消化吸收的食物，合理安排用药时间和剂量，避免长时间大量使用攻邪药物，以免对脾胃造成损伤。

本章主要涉及以祛除致病实邪、病理产物为目标的复合治法，包括祛痰除湿类治法、活血化瘀类治法、降浊利水类治法、散结化滞类治法、清除火热类治法等，涉及外感病证、脏腑功能、气血津液功能的攻邪治法分见于其他相关章节。

第一节　祛痰除湿类

目的是祛除体内痰饮水湿邪气的治法，归入祛痰除湿类治法。

痰饮水湿是机体水液代谢障碍所形成的病理产物，属于继发性病因，皆为阴邪，但有区别：稠浊者为痰，清稀者为饮，更清者为水，湿则呈弥散状态。湿聚为水，积水成饮，饮凝成痰，四者有着密切的关系。痰湿致病具有易阻碍气血运行、影响水液代谢、易扰心神、致病广泛、变化多端、病势缠绵、病程较长等特点。

祛痰除湿类治法主要通过以下两个方面来祛除体内痰饮水湿邪气：一是通过化痰、涤痰、导痰等方法祛除、化解或荡涤痰饮，化除脏腑、经络、皮膜及肢节间痰饮阻滞，以治疗各种有形或无形之痰。二是通过辛散、芳化、苦燥、淡渗、温化、通导、分消走泄等具体措施，以化除湿邪。

临床应用祛痰除湿类治法要注意：一是在治疗痰湿引起的病证，要寻找生痰之源，明确致湿之因，深入理解"善治痰者，治其生痰之源"之旨以"制源"，灵活配合调理脏腑功能之法以图固本。二是对于痰湿之邪应辨其性质，采取"因势利导、顺其生机"的方法，或化痰，或涤痰，或消痰，或下痰，或祛痰外出，给湿邪以出路，通过汗、利、下等方法与措施的配伍应用，导湿邪外出。三是重视痰湿与气血、脏腑之间的相互关系，注意调气、理气、调血，并应注重痰湿与肾、脾、肺、肝、三焦之间的关系，注重断其生痰之源疗法的应用，制源与畅流并重，标本兼顾，以增强治疗效果。

化痰顺气法

【出处】《万病回春》："清气化痰丸，化痰顺气、开郁清火、宁嗽止喘，妙不可言。"也称为顺气化痰法。

【溯源】《丹溪心法》："治痰方，半夏四两，茯苓二两，枳壳一两，风化硝半两，研末，蒸饼或神曲姜汁糊丸，如梧桐子大，每服三十丸，姜汤下。"《备急千金要方》："指迷茯苓丸：专治风痰停滞中脘，脾气不能流行，昏迷潮热，饮食不思及肩臂酸痛难举，产后发喘，四肢浮肿等症。方极和平，义精效速。姜夏四两，茯苓四两，枳壳一两，麸炒，风化硝五钱，上四味研末，生姜汁糊丸如桐子大。"

【释义】《秦伯未实用中医学》：化痰顺气法，治痰气闭塞，痰疟，痰泻。白茯苓四钱，粉甘草八分，制半夏二钱，陈皮一钱五分，煨广木香五分，姜厚朴二钱，生姜三片。法中苓、夏、陈、甘，即《局方》二陈汤，化痰之妥方也。加木香、厚朴以行其气，气得流行，则顺而不滞。故古人谓化痰须顺气，气行痰自消，且木香、厚朴均能治泻，以此法治其痰泻，不亦宜乎？

【例案】南乡鄞某之母，年逾六旬，偶沾疟疾，淹缠数月，药石无功，乘舆来舍就诊。诊其脉，两手皆弦，其疟连日而发，每于薄暮时，先微寒而后微热，神识渐渐昏闷，约一时许始苏，日日如是。阅前医之方，皆不出小柴胡汤、清脾饮等法（前医治疟不治痰，安得有效），思其发时昏闷，定属痰迷。即以二陈汤加老蔻、藿香、杏仁、草果、潞参、姜汁治之（此即化痰顺气之法），连进三剂，神识遂清。继服二剂，寒热亦却。[《时病论》]

按： 痰疟因夏月多食瓜果油腻，郁结成痰，或素系痰湿体质，其痰踞于太阴脾脏，伏而不发，一旦外感凉风，痰随风起，则疟病发作。初发时，头痛而眩，呕逆痰涎，寒热交作，脉来弦滑之象。古人有无痰不作疟之说，且脉来弦滑，即为痰湿明证。治用化痰顺气法，佐以芳香化湿以健脾，方用二陈汤加草果、豆蔻、藿香。如昏迷卒倒，加用厚朴、草果、苏合香丸。

【析拓】 化痰顺气法当是以化痰为先，佐以调畅气机为治法，治疗痰浊阻滞，气机不畅之证，代表方如二陈汤、三子养亲汤等。顺气化痰法则重视气机，尤其是肝气的调达，肝郁气滞则津液输布失常，聚湿成痰，故"治痰先治气，气顺痰自消"。代表方如半夏厚朴汤。据临床报道，化痰顺气法可用于治疗慢性阻塞性肺疾病、咳嗽等。研究发现，顺气化痰方可减轻慢性阻塞性肺疾病大鼠肺组织病理改变，可能与减轻气道炎症有关。

温化湿邪法

【出处】 《时病论》："盖夫寒湿之为痢也，腹绵痛而后坠，胸痞闷而不渴，不思谷食，小便清白，或微黄，痢下色白，或如豆汁，脉缓近迟之象，宜用温化湿邪法加木香治之。"

【溯源】 《温病条辨》："暑兼湿热，偏于暑之热者为暑温，多手太阴证而宜清；偏于暑之湿者为湿温，多足太阴证而宜温。湿热平等者，两解之，各宜分晓，不可混也。"

【释义】 《时病论》："温化湿邪法：治寒湿酿痢，胸痞溺白。藿香一钱五分，蔻壳一钱二分，神曲三钱（炒），厚朴一钱（姜制），陈皮一钱五分，苍术八分（土炒）。加生姜三片为引。凡湿在表宜宣散，在里宜渗利，今在气分，宜温药以化之。藿香、蔻壳，宣上下之邪滞；神曲、厚朴，化脾胃之积湿；陈皮理其气分，苍术化其湿邪，更佐生姜温暖其中，中焦通畅无滞，滞下愈矣。"

【例案】 云岫叶某之女，于长夏之令，忽发热便泻。前医用五苓散，略见中机，月事行来，加之归、芍，讵知其泻复甚，益加腹痛难禁，脉象右胜于左。此暑湿之邪，在乎气分，气机闭塞，不但邪不透化，抑且经被其阻。即以温化湿邪法加木香、香附、苏梗、延胡，连进三煎，经行泻止，身热亦退矣。[《时病论》]

按： 雷氏温化湿邪法是用芳香燥化之品，以其温燥来化散湿邪。常用藿香、豆蔻、苍术等。该案发于长夏，为湿盛之时节，症发腹泻又加月事、腹痛，支持病机为气分湿邪不化，阻滞经络。故用温化以通络行气，再加行气止痛之品，病得医治。

雷氏认为，凡湿在表宜宣散，在里宜渗利，今在气分，宜用温药化之。藿香、蔻壳，宣上下之邪滞；神曲、厚朴，化脾胃积湿；陈皮理气分，苍术化湿邪，更佐生姜暖中，中焦通畅无滞，滞下愈矣。

【析拓】 温化湿邪法适用于湿邪郁阻气机而致病，多伴泻痢，是以温燥芳化之药，温燥以化湿，芳化以通气通络。多用于暑湿浸淫，或湿邪困阻中焦，脾失健运，见湿痢腹痛，绵绵而后重。现广泛用于湿邪所致诸病，临床不必兼泻兼痢。可用于治疗现代医学的细菌性痢疾、慢性胃炎、骨关节炎、胃肠型感冒、肾性水肿等。如有人基于温化湿邪法运用加味五苓散治疗产后尿潴留，用温化湿浊法治疗慢性盆腔炎、黄斑水肿等。

除湿化痰法

【**出处**】《万病回春》："遍身疼痛属湿痰者，宜除湿化痰也。"

【**溯源**】《素问·至真要大论》："坚者削之，结者散之，留者攻之。""诸湿肿满，皆属于脾。"

【**释义**】除湿化痰法使用味苦性偏温的燥湿类或芳香化湿类药物和化痰类药物，清除体内痰湿之邪。

【**例案**】遍身疼痛属湿痰者，宜除湿化痰也。清湿化痰汤治周身、四肢骨节走注疼痛、牵引胸背，亦作寒热喘咳烦闷，或作肿块，痛难转侧，或四肢麻痹不仁，或背心一点如冰冷，脉滑，乃是湿痰流注经络关节不利故也。南星姜制、半夏姜制、陈皮、茯苓去皮、苍术米泔浸、羌活、片芩酒炒、白芷、白芥子各一钱，甘草三分，木香五分另研。上锉一剂，入竹沥、姜汁同服。骨体痛甚及有肿块作痛者，名曰痰块，加乳香、没药、运石、朴硝；头项痛加川芎、威灵仙；手臂痛加薄桂，引南星等药至痛处；脚痛加牛膝、黄柏、防己、龙胆草、木瓜。[《万病回春》]

按： 痰性淡荡，周身、四肢骨节走注疼痛，符合痰邪致痛之征。加之喘咳亦有兼痰，四肢麻痹不仁也是痰痹经络所致。《杂病广要》："背痛，肥人多痰，年高必用人捶而痛快者属虚，除湿化痰，兼补脾肾。"痰湿致病而发痹，除湿化痰，则经络可通，且该类药常辛温，性善走窜，切合痰邪或湿痰致病的证候特点。

【**析拓**】除湿化痰法也称为化痰除湿法，用于治疗湿痰为患诸疾病，是通过健运脾气，调节肺脾功能，使脾气运化，肺气宣降，促使人体的津液输布归于正化，使水有所化，痰无所聚，痰湿得除。代表方剂为二陈汤，以及在此方基础上加减而成的温胆汤。高脂血症、多囊卵巢综合征、痛风、肥胖、不孕等，辨证属痰湿内滞者，均可按本法治之。《张氏医通》："肥人喜捶而痛快者属痰，宜除湿化痰。"据临床报道，可用除湿化痰方治疗痰湿阻滞型多囊卵巢综合征、高脂血症；用化痰除湿汤抗衰老和提高免疫力；用健脾除湿化痰汤联合卡泊三醇软膏治疗脾虚痰湿型结节性痒疹；用除湿化痰方缓解气虚痰湿型非小细胞肺癌脑转移患者化疗后的不良反应，均有效。

◎ 其他祛痰除湿类

祛风涤痰法

《慎五堂治验录》："因仿河间意，用牡蛎、胡桃、白芍、甘草、龙齿、天麻、天虫、钩钩、桑枝、菊花、半夏，一剂语略可辨，始知右手左足不仁不用，类中风无疑矣。改以枸杞、牡蛎、菊花、洋参、首乌、磁石、旋覆、石斛、远志、竹茹、桑枝、谷芽、土尔番等培养肝肾，佐防风、黄芪或加苁蓉、胡桃，十余服而起榻。此病若泥痰风，祛风涤痰，吾恐无及矣。大凡肝木侮土，类属食滞，过饵消导，多致土坎木摇而内风大动，忘却肝病实脾之法，惟用消导理气，促人寿命于冥冥之中而人不知。"祛风涤痰法适用于无形之内生风邪依附于有形之痰邪者，以荡涤祛除内壅积痰为主，同时也平息内风。其偏向于邪实而正不虚，病势骤急，或病延日久，顽痰、老痰胶固不去者。祛风化痰法适用于风痰证，外感风邪，肺气不宣，痰浊内生，常以宣散风邪药物与化痰药合用，使痰归正化，消散于无形，或使其稀释从肺排出。此两者皆为风痰证治法，前者以风痰阻滞清窍、经络为多；后者适用范围较广，但偏治疗肺系疾病。祛风涤痰法临床常用于治疗现代医学的耳眩晕、急性脑血管病、癫痫、三叉神经痛等。据临床报道，可用祛风涤痰法治疗小儿咳嗽变异性哮喘，或通过祛风涤痰、活血通络法治疗三叉神经痛。也有用祛风涤痰、温阳散寒法论治肺腺癌，或以自拟祛风涤痰通瘀汤治疗缺血性中风，均有良效。

祛痰法

《河间六书》："寒邪凝结者用温通法，痰凝者用祛痰法，湿阻者用理湿法。"祛痰法通过各种祛痰药祛除痰邪，以治疗痰浊为患所致疾病。适用于因外感六淫，或饮食不慎，或七情内伤等因素，造成肺、脾、肾及三焦等脏腑的气化功能失常，致水液代谢障碍，停滞于体内而形成痰饮。祛痰法多用于治疗慢性支气管炎、呼吸道感染、冠心病、心律失常、癔症、甲状腺腺瘤、淋巴结炎等病机属痰浊者。据临床报道，可用祛痰法治疗分泌性中耳炎、失眠、磨牙、自汗、多寐、老年脑病如中风、头痛，以及心血管疾病如冠心病、高血压、肺心病。

化痰通腑法

《中国中医秘方大全》："化痰通腑汤……主治急性缺血性脑卒中。"《中风临床指南》："化痰通腑开窍法，适用于阳闭神昏，大便秘结，数日不行者。"化痰通腑法用于治疗中风痰热腑实证，其临床主要表现为半身不遂、舌强语謇、口舌歪斜、眩晕耳鸣、神志昏蒙、面色潮红、体胖臃肿、烦躁不安、痰声辘辘、苔黄腻、脉弦滑，多选星蒌承气汤和大柴胡汤治疗。常用于治疗现代医学急性脑梗死、慢性脑供血不足及急性缺血性脑卒中。据临床报道，可用星蒌承气汤改善慢性脑供血不足患者血管内皮功能。

化湿法

也称为芳香化湿法。《素问·奇病论》："此人必数食甘美而多肥也，肥者令人内热，甘者令人中满……［脾瘅］治之以兰，除陈气也。"即提出用佩兰芳香化湿。化湿法是用藿香、佩兰、豆蔻、砂仁等芳香燥化之药，取其辛宣之性，治疗中焦湿邪为患所致疾病的治法，其与渗湿法、燥湿法、利湿法、胜湿法均属于祛湿的不同方法。通过宣畅气机，开表透湿，使湿浊之邪从气化而出。临床可用于治疗现代医学的病毒性感冒、上呼吸道感染、渗出性胸膜炎、慢性胃炎、急性传染性肝炎等。据临床报道，用化湿法可治疗乏力、嗜睡、湿病，也可治疗乙型肝炎、糖尿病，或以芳香化湿法、益气清热法并用治疗白塞病。

温阳化痰法

《金匮要略·痰饮咳嗽病脉证并治》："病痰饮者，当以温药和之。夫短气有微饮，当从小便去之，苓桂术甘汤主之，肾气丸亦主之。"《中医奇异治法》："温阳化痰此法专攻寒痰冷液，对脾肾阳虚、寒湿内停者适用。该法可以将辛热温阳药与温化寒痰药合用。首选附子、干姜、法夏、肉桂、薤白等，或以小青龙汤加减。"温阳化痰法适用于因阳气虚损而水液停而生痰者。脾肾虚寒，阳虚水泛，易见咳喘短气，食少痰多，恶心呕吐，胸闷，面浮足肿，尿少，苔白滑润，脉沉细微。临床凡慢性气管炎、肺源性心脏病、风湿性心脏病、肾炎、骨髓炎、血栓闭塞性脉管炎、各种眩晕等，辨证属阳虚不能化水，形成寒痰及冷痰者，均可按本法治之。据临床报道，可用温阳化痰法治疗硬皮病、肿瘤、慢性阻塞性肺疾病急性加重合并肺心病，用温阳化痰方联合仙灵骨葆胶囊可治疗痰瘀阻络型股骨头坏死伴骨髓炎，用温阳化痰穴贴治疗小儿哮喘，均有良好疗效。

宣窍导痰法

《时病论》："宣窍导痰法：治风邪中脏中腑，及痉发昏倒等证。远志（一钱，去心），石菖蒲（五分），天竺黄（二钱），杏仁（三钱，去皮尖研），栝蒌实（三钱，研），僵蚕（三钱，炒），皂角炭（五分）。水煎，温服。"宣窍导痰法用气味芳香、具有化痰开窍药作用的药物，治疗痰闭阻窍证候。适用于中风或疫疟，痰浊之邪，流入脑窍，使脑窍不利，影响脏腑和经络关节功能，蒙闭清窍，症见神昏不识人，言语不能，或喉中辘辘作响等。因痰浊为患，在人体中随气升降，无处不到。肺为贮痰之器，肺中之痰随气出入，易于蒙蔽脑窍；心肺同居上焦，肺中蓄痰也易于蒙闭心胞，使心窍不灵而不能主神志。祛热宣窍法和宣窍导痰法均可轻透宣窍，开窍透邪；两者皆用石菖蒲宣透开窍，但祛热宣窍法重在祛热，故加连翘"透热转气"；宣窍导痰法重在导痰，故以杏仁、瓜蒌开肺化痰。据临床报道，可用宣窍导痰法治疗肺心病心肺大伤之痰迷心窍者。对疫病的治疗以芳香类中药芳香宣窍为要，如在SARS期间广东应用达原饮、蒿芩清胆汤、甘露消毒丹取得良好效果，都是宣窍导痰法的应用范例。

行气化痰法

《医方集解》："此手足太阴药也。气郁则痰聚，故散郁必以行气化痰为先。半夏辛温，除痰开郁；厚朴苦温，降气散满；紫苏辛温，宽中畅肺，定喘消痰；茯苓甘淡，渗湿益脾，通心交肾。痰去气行，则结散郁解，而诸证平矣。"《金匮要略·妇人杂病脉证并治》曰："妇人咽中如有炙脔，半夏厚朴汤主之。半夏、厚朴、茯苓、生姜、干苏叶。"行气化痰法多应用于因肝失疏泄，气机郁滞，气不行津而痰浊内停所致之眩晕、头重痛、身困痛、胸胁痛、善太息、咽喉哽塞不利、肌肤麻木等。可见于神经症、抑郁型精神分裂症、神经衰弱症、梅尼埃病、皮肌炎等。该治法疏通气机而消除痰涎，阻断气郁生痰、痰阻气滞之因果循环，故适用于气滞痰阻证。据临床报道，可用行气化痰法治疗阻塞性睡眠呼吸暂停低通气综合征、非酒精性脂肪肝、结节性甲状腺肿；或采用化痰行气法加护理干预缓解反流性食管炎痰气郁结证患者的临床症状。研究表明，行气化痰法可以通过调节miR-21增加化疗药物敏感性。

第二节 活血祛瘀类

通过调血理血，以驱除脉络、脏腑之瘀滞，使血液运行恢复正常的治法，归入活血祛瘀类治法。

瘀血是指留积于体内，未能及时消散，丧失生理作用的血液。瘀血既是血液运行障碍、停滞所形成的病理产物，又是具有致病性的继发性病因。瘀血致病具有易于阻滞气机、影响血脉运行、影响新血生成、易生顽疾险症、病位相对固定的特点。

活血祛瘀类治法通过以下几个方面祛除体内瘀滞：一是通过辛散活血之品，达到疏通经脉、行血消滞、活血通络等治疗作用。二是通过辛散化瘀，祛除脉络瘀滞，使瘀血得祛、新血得生。三是通过与具有搜风剔邪、辛香走窜等作用的治法相伍，结合辛味或虫类走窜类药物，促进血液运行，络脉畅通，达到疏通经络、治疗络病的目的。

临床使用活血化瘀治法要注意以下几点：一是活血法属攻法，易于动血、伤胎，中病即止，不可过用，亦不宜久服，以防久用伤正，变生他疾，特别是妇女在月经和怀孕期间应慎用或忌用活血法。二是要根据瘀血阻滞的程度选用适宜的化瘀方药，新瘀证病重势急，宜用汤剂，取其力大效速；久瘀证病缓势轻，宜用丸剂、散剂，取其力小性缓，缓消瘀血而不伤正气。三是应重视气血之间的关系，气能行血、摄血、统血、生血，故活血当注意调气，并当与其他治法联合应用，以增强治疗效果。

活血化瘀法

【出处】《春脚集》："接骨秘方亦名七厘散，能活血化瘀，止痛安神，真能续筋接骨，的系良方也。"

【溯源】《疡医大全》："内治法宜活血祛瘀为先，血不活则瘀不去，瘀不去则骨不能接也。"《素问·阴阳应象大论》："血实者宜决之。"

【释义】《疡医大全》："委中毒生委中穴。《经》曰：腘中由胆经积热流入膀胱，壅遏不行而成。木硬肿痛微红，屈伸艰难，治宜速活血化瘀，逐下恶血为效；缓则筋缩而成废疾。"

【例案】天津杨氏女，年十五岁，先患月闭，继又染湿疹鬣急。经滋阴清热、补阴养脉等治疗，两诊后，饮食增加，精神较前振作，自觉诸病皆无，惟腹中间有痛时，此月信欲通而未能即通也。再诊其脉已和平四至矣。知方中凉药宜减，再少加活血化瘀之品。处方：生怀山药（一两），大甘枸杞（一两），龙眼肉（六钱），当归（五钱），玄参（三钱），地骨皮（三钱），生杭芍（三钱），生鸡内金（钱半，黄色的捣），土鳖虫（五个，大者捣），甘草（钱半），生姜（三片），共煎汤一大盅，温服。连服十剂，腹已不疼，身形已渐胖壮，惟月信仍未至，俾停药静候。旬日后月信遂见，因将原方略为加减，再服数剂以善其后。[《医学衷中参西录》]

> 按：患者病已多日，屡用滋补清凉之剂。滋药壅滞，清凉也伤络而不利于血脉之通达。病中月事该来未来，腹中有痛，则与宫中血脉不畅相符。故佐用活血化瘀之品，用土鳖虫、当归活血化瘀，通宫中之瘀滞，切中病机。

【析拓】活血化瘀法是用活血行血、化散瘀血的药物，治疗瘀阻血滞所致疾病的治法。活血主要在于促进血液运行，消除血液的滞涩难流或壅滞通行不畅；化瘀重在化散瘀血。无论活血，还是化瘀，最终都要使血行通畅，以恢复其通行气血之功能。其义同活血祛瘀，但更突出化散瘀血。现代多用于治疗心脑血管疾病，如冠心病、心绞痛、脑梗死、中风后遗症等，也广泛用于骨伤科、外科、妇科、内分泌科等疾病。

活血祛风法

【出处】《普济方》："黑豆（半斤净），独活（半两切碎）。上于铁桃中炒黑豆令焦黑。候烟起，以无灰好酒二升沃之。安瓷器中。每用酒一盏，去豆入独活同煎，约至八分，去滓温服，日进无时，以瘥为度。或猝中未有独活，只连服前豆淋酒亦效。莫如加独活效速。凡产后服黑神散，皆宜以豆淋酒调服，活血祛风，最为要药。"

【溯源】《金匮要略·中风历节病脉证并治》："风之为病，当半身不遂，或但臂不遂……""邪在于络，肌肤不仁，邪在于经，即重不胜。"《妇人大全良方》："夫妇人体虚，受风邪之气，随血而行；或淫溢皮肤，卒然掣痛，游走无有常处，故名为走疰也。加减小续命汤主之。"

【释义】《时病论》："活血祛风法：治风邪中络，口眼㖞斜，肌肤不仁。全当归三钱（酒炒），川芎一钱五分，白芍一钱（酒炒），秦艽一钱五分，冬桑叶三钱，鸡血藤胶一钱，加橘络二钱，煎服。此治风邪中络之法也。香岩云：络属血。故用鸡藤、川芎以活其血，即古人所谓治风须养血，血行风自灭也。《经》曰：营虚则不仁。故用当归、白芍补益营血，而治不仁也。秦艽为风药中之润品，散药中之补品，且能活血荣筋，桑叶乃箕星之精，箕好风，风气通于肝，最能滋血去风，斯二者，诚为风中于络之要剂。更佐橘络以达其络，络舒血活，则风邪自解，而㖞斜自愈矣。"

【例案】城西马某之母，望八高年，素常轻健，霎时暴蹶，口眼㖞斜，左部偏枯，形神若塑，切其脉端直而长，左三部皆兼涩象。丰曰：此血气本衰，风邪乘虚中络，当遵古人治风须治血，血行风自灭之法。于是遂以活血祛风法，加首乌、阿胶、天麻、红枣治之，连服旬余，稍为中瘳。复诊脉象，不甚弦而小涩，左肢略见活动，口眼如常，神气亦清爽矣，惟连宵少寐，睡觉满口焦干，据病势已衰大半，但肝血肾液与心神，皆已累亏，姑守旧方，除去秦艽、桑叶、白芍、天麻，加入枸杞、苁蓉、地黄、龙眼，又服十数剂，精神日复，起居若旧矣。[《时病论》]

> 按：中风，口眼㖞斜，肌肤不仁，邪在络也，因风邪入侵，流窜经络，阻碍气血，血络闭阻，以致出现肌肤麻木不仁、半身不遂等一系列动风之状。治疗遵循"治风先治血，血行风自灭"的原则，当用活血祛风法治之，从养血行血着手，活血祛瘀，通经活络，使血脉通利、血液畅行，则邪风自无可容之地，络舒血活，则风邪自解。

【析拓】活血祛风法是活血与祛散内风同用的复合治法，治疗血行瘀滞、经络失养而生风者。临床可用于治疗现代医学的周围性面瘫、脑卒中后遗症、过敏性皮炎、白癜风、偏头痛、慢性活动性乙型肝炎等由血行瘀阻所致疾病。据报道，也可用活血祛风法治疗肢体麻木为主要表现的病证。

◎ 其他活血祛瘀类

活血祛瘀法

《医方简义》："总以活血祛瘀之法为主，佐以清散之品使邪正悉协中和之道，为至稳至当之理也。"《疡医大全》："内治法宜活血祛瘀为先，血不活则瘀不去，瘀不去则骨不能接也。"活血祛瘀法是以活血以通行血脉，祛瘀以消散瘀血。可用于治疗消化系统、神经系统、心血管系统及妇科疾病，如慢性肝炎、胆囊炎、溃疡、肠粘连、神经症、冠心病心绞痛、痛经、闭经、附件炎等。据临床报道，可用活血祛瘀法治疗慢性肾衰竭、风湿性疾病、子宫内膜异位症；也可用活血祛瘀法缓解冻结肩疼痛，提高肩关节活动度；或用活血祛瘀法治疗声带小结，利咽开音。

活血通络法

《临证指南医案》："又疟邪既久，深入血分，或结疟母。鳖甲煎丸，设用煎方，活血通络可矣。"活血通络法是用具有活血与通络作用的方药，如辛味或虫类走窜之品，以促使血液周流，络脉畅通的一种治法。适用于瘀血阻络之证。此法临床常用于治疗现代医学的血栓闭塞性脉管炎、闭塞性动脉粥样硬化症、中风后遗症等。据临床报道，可用活血通络法治疗缺血性眼病、冠心病、糖尿病周围神经病变。也有用于断指再植术后促进神经功能恢复及减少血管危象的治疗。也有人运用活血通络法治疗糖尿病周围神经病变强直性脊柱炎。

化瘀法

《小品方》："芍药地黄汤，治伤寒及温病，应发汗而不发之，内瘀有蓄血者，及鼻衄，吐血不尽，内余瘀血，面黄，大便黑者，此主消化瘀血方。"化瘀法用于治疗瘀血停阻，运用具有消散瘀血作用的药物，以消除停于脏腑组织的瘀血，或消散离经之血，以达到疏通脏腑脉络，或消坚破结之效。有散血化瘀法和通瘀破积法之分，前者多用化瘀药，力量较平缓；后者多用破瘀药，较为峻猛。据临床报道，可用化瘀法治疗心力衰竭、崩漏、尿血、慢性肾脏病、汗证等，或基于心肺相关理论运用化瘀法治疗新型冠状病毒感染，均有效。

祛瘀法

《滇南本草》："茅根，味甘，性寒。入胃、小肠二经。祛瘀血，通血闭，止吐血，衄血，治血淋，利小便，止妇人崩漏下血。"祛瘀法是运用具有散瘀、化瘀、逐瘀作用的方药，治疗瘀血阻滞为患的病症，常配合活血行血、通达血脉之品。血瘀证表现较多，如舌质紫暗，或有瘀点；脉沉涩；肌肤甲错；女子闭经或行经突然停经；发狂或善忘而少腹硬满拒按，小便自利者；产后恶露当下而不下，精神异常等。方用活络效灵丹、少腹逐瘀汤、七厘散等。现代用于治疗胰腺炎、急腹症、胸痹心痛、中风等各系统的疾病。据临床报道，可用祛瘀法治疗狂躁、癫痫，用理脾祛瘀法治疗胸痹心痛，用泄浊祛瘀法治疗产褥期蛋白尿，以疏肝祛瘀法治疗肝硬化，以泻火祛瘀法针刺治疗三叉神经痛，或用益气补肾祛瘀法治疗良性前列腺增生。

温阳活血法

《备急千金要方》："大黄干漆汤，治新产后有血，腹中切痛。大黄，干漆熬，干地黄，干姜，桂心各一两，上五味㕮咀，以水、清酒各五升煮取三升，去滓，温服一升。血当下，若不下，明日更服一升，满三服，病无不瘥。"温阳活血法适用于寒凝血瘀或阳虚血瘀证，运用辛温通阳之药，使脉通则瘀滞散化，常配活血行血之品。常用方剂有温阳活血汤、当归四逆汤。可用于治疗现代医学的心力衰竭、缓慢性心律失常、冠心病、不稳定型心绞痛及动脉硬化闭塞症等病。据临床报道，用益气温阳活血法治疗尘肺病并发慢性阻塞性肺疾病稳定期，获良效。

第三节　降浊利水类

通过通利水道的药物治疗以排出体内水饮邪气的治法，归入降浊利水类治法。

水液的输布、排泄，主要依靠三焦的气化作用和肺、脾、肾的功能活动。三焦司全身的气化，为内脏的外府，是运行水谷津液的通道。气化则水行，若三焦失通失宣，阳虚水液不运，必致水饮停积为患。水饮属于阴类，非阳不运。若阳气虚衰，气不化津，则阴邪偏盛，寒饮内停。水饮致病总属阳虚阴盛、本虚标实。

降浊利水类治法通过以下两个方面祛除体内水饮邪气：一是饮为阴邪，遇寒则凝，得温则行，因此阳虚阴盛，治疗应以温化为原则，通过温阳化气以消化水饮、杜绝新饮之生成。二是水饮壅盛者应祛饮以治标，若其证属实，可相应采用攻下逐饮、理气分消等法以祛其邪，继则扶脾固肾以治其本。

临床使用降浊利水类治法要注意以下几点：一是要注意辨明有无兼夹之证。痰饮停积，影响气机升降，久郁又可化热，故本病有夹气滞、夹热的不同，治疗当注意消补兼施、温清并用。二是要注意若患者久病体虚，中气不足，应补中益气，可加人参、黄芪。三是水饮多为慢性病，病程日久，常有寒热虚实之间的相互转化，而且饮积可以生痰，痰瘀互结，病情更加缠绵，故应注意对本病的早期防治。

前后分消法

【出处】《金匮要略直解》："防己、椒目导饮于前，清者得从小便而出；大黄、葶苈推饮于后，浊者得从大便而下也。此前后分消，则腹满减而水饮行，脾气转而津液生矣。"

【溯源】《金匮要略·痰饮咳嗽病脉证并治》："腹满、口舌干燥，此肠间有水气，己椒苈黄丸主之。防己、椒目、葶苈、大黄。"

【释义】前后分消法适用于痰饮积聚肠间，水走肠间，饮邪内结，阳气被遏，气不化水，而致腹满，二便不利，运用前后分消使痰饮、水湿俱下，腹满得除，方如己椒苈黄丸。

【例案】张氏儿，年十四，病约一年半矣。得之麦秋，发则易大痛，至握其胺，跳跃旋转，号呼不已，小溲数日不能下，下则成沙石，大便秘涩，肛门脱出一二寸，诸医莫能治。张曰：今日治，今日效，时日在辰巳间矣。以调胃承气仅一两，加牵牛末三钱，汲河水煎之，令作三五度咽之。[《续名医类案》]

按：患者小溲数日不能下，大便秘涩，发则腹痛号呼，属实证之表现，不通则痛。治疗上给予调胃承气汤通大便，牵牛末利小便，符合前后分消之法。

【析拓】前后分消法，即通大便与利小便同用，使水湿等邪从二便排出的治疗方法，凡属饮邪水湿内聚肠间，壅塞不通之实证，见腹部胀满、浮肿、便秘、小便不利等可按本法治之。临床可用于治疗肝硬化腹水、幽门梗阻、风湿病或肺源性心脏病见轻度心衰、心包炎、胸膜炎、哮喘等。据临床报道，用前后分消法治疗原发性硬化性胆管炎、难治性水肿、慢性心力衰竭，皆获良效。

温阳利水法

【出处】《伤寒辨要笺记》："无发热，背恶寒，或身体骨节痛，手足寒者，附子汤温阳逐寒，加腹痛下利等里证者，真武汤温阳利水。"

【溯源】《伤寒论·辨太阳病脉证并治》："太阳病发汗，汗出不解，其人仍发热，心下悸，头眩，身瞤动，振振欲擗地者，真武汤主之。""少阴病，二三日不已，至四五日，腹痛，小便不利，四肢沉重疼痛，自下利者，此为有水气，其人或咳，或小便不利，或下利，或呕者，真武汤主之。茯苓、芍药、生姜、白术、附子。"

【释义】发汗太过，损伤阳气，或饮食劳倦，病久不愈，致肾阳虚衰，气化不利，水湿不运，停聚留滞，症见小便不利，四肢沉重疼痛，或肢体浮肿，以腰以下为著，手足不温，或腹痛下利，或心气短，喘咳痰鸣，苔白不渴，脉沉等，以附子、肉桂、桂枝、仙茅、淫羊藿之类温阳以化气；白术、茯苓、猪苓、泽泻、车前子等药化湿利水，共同组方，使阳复气化得行，水道通利，是为温阳利水法。方如真武汤、苓桂术甘汤、实脾饮、济生肾气丸等。

【例案】石水。张云：此言水病之有阴阳也。吴云：沉，脉行肌肉之下也。石水者，水凝不流，结于少腹，其坚如石也。肾肝在下，居少腹之分，脉沉为在里，故肾肝俱沉，为石水之象。马云：水气凝结，如石之沉，故名为石水也。《阴阳别论》：有阴阳结邪，多阴少阳，名曰石水，小腹肿。《灵枢·邪气脏腑病形》：有肾脉微大，为石水。起脐下，至小腹睡睡然，上至胃脘，死不治。《水胀篇》：黄帝有石水之问，而岐伯无答，必有脱简，皆是积聚之类。简按：《金匮要略》云：石水，其脉自沉，外证腹满不喘。尤怡注云：石水，水之聚而不行也。因阴之盛，而结于少腹，故沉而不喘。吴以为坚如石，误。（《张氏医通》云：肾肝并沉，为石水，真武汤主之。）[《素问识》]

> 按：水凝不流，结于少腹，腹坚如石，称为石水，属阴水类，多为阳虚不化，水液化浊而致。治疗当从温阳化气着手，同时利水以消浊积。真武汤为温阳利水的基础方，以附子温暖脾肾，茯苓、白术健脾利水，白芍化阴以助水出，生姜助附子消散水气。使肾阳得助，则水能出于膀胱。

【析拓】温阳利水法用辛热助阳之品，联合利水药，治疗脾肾阳虚、水液内停所致病证。下焦肾阳不足，中焦脾阳不健，气化无权，寒水内生者，通过温肾助阳，温运健脾，从而恢复脾肾主水液代谢的功能。温阳化气针对肾阳虚不化气，多用于无形之水气为病，或者小便不利，用辛温补肾阳药如杜仲、菟丝子和辛热助阳药如肉桂、附子。本法可用于治疗肾性水肿、心源性水肿、慢性肝病腹水，以及醛固酮增多症、甲状腺功能减退症、梅尼埃病、肠结核腹痛下利等属阳虚水泛者。代表方为实脾饮。据临床报道，可用温阳利水法治疗肝硬化腹腔积液、脓毒性休克、难治性水肿、肺胀，或用温阳利水方减少乳腺癌改良根治术后不良事件，或在西药治疗基础上联合温阳利水法治疗慢性心力衰竭，均有良效。

◎ 其他降浊利水类

驱虫法

《本草蒙筌》："求小儿落者，烧研末，用热酒调吞。能托豌豆疮，堪驱虫毒邪气。"《伤寒论·辨厥阴病脉证并治》："蛔厥者，其人当吐蛔，令病者静，而复时烦者，此为脏寒，蛔上入其膈，故烦，须臾复止，得食而呕，又烦者，蛔闻食臭出，其人常自吐蛔。蛔厥者，乌梅丸主之。"驱虫法是使用驱虫药以驱除人体内寄生虫的一种治疗方法。本病多由湿热内蕴或食入虫卵所致。其临床表现特点有脐腹作痛，时发时止，或呕吐青黄绿水，或吐出虫，或生虫斑等。代表方如安蛔汤、乌梅丸、化虫丸等。可用于治疗现代医学的蛔虫、蛲虫、钩虫、绦虫等消化道寄生虫病。据临床报道，用驱虫药可治疗抽动症，或用和解驱虫饮治疗鞭虫病。

通腑导滞法

《素问病机气宜保命集》："中风外有六经之形证，先以加减续命汤，随证治之，内有便溺之阻格，复以三化汤（枳实、厚朴、大黄、羌活）主之。"通腑导滞法以苦泄行气、通导郁热湿滞下行为主要方法。适用于湿热温邪夹滞，交阻壅结肠胃，症见脘腹痞满或痛，恶心呕逆，大便溏而不爽，色黄如酱，肛门灼热，或身热不退，舌苔黄厚等。代表方如枳实导滞汤、木香槟榔丸等。现代用于治疗急性胰腺炎、中风、小儿疝气等。据临床报道，可用通腑导滞法治疗重症急性胰腺炎、便秘，用清热化湿通腑导滞法治疗溃疡性结肠炎，用清热活血、通腑导滞法治疗亚急性盆腔炎，用通腑导滞敷脐法治疗急性肠梗阻。

通腑化痰法

《伤寒论·辨太阳病脉证并治》曰："寒实结胸，无热证者，与三物小白散。""三物白散方：桔梗三分，巴豆一分（去皮心，熬黑，研如脂），贝母三分。"通腑化痰法用化痰药联合通脏降浊之剂，治疗中风邪中经络，痰热中阻，腑气阻滞，风痰上扰之证。以肢体偏瘫，大便秘结，舌苔黄腻，脉弦滑，偏瘫侧脉弦滑而大为特征。通腑化痰法能减轻急性出血性脑卒中患者的脑水肿，促进血肿吸收和神经功能的恢复，提高临床疗效，降低致残率，也有助于控制脂代谢紊乱，降低神经功能损害。据临床报道，以通腑化痰法创立的中风星蒌通腑胶囊可治疗急性缺血性脑卒中，在脑出血早期使用通腑化痰法可明显促进脑血肿的吸收。可用通腑化痰汤联合孟鲁司特钠治疗慢性阻塞性肺疾病。研究表明，通腑化痰法干预急性脑出血大鼠，可对大鼠肝细胞凋亡产生明显抑制作用，并有效改善肝组织病理学结构及肝功能水平。

通腑开窍法

《赵绍琴医学全集》："如热陷心包兼有腑实者，当通腑开窍，方用牛黄承气汤。"《温病条辨》："阳明温病，下之不通，其证有五：……邪闭心包，神昏舌短，内窍不通，饮不解渴者，牛黄承气汤主之。"通腑开窍法联合通腑泻浊药及化痰开窍药，可治疗痰浊内闭脑络、腑气不通之证，症见神昏、大便秘结数日不行者。多配合活血化瘀法应用。代表方如星蒌承气汤、牛黄承气汤等。现代用于治疗肝性脑病、急性脑栓塞、脑出血轻症，也可用于治疗癫痫、精神性昏厥等符合本证表现者。据临床报道，可用通腑开窍法治疗肝性脑病、肝衰竭，用通腑开窍法联合 rt-PA 静脉溶栓治疗超早期缺血性脑卒中，用通腑开窍液灌肠治疗高血压性脑出血。

以泻代清法

《仁斋直指方论》："凉膈散……本方清上与泻下并行，清中有宣，泻下是为清泄胸膈郁热而设，以泻代清。"以泻代清法适用于上中二焦火热积郁，上有无形热邪，非清不去；中有有形积滞，非下不除。通过清热、泻火通便，清上泻下并行，给火邪以出路。临床多用于治疗小儿发热、急性扁桃体炎、脓毒症、肺炎、胆结石、急性阑尾炎、黄疸、肝炎、疮疹、流行性脑脊髓膜炎等。据临床报道，可用以泻代清、通腑除秽法治疗肝癌合并肠道菌群失调、重症急性胰腺炎、急性热病、胆汁反流性胃炎。研究发现，以泻代清的凉膈散能抑制脂多糖（LPS）诱导小鼠腹腔巨噬细胞炎症反应，以发挥抗炎作用。

第四节　散结化滞类

通过应用具有消导、化滞、散结作用的药物，使食、痰、气、血、水、虫等积聚之有形实邪渐消、缓散的治法，归入散结化滞类治法。

寒邪、湿浊、痰浊、食滞、虫积等与气血相搏，导致气机阻滞，瘀血内结。气滞、痰凝、血瘀壅结颈前发为瘿病；脏腑、肌表、经络气血壅滞，血脉瘀阻，聚而成积，日久积而不散而成癥瘕、痞块、石瘕诸证。

散结化滞类治法通过消导、化积、行气等途径，消除气血、瘀滞、痰凝所致的病理变化，达到软坚、散结、消癥、消聚、消瘿、消肿之目的。

临床使用散结化滞类治法要注意以下几点：一是根据病情、患者体质及治疗需要，应注重与其他治法结合应用，特别应重视散结化滞类治法与理气法、下法、活血法、祛痰法、祛湿法、利法、补益诸法的配伍与应用。二是应用散结化滞类治法时除应掌握其适应证、治疗时机、用药法度外，亦应权衡所治病证的寒热虚实、轻重缓急、病变部位，以及是否有正气耗伤及其程度和性质。三是散结化滞类治法属攻邪之法，不宜长期使用，可耗伤正气，不利于疾病康复。

解毒散结法

【出处】《医学穷源集》："脾郁终未解得，只肝郁少舒耳。且再用解毒散结之法。"

【溯源】《妇人良方大全》："乳岩。由于忧思郁结，所愿不遂，肝脾气逆，以致经络闭塞，结积成核。"《本草纲目》："[僵蚕] 散风痰结核瘰疬，头风，风虫齿痛，皮肤风疮，丹毒作痒，痰疟癥结，妇人乳汁不通，崩中下血，小儿疳蚀鳞体，一切金疮，疔肿风痔。"

【释义】解毒散结，顾名思义即解其毒邪、消散其结，而肿块是为癥积。癥积的表现为固定不移、坚硬如石、痛有定处、疼痛拒按，故临床上见有癥积症状而正气尚强，能够承受祛邪之药物者可以采用解毒散结法，使有形之实、坚硬之物软散。

【例案】某，风湿热，交熏于上，偏对鬓疽，肿硬有头。唯对口疮根散漫，均非小恙。腑气不爽，宜内疏黄连汤加减：薄荷、黄连、赤芍、当归、连翘、陈皮、银花、生甘草、桔梗、大贝、黑栀、淡竹叶。[《马培之医案》]

按： 此案病机属风湿热交熏于上，毒邪壅聚，腑气不爽，治用清热解毒、散结消肿之法。

【析拓】解毒散结法用化痰散结联合清热解毒之剂，治疗因痰结化毒形成之结滞肿块。外感火热邪气，或内伤情志郁火，导致气机失调，脏腑失和，则气、血、津、液代谢紊乱，经络壅塞，化而为痰，痰结成毒内停，结为肿块。可用于治疗现代医学的原发性支气管肺癌、甲亢性突眼、慢性萎缩性胃炎、急性睾丸炎、乳腺癌等。据临床报道，可用益气养阴、解毒散结法治疗原发性支气管肺癌、非小细胞肺癌，可用祛痰化瘀、解毒散结法联合疏肝健脾治疗肝脾失调、痰瘀互结证甲亢性突眼，或用疏肝健脾解毒散结法防治三阴乳腺癌。

◎ 其他散结化滞类

化痰软坚法

《本草纲目》："文蛤。主治：恶疮，蚀五痔（《本经》）。咳逆胸痹，腰痛胁急，鼠瘘大孔出血，女人崩中漏下（《别录》）。能止烦渴，利小便，化痰软坚，治口鼻中蚀疳。"《成方切用》："茯苓丸。治痰停中脘，两臂疼痛。（脾主四肢，脾滞而气不下，故上行攻臂，其脉沉细者是也。）半夏曲（二两），茯苓（一两，乳拌），枳壳（五钱，麸炒），风化硝（二钱半。如一时未易成，但以朴硝撒竹盘中，少时，盛水置当风处即干。如芒硝刮取，亦可用。），姜汁糊丸，姜汤下。半夏燥湿，茯苓渗水，枳壳行气，化痰软坚（去坚痰）。生姜制半夏之毒而除痰，使痰行气通，臂痛自止矣。"化痰软坚法是用咸寒化痰软坚类药物软化、消散痰结肿块的治法，其代表方如消瘰丸、海藻玉壶汤、四海舒郁丸等。此类药物多属消散之品，久用易耗气伤津，损伤阴液，阴虚者慎用。临床常用于治疗现代医学的各种肿瘤、淋巴结炎、甲状腺肿、骨关节病、子宫肌腺症等。据临床报道，可用化痰软坚法治疗慢性支气管炎、间质性肺炎等慢性呼吸道疾病，或用益气健脾、化痰软坚法治疗早期肝硬化，均获良效。

软坚散结法

《医学穷源集》："更加金沸、贝母以清降之，地丁、益母以解散之，海藻、白鲜、血竭软坚散结、和血去湿，取为治标之用，则源流俱清，无复留滞矣。"《素问·至真要大论》云"坚者削之""结者散之"。软坚散结法用以软坚散结为主要功效的中药组成的处方，消散体内之肿物结块。常结合化痰散结药或活血化瘀药来应用。代表方如消瘰丸等。可用于现代医学的甲状腺结节、肉芽肿、妇科疾病、癌症等的治疗。据临床报道，可用软坚散结法治疗环状肉芽肿、痰瘀交结型高脂血症性脂肪肝、子宫内膜异位症、非小细胞肺癌、小儿腺样体肥大，以疏肝解郁、软坚散结法治疗肝郁痰凝血瘀型甲状腺结节，均有效。

消散瘿瘰法

《珍珠囊补遗药性赋》："海藻。赋文：海藻散瘿破气而治疝何难。（注释）散瘿：散，消散；瘿，瘿瘤；消散瘿瘤也。疝：疝气、癫疝，即睾丸肿大类疾患。"《医学心悟》："瘰疬者，肝病也。肝主筋，肝经血燥有火，则筋急而生。瘰疬多生于耳前后者，肝之部位也。其初起即宜消瘰丸消散之，不可用刀针及敷溃烂之药。"消散瘿瘰法是用具有化痰软坚和消瘿散结作用的药，治疗瘿结成瘤或痰结瘰疬的治法，适用于气滞痰凝或痰火凝聚而形成的瘿瘤或瘰疬。可用于治疗现代医学的甲状腺肿大性疾病或伴结节、淋巴结肿大，以及乳腺疾病，妇科、儿科、五官科疾病等。据临床报道，可用消瘰丸治疗甲状腺癌，用消瘰丸加减治疗视网膜静脉阻塞、阴虚痰凝型颈部慢性淋巴结炎、乳腺增生，用参苓白术散合消瘰丸治疗儿童腺样体肥大。

消瘿散结法

《痰火点雪》："治相火迫聚，津液凝结成核，或绕顶夹耳，或循胁肋，不红不肿，不作脓者，谓之痰核。此痰火之机，急宜消散，初无痰火之证，但见核者，宜此主之。玄参（忌钱，一钱五分，滋阴降火，为消核之要品），桔梗（一钱，为舟楫之药），连翘（带子，一钱五分，开结降火），射干（去根，一钱，消瘿散结）……"《神农本草经疏》："夏枯草，治一切寒热，及消瘰疬鼠瘘，破癥散瘿结气。"消瘿散结法运用具有清热化痰、软坚散结作用的消瘿散结方药，治疗气滞痰凝之瘿肿。常用海藻玉壶汤。现代应用此法治疗以气滞血瘀痰凝导致的肿块、结节、增生及肿大为主要临床表现的疾病，如甲状腺肿、甲状腺瘤、甲状腺功能亢进症、乳腺疾病、附睾炎等。据临床报道，用消瘿散结方药治疗结节性甲状腺肿、甲状腺瘤、甲状腺功能亢进症气郁痰阻证等，均有效。

消癥法

《玉机微义》："宝鉴香壳丸，破痰癖，消癥块及冷积。按此治气积寒积之剂下焦药也。"《金匮要略·疟病脉证并治》："疟病……如其不差……此结为癥瘕，名曰疟母，急治之，宜鳖甲煎丸。"癥瘕的病因主要是机体正气不足，风寒湿热之邪内侵或七情、房事、饮食所伤，脏腑功能失调，致体内气滞、瘀血、痰湿、湿热等病理产物聚结于冲任、胞宫、胞脉，久而结聚以成癥瘕。消癥法和泻下法均能消除有形实邪，但后者适用于骤急的有形实邪，目的在于攻逐；消癥法则用于逐渐形成的癥瘕积聚，目的在于渐消散缓。消癥法为克削之法，若无实证，当禁用之。代表方如鳖甲煎丸、桂枝茯苓丸。据临床报道，可以消癥法治疗晚期大肠癌，以泄浊消癥法治疗晚期糖尿病肾病，以扶正消癥法论治肺癌术后并发症，用化瘀消癥法治疗术后复发卵巢子宫内膜异位囊肿，用活血消癥法治疗子宫腺肌病。

消肿止痛法

《白喉辨证》："左肿贴左，右肿皆贴右，左右发肿，皆贴。阅五六时贴处即起水泡，用银针或用熟针刺破，揩净毒水。能消肿止痛，诚救急良方也。此方切忌入口，孕妇亦忌。"《杂病源流犀烛》："跌仆闪挫，卒然身受，由外及内，气血俱伤病也。""气运乎血，血本随气以周流，气凝则血也凝矣，气凝在何处，则血亦凝在何处矣。夫至气滞血瘀则作肿作痛，诸变百出。"消肿止痛法适用于外伤之后，气血失于常道，阻滞局部，见局部肿胀瘀青；气血阻滞，不通则痛。用行气活血药物使气畅血行，气血得通，则肿胀自消，疼痛缓解。临床用于治疗四肢骨折、扭伤、关节软骨损伤、术后伤口肿痛、肛周疼痛等。据临床报道，可用消肿止痛散外敷治疗颈椎病，用消肿止痛制剂内外合用治疗低位肛周脓肿未成脓期及血栓性外痔，用消肿止痛合剂治疗皮瓣缺血再灌注损伤，以消肿止痛方治疗膝关节创伤性滑膜炎，均有良效。

第五节　清除火热类

通过应用寒凉性药物，以清除邪热、里热等的治疗方法，归入清除火热类治法。

火热之邪是致病后具有升发、炎热、蒸腾性质的邪气。火热为阳邪，其性炎上，外感火热邪气易致机体出现阳热亢盛之症，具有易伤及心神、伤津耗气、生风动血、易致疮痈的特点。火热内生，是指由于阳盛有余，或阴虚阳亢，或气血郁滞，或病邪郁结，从而产生火热内扰，功能亢奋的病理状态。

清除火热类治法通过以下几个方面清除体内热邪：一是直折火毒。用苦寒泄热之品，泻热降火，直折上炎之火。二是清热透邪。运用性味辛散苦寒、具有清泄宣发邪热作用的药物，引导邪热向外透达，达到透邪外出之目的。三是清热止痛。通过运用清热解毒、泻火除邪的方法，以祛邪、消散壅结，使脏腑、经络通畅，间接达到止痛之目的。四是清泄脏腑热。通过运用清热泻火、清热解毒之清法，并与下法、利法、汗法配伍，以清泄肺、肝、脾、胃、心之热，从而解除脏腑邪热、内热。

临床使用清除火热类治法要注意以下几点：一是要注意辨别热证真假、虚实。二是要注意护胃、保津。清热类治法所用之药均为苦寒之品，易伤脾胃，耗气伤津，故应用清法时要把握用药时间，不宜久用，必要时可配合健脾益胃、养津之品。三是应注重反佐法的应用。在选药组方时应根据病情配伍少量热药，或采用凉药热服的方法。四是把握好清热类治法的用药法度，中病即止。

清热泻火法

【出处】《脏腑标本虚实寒热用药式》："只有表闭严重，肺失宣降时用之，但须配清热泻火之品，既能开肺发汗，宣降肺气，又能制其助火之。"

【溯源】《素问·刺热》："诸治热病，以饮之寒水乃刺之，必寒衣之，居止寒处，身寒而止也。"《素问·至真要大论》："诸躁狂越，皆属于火。""热者寒之。"

【释义】《中国中医药学主题词表》：清热泻火……属清热。运用性寒味苦的方药，具有清除火热作用，适用于火热炽盛证的治疗方法。方如白虎汤、黄芩汤等。

【例案】某，先呕而口甜腻，后恶寒而身热，乳房结核肿痛，而发乳痈，此阳明蕴热，后兼外感，入于胃络所致。生石膏（三钱，打），桂枝（三钱），白薇（三钱），蒲公英（三钱），橘红（一钱），苏梗（一钱半），姜炒竹茹（八分），白蔻仁（四分，研冲）。[《环溪草堂医案》]

按： 患者素体阳明蕴热，今外感寒湿邪气，出现恶寒身热。寒湿邪闭郁于肌表，在阳明蕴热体质下闭郁化热，同时阳明蕴热不能宣散而闭郁于内，湿热之邪循经而至乳，腐肉成毒，发为乳痈。本案采取标本兼治之法，治阳明蕴热之本，予清热泻火；治外感寒湿之标，予辛温解表、燥化湿邪。方中用石膏、白薇、蒲公英清热泻火，桂枝、紫苏梗辛散解表，姜炒竹茹助散表寒，兼除痰湿。陈皮、豆蔻燥化湿邪。全方标本兼治，寒而不留邪，温而不助热，且温通有助于湿化热散，故而能取效。

【析拓】清热泻火法用具有清热泻火作用的药，如石膏、知母、芦根等，治疗急性热病高热汗出、烦渴甚或谵语、发狂、苔黄燥、脉洪实等症，也可用于胃热、肺热、心热、暑热等引起的实热证。现代可用于治疗感染性发热、疔痈疔疮、乳腺炎、结膜炎、肿瘤、虫蛇咬伤、传染性肝病、尿路感染等。据临床报道，可用清热泻火法治疗小儿地图舌、复发性口腔溃疡、甲状腺功能亢进症、颈动脉粥样硬化、反流性食管炎；用清瘟败毒饮清热泻火干预急性肺损伤。

清热利湿法

【出处】《伤寒直指》："健曰：黄乃中央土色，脾为湿困，而本色外现。凡物受湿气，必化热而蒸黄，如腌酱然。虽验明暗，以分阴阳，然身既黄而发热且疼，是湿已变热，只宜清热利湿，茵陈四苓最妙，附子桂枝非所宜也。"

【溯源】《金匮要略·黄疸病脉证并治》："谷疸之为病，寒热不食，食即头眩，心胸不安，久久发黄为谷疸，茵陈蒿汤主之。茵陈蒿汤方：茵陈六两，栀子十四枚，大黄二两。上三味，以水一斗，先煮茵陈，减六升，内二味，煮取三升，去滓，分温三服。小便当利，尿如皂角汁状，色正赤，一宿腹减，黄从小便去也。""诸病黄家，但利其小便。"

【释义】《感症宝筏》："凡伤寒热甚不解，但头汗出，腹满溺涩，目黄口渴，舌苔黄腻（湿热舌苔），此湿热郁于太阴，欲发黄也。急用茵陈、二苓、枳实、厚朴、黄柏、栀子、茅术、秦艽、车前、泽泻等利之清之（清热利湿分解之法）。二便俱秘、小腹胀满者，此转属阳明也，宜茵陈蒿汤（转属阳明实热见症，故兼下法）。"

【例案】病者：蔡达仁之第三子，年十五岁。因初夏作红白痢，缠绵不愈，至仲冬两足痿废而成痿。形销骨立，肚腹坚膨，其热如烙，舌绛红，满口臭气，令人难闻，所下腐秽极黏，日数十行，腹痛甚，粒饮不入，卧床叫苦。六脉皆沉细而数，时有弦象。据证参脉，初系湿热伏于大小肠而病痢，久之逆传于肺，耗液损津，脾胃受困而病痿，此湿热痢兼痿也。然病何至斯极，想因谬作虚寒，而服参、芪、桂、附之属，以致五脏六腑受其燥烈之气，而营分尤甚焉。所幸童体无亏，下泉之水，足供挹注，不然，早已焦头烂额矣，安得一线之生存乎。其父曰：唯唯，但不识还可治否？余曰：治则可治，恐畏吾药之寒凉，而不敢服耳。其父曰：先生果有确见，虽砒，信勿辞也，遂许之。疗法：连日与调胃承气汤合白头翁汤二剂，后剂加郁李净仁以下肝胆之气，水煎午前十时服。处方：净朴硝（二钱），酒大黄

（二钱），川黄连（钱半），生黄柏（钱半），白头翁（二钱），北秦皮（钱半），粉甘草（一钱）。次诊：连服三剂，陆续下去垢污甚多，腹膨即消，热亦大减，两寸稍浮，弦象去，六部仍细数。改用专清营分之热，最合通络清营汤三剂，逐日水煎，午前十时服。三诊：内热全解，便行仅三次，带黏黄粪，腹痛除，脉转浮急，两关俱弦，此湿热外走触动肝阳也。其父乍喜乍惊曰：数月之痢，先生以数剂药痊之，何其神也。但小儿起立不能，恐仍成废人耳。余曰：无忧也。《经》曰：肺热叶焦，发为痿躄。又曰：阳明主润宗筋，束骨而利机关，故治痿独取阳明也。夫湿热之人，脾先受之。书曰：饮食入胃输于脾，脾气散精，上归于肺。今脾为湿热所困，不克输精于肺，所以肺热叶焦，而清肃之令不下行也。且太阴与阳明，原属表里，太阴受祸，阳明乏资，故无以束骨而利机关，宗筋因之纵弛而不任地也。由《经》言思之，令郎之病，得无是乎。子既知治痢已获效，余自信治痿必有功。法当清热利湿，抑木和中，甘露饮加减主之，二剂，日各一服。处方：甘露饮加减。生、熟地（各三钱），金钗斛（三钱），广青皮（一钱），宣木瓜（一钱），天、麦冬（各三钱），薏苡仁（三钱），金银花（二钱），绵茵陈（钱半），杭白芍（三钱），尖槟榔（钱半），粉甘草（八分），生枇杷肉（钱半）。[《全国名医验案类编》]

按： 患者因得红白痢久治未愈而发展为痿证。此时患者虽形销骨立，但仍肚腹坚膨，其热如烙，舌绛红，满口臭气，令人难闻，所下腐秽极黏，日数十行，腹痛甚，粒饮不入，卧床叫苦。虽六脉皆沉细，却数且时有弦象，是形虚而症实。据症参脉，判其湿热仍以内伏为主，给予调胃承气汤合白头翁汤清热除湿并举；当湿热之势渐缓，再以清热利湿、抑木和中之法兼顾正气，使邪去而正不伤。

【析拓】 清热利湿法主要用清热兼有利尿除湿功效的药物，或清热药联合利湿药，常配合淡渗利湿药治疗下焦湿热，以及由于湿热下注，或湿热蕴结下焦而导致的小腹胀满、小便浑浊、尿频涩痛、淋沥不止，甚至癃闭不通。常用清热利湿药物，如茵陈、滑石、通草、薏苡仁等，可配合清热燥湿药如黄连、黄柏等组成方剂。代表方为茵陈蒿汤、二妙散等。也可用于现代医学的急性传染性肝炎、尿道炎、膀胱炎、急性前列腺炎、肾盂肾炎、婴儿胎黄、慢性肝炎、心肌炎、肝硬化腹水、肝癌、肠道疾病、皮炎等病机属湿热致病者。据现代临床报道，可用清热利湿法治疗急性放射性肠炎、慢性肾脏病、糖尿病足筋疽、病毒性心肌炎；用清热利湿法可改善肠胃湿热型脂溢性皮炎症状。

◎ 其他清除火热类

清肝化痰法

《得心集医案》："余见病势甚急，不能与辨，令取盐梅捣汁擦牙，俾得牙开，始见满口胶痰，壅塞咽喉，随用稀涎散，调水卷取其痰，约呕升余，其声稍开，然尚不能言。又以元明粉，搅洗喉中，随呕随搅，又呕涎升余，方云要睡。次日连进控涎丹，二日中将进六十粒，始得微泄，改进清肝化痰之药而健。"清肝化痰法以清肝平肝之品，合用化痰或兼息风药，治疗以肝阳夹风痰为患之疾病。临床既有肝经风阳化热，又有痰随风动之症。现代也用于治疗肝热痰郁者，可以是痰停脏腑，也可以是痰浊泛溢扰动心神。可用于治疗现代医学的脂肪性肝病、高血压、冠心病、淋巴结结核、淋巴炎、乳腺疾病及甲状腺功能亢进症等。方用芩连温胆汤、清肝化痰丸等。据临床报道，可用清肝化痰法治疗正常高值血压、痰热内蕴型慢性中心性浆液性脉络膜视网膜病变、乳腺增生、非酒精性脂肪肝，或用清肝化痰、活血通脉法治疗脑动脉硬化症。

泻火解毒法

《外科正宗》："男妇房术所伤，蕴毒所致，初起阳物痒痛，坚硬紫色，疙瘩渐生，腐烂渐作，血水淋漓，不时兴举，治当泻火解毒，如黄连解毒汤、芦荟丸之类是也。"泻火解毒法应用泻火解毒药，或联合通腑泻火药，治疗实热火毒所致的身热，烦躁，面赤，谵语，口舌生疮，吐衄发斑，或大便干燥等。可用于治疗肺炎、扁桃体炎、胆道感染、流行性乙型脑炎、流行性出血热、急性或慢性肝炎、心肌炎、急性肾炎、急性红斑狼疮、血小板减少性紫癜、尿路感染、黄疸、痢疾等。代表方如黄连解毒汤、当归龙荟丸等。据临床报道，可用泻火解毒法治疗血管性痴呆、三叉神经痛；用五味消毒饮治疗狼疮性肾炎；用泻火解毒散外敷治疗带状疱疹。研究发现，NF-κB信号通路是竹叶青蛇伤血管内皮细胞炎症损伤的关键，泻火解毒法可通过调控该信号通路来治疗竹叶青蛇伤血管内皮细胞炎症损伤。

清热和胃法

《幼科指南》："食痫者，其病在脾。因小儿乳食过度，停结中脘，乘一时痰热壅盛，遂致成痫。其初面黄腹满，吐利酸臭，后变时时发搐，宜用妙圣丹主之。痰盛者，朱衣滚痰丸主之。后用清热和胃丸调理，则积滞清而惊痫定矣。"《伤寒论·辨太阳病脉证并治》："发汗后，恶寒者，虚故也；不恶寒，但热者，实也。当和胃气，与调胃承气汤。"胃为阳明之腑，水谷之海，多血多气，为万物所归。气有余则易化热。胃本喜湿而恶燥，当热邪留恋于胃，致胃气不和，郁而上逆，而见纳差、呕逆、腹满等，故治当清热和胃。可用此法治疗现代医学的胃食管反流病、慢性胃炎、胃溃疡等病。据临床报道，可用清热和胃法治疗慢性胃炎脾胃湿热证，联合脏腑辨证论治胃食管反流病，以三联疗法联合和胃清热汤治疗肝胃郁热型胃溃疡。

清热活血法

《赤水玄珠》："收靥时，有臭气带腥者佳；全无气息者，尚有余毒未发也；若臭气如烂肉，不可近，虽似结痂，未可为真，急以清热活血之剂服之，缓则无济。"清热活血法通过清解营血分热毒，以祛血热而解除黏稠状态，同时用行血活血之品以畅行血脉。可用于治疗多种感染性高热、败血症、流行性出血热、流行性脑脊髓膜炎、急性肝炎、急性弥散性血管内凝血、出血性紫癜等。代表方如仙方活命饮、四妙通安汤等。据临床报道，可用清热活血法治疗腰椎间盘突出症术后发热、慢性前列腺炎、胆囊癌术后瘀热证，用清热活血法通过灌肠治疗溃疡性结肠炎。研究发现，清热活血方药可通过调节肠道微生态与Th/Treg干预类风湿性关节炎的发病和进展。

祛热宣窍法

《时病论》："祛热宣窍法：治温热、湿温、冬温之邪，窜入心包，神昏谵语，或不语，舌苔焦黑，或笑或痉。"《临证指南医案》："夫温热秽浊，填塞内窍，神识昏迷，胀闷欲绝者，须以芳香宣窍。"祛热宣窍法适用于温热、春温、冬温、湿温后期邪陷心包之证，是应用清热药物合用开窍之品，如安宫牛黄丸、至宝丹等，以开窍兼泻心经之火邪。可应用于现代医学的儿童惊厥、放射性肺炎、军团菌肺炎及新型冠状病毒感染重症等。据临床报道，用祛热宣窍法治疗新型冠状病毒感染重症、放射性肺炎后期兼症、小儿急惊风、军团菌肺炎，均获良效。

泻火导痰法

《全国中药成药处方集》："[沉香滚痰丸] 功能与主治：泻火导痰。主实热顽痰，发狂便结，咳嗽哮喘，胸腹满闷。"《杂病源流犀烛》："清心导痰丸（痰火）。大黄、黄芩、礞石、犀角、皂角、朱砂、沉香、麝香。"泻火导痰法适用于痰火扰心证，症见神昏，狂躁，面红耳赤，两目怒视，甚者毁物伤人，叫骂不避亲疏，舌质红或绛红，苔多黄腻或黄燥而垢，脉弦滑数。此法临床常用于治疗现代医学的精神分裂症、抑郁症、失眠等。据临床报道，以泻火导痰的礞石滚痰丸联合舒肝解郁胶囊治疗精神分裂症肝郁痰结证，用泻火导痰法代表方礞石滚痰丸治疗痰热郁结型抑郁症、痰热内扰型慢性阻塞性肺疾病合并失眠，或用芩连温胆汤治疗痰热扰心型失眠及急性气管支气管炎，均获良效。

第六节　其他祛邪治法

主要用于祛除致病邪气，又不属于前述五类治法的，归入本类治法。

本类治法作用面较广泛，功效多偏于攻、消除邪。注意不宜过用，免伤正气。

清痢荡积法

【出处】《时病论》："热痢者，起于夏秋之交，热郁湿蒸，人感其气，内干脾胃，脾不健运，胃不消导，热挟湿食，酝酿中州，而成滞下矣。盖热痢之为病，脉滑数而有力，里急后重，烦渴引饮，喜冷畏热，小便热赤，痢下赤色，或如鱼脑，稠黏而秽者是也。治宜清痢荡积法，益以楂肉、槟榔治之，如体弱者，以生军改为制军最妥。"

【溯源】《素问·至真要大论》："湿淫所胜，平以苦热，佐以酸辛，以苦燥之，以淡泄之。"《素问病机气宜保命集》："行血则便脓自愈，调气则后重自除。"

【释义】《时病论》："清痢荡积法：治热痢夹食，脉滑数，烦渴溺赤。广木香六分（煨），黄连六分（吴萸炒），生军三钱（酒浸），枳壳一钱五分（麸炒），黄芩一钱（酒炒），白芍一钱五分（酒炒），粉甘草五分，葛根五分（煨），加鲜荷叶三钱。煎服。此法首用香、连治痢为主，加军、枳以荡其积，芩、芍以清其血，甘草解毒，荷、葛升提，施于实热之痢，每多奏效耳。"

【例案】安徽苏某之侄，由远方来，途中感受暑热，即病烦热口渴，渴欲引饮。医谓阳暑，用白虎汤为君，服之热退，腹内转疼。更医治之，遂驳用凉之谬，谓凉则凝滞，将来必变为痢也。用平胃散加姜、附、吴萸，腹痛未除，果变为痢。（此证明实热失下之误。）其叔深信如神，复邀诊视，讵知乃医固执不化，询得病者不思谷食，遂称为噤口痢也。守原方益以石莲、诃子服后痢虽减少，然腹痛益剧，叫号不已，一家惊惶无策，着人来迓于丰。其叔令阅前方，并述病状，按其脉，数大而强，舌苔黄燥，腹痛拒按，口渴喜凉。丰曰：令侄气血方刚之体，患此暑热夹食之疴，而成燥实之候，非攻下猛剂，不能望瘳。用生军、枳实、花粉、元明、黄连、荷叶，请服一煎，当夜遂下赤白夹杂，稠黏而臭，又得硬屎数枚，腹痛方定，神气疲倦，就枕即熟寐矣。次日用调中和剂，服十余帖而安。[《时病论》]

按：雷氏认为热痢者，起于夏秋之交，热郁湿蒸，人感其气，内干脾胃，热夹湿食，运酿中州所致。而暑痢者，是感受暑气之后而成痢疾，表现为自汗发热，面垢呕逆，渴欲引饮，腹内攻痛，小便不通，痢血频进。其辨证要点在于感受暑气，致里急后重，烦渴引饮，痢下赤色。患者旅途中感受暑热而出现烦热口渴、渴欲引饮，但前医用大量温热加收涩之品而闭门留寇，使腹痛益剧。本案因过早使用止涩之法，使体内之邪无路可出，闭门留寇。雷氏认为其人为暑热夹食之疴，而成燥实之候，非攻下猛剂，不能望瘳。故以黄连、天花粉、玄明粉治痢为主，大黄、枳实涤荡积滞，佐以荷叶升提。当夜则逐下赤白夹杂，稠黏而臭，又得硬屎数枚，腹痛乃定。

【析拓】清痢荡积法治疗夏秋之交，热郁湿蒸，邪气伤人脾胃而发热痢夹食者。方多用香连丸合芍药汤加减。可用于现代医学的急性或慢性菌痢、阿米巴病、非特异性溃疡性结肠炎等属湿热证夹食者。据临床报道，清痢荡积法配合穴位贴敷可治疗腹泻型肠易激综合征，以加味白头翁汤清痢荡积治疗痢疾，效果优良。

宽胸理气法

【出处】《理虚元鉴》："胸者，心肺交加之部，火炎攻肺，而气不得以下输，则气多壅塞，尤不当以宽胸理气之剂开之。"

【溯源】《金匮要略·胸痹心痛短气病脉证治》："胸痹，胸中气塞短气，茯苓杏仁甘草汤主之，橘枳姜汤亦主之。"

【释义】胸阳不振，胸中气机郁滞，多可兼痰湿郁阻，或者血行瘀滞，症见胸胁满闷或疼痛，或胁胀不舒，喜太息，或脉结代，或腹满等。常用瓜蒌、薤白、香橼、枳壳、佛手、木香、白酒等温开通胸阳及理气宽胸之品。兼痰者，常加半夏、陈皮化痰散结；兼瘀滞者，加丹参、降香、川芎、泽兰等味香活血化瘀之品，以畅达胸中之气，是为宽胸理气法。

【例案】崔场官令堂，受病之源，得之忧思抑郁，气道不行，津液聚而为痰，阻滞不通，所以胸膈不宽而满闷，外受暑热之邪，互相为患而为疟疾。《内经》云：夏伤于暑，秋必痎疟。寒热止后，头昏而发晕，此暑热之邪上升也。腰腿俱疼，暑热之邪流注，而经络作痛也。胃中热邪不清，故胸膈不宽，不思饮食，亦无大害，不可勉强，恐邪气与谷气，交相混淆，则疟来时势热不止，变成大病，而治疗更难。必待胃中邪气清爽，能知饥饿，方可进谷。因太太年高，兼之七情内扰，故难于奏效。总之，宽胸理气为第一着，胸膈一宽，寒热

自止矣。柴胡、茯苓、川朴、香薷、葛根、莱菔子、香附、半夏、橘红、青皮、枳壳加姜。[《沈氏医案》]

> **按：** 病者胸膈满闷，又感受暑热。热止暑解而却仍胸膈不宽，又不思饮食。此为胃气不行，谷气与郁气交混，上迫于胸所致。故治予宽胸理气，使气顺则谷气得消，胃气得行，则不上迫于胸。方中以柴胡、厚朴、莱菔子、香附、橘红、青皮、枳壳行气舒郁，半夏、橘红降逆气，莱菔子消谷气，再以香薷、生姜、葛根解表祛暑，标本兼治。

【析拓】宽胸理气法是用理气、化痰、宣通胸阳之品，调畅上焦心肺气机，治疗痰气郁闭胸阳之证。常用于治疗现代医学的冠心病、慢性心功能不全、风湿性心脏病、慢性气管炎、肺心病、肋间神经痛、乳腺增生等疾病。而宽中理气法偏向于中焦脾胃气机阻滞，通过调和脾胃，消痞化滞，以治疗脾胃不和。据临床报道，可用宽胸理气汤合三子养亲汤治疗老年慢性阻塞性肺疾病患者急性加重期痰湿壅肺证，以清肺宽胸理气汤改善慢性阻塞性肺疾病急性加重期症状，用龙砂六气针法配合宽胸理气法治疗失眠，以宽胸理气疏肝法辨证治疗冠心病、心绞痛，均有良效。

◎ 本类其他治法

祛风胜湿法

《张氏医通》："肛门坠下作痛，泻火除湿。或作痒者，祛风胜湿。"《景岳全书》："若治风、湿者，发其汗，但微微似欲汗出者，风湿俱去也。"祛风胜湿法为风湿袭表证而设，属外风夹湿为患而病邪较浅者，多用祛风药如桑叶、白芷、川芎等，联合除湿药如苍术、苦参、土茯苓等；或者用祛风胜湿药如羌活、防风。临床常用于治疗外伤风湿头痛、腰痛，四肢酸痛，眩晕，痉病，也可用于皮肤瘙痒、湿疹等。代表方前者如《疡科心得集》苦参白芷汤（苦参60g，蛇床子30g，白芷15g，银花30g，菊花60g，黄柏、地肤子各15g，大菖蒲9g），后者如羌活胜湿汤。祛风胜湿法也可用于治疗肠风泻痢，取风能胜湿、风药升阳之意，如《本草蒙筌》升阳止泻汤（炙升麻、炒柴胡、煨葛根、防风炭、炒党参、炒白术、干姜、炙甘草、云茯苓、乌梅、炒枳壳、陈皮、砂仁）。祛除风湿法是以祛风湿药如独活、威灵仙、秦艽、豨莶草等为主，治疗风湿之邪痹阻经络而致之痹症，代表方如独活寄生汤、豨桐丸等。而疏风除湿法用疏风止痒药如荆芥、蝉蜕等，配合除湿祛风药如苦参、蛇床子、地肤子等为主组方，用于治疗湿疹、风疹、阴痒、皮肤瘙痒等，代表方如消风散、《治疹全书》苦参汤（苦参、荆芥、黄柏、赤芍、当归尾、金银花、石菖蒲、何首乌各等分）。据临床报道，可用祛风胜湿法治疗风湿外感头痛、腰痛、神经根型颈椎病、偏头痛、变应性鼻炎、溃疡性结肠炎，均取得良效。

疏畅气机法

《重订通俗伤寒论》："连翘栀子豉汤。故以清芬轻宣心包气分主药之连翘，及善清虚烦之山栀、豆豉为君；臣以夷仁拌捣郁金，专开心包气郁；佐以轻剂枳、桔，宣畅心包气闷，以达归于肺；使以橘络疏包络之气，蔻末开心包之郁。此为清宣包络，疏畅气机之良方。"疏畅气机法用于治疗上焦心肺气郁、中焦脾胃气滞、下焦肝郁气结，均以理气、行气之剂为主，伍以疏肝、宁心之品。代表方有连翘栀子豉汤（上焦）、四逆散（中焦）、柴胡疏肝散（上焦）、丹栀逍遥散。若温热所致上、中二焦气机郁滞，可用《伤暑全书》升降散。现代用于治疗心绞痛、高血压、神经性呕吐、慢性胃炎等。据临床报道，可用柴胡疏肝散疏畅气机治疗慢性胃炎胃痛，或用柴胡疏肝散加减联合射频消融治疗肝癌，或用丹栀逍遥散加减治疗焦虑症。

搜风散寒法

也称为搜风逐寒法。《伤寒论·辨厥阴病脉证并治》："川乌、草乌大辛大热，搜风散寒，攻坚积，祛寒痰，舒利关节。"搜风散寒法是运用辛散温热透达的祛风散寒药物，治疗风寒痰湿留滞经络筋骨病证的一种方法。适用于中风手足麻木，日久不愈，经络中有风湿痰瘀之邪，腿臂间局部作痛，或筋脉挛痛，屈伸不利等。多应用于现代医学风湿免疫系统、神经系统、骨科、循环系统疾病以及肿瘤的治疗。据临床报道，可用搜风散寒法治疗强直性脊柱炎、类风湿性关节炎、坐骨神经痛、脑栓塞后遗症、膝骨关节炎、冠状动脉粥样硬化性心脏病、心绞痛、颅内肿瘤。研究表明，该法具有免疫抑制、抗氧化及抗炎镇痛作用。

顺气搜风法

《活人事证方》："三仙丹（又名长寿圆）：一乌二术三茴香，久服令人寿命长。善治耳聋并眼暗，尤能补肾与膀胱。顺气搜风轻腰膝，驻颜活血鬓难苍。空心温酒盐汤下，谁知凡世有仙方。"顺气搜风法用于治疗中风中经络之病，是应用益气祛风、行气和络的药物，以益气扶正，祛除经络之风邪，以达到气顺，疏通经络之效。方用顺气匀风散。可用于治疗现代医学的脑血栓。据临床报道，可用顺气搜风法治疗痛风及脑血栓。

痰瘀同治法

也称为化痰祛瘀法、化痰逐瘀法或祛瘀化痰法。上海中医学院主编《中医年鉴》（1985年）："董汉良用痰瘀同治法则治疗小儿疳积，因疳证既因脾虚生痰，又有肌肤甲错、腹大肢瘦，青筋暴露之血瘀见症。"《血证论》："须知痰水之壅，由瘀血使然，但去瘀血，则痰水自消。"痰瘀同治法联合应用活血化瘀药和化痰药，治疗病机为痰瘀互结的病证。可应用于现代医学的冠心病、心肌梗死、心绞痛、病窦综合征、肝硬化腹水、糖尿病、阿尔茨海默病、结节病、恶性淋巴瘤等；妇科的闭经、不孕、子宫肌瘤、乳癖等；骨科的关节粘连、肩关节周围炎、坐骨神经痛等，临床表现为痰瘀互结者。据临床报道，可用痰瘀同治法治疗冠心病心绞痛、血脂异常、前部缺血性视神经病变、膝骨关节炎骨侵蚀、痰瘀阻络型急性脑梗死、晚期血吸虫病腹水型等，均有良效。

楂曲平胃法

《时病论》："食泻者，即胃泻也。缘于脾为湿困，不能健运，阳明胃腑，失其消化，是以食积太仓，遂成便泻。其脉气口紧盛，或右关沉滑，其证咽酸嗳臭，胸脘痞闷，恶闻食气，腹痛甚而不泻，得泻则腹痛遂松，当用楂曲平胃法治之。"《重订通俗伤寒论》："中寒感邪，用葱豉胃苓汤（即胃苓汤去甘草加葱豉）；夹食化泻身热，用楂曲平胃散，加豆豉、藿香、薄荷、猪苓、茯苓、泽泻之类。"楂曲平胃法用燥湿健脾之剂联合山楂、神曲等消食化滞之药，以祛脾湿、消食滞，用于治疗饮食失节，饥饱失常，谷气乖乱，营卫失和。症见寒已复热，热已复寒，寒热交并，噫气恶食，食则吐逆，胸满腹胀，脉滑有力，或气口紧盛。代表方为楂曲平胃散。现代用于治疗脂溢性脱发、痤疮、脂肪肝等。据临床报道，可用楂曲平胃散治疗玫瑰痤疮，或合过敏煎治疗儿童过敏性结膜炎，或联合穴位埋线治疗脂溢性脱发，或合红霉素治疗慢性假性肠梗阻。

增损胃苓法

《时病论》："增损胃苓法：治暑湿内袭，腹痛水泻，小便热赤。苍术（一钱，米泔炒），厚朴（一钱，姜汁炒），广陈皮（一钱五分），猪苓（一钱五分），白茯苓（三钱），泽泻（一钱五分），滑石（三钱，水飞），藿香（一钱五分），水煎，温服。"增损胃苓法用于治疗脾胃湿滞，失于运化水湿，或兼化热者，以芳化燥湿之品从中焦祛湿，结合淡渗利湿之剂从下焦祛湿，以分消湿邪。代表方为增损胃苓汤。可用于治疗感伤暑湿、腹泻、痢疾等，也有人在此基础上化裁增损胃苓汤，兼具豁痰开窍之效，以治疗中风病湿证。

第六章
攻补兼施治法

对于邪实与正虚同时存在，需要扶正与祛邪同施进行治疗，即用攻补兼施法。

疾病的发生是正气与邪气相互作用的结果。正气不足是疾病发生的关键因素，邪气是疾病发生的重要条件。正气具有抗病、祛邪、调节、修复等作用，能够抵御外邪、驱除病邪、修复器官功能，维持阴阳气血及脏腑经络功能的协调。邪气泛指各种致病因素，既包括六淫、疠气、饮食失宜、七情内伤、劳逸损伤、外伤、寄生虫、虫兽所伤等，也包含机体内部继发产生的病理代谢产物和脏腑病理状态，如痰浊、水湿、瘀血、食积、气滞等。正气虚或邪气盛，都可引发疾病。如果正气既虚、邪气又盛，即形成正虚邪实之证。

攻补兼施治法的确定，一般遵循以下原则：一是攻与补当分清主次。在疾病发展过程中，正虚与邪实的矛盾地位并非绝对相等。因此，要注重分析疾病过程中正虚与邪实的轻重程度来决定是以补虚扶正为主，攻实祛邪为辅；或是以攻实祛邪为主，补虚扶正为辅。二是正虚与邪实当明确各自的性质。正虚有阴阳气血之不足，也有脏腑津液之亏虚；邪实有痰饮、瘀血、气滞、食积、湿浊、邪热等的盛实，以及它们之间的各种兼夹。根据正虚与邪实各自的性质以确定攻邪与补虚的对象。三是可以根据阴阳五行生克制化理论结合脏象学说来指导攻补法的实施。

应用攻补兼施治法要注意以下几个方面：一是掌握好扶正与祛邪的强度，做到扶正不留邪，祛邪不伤正。二是要注意疾病发生发展过程中正邪盛衰的变化，及时调整攻与补的主次和方向。三是攻补亦可分先后，若以邪气盛为主要矛盾，考虑兼顾扶正反会助邪，可先攻后补；若病证的正虚邪实错杂而正气虚衰不耐受攻，可先补后攻，攻补交替而避其弊。四是正虚邪实可互为因果。因此，在某些情况下补虚可达攻邪之效，攻邪可达补虚之效。

本章主要涉及正虚邪实并存病证的治法，包括攻邪兼补类治法、扶正兼攻类治法。

第一节　攻邪兼补类

以攻邪治疗为主，兼以扶正，适用于邪实兼虚的病证的治法，归入攻邪兼补类。

疾病的发展趋势，取决于邪正交争的胜负。通常邪胜正衰则病情加重；如正气渐盛且邪气渐衰，则疾病向着好转的方向发展。对于以邪实致病为主，兼有正气不足的病证，用攻邪兼补法，意在以消除致病之邪为主，同时促进正气的逐渐恢复，达到邪退同时正气恢复的治疗目的。

本类治法通常攻补兼备，方药多偏平和，攻邪力道适中，少用峻猛之品。如乘机利导法、调中开噤法等。有的攻邪本身就是在改善脏腑功能，有间接扶正之效，如和阳通滞法、调中畅气法、以泻为补法等。临床用药须遵从这一特点，不可过用峻猛之剂，而失去了攻中带补的作用。

乘机利导法

【出处】《寓意草》："然胸膈肺胃间，顽痰胶结，既阻循环，又难培养，似乎痰不亟除，别无生血之法矣。不知此症而欲除痰，痰未必除，气已先尽，不得之数也。从来痰药入腹，其痰不过暂开复闭，劳而无功。吾于此每用乘机利导之法，先以微阳药开其痰，继以纯阴峻投，如决水转石。亟过痰之关隘，迨至痰之开者复闭，所用生血之药，蚤已从天而下。"

【溯源】《史记》："善战者，因其势而利导之。"

【释义】《清代八名医医案》：以微阳之药，先开其痰，其防竭阴液之心盖如此……继投纯阴之药，其慎重真阴之心又如此……此一节治法，委曲寻绎，真如抽丝引钱，未许粗心人领略。

【例案】赵少希夫人经停三月，疑有孕。因劳动下血，疑欲产。召余往诊，两寸关脉俱滑，两尺脉沉弱。余曰：孕之脉以尺部为主，今沉微，非有孕，亦非欲产。据寸关滑脉而言，是脾胃二经痰湿太重，始因气滞而经停，继因气虚而血泄。宜健脾化湿以行其气，亦与胎产无碍。此十一月事也。来春，余有事出门，四月反里。赵府急来召余，其时经下无时，或多或少，心内颇不安适。诊其脉，寸关仍滑，两尺则数大鼓指；舌色鲜紫，苔则粘垢满布。予曰：中焦痰湿成极，阻滞气极，而下焦热亦盛极，无由上达，恐病有他变，甚可虑也。视前所服药，均大辛大温大补肝肾之剂，予知脉症之变，皆由此耳。……但此后调理极难。头运不能坐起、肢软、神疲、食少，乃中焦痰湿极重，下焦阴血极虚。欲补下焦之血，则助中焦之滞；欲化中焦之滞，则伤下焦之阴。筹思久之，惟乘机利导之法，最为得当。用煎剂、丸剂，各行其经以取胜，即互相为用以见功。择清轻微阳之药为煎剂以开痰，择重浊培阴之药为丸剂以养血。服煎剂后，约半点钟时，乘此痰气暂开之际，随服丸剂。如决水转石，已过关隘，而径入下焦，填补阴血，则两得其力而不相防碍矣。以此调理两月，果体充神完。[《崇实堂医案》]

按： 案中赵妇，中焦痰湿太重，阻碍气机运行，同时下焦阴血极虚，以致停经。气滞日久则致气虚，故又见下血。运用温补之剂，则又见经下无时，或多或少。用药两难之境，滋阴血则助湿滞，化痰湿则伤阴血。通过调整药物组合和服用时机，分阶段、有序地采用了疏开痰滞与滋养阴血的双管齐下治疗策略。面对复杂的痰湿滞阻与阴血虚损并存的难题，采用乘机利导的治法，充分利用了不同性质药物的特性，最终取得了满意的治疗效果。

【析拓】乘机利导法利用痰饮得温则化的性质，先以轻量辛温之品散痰饮之邪，待痰去窠空则以滋补之品扶正。是一个拆分病机的序贯治疗方案。虚实夹杂之病，攻邪恐正气不复，滋补惧助邪，尤其是在正极虚、邪极盛之时。乘机利导法祛邪不伤正，滋补不留邪。蒲辅周应用乘机利导治疗乙型脑炎，江育仁用该法治疗痢疾，皆有良效。

调中畅气法

【出处】《时病论》："下痢屡发屡止，久而不愈，面色痿黄，脉形濡滑者，为休息痢也。……拟用调中畅气法，俾其气机得畅，则积热自清，中州得调，则脾胃自复。"

【溯源】《脾胃论》："阴受之则入五脏，入五脏则䐜满闭塞，下为飧泄，久为肠澼……如大便闭塞，或里急后重，数至圊而不能便，或少有白脓，或少有血，慎勿利之，利之则必致病重，反郁结而不通也，以升阳除湿防风汤举其阳，则阴气自降矣。"《素问·阴阳应象大论》："清气在上，则生飧泄；浊气在上，则生䐜胀。"

【释义】《时病论》："多因止涩太早，积热未尽，或不能节饮食，戒嗜好，所以时作时止也。亦有过服寒凉而致者，肝脾内伤而致者，元气下陷而致者，肾虚不固而致者，皆当审其因而分治之……调中畅气法治中虚气滞，休息痢疾，并治脾亏泄泻。参、芪、术、草调补中州；陈、腹、木香宣畅气分；加荷叶助脾胃而升阳也。"

【例案】豫章罗某，痢后下红，淹绵数月。比余诊之，脉来弦小而涩，肛门虚坠，神倦懒餐，此余湿未罄，肝脾内伤，而成休息痢也。前医不辨，乃作肠风治之，投以槐角、地榆，焉望入彀。丰以银花、白芍，育血养肝；潞党、黄芪补脾益气，薏苡渗其余湿，秦皮清其余痢，谷芽苏胃，荷叶升清。连进四五煎，赤痢渐少矣。后循旧法出入，约十余剂而瘳。[《时病论》]

> **按：** 患者久痢不止，绵延数月、神疲乏力、纳差、肛门虚坠，脉弦小而涩，为湿留大肠，肝脾损伤之故。故以调中畅气之法，以党参、黄芪健脾益气，谷芽苏胃，荷叶升清，金银花、白芍养肝育血，以运转脾胃肝胆之枢机，使中焦气机宣畅，同时加用薏苡仁辅以祛湿，秦皮清痢。调中畅气法重在宣畅中焦，气机流转，则积邪自除。

【析拓】调中畅气法是通过健脾、理气、升阳，从而使中焦气化恢复正常功能，所积之热自除，脾胃功能自复的治疗方法。该治法可恢复脾胃主运化的生理功能，使水谷精微正常布散于人体四肢百骸，中焦气机宣畅于全身。在消化系统疾病的治疗中具有重要的指导意义。据临床报道，可用调中畅气法治疗儿童炎症性肠病、胃癌、消化道肿瘤术后粘连性肠梗阻、放疗或化疗后胃肠道不适症状，也可用于防治缺血性脑卒中等疾病。

◎ 其他攻邪兼补类

和阳通滞法

《中医方剂学讲义》："阴疽发背、痰湿流注等，其症患部平坦色白，或颜色秽黯，不肿，或漫肿不痛，此为阴证，邪伏最深，至为险恶，急宜以温补开腠、和阳通滞等法治之，常用方剂如阳和汤、小金丹。《金匮要略心典》："赵氏云：牡蛎软坚消结，麻黄非独散寒，且可发越阳气，使通于外，结散阳通，其病自愈。"阳气是人体生命活动的动力，其性主温又能通达。若素体阳气虚衰，则易致寒邪内生，寒邪凝滞则气血不通，进一步阻遏阳气。和阳通滞法具有温阳开腠、祛邪通滞的功效，阳气流通，则阴气无滞，气血乃行。据临床报道，可用和阳通滞法治疗强直性脊柱炎、腰椎间盘突出症、股骨头缺血性坏死、下肢静脉性水肿，皆颇具成效。

清热除蒸法

《肺痨》："午后或夜间身热为甚，手足如灼，因阴虚而热自内生，触之灼手，故叫骨蒸。白昼阳气盛，夜间阴气盛，午前属阳，午后属阴，病人阴液亏虚，无力以抗邪，至午后或夜间得阴来复助，从而邪正交争加剧，故午后身热为甚。因其热有定时，故叫潮热。手足背属阳，手足掌为阴，阴虚而内热炽盛，故自觉手足掌心灼热。总为阴虚内热所致，宜滋阴清热除蒸为治。"《证治准绳》："清骨散，专退骨蒸劳热。银柴胡（一钱五分），胡黄连，秦艽，鳖甲（醋炙），地骨皮，青蒿，知母（各一钱），甘草（五分）。"热病后期，正气虚衰，邪伏阴分，易耗伤阴津，导致虚热的发生。若未及时治疗，将进一步耗伤津液，使阴虚更甚。清热除蒸法清阴分之虚火，凉血以退骨蒸之潮热，适用于因虚生热之热劳者。临床常用于治疗慢性虚损性疾病。据临床报道，可用清热除蒸法治疗脊柱结核、肿瘤发热、骨转移放疗后骨蒸潮热等，皆颇具良好效果。

调中开噤法

《时病论》："噤口者，下痢不食，或呕不能食也。痢而能食，知胃未病，今不食者，缘于脾家湿热，壅塞胃口而然；又有误服利药，犯其胃气者；止涩太早，留邪于中者；脾胃虚寒，湿邪干犯者；气机闭塞，热邪阻隔者；秽积在下，恶气熏蒸者；肝木所胜，乘其脾胃者；又有宿食不消者，水饮停蓄者，皆能使人噤口也。拟用调中开噤法，随证加减，缓缓服之，冀其有效。"调中开噤法是针对久病之噤口痢而设，病机为脾虚失运、胃失受纳。通过健脾胃、畅气机以恢复中焦气化的功能，使脾能升清、胃能降浊。据临床报道，现代多用于治疗慢性胃炎、慢性结肠炎、慢性腹泻、肠易激综合征等，临床表现为或泻或痢，同时又进食减少或食欲不佳的患者。

消补并用法

《药性纂要》："麦芽、神曲二药并用，助胃气以腐熟水谷……但有积者能消化，无积而久服则消人元气也。若胃虚人有积滞而又欲常服者，同白术、茯苓消补并用则无害矣。"《医学心悟》："古人用药，补正必兼泻邪，邪去则补自得力。又况虚中挟邪，正当开其一面，戢我人民，攻彼贼寇，或纵或擒，有收有放，庶几贼退民安，而国本坚固，更须酌其邪正之强弱，而用药多寡得宜，方为合法……有消补并行者，枳术丸、理中丸是也。"《医学心悟》解释道："消者，去其壅也。""补者，补其虚也。"消补并用法是消法和补法同时使用的方法，一般用于虚实并见的证候。天地之理，有阖必有开；用药之机，有补必有泻。虚中夹邪须斟酌其邪正之强弱，用药消补多少为宜，方能邪去正安。据临床报道，消补并用法可用于治疗失眠、体表溃疡、慢性非特异性溃疡性结肠炎；也可用于治疗痞满，常获良效。

以泻为补法

也称以泻代补法。《周慎斋遗书》："虚中有实，正虚便生实邪，实中有虚，邪实皆由本虚，故实者以泻为补，虚者以补为泻，总不外亢则害，承乃制之道也。"以泻为补法用于指导因实致虚、临床表现虚实夹杂病症的治疗，是用祛邪泻实的药物来消除致病实邪，使脏腑功能得以恢复正常运行，从而达到邪去正自复的目的的治法。如食积之证，宿食内停，脾胃受损，运化失常，治以消导化积之泻，去除食积，脾胃之损可得恢复。据临床报道，可用以泻为补法治疗慢性肾炎及小儿外感发热，均获良效。

第二节　扶正兼攻类

以扶正为主，兼以攻邪，用于治疗正虚为主兼有实邪为患的疾病的治疗方法，归入扶正兼攻类。

邪实、正虚是疾病发生的两种方式。如正气亏虚显著，为邪气致病创造了更好的机会。即使轻微的邪气来犯，就可促发疾病。由于正虚主导了疾病的发生与进展，是疾病发展转归的主要方面，治疗就当针对矛盾的主要方面。

扶正兼攻类治法着重于扶正，兼顾祛邪。其祛邪的途径有二：一是在扶正的同时，本身就具有祛邪的作用，如甘咸养阴法、以补为泻法；二是在扶正的同时，加用适当的祛邪之品，如通补阳气法、清补法等。

由于本类治法针对的病机是既有正虚，也兼实邪，因此，在用补剂时不宜过于滋腻，用温要防燥，使正复而不留邪，达到正盛邪退之效。

甘咸养阴法

【出处】《医法圆通》："而治痈以皂荚丸，皂荚辛咸，枣、蜜味甘。明是甘咸养阴之法，必是肺热无疑。更以痈字义考之，痈者，壅也。壅则聚而不通，热伏不溃之象，其源定属水衰火旺。"

【溯源】《素问·至真要大论》："热淫于内，治以咸寒，佐以甘苦，以酸收之，以苦发之。"《温病条辨》："温病伤人身之阴，故喜辛凉、甘寒、甘咸以救其阴。"

【释义】《时病论》："甘咸养阴法：治热伤血络，损及阴分，潮热咳嗽。大干地（四钱）、龟板（三钱，炙）、阿胶（二钱，另炖冲）、旱莲草（三钱）、女贞子（二钱）、牡丹皮（一钱五分），加淡菜三钱，井水煎服。法中干地甘寒，龟板咸寒，皆养阴之要药。阿胶甘平，淡菜咸温，并治血之佳珍。旱莲甘寒，汁黑属肾，女贞甘凉，隆冬不凋，金能补益肾阴。佐以丹皮之苦，清血中之伏火，火得平静，则潮热咳血均愈矣。"

【例案】吴，左。灼热无汗，夜则神昏谵语，喘咳痰血，舌绛苔黑，龈焦脉数。温邪内陷劫阴，且拟甘咸救阴治。鲜沙参（四钱）、淡豆豉（四钱）、薄荷（六分）、芦根（一两）、牛蒡子（五钱）、鲜生地（三两）、元参（五钱）、翘心（三钱）、川贝母（三钱）、肥知母（三钱）、犀角（三分）、鲜石斛（七钱）、朱砂拌石菖蒲（七钱）、枇杷叶（五钱）。进大剂甘咸救阴，神清谵止，灼热无汗，舌齿仍焦，病重药轻，前方加倍治之。鲜生地（三两）、豆豉（四钱）、鲜沙参（一两）、知母（五钱）、牛蒡子（四钱）、鲜首乌（三两）、蛤壳（二两）、朱砂（五分）、武元板（二两）、枇杷叶（二两）、苇根（四两）、川贝（五钱）、鲜石斛（二两）。三剂愈。[《慎五堂治验录》]

按： 患者灼热无汗，可见温病邪热炽盛伤及阴津，又见神昏谵语、舌绛苔黑、龈焦脉数，表明此时邪热内陷，肾之阴液损极。吴鞠通有言："温病深入下焦劫阴，必以救阴为急务。"故以辛凉甘咸之品养肾之真阴，以救阴津枯涸。此案用甘咸养阴之品大剂频投，既能涤热保津，又能生津养阴，使津涸神昏之危重证得以转危为安，继而滋阴，终得病愈。

【析拓】甘咸养阴法用于治疗温病阴伤，其关键在于用甘咸之剂养阴增液。甘入脾，可补虚滋养，叶天士亦有所谓"令甘守津还之意"。咸入肾走血分，可滋肾阴，凉血热，主治热入营血的病证。在温热病发展过程中，因邪热炽盛、久热不退及汗、吐、下过多等致阴液受损时，可应用甘咸养阴法清血分郁热以存阴。据临床报道，可用甘咸养阴法治疗流行性乙型脑炎、小儿多发性肺脓肿，基于甘咸养阴法使用青蒿鳖甲汤加减治疗老年肺炎阴分伏热证、癌性发热、阴虚内热证狼疮性肾炎，都具有一定的疗效。

清补法

【出处】《寿世保元》："此有人伤于暑者也，饥渴于道途，及乘虚而冒暑，或运气之兼胜而病，曰暑病。感之深者曰中暑，皆作头疼昏愦发热，伤寒则身热而脉大。惟伤暑则身热而脉小，又有暑风者，神昏身体拘急，类若中风病相似，此为极重之候。盖必其人元气素弱，真阴不足，感于金消水涸之时，则内外两虚，法当清补。"

【溯源】《伤寒论·辨阴阳易差后劳复病脉证并治》："伤寒解后，虚羸少气，气逆欲吐，竹叶石膏汤主之。竹叶，石膏，半夏，麦门冬，人参，甘草，粳米。"

【释义】《医学心悟》："但暑伤气，为虚邪，只有清补并行之一法；寒伤形，为实邪，则清热之外，更有攻下止汗之法也。"

【例案】病有纯虚纯实，非清则补，有何乘除？设有既虚且实者，清补间用，当详孰先孰后，从少从多，可缓可急，才见医家本领。余丙子在亳，生员张琴斯正，年过六旬，素多郁结，有吐血证，岁三五犯，不以为事也。四月间，忽而发热头痛身痛，不恶寒而作渴，乃温病也。至第二日，吐血倍常，更觉眩晕，大热神昏，手足战掉，咽喉不利，饮食不进。病家医家但见吐血，便以发热眩晕神昏为阴虚，头痛身痛战掉为血虚，非大补不可救，不察未吐血前已有发热作渴，头痛身痛之证也。余曰：旧病固温病发，血脱为虚，邪热为实，是虚中有实证也，不可纯补。余用炙甘草汤去桂枝，加归、芍、熟地黄、五味、犀、丹、僵蚕、蝉蜕，二服血已不吐，诸证减去七分，举家归功于参，均欲速进，余禁之竟不能止，又进一服，遂觉烦热顿作，胸腹痞闷，遍体不舒，终夜不寐，时作谵语。余曰：诸证皆减，初补之功也。此乃本气空虚，以实填虚，不与邪搏；所余三分之热，乃实邪也，再补则以实填实，邪气转炽，故变证蜂起。遂与升降散作丸服，微利之而愈。后因劳复，以参柴三白汤治之而愈。后又食复，以栀子厚朴汤加神曲六钱而愈。引而伸之，触类而长之，可以应无穷之变矣。[《伤寒瘟疫条辨》]

按： 患者素体郁结，常犯吐血之证，体虚易受外邪所侵，忽发热身痛，恶热口渴，为温邪侵袭。吐血血脱为虚，温病邪热为实，此为虚实夹杂之证，当分标本缓急，清补间施。此时正虚，邪无所惧，故初以补扶正，予炙甘草汤加减，血止证减，补当点到即止，以防闭门留寇，正气渐复后以清祛邪，服用升降散清热降浊，予邪气以出路。先补后清，病即自愈。

【析拓】清补法是祛除机体之邪，同时兼顾固复正气的一种治法。清中兼补、标本兼顾，可防外邪内陷。多用于余邪未除，正气已虚；或因久病体虚而生热。据临床报道，可用清补法治疗癌性发热、干燥综合征、肺癌等，皆颇具良效。

通补阳气法

【出处】《温病条辨》："此方从《金匮》鳖甲煎丸与妇科回生丹两方脱化而出，乃燥淫于内，治以苦温，佐以甘辛，以苦下之法也。方中以参、桂、椒、姜通补阳气，白芍、熟地守补阴液，益母膏通补阴血而消水气，鳖甲胶通补肝气而消癥瘕，余俱芳香入络而化浊，且以食血之虫，飞者入络中气分，走者入络中血分，可谓无微不入，无坚不破，合以醋熬三次之大黄，约入病所不伤他藏。"

【溯源】《素问·生气通天论》："阳气者，若天与日，失其所则折寿而不彰，故天运当以日光明。是故阳因而上，卫外者也。"《临证指南医案》："欲去浊阴，急急通阳。""阳气窒闭，浊阴凝痞。"

【释义】颜德馨教授认为，由于外邪侵袭，或情志、饮食失常，影响脏腑经络，而使阳气痹阻，或致阳气衰惫，不能输布津液，运行血液，引起水液内停，血涩成瘀。发展到慢性阶段时，阳气亏虚和痹阻表现更为突出。治此着眼于温补和宣通阳气，阳气旺盛，运行通畅，不仅能激发脏腑恢复正常的生理功能，而且阳气一旦振奋，即可迅速动员全身的抗病能力与病邪相争，促使病邪消散，经络骤通，诸窍豁然，疾病得以改善。

【例案】陈，四十三岁。正月二十五日病由疟邪伤胃，土虚邪实，六脉俱结，且有块痰，寒滞经脉隧道。病有三虚一实者，先治其实，后治其虚。杏仁泥（一两），广皮（三钱），小枳实（四钱），云苓（五钱），姜半夏（六钱），苏子霜（二钱），甘澜水八碗，煮成三碗，分早中晚三次服，二帖。二十八日，脊痛，痹也，右腿偏软，痿也。咳嗽而喘，支饮射肺也。日久不愈，皆误补用熟地等壅塞隧道之故。脉洪。（次月）十二日，腰以下肿，当利小便，渴而小便短，议渴者与猪苓汤例。猪苓（八钱），泽泻（八钱），滑石（一两二钱），云苓皮（六钱），半夏（六钱），煮三杯，三次服，以渴减肿消为度。十四日，脉沉细，胃不开，减：猪苓（三钱），泽泻（三钱），飞滑石（三钱）；加：藿香梗（三钱），广皮（三钱），益智仁（三钱）。十六日，暑湿病退，小便已去，阳气不振，与通补阳气。桂枝（三钱），半夏（三钱），白蔻仁（一钱，研），云苓（五钱），茅术炭（二钱），广皮（二钱），炙甘草（二钱），生苡仁（五钱），煮三杯，三次服。[《吴鞠通医案》]

按：病者暑疟伤胃，正气已损，脾土已虚。但邪气仍实，六脉俱结，且有块痰，此为寒滞经脉隧道。总体上是一个本虚邪实之证。首两诊均以祛除实邪为主，重在开痰除湿。三诊时，暑邪已退，转而以扶正为主，故用通补阳气之法，辛温燥化，顺脾太阴脾土之性。脾主四肢，不但用桂枝通阳以暖四末，更重用薏苡仁、茯苓之淡渗实脾，是通阳不在温而在利小便之治。

【析拓】通补阳气法在辛温助阳的同时，助以温补益气之品，以气之推动促阳气的透达散布。适用于阳气衰惫而不能外达者，尤其适用于脾阳不振诸证。通阳之法，一是用辛温之桂、附、姜、辛，二是利水以通阳。据临床报道，可用通补阳气法治疗慢性肾脏病、肌萎缩侧索硬化、病态窦房结综合征、甲状腺功能减退性心脏病、抑郁症、肝纤维化等，都具有一定的疗效。

◎ 其他扶正兼攻类

温阳活血法

《金匮要略·胸痹心痛短气病脉证治》："胸痹之病，喘息咳唾，胸背痛，短气，寸口脉沉而迟，关上小紧数，栝蒌薤白白酒汤主之。"温阳活血法即同时使用温阳散寒药物和活血药物进行治疗的治法，适用于寒凝血瘀证、血寒证、阳虚血瘀证的患者，或因外寒内侵损伤阳气，或因素体阳虚、无法推动气血运行，阳虚和血瘀常夹杂出现。治疗上温阳与活血相辅相成，振奋阳气，祛除阴邪。据临床报道，可用温阳活血法治疗肾囊肿、冠心病心绞痛、中风恢复期、雷诺病。临床试验表明，温阳活血法可通过抑制神经内分泌因子激活、抑制心室重构、抑制细胞凋亡、改善内皮功能、调节能量代谢等途径改善心功能。

以补为泻法

也称为以补代泻法。《周慎斋遗书》："虚中有实，正虚便生实邪；实中有虚，邪实皆由本虚。故实者以泻为补，虚者以补为泻，总不外亢则害，承乃制之道也。"《医述》："病有宜补，以泻之道补之；病有宜泻，以补之之道泻之。"以补为泻法是针对因虚致实，症见虚实夹杂的病证的治法。补虚以恢复脏腑组织功能，从而有利于实邪的祛除，通过补的手段达到泻的目的。如脾失健运，水湿停留，治以健脾胃之补，运化强健，则水湿自去。据临床报道，可通过补气增强网状内皮系统的吞噬能力，以治疗某些内毒素所致的疾病，即益气解毒；用以补为泻法治疗湿温、伏暑，也颇具良效。

益气通便法

《中国临床医学研究》（1995年）："便秘一症，寒热虚实，亦有多因。凡气虚便秘，大肠传送无力，当用益气通便法。"益气通便法是用益气药联合润肠通便药，通过补中益气，使气能推动，运化有力，从而促进阳明腑气的运行，恢复大肠的传导功能，使大便通畅。对消化系统、精神系统、内分泌系统、男科疾病等的治疗有指导意义。据临床报道，根据该治法以黄芪汤和参苓白术散治疗肺脾气虚证便秘型肠易激综合征，疗效良好。

益肾化瘀法

也称为益肾活血法。《回生集》："治肾气素虚，腰胯腿足，酸软无力，肾受风湿侵袭，寒冷凝滞血脉，屈伸抽缩不遂，麻木疼……此药益肾活血，荣筋驱风，去湿定痛，宣通经络。"益肾化瘀法是补肾法联合活血化瘀法的复合治法。适用于肾虚血瘀并见者，可见于现代医学的慢性肾脏病、骨关节疾病、糖尿病、急性或慢性脑血管疾病、老年衰弱等多种疾病。据临床报道，可用益肾化瘀法加减治疗子宫肌瘤、难治性肾病综合征、多发性骨髓瘤、糖尿病便秘，以益肾化瘀法立方联合穴位贴敷治疗多囊卵巢综合征不孕，采取温针灸配合益肾化瘀方治疗良性前列腺增生，均有良效。

养心复脉法

《素问·六节藏象论》："心者，生之本，神之变也，其华在面，其充在血脉，为阳中之太阳，通于夏气。"心主血脉。心气充沛，自可昼夜不停地鼓动心搏，营运周身血脉。如营血虚耗，心失所养，则心气衰馁，阳气亦损，则血脉搏动不能依次而前，势必发生心悸、怔忡等病变。治以养心复脉法，重用甘凉濡润充养心体，以复脉之本；且辅以益气通阳之品，激发心搏，鼓运血行，即养心复脉。现代常用于治疗功能性心律不齐、期前收缩、冠心病、风湿性心脏病、病毒性心肌炎、甲状腺功能亢进症等有心悸、气短、脉结代等属阴血不足、阳气虚弱者。据临床报道，可以养心复脉法治疗病毒性心肌炎早搏、冠心病室性期前收缩、心脏神经症、慢性心律失常，均取得良好疗效。研究表明，养心复脉法治疗阵发性房颤可降低房颤持续时间与心室率，降低血清高敏感C反应蛋白（hs-CRP）的表达。

第七章
收敛固涩治法

用具有收敛或固涩作用的方药，治疗机体津液或精微异常外泄病症的治法，归入收敛固涩治法。

正常人体正气旺盛，肌腠、窍道开合有度，津液、精微不至于外泄，从而能维持人体气血津液代谢的平衡。然而，一些致病因素导致气虚失约，或肾气不固，可引起人体津液、精微的异常外泄。也有病久伤正，导致慢性失血，如长期月经过多，或反复腹泻，也会导致精微外泄不止，难以治愈。

收敛固涩类治法通常通过以下几个方面发挥固涩收敛作用：一是益气，发挥气的固敛、升举作用，使津液精微不下泄外漏。如固表止汗法、补中收脱法、益气固涩法。二是利用阳气温煦、气化功能，使津液、精微气化而养肌体。如温阳固涩法、补肾固涩法、温肾止泻法等。三是直接利用药物的收敛、固涩之性，使窍道或泄漏组织封固。如涩肠固脱法、收敛止血法、敛肺平喘法等。

收敛固涩类治法，多应用于虚证。对于实邪所致津液精微泄漏，一是当以祛邪为主，通常禁用固涩，以免闭门留寇。二是使用收敛固涩法，多与扶正固本治法结合，达到标本兼治之效。三是使用固涩法当适可而止，固涩太过可能影响人体的排浊功能。

本章主要涉及内伤杂病常用的收敛固涩治法。

第一节　固表敛肺类

主要用于收敛肺气、固护肌表的治法，归入固表敛肺类治法。

肺主气，司肌表的开阖。肺的呼吸功能，不但包括了从气道吸入自然之清气并从气道排出体内产生的晦浊之气，也包括了从肌腠的吐故纳新。

固表敛肺类治法的机制，一是通过加强卫气对肌表的固护功能，二是收敛肺气以防其过度耗散。临床应用固表敛肺类治法，通常合并宣降肺气，或者同时健脾益肺，益土生金，以发挥自然之气的与水谷之气的协同作用，使疗效得以巩固。

固表敛汗法

【出处】《伤寒经解》："中风误汗，汗遂不止。固表敛汗，无过桂枝汤。加附子，则肾气充而卫外之阳固矣。"

【溯源】《太平圣惠方》："治伤寒，脉候软弱，神气羸劣，虚汗不止，宜服牡蛎散方。牡蛎（一两，烧为粉）、白茯苓、人参（去芦头）、白术、白芍药、麻黄根（以上各三分）

上件药，捣筛为散，每服，不计时候，以粥饮调二钱。"

【释义】《世医得效方》："治诸虚不足，及新病暴虚，津液不固，体常自汗，夜卧即甚，久而不止，羸瘠枯瘦，心忪，惊惕，短气，烦倦。牡蛎（米泔浸，煅，取粉）、麻黄根、黄芪、知母（各一两），上为末。每服用小麦百余粒，煎汤浓调服。一方，为散，每三钱，水三盏，薤白三寸，煎一盏半，分三服。"

【例案】张廷玉文学尊堂，年七旬外，癸丑年夏月中暑头眩，身热呕吐，烦渴，高年气虚中暑，正合清暑益气汤。而前医误作中热，以香薷饮合葛根治。服四剂后，遂大汗不止，昏沉默卧，六脉散大。余曰：此汗多亡阳也。以丹溪加味生脉汤固表敛汗：人参、黄芪、甘草、麦冬、五味子，大剂二服。脉忽敛小如丝，人事略清，旋即下脱，饮食倍常，大便频下。随用人参、芪、术各三钱，姜、附钱半，五味子、甘草为佐，日投三剂，汗泻减半，而脉不起。因思高年茹素，气血两虚，草药不应，宜加有情血肉。遂以黄芪、白术熬膏，用鹿茸为末入膏内，以人参煎汤调膏，日服三次。如斯半月，汗泻方止，始能言语，方省人事。[《素圃医案》]

> **按**：此案为误治后救逆验案。患者高年体衰，气血两亏，冒暑后更伤气阴，清阳不升则头眩，胃气不降则呕吐，气津两亏则身热烦渴。前医不识，误作实热，主以汗法。患者本已虚羸，又复加表药，致使表大开而汗泄。汗多，气阴两亡，故见危殆之症。患者年高体衰，峻汗亡阳，故治疗中力主益气生津，固表敛汗。药后诸症稍有所缓，但由于病重药轻，又见下脱证。因此，急予大剂温补回阳之剂，阳气渐回，脱证渐愈。本案在治疗上，除了辨证精准之外，方药运用也是层层递进。汗脱证，主以丹溪加味生脉汤，益气养阴，固表敛汗；下脱证主以参芪四逆汤佐以白术、五味子，回阳救急，固脱止汗。

【析拓】固表敛汗法即用固表药联合敛汗止汗药，以治疗表虚不固的出汗证。固表之法有二：一是对阳虚多汗者当助阳固表，常用附子、干姜等；二是对气虚多汗者当益气固表，常用黄芪、白术等。该法在呼吸系统、内分泌系统、儿科疾病，妇人产后及恶性肿瘤晚期等疾病的临床诊治中运用较多。据临床报道，可用固表敛汗法治疗肺痨盗汗、糖尿病并发症、小儿肺卫不固型汗证、产后汗证、恶性肿瘤晚期症状，疗效确切。

固表止汗法

【出处】《景岳全书》："阳气虚者，卫外不固，气不摄津，可见汗出畏寒，动则汗出益甚，不耐风寒，此谓阳虚自汗。甚则阳气衰竭，阳不敛阴，大汗不止；或汗出如油，神疲肢厥，脉微欲绝，此谓阳虚脱汗。治疗阳虚汗证的原则是补益充实阳气。轻者益气固表止汗，可用玉屏风散加味；脱汗者，急投参附汤益气回阳固脱。"

【溯源】《太平惠民和剂局方》："牡蛎散治诸虚不足，及新病暴虚，津液不固，体常自汗，夜卧即甚，久而不止，羸瘠枯瘦，心忪惊悸，短气烦倦。黄芪（去苗、土），麻黄根（洗，各一两），牡蛎（米泔浸，刷去土，火烧通赤）。上三味为粗散。每服三钱，水一盏半，小麦百余粒，同煎至八分，去渣，热服，日二服，不拘时候。"

【释义】《类证普济本事方释义》："治虚劳盗汗不止，牡蛎散。牡蛎（煅），麻黄根，黄芪（各等分）。上细末。每服二钱，水一盏，煎至七分，食前温服。牡蛎气味咸涩微寒，入足少阴。麻黄根气味辛温，入足太阳。黄芪气味甘平，入手、足太阴。因劳损之病，盗汗不止，若表不固则难以复元。故药虽三味，而能固表止汗，功莫大焉。"

【例案】慎斋治一人自汗足冷，不能行动，尺脉沉大，此脾气下陷也，故肺失养而汗出；足乃脾肾经行之地，脾阳不舒，肾气亦郁，所以冷也。以启脾养肺为本，温肾为标，用参、芪、山药补脾阴，固表扶肺，稍加桂温之而愈。自汗而足冷不能行动，显系下焦虚寒矣。尺脉当沉细，何反沉大？粗工舍脉凭证，必将温补肝肾，而用熟地、枸杞、苁蓉、鹿茸、桂、附等药；即凭脉论证，亦将认为下焦湿热，而用二妙散、防己、黄芪等方，俱与脾气下陷隔一层也。[《古今医案按选》]

> **按：** 自汗一症，实者多因于热，或因气郁、湿郁、痰郁、瘀郁而生热；因于虚者，则在气虚阳弱。患者足冷，且不能行动，一般首先考虑为卫阳不足而失于封固。但本案医者注意到，患者之脉是尺脉沉大。尺脉为肾所主，沉者病深，大者失固，推定病机为脾气亏虚而下陷，土不生金，至肺气不固而汗出。故益气以固表，表固则汗可止。故用人参、黄芪、山药补脾益气，培土生金；稍加桂以助肾以散虚寒，兼能温肺化气，助固肺表而止汗。全方重在通过益气来固表止汗。

【析拓】固表止汗法通过益气固表或回阳固脱以止出汗，通常用益气药或补阳药，联合固表敛汗药组方。适用于卫气虚弱、腠理不固，或阳衰失固导致的出汗，一般为自汗。在呼吸系统及消化系统疾病，以及妇人产后、肿瘤等的临床诊治中都有应用。据临床报道，可用固表止汗法治疗小儿反复呼吸道感染、过敏性鼻炎、肝炎、妇人产后病、慢性荨麻疹、复发性口腔溃疡等。

◎ 其他固表敛肺类

敛肺平喘法

《本草征要》："银杏：味甘、苦、涩，性平，有小毒。入肺、肾二经。熟食有温华盖益气、定哮宁嗽，缩小便、止带浊之功。生用能涂疥癣阴虱，防皴皱，浣油腻之效。银杏，确有小毒，生食及熟者多食，均易中毒，小儿尤当慎之。银杏叶：敛肺平喘，能治咳喘而胸前痹痛。"敛肺平喘法以收敛肺气之品，治疗肺气耗散之喘促，适用于肺气不敛而喘促耗散的病症。常联合化痰平喘、宣降肺气或补肾纳气等法应用。主要用于治疗呼吸系统疾病。据临床报道，用敛肺平喘法治疗支气管哮喘、小儿毛细支气管炎，均疗效满意。

敛肺止咳法

《长沙药解》："伤寒小青龙汤，方在麻黄。治太阳伤寒，心下有水气，干呕，发热而咳，用五味、干姜、细辛，敛肺降逆，以止咳嗽。"《景岳全书》："久咳嗽者，宜从虚治之也，或用涩药以击其惰归，九仙散之属也。凡治咳嗽，当先求病根，伐去邪气，而后可以乌梅、诃子、五味、罂粟壳、款冬花之类。此辈性味燥涩，有收敛劫夺之功，亦在所必用，可一服而愈，然须权其先后而用之。"敛肺止咳法以收敛止咳方药，治疗肺虚久咳而无明显实邪者。也可用于外感邪气已尽，余留咳嗽之症，主要涉及呼吸科疾病，如慢性支气管炎、肺纤维化、咳嗽变异性哮喘等。据临床报道，可用敛肺止咳法治疗小儿慢性咳嗽、久咳不止、肺纤维化、慢性支气管炎、感染后咳嗽，或用祛风利咽、敛肺止咳法治疗喉源性咳嗽，均具有良好的疗效。

温阳固涩法

《伤寒论·辨少阴病脉证并治》："少阴病，下利，便脓血者，桃花汤主之。"《中医临证用药指南》："温阳固涩法，即在温运脾阳的基础上，加用止涩固脱之品，如诃子、赤石脂、五倍子、五味子等，代表方剂为四神丸。"温阳固涩法是在温补脾肾阳气的基础上加用固涩药，以治疗脾肾阳虚所致的虚寒性久泄久痢。凡下痢日久不止，食少神疲，四肢不温，或下痢脓血，久久不愈，血色暗而不鲜，腹痛喜温喜按；或黎明腹泻等，均可使用本法。由于此类证型的病性属于虚寒，主证为滑脱不禁。故常选用温阳的干姜、肉桂和止涩固脱的诃子、肉豆蔻、赤石脂、乌梅、罂粟壳等组成方剂。代表方如《太平惠民和剂局方》真人养脏汤、《内科摘要》四神丸。本法是在泄泻或痢疾滑脱不禁的情况下才能使用，若余邪未尽而误用本法，则有"闭门留寇"之患。据临床报道，可以温阳固涩法治疗下元虚寒型小儿遗尿、腹泻型肠易激综合征、小儿肠炎，取得良效。

第二节　固摄二阴类

主要用于固摄大小便，以阻止津液精微从下异常遗泻的治法，归入固摄二阴类治法。

肾司二便。肾对二便的固摄作用，依赖于肾气的健旺。同时，生殖之精也由肾所主，并出于下。生殖之精固摄在于肾生，而其化生则源于肾精。同时，先天之肾气必须要依赖后天脾胃之气的不断充养，才能源泉不绝，以充分发挥其固摄的功能。

临床应用固摄二阴类治法，常需固肾，必要时也需要健脾益气，先后天同养。本类治法多需标本兼治，扶正与固摄同施，而固摄治标之法需中病即止，不可过用。

补中收脱法

【出处】《时病论》："倘日久谷道不合，或肛门下脱，乃元气下陷也，急以补中收脱法治之；飧泄之病，属虚者多，属实者少，如执治泻不利小便之偏，必致不起，悲夫！"

【溯源】《金匮翼》："飧泄取三阴。三阴者，太阴也。宜补中益气汤去当归，加白芍。东垣云：清气在下者，乃人之脾胃气衰，不能升发阳气，故用升麻、柴胡，助甘辛之味，以引元气之升，不令下陷为飧泄也。"

【释义】《时病论》："此治泻痢日久，气虚脱肛之法也。以参、芪、术、草之甘温，补中州以提其陷；罂、芍、诃黎之酸涩，止泻痢且敛其肛；用榴皮为引者，亦取其酸以收脱，涩以住痢也。"

【例案】癸卯冬，白枢判家一老仆，面尘脱色，神气特弱，病脱肛日久，服药未验，复下赤白脓痢作，里急后重，白多赤少，不任其苦，以求其治。曰：此非肉食膏粱，必多蔬食。或饮食不节，天气虽寒，衣盖犹薄，不禁而肠头脱下者，寒也。真气不禁，形质不收，乃血滑脱也。此乃寒滑，气泄不固，故形质下脱也。当以涩去其脱而除其滑，微酸之味，固气上收，以大热之剂而除寒补阳，以补气之药。升阳益气，补中收脱：御米壳（去蒂、萼，蜜炒），橘皮（以上各五分），干姜（炮，六分），诃子（煨，去核，七分）。右为细末，都作一服，水二盏，煎至一盏，和渣，空心热服。[《兰室秘藏》]

> **按：** 此案为脱肛日久失治，复下赤白脓痢，治以干姜除寒补阳，橘皮行气健脾，升阳益气，罂粟壳、诃子之酸涩，止泻痢且敛其肛，酸以收脱，涩以住利，共奏补中收脱之效，脱肛得治，泻痢得复。

【析拓】补中收脱法适用于脾胃气虚、中气下陷所致的泄泻日久或气虚脱肛之急症，于补中升气中，另佐酸涩之品以止泻或收提。不同于李东垣补中益气汤治疗中气下陷配伍升麻、柴胡等以助升提，雷丰所创补中收脱法特为救急而设，故用药以收脱、敛肛为先。现代运用以治疗消化系统疾病为主，尤其以小儿多用。据临床报道，可用补中收脱法诊治小儿脾胃病泄泻后期，小儿脱肛、痢疾等，都取得较好疗效。

涩肠止泻法

【出处】《六因条辨》："伏暑痢赤转白，渐变为泻，此脏邪转腑。宜用真人养脏汤，温涩止痢也。痢赤转白，又变为泻，此由脏转腑，从重转轻，将愈之兆，并无积滞，故用真人养脏汤，涩肠止泻，斯为的当。"

【溯源】《医方考》："下痢日久，赤白已尽，虚寒脱肛者，此方主之。甘可以补虚，故用人参、白术、甘草；温可以养脏，故用肉桂、豆蔻、木香；酸可以收敛，故用芍药；涩可以固脱，故用粟壳、诃子。是方也，但可以治虚寒气弱之脱肛耳。若大便燥结，努力脱肛者，则属热而非寒矣，此方不中与也，与之则病益甚。"

【释义】《太平惠民和剂局方》："治大人、小儿肠胃虚弱，冷热不调，脏腑受寒，下利赤白，或便脓血，有如鱼脑，里急后重，脐腹疼痛，日夜无度，胸膈痞闷，胁肋胀满，全不思食，及治脱肛坠下，酒毒便血，诸药不效者，并皆治之。人参，当归（去芦，各六钱），肉豆蔻（煨面裹，半两），白术（焙，六钱），肉桂（去粗皮），甘草（炙，各八钱），白芍药（一两六钱），苓香（不见火，一两六钱），诃子（去核，一两二钱），罂粟壳（去蒂盖，蜜炙，三两六钱），上件锉为粗末。每服二大钱，水一盏半，煎至八分，去滓食前温服。老人、孕妇、小儿暴泻，急宜服之，立愈。忌酒、面、生冷、鱼腥、油腻。如脏腑滑泄，夜起久不瘥者，可加炮了附子三四片，煎服。此药的有神效，不可具述。"

【例案】壬辰，胡吕瑞部郎痢疾，昼夜百余次，汗出如流，年逾五旬，诸医均以年老气血就衰，将脱之象，重用参芪等药，而痢反剧。延余诊视，脉急有力，寒化为邪，照《内经》初痢用清，久痢用固之法，拟以黄芩汤加减，以扶正清热。胡不敢服，强而后可，一服见效，数服减轻。满月后用，真人养脏汤加减，涩肠止泻，滋阴固摄之剂，数服遂愈。[《许氏医案》]

按： 本案为痢疾误治后涩肠止泻验案，患者年逾五旬，均以年老气血就衰之象，重用参芪等滋补之药，痢反剧，照《黄帝内经》久痢用固之法，以黄芩汤加减后用真人养脏汤加减涩肠止泻以治标为主，温补脾肾治本为辅，涩中寓通，补而不滞。

【析拓】涩肠止泻法是运用具有收涩作用的药物，治疗脾肾阳虚所致的久泻或久痢不止，大便滑脱不禁的治法。常以诃子、罂粟壳、赤石脂、乌梅、禹余粮等收涩药与肉桂、干姜、补骨脂等温补药配合使用。忌用于腹泻或痢疾初起，实邪积滞未去者。该治法在消化系统、神经系统疾病、肿瘤、产后及婴幼儿疾病的临床诊治中广泛运用。据临床报道，可用涩肠止泻法干预溃疡性结肠炎、肠易激综合征、肠结核、帕金森病、腹腔恶性纤维细胞瘤、肿瘤术后病症、妇人产后恶露不尽、婴幼儿乳糖酶缺乏、慢性痢疾和脱肛，均取得良好疗效。研究表明，该法对胃肠道功能及肠道微生态有调整作用。

益肾固精法

【出处】《丹溪心法》："梦遗，病证名。又名梦失精。指因梦交而精液遗泄的病证。多因见色思情，相火妄动，或用心过度，心火亢盛所致。病多在心，故有'有梦治心，无梦治肾'之说，治宜清心宁神为主。用清心莲子饮、妙香散、定志丸等。如日久心病及肾者，宜养阴清心，益肾固精，用知柏八味丸、大造丸、金锁固精丸。若兼有湿热者，参见湿热遗精、遗精条。"

【溯源】《外台秘要》："肾虚为邪所乘，邪客于阴，则梦交接，肾藏精，今肾虚弱不能制于精，故因梦感动而泄也。深师：韭子丸。疗虚劳梦泄精方。韭子（五合，熬）、大枣（五枚）、黄芪、人参、甘草（炙）、干姜、当归、龙骨、半夏（洗）、芍药（各三两），上十味捣合下筛，和以白蜜枣膏丸如梧子，服十丸，日三四，忌海藻、菘菜、羊肉、饧。"

【释义】精关不固多因思欲不遂，房事过度，肾元亏损，精关不固所致；少数则因下焦湿热而起。益肾固精法通过补肾培元、固摄精关以治疗精关不固。方用苓术菟丝丸、坎离丸、左归饮、右归饮、金锁固精丸等。

【例案】屡次遗精，肾阴久虚，封藏不固，已可概见。劳力伤脾，中无砥柱，精神萎顿，四肢无力，脉来沉细而弦。治宜益肾固精，脾肾并补。吉林参须（五分）、西洋参（一钱）、大麦冬（三钱）、左牡蛎（四钱）、女贞子（三钱）、大白芍（一钱半）、川石斛（三钱）、生甘草（五分）、陈广皮（一钱）、冬瓜子（四钱）、生熟谷芽（各四钱）、荷叶（一角）。[《费绳甫先生医案》]

按： 病者反复遗精，伴精神萎顿，四肢无力，脉来沉细，属肾精不足之证，且有脾气亏虚，共致固摄失职。故治疗以精肾固精为主，同时补脾运脾，先后天同治，更主要的是以后天生先天，则先天之精化生有源。

【析拓】益肾固精法是通过补肾培元，固摄精关，以治疗肾气虚衰所致精液异常外泄，实现留精化气，以改善体质、恢复生殖能力。现广泛应用于男科、内分泌科、肾病科、心血管科、妇科及产后相关疾病，病机属肾失封藏、精微不固。据临床报道，可用益肾固精法治疗弱精症、早泄、慢性前列腺炎、糖尿病肾病、乙肝相关性肾炎、低血压、功能失调性子宫出血、产后尿失禁，均取得较好疗效。研究表明，该法可抑制肾脏纤维化，减轻肾脏病理损害，减少蛋白尿。

◎ 其他固摄二阴类

补肾固涩法

《医学刍言》："梦而遗者，相火炽也，陈修园以封髓丹治之，即砂仁、黄柏、甘草；程钟龄以清心丸治之，即生地、丹参。无梦而遗者，心肾虚也，金锁固精丸。肝、心火盛者，暂用龙胆泻肝汤。肝虚，魂不藏守，宜龙骨、牡蛎、龟板等。肝热胆寒，宜温胆汤，加参、茯神、枣仁、莲肉。痰火遗精，威喜丸（黄蜡、茯苓）。补益心脾，四君加远志，若徒用补肾固涩无益也。"补肾固涩法在补肾的基础上，联用固涩收敛之品，以治疗精微物质外泄的病症。其中补肾包括温肾化气，即在补肾益精基础上佐加附子、肉桂；补益肾阳，即用补骨脂、益智仁、菟丝子等；益肾壮阳，即用淫羊藿、仙茅、巴戟天、蛇床子等；或在补肾阴基础上加人参、黄芪等补气药；也可在益肾精的基础上加固涩剂，适用于不同类型的肾虚致精微不固的疾病。多用于遗精、滑精、早泄、遗尿、崩漏、口角流涎，以及现代医学的蛋白尿等的治疗。据临床报道，可以补肾固涩法治疗肾性蛋白尿、遗精、小儿遗尿、糖尿病肾病、垂体性尿崩症、周期性麻痹，或以补肾固涩方配合半量托特罗定治疗帕金森病合并膀胱过度活动症；或以补肾固涩法结合心理治疗膀胱过度活动症，均取得良效。

固精止遗法

也称为涩精止遗法。《医宗必读》："没石子益血生精，染须发而还少；强阴治痿，助阳事以生男。涩精止遗淋，固肠医泄痢。禀春生之气，兼金水之性。春为发生之令，故有功于种玉；金主收肃之用，故有功止涩。然亦不宜独用多用也。"固精止遗法用收敛固肾的方药以治疗肾气亏虚或肾阳不足而致的肾失封固病症，多表现为遗精、滑精、遗尿、尿失禁、尿频，或者带下淋漓、经血不止等。在肾病科、儿科、男科、妇科及神经内科中都有运用。据临床报道，可用涩精止遗法治疗乳糜尿、蛋白尿、男性不育、前列腺电切术并发症、重症肌无力，以及带下淋漓、妇人交接出血、经来不止等妇科疾病，皆取得较好疗效。

固肾涩精法

《素问·六节藏象论》："肾者主蛰，封藏之本，精之处也。"《金匮要略·血痹虚劳病脉证并治》："夫失精家，少腹弦急，阴头寒，目眩（一作目眶痛），发落，脉极虚芤迟，为清谷，亡血失精。脉得诸芤动微紧，男子失精，女子梦交，桂枝加龙骨牡蛎汤主之。"《本草备要》："胡桃：补命门，肉润，皮涩，味甘气热。皮涩。（皮敛肺定喘，固肾涩精。）"也称为补肾涩精法、益肾涩精法，以补益肾气和收敛涩精之品，如补骨脂、益智仁、沙苑子等，治疗肾气亏虚所致遗精、早泄等精关不固之证。现扩展为因肾虚而精微不固者，皆可用之。可用于治疗由于肾气不固所致的男科、妇产科疾病及多种原因所致蛋白尿等。据临床报道，可用固肾摄精法治疗肾性水肿蛋白尿、脾肾两虚所致的肾脏病、早泄、滑泄、小便白浊、遗精、糖尿病肾病及胎动不安。

益肾缩尿法

《素问·逆调论》："肾者水藏，主津液。"《素问·六节藏象论》："肾者，主蛰，封藏之本，精之处也。"益肾缩尿法以补益肾气、固摄小便之剂，治疗肾气不足，膀胱失于封固、约束而出现小便频数或失禁等证候，也称为固肾缩尿法。其组方既可以直接使用固肾缩尿药如覆盆子、桑螵蛸、益智等，也可以用补益肾气及固摄小便药，如用杜仲、补骨脂等，加乌药、海螵蛸、白果等。其临床主要表现为：小便频数或失禁，量少而色清，下元畏寒，腰脊酸软，舌淡苔白，脉沉弱。代表方为缩泉丸、玉液汤。据临床报道，可用固肾缩尿法治疗慢性功能性便秘、老年性便秘、小儿神经性尿频、淋证、流行性出血热多尿期，皆疗效明显。

固肾止泻法

《景岳全书》："肾为胃关，开窍于二阴，所以二便之开闭，皆肾脏之所主，今肾中阳气不足，则命门火衰，而阴寒独盛，故于子丑五更之后，当阳气未复，阴气盛极之时，即令人洞泄不止也。"《几种常见疾病的中医疗法》："又肾主五更（早晨），所以其泻必于五更，所谓五更泻是也，其治宜固肾以止泻。"固肾止泻法是指通过补肾气、温肾阳，结合收摄固涩，达到止泻目的的方法，多用于因年高体弱或劳损等因素所致肾气不固、肾阳亏虚的泄泻。其中肾阳亏虚所致的泄泻常有黎明之前脐周作痛、肠鸣泄泻、泻后痛减、肢冷畏寒等特点，即"五更泻"。据临床报道，体现固肾止泻法的方药可治疗脾肾阳虚型功能性腹泻、脾肾阳虚型糖尿病腹泻，也有用四神丸联合雷火灸治疗脾肾阳虚证慢性泄泻，均获良效。

固肾止遗法

也称为补肾止遗法。《素问·六节藏象论》："肾者，主蛰，封藏之本，精之处也。"《本草征要》："沙苑蒺藜：味甘，性温，无毒，入肾经，酒炒。补肾止遗，强阴益精。目昏腰痛，带下尿频。"固肾止遗法是以补肾气、固涩之品，治疗肾虚膀胱失约所致的遗尿、遗精、带下等病症。用药如覆盆子、桑螵蛸、益智、乌药等。现代也用于因肾气亏虚所导致的精微遗泻。据临床报道，可用固肾止遗法治疗小儿遗尿，或以固涩止遗之桑螵蛸散合六味地黄丸加味治疗尿失禁。研究发现，金锁固精丸加味方可改善糖尿病肾病大鼠的肾功能。

温肾止泻法

《辨证玉函》："肾虚之泻必于夜半子时或五更前后，痛泻三四次、五六次不等，日间仍然，如病人者此是肾泻，名为大瘕泻也。倘徒以脾胃药止之断不能愈，必须用热药以温其命门为妙方，用温肾止泻汤。此方虽补肾而仍兼补脾，补肾以生其火，补脾以生其土，火土之气生，寒水之势散，自然不止泻而泻自止也。"温肾止泻法通过补肾元、助肾阳、温脾土、渗水湿，共奏温肾健脾、涩肠止泻之功，以治疗肾阳不足所致的泄泻不止。在消化系统疾病、代谢性疾病、老年疾病、儿童疾病，以及多种迁延不愈的腹泻的临床诊治中都有应用。据临床报道，可用温肾止泻法改善肠易激综合征症状，或治疗慢性非特异性溃疡性结肠炎、糖尿病并发症、老年慢性腹泻、儿童迁延性腹泻等，都取得显著效果。

涩肠固脱法

《素问病机气宜保命集》："涩，滑则气脱，欲其收敛也，如开肠洞泄，便溺遗失，必涩剂以收之。《本草》曰：涩可去脱。则牡蛎、龙骨之属，如宁神宁圣散之类是也。"《伤寒论译释》："虚寒下利，滑脱不禁证治主证为下利脓血，滑脱不禁，腹痛，小便不利，舌淡口和。下利脓血，有虚实寒热的不同，本证下利脓血，因为脾肾虚寒，所以下利不止，而脓血的色泽暗晦，阳虚而营血瘀滞，则腹痛喜按；滑脱不禁，水液全趋大肠，则小便不利。由于里虚且寒，必然舌淡口和，可资辨证参考。总之，本证下利是脾肾阳衰，下焦不固，因此，治宜温中涩肠固脱，方用桃花汤。"涩肠固脱法应用收涩肠道的药物，治疗久泻久痢不止、大便滑脱不禁之证，涉及脾胃科、肛肠科疾病，如现代医学的克罗恩病、慢性迁延性腹泻、胃痛、痢疾、泄泻、脱肛、脾胃虚弱型溃疡性结肠炎等。但当邪气未尽时，不可过早运用固涩法，避免邪气留恋不去，加重病情。据临床报道，以涩肠止泻汤联合姜石颗粒治疗脾胃虚弱型溃疡性结肠炎；或内外合用，通过涩肠固脱药物的内服和熏洗，治疗小儿直肠脱垂；或以健脾温肾、升阳止泻、涩肠固脱为基本治法治疗糖尿病腹泻，皆有良好的效果。

第三节 其他固涩治法

除敛摄肺卫与二阴外，治疗其他津液精微外泄所使用的固涩法，归入本类。

唾液是人体的精微成分，正常时当被约束在口腔中以养清窍。血液滋养脏腑，需要在血脉的约束下被运输到组织器官。正气不足，或脑窍生病等诸多因素，都可导致不同形式的津液精微外泄。

固涩为治标之法，在临床实践中，通常与治本之法联合应用，标本兼治。

收敛止血法

【出处】《保婴撮要》："用石灰、韭菜、石榴、寄奴、五倍之类，乃涩滞收敛止血之剂。气血未耗，内无火者，用亦有效。若血虚内热，宜犀角地黄汤之类。凡金疮出血不止，素怯弱者，当补气。素有热者，当清血。有怒气者，当平肝。烦热作渴，昏愦不宁者，当补脾气。筋挛搐搦者，当养肝血，不应，用地黄丸以滋肾水，自愈。"

【溯源】《素问·腹中论》："帝曰：有病胸胁支满者，妨于食，病至则先闻腥臊臭，出清液，先唾血，四肢清，目眩，时时前后血，病名为何？何以得之？岐伯曰：病名血枯。此得之年少时，有所大脱血，若醉入房中，中气竭，肝伤，故月事衰少不来也。帝曰：治之奈何？复以何术？岐伯曰：以四乌鲗骨，一芦茹，二物合并之，丸以雀卵，大如小豆，以五丸为后饭，饮以鲍鱼汁，利肠中及伤肝也。"

【释义】《中药学》：收敛止血法用收敛止血药，收敛止血药大多味涩，或为炭类、或质黏，故能收敛止血，广泛用于各种出血病证。然其收涩，有留瘀恋邪之弊，临证每多配化瘀止血药或活血祛瘀药同用。对于出血有瘀或出血初期邪实者，当慎用之。

【例案】按脉中空边实，来往不利，此名芤涩，涩则有瘀，芤则血虚，胃络震动，诸经失养，不可堵截，且用和络，收敛止血。茜草炭、黑豆衣、茅花炭、血蒸藜、血余炭、丹皮炭、生苏子、牛膝炭、钩钩、石决明、十灰丸、六味丸。[《汪艺香先生医案》]

按： 本案患者脉芤涩，为失血过多，用大量炭药收敛止血，血蒸藜甘温补涩，黑豆衣养血滋阴，钩藤、石决明平肝敛肝，六味丸滋补肝肾，全方以收敛止血为主，养血为辅。

【析拓】收敛止血法是用性涩质黏、具有收敛止血作用的药物治疗出血。常在辨证的基础上，结合其他治法联合应用。主要用于无瘀的出血症。常用棕榈炭、白及、血余炭、仙鹤草等。临床可以用于治疗外伤出血、咳血、吐血、功能失调性子宫出血、痔出血等。据临床报道，收敛止血法可治疗阴道炎阴道壁黏膜出血以及宫颈糜烂性出血；也可用于治疗月经病、上消化道出血、咯血、鼻衄及各种外伤出血、内痔出血，都有疗效。

◎ 本节其他治法

固涩法

《景岳全书》："若肾虚不禁，或病久精血滑泄者，宜固涩为主，以秘元煎、苓术菟丝丸、金樱膏、玉锁丹、金锁思仙丹之类主之。"固涩法用酸涩收敛之品，治疗津液精血异常外漏耗损的疾病。根据病情不同，可涩精、涩汗、涩尿、涩血、涩带等。在代谢性疾病、不孕症、肿瘤，以及男科、妇科、儿科等疾病的临床诊治中都有运用。据临床报道，可用固涩法结合辨证治疗早泄、糖尿病早期肾病、功能失调性子宫出血、更年期多汗症、附件炎白带过多症、小儿遗尿、卵泡发育不全不孕症。研究发现，固涩法具有抑制肿瘤转移的功效。

益气固涩法

也称为补气固涩法。《伤寒论注》："桃花汤：赤石脂（一斤，一半全用一半筛用），干姜（一两），粳米（一升）。石脂性涩以固脱，色赤以和血，味甘而酸。甘以补元气，酸以收逆气，辛以散邪气，故以为君。半为块而半为散，使浊中清者，归心而入营，浊中浊者，入肠而止利。"《齐氏医案》："滑脱者，由病后久虚，脾胃土败，肾阳衰乏，中气下陷而为滑脱。法宜大补元气，扶脾固肾，理脾健胃，更加涩以固脱。方用芪、术、参、苓、鹿茸、附、桂、砂、半、川椒、芡实、山药、故纸、益智、建莲，重剂多服，俾令阴消阳回，脾胃强健，肾气收固，元气大复，滑脱自止。"益气固涩法用补气之品配收敛固涩药，治疗气虚不固所致病症。在男科、妇科、消化系统、心血管系统、内分泌系统、泌尿系统等疾病的临床诊治中广泛应用。据临床报道，益气固涩法可治疗早泄、妇科崩漏、经行泄泻、胎漏、产后恶露不尽、产后尿失禁、产后乳汁自出，以及慢性结肠炎、心绞痛、小儿肾病蛋白尿等。研究发现，益气固涩法能明显降低早期糖尿病肾病的24h尿蛋白、血浆总胆固醇、甘油三酯水平，升高血清高密度脂蛋白胆固醇水平。

第三篇

祛除外邪治法

第八章
外感治法

用于治疗外感六淫及瘴疠之气所导致疾病的治法，归入外感治法。

在正常情况下，风、寒、暑、湿、燥、火是自然界气候变化的六种基本形式，称为"六气"。六气缓和更替，自然界温、热、凉、寒，阴阳消长的变化过程中，人体气血阴阳也会随着这种周期性变化而发生变化，人体的生理过程亦随之发生相应的变化，这种适应功能主要是通过卫气来实现的。《素问·八正神明论》云："天温日明，则人血淖液而卫气浮，故血易泻、气易行。天寒日阴，则人血凝泣而卫气沉。"机体同外界环境经常保持着相对的平衡，则不会发生外感病。

在病理方面，如果六气太过或不及，气候反常，人体又不能及时适应，即发生病态，此时人为地称外界的这种异常变化为"六淫"或"六邪"。六淫之邪各有特性：风邪善行数变，热火邪消灼津液，暑邪耗气伤津，湿邪重浊黏滞，燥邪肃杀伤津，寒邪收引凝滞。六淫之邪各有明显的季节性：火邪盛于夏，暑邪盛于长夏，燥邪盛于秋，寒邪盛于冬。故时病春多风温，夏多热病，长夏多湿病，秋多燥病，冬多风寒。疫疠以极强的传染性为特征，病状相似；而瘴气与潮湿炎热的环境关系密切。外感表证每因六淫、疫疠之邪侵袭人体肺卫肌腠，正气奋起抗邪所致，临床表现以恶寒、发热、脉浮为主要症状。

外感治法总不外乎解表。解表法指邪在卫表，应用发散肌表的方法，使邪从皮肤毛窍而解，最典型的是发汗解表法。解表法分为辛温解表、辛凉解表、扶正解表法。应根据外感的证候，结合发病因素、季节和患者体质，区别疾病的寒温性质而予不同的解表治法。

应用外感治法要注意以下几个方面：一是外感治法多应用辛散轻扬之品，药不宜久煎，以免药力耗散；外感治法使用汤剂一般宜温服取汗，汗以遍身微汗为佳，若汗出不彻底，恐病邪不彻底；汗出太过又致病邪入里。应在把握病邪轻重的基础上，选用不同类型的解表药。服药后应避风寒，忌食油腻、厚味、刺激等物。二是外感病表邪未尽，又见里证者，一般遵循先解表、后治里的原则，表里并重时，应该表里双解或者有所取舍。若表邪已深入里，如麻疹已透、疮疡已溃、虚证水肿等情况，则慎用外感病的治疗方法。三是要根据气候、季节的不同，调整方药。如春夏天气温热，人体肌理疏松易汗，用药宜轻，佐以辛凉养阴之品，以防汗之太过；冬天气候寒冷，肌肤致密，不易出汗，用药可稍重或偏温；暑天感冒多夹湿，故解表宜加清暑利湿之品。四是应用外感治法要注意患者体质强弱。如老年、婴儿、妊娠妇女、久病、体虚等，可根据病情配合使用助阳、养阴、益气、调营等法，扶正祛邪并用。

本章主要涉及外感病的治疗方法，包括辛温解表类、辛凉解表类、润燥解表类、祛暑解表类、祛湿解表类、透泄解表类、扶正解表类、表里双解类。

第一节　辛温解表类

用性味辛温的方药发散风寒以解除表寒证的治法，归入辛温解表类。包括轻清宣散法、辛温解表法、辛散太阳法等。

辛温解表类采用味辛气温的发表药物以发散风寒，开通腠理，解除表邪。用药主入肺、膀胱二经，味辛能行能散，性温能散寒气。该类治法通过辛温发散方药使邪气通过肌腠从而透达外出。

辛温解表法与辛散太阳法均为解散在表寒邪的治法，前者解表力强于后者。辛温解表法用于治感寒，此时寒气冒于肌表皮毛，尚未传经入里；而辛散太阳法可用于治伤寒，此为感受冬令之寒邪伤于足太阳膀胱经，适用于平素体虚或邪气不盛者。

临床应用辛温解表类治法时，首先，应注意"疮家""淋家""衄家""亡血家"，以及外感表虚自汗、血虚而脉兼"尺中迟"、误下而见"身重心悸"及热病后期津液亏损者，虽有表寒证，亦皆慎用。其次，辛温解表药发汗作用有强有弱，须视病症具体表现选择应用。此外，对解表药发汗力较强的药物应控制用量，中病即止，以免发汗太过而耗伤阳气和津液，导致亡阳或亡阴。

轻清宣散法

【出处】《医学衷中参西录》："连翘为轻清宣散之品，其发汗之力不及薄荷，然与薄荷同用，能使薄荷发汗之力悠长（曾治一少年受感冒，俾单用连翘一两，煮两汤服之，终宵微汗不竭，病遂愈，其发汗之力和缓兼悠长可知）。"

【溯源】《临证指南医案》："治肺失宣降，当以轻扬为主……清邪在上，必用轻清之药……如苦寒治中下，上结更闭。"

【释义】《伤寒指掌》："手太阴气分：凡温邪入肺，症见头疼，恶寒发热，口燥舌干，脉数，胸满气喘。治宜辛凉轻剂，轻清宣散。栀豉、橘红、桑杏、连翘、薄荷、枳桔、黄芩之类……邵评：此受而即发之温热病，首先入肺。肺主皮毛而在表，故见表症，宜辛凉轻清，以宣泄上焦肺卫之邪。"

【例案】陈某某，男。发烧二天，咽喉红，无汗，四肢时凉时热。口干欲饮，腹微满，大便二日未解，小便多。舌正红，苔薄白，脉浮数。属上焦风热闭结，治宜轻清宣散。处方：银花钱半，连翘钱半，僵蚕钱半，升麻八分，荆芥八分，桔梗一钱，香豆豉五钱，射干八分，薄荷（后下）一钱，竹叶一钱，芦根三钱，甘草一钱，葱白（后下）三寸。一剂而愈。[《章次公医案》]

按：患者虽然高烧，咽喉红，腹微满，大便二日未解，然以其发热但无汗、苔薄白、脉浮数，说明表气郁闭较甚，闭不开则热不退，热不退则肺胃不和。因而治疗仍当以开表气之郁闭为先，郁开则热得越，肺气开郁热宣，其证可愈。

【析拓】根据外感病的发病原因和发病途径，遵循"其在皮，汗而发之"的原则，轻清宣散就是解表达邪。外感病邪从肌表或口鼻而入，易侵肺卫，临床上首先表现出肺卫失常诸症。故治疗重在治肺，轻扬宣散、质轻味薄之品易于直达病所、宣散气机，有利于祛邪外达。清轻宣散法通常选用味薄质轻的花、皮、子、叶、穗之辈，如金银花、连翘壳、薄荷、荷叶、荆芥穗等。据临床报道，可用轻清宣散法治疗风热犯肺型咳嗽、急性感染性呼吸系统疾病、小儿肺炎支原体感染后慢性咳嗽、儿童急性喉炎、慢性免疫性血小板减少症，均取得一定的疗效。研究表明，轻清宣散法可降低肺炎支原体感染风热咳嗽患儿诱导痰上清液中IL-6和IL-17水平，减轻炎症反应，从而起到治疗作用。

辛温解表法

【出处】《济阳纲目》："清肺化痰汤：治肺经素蕴火邪，但遇风寒便鼻塞声重，此火郁之甚也。用此药降火利气，不可过用辛温解表。"

【溯源】《素问·阴阳应象大论》："其有邪者，渍形以为汗；其在皮者，汗而发之……"这当是辛温解表的原形。

【释义】《时病论》："辛温解表法：治春温初起，风寒寒疫，及阴暑秋凉等证。……是法也，以防风、桔梗，祛其在表之寒邪；杏子、陈皮，开其上中之气分；淡豉、葱白，即葱豉汤，乃《肘后》之良方，用代麻黄，通治寒伤于表。表邪得解，即有伏气，亦冀其随解耳。"

【例案】张某，32岁，任县长，住广东五华城北门外。偶感风寒，发热恶寒，一身手足尽痛，不能自转侧。脉浮大而紧，风为阳邪，故脉浮大主病进，紧主寒凝。脉症合参，风寒湿三气合而成痹。以桂枝附子汤治之：桂枝12克，附子4.5克，甘草6克，大枣6枚，生姜9克，水煎服。三服后举动如常，继服平调之剂痊愈。[《全国名医验案类编》]

按： 发热恶寒是风寒束表之征；又见一身手足尽痛，不能自转侧之湿痹证候。脉浮大而紧亦为风寒外束之征。案中重用桂枝之辛温发散，以解在表之风寒；配以生姜，使风邪从皮毛而出；佐以附子，温经逐寒以止痛，而立卫阳之基；并佐草、枣，益中州、和营卫，则三气除而搏自解。

【析拓】辛温解表法是用味辛气温的发表药物以发散风寒，开通腠理，解除表邪的一种方法。味辛能行能散，性温能散寒气。毛窍是气的出路之一。该治法通过辛温药物使得邪气通过毛窍从而透达外出，在呼吸系统疾病、风湿系统疾病、循环系统疾病、多种发疹性传染病，以及其他系统疾病的临床诊治中运用广泛。据临床报道，可用辛温解表法治疗小儿咳嗽、角膜炎、寻常型银屑病、咽喉疼痛、过敏性鼻炎、胸痹、脏腑寒痛，均取得疗效。

◎ 其他辛温解表类

辛散太阳法

《时病论》："辛散太阳法，治风疟寒少热多，头痛自汗，兼治伤寒伤湿。"《医方集解》："此足太阳药也。疟分六经，故仿仲景《伤寒例》，以防风、羌活散太阳之邪，而以桂枝、麻黄分主有汗、无汗也。"辛散太阳法与辛温解表法均为解散在表寒邪的治法，前者解表力强于后者。辛温解表法用于治感寒，此时寒气冒于肌表皮毛，尚未传经入里；而辛散太阳法可用治伤寒，此为感受冬令之寒邪伤于足太阳膀胱经，适用于平素体虚或邪气不盛者。如果体实邪盛，麻黄汤也可合用。临床应用时并不局限于冬春之际，有是证便用是法。据临床报道，可用辛散太阳法治疗外感腰胯痛、类风湿性关节炎、伤湿之表湿症等。

第二节　辛凉解表类

用轻清上浮、疏解泄热的方药，治疗上焦风热病证的治法，归入辛凉解表类治法。

肺为娇脏，清虚而处高位，选方多宜清轻，不宜重浊。温热病初起，邪犯手太阴肺经，形成上焦风热证；风热之邪还常相兼为患侵犯人体。本法主要是运用具有疏风解表和清热作用的药物相配伍，起到祛风解表、清透热邪的效果。

治上焦如羽，非轻不举。辛凉解表类治法多采用质地轻、性升浮的药物，能直达上焦病所，祛除上焦风热。其本质在于将深层次的邪气不断向外向表透达，使邪气不致郁闭体内，影响机体气机的正常运行，最终达到祛除体内邪气的目的。热邪袭人易生火酿毒，故可配清热解毒法。

临床应用辛凉解表类治法当注意：一是该法常用辛凉解表药与清热解毒药配伍使用，目的是截断或扭转疾病的发展，防止疾病向重症传变，出现"病重药轻"的情况。二是辛凉法适用于风热犯于上焦，而未传经入里之证，应注意根据具体情况配合使用理气化痰、甘淡渗湿、芳香行气等法，而收疏风解表、宣畅气机的效果。

辛凉解表法

【出处】《症因脉治》："王节斋曰：伤风咳嗽，宜辛凉解表，如桑白皮、防风、荆芥、薄荷；伤热咳嗽，宜清凉降火，如黄芩、桑白皮、知母、门冬；伤湿热咳嗽，宜利湿热，流湿润燥，如桑皮、石膏、黄柏、苍术、滑石、甘草；伤燥咳嗽，宜清金降火，润肺清燥，如石膏、知母、桑皮、麦冬；伤寒咳嗽，宜辛散解表，如麻黄杏子汤、小青龙、越婢汤等。"

【溯源】《素问·至真要大论》："风淫于内，治以辛凉。""风淫所胜，平以辛凉……"

【释义】《时病论》："辛凉解表法：治风温初起，风热新感，冬温袭肺咳嗽。薄荷（一钱五分），蝉蜕（一钱，去足翅），前胡（一钱五分），淡豆豉（四钱），瓜蒌壳（二钱），牛蒡子（一钱五分）。煎服。如有口渴，再加花粉。此法取乎辛凉，以治风温初起，无论有无伏气，皆可先施。用薄荷、蝉蜕，轻透其表；前胡、淡豉，宣解其风。叶香岩云：温邪上受，首先犯肺。故佐蒌壳、牛蒡开其肺气，气分舒畅，则新邪伏气，均透达矣。"

【例案】赵某，二十六岁，乙酉年四月初四日，六脉浮弦而数，弦则为风，浮为在表，数则为热，证现喉痛。卯酉终气，本有温病之明文。虽头痛身痛恶寒甚，不得误用辛温，宜辛凉解表。盖上焦主表，表即上焦也。桔梗（五钱），豆豉（三钱），银花（三钱），连翘（三钱），荆芥穗（五钱），郁金（二钱），芦根（五钱），薄荷（五钱），煮三饭碗，先服一碗，即饮百沸汤一碗，覆被令微汗佳。得汗后，第二、三碗不必饮汤。服一帖而表解，又服

一帖而身热尽退，三日后痊愈。[《温病条辨》]

按： 方中金银花、连翘气味芳香，既能疏散风热又可辟秽化浊，在透散卫分表邪的同时，兼顾了温热病邪易蕴结成毒及多夹秽浊之气的特点，故重用为君。薄荷、芦根辛凉，疏散风热，清利头目，且可解毒利咽；郁金性寒味辛苦，芳香而能透达，且能走血分，具有透热外达之效。荆芥穗、豆豉辛而微温，解表散邪，此二者虽属辛温，但辛而不烈，温而不燥，配入辛凉解表方中，增强辛散透表之力，是为去性取用之法。桔梗利咽止咳，宣散肺气，是属佐使之用。全方辛凉上行，其症可愈。

【析拓】辛凉解表法是基于辛味以散、性凉可清的特点制定的风热感冒治法。是用味辛、性凉而又能升浮的药物组成方剂，如银翘散或桑菊饮。现代常将辛凉解表药与清热解毒药配伍使用，目的是截断或扭转疾病的发展，防止疾病向重症传变，出现"病重药轻"的情况。在上呼吸道感染、多种发疹性传染病的初期，以及其他系统疾病兼见外感发热的治疗中均具有较好的效果。据临床报道，可用辛凉解表法治疗妊娠妇女的风热感冒、急性化脓性扁桃体炎、小儿发热、麻疹热毒较重者、再生障碍性贫血表热证、登革热。研究发现，银翘散能通过抑制炎症因子分泌和NALP3炎性体激活，改善呼吸道合胞病毒感染所致的呼吸道系统炎症。

解肌散表法

【出处】《时病论》："伤风之病，即仲景书中风伤卫之证也，诸家已详，可毋细论耳。然其初起之大概，亦当述之。夫风邪初客于卫，头痛发热，汗出恶风，脉象浮缓者，此宜解肌散表法治之。《经》曰：伤于风者，头先受之，故有头痛之证；风并于卫，营弱卫强，故有发热汗出之证；汗出则腠疏，故有恶风之证；脉浮主表，缓主风，故用解肌散表之法……"

【溯源】《订正仲景全书伤寒论注》："阴弱者汗自出。营卫不和，则肌表疏缓，故有啬啬之恶寒，淅淅之恶风，翕翕之发热也。然在皮肤之表，非若伤寒之壮热无汗，恶寒虽近烈火而不减，恶风虽处密室而仍畏也。皮毛内合于肺。皮毛不固，风邪侵肺，则气壅而鼻鸣矣。胸中者，阳气之本。卫阳为风邪所干，不能敷布，则气上逆而为干呕矣。故宜桂枝汤，解肌固表，调和营卫也。"

【释义】《时病论》："解肌散表法：治风邪伤卫，头痛畏风，发热有汗等证。嫩桂枝，白芍药，粉甘草，生姜，大枣，水煎服。此仲景之桂枝汤，治风伤卫之证也。舒驰远曰：桂枝走太阳之表，专驱卫分之风；白芍和阴护营，甘草调中解热，姜辛能散，枣甘能和，又以行脾之津液，而调和营卫者也。"

【例案】马某某，男，18岁。患落枕，每年3～5次，发作时头不能侧顾，项强及有背拘急疼痛，每次发作针刺按摩3～5次，即能获效。但偶感风寒，旋又发作，偶有汗出、怕风，要求服中药断其根，乃用汤药。就诊时见：舌质淡，苔薄白，脉浮迟。余曰：疏一方，发作时服3剂，再发再服。疏方：桂枝9克，白芍9g，生姜3片，大枣5个，炙甘草9克，葛根15克，当归12克。如此服用2次，遂不再发。[《全国名医验案类编》]

按：桂枝加葛根汤证是外感风寒所致太阳经气不舒，津液不能敷布，经脉失于濡养，所以项背强几几。但有汗出恶风，是素体血虚。所以用桂枝汤减桂枝和白芍的用量，加当归，以益其血；加葛根，取其解肌发表、生津舒筋之功。方用芍药、桂枝调和营卫，葛根疏解肌散邪，生姜、大枣、甘草和胃安中。落枕常发，发则见项背强几几，汗出，恶风，脉浮迟，桂枝加葛根汤证备，是用之即效。

【析拓】解肌散表法用于治疗风伤表卫证，是治疗外感证初起有汗的一种治法。用药辛散、酸收、甘养同施，代表方如桂枝汤（桂枝、芍药、甘草、生姜、大枣）。临床以头痛发热、汗出恶风、脉浮缓为主症，多为薄白苔。据临床报道，可用解肌散表法治疗毛细支气管炎、幼儿咳嗽、类风湿性关节炎、小儿外感发热、非特异性下腰痛寒湿证、周围性面瘫，均取得较好疗效。研究表明，相对于口服盐酸氟桂利嗪，解肌散表法治疗紧张性头痛的总有效率明显更优。

◎ 其他辛凉解表类

轻清疏解法

《丹台玉案》："伤风之症，头疼身热，鼻塞气粗，喷涕呵欠，呻吟不绝，见风便怕，洒淅微寒，与大人伤风无异。若挟食即吐食，挟痰即吐痰，药剂比大人所服者宜减一半。不论有痰有食否，常须兼用清痰消食之药。盖小儿易伤食，而热则生痰，故剂中宜略用轻清疏解，令汗微出为度。""轻"即轻灵，指治疗温病应用药量轻、选药柔和、组药灵巧；"清"即清解，温邪袭人易生火酿毒，须治以清热解毒。"轻清疏解法"贯穿于治疗温病卫气营血的各个阶段，其本质在于将深层次的邪气不断向外向表透达，使邪气不致郁闭体内，影响机体气机的正常运行，最终达到祛除体内邪气的目的。据临床报道，可用轻清宣肺、止咳化痰法治疗咳嗽变异性哮喘、变应性鼻炎、咳嗽、过敏性紫癜、黄斑病变，均有效。

微辛轻解法

《时病论》："今谓冒风，乃因风邪复冒皮毛，皮毛为肺之合，故见恶风、微热、鼻塞、声重、头痛、咳嗽，脉来濡滑而不浮缓，此皆春时冒风之证据，与风伤卫之有别也，宜乎微辛轻解法治之。"《伤寒指掌》："舌微黄薄滑，邪在肺卫，结于上焦气分。宜杏、蔻、桔、橘，轻苦微辛，使邪仍从肺分而出则解矣。开泄上焦气分以达邪，不可用陷胸、泻心苦泄之法。"微辛轻解法适用于风邪冒于皮毛，而未传经入里之证，临床以无汗、微热、鼻塞、头微痛、咳嗽为主症。该法以三焦分治为前提，并受"辛开苦降""轻可去实"等理论的影响，利用微辛气薄之品以畅肺经气机。在应用微辛轻解时，常根据具体情况配合使用理气化痰、甘淡渗湿、芳香行气等法，而收疏风解表、宣畅气机之功。据临床报道，可用微辛轻解法治疗痰浊阻肺型急性发作期慢性支气管炎、风邪外袭型儿童分泌性中耳炎、咳嗽变异性哮喘、鼻后滴漏致慢性咳嗽、慢性单纯性咽炎，均有良效。

疏风清热法

《金匮要略广注》：“凡人风热外壅，气急咳喘，则口开目瞪，以出逆气，又内热郁闷者，鼻窍闭塞，目珠疼胀溜火，此皆目如脱状之意也。脉浮为风，大为热，治宜疏风清热。”《六因条辨》：“风温初起，面赤口燥，身热神迷，鼻鼾多寐，不语不食，此风热上蒙。宜用葳蕤、知母、麦冬、桑叶、薄荷、沙参、杏仁、鲜菖蒲、广郁金、青竹叶等味，疏风清热也。”本法运用具有疏风解表和清热作用的药物，治疗外感风热邪气所致之眼科疾病，红斑及丘疹等皮肤病，以及上呼吸道感染等。据临床报道，可用疏风清热法治疗过敏性结膜炎、风热蕴肤型玫瑰糠疹、寻常型银屑病、小儿咽结合膜炎，都取得了很好的临床疗效。研究表明，对于部分存在风热蕴毒之证的骨折患者，采用疏风清热法可以明显降低患者的CRP水平和肿痛。

第三节　润燥解表类

主要用于治疗外感燥邪所致病证的治法，归入润燥解表类治法。

肺为娇脏，喜润恶燥，燥伤肺金，肺失润降，卫表失和；肺开窍于鼻，外合于皮毛。素体阴虚之人平素易感风热之邪，邪热易伤津液，出现头痛身热，微恶风寒，无汗，咳嗽少痰，口渴咽干，舌赤脉数。秋感燥气，侵袭肺卫则可出现发热，微恶风寒，头痛，少汗，咳嗽少痰，咽干鼻燥，口渴，苔白舌红，右脉数大。

润燥法以润燥为主要原则，如《医学入门》言：“《经》曰：燥者润之，养血之谓也。盖燥则血涩，而气液为之凝滞，润则血旺，而气液为之宣通，由内神茂而后外色泽矣。”养阴解表法，将养阴药与解表药配伍，滋阴生津以充汗源，疏散风热以解表邪，从而达到养阴不留邪，发汗不伤阴的目的。润燥解表法是治疗肺热阴虚的方法，滋养阴液，清除肺热、肺火。养阴清肺润燥法则通过滋肾水而救肺燥、养阴润肺的治疗方法，养阴扶正与清热合用，正邪并治，标本兼顾。

临床使用润燥法时应当注意的是，如果是因寒邪、湿邪、痰浊、水饮、积滞以及一切非燥邪所引起的新病、实证、邪气盛的证候则应急在攻邪。若误用润燥法无异于闭门留盗，使病邪胶固难解，故临床诊治应审因论治。

苦温平燥法

【**出处**】《时病论》：“若交秋分之后，燥金主气，遇有秋凉之见证者，是为燥之胜气，宜用苦温平燥法。”

【**溯源**】《素问·至真要大论》：“燥淫于内，治以苦温，佐以甘辛。”

【**释义**】《时病论》：“凡感燥之胜气者，宜苦温为主。故以橘、杏、苏、荆以解之，加白芍之酸，桂枝之辛，是遵圣训‘燥淫所胜，平以苦温，佐以酸辛’是也。秋燥之证，每多咳嗽，故佐前、桔以宜其肺，肺得宣畅，则燥气自然解耳。”

【**例案**】单某，男，36岁，业商，住单港。秋深初凉，西风肃杀，适感风燥而发病。初起头痛身热，恶寒无汗，鼻鸣而塞，状类风寒，惟口唇燥咽干，干咳连声，胸满气逆，两胁串痛，皮肤干疼。脉右浮涩，左弦紧。舌苔白薄而干，扪之戟手。此《内经》所谓"大凉肃杀，华英改容，胸中不便，咽塞而咳"是也。处方：光杏仁9克，前胡4.5克，苏叶梗4.5克，新会皮4.5克，紫菀9克，鲜葱白3枚，淡豆豉9克，炙百部4.5克，桔梗3克，炙甘草1.8克。次诊：周身津津微汗，寒热已除，胁痛亦减，惟咳嗽不止。痰多气逆，胸前满闷，大便燥结。脉右浮滑，左手弦紧已除。舌苔转为滑白，此肺气之膹郁，虽已开通，而胸腹之伏邪，尚多闭遏也。治以辛滑通润，流利气机，气机一通，大便自解。用五仁橘皮汤加蒌、薤。此方：甜杏仁12克，柏子仁9克，生姜1.2克，全瓜蒌15克，松子仁9克，栝蒌仁12克，干薤白6克，蜜炙橘红3克。一剂而便通咳减，再剂而痰少气平。[《全国名医验案类编》]

按： 秋令感伤，有温燥，凉燥之辨。时秋深初凉，西风肃杀，感之者多病凉燥，宜苦温平燥，辛以散风之法。故用杏仁、前胡，味苦微辛，温畅肺气为君，遵《黄帝内经》"燥淫所胜，平以苦温"之旨；唯风淫所胜，必先辛散，故以紫苏梗、陈皮、葱白，辛润疏解为臣；佐以豆豉和中发表，开发上焦抑郁；使以桔梗，味淡微苦，轻宣肺经气滞。

【析拓】 苦温平燥法又称辛润温开法。燥淫所胜，必先辛散兼以辛润疏解，用苦温微辛以温畅肺气，主治秋风初凉，暴感风燥，可见头痛身热、鼻塞怕风、恶寒无汗等症。据临床报道，可用苦温平燥法治疗咳嗽、急性发作期痰浊阻肺型慢性支气管炎、儿童分泌性中耳炎、鼻后滴漏致慢性咳嗽、咳嗽变异性哮喘，均有效。研究表明，苦温平燥法能显著降低PM2.5致Wistar大鼠肺损伤组织中HMGB1、TNF-α、IL-6的表达水平，对肺组织具有一定的保护作用。

◎ 其他润燥解表类

润燥解表法

《温热经纬》："秋令感伤，恰值夏月发泄之后，其体质之虚实不同。但温自上受，燥自上伤，理亦相等，均是肺气受病。……当以辛凉甘润之方，气燥自平而愈。"润燥解表法指用清疏风热药和甘凉润燥药，治疗秋感温燥之气，侵袭肺卫而见发热，微恶风寒，头痛，少汗，咳嗽少痰，咽干鼻燥，口渴，苔白舌红，右脉数大。代表方如桑杏汤。据临床报道，可用润燥解表法治疗小儿感染后咳嗽、咳嗽变异性哮喘、上气道咳嗽综合征、医院获得性肺炎、支气管扩张咳血，均取得较好疗效。研究表明，润燥解表法的主要作用机制是促进肺津生成而润燥，增加气道IgG受体。

养阴清肺润燥法

《重楼玉钥》："经治之法，不外肺肾，总要养阴清肺润燥，兼辛凉而散为主。"《医方集解》："[滋燥养荣汤] 此手太阴、足厥阴药也。前证为血虚而水涸，当归润燥养血为君；二地滋肾水而补肝，芍药泻肝火而益血为臣；黄芩清肺热，能养阴退阳。艽、防散肝风，为风药润剂（风能生燥，艽、防味辛能润）。又秦艽能养血荣筋，防风乃血药之使（吐血、治崩，皆用为使）；甘草甘平泻火，入润剂则补阴血，为佐使也。"养阴清肺润燥法是通过滋肾水而救肺燥、清热凉血而解毒或通过益胃生津、养阴润肺的治疗方法，养阴扶正与清肺解毒合用，正邪并治，标本兼顾。急性扁桃体炎、急性或慢性咽喉炎、鼻咽癌、慢性阻塞性肺疾病、干燥综合征、鼻咽癌放疗后、青年干眼症等证属阴虚肺燥者都可采用该治法。研究表明，养阴清肺汤加味可通过调节肺表面活性物质结合蛋白A（SP-A）、SP-D、二棕榈酰卵磷脂（DPPC）来修复重症肺炎支原体肺炎小鼠肺泡气–液平面损伤，也可有效改善重症肺炎支原体肺炎小鼠体内的免疫失衡，可能与其调控免疫调控相关通路Th17/Treg的特异性转录因子维A酸相关孤独受体γt（RORγt）、Foxp3，以及T细胞表达的T盒（T-bet）、维生素D受体（VDR）有关。

滋阴解表法

《重订广温热论》："阴虚劳复者：由温热伤阴，肾液已亏，稍加劳动，微挟风寒，其病复作，症仍头痛发热恶风，舌燥口渴，六脉浮数无力者，此真阴虚劳复也，宜七味葱白汤，清润而微汗之；或金水六君去半夏，用生地，加川斛、丹皮、豆豉、葱白之类，滋养阴液以汗之；如兼呕恶，当留半夏，加竹茹以和胃；如兼咳嗽，加旋复花、甜杏仁以降气；如兼虚火上冒，目赤颧红，大渴烦躁，呕恶不纳者，亦宜金水六君煎加麦冬、代赭之类，养阴镇逆。"素体阴虚之人平素易感风热之邪，治宜滋阴解表。滋阴药与解表药配伍，滋阴生津以充汗源，疏散风热以解表邪，从而达到养阴不留邪，发汗不伤阴的目的。滋阴解表法在临床上常用于老年人及产后感冒、急性扁桃体炎、咽炎等属阴虚外感者的治疗。据临床报道，可用滋阴解表法治疗阴虚型感冒、肺炎喘嗽愈后再感发热、小儿阴虚外感型咳嗽、慢性咽炎、阴虚体质反复发作性乳蛾。研究表明，加减葳蕤汤能够促进有益菌甲型链球菌生长、升高菌群密集度，对青霉素致小鼠上呼吸道菌群失调具有调节作用。

第四节　祛暑解表类

主要用于治疗暑邪外感的治法，归入祛暑解表类。

盛夏天暑地热，易耗气伤津，损伤人体正气，致使抵御外邪的能力降低，湿热之邪常乘虚而入，引起暑病。暑病之偏于热者，名为暑温，是夏季感受暑热病邪所致的急性外感热病，常采用清热解暑法治之。内有伏邪之人，浊阴内伏，表阳闭郁。一旦感受寒凉之气，寒主收引，毛窍闭塞，汗不能出，伏阴之邪更盛，阳郁亦增，冲逆向，而致卒然昏眩，寒热交作，呕吐腹痛，发为阴暑。

夏感风寒，邪滞肌表，故见恶寒发热，头身疼痛；湿伤脾胃，故胸闷脘痞，腹痛吐泻，苔腻。解表祛暑法常用芳香质轻、辛温发散之品为君以发越阳气，解外感之邪，臣以行气、健脾燥湿、和中消暑之品以匡正御邪，共奏祛暑解表，化湿和中之功。外感暑热所致暑热犯表证临床表现为头痛、身热、有汗、烦渴、小便黄赤、苔薄而黄、脉浮数等，则用清热药结合解暑药治疗，为清热解暑法。

临床使用祛暑解表类治法时应当注意的是，治疗暑湿之症，辨明湿、热孰重孰轻，是立法用药的关键。盖暑湿为太阴脾气不振，病邪虽从外受，实与脾胃有关。时当夏暑之季，往往湿邪壅遏为患。对于湿热兼夹者，清热兼以化湿，使湿去热孤可一清即愈。

解表祛暑法

【出处】《经方实验录》："佐景未从师前，曾遇一证。病者为一肥妇，自谓不病则已，病则恒剧。时当炎暑，初起，微恶风寒，胸闷，医者予以解表祛暑……改就伤寒专家诊治，予淡豆豉、黑山栀等药。"

【溯源】《本草汇言》："素享富贵之人，其性不耐寒暄，每至暑月，即池亭水阁以安其身，浮瓜沉李以供其口……内有伏阴，外受凉气，汗不流而肌理密，阴愈侵而阳不发，卒然昏眩，寒热交作，呕吐腹痛，乃为夏月感寒，非中暑也。法当温以理其中，辛以散其表……"

【释义】《中医药学名词》：用具有清热、祛暑、解表作用的方药治疗暑邪袭表证的治法。用于治夏月感寒，如头痛发热，恶寒无汗，心烦口渴等证。代表方：香薷散。

【例案】李童，暑温十天，身热汗出不彻，渴不多饮，胸脘烦闷，口有甜味，苔薄腻黄，脉濡数。暑必夹湿，伏于募原，既不能从阳明而解，亦不能从下焦而去，势有欲发白之象。暑湿为粘腻之邪，最为缠绵。香薷（八分），青蒿梗（一钱五分），净蝉衣（八分），江枳壳（一钱五分），通草（八分），川连（三分），清水豆卷（三钱），炒牛蒡（二钱），郁金（一钱五分），赤苓（三钱），鲜藿香（一钱五分），鲜佩兰（一钱五分），甘露消毒丹（包，三钱）。[《丁甘仁医案》]

> 按：暑湿治疗以清暑泄热为首位，并兼以宣化湿邪。暑湿初起多有外邪束表而见寒热，本例患儿身热汗出不彻，故用香薷、鲜藿香、鲜佩兰等药清暑化湿兼透表达邪，使得暑热得泄，湿邪得化，后表证解。方证合宜，起效迅速。

【析拓】解表祛暑法所治之证乃夏月乘凉，外感风寒，内伤于湿所致。夏感风寒，邪滞肌表，故见恶寒发热，头身疼痛；湿伤脾胃，故胸闷脘痞，腹痛吐泻，苔腻。本法重在发表，用芳香而辛散温通之品，以其通达之性，开透皮肤毛窍，取质轻上浮之药，以发越阳气，祛散外邪。以燥湿健脾、行气和中之品以助正御邪，奏解表祛暑之效。代表方如新加香薷饮。

据临床报道，可用解表祛暑法治疗暑湿型感冒、小儿急性咽结膜热、小儿暑湿发热、空调病、小儿疱疹性咽炎，均取得一定疗效。研究表明，解表祛暑法可能是通过抑制炎症因子 TNF-α、IL-6 的合成与释放，下调下丘脑组织中 5-羟色胺（5-HT）含量和上调下丘脑组织中 NE 含量，使单胺类神经递质保持平衡，降低体温及产热量，起到解热效果。

清热解暑法

【出处】《幼科切要》："凡治伤暑证，最当辨其阴阳虚实。若外中热邪、内亦烦躁而热者。此表里俱热，方是阳症，治宜清热解暑。"又称祛暑清热法。

【溯源】《素问·五运行大论》："故燥胜则地干，暑胜则地热，风胜则地动，湿胜则地泥，寒胜则地裂，火胜则地固矣。"

【释义】《幼科切要》："若脉虚无力，或为恶寒背寒，或为吐恶，或为腹痛泄泻，或四肢鼻尖微冷，或不喜冷茶冷水，或息促气短无力，皆阳中之阴也。凡见此类，但当专顾元气，四君子为主治，或理中汤加白芍。若虚寒甚者，则合时令而从证，必用桂、附、参、芪等药，切不可因暑热之名，而热用寒凉解暑，则祸不可胜言矣。"

【例案】孙东宿治武进邑宰孙康宇媳，年十六。初产女艰苦，二日偶感风邪，继食面饼，时师不察，竟以参、术投之。即大热，谵语口渴，汗出如洗，气喘泄泻。泻皆黄水无粪，一日夜不计遍数，小水短少，饮食不进，证甚危恶。时当暑月，女科见热不除，用芩、连等药，证益甚。乃重用参、术、肉果、干姜等止泻，泻不减，热反剧，喘汗转加，谵语不辍，医悉辞去。孙往诊之：六脉乱而无绪，七八至，独右关坚硬。踌躇久之。因思暑月汗出乃常事。但风邪面食瘀血，皆未消熔，补剂太骤。书云：蓄血如见鬼。治当消其瘀食，解其暑气，犹可图生。勿遽弃也。乃用益元散六钱，解暑清热为君。仲景云：渴而小便不利者，当先利其小便。况水泻犹当用之为君也。以楂肉三钱为臣，红曲、泽兰叶各一钱五分，消瘀血，安魂为佐。香附、橘红、半夏、茯苓以统理脾气为使。京三棱五分。消前参、术。决其壅滞为先锋。水煎。服后即稍睡。计两日，连进四剂。热减泻止，恶露略行，脉始有绪。前方去三棱、红曲，加扁豆。而热全退，便亦实。改用四君子汤加益元散、青蒿、香附、扁豆、白芍。调理而平。[《古今医案按》]

按： 本案先投参、术不效，出现大热，谵语口渴，汗出如洗，气喘，泻黄水无粪，一日夜不计遍数，小水短少，饮食不进。再以芩、连清热，亦无好转。再以温化之药治之，仍不效。后医鉴于其脉七八至且右关独坚硬，认定其与中焦脾胃有关，且有暑热为病。即投以益元散解暑清热为君，并以楂、曲伍二陈以健脾胃，标本兼治而取效。

【析拓】夏至前后为盛夏之时，暑热最盛，地热升腾，天地合气，耗气伤津。气伤则卫外不固，阴伤则阳热内生，汗液易泄。此时一遇潮湿之气，湿热交合，常趁乘虚而入，引起暑病。暑病之偏于热者，名为暑温，是夏季感受暑热病邪所致的急性外感热病，常采用清热解暑法治之。"暑多夹湿"，化湿药如藿香、佩兰的配伍应用常起到事半功倍的效果。乙型脑炎、急性散发性病毒性脑炎、脑型中毒性菌痢、钩端螺旋体病、登革热、中暑、夏季流感等病均可参考暑温病进行辨证治疗。据临床报道，可用清热解暑法治疗暑温病气分证、流行性乙型脑炎，可用清热解暑祛湿法治疗急性肠炎、夏季流感，可用新加香薷饮加味治疗外感发热暑湿证的患儿。

◎ 其他祛暑解表类

祛暑解表法

又称为清暑解表法。《证治汇补》："暑疟者，其症大汗、大烦、大喘、大渴。静则多言，体若燔炭，汗出而散，单热微寒，宜清暑解表。"祛暑解表法是治疗暑气内伏，外感风邪的治法。暑令感寒夹湿称为阴暑，恶寒无汗，体温升高，舌苔白腻，或伴吐泻，当祛暑化湿、散寒以解表，当用香薷散以祛暑解表（香薷、白扁豆、厚朴）。若暑温兼湿称为阳暑，多恶寒无汗，但有口渴面赤，体温升高，也可有微汗出而不爽，当祛暑化湿兼清风热，方多用新加香薷饮化裁（香薷、金银花、鲜扁豆花、厚朴、连翘）。两证临床都可有胃肠道症状，可酌加化湿和中之品。据临床报道，可用祛暑解表法治疗急性肠炎，或用此法减轻病毒性感染的炎症反应，降低肺病理损伤。研究发现，此法可通过调节机体免疫力等途径达到治疗甲型流感的目的。

祛暑利湿法

又称清暑利湿法。《素仙简要》："藿香开胃止呕，医霍乱吐泻；香薷调中退热，专清暑利湿。"《伤寒指掌》："凡暑必挟湿，湿为重浊之邪，暑为熏蒸之气。热处暑中，湿热相蒸，阻于气分，当治在手太阴。若治不中窍，其邪无处发泄，则渐走营分，浸入血中。"祛暑利湿法是夏季暑湿病的基本治法，适用于身热烦渴，舌色绛赤，小便不利或泄泻等，重者可见神昏谵语，临床表现为暑温夹湿、暑湿下注之证。临床使用本法多配伍淡渗通利之品，使暑湿邪气自小便而出，以六一散、三石汤、桂苓甘露散等为代表方药。据临床报道，可用祛暑利湿法治疗小儿痢疾、疱疹性咽峡炎、水痘、慢性肾脏病等，均有良好疗效。

第五节　祛湿解表类

用于治疗外感表湿或湿浊内盛复感表邪的治法，归入祛湿解表类。

人体水液的运行，依靠肺气的通畅，脾气的转输，肾气的开阖，从而使三焦能够发挥决渎的作用，使膀胱气化畅行，小便通利。或因外感、内伤，或者外邪引动伏邪导致肺脾肾功能失常，则水液不能正常代谢而生湿邪，风寒湿三气留着于经络、肌肉、关节可致发热恶寒，身体痹痛，日久不愈。冒湿证，则见首如裹，遍体不舒，四肢懈怠。风湿二邪客于太阳经脉，经气不畅，则见头痛身重或腰脊疼痛、难以转侧。

祛湿解表类治法采用的药物多具辛温燥烈之性，有偏走表、走里之分。湿邪易困阻气机，故常配理气药以通畅气机。治湿药燥，湿体本寒，常佐以温润之品。宣疏表湿法通过芳香辛散、疏解表湿或者行气化湿、祛湿通络等以达到轻疏皮毛，宣肺化湿的效果。二活同祛法为治疗太阴阳明合病，内外皆湿，故用羌活走阳明、独活走太阴为君，佐以辛苦温散之品。

临床使用祛湿法时应当注意，祛湿法多采用芳香温燥或甘淡渗利之品组成，易于耗伤阴津，且辛香之品亦易耗气，渗利之品有碍胎元，故素体阴血不足，或病后体弱者及孕妇等应慎用或佐以甘润之品以制之。

二活同祛法

【出处】《时病论》："倘或连朝风雨，人冒之者，即患身痛腰疼，恶寒发热，此邪由太阳之表，而入于少阴之里，即《内经》所谓雨气通于肾也，宜乎表里两解，拟以二活同祛法。倘兼腹痛泄泻，再加煨葛、木香治之。"

【溯源】《太平圣惠方》："羌活气清属阳，善行气分、舒而不敛、升而能沉、雄而善散，故入手足太阳以理游风。其功用与独活虽若不同，实互相表里。羌活虽为太阳风药，而太阳少阴相表里，羌活亦入之，但专力于达巨阳之气分，而少阴血分当推独活耳，所以治历节风痛，必兼羌独二味。"

【释义】《时病论》："治表里受湿，寒热身疼，腰痛等证。羌活（一钱五分），防风（一钱五分），独活（一钱五分），细辛（五分），茅苍术（一钱五分），甘草（五分）。加生姜三片，煎服。两感表里之湿证，此法堪施。其中羌活、防风，散太阳之表湿；独活、细辛，搜少阴之里湿；苍术燥湿气；生姜消水气。盖恐诸药辛温苦燥，故佐甘草以和之。"

【例案】严右，腰髀痹痛，连及胯腹，痛甚则泛恶清涎，纳谷减少，难于转侧。腰为少阴之府，髀为太阳之经，胯腹为厥阴之界。产后血虚，风寒湿乘隙入太阳、少阴、厥阴之络，营卫痹塞不通，厥气上逆，挟痰湿阻于中焦，胃失下顺之旨。脉象尺部沉细，寸关弦涩，苔薄腻。书云：风胜为行痹，寒胜为痛痹，湿胜为着痹。痛为寒痛，寒郁湿着，显然可见。恙延两月之久，前师谓肝气入络者，又谓血不养筋者，理亦近是，究未能审其致病之源。鄙拟独活寄生汤合吴茱萸汤加味，温经达邪，泄肝化饮。紫丹参（二钱），云茯苓（三钱），全当归（二钱），大白芍（一钱五分），川桂枝（六分），青防风（一钱），厚杜仲（二钱），怀牛膝（二钱），熟附片（一钱），北细辛（三分），仙半夏（三钱），淡吴萸（五分），川独活（一钱），桑寄生（二钱）。服药五剂，腰髀胯腹痹痛大减，泛恶亦止。惟六日未更衣，饮食无味。去细辛、半夏，加砂仁（七分），半硫丸（一钱五分）吞服。又服两剂，腑气已通，谷食亦香。去半硫丸、吴萸，加生白术（一钱五分）、生黄（三钱），服十剂，诸恙均愈。[《丁甘仁医案》]

> 按：患者产后调摄不周，风寒湿乘隙侵入太阳、少阴、厥阴，痹塞营卫，影响气血运行。产后多寒、多虚、多瘀，又兼感风寒湿邪，丁氏用独活寄生汤补益气血，滋养肝肾，祛风除湿，合吴茱萸汤温中补虚，降逆止呕。方中桂枝、防风、细辛、独活、吴茱萸、桑寄生祛风除湿，疏散外邪，加上余药补气养血、温肾散寒、活血通络，攻补兼施，对症用药，其效必速。

【析拓】二活同祛法用于外感风寒夹湿直中少阴所致的太阳少阴合病，以恶寒发热又身疼腰痛为主要表现的病证，大多苔白脉浮。该法以羌活、防风走太阳之表，独活、细辛搜少阴之里。据临床报道，可用二活同祛法治疗风湿外感头痛、风寒湿痹型强直性脊柱炎、膝骨关节炎、感冒、功能性水肿，均取得较好疗效。研究表明，二活同祛法通过调控MAPKs蛋白并进一步调节环磷腺苷效应元件结合蛋白（CREB）的表达来实现抗炎镇痛作用。

◎ 其他祛湿解表类

解表化饮法

《伤寒论·辨太阳病脉证并治》："伤寒表不解，心下有水气，干呕，发热而咳。或渴，或利，或噎，或小便不利、少腹满，或喘者，小青龙汤主之。"解表化饮法使用温化水饮药与辛温解表药，用于表证兼有痰饮之证。由于患者素有痰饮，一旦感受外邪，每每内外合邪，表寒引动内饮，痰饮又乘寒窃发，以致内饮外寒，纽结不解。当此之时，单纯解表或仅治其饮，均不能撤其邪，必须解表与化饮配合使用，才能使外邪得解。常用药如半夏、干姜、细辛等，与解表药同用，小青龙汤即其代表方。据临床报道，可用解表化饮法治疗变应性鼻炎、梅核气、慢性咳嗽、支气管哮喘急性发作、小儿支气管肺炎、老年慢性阻塞性肺疾病发作期，均具有较好疗效。

祛风胜湿法

《外科理例》："凡遇痛便秘，小便不利者，宜清热凉血、润燥疏风；若气血虚而为寒凉伤损者，宜调养脾胃、滋补阴精；若大便秘涩，或作痛者，润燥除湿；肛门坠痛者，泻火导湿；下坠肿痛而痒者，祛风胜湿；小便涩滞肿痛者，清肝导湿；其成漏者，养元气、补阴精为主。"《脾胃论》："湿寒之胜，当助风以平之。"祛风胜湿法所采用的药物多辛温且具燥烈之性，有偏于走表与偏于走里之分，走表药如羌活、苍术，走里药如独活、桑寄生。祛风胜湿法常用于风寒湿三气杂至停留于经络、肌肉、关节所致的痹痛，日久不愈者，又常与活血养血药同用，所谓"治风先治血，血行风自灭"。另外，泄泻、胃病、头痛、带下、水肿、皮肤病等诸多系统疾病因风湿邪气为患者，亦可以该法为治疗法则。据临床报道，可用祛风胜湿法治疗慢性肠炎、慢性肾炎蛋白尿、荨麻疹、大肠湿热型溃疡性结肠炎、原发性肛门瘙痒，并可改善过敏性鼻炎患者生活质量。研究表明，以祛风胜湿通络法联合西药治疗慢性肾脏病，有利于改善患者临床症状和肾功能，调节钙磷代谢，且未新增不良反应。

宣疏表湿法

《时病论》："倘头痛无汗，恶寒身重，有邪在表，宜用宣疏表湿法，加葛、羌、神曲治之。倘口渴自利，是湿流下焦，宜本法内去半夏，加生米仁、泽泻治之。"《金匮要略浅注》："麻黄加术汤：喻氏谓麻黄得术，虽发汗而不至多汗，术得麻黄，行里湿而并可行表湿，止此一味加入。所谓方外之神方，法中之良法也。"宣疏表湿法是通过芳香辛散、疏解表湿或者行气化湿、祛湿通络等以达到轻疏皮毛、宣肺化湿的治疗方法。该治法可以通调三焦气机、恢复腠理的正常开合，在外感疾病、免疫系统疾病、皮肤病、骨关节疾病、内分泌系统疾病的临床诊治中应用广泛。可用宣疏表湿法治疗高热、风湿病、荨麻疹、髌骨软化症、慢性肾衰竭氮质血症，均取得良效。研究表明，宣疏表湿法可调节类风湿关节炎患者T细胞亚群比例平衡。

第六节　透泄解表类

透泄解表类治法是指使用轻清灵动、芳香辛散的药物以疏通气机、泄热导邪，使病邪由深向浅、由内向外透达，达到邪去病愈目的的治法。

机体感受外邪时常遵循一定的路径侵入体内，如由外及内、由上及下等，若在邪气轻浅或邪有外出趋势时使用透泄解表法，可引邪外出，从而达到祛除病邪，治愈疾病的效果。透泄解表法最早见于《黄帝内经》，如《素问·六元正纪大论》首倡"火郁发之"以辟"开郁泄热"之门径，使得气机调和，阴平阳秘得以恢复。随着历代医家的继承和发展，透泄解表法在疾病各个阶段的排邪中发挥了不可替代的作用。

透邪，也称达邪，即透达表邪的治法。外感表证，邪气轻浅，宜用透法，因势利导，使邪气外达，以免闭门留寇，甚至变生他证。麻疹初期，欲出不透，透发不畅者，可用透疹解表法；热性病邪侵犯卫分时可用泄卫透热法；初入气分时可用清气泄热法；初入营分时可用透热转气法等。

临床使用透泄解表法，当注意以下几点：一是开泄腠理使邪气外达时常使用汗透法，但汗之应有道，避免大汗以致亡津亡阳；二是热邪郁闭时，使用清透法时注意疏导气机，去除夹邪，方能更有效地清除热邪，同时注意过于寒凉会损伤脾阳，临床可选择质轻灵动的寒性芳香透热药；三是透泄解表法不局限于外感病，内伤杂病亦可酌情用之，如用当归饮子治疗皮肤瘙痒日久。

疏利透达法

【出处】《温热经纬》："而寒热有定期，如疟证发作者，以膜原为阳明之半表半里，热湿阻遏，则营卫气争，证虽如疟，不得与疟同治，故仿又可达原饮之例，疏利透达。盖一由外凉束，一由内湿阻也。"

【溯源】《瘟疫论》："槟榔能消能磨，除伏邪，为疏利之药，又除岭南瘴气；厚朴破戾气所结；草果辛烈气雄，除伏邪蟠踞。三味协力直达其巢穴，使邪气溃散，速离募原，是以名为达原饮也。……凡疫邪游溢诸经当随经引用，以助升泄。"

【释义】《中医大辞典》：疏利，是指疏利、宣通气机。透达，是指透达邪气，使邪气外透而解。此法多用槟榔、厚朴、草果辛行疏利，芳香透达同为君药，使气机畅利则伏邪自溃。代表方剂如达原饮。

【例案】谢×全之妻，年十八岁，住四川省会理县南街。1920年感瘟疫病邪，病已二日。病起则发热而渴，不恶寒，头体痛。脉浮弦而数，唇赤面垢，舌白如积粉，此乃瘟疫邪气蟠踞募原，有入里化燥之势。治以输转募原之邪使之达于表而解，方以达原饮加石膏治之。处方：槟榔三钱，厚朴三钱，草果三钱，知母四钱，杭芍四钱，黄芩三钱，甘草二钱，石膏五钱。[《吴佩衡医案选》]

> 按：患者感瘟疫病邪，瘟疫邪气蟠踞膜原之半表半里，邪正交争，见发热而渴，不恶寒；瘟邪疫毒内侵入里，故见头体痛，唇赤面垢，舌白如积粉。此非汗、清可除，当开达膜原，辟秽化浊。方以达原饮加减，方中槟榔、厚朴、草果三味协力，使得邪气溃败，速离膜原，是以名为达原饮。

【析拓】疏利透达法的主要作用在于透解潜伏于透膜原的邪气，使之速溃，逐邪外出，开达膜原，同时辟秽化浊，可使秽浊得化，热毒得清，阴津得复，从而达到调畅三焦气机的作用。湿毒疫邪侵袭，弥漫膜原、三焦，皆可用之。据临床报道，可用疏利透达法治疗新型冠状病毒感染、功能性低热、小儿发热性疾病、慢性肾脏病、风湿痹病，均取得良效。研究表明，疏利透达法可能通过降低NF-κB炎症因子及信号转导以保护肺功能。

◎ 其他透泄解表类

透热转气法

《温热经纬》："大凡看法，卫之后，方言气，营之后，方言血。在卫汗之可也，到气才可清气，入营犹可透热转气，如犀角、元参、羚羊角等物，入血就恐耗血动血，直须凉血散血。加生地、丹皮、阿胶、赤芍等物，否则前后不循缓急之法，虑其动手便错，反致慌张矣。"《吴医汇讲》："乍入营分，犹可透热，仍转气分而解。"透热转气重在宣展气机，开邪气外透之路，是治疗营分证的关键。因营与气之间有障碍，常在清营热、养营阴的基础上，配以清泄气热、宣通气机之品（如竹叶），解除气营之间的无形邪热；对于有形实热，多指兼湿之温邪，则用花露之品化湿清热。此外，临证时温病营分证亦可兼见痰阻、食滞、血瘀、便结等，应针对性地加入化痰、消导、活血、通下等药物，以便扭转病机、缩短病程、提高疗效。据临床报道，可用透热转气法治疗银屑病、小儿外感温热病发热、早期亚急性甲状腺炎、系统性红斑狼疮、慢性阻塞性肺疾病急性加重期痰热壅肺证，疗效可靠。研究发现，脓毒症病位在营分时，于透热转气治疗的基础上兼以其他对因治法，能够解决热难外透之难题。

透泄法

《六因条辨》："若已见点粒，即宜解之化之。尚不敢恣意透泄，以虚其内，而恐邪陷莫救也。至白晕乃气液外泄之候，若既现而再行疏泄透汗，其不致气脱而毙者几希矣。"《温热论》："若舌白如粉而滑，四边色紫绛者，温疫病初入募原，未归胃腑，急急透解，莫待传陷而入为险恶之病；且见此舌者，病必见凶，须要小心。"透泄法分为透法和泄法。透法指用味薄辛香升浮的药物，且用量轻、煎煮时间短，即所谓轻清上浮之品，透邪热从上外而走的治法。适宜温病初期邪在卫气分证或上中焦证。叶天士曰："宜从开泄，宜通气滞。"泄法常用轻苦微辛具流动气机之品以宣通开泄，从而气化则湿化，中焦通畅，导邪渗下，因势利导使得邪气得以从三焦宣泄。外感发热等呼吸系统疾病均可以采用该治法。据临床报道，可用透泄法治疗现代医学中小儿流行性外感，尤其是小儿上呼吸道感染、发热性疾病，中医风温肺热类疾病，均取得较好的疗效。

透邪外出法

《不居集》："先以柴前梅连散不应，急以蒸脐之法，温补下元，透邪外出。然后用药饵调治，再以双补内托散止汗退热，用鳗鱼霜清痰止嗽，甘露丸起其大肉，山药丸理脾，益营煎收其全功。"《温热论》："或透风于热外，或渗湿于热下，不与热相搏，势必孤矣。"透邪外出法贯穿于温病的整个治疗体系，包括宣透法、清透法、凉透法和养透法。宣透法用于温邪初袭，病位在肺卫；清透法用于热邪进入气分，郁阻气机，病位在肺、胃、胆、胸膈；凉透法用于邪热入营，或邪热瘀阻血分；养透法用于温病后期正虚邪恋之时。温热病邪具有张扬开泄，向上向外的特点。治疗时需须顺应邪势、因势利导、引邪外出，达到使邪热向上向外透达而不至于内陷的目的。在用药方面，多取质轻性散、味辛芳香之品，忌过于苦寒，以免性重下趋，冰伏病邪；忌过于滋腻，以免气机闭塞，邪热胶固。据临床报道，可用透邪外出法治疗急性病毒性心肌炎、传染性单核细胞增多症、慢性乙型肝炎，以及支气管哮喘、肺系感染性疾病、感染后咳嗽、过敏性哮喘、支气管扩张症等疾病。

泄卫透热法

《伤寒论本旨》："苔兼白，白属气，故其邪未离气分，可用泄卫透热仍从表解勿使入内也。"泄卫透热法为温病初起，邪在卫分、气分之间所设，以发热、微恶寒，咽痛，口渴，脉浮为辨证要点。代表方如银翘散。方中采用金银花、连翘辛凉透表，也用荆芥、淡豆豉辛温散表，使邪从表出。据临床报道，可用泄卫透热法治疗风热伤络型过敏性紫癜、急性上呼吸道感染、小儿抽动症、小儿病毒性心肌炎、小儿轻中度急性感染性喉炎，均取得较好疗效。研究表明，泄卫透热法可促进鼻黏膜Occludin蛋白表达，降低鼻黏膜上皮屏障的通透性，从而改善鼻黏膜机械屏障的功能。

第七节　扶正解表类

主要用于治疗内有正气不足，外有病邪入侵证候的治法，归入扶正解表类治法。其中正气不足包括气虚、阴虚、阳虚等，既可单独出现，又可相互影响而为病。

气是构成和维持人体生命活动的基本物质，气能够卫护肌肤，抗御邪气。《黄帝内经》云："正气存内，邪不可干。"在正气充足的情况下，即便邪气入侵，也不易发病，发病也易于治愈。血能营养和滋润全身，血衰则形萎，血败则形坏。阴阳是对立统一的存在，古人讲究阴平阳秘，阴阳平衡，则生命活动稳定协调，即使患病，也存在向愈的趋势。

虚体感冒之人，治疗过程中既要针对正虚采取相应的措施，如益气、养血、滋阴、温阳，又要针对在表之邪使用发散之品，包括辛温解表、辛凉解表，使表证得解。

临床使用扶正解表当注意：一是人体气血阴阳不足时不宜强发汗，应酌情使用解表药；二是使用解表药时有可能加重正虚的表现，如麻黄可能导致阳虚加重，临床使用时须分清主次，仔细辨别正虚为主或是邪实为主，做到"有是证用是药"；三是虚体感冒之人有时需用到黄芪等益气固表之品，应注意使用时机，以防闭门留寇。

益气固表法

【出处】《医方集解》："本方去芍药、生姜，名桂枝甘草汤，治发汗过多，叉手冒心，心下悸欲得按者，汗多则亡阳而耗血，故心虚悸而叉手自冒也。桂枝益气固表，甘草补中助阳。"

【溯源】《伤寒论·辨太阳病脉证并治》："发汗过多，其人叉手自冒心，心下悸，欲得按者，桂枝甘草汤主之。"

【释义】《张氏医通》："自汗者，属阳虚腠理不固，卫气之所司也。人以卫气固其表，卫气不固则表虚自汗，而津液为之发泄也，治宜实表补阳。"

【例案】沈康生夫人，病经一月，两脉浮虚，自汗恶风，此卫虚而阳弱也，与黄芪建中汤一剂汗遂止。夫人身之表，卫气主之，所以温分肉，实腠理，司开合者，皆此卫气之用。故《内经》曰：阳者，卫外而为固也。今卫气一虚，而分肉不温，腠理不密，周身毛窍有开无合，由是风之外入，汗之内外，其孰从而拒之？故用黄芪建中汤，以建立中气，而温卫实表也。越一日，病者叉手自冒心间，脉之虚濡特甚，此汗出过多，而心阳受伤也。仲景云：发汗过多，病人叉手自冒心，心下悸者，桂枝甘草汤主之。与一剂良已。[《马元仪医案》]

按： 本案患者病经一月，两脉浮虚，自汗恶风，始用黄芪建中汤健中气以温卫实表。汗为心液，汗出过多，则心液伤而喜按，故见叉手自冒心间。悸，心动也，悸自内生，心虚之故也。桂枝甘草汤中桂枝辛温色赤，入心而益阳，配伍炙甘草补虚益气，药少而力专，一剂即可见效。

【析拓】外感之邪从表而入。肌表因气而固，外邪不能入。气虚则卫外不固，不耐风寒。感受风寒，则汗出恶寒等。益气固表法通过补气以固表为主，同时解散风寒，适用于素体气虚、易感风寒，或者外感发汗过度、表卫受伐者。该法在反复发作上呼吸道疾病、皮肤病、慢性消耗性疾病、病后恢复期、免疫功能低下的临床诊治中运用广泛。据临床报道，可用益气固表法治疗小儿鼻衄、变应性鼻炎、顽固性荨麻疹、小儿反复上呼吸道感染、寻常型银屑病、咳嗽变异性哮喘缓解期，均疗效显著。

◎ 其他扶正解表类

扶正解表法

《杂病源流犀烛》："病非一日，正气已虚，邪气已深，急攻其邪，必更伤正。治疗必须时时顾护正气，攻伐宜缓，以扶正达邪，所以不可不渐。"正气虚又复感外邪，仅解表，药力虽行但正气不足，病邪滞留。扶正解表法是扶正与解表共施，在解表祛邪的同时调动机体正气，适用于正气不足之人外感表邪的治疗。对流行性传染病、正虚感邪的呼吸系统疾病的治疗有一定的借鉴作用。据临床报道，可用扶正解表法治疗脆弱人群流感、新型冠状病毒感染、咳嗽变异性哮喘、小儿长期发热风寒束表证、肺癌胸痛，均取得很好的疗效。研究表明，扶正解表法可减轻肺炎小鼠的肺损伤，其作用机制可能与抑制炎性细胞因子IL-1β、IL-6、TNF-α释放，影响线粒体自噬蛋白的表达有关。

益气解表法

也称为补气解表法。《名医类案》："虞恒德治二男子，年皆逾四十五，各得痎疟三年矣，俱发于寅申巳亥日，一人昼发于巳而退于申，一人夜发于亥而退于寅。虞曰：昼发者，乃阴中之阳病，宜补气解表，与小柴胡汤倍加柴胡、人参，加白术、川芎、葛根、陈皮、青皮、苍术。夜发者，为阴中之阴病，宜补血疏肝，用小柴胡合四物加青皮，各与十贴，教其加姜枣煎，于未发前二时服，每日一贴，服至八贴，同日得大汗而愈。"益气解表法的代表方人参败毒散，由柴胡、前胡、川芎、枳壳、羌活、独活、茯苓、桔梗、人参、甘草、薄荷、生姜组成。也可用活人败毒散，可治疗时疫、痢疾。据临床报道，可用益气解表法治疗小儿感冒、急性播散性脑脊髓炎恢复期的气虚邪恋证、慢性阻塞性肺疾病、新型冠状病毒感染无症状或轻症患者、肺气不足型成人病毒性心肌炎。研究表明，参苏饮益气解表可提高16HBE hBD-2蛋白的表达，为解决呼吸道感染和细菌耐药提供了新思路。

助阳解表法

《医学源流论》："气虚而感者当益气解表，血虚而感者当养血解表，阴虚复感外邪者当滋阴解表，阳虚复感外邪者当助阳解表。由于体质差异，同一感冒，治此则效，治彼则不效，故应因人制宜。"《伤寒溯源集》："麻黄发太阳之汗，以解其在表之寒邪；以附子温少阴之里，以补其命门之真阳；又以细辛之气温味辛，专走少阴者，以助其辛温发散。三者合用补散兼施，虽发微汗无损于阳气矣。"阳气虚弱，又感受外邪，须助阳、解表两法一同使用。用于治疗阳虚感寒型外感，常见于心血管疾病、急性或慢性呼吸系统疾病、泌尿系统疾病等患者发生的外感病。据临床报道，可用助阳解表法治疗慢性心律失常、中风、头痛、阳虚型慢性肾炎、肺癌疼痛、新型冠状病毒感染轻症反复发热，均取得良好疗效。研究表明，助阳解表法结合西药治疗咳嗽变异性哮喘患儿效果更好，能够有效改善患儿临床症状，使嗜酸粒细胞（EOS）、IgE恢复至正常水平，值得推广。

第八节　表里双解类

主要用于表证未解，兼见里证，或内有宿疾，复感外邪，出现表里证并见的证候的治法，归入表里双解类治法。

表里同病因表证与里证的不同而病变各异，表里同病者，单用解表之法或仅治其里，均难以奏效，往往需要表里同治。临床治疗过程中要注意辨别表里寒、热、虚、实属性的不同，根据具体证型选择适宜的治法。

《医方集解》云："病在表者，宜汗宜散；病在里者，宜攻宜清。"凡表证未除，里证又急者，可用表里双解法；表证兼见里实证，可用解表通里法；少阳病多兼表兼里，治宜和解表里法。

临床使用表里双解法须注意以下几点：一是必须满足既有邪气在表，而里证又急之证候；二是分清表证及里证的主次，仔细辨别寒、热、虚、实属性的不同，选择适宜的药物及配伍比例，以免太过或不及。

表里双解法

【出处】《景岳全书》："若瘟疫内外俱有实邪，大便不通，当表里双解者，防风通圣散。若瘟疫病八九日不退，而发斑发黄。但脉不虚不浮紧，而腹见痞满者，率可以承气、五苓合服而下之。"

【溯源】《伤寒论·辨太阳病脉证并治》："太阳病，过经十余日，反二三下之，后四五日，柴胡证仍在者，先与小柴胡汤。呕不止，心下急，郁郁微烦者，为未解也，与大柴胡汤，下之则愈。"

【释义】《广瘟疫论》："寒热并用之谓和，补泻合剂之谓和，表里双解之谓和，平其亢厉之谓和。所谓寒热并用者，因时疫之热夹有他邪之寒，故用此法以和之也。所谓表里双解者，因疫邪既有表证，复有里证，故用此法以和之。"

【例案】徐男，恶寒发热，三日后更见腹痛泄泻，喻氏逆流挽舟之法，本为下痢夹表而设，其实治泄泻亦可用。荆芥钱半、防风钱半、葛根钱半、柴胡钱半、升麻八分、羌活三钱、白芷钱半、桔梗一钱、枳实炭三钱、大腹皮三钱、神曲三钱、煨姜二片、山楂末三钱，分二次吞。[《章次公医案》]

按：此风寒外束，寒湿内蕴之证，方中羌、防、柴、葛既可解表，又能燥湿升提，所谓"鼓舞胃气上腾，则泄下自止"。此泄泻、痢疾初起兼表里之症者有效之方。泄泻表证乃里病所致，治其里则表自解，即所谓表里兼治。

【析拓】表里双解法为表里俱实之证而设，通过发散的方法使得表邪有出路、从汗而解；同时通过清泄肺胃、清热利湿、泄热通腑等，使得里邪从二便分消。此为表里、气血、三焦通治之法，使得上下分消、表里兼治。在内分泌疾病、皮肤病、外感疾病、呼吸系统疾病、免疫系统疾病的临床诊治中应用广泛。据临床报道，可用表里双解法治疗肥胖症、早期寻常型银屑病、病毒性外感热病、哮喘、小儿外感高热、急性湿疹，均有良效。

逆流挽舟法

【出处】《医门法律》："失于表者，外邪但从里出，不死不休，故虽百日之远，仍用逆流挽舟之法，引其邪而出之于外，则死证可活，危证可安。"

【溯源】《伤寒论·辨太阳病脉证并治》："太阳与阳明合病者，必自下利，葛根汤主之。"明确提出运用葛根汤治疗太阳阳明合病的下利，太阳表邪不解内传阳明，影响了胃肠分清别浊的功能，大肠传导失司而出现下利。体现了祛邪外出的治法，是开逆流挽舟法之先河。

【释义】《温病条辨》："此证乃内伤水谷之酿湿，外受时令之风湿，中气本自不足之人，又气为湿伤，内外俱急。立方之法，以人参为君，坐镇中州，为督战之帅；以二活、二胡合芎从半表半里之际，领邪出外，喻氏所谓逆流挽舟者此也；以枳壳宣中焦之气，茯苓渗中焦之湿，以桔梗开肺与大肠之痹，甘草和合诸药，乃陷者举之之法，不治痢而治致痢之源，痢之初起，憎寒壮热者，非此不可也。"

【例案】魏光祖，年逾四十三，住二道桥。病名：伤寒夹痢。原因：内受湿热积滞，外感风寒而发。证候：恶寒发热，下痢腹痛。诊断：脉左右皆弦大，舌苔黄白相兼。夫弦则为风，大则病进，脉证合参，此即俗称伤寒带痢疾也。由外来寒邪入足太阳膀胱，而传足少阳胆，引动胃肠湿热，由足太阴脾而伤足厥阴肝，以致寒热之中，发生下痢腹痛。疗法：用柴胡、葛根、桂枝达表为君，臣黄芩、黄连、当归、白芍、川芎达里和营，佐以枳、桔开肺，使以羌、独搜肝，乃喻嘉言逆流挽舟法。处方：川柴胡（一钱），生白芍（四钱），羌活（五分），黄芩（八分），独活（五分），生葛根（一钱），川芎（八分），枳壳（一钱），黄连（四分），茯苓（钱半），川桂枝（一钱），油当归（钱半），桔梗（八分），甘草（四分）。效果：两剂热退痢止，诸病如失。[《全国名医验案类编》]

按：喻嘉言首创"逆流挽舟"法，用活人败毒散治疗痢疾初起有恶寒等表证或虽失表于初而"不日之远"，表寒证仍在者。本案患痢，邪入足太阳膀胱，传足少阳胆经，再深入足太阴脾经，并伤及足厥阴肝。因寒湿困脾日久，气虚下陷，清阳不升，以风药升阳举陷，兼化表湿，尤其羌活、独活祛风散寒，通治一身上下之风寒湿邪；枳壳、桔梗升降相合，宽胸利气；甘草、茯苓扶助正气以鼓邪外出，使得祛邪不伤正，并可防邪复入。

【析拓】逆流挽舟法以透散表邪、舒畅里滞，使入里之表邪外出而解，达到透邪外出之目的。用解表风药升阳达表，鼓舞脾气生发；风气通于肝，风药畅达肝气；风能胜湿，不仅能散外湿，还能化内湿。此类药共性为气味俱薄或气厚味薄，有升散外达、引邪出表之功，正邪兼顾，内外同调。不单是痢疾，其他外感邪气由表入里，或里邪不解伴气机下陷所成之疾患，皆可参用此法。据临床报道，用逆流挽舟法治疗肾病、慢性重型肝炎、更年期诸症、咳嗽变异性哮喘、溃疡性结肠炎，均获得较好疗效。研究表明，逆流挽舟法能减少腹泻次数，减轻腹痛等症状，并改善脱水貌、肠鸣音等体征，同时改善CRP、IL-6等炎性指标。

◎ 其他表里双解类

和解表里法

《伤寒明理论》："三者皆合病下利，一者发表，一者攻里，一者和解，所以不同者，盖六经以太阳阳明为表，少阳太阴为在半表半里，少阴厥阴为在里。太阳阳明合病，为在表者也，虽曰下利，必发散经中邪气而后已，故与葛根汤以汗之；太阳与少阳合病，为在半表半里者也，虽曰下利，必和解表里之邪而后已，故与黄芩汤以散之；阳明少阴合病，为少阳邪气入府者也，虽曰下利，必逐去胃中之实而后已，故与承气汤以下之。是三者所以有异也。"和解表里法使用具有解散太阳表邪与调和少阳半表半里之邪的药物，治疗太阳与少阳同病。如柴胡桂枝汤，为少阳、太阳表里双解之轻剂，取小柴胡汤、桂枝汤各半量合剂制成。桂枝汤调和营卫、解肌辛散，以治太阳之表；小柴胡汤和解少阳，宣展枢机，以治半表半里。和法的应用原则应是补虚之中兼达其邪，常用于疾病初期的体虚感邪及疾病中后期的正邪相持或虚中夹实阶段。据临床报道，用和解表里法治疗妇科病、肾脏疾病、儿童病毒性肺炎，皆收获良效。也可用清热透邪、和解表里法治疗胆囊炎；用柴胡桂枝汤治疗病毒性感冒、肠伤寒、高热不退等疾病。

解表通里法

《医宗金鉴》："此证初宜九味羌活汤，如热盛者，以双解通圣汤治之。服此药后，已汗下不解而传经者，用柴葛解肌汤；兼里证者，用大柴胡汤以解表通里。因证施治，庶不致误。"太阳主表。外邪入侵，太阳首当其冲。太阳受邪，出现发热、恶寒等外感表证。外感表邪不解，化热循经入阳明，可出现腑气不通的里实热证，适用解表通里治法，使表邪外解、同时通降阳明以排泄内蕴之热毒，使邪气表里分消。据临床报道，可用解表通里法治疗小儿发热、肥胖型2型糖尿病、脂溢性皮炎、慢性阻塞性肺疾病、急性恶性梗阻性黄疸。研究表明，解表通里法能够显著改善2型糖尿病模型大鼠的糖脂代谢、改善胰岛素抵抗和肝脏组织病理改变，其具体机制可能与加味大柴胡汤上调2型糖尿病模型大鼠肝脏组织中IRS-2/PI3K-Akt信号通路关键分子的表达有关。

第九章
温病治法

温病治法是在温病辨证理论指导下，明确病因病机，选用相应的方药，用于治疗卫气营血及三焦所属脏腑的功能失调及实质损害的方法。

卫气营血原指四种不同的物质和功能单位的生理概念，如《灵枢·本脏》说"卫气者，所以温分肉，充皮肤，肥腠理，司开合者也"，《灵枢·邪客》说"营气者，泌其津液，注之于脉，化以为血，以荣四末，内注五脏六腑"。由于温邪的侵袭，在温病的病理演变过程中表现为人体的卫气营血和三焦所属的脏腑的功能失调和实质损害。在病情发展中，易使机体气津或气血功能紊乱，脏腑组织发生特异性损害，形成气郁、痰生、血瘀、正虚等病理变化。

温病治法的确定，一般遵循以下原则：一是根据温病的病因确立的治法。如风热病邪用疏风泄热法，湿热病邪用清热化湿法，暑热病邪用透热清暑法，燥热病邪用疏卫润燥法等。同时，在温病发病过程中又会形成各种病理产物，如热毒、瘀血、痰饮、积滞等，针对这些病邪也要采用清热解毒、通瘀破结、化痰逐饮，消导积滞等相应的治法。二是根据温病不同病变阶段和不同病变部位的证候及相应病机采取相应的治法。如气营同病采用气营两清法，气血同病采用气血两清法，营分证采用清营泄热法，气分证采用清气热法等。三是指根据温病病变过程中出现的症状确立相应的治法，如发疹采用透疹法，发斑采用透斑法，虚脱采用固脱救逆法等。四是根据病变的不同阶段特点采用不同性味的药物确立的治法，如咸寒苦甘法、辛凉苦甘复辛温法、辛开苦泄法、辛宣淡渗法等。

应用温病治法要注意以下几个方面：一是注意患者的体质因素，辨体施治。如使用清热之法，药物多寒凉，若患者为阳虚体质，过用寒凉，则易损伤阳气，因此用清凉只能到十之六七。同样，若患者为阴虚火旺体质，服药后即使热退身凉，也要防止炉烟虽熄，灰中有火。若确有余热，应继用清凉，祛邪务尽。二是注意兼顾治疗兼证，对患者有兼夹证者，在辨证论治基础上配合相应的治疗方法。三是注意辨证与辨病的结合，以提高临床疗效。

本章主要涉及卫气营血及三焦所属脏腑功能失调及实质损害的治法，包括疏卫类治法、清气类治法、清营类治法、凉血散血类治法、三焦类治法、解暑类治法、祛湿化浊类治法、透邪达邪类治法、清解里热类治法、养阴增液类治法、固脱类治法、通下救阴类治法等。至于开窍、息风等治法，则分见于其他相关章节。

第一节　疏卫类

主要用于疏解卫分表邪，以恢复卫气功能的治法，归入疏卫类治法。

卫气的生理功能包括护卫肌表，防御外邪入侵，温养脏腑、肌腠、皮毛等，并通过调节腠理开合和汗液的排泄，以维持体温的相对恒定。

疏卫类治法通过疏解卫分以散表邪、开其郁、宣通卫阳，恢复腠理的开合功能，使汗出恢复正常，阳气得以输布，进而使体温恢复正常。本类治法主要用辛凉清解之剂，辛能宣郁，凉可清热，轻清居上，清解肺卫热邪，邪祛卫疏，疾病向愈。疏卫类治法包括疏表润燥法、疏卫润燥法、疏风泄热法等。

本类治法多为温病初期采用的治法。温邪在卫，当用疏卫类治法，但临床应用疏卫类治法，切不可以解表求汗而用辛温，否则伤津损液不利于疾病的康复。同时也不可过用凉药闭其腠理。

疏表润燥法

【出处】《中医方法全书》：疏表润燥法：用辛散性润之品以疏解在表燥邪的治疗方法。

【溯源】《温病条辨》："秋感燥气，右脉数大，伤手太阴气分者，桑杏汤主之。""燥伤本脏，头微痛，恶寒，咳嗽稀痰，鼻塞，嗌塞，脉弦，无汗，杏苏散主之。"

【释义】《中医方法全书》：疏表润燥法适用于各种燥邪在表之证。因燥有凉燥、温燥之异，故本法又分为辛开温润和辛凉甘润两种。前者宣肺疏表，温润化痰，适用于深秋外感风寒燥邪之凉燥；后者辛凉宣透，甘润肺津，适用于初秋外感温热燥邪之温燥。秋感燥气，侵袭肺卫而见发热，微恶风寒，头痛，少汗，咳嗽少痰，咽干鼻塞，口渴，苔白舌红，右脉数大。用桑杏汤辛凉甘润，轻透肺卫。方中桑、豉、栀皮轻宣泄热，杏仁、象贝宣肺化痰，沙参、梨皮养肺润燥，以使邪去而不伤津，润燥而不碍表邪，共奏疏表润燥之功。若证情尚轻，可用桑菊饮轻透肺卫之邪。

【例案】气分热，某，脉右数大，议清气分中燥热。桑叶，杏仁，大沙参，象贝母，香豉，黑栀皮。[《临证指南医案》]

按：患者右脉数大，为有肺热。本案在症状上只记录了脉右数大，根据叶氏言肺有燥热可以推测患者有发热，咳嗽，口微渴，苔欠润。方中桑叶轻宣肺热；杏仁宣肺止咳；豆豉透邪外出助桑叶轻宣透热；贝母清热化痰，助杏仁止咳化痰；沙参养阴生津，润肺止咳；栀子皮质轻而入上焦，清泄肺热。全方共奏辛宣凉润，止咳化痰之功。

【析拓】疏表润燥法是针对燥热邪气，郁于肺卫而设，用具有辛凉甘寒、清润、疏解卫分燥热、润燥生津作用的方药以清宣表邪、润肺生津。疏表润燥法用于治疗中医病症如咳嗽、哮病、喘病、肺胀、肺痈等，现代医学多用于呼吸系统疾病的治疗。据临床报道，可用疏表润燥法治疗扁桃体炎、新型冠状病毒感染、鼻咽炎、荨麻疹等，均有疗效。

◎ 其他疏卫类

疏卫润燥法

《传染病防治技术临床培训教案》："疏卫润燥用辛宣甘润之品，解除卫表燥邪，适用于秋燥初起、邪在肺卫的证候。"《医方集解》："燥在外则皮肤皲揭，在内则津少烦渴，在上则咽焦鼻干，在下则肠枯便秘，在手足则痿弱无力，在脉则细涩而微，皆阴血为火热所伤也。治宜甘寒滋润之剂，甘能生血，寒能胜热。润能去燥，使金旺而水生，则火平而燥退矣。"疏卫润燥法为秋燥证常用治法之一，多用于治疗燥热病邪所致咳嗽。代表方为桑杏汤。据临床报道，可用疏卫润燥法预防全身麻醉术后气管插管致口干咽痛、高原小儿支原体肺炎。用疏卫润燥法治疗干燥综合征、亚急性甲状腺炎，均取得了较好的效果。研究发现，疏卫润燥法可使小鼠气管上皮化生、纤毛缺损与黏膜腺体化生减轻，呼吸膜平均厚度降低，肺泡灌洗液黏多糖、无机磷、α-1抗胰蛋白酶、IL-10水平增高，NE、血小板激活因子水平下降，肺组织AQP5 mRNA和蛋白表达升高。

第二节　清气类

主要用于清解气分热邪的治法，归入清气类治法。

气的生理功能包括推动生长、生殖及脏腑、经络的生理活动，促进津血的生成、运行，温煦机体及组织器官，防御和抵抗各种邪气，固摄精、血、津液，维持脏腑器官位置，气化津液、精、血。

清气治法通过以下几个方面来恢复气的功能：一是用辛凉或辛寒之品清解气分邪热，如辛寒清气法、辛凉清气法。二是通过清解气热达到泄热保津的作用。三是用轻清之品以透泄热邪，宣畅气机，如轻清宣气法。

因气分证病变部位较广泛，涉及脏腑较多，证候复杂。因此，在运用清气法时要多与其他治法配合。如果是卫分证，不能过早使用清气法。因为热邪在表不在里，过早使用寒凉药容易损伤阳气，遏阻气机，反而使邪气凝滞不解。

清气法

【出处】《温热经纬》："所谓清气者，但宜展气化以轻清，如栀、芩、蒌、苇等味是也。"

【溯源】《素问·阴阳应象大论》："因其轻而扬之。"

【释义】常用的清气法可以分为清轻宣气、清气泄热、苦寒泻火等。

【例案】吴荄山治一妇，患淋数而疼痛，身烦躁。医以热淋治之，用八正散、莲子饮，服之愈剧。吴诊脉沉数无力，知气与火转郁于小肠故也。遂与木通、麦槁节、车前子、淡竹叶、麦冬、灯心、甘草梢、腹皮之类，服之而安。[《古今医案按》]

按：该患虽有淋数而疼痛，身烦躁等热证，然脉沉数无力，反用大黄、栀、芩味厚苦寒之药，寒极伤气，气中有热，当行清凉薄剂，木通、麦槁节、车前子、淡竹叶、麦冬、灯心、甘草梢、腹皮，用之获效。

【析拓】清气法是指应用轻清凉润之清凉薄剂，治疗热郁气分但热毒不盛者。多用于治疗热郁气分的外感咳嗽、发热、咽痛、皮疹，也可用于热郁膀胱、热在胃肠的气分证。如气分热盛、热化成毒，则非清气法可治，而当予大苦大寒之膏、知之类清热解毒、泄热存津。据临床报道，可用清气法治疗重症肺炎、支气管扩张、小儿疱疹性咽峡炎、呼吸道感染。研究发现，清气法可通过下调TLR4的表达调节小鼠的免疫应答，下调TNF-α、IL-4、IL-5、IL-13的表达或含量，减轻哮喘小鼠的气道炎症反应，通过下调MUC5AC的表达控制哮喘小鼠气道黏液过度分泌。

◎ 其他清气类

清气分热法

《类证治裁》："王氏七旬有三，风温伤肺，头晕目瞑，舌缩无津，身痛肢厥，口干不饮，昏昧鼻鼾，语言难出，寸脉大，症属痰热阻窍。先清气分热邪，杏仁、象贝、羚角、花粉、嫩桑叶、竹茹、山栀，一服症减肢和；但舌心黑而尖绛，乃心胃火燔，惧其入营劫液，用鲜生地、犀角汁、元参、丹皮、麦冬、阿胶、蔗浆、梨汁。三服舌润神苏，身凉脉静；但大便未通，不嗜粥饮，乃灼热伤阴，津液未复，继与调养胃阴，兼佐醒脾，旬日霍然。"《温热论》"到气才可清气"，也可进一步溯源《黄帝内经》"热者寒之"。清气分热法常用于治疗感染性疾病，如大叶性肺炎、流行性乙型脑炎，流行性出血热、牙龈炎、小儿夏季热、糖尿病、风湿性关节炎等属气分热盛者。清气分热法通过清解气分热邪，达到清热除烦、泄热存津、生津止渴等作用。据临床报道，可用清气分热法治疗脓毒症、原发性肝癌、流行性出血热少尿肾衰竭、疱疹性咽峡炎、急性化脓性扁桃体炎。

轻清宣气法

《六因条辨》："白瘖既见，随汗出没，舌赤少苔，脉数，不饥不食，轻旬不退，此胃虚邪恋。宜用佩兰叶、谷芽、杏仁、霍山斛、麦冬、川贝、豆卷、通草、枇杷叶、藿香叶等味，轻清宣气也。"《温热经纬》："凡气中有热者，当用清凉薄剂。""用药极轻平淡者，取效更捷。"轻清宣气法常在上焦证中应用，包括咳嗽、咽炎、痤疮、呃逆、不寐等。该治法通过轻清泄热，宣郁透邪以宣畅气机。据临床报道，可用轻清宣气法治疗流行性脑脊髓膜炎卫分型、新型冠状病毒感染中期、外感咳嗽、甲型H1N1流感、急性发热。

辛寒清气法

《赵绍琴亲传医学全集》："辛寒清气法是用辛寒之品大清气热，以透热外达的治法。本法清热之力较强，但作用仍在透达邪热，故主用辛寒解肌之品，有退热、生津、除烦、止渴之效，适用于阳明气分邪热亢盛之证。"《温热论笺正》："在卫汗之可也，到气才可清气，入营犹可透热转气，如犀角、玄参、羚羊角等物。入血就恐耗血动血，直须凉血散血，如生地、丹皮、阿胶、赤芍等物。否则前后不循缓急之法，虑其动手便错，反致慌张矣。"辛寒清气法、清气分热法都属清解气热法，都具有解除气分无形邪热的作用。辛寒清气法，辛可透邪，寒能清热，用于阳明气分热势浮盛者；清气分热法适用范围更为广泛，热邪在气分者均为其适应证。辛寒清气法不仅可以治疗温病气分证，而且可以广泛地用于治疗各科杂病属肺胃火热伤津证。该法多以性味辛寒的石膏为主组方，可清气分邪热。据临床报道，可用辛寒清气法治疗外感发热、流行性乙型脑炎、肺炎、小儿夏季热。研究发现，该法可以降低体温及 CRP、血清淀粉样蛋白A（SAA）、降钙素原（PCT）水平，从而发挥疗效。

辛凉清气法

《本草述》："若寒自下受之，郁久而化热，郁热上行归于此经，以致巅顶痛者，则不可恃此，宜以辛凉清气分之火为主，佐以风药，入兹味为引经，并借温散以责其本，是为不可无耳。"《伤暑全书》："暑病首用辛凉，继用甘寒，终用甘酸敛津，不必用下。"辛凉清气法与辛寒清气法均可透解邪热，大清气分。辛寒清气法以辛寒或寒凉药物为主，辛凉清气法以辛凉药物为主。因此，前者适用于气分热邪更炽盛者，后者多用于治疗发热性疾病。辛凉清气法用味辛性凉之品清除气分之邪。据临床报道，可用辛凉清气法治疗社区获得性肺炎、猩红热、流行性乙型脑炎、流行性感冒、出疹性疾病。

第三节　清营类

主要用于祛除营分邪热，以恢复营分的功能的治法，归入清营类治法。

营分的生理功能：营气是由饮食、水谷，通过脾胃消化并吸收其中精微，化生而成，营气可注于脉中，化生为血液，成为生命活动能量的来源，同时对全身脏腑组织、四肢百骸具有重要的营养作用。

清营类治法通过以下几个方面来恢复营分的功能：一是通过清泄营热，透邪外达，使热退则功能恢复，如清营泄热法。二是通过清解暑热，和解少阳以祛暑截疟，如清营截疟法。三是清营分热，并使疹外透，如清营透疹法。四是清解营分热毒，如清营解毒法。

临床应用清营类治法，应注意热在气分而未入营分者不可早用。营分病变兼有湿邪者，应慎用本治法。影响厥阴者，常与开窍法、息风法合用。

清营泄热法

【出处】《温热逢源》："又有一种烂喉丹痧，此于伏温之中，兼有时行疫毒。发热一二日，头面胸前，稍有痧疹见形，而喉中已糜烂矣。此证小儿居多，其病之急者，一二日即见坏证。如面色青晦，痰塞音哑，气急腹硬，种种恶候，转瞬即来，见此者多致不救。此等急症，初起即宜大剂清营解毒，庶可挽回万一。若稍涉迟延，鞭长莫及矣。鲜生地为此证清营泄热必用之药。欲兼疏散之意，重则用豆豉同打，轻则用薄荷叶同打，均可。丹皮清血中伏热，且味辛主散，炒黑用之最合。银花清营化毒，元参清咽滋水，均为此症必要之药。"

【溯源】《温热论》："入营犹可透热转气。"

【释义】《中医方法全书》：清营泄热是清除热性病的营分热邪的方法。热邪入于营分，症状以高热烦躁为主，夜里睡眠不安、舌绛而干，脉细数，口渴不厉害，用清营汤（犀角、生地、元参、竹叶、麦冬、丹参、黄连、金银花、连翘）。

【例案】顾，饮酒又能纳谷，是内风主乎消烁。当春尽夏初，阳气弛张，遂致偏中于右。

诊脉左弦且坚。肌腠隐约斑点，面色光亮而赤，舌苔灰黄，其中必夹伏温邪，所怕内闭神昏。治法以清络宣窍，勿以攻风劫痰，扶助温邪。平定廓清，冀其带病久延而已。犀角、生地、玄参、连翘心、郁金、小青叶、竹叶心、石菖蒲。[《临证指南医案》]

按：该患者由于饮食和饮酒，热邪内蕴生风，消烁阴液，逢春尽夏初阳气转盛，脉见左弦且坚，提示热邪亢盛，木火旺，热入营分而迫血妄行则见肌腠隐约斑点。面色光亮而赤，舌苔灰黄为温邪发于营分，波及气分。方以清营汤加减。方中犀角苦、咸、寒，清解营分之热毒；生地黄清热凉血养阴，玄参滋阴降火解毒，二者既可甘寒养阴保津，又可清营凉血解毒；连翘心清热解毒，轻清透泄；竹叶心清心除烦，兼清阳明胃热；郁金清热凉血，活血散瘀，可防热与血结，深陷血分；石菖蒲开窍化痰，防止神窍内闭；小青叶，苦寒凉血清热，透疹祛斑。诸药相伍共奏清营养阴透热、宣络防闭之功。

【析拓】清营泄热法多用于治疗热在营分所致的病症，尤其兼神志异常者。通过清解营分邪热药物，伍以轻清透泄之品，使营分邪热从气分外出而解。也用于热在营分的非发热性疾病的辨证治疗。据临床报道，可用清营泄热法治疗脱疽、温热病昏迷、神经症、类风湿性关节炎、放射性膀胱损伤、鼻咽癌放疗后，均获得良效。

◎ 其他清营类

清营捍疟法

《时病论》："暑疟者多因长夏纳凉，感受阴暑，暑汗不出，则邪遂伏于内，直待秋来，加冒凉气而发。先贤云：暑气内伏者，阴气也；秋凉外束者，阴邪也；新邪与卫气并居，则内合伏暑，故阴阳相搏而疟作矣。其证恶寒壮热，口渴引饮，脉来弦象，或洪或软，或着衣则烦，去衣则凛，肌肤无汗，必待汗出淋漓而热始退。治宜清营捍疟法治之，如渴甚者，麦冬、花粉佐之。凡疟连日而发者则病浅，间日而发者则病深，间二日而发者则愈深矣。渐早为轻，因正气胜而外出；渐晚为重，因邪气胜而内入。初起多实，宜以祛邪为先；患久多虚，宜以养正为主。医者须分浅深轻重虚实新久而治之，则庶几投剂有效耳。"据临床报道，清营捍疟法主治暑疟、伏暑类疟、暑入心营等。该治法通过清解暑热，和解少阳以祛暑截疟。

清营解毒法

《疡科心得集》："胃脘痈者，生于中脘穴。有外痈，有内痈。外痈在皮里膜外，初起漫肿，渐渐焮红成脓。此由平素醇酒厚味，湿热积聚，脾阳失运，凝滞气血而发；或因伤寒结胸，腑气虽通，脾肺气虚，不能升降，以致湿浊混淆，留滞不散，营卫失和而结。治当利其湿热，开提肺气，扶助脾胃，清营解毒，庶能消散。"清营解毒法与清营透疹法均可治疗热入营分，但清营透疹法更适用于热在营分导致的发疹，多选用清营热与透疹药物；清营解毒法治疗营分证兼气分热毒较显著，除选用清营热药物，尚须重用清热解毒药物。清营解毒法可用于治疗猩红热、乙型肝炎等急性传染病或肺炎等非传染性疾病见高热不退者。本治法也可治疗过敏性紫癜，以及面部激素依赖性皮炎等皮肤疾病。据临床报道，用清营解毒法治疗癌性发热等有效。

清营透疹法

《朱涛如临床治验》："身热不恶寒，外发红疹，鼻衄或咽痛，心烦少寐，乃上焦气营同病，舌红苔微黄，治用银翘散去荆芥加生地四钱、元参三钱、丹皮一钱半，宣肺解热，清营透疹。清营透疹是通过清热凉营、清除营分之邪热，使疹子从里向外透达，以起到透疹作用的治法。"《温病条辨》："太阴温病，不可发汗，发汗而汗不出者，必发斑、疹；汗出过多者，必神昏谵语。发斑者，化斑汤主之；发疹者，银翘散去豆豉，加细生地、丹皮、大青叶、倍元参主之，禁升麻、柴胡、当归、防风、羌活、白芷、葛根、三春柳。"清营透疹法是清营泄热结合宣肺透疹以清营分之热，并使疹外出的治疗方法，多用于治疗热性病兼皮疹隐隐者。该法亦可用于Graves病、产后发热、麻疹等疾病的治疗。据临床报道，可用清营透疹法治疗毒性红斑等疾病。

气营两清法

《中医病机治法学》："气营两清是根据气营两燔拟定的治法。"《六因条辨》："伤暑热甚，口渴，舌黄尖绛，斑疹隐隐，神昏谵语，此气分不解，而热渐入营。……此条气分不解，渐入营分者。以肺主气，心主血，故口渴舌黄为气热，尖绛昏谵斑现，为营分受灼，若不两清，病必不解。故用沙参、连翘、元参、花粉、石斛清气热，鲜生地、羚角、菖蒲、郁金、牛黄丸以透营邪也。"气营两清法通过清热解毒、凉营养阴，治疗气营同病。气营两清法与清营泄热法均为清热疗法，但气营两清法用于温病过程中邪已入营而气分热毒未解的气营两燔证，所以气营两清法的适应证可伴见壮热、汗出、口渴、苔黄、脉洪大等气分热炽的见证。从用药来看，气营两清法为清气分热与清营分热药合用，二者并重；而清营泄热法在清营养阴的同时佐用少量轻清透泄之品，意在使气机得以展布，发挥透热转气的作用。气营两清法多用于治疗外感及某些内伤杂病导致的发热，亦可用于系统性红斑狼疮、全身炎症反应综合征的治疗。据临床报道，可用气营两清法治疗白血病发热、重度带状疱疹病毒性脑膜炎、小儿全身炎症反应综合征、老年外感高热等，均取得满意疗效。

第四节　凉血散血类

主要用于祛除血分热邪，以解除邪热对血液的煎灼的治法，归入凉血散血类治法。

血循行于脉内，由心所主、肝所藏。血循脉道，在心的推动下运行全身，以滋养全身组织器官。如热伤血分，影响心主血、肝藏血的功能，血行失常，临床可出现多种疾病之证候。

凉血散血类法通过以下几个方面来恢复血的功能：一是通过清泄血分热邪，使热退则血的功能恢复，如清热凉血法。二是使血分有热而运行过速的血恢复正常运行，以避免血行过速而造成出血，如凉血散血法、凉血止血法。三是通过泻下逐瘀及活血破结，以破散逐除下焦蓄结瘀血，如通瘀破结法。

临床应用凉血散血类治法时应注意：热在气营而未入血分者不可早用；血分病变兼夹有湿邪者，应慎用本法；热在血分，若影响厥阴经，出现闭窍、动风者，须配合运用开窍法、息风法。

凉血散血法

【出处】《温热论》："入血就恐耗血动血，直须凉血散血，如生地、丹皮、阿胶、赤芍等物。"

【溯源】《景岳全书》："火盛逼血妄行者，或上或下，必有火脉火证可据，乃可以清火为先，火清而血自安矣；宜芩、连、知、柏、玄参、犀角、生地、芍药之属，择而用之。"进一步溯源《素问·六元正纪大论》："热至则生热……血溢血泄之病生矣。"

【释义】《温病条辨集注与新论》："邪在血分，瘀血溢于肠间，血色久瘀则黑，血性柔润，故大便黑而易也。犀角味咸，入下焦血分以清热，地黄去积聚而补阴，赤芍去恶血生新血，丹皮泻血中伏火，蓄血自得下行，故用此轻剂以润之也。"《医宗金鉴》："热伤阳络则吐衄；热伤阴络则下血，是汤治热伤也。故用犀角清心，去火之本；生地凉血，以生新血；白芍敛血，止血妄行；丹皮破血，以逐其瘀。此方虽曰清火，而实滋阴；虽曰止血，而实去瘀。瘀去新生，阴滋火熄，可为探本穷源之法也。"

【例案】两手脉芤，两头则有，中间全无而虚曰芤。血至胸中，或衄血、吐血，犀角地黄汤主之。[《证治准绳》]

> 按：该患衄血、吐血为出血见证，两手脉芤，为血出之脉象，故以犀角地黄汤凉血止血。《活人》易老云：（犀角地黄汤）此药为最胜。犀角（如无以升麻代之），芍药，生地黄，牡丹皮。上咀，水煎服。《证治准绳》：热多者，加黄芩。脉大来迟，腹不满，自言满者，无热也，不用黄芩。升麻与犀角性味主治不同，以升麻代之，以是知引入阳也，治疮疹太盛。如元虚人，以黄芩芍药汤主之。（黄芩芍药汤，用黄芩、芍药、甘草。一方，加生姜、黄芪，治虚家不能饮食，衄血吐血。）

【析拓】凉血散血法是治疗多部位、多窍道出血的重要治法，包括过敏性紫癜、血小板减少症、肾性血尿等。该治法通过凉血养阴、活血散血，以直清血分热毒，消散血络瘀滞，滋养耗伤之阴血。据临床报道，可用凉血散血法治疗不同类型过敏性紫癜、胸痹、肝衰竭、癌性发热、热痹，均取得了较好效果。

清热凉血法

【出处】《仁斋直指方论》："香谷丸、芎归丸疗痔而清热凉血，槐角丸、乌王丸治漏而散湿补虚。"

【溯源】《灵枢·五变》："其心刚，刚则多怒，怒则气上逆，胸中蓄积，血气逆留，膲皮充肌，血脉不行，转而为热……"

【释义】《女科经纶》："血属阴，静则循经荣内，动则错经妄行。故七情过极，则五志亢甚，经血暴下，久而不止，谓之崩中。治法，初用止血，以塞其流；中用清热凉血，以澄其源；末用补血，以复其旧。若止塞其流，不澄其源，则滔天之势不能遏。若止澄其源，而不复其旧，则孤阳之浮无以上，不可不审也。"

【例案】大便下血，血清者谓之肠风，血浊者谓之脏毒。盖此风非外来之风，乃肠中热极则生风也；毒非痈疽之毒，因大肠积热，猝难开解，下血不止，故有脏毒之名也。按《经》言：结阴者，便血。盖气为阳，血为阴，邪热结于阴分，故当便血。初起宜清热凉血为主，久远不愈，阴分大伤，当滋阴（二地、龟甲），养血（枣仁、白芍），清热（银花、麦冬），佐以酸敛收涩（萸、味、首乌）引导（或肚入莲肉，或脏入槐花，煮烂为丸）之品。[《顾松园医镜》]

> **按：**肠风、脏毒，虽名不同，但其致病之因则无异，皆因于热。肠风因热极生风，脏毒则因大肠积热。由于热伤血络，而致大便下血。治疗皆须清热凉血，使血热尽，则风不生，积热也不生。

【析拓】清热凉血法是采用具有凉血清热功效的方药治疗血热炽盛证的治法，临床多用于治疗血液病、皮肤病等。亦可用于治疗溃疡性结肠炎、糖尿病肾病。据临床报道，可用清热凉血法治疗原发免疫性血小板减少症、鼻咽癌放疗后皮肤黏膜溃疡等。

◎ 其他凉血散血类

气血两清法

《六因条辨》："风温舌黄尖绛，神昏烦躁，目赤齿枯，此气血燔蒸。宜用玉女煎加元参、连翘、人中黄、牛黄丸等味，两清气血也。目赤齿枯，神昏烦躁，邪已入血。故舌尖色绛，但苔仍带黄，气热未尽。未可专凉血分，恐滋腻难清。务得玉女煎合连翘、元参两清气血，人中黄、牛黄丸清营透邪，庶无遗漏之弊。寒清气分热为主，辅以泻火解毒，凉血救阴。"《疫疹一得》："此十二经泄火之药也。斑疹虽出于胃，亦诸经之火有以助之。重用石膏直入胃经，使其敷布于十二经，退其淫热；佐以黄连、犀角、黄芩泄心肺火于上焦，丹皮、栀子、赤芍泄肝经之火，连翘、玄参解散浮游之火，生地、知母抑阳扶阴，泄其亢甚之火，而救欲绝之水，桔梗、竹叶载药上行，使以甘草和胃也。此皆大寒解毒之剂，故重用石膏，先平甚者，而诸经之火自无不安矣。"气血两清法通过清气凉血来治疗气血两燔证，在临床中多用于治疗里热为主的病证。气血两清与气营两清法均可治疗里热炽盛证，但气血两清法适用于气血同病，气营两清法适用于气营同病。前者须重用凉血散血之药，治疗的里热已深入血分，热势更盛，病情亦更重。据临床报道，可用该法治疗副伤寒、乙型脑炎、慢性肝炎等传染病；亦可用于治疗系统性红斑狼疮、银屑病、白细胞减少症等，均获良效。

通瘀破结法

《川派中医药名家系列丛书：王渭川》："攻法总则是通瘀破结。"《伤寒论·辨太阳病脉证并治》："太阳病不解，热结膀胱，其人如狂，血自下，下者愈。其外不解者，尚未可攻，当先解其外。外解已，但少腹急结者，乃可攻之，宜桃核承气汤方。"通瘀破结法通过破散下焦蓄结之瘀血，借通下为出路，消除瘀热互结之证。主要用于治疗下焦蓄血证，见少腹硬满，伴小便不利或大便不通者。基于其通、破之性，也用于治疗癥瘕积聚、肿块、高热等，涉及子宫肌瘤、子宫内膜异位症、中枢性高热、前列腺炎、肾脏疾病等。据临床报道，可用通瘀破结法治疗妇科癥瘕积聚、子宫内膜增厚，以及昏谵、高热、癃闭等。

第五节　三焦类

　　主要用于祛除三焦温邪湿热，以恢复三焦功能的治法，归入三焦类治法。

　　三焦主司气化，通行元气，为气机升降出入的通道，又是气化活动的场所，故有总司全身气机和气化的功能。同时，三焦是水液升降出入的通道，具有通调水道、促进水液运行输布的功能。上焦受纳并敷布水谷精微之气，中焦腐熟水谷，下焦分清泌浊。

　　三焦类治法通过两个方面来恢复三焦的功能：一是通过辛开痞结，畅达少阳三焦气机；二是通过苦泄痰热，消除热与痰结，宣通三焦气机。

　　临床应用三焦类治法时，若兼气滞、郁热、痰浊、心阳不振或中焦寒滞，多随证变法。

开泄三焦法

　　【出处】《金匮要略正义》："痛而至于闭，三焦俱阻塞矣。上下不通，肠腑不司传导，痛何由治。因以三物开泄三焦，俾邪从下夺，闭自开也。"

　　【溯源】《温热论》："若三焦不从外解，必致里结，里结于何，阳明胃大肠也。凡人之体，脘在腹上，其位居中。或按之痛，或自痛，或痞胀，当用苦泄，以其入腹近也。必验之于舌。舌苔或黄或浊，可与小陷胸汤或泻心汤，随证治之。或白不燥，或黄白相兼，或灰白不渴，慎不可遽投苦泄。其中有外邪未解，里先结者，或邪郁未伸，或素属中冷者，虽有脘中痞闷，宜从开泄，宣通气滞，以达归于肺，如近俗杏、蔻、橘、桔等，是轻苦微辛，具流动之品可耳。"

　　【释义】开泄三焦是以辛开苦泄的药物，治疗热毒与痰湿郁遏或结聚，阻滞少阳三焦气机，表现为少阳失和，胸脘闷痛，舌苔黄浊。有辛开痞结，苦泄痰热，使三焦气机通畅，郁结之毒邪从上下分消的作用。方如小陷胸汤加枳实、桔梗方。

　　【例案】治一人。伤寒，头疼身热，舌上苔黄，胸膈饱闷，三四日热不解，奄奄气似不续者。亟以大黄30克，全瓜蒌2枚，黄连，枳实下之。主人惊疑，不得已，减大黄之半，二剂。便通，热立解，遂愈。[《缪仲淳医案》]

　　按： 本案患者胸膈饱闷，奄奄气似不续，乃由气机窒塞所致，用小陷胸汤加减，去辛燥之半夏，加苦寒之大黄、黄连、枳实以泄热，瓜蒌宽胸散结。

　　【析拓】开泄三焦法是针对少阳三焦热毒与痰湿邪气内闭而气化不利，致三焦浊气不能外达的病机而设的治法，以辛开散结、苦泄痰热来调理三焦脏腑气机升降，健运三焦气化功能。多用于治疗消化系统疾病、心血管疾病。据临床报道，可用开泄三焦法治疗乙型脑炎、幽门梗阻、胰腺癌、高血压、流涎、心房颤动、冠心病等，皆取效。

◎ 其他三焦类

分消走泄法

《温热论》："再论气病有不传血分，而邪留三焦，犹之伤寒中少阳病也。彼则和解表里之半；此则分消上下之势，随证变法。如近时杏、朴、苓等类，或如温胆汤之走泄。"分消走泄法，通过上宣、中燥、下利，消除湿温弥漫三焦，以苦杏仁、厚朴、茯苓为代表。上宣肺气使邪从表出，中燥脾湿使湿从内消，下则淡渗利湿使湿从尿出，则湿邪消散，温热之邪也随湿而散。用于湿温弥漫三焦证。现代也用于治疗心力衰竭、青少年痤疮、中青年高血压、小儿哮喘及儿童汗疱疹等，临床表现为湿热弥漫三焦者。据临床报道，用分消走泄法治疗青少年痤疮、湿热型中青年高血压、高尿酸血症合并代谢综合征、肥胖型闭经、上肢淋巴水肿等，均获良效。

宣畅三焦法

《济阳纲目》："［木香和中丸］消肠胃中积聚，癥瘕癖块，宣畅三焦，开利胸膈，主治气逆上攻，心胸胁肋胀满痞痛，四肢六脉拘急，身体困倦。润大便，利小便，和脾气，进饮食。"《温病条辨》："头痛，恶寒，身重疼痛，舌白不渴，脉弦细而濡，面色淡黄，胸闷不饥，午后身热，状若阴虚，病难速已，名曰湿温。汗之则神昏耳聋，甚则目瞑不欲言，下之则洞泄，润之则病深不解，长夏、深秋、冬日同法，三仁汤主之。杏仁、飞滑石、白通草、白蔻仁、竹叶、厚朴、生苡仁、半夏。"宣畅三焦法适用于因饮食不节或情志不畅，而致脾运失司，湿邪内生，弥漫三焦，郁而化热，湿热互结，阻滞气机，变生多种病证，如水肿、泄泻、黄疸、痹证、妊娠恶阻、水痘、湿疹等。其特点是内伤生湿继而化热致湿热弥漫三焦，治疗通过宣上、畅中、开下（通大便），使三焦通畅则湿开热透。而分消走泄法针对湿温弥漫三焦，治疗要宣上、燥中、利下（利小便）。开泄三焦法针对少阳三焦热毒与痰湿邪气内闭而致三焦浊气不能外下，治疗重点在于开、泻并用。据临床报道，可用宣畅三焦法治疗功能性便秘、脂溢性皮肤病、阴茎尖锐湿疣 CO_2 激光术后水肿、流行性出血热，或用宣畅三焦气机、清泻血分郁热治疗功能失调性子宫出血，均获良效。

第六节　解暑类

主要用于解除暑热或暑湿之邪的治法，归入解暑类治法。

暑性属热，暑邪为病具有耗气伤津的特点，损伤气和津液的功能。津液的生理功能包括对机体的各个脏腑、组织、器官的营养和滋润；还可以化生血液，调节阴阳，排泄废物。津液为人体正气的一部分。

解暑类治法通过以下几个方面实现：一是通过清透暑热或清热解毒来祛除暑邪，如透热清暑法、祛暑解毒法。二是通过清热泻火，益气生津，调元和中来祛除暑邪，如却暑调元法。三是通过清暑利湿，化痰醒神来祛除暑邪，如清暑开痰法。四是通过清暑热、祛湿邪以祛除暑邪，如清暑解表法、清凉涤暑法。

临床应用解暑治法，应注意分辨是暑热为患抑或暑湿为患，若暑湿为患，须清解暑热的同时配合祛湿之法。根据兼证，灵活运用化痰、散寒、解毒等治法。

清凉涤暑法

【出处】《时病论》："因于暑者，宜以清凉涤暑法。"

【溯源】《景岳全书》："湿热者，宜清宜利。"

【释义】《时病论》："长夏暑湿之令，有人患泄泻者，每多暑泻也。夫暑热之气，不离乎湿，盖因天之暑热下逼，地之湿热上腾，人在气交之中，其气即从口鼻而入，直扰中州，脾胃失消运之权，清浊不分，上升精华之气，反下降而为便泻矣。如夹湿者，口不甚渴，当佐木通、泽泻。如湿盛于暑者，宜仿湿泻之法可也。清凉涤暑法：治暑温暑热，暑泻秋暑。滑石（三钱，水飞），生甘草（八分），青蒿（一钱五分），白扁豆（一钱）、连翘（三钱，去心），白茯苓（三钱），通草（一钱），加西瓜翠衣一片入煎。滑石、甘草，即河间之天水散，以涤其暑热也。恐其力之不及，故加蒿、扁、瓜衣以清暑；又恐其干犯乎心，更佐连翘以清心。夫小暑之节，在乎相火之后，大暑之令，在乎湿土之先，故先贤所谓暑不离湿也，兼用通、苓，意在渗湿耳。"

【例案】王，吸受暑邪，中脘胀闷。香豉、杏仁、郁金、瓜蒌皮、连翘、益元散、丝瓜叶。一服愈。[《肘后偶钞》]

> 按：此案患者中脘胀闷乃因暑湿困阻中焦所致，故用香豉、杏仁宣气化湿，瓜蒌皮清热理气宽胸，郁金行气解郁，连翘、丝瓜叶清凉涤暑泄热，益元散清暑利湿。

【析拓】清热涤暑法为治暑"通用之定法"，可加减运用于伤暑、冒暑、暑温、秋暑、暑泻、暑痢等夏秋季多种急性外感热病。方中多用青蒿、六一散（益元散）诸品，既清暑利湿，又可和解少阳，祛膀胱小肠之热，故不仅用于时病发热和暑热泻痢，亦可引申用于内伤杂病证属湿热为患者。据临床报道，可用清凉涤暑法治疗湿热感冒、伏暑、夏季慢性疲劳、暑湿泄泻、暑袭肺卫、伏暑化火、暑痢发热等多种疾病，均能取效。

清暑解表法

【出处】《脉确》："暑病发热有汗脉虚者，宜清暑益气。若阴热恶寒无汗，脉浮数而不虚者，宜清暑解表。"

【溯源】《景岳全书》："阴暑者，因暑而受寒者也。凡人之畏暑贪凉，不避寒气，则或于深堂大厦，或于风地树阴，或以乍热乍寒之时，不谨衣被，以致寒邪袭于肌表，而病为发热头痛，无汗恶寒，身形拘急，肢体酸痛等证。此以暑月受寒，故名阴暑，即伤寒也。"

【释义】《温病条辨》："手太阴暑温，如上条证，但汗不出者，新加香薷饮主之。"原书指出："证如上条，指形似伤寒（注：发热恶寒，身重而疼痛），右脉洪大，左手反小，面赤口渴而言。但以汗不能自出，表实为异，故用香薷饮发暑邪之表也。按：香薷辛温芳香，能由肺之经而达其络。鲜扁豆花，凡花皆散，取其芳香而散，且保肺液，以花易豆者，恶其呆滞也，夏日所生之物，多能解暑，惟扁豆花为最，如无花时，用鲜扁豆皮，若再无此，用生扁豆皮。厚朴苦温，能泄实满。厚朴，皮也，虽走中焦，究竟肺主皮毛，以皮从皮，不为治上犯中。若黄连、甘草，纯然里药，暑病初起，且不必用，恐引邪深入，故易以连翘、银花，取其辛凉达肺经之表，纯从外走，不必走中也。温病最忌辛温，暑证不忌者，以暑必兼湿，湿为阴邪，非温不解……故此方香薷、厚朴用辛温，而余则佐以辛凉云。

【例案】某，暑湿内阻，气痹不宣，寒热胸痞，腹满便溏，头疼眩晕。陈香薷八分，薄荷八分，猪、茯苓各二钱，川朴（姜汁炒）一钱，酒木通八分，泽泻二钱，川郁金三钱，煨葛根二钱，煨木香五分，炒苡仁三钱，白蔻仁四分，南沙参四钱，鲜荷叶一钱，荷梗一尺，生姜一片。[《费伯雄医案》]

按： 此案患者寒热胸痞，腹满便溏，头疼眩晕乃因暑湿犯卫，湿阻气机所致。香薷散寒化湿，豆蔻、葛根宣化暑湿，荷叶、荷梗清暑利湿，厚朴温中燥湿，炒苡仁、猪苓、茯苓、木通、泽泻淡渗利湿，郁金、木香、生姜理气和胃，薄荷疏散风热、透邪外出，沙参益胃生津，共奏清暑解表之功。

【析拓】清暑解表法可通过清暑、祛湿、散寒以解除在表邪气，治疗暑湿在表的多种疾病，包括暑湿感冒、咳嗽等。其证候要点是发热恶寒、无汗。据临床报道，可用清暑解表法治疗上呼吸道感染、发热、夏季社区获得性肺炎、暑泻等，均有良效。

◎ 其他解暑类

祛暑解毒法

《时病论》："冒暑者，偶然感冒暑邪，较伤暑之证，稍为轻浅耳。夫暑热之邪，初冒于肌表者，即有头晕、寒热、汗出、咳嗽等证，宜以清凉涤暑法加杏仁、蒌壳治之。其证虽较伤暑为轻，然失治入里，此又不可以不知也。如入于肉分者，则周身烦躁，头胀体烧，或身如针刺，或有赤肿等证，宜以祛暑解毒法治之。"《温热经纬》："暑是火，心是火脏，邪易入之，故治中暑者。必以清心之药为君。"祛暑解毒法通过清热解毒使暑热得清，热毒得解。可用于治疗冒暑、带状疱疹、丹毒等。据临床报道，可用祛暑解毒法治疗肾结核、风湿性疾病等。

清暑开痰法

《时病论》："清暑开痰法治中暑神昏不语，身热汗微，气喘等证。"《伤暑全书》："暑病首用辛凉。"清暑开痰法通过清暑利湿以化痰醒神，是治疗中暑的治法。其与清暑解表法均可治疗暑邪为患，方中用辛凉或辛温之品，但清暑开痰法主治暑湿在里，兼有痰热者，暑热盛可见汗多；清暑解表法主治暑湿在表，兼有寒邪者，多为无汗。据临床报道，可用清暑开痰法治疗暑厥等。

却暑调元法

《时病论》："如果手足厥冷，名曰暑厥，宜苏合香丸化开灌之，或以来复丹研末白汤灌之，或以蒜水灌之，或剥蒜肉入鼻中，皆取其通窍也。俟其人事稍苏，继进却暑调元法为治。"《伤暑全书》："暑伤气，宜补真气为要。"却暑调元法通过清热泻火，益气生津，调元和中使暑热得祛，气阴得补。据临床报道，可用却暑调元法治疗暑厥、新型冠状病毒奥密克戎变种毒株感染者恢复期低热等，均获良效。

透热清暑法

《温病名著选读》："吴氏易扁豆为扁豆花取其轻灵之意，加银翘以透热清暑，临床甚为实用。"《温病条辨讲解》："局方香薷散，由香薷、白扁豆、厚朴三味药组成，这是一首暑月解表化湿的代表方剂，适用于夏月风寒客表，暑湿阻里之证。用于治疗暑湿证，其性辛温，所以吴氏在原方基础上加入银花、连翘以透热清暑，将鲜扁豆花易白扁豆，取其辛散芳香以化湿和中。"透热清暑法与清暑解表法皆可治疗暑邪为患的病证，但透热清暑法针对的是暑热病邪，多用辛凉或辛寒药物，而清暑解表法适用于暑湿内蕴，外兼寒邪，为辛温复辛凉法。透热清暑法多采用花叶类药物发挥外透暑热的作用，主要用于以发热为主的病证，如上呼吸道感染、小儿夏季感冒、湿温等。据临床报道，可用透热清暑法治疗病毒性上呼吸道感染高热、夏秋季急性上呼吸道感染持续性发热、小儿夏季感冒、湿温发热、夏季外感高热，均取得理想效果。

第七节　祛湿化浊类

主要用于驱除三焦湿邪的治法，归入祛湿类治法。本法具有宣畅气机、运脾和胃、通利水道等化湿泄热的作用，主要适用于湿热类温病气分阶段。

祛湿化浊类治法主要通过以下几个方面实现：一是三焦治湿，分消上下。湿在上焦宜宣肺化湿，如宣表化湿法；湿在中焦脾胃宜疏通中焦气机，祛除湿热邪气，如燥湿泄热法、清热化湿法等；湿在下焦则分利水湿，如分利湿邪法、淡渗利湿法等。二是理气化湿，重在调肺，如宣气化湿法。三是分解湿热，以祛湿为主，如渗湿于热下法。四是利小便祛湿，如分利湿邪法、淡渗利湿法等。

临床运用祛湿化浊类治法，应注意根据湿热所在的部位和湿与热的轻重来选择祛湿法，如湿邪已从燥化，即不可再用，素体阴液亏虚者慎用。

淡渗利湿法

【出处】《种福堂公选良方》："俞，秽浊缠染，口鼻吸受时序雨潮之湿，亦属不正异气。此芳香开气，淡渗利湿，一定成法。白蔻仁，藿香根，嫩竹叶，杏仁，大豆黄卷，厚朴，滑石。"

【溯源】《素问病机气宜保命集》："治湿之法，不利小便，非其治也。"《素问·至真要大论》："淡味渗泄为阳。"

【释义】《济阳纲目》："东垣云：皆言当利小便，必用淡味渗泄之剂以利之，是其法也。"《伤寒论类方汇参》："《内经》曰：淡味渗泄为阳。利大便曰攻下，利小便曰渗湿。水饮内蓄，须当渗泄之，必以甘淡为主。"

【例案】左，由跋涉劳顿，感受风挟湿，咳痰带红，续又发热，食减，舌苔底白，上则焦黄。风邪已去，湿温逗留，其呕吐者，因前药误于苦寒，又过于峻补，故当淡渗和中。叶氏以理气淡渗利湿，药用茵陈、薏苡仁、赤茯苓、白豆蔻等健脾渗湿，半夏、陈皮以燥湿化痰。方以茵陈为君，其苦寒中禀清香芳化之性，既能导湿热从小便而出，又能芳化湿浊之邪出表，善治湿热并重之湿温，叶氏取用之湿温可解。[《东山别墅医案》]

按：患者咳痰带红，发热，食欲减退，舌苔底白，上则焦黄，为感受风热夹湿邪；风邪已去，湿热致呕吐，误用苦寒及峻补之药，湿热之邪犹在，因此以淡渗利湿法，既能导湿热从小便而出，又能芳化湿浊之邪出表。

【析拓】淡渗利湿法是用甘淡性平的药物渗利湿邪，使湿邪从小便而出的治疗方法，适用于湿热郁阻下焦，膀胱气化失司之证。症见热蒸头胀，小便短少，甚至不通，渴不多饮，舌苔白腻。代表方如茯苓皮汤、四苓散。运用本法虽然主要针对湿在下焦之证，但在上焦、中焦的湿邪也可用渗利之法。本法常与宣气化湿、燥湿泄热等法配合运用，使湿邪各有分消之路，常用药物如茯苓皮、薏苡仁、通草、滑石等。据临床报道，可用淡渗利湿法治疗脾虚湿盛的急性泄泻、急性肠炎、小儿秋季病毒性腹泻；也可用淡渗利湿法联合氯沙坦钾治疗慢性肾炎合并蛋白尿，减少蛋白尿；还可用淡渗利湿法治疗男科疾病。

分利湿邪法

【出处】《临证指南医案》："某（十九）舌白，目彩油光，腰痹痛。湿邪内蕴，尚未外达，必分利湿邪为主。杏仁，苏梗，木防己，厚朴，茯苓皮，花粉，晚蚕砂，茵陈。"

【溯源】《素问病机气宜保命集》："治湿之法，不利小便，非其治也。"

【释义】《温病条辨》："吸受秽湿，三焦分布，热蒸头胀，身痛呕逆，小便不通，神识昏迷，舌白，渴不多饮，先宜芳香通神利窍，安宫牛黄丸。继用淡渗，分消浊湿，茯苓皮汤。"

【例案】赵（左），持重远行，气虚湿陷。小便了而不了，足跗带肿。叠经分利，气虚未复，所以沦陷者自若也。拟分利湿邪，参入补气。西潞党，茯苓，白术炭，生薏仁，炒枳壳，炙绵芪，猪苓，茅术炭，制半夏，泽泻。[《张聿青医案》]

按：患者持重远行，气虚湿陷，小便淋沥不已，足跗带肿，气虚未复，用茯苓、生薏仁、猪苓、泽泻等通利小便，使湿邪从小便而去，用党参、白术、黄芪等补气，体现了分利湿邪法的应用。

【析拓】分利湿邪法是用利尿除湿之品通利小便，使湿邪从小便而去的治法。主要治疗里湿之邪郁阻下焦之证。如中焦湿浊久困，导致蒙上流下、湿阻下焦，用药以分利湿邪之法利尿渗湿，给湿邪以出路。据临床报道，用分利湿邪法治疗湿邪感冒、湿邪郁滞之汗渐疮，也可用胃苓汤健脾燥湿、分利湿邪治疗湿困脾虚之泄泻。

◎ 其他祛湿化浊类

芳香化浊法

《时病论》："秽浊之为病，若偏于湿者，则证多见舌苔白腻，口不甚渴，引证施辨，其名曰湿秽也，应以芳香化浊法治之。"芳香化浊法是使用芳香化湿、苦温燥湿的药物治疗湿浊内蕴的治法。常用药物有广藿香、佩兰、砂仁、厚朴、石菖蒲、丁香、小茴香、草果等。既可用于治疗时行疠气、瘴毒、外湿所伤等湿浊闭阻肌窍的疾病，也可用于内生湿浊的治疗。据临床报道，可用芳香化浊法治疗慢性肾衰竭、冠心病、术后霉菌性肠炎，均有良效。

流湿润燥法

《素问玄机原病式》："盖辛热之药，能开发肠胃郁结，使气液宣通，流湿润燥，气和而矣。"流湿润燥法是用辛散、辛温或开闭、利水之剂，使津液流通归于常道，以治疗湿邪或燥邪致病的治法。辛散之药如柴胡、生姜，辛温之药如干姜、桂枝、附子，开闭之药如石菖蒲、薄荷，利水之药如茯苓、泽泻等，皆可使湿邪复流化为津液，既可治疗上焦之湿，也可用于治疗中焦或下焦之湿。如因湿生燥、湿燥同病者，非津液不足，而是津液不循常道而异化为湿。因此，流湿之法也可治疗燥证。凡上、中、下三焦之燥，皆可用流湿润燥法。一般而言，上焦之燥可用辛散或辛温或开闭，中焦或下焦之燥皆可用辛温或开闭或利水。代表方如五苓散及基于五苓散化裁的桂苓甘露饮、鸡鸣散等。可用于治疗现代医学的尿崩症、糖尿病、肥胖症、慢性肾功能不全、慢性心功能不全、肺心病、慢性阻塞性肺疾病等多种疾病，临床表现为津停为湿或湿燥同病者。

清热化湿法

《疡科纲要》："普通疡患，惟湿热二者最多。偏于热者，灼痛成脓；偏于湿者，发痒流水。""所以治疡之湿，亦必与清热之剂相助为理。有湿而兼风热者，如游风之上行于颈项，洋溢于肩背，则清化湿热，而必佐之以疏风。有湿而兼血热者，如疥癣之痒搔，则清热化湿，而必主之以凉血。有脾胃湿热而旁行于肌表者，则黄水疮等之滋水频仍，宜醒胃快脾，而分利以通之（俗称天泡疮者是）。"清热化湿法用苦寒清热燥湿之品联合苦温芳香化湿药，治疗里湿兼里热的病证。现用于三焦湿热或湿火壅结所致的病症。多用于现代医学的消化系统疾病、呼吸系统疾病、感染性疾病、泌尿生殖系统疾病等；也用于代谢性疾病、内分泌疾病、风湿性疾病等，病机属于湿热内结者。代表方剂如连朴饮、三仁汤、甘露消毒丹、半夏泻心汤等。据临床报道，可用清热化湿法治疗登革热、湿热痹阻型类风湿性关节炎、结直肠癌前病变、胰腺癌、肾脏病、肠伤寒、传染性肝炎、乙型脑炎、胆囊炎、急性胃肠炎、尿路感染、慢性前列腺炎、神经根型颈椎病、儿童脑功能轻微失调症、出血热、败血症等辨证属于湿热俱重者。

清宣温化法

《时病论》："伏天所受之暑者，其邪盛，患于当时；其邪微，发于秋后，时贤谓秋时晚发，即伏暑之病也。是时凉风飒飒，侵袭肌肤，新邪欲入，伏气欲出，以致寒热如疟，或微寒，或微热，不能如疟分清。其脉必滞，其舌必腻，脘痞气塞，渴闷烦冤，每至午后则甚，入暮更剧，热至天明得汗，则诸恙稍缓。日日如是，必要二、三候外，方得全解。倘调理非法，不治者甚多。不比风寒之邪，一汗而解，温热之气，投凉则安。拟用清宣温化法，使其气分开，则新邪先解，而伏气亦随解也。然是证变易为多，其初起如疟，先服清宣温化法。"清宣温化法是清宣肺卫，燥湿化痰的治疗方法，代表方由连翘、苦杏仁、瓜蒌皮、陈皮、茯苓、制半夏、甘草、佩兰、荷叶等组成。主治湿温，始恶寒，后但热不寒，汗出胸痞，舌苔白，或黄，口渴不引饮或秋时晚发之伏暑，多舌苔腻，脉滞。据临床报道，可用清宣温化法治疗登革出血热、深秋伏暑、血栓性血小板减少性紫癜；或用雷氏清宣温化加味二陈法辅助治疗支气管哮喘急性发作期痰浊阻肺证。

渗湿于热下法

《温热论》："盖伤寒之邪，留恋在表，然后化热入里；温邪则化热最速。……初用辛凉轻剂。挟风加薄荷、牛蒡之属；挟湿加芦根、滑石之流。或透风于热外，或渗湿于热下。不与热相搏，势必孤矣。"渗湿于热下法是温邪在表夹湿的治疗方法，即于辛凉中加甘淡渗湿之品，如芦根、滑石等，使湿从下分利，不与热相搏，热自易解。临床对温热夹湿证，除可用淡渗法外，还有芳化、燥湿等法可酌情配合使用。据临床报道，可用渗湿于热下法治疗低热、暑热感冒、口疮、暑湿遏伏、白塞病、外感发热、四时温热病，还可用于感染及不明原因所致的高热和久热不退，均有良效。

宣表化湿法

又称辛宣芳化法。《湿热条辨》："湿热证，恶寒，无汗，身重，头痛，湿在表分，宜藿香、香薷、羌活、苍术皮、薄荷、牛蒡子等味。头不痛者，去羌活。"宣表化湿法，是用芳香宣透之品疏化表湿的治疗方法。用于湿温初起，湿热病邪侵于卫表之证，出现湿邪伤表，卫阳被遏的证候表现，治疗以广藿香、香薷、羌活、苍术、薄荷、牛蒡子等药物宣透卫表、芳香化湿。代表方如藿朴夏苓汤。也可应用于治疗表里合邪或里湿证。宣气化湿法通过宣通肺气以化散温邪，如三仁藿汤之用杏仁、厚朴。据临床报道，可以宣表化湿合剂治疗小儿上呼吸道感染高热，或用宣表化湿辨治岭南地区的肥胖型2型糖尿病患者。

宣气化湿法

《吴鞠通医案》："久病在络，其本病统俟丸药立方，但逐痰饮，宣气化湿，捍时令之暑湿而已。"肺主皮毛。皮毛开则体内之温气得以从皮毛宣透到环境中。宣气化湿法即宣通肺气、透化湿邪的治法。用芳化宣通之品疏通表里气机，透化湿邪。主治湿温初起，湿蕴生热，郁遏表里气机，表现为身热不扬，午后热甚，或微恶寒，汗出不解，胸闷脘痞，小便短少，舌苔白腻，脉濡缓。代表方如三仁汤。临床上常用于治疗既有湿郁卫表的表证，又有湿郁气分、脾湿不运的里证。据临床报道，可以宣气化湿法治疗湿重热轻之咳嗽；或以体现宣气化湿法的三仁汤治疗口腔溃疡、口渴、发热、鼾症、不育症。研究发现，宣气化湿法能调节大鼠湿热证模型脂质代谢异常、胃肠动力紊乱、水液代谢。

燥湿泄热法

《神农本草经》："苦以燥湿泄热，辛以散结，寒以除邪气，故疗肠胃大热，唾血衄血，肠中聚血。"《类经》："少阴之胜，治以辛寒，佐以苦咸，以甘泻之。（热胜则乘金，治以辛寒，散火也。佐以苦咸，泄热也。以甘泻之，火之正味，其泻以甘也。）太阴之胜，治以咸热，佐以辛甘，以苦泻之。（土胜则湿淫，治以咸热，咸能润下，热能燥湿也。湿胜则土寒，佐以辛甘，辛能温土，甘能补土也。以苦泻之，土之正味，其泻以苦也。）"燥湿泄热法以辛开苦降之品疏通中焦气机，祛除湿热邪气，用于中焦湿热遏伏，湿渐化热，湿热俱甚，遏伏中焦之证。代表方为王氏连朴饮。本法为辛温燥湿与苦寒泄热并用，常用辛温之药有厚朴、半夏、橘皮等，常用苦寒之药有黄芩、黄连、山栀等。据临床报道，可用燥湿泄热法治疗脓毒症湿热蕴脾型胃肠功能障碍。研究发现，燥湿泄热法可以明显改善脓毒症湿热蕴脾型胃肠功能障碍患者的临床症状，控制患者的炎症活动，改善患者预后。

第八节　透邪达邪类

主要通过宣透、开达以治疗外感温邪的治法，归入透邪达邪类治法。风邪、热邪易透，湿邪则相对较难。

透邪达邪类治法是祛邪外出的方法，指运用轻清透达之品，甚至辛温走窜之品使邪气由深出浅、由里出表从卫表外透，有时可采用刮痧和放血等手段使邪气按营血分—气分—卫表的途径逐步达表或从血分直接外透。经以上方法仍不能祛除的温邪，还须采取驱、托、搜、引等措施，使邪气透解。

多数情况下，透邪达邪类治法常被用于温病早期，辅助清解等其他祛邪外出的治法。在临床运用中应注意遵循抓住时机、尽早透邪，开门放贼、畅通道路，驱托搜引、分进合击等原则。

解肌透疹法

【出处】《痘疹世医心法》托里快斑汤功用为"清热祛风，解肌透疹"。

【溯源】《阎氏小儿方论》升麻葛根汤"解表散热，和血透疹"，主治"伤寒、温疫、风热、壮热头痛，肢体痛，疮疹已发未发者"。

【释义】《全国名医验案类编》："沈汀渔孙女，年十三岁……患科温麻疹，肌肤色红，麻疹稠密，周身骨节痛痹，不能转侧，支节亦不能屈伸，甚至面目亦浮，手臂肤肿，指掌麻木，不可以握。脉数且大，独右寸不显，舌色尖边皆红，中心后根黄苔颇腻。……疗法：只宜开宣肺郁，即能透疹解肌，佐以泄热涤痰，便是疏通胸膈，又不可寒凉直折，反致闭遏，药贵轻清，庶合分寸。"

【例案】蒋客光，住小蓬莱前。（第一方）风温身热已解未凉，现发红点未透，脉形弦数，舌滑，怫郁内阻，中脘未舒。此系时邪内伏未解，症非轻视，恐防转传，宜疏解，候政。淡豆豉（三钱），前胡（一钱五分），荆芥（一钱五分），橘红（一钱五分），杏仁（去皮尖，三钱），大力子（开，三钱），桔梗（一钱），象贝（去心，三钱），加净蝉衣（八分），西河柳（三钱）。

昨进疏解之剂，身热未凉，现发斑疹隐隐未透，脉形弦滑，舌白腻，胸闷未舒，干恶。此系邪势未泄，症非渺视，恐防转传，仍拟解肌透疹一法，候政。（十五日第二方）淡豆豉（三钱），樱桃核（三钱），杏仁（开，三钱），枳壳（一钱），荆芥（一钱五分），大力子（炒，三钱），全瓜蒌（三钱），蝉衣（净，一钱五分），加西河柳（三钱），赤苓（三钱）。
[《临诊医案》]

按：患者初患风温，斑疹未透，治在疏风解表。继则斑疹隐隐，是呈欲透未达之状，治当透疹达邪，使郁毒外透而散于肌表。查患者苔白腻，宜辛温宣达。故用淡豆豉、荆芥、蝉衣、西河柳；肺主皮毛，宣肺可助解肌，杏仁、全瓜蒌助之。

【析拓】解肌透疹治法是用解肌透疹药物，治疗病变部位在肌表腠理，邪犯营卫，风热与营血相搏而相结，壅滞营卫而为疹的病证的方法。常用于治疗麻疹初起、荨麻疹、神经性皮炎、痤疮、毛囊炎、风疹、湿疹等。据文献记载，《麻科活人全书》葛根解肌汤，功能解肌透疹，主治麻疹初起、发热咳嗽或乍冷乍热、已现麻路者。《喉痧症治概要》解肌透疹汤功用为清透郁热、宣利咽喉、调理气机，辨治咽炎、喉炎、扁桃体炎、咽喉白斑症、猩红热。《医学衷中参西录》清疹汤功用为清热解毒、解肌透疹，主治小儿出疹、表里俱热，烦躁引饮，喉痛音哑，喘逆咳嗽等。

◎ 其他透邪达邪类

开达膜原法

《感症宝筏》："暑秽从口鼻吸入，结于膜原，则必脘闷寒热。治宜开达膜原，如广藿香、川郁金、槟榔、厚朴、草蔻、青皮、滑石、连翘、紫苏、黄芩之类。"《温疫论》："槟榔能消能磨，除伏邪，为疏利之药，又除岭南瘴气。厚朴破戾气所结，草果辛烈气雄，除伏邪蟠踞。三味协力直达其巢穴，使邪气溃散，速离募原，是以名为达原饮也。"开达膜原法为和法之一，即用消除秽浊药，攻逐伏于膜原间的病邪。多用于湿热疫证。温疫或疟疾初起，邪伏膜原，憎寒壮热，或一日一次，或一日三次，发无定时，胸闷呕恶，头痛烦躁，舌苔白或垢腻，脉弦数。代表方为达原饮，或雷丰宣透膜原法。据临床报道，可用开达膜原法治疗钩端螺旋体病、精神药物所致自汗、急性脑膜感染。

清凉透邪法

《时病论》："推温病之原，究因冬受寒气，伏而不发，久化为热，必待来年春分之后，天令温暖，阳气弛张，伏气自内而动，一达于外，表里皆热也。其证口渴引饮，不恶寒而恶热，脉形愈按愈盛者是也。此不比春温外有寒邪，风温外有风邪，初起之时，可以辛温辛凉；是病表无寒风，所以忌乎辛散，若误散之，则变证蜂起矣。如初起无汗者，只宜清凉透邪法……"《温热论》："若斑色紫小点者，心包热也。……若黑而隐隐，四旁赤色火郁内伏，大用清凉透发，间有转红成可救者。若夹斑带疹，皆是邪之不一，各随其部而泄。"清凉透邪法，是运用辛凉宣达药物治疗温病无汗，温疟渴饮，冬温之邪内陷之证，使热随汗泄而解的治疗方法。症见温病发热，口渴，苔黄，脉数，邪已入里。方由鲜芦根、石膏、连翘、竹叶、淡豆豉、绿豆衣等药物组成。据临床报道，可用清凉透邪法治疗肠伤寒之化热型；或用雷氏和解兼攻法和清凉透邪法组合的自拟方治疗小儿外感热病、高热、时热时寒等。

透斑法

《温热论》："营分受热，则血液受劫，心神不安，夜甚无寐，或斑点隐隐，即撤去气药。如从风热陷入者，用犀角竹叶之属。如从湿热陷入者，犀角花露之品，参入凉血清热方中。若加烦躁，大便不通，金汁亦可加入。老年或平素有寒者，以人中黄代之，急急透斑为要。"透斑法用清营血分邪热之方药，治疗温病热入营分，内迫营血，斑点隐隐欲出。常用清营汤。叶天士在《温热论》中明确提出"入营犹可透热转气"，热邪入血分，仍然可以佐以透法，助邪外出，常用犀角地黄汤。《时病论》中拟以清凉透斑法专治阳明温毒发斑，药用石膏、生甘草、金银花、连翘、鲜芦根、大豆黄卷等，所谓"热势一透，则斑自得化矣"。据临床报道，透斑法在皮肤病治疗方面运用广泛，如清营汤常用于治疗荨麻疹、银屑病、玫瑰糠疹、多形红斑等，犀角地黄汤常用于治疗过敏性紫癜、红皮病、面部激素依赖性皮炎等。

透风于热外法

《温热论》："盖伤寒之邪，留恋在表，然后化热入里；温邪则化热最速。……初用辛凉轻剂。挟风加薄荷、牛蒡之属；挟湿加芦根、滑石之流。或透风于热外，或渗湿于热下。不与热相搏，势必孤矣。"透风于热外法，是温邪夹风在表的治疗方法，即在辛凉轻剂中加入薄荷、牛蒡子等辛散之品，使风从外解，热易清除。应用辛凉透表法，宜透风与热，使风与热同时解除。风温一般须用辛凉药物散风，使风邪外透。若病者既有里热，又有外感风邪，应用辛凉药物解表透邪，里热才能随之而除。但实际临床上多解表清里并用。据临床报道，可用透风于热外法治疗口疮、银屑病、风疹、大叶性肺炎所致咳嗽。

透热转气法

也称为透营转气法。《温热论》："入营犹可透热转气。"《温热经纬》："故虽入营，犹可开达转出气分而解。"指温热之邪由气分初入营分，气分症状尚未全解，营分症状即已出现，此时在清营之剂中配伍轻清宣透之品，如金银花、连翘、淡竹叶等，以使营分之热能透出气分而解。代表方为清营汤。温病病邪虽然传变迅速、极易伤阴，但邪初入营时，仍有几分外透之机，因此可用药透热转气。据临床报道，可用透热转气法治疗新型冠状病毒感染重症、银屑病、心脏神经症、病毒性心肌炎、系统性红斑狼疮。

透邪法

《温热论》："若其邪始终在气分流连者，可冀其战汗透邪，法宜益胃，令邪与汗并，热达腠开，邪从汗出。"广义透邪法是指祛邪外出的方法，具有祛邪的含义；狭义透邪法即通过使用轻清透达（散、发）之品，使邪气由表而解，或由里达外、由深出浅而解的一种方法，在温病中主要有辛凉微汗，芳香化湿，宣畅中焦、开达膜原等透邪方法，可用于肺卫郁热、中焦阻滞、表里同病、余邪未清等多种证候。透邪法用药宜轻清透达，宣畅气机。用药轻重依郁滞部位而定。常用的透邪法有宣透法、清透法、凉透法、养透法。据临床报道，用透邪法可治疗肉芽肿性乳腺炎低热；也可用温阳托里透邪法治疗膜性肾病。

宣肺透疹法

《伤寒指掌》："至治疹当宣肺清营、提透疹邪为主。"《本草纲要》："牛蒡子功用：疏散风热，宣肺透疹。"宣肺透疹即宣肺解表透疹。宣肺透疹法是通过使用宣肺解表药如牛蒡子、蝉蜕、荆芥、升麻等来透泄疹毒，使皮疹容易发出的治疗方法。多用于麻疹初期，或出疹不顺利者，多用辛凉或辛温的透达表邪一类药物，代表方如竹叶柳蒡汤、升麻葛根汤等。据临床报道，可用宣肺透疹法治疗麻疹及产后发热。

宣透膜原法

《时病论》："湿疟之证，因于久受阴湿，湿气伏于太阴，偶有所触而发。发则恶寒而不甚热，脉象缓钝而不弦，一身尽痛而有汗，手足沉重，呕逆胀满者是也。俗谓脾寒，大概指是证耳。此宜宣透膜原法，使其邪化疟除，但辛燥之剂，于阴亏热体者，须酌用之。阳虚寒体者，更可加老蔻、干姜。"宣透膜原法，又名雷氏宣透膜原法，是在苦温燥化药的基础上，加用芳香、辛散之品，加强宣通之力。典型方由厚朴、槟榔、草果、黄芩、甘草、广藿香、半夏（姜制）、生姜等药物组成。治湿疟，寒甚热微，身痛有汗，肢重脘闷。雷氏宣透膜原法适用于湿热秽浊郁闭膜原，湿浊郁闭较明显的证候，而用一般的化湿之剂无法奏效。代表方如达原饮。据临床报道，该法常用于治疗夏季流行性感冒、伤寒、副伤寒、斑疹伤寒、严重急性呼吸综合征（SARS）、急性胃肠炎、病毒性感染等辨证属湿热郁阻半表半里，湿重于热者。也可用宣透膜原法治疗月经后期，或用达原饮宣湿化痰、透达膜原治疗新型冠状病毒感染重症之湿邪阻遏阳气者。

宣阳透伏法

《时病论》："《金匮》云：疟多寒者，名曰牝疟。……以邪气伏结，则阳气不行于外，故作外寒。患斯证者，真阳素虚之体为多，缘当盛夏之时，乘凉饮冷，感受阴寒，或受阴湿，其阳不能制阴邪之胜。故疟发时，寒盛热微，惨戚振栗，病以时作，其脉必沉而迟，面色必淡而白。宜以宣阳透伏法治之，因寒者姜、附为君，因湿者苍、果为主，日久不愈，温补之法为宜。""倘有胫冷腹满，是湿邪抑遏阳气，宜用宣阳透伏法，去草果、蜀漆，加陈皮、腹皮治之。"《叶天士医案精华》："气宣阳苏，何虑痰浊之蒙昧。"宣阳透伏法用于治牝疟寒甚热微，或独寒无热。方由干姜、淡附子、厚朴（姜制）、苍术、草果、蜀漆、豆蔻等药物组成，其中苍术、厚朴、附子、干姜、草果有苦温相得之用。现代临床也用该法治疗脓毒症，或治疗痰留少阳之牝疟。

第九节　清解里热类

针对温热化火，热已入里而无表者的治法，归入清解里热类治法。

温热化为火，火未有不伤津液者。清解里热类治法多用清热生津药物，既清解火邪热毒又不伤阴，治疗温热内炽、三焦温热或瘟疫等热深毒盛而无表证的病证。该法用药性寒凉，多有伤胃之弊，中病即止，不宜久用。

凉解里热法

【出处】《敖氏伤寒金镜录》："舌苔微黄而薄，是外邪初入阳明，犹带表证，微兼恶寒。治宜辛凉解散。如黄而兼燥，外证不恶寒、反恶热，是邪初入阳明之里，或温热内发欲出阳明之表。治宜凉解里热。"

【溯源】《类经》："然汗法有三：曰温散，曰凉解，曰平解。温散者，如以寒胜之时，阴胜之脏，阳气不充，则表不易解。虽身有大热，亦必用辛温，勿以寒凉为佐，此即寒无犯寒之谓也。凉解者，如炎热炽盛，表里枯涸，则阴气不营，亦不能汗，宜用辛凉，勿以温热为佐，此即热无犯热之谓也。若病在阴阳之间，既不可温，又不可凉，则但宜平用，求其解表而已也。"

【释义】《时病论》："凉解里热法：治温热内炽，外无风寒，及暑温冬温之证。鲜芦根（五钱）、大豆卷（三钱）、天花粉（二钱）、生石膏（四钱）、生甘草（六分），新汲水煎服。温热之邪，初入于胃者，宜此法也。盖胃为阳土，得凉则安。故以芦根为君，其味甘，其性凉，其中空，不但能去胃中之热，抑且能透肌表之邪，诚凉而不滞之妙品，大胜寻常寒药；佐豆卷之甘平，花粉之甘凉，并能清胃除热；更佐石膏，凉而不苦，甘草泻而能和，景岳名为玉泉饮，以其治阳明胃热有功。凡寒凉之药，每多败胃，惟此法则不然。"

【例案】三湘刘某之子，忽患春温，热渴不解，计有二十朝来，始延丰诊，脉象洪大鼓指，舌苔灰燥而干，即以凉解里热法治之。次日黎明，复来邀诊，诣其处，见几上先有药方二纸，一补正回阳，一保元敛汗。刘曰：昨宵变证，故延二医酌治，未识那方中肯？即请示之。丰曰：先诊其脉再议。刘某伴至寝所，见病者覆被而卧，神气尚清，汗出淋漓，身凉如水，六脉安静，呼吸调匀。丰曰：公弗惧，非脱汗也，乃解汗也。曰：何以知之？曰：脉静身凉，故知之也。倘今见汗防脱，投以温补，必阻其既解之邪，变证再加，遂难治矣。乔梓仍信丰言，遂请疏方。思邪方解之秋，最难用药，补散温凉，概不可施，姑以蒌皮畅其气分，俾其余邪达表；稻豆衣以皮行皮，使其尽透肌肤；盖汗为心之液，过多必损乎心，再以柏子、茯神养其心也；加沙参以保其津，细地以滋其液，米仁、甘草，调养中州；更以浮小麦养心敛汗。连服二剂，肢体回温，汗亦收住。调治半月，起居如昔矣。[《时病论》]

按：患者患春温，发热口渴，脉象洪大鼓指，舌苔灰燥而干，可确定温热内炽之证，用凉解里热法治疗。

【析拓】凉解里热法是用清热生津的药物治疗温热内炽，外之风寒已退的证候，常用于春温、暑温、冬温，渴欲喜饮，苔燥，或黄或焦等病证。据临床报道，凉解里热法可治疗暑湿感冒、鼻衄、口疮、丘疹等，疗效可靠。

◎ 其他清解里热类

清凉荡热法

《时病论》："推温病之原，究因冬受寒气，伏而不发，久化为热，必待来年春分之后，天令温暖，阳气弛张，伏气自内而动，一达于外，表里皆热也。其证口渴引饮，不恶寒而恶热，脉形愈按愈盛者是也。此不比春温外有寒邪，风温外有风邪，初起之时，可以辛温辛凉；是病表无寒风，所以忌乎辛散，若误散之，则变证蜂起矣。如初起无汗者，只宜清凉透邪法；有汗者，清热保津法；如脉象洪大而数，壮热谵妄，此热在三焦也，宜以清凉荡热法；倘脉沉实，而有口渴谵语，舌苔干燥，此热在胃腑也，宜用润下救津法。"清凉荡热法取白虎汤之体，加辛凉透热、甘凉养胃阴之品，用于治疗三焦温热，脉洪大而数，热渴谵妄。临床多用此法治疗中暑热证。

第十节　养阴增液类

主要用于温病中后期邪热伤阴，以恢复津液的治法，归入养阴增液类治法。

《温病条辨》："温热，阳邪也。阳盛，伤人之阴也。"可见耗伤津液是温热邪气的特征。温热之邪在表未解，由卫入气入营，甚则入血。热在气分，多伤津液；热入营血，则转耗阴。津伤久延不愈，阴亦受损。

养阴增液类治法通过以下几个方面来恢复人体阴液：一是通过清热以保津液，如清热保津法。二是通过补肾阴或肺胃阴液使津液恢复，如填补真阴法、补益肾阴法、滋养肺胃法等。三是通过甘味药的甘平益气的作用，使机体布津功能得复，津液自生，如甘守津还法。四是通过益气生津以收敛津液，如益气敛阴法。

临床应用养阴增液类治法，应注意温病伤阴兼有湿邪者不可纯用本法，须配合祛湿治法，并注意滋阴不碍湿，祛湿不伤阴。

清热保津法

【出处】《时病论》："盖风温、热病，皆伏气也；风热之邪，是新感也。其初起寒微热甚，头痛而昏，或汗多，或咳嗽，或目赤，或涕黄，舌起黄苔，脉来浮数是也，当用辛凉解表法为先；倘恶寒头痛得瘥，转为口渴喜饮，苔色黄焦，此风热之邪，已化为火，宜改清热保津法治之；倘或舌燥昏狂，或发斑发疹，当仿热病门中之法治之。"

【溯源】《寓意草》："一身津液，尽为邪热所烁。清热亦有二法：初病时之热为实热，宜用苦寒药清之；大病后之热为虚热，宜用甘寒药清之，二者亦霄壤之殊也。人身天真之气，全在胃口，津液不足即是虚，生津液即是补虚，故以生津之药合甘寒泻热之药。"

【释义】《时病论》："清热保津法：治温热有汗，风热化火，热病伤津，温疟舌苔变黑。连翘（三钱，去心），天花粉（二钱），鲜石斛（三钱），鲜生地（四钱），麦冬（四钱，去心），参叶（八分）。水煎服。此治温热有汗之主方。汗多者，因于里热熏蒸，恐其伤津损液，故用连翘、花粉，清其上中之热；鲜斛、鲜地，保其中下之阴；麦冬退热除烦；参叶生津降火。"

【例案】金（左），春温疫疠之邪从内而发。发热咽痛，热势甚炽，遍身丹赤，痧点连片不分，咽痛外连颈肿。右脉滑数左脉弦紧，舌红边尖满布赤点。此由温疫之邪，一发而便化为火，充斥内外蔓延三焦。丹也，痧也，皆火也。刻当五日，邪势正盛，恐火从内窜，而致神昏发痉。拟咸寒泄热，甘凉保津。犀尖（五分，磨），鲜生地（七钱），粉丹皮（二钱），大青叶（三钱），金银花（二钱），霜桑叶（一钱五分），大力子（二钱），黑玄参（三钱），薄荷（五分），金汁（五钱），鲜茅芦根肉（各一两）。二诊咸寒泄热，甘凉保津，丹痧较化，热亦稍轻。[《张聿青医案》]

> **按：**患者发热咽痛，遍身丹赤，咽痛外连颈肿，舌红边尖满布赤点，说明患者发为春温病，热势较重，且蕴热成毒发为丹痧。治疗用咸寒清热解毒以保津液，方中犀角、大青叶、金银花、金汁共奏清热解毒之功，配生地、玄参、鲜茅芦根滋阴以清热，丹皮清热的同时凉血，防止热入血分，桑叶、大力子、薄荷疏散风热、解毒利咽。

【析拓】清热保津法针对热盛伤津者，多表现为汗多。辛寒清气法亦可治疗热盛汗多之证，但主要以清热为主，通过清热以保津液。清热保津法的适应证要有明显的津伤表现，所以在清热的同时必须加滋阴之品以保津液。据临床报道，可用清热保津法防治放射性食管炎、小儿夏季热、小儿麻痹症、瘟疫昏厥、烧伤等。

填补真阴法

【出处】《本草新编》："骨蒸，痨瘵之渐也，内无真阴之水，以冲养其骨中之体，故夜发热而日不热也。且夜热之时，在骨中内，皮之热反轻。此非外有邪犯，又非邪入肾中，乃精自内空。必须填补真阴，少加退阴火之味，始能奏效。"

【溯源】《经络全书》："以纯甘壮水之剂，填补真阴。"亦可进一步溯源《素问·阴阳应象大论》："形不足者，温之以气，精不足者，补之以味。"

【释义】《类经》："虚里跳动，最为虚损病本，故凡患阴虚劳怯，则心下多有跳动，及为惊悸慌张者，是即此证，人止知其心跳而不知为虚里之动。但动之微者病尚微，动之甚者病则甚，亦可因此以察病之轻重。凡患此者，余常以纯甘壮水之剂，填补真阴，活者多矣。然经言宗气之泄，而余谓真阴之虚，其说似左，不知者必谓谬诞，愚请竟其义焉。夫谷入于胃，以传于肺，五脏六腑，皆以受气，是由胃气而上为宗气也。气为水母，气聚则水生，是由肺气而下生肾水也。今胃气传之肺，而肾虚不能纳，故宗气泄于上，则肾水竭于下，肾愈虚则气愈无所归，气不归则阴愈虚矣。气水同类，当求相济，故凡欲纳气归原者，惟有补阴以配阳一法。"

【例案】石顽疗吴江邑侯华野郭公，仲秋喘嗽气逆。诊之两尺左关弦数，两寸右关涩数。弦者肾之虚，涩者肺之燥。夏暑内伏肺络，遇秋燥收之令，而发为咳嗽也。诊后公详述病情，言每岁交秋则咳，连发四载，屡咳痰不得出则喘，至夜坐不得卧，咳剧则大便枯燥有血。先曾服令高徒施元倩越婢汤，嗽即稍可。数日间堂事劳心，复咳如前。因求洞垣之鉴，起我沉疴。答曰：公本东鲁，肾气素强，因水亏火旺，阴火上烁肺金，金燥不能生水，所以至秋则咳。咳剧则便燥有血，肺移热于大肠之明验也。合用千金麦门冬汤，除去半夏、生姜之辛燥，易以葳蕤、白蜜之甘润。借麻黄以鼓舞麦冬、生地之力，与越婢汤中麻黄、石膏分解互结之燥热同一义也。公首肯以为然。连进二剂，是夜便得安寝。次早复诊，其脉之弦虽未退，而按之稍奭，气口则虚濡乏力。因与六味、生脉，加葳蕤、白蜜作汤四服。其嗽顿减。［《张氏医通》］

按： 六味地黄丸为填补真阴药，与人参同用，原非正理。此兼麦冬、五味子，缘合肺肾金水相生，当无留中恋膈之虑。善后之策，即以此方制丸，三时恒服不彻，至秋庶无复嗽之虞。

【析拓】填补真阴法是用甘寒、咸寒、酸寒之品以填补肝肾阴液的一种治法。临床可治疗骨蒸、潮热、盗汗、心悸、失眠等症。现代医学的围绝经期综合征、骨质疏松、冠心病、心肌炎、心律失常等表现为上述证候者，都可用填补真阴法治疗。据临床报道，可用填补真阴法治疗顽固性失眠、频发室性期前收缩、胃炎、冠心病和经皮冠状动脉支架置入术后、病毒性心肌炎合并房室传导阻滞。

◎ 其他养阴增液类

补益肾阴法

《妇人规》："六味地黄丸并非《金匮》肾气丸，而是宋代钱乙以《金匮》肾气丸为温补肾阳之剂，而于小儿应滋养肾阴，故于肾气丸去附桂，创制六味地黄丸以补益肾阴。"补益肾阴法主要针对肾阴不足者。填补真阴法与补益肾阴法均可治疗肾阴亏虚，但填补真阴法的适应证为肝肾阴虚，补益肾阴法侧重于肾阴不足。据临床报道，可用补益肾阴法治疗阿尔茨海默病、慢性肾脏病、慢性胃炎、崩漏。研究补益真阴法对 D- 半乳糖致亚急性衰老模型大鼠肝、肾组织形态及其细胞凋亡相关蛋白表达的影响，发现该法可显著降低大鼠肝组织中 Bax、Caspase-3 的光密度（IOD）值，显著升高 Bcl-2 的 IOD 值，表现出抗衰老作用。

甘守津还法

《温热论》："再舌苔白厚而干燥者，此胃燥气伤也，滋润药中加甘草，令甘守津还之意。"甘守津还法在滋润药的基础上加用甘草，其意不在甘润养阴，而在取其甘味，通过甘平益气的作用，使布津功能得复，津液自生。临床用药也不只甘草一味，叶氏仅举此例说明而已。临床中多用甘守津还法治疗干燥综合征，以及暑湿证、抗生素所致胃肠道反应等。

益气敛阴法

《医方集解》："人参甘温，大补肺气，为君；麦冬止汗，润肺滋水，清心泻热，为臣；

五味酸温，敛肺生津，收耗散之气，为佐。盖心主脉，肺朝百脉，补肺清心，则气充而脉复，故曰生脉也。"《医学启源》："麦门冬，气寒，味微苦甘，治肺中伏火，脉气欲绝，加五味子、人参二味，为生脉散，补肺中元气不足。"益气敛阴法用益气生津、敛阴固脱之品补益气阴、固摄津液，治疗津液外脱的病证。多用于治疗温热病汗出伤津或气阴两伤证。据临床报道，可用益气敛阴法治疗轻度或中度抑郁症、2型糖尿病、2型糖尿病多汗症、糖尿病视网膜病变及糖尿病其他并发症。研究发现，该法可减缓内毒素所致感染性休克大鼠的进行性血压下降，显著降低模型大鼠肺、肝组织中ET-1、TNF-α、诱导型一氧化氮合酶（iNOS）的表达，进而减轻感染性休克大鼠的肺脏和肝脏病理损伤，显示出抗感染性休克的作用。

滋养肺胃法

《一得集》："如伤秋金燥气，消烁肺胃之津液而化痰，宜滋养肺胃之阴。喻氏主清燥救肺汤，或佐以五汁，养阴甘凉润燥，即雪羹之类亦是。"《温病条辨》："燥伤肺胃阴分，或热或咳者，沙参麦冬汤主之。沙参三钱，玉竹二钱，生甘草一钱，冬桑叶一钱五分，麦冬三钱，生扁豆一钱五分，花粉一钱五分。水五杯，煮取二杯，日再服。"滋养肺胃法用甘寒清润之品滋养肺胃津液。中医在临床中多用该法治疗以里热为主的肺胃阴液未复，或肺胃阴伤之证。据临床报道，可用该法治疗慢性胃炎、干眼症、癌症治疗后的不良反应、慢性阻塞性肺疾病、失眠等证属肺胃阴伤者。

第十一节　固脱类

主要用于救治脱证的治法，归入固脱类治法。

脱证多为气血受损，阴阳不相维系所致。正气素虚而邪气太盛，或汗出太过，阴液骤损，阴伤及阳，导致气阴外脱或亡阳厥脱之危急证候。此外，暴伤阳气或阳虚日久，则易虚寒下利，亦当固脱。

固脱类治法通过以下几个方面来恢复正气的功能：一是通过大补阳气以固脱救逆，如回阳固脱法。二是通过温中散寒以固脱止利，如温中固脱法。三是通过补益阴液以固脱摄津，如救阴固脱法。

固脱治法为急救治法，多用于病情危重之际，故用药必须快速、及时、准确，辨清脱证原因及性质，准确掌握给药间隔时间、次数以及药物的剂量，并随时根据病情变化做出相应调整或必要时结合西医方法综合抢救。一旦阳回脱止，应中病即止。

救阴固脱法

【出处】邓铁涛《中医基础理论》（1982年）：亡阴时治疗宜救阴固脱。

【溯源】《温病条辨》："手太阴暑温，汗多，脉散大，喘喝欲脱者，生脉散主之。""汗多而脉散大，其为阳气发泄太甚，内虚不相留恋，可知生脉散酸甘化阴，守阴所以留阳，阳留汗自止也。以人参为君，所以补肺中元气也。"

【释义】《温病学与中医现代临床》：救阴固脱治法，适用于亡阴脱液而临床表现为身热骤降，汗多神疲，脉散大无力，舌光少苔的病证。代表方如生脉散、来复汤（人参、山茱萸、生杭芍、生龙牡、炙甘草）等。

【例案】一人，年四十八，大汗淋漓，数日不止，衾褥皆湿，势近垂危。询方于愚，俾用山萸肉二两，煎汤饮之，其汗遂止。翌晨迎愚诊视，其脉沉迟细弱，而右部之沉细尤甚，虽无大汗，遍体尤湿。疑其胸中大气下陷，询之果觉胸中气不上升，有类巨石相压。乃恍悟前此之汗，亦系大气陷后，卫气无所统摄而外泄之故。遂用生黄芪一两，山萸肉、知母各三钱，一剂胸次豁然，汗亦尽止，又服数剂以善其后。[《张锡纯医案》]

> **按：** 本案患者大汗淋漓，数日不止，乃亡阴之象，以山萸肉救脱，人身之阴阳气血将散者，皆能敛之。翌晨脉沉迟细弱，右部之沉细尤甚，遍体尤湿，为气随津脱之象，故加生黄芪、知母增强益气敛津固脱之效。

【析拓】救阴固脱法针对伤津太甚，亡阴欲脱而设。临床用于治疗亡阴之阴脱证，亦可用于治疗温燥证、中暑等。据临床报道，现代医学的湿暖型休克、急性心肌梗死等属亡阴者，可用此法。研究发现，生脉散对失血性休克大鼠肝脏细胞液糖皮质激素受体具有调节作用，可以升高血浆糖皮质激素含量，增加糖皮质激素受体结合容量和受体特异结合位点，提高糖皮质激素受体解离常数。

◎ 其他固脱类

回阳固脱法

《神农本草经读》："至于仲景通脉四逆汤，面赤者加葱，非取其引阳气以归根乎？白通汤以之命名者，非取其叶下之白，领姜、附以入肾宫，急救自利无脉，命在顷刻乎？二方皆回阳之神剂，回阳先在固脱。仲师岂反用发汗之品？学人不参透此理，总属误人之庸医。"《临证指南医案》："脱之名，惟阳气骤越，阴阳相离，汗出如珠，六脉垂绝，一时急迫之症，方名脱。"回阳固脱法多用辛热、甘温之品大补阳气以固脱救逆。回阳固脱法和益气敛阴法均可治疗脱证，回阳固脱法治疗阳气暴脱导致的脱证，而益气敛阴法治疗气阴大伤而正气欲脱者。现代临床多用回阳固脱法治疗休克。据临床报道，可用回阳固脱法治疗慢性心力衰竭急性发作合并休克、胸痹心痛。研究发现，回阳固脱法配合西医治疗在改善感染性休克患者血流动力学方面优于单纯的西医治疗；并发现此法可降低TNF-α、IL-1、IL-6、IL-10、IgM的含量，有效抑制炎症介质的产生和释放，从而减轻炎症反应对机体的损伤，缓解病情。

温中固脱法

《针灸集锦》："若久痢不止，滑脱不禁可用桃花汤温中固脱。"《伤寒论·辨少阴病脉证并治》："少阴病，二三日至四五日，腹痛、小便不利、下利不止、便脓血者，桃花汤主之。"温中固脱法为虚寒下利所设，临床以温中散寒药联合涩肠止泻药，适用于虚寒泻痢诸证。现代临床用于治疗肠道疾病和妇科疾病。据临床报道，可用温中固脱法治疗脑出血、痢疾、小儿慢性迁延性腹泻、溃疡性结肠炎、带下、产后腹泻、崩漏，效果较好。

第十二节　通下救阴类

用通下温热邪气以泻热救阴的治法，归入通下救阴类治法。

通下救阴类治法具有通腑泄热、荡涤积滞、排除毒邪和给邪以出路的作用，从而救阴于危亡。其适应证病机为温病热邪与有形实邪如燥屎、湿滞等互结于肠腑，燥热难下，更伤津液。

临床运用时应根据内结实邪的性质、部位的不同来选择具体治法，注意平素体虚或表证未解者不可单纯攻下；无实热内结者禁用通下；津液亏损者，应注意结合养液。

增液润肠法

【出处】《增订通俗伤寒论》："阴液已枯者，张氏济川煎去升麻，加雪羹煎汤代水，增液润肠以滑降之。此皆为阴虚多火者而设。"

【溯源】《温病条辨》："津液不足，无水舟停者，间服增液，再不下者，增液承气汤主之。""三者合用，作增水行舟之计，故汤名增液，但非重用不为功。"

【释义】《增订通俗伤寒论》："张氏济川煎：增液润肠兼调气法，俞氏经验方，方载《景岳全书》：淡苁蓉（四钱），淮牛膝（二钱，生），升麻（五分，蜜炙），油当归（三钱），福泽泻（钱半），枳壳（七分，蜜炙）。"

【例案】王敬贤，年三十五岁，业商，住南街柴场弄。温燥伤肺。因秋深久晴无雨，天气温燥，遂感其气而发病。证候：初起头疼身热，干咳无痰，即咳痰多稀而黏，气逆而喘，咽喉干痛，鼻干唇燥，胸臆胁疼，心烦口渴。脉右浮数，左弦涩，舌苔白薄而干，边尖俱红。此《内经》所谓"燥化于天热反胜之"是也。……三诊：烦渴已除，气平呕止，惟大便燥结，腹满似胀，小溲短涩，脉右浮数沉滞。此由气为燥郁，不能布津下输，故二便不调而秘涩，张石顽所谓燥于下必乘大肠也。治以增液润肠，五汁饮加减。三方：鲜生地汁（两大瓢），雅梨汁（两大瓢），生莱菔汁（两大瓢），广郁金（三支，磨汁约二小匙）。用净白蜜一两，同四汁重汤炖温，以便通为度。[《全国名医验案类编》]

按：患者上感温燥之邪，耗伤肺阴，出现干咳无痰及心烦口渴等燥热津伤之症。肺与大肠相表里。肺金燥热传变大肠，则大便当燥结而秘，进而邪热不能顺利外达，更伤津液，形成恶性循环。当患者烦渴已除，气平呕止时，必当转而通其大肠，给邪以出路。既为燥热结滞，理当增其液以润其肠，更通其结。故用增液润肠法养阴增液、润肠通便。

【析拓】增液润肠法多用甘寒、咸寒之品，以生津养阴、润燥通便，主要适用于温病邪热已退，阴液损伤，津枯肠燥便秘，具有养阴增液、润肠通便的作用。津枯肠燥多见于年老体弱或温邪虽解，阴液未复，症见大便秘结，低热，口干咽燥，舌红而干。代表方为增液汤。据临床报道，可用增液润肠法治疗功能性便秘、产后血虚大便难、干燥综合征、口疮。

◎ 其他通下救阴类

导滞通便法

《增订通俗伤寒论》："枳实导滞汤：下滞通便法，俞氏经验方……秀按：凡治温病热症，往往急于清火，而忽于里滞，不知胃主肌肉，胃不宣化，肌肉无自而松，即极力凉解，反成冰伏。此方用小承气合连、槟为君，苦降辛通，善导里滞；臣以楂、曲疏中，翘、紫宣上，木通导下；佐以甘草和药。开者开，降者降，不透发而自透发。每见大便下后，而疹瘰齐发者以此。此为消积下滞，三焦并治之良方。"导滞通便法是针对中焦气滞便秘建立的治法。温病夹湿，多致中焦郁滞。现已发展为凡气滞、食滞、湿滞、痰滞、热滞、瘀滞所致的便秘，均可用相应的消导积滞的方法，以消除肠道积滞，常结合通泻大便药。如枳实导滞丸可用于治疗湿热郁滞或饮食积滞或兼气滞病证。可用于治疗现代医学的消化道疾病、代谢性疾病、心脑血管疾病等，病机属邪滞便秘者。

增液润下法

又称润下法或缓下法。《温病辨证》："有大便已解，越三四日而发热，为余邪复结，（仲景云：其后发热者，必大便复硬而少也。）宜与增液润下法。"《温病条辨》："其因阳明太热，津液枯燥，水不足以行舟，而结粪不下者，非增液不可。服增液两剂，法当自下……"增液润下法是使用甘平滋阴增液的药物，治疗大肠热结津枯所致的便秘的治法。用于不宜峻下的肠燥津枯的病证。如老年人肠燥便秘或习惯性便秘，以及孕妇或产后便秘，采用的药物多属甘平而润滑，如火麻仁、郁李仁、蜂蜜等。又如大肠热结而津液枯燥的便秘，则用滋阴增液的药物，如玄参、麦冬、生地黄等，代表方有增液汤等。

增液通下法

《温病条辨》："燥结甚者，间服增液承气，约小其制，方合下后治法。""津液不足，无水舟停者，间服增液，再不下者，增液承气汤主之。"《董建华临证治验录》："病在胃，热重伤阴，则以清热生津为宜，如病重气腑不通，则应以增液通下为主。"增液通下法是针对热结阳明，阴液亏耗，肠腑燥结而设，用具有滋养阴液兼通下腑实作用的方药，使阴液充盈，燥屎得行。适用于热结阴亏之证，症见发热不退，口干咽燥，唇裂，腹满，大便秘结，苔干燥等。代表方为增液承气汤。据临床报道，可用增液通下法治疗尿血、流行性出血热、肠梗阻、流行性乙型脑炎、顽固性高热。

第十三节　温病其他治法

温邪致病，变证众多，常变可类，偶变难分，均归于本类。

咸寒苦甘法

【出处】《温病条辨》："增液汤方（咸寒苦甘法）：元参（一两）、麦冬（连心，八钱）、细生地（八钱）。""清营汤方（咸寒苦甘法）：犀角（三钱）、生地（五钱）、元参（三钱）、竹叶心（一钱）、麦冬（三钱）、丹参（二钱）、黄连（一钱五分）、银花（三钱）、连翘（连心用，二钱）。"

【溯源】《素问·至真要大论》："诸气在泉……热淫于内，治以咸寒，佐以苦甘。""司天之气……热淫所胜，平以咸寒，佐以苦甘，以酸收之。"

【释义】《温病条辨》："独取元参为君者：元参味苦咸微寒，壮水制火，通二便，启肾水上潮于天，其能治液干，固不待言，《本经》称其主治腹中寒热积聚，其并能解热结可知。麦冬主治心腹结气，伤中伤饱，胃络脉绝，羸瘦短气，亦系能补、能润、能通之品，故以为之佐。生地亦主寒热积聚，逐血痹，用细者取其补而不腻，兼能走络也。三者合用，作增水行舟之计。"

【例案】某男，寒，发热，咽喉疼痛，烦躁不安，咳嗽痰少，一天。急性热病容，体温40℃，唇干燥，舌边红，苔白厚黄，脉浮而数，咽喉部明显充血，双侧扁桃体肿大，有中等脓性分泌物，颌下淋巴结轻度肿大。证属风热乳蛾（急性扁桃体炎）。治予疏风清热、消肿解毒。以凉膈散加味：大黄6g、朴硝6g、甘草10g、山栀仁12g、薄荷6g、黄芩15g、竹叶12g、连翘20g、柴胡15g。服完4剂后痊愈。[《医学理论与临床实践》]

> **按：**本方取朴硝、大黄之咸寒荡热于中，重用连翘清热解毒，配伍薄荷、竹叶清疏肺胃心胸之热。柴胡、栀子仁、黄芩苦寒泄热于上，甘草之甘以缓其急，合而用之，咸寒苦甘，能使上中二焦之邪热上清下泄，则咽喉自清，诸证可解。

【析拓】咸寒苦甘法使用咸寒、苦寒、甘寒药物。其中咸寒滋肾水，苦寒泄热，甘寒生津而养阴，既能清热，又能化阴。其代表方如清营汤、清宫汤、增液承气汤、调胃承气汤、犀角地黄汤等。据临床报道，可用咸寒苦甘法治疗抑郁症，又可用咸寒苦甘法之清营汤加味治疗乙型肝炎肝硬化代偿期，或用增液汤治疗咽痛。

◎ 该类其他治法

截疟法

《医宗必读》："截疟法，疟发四五遍，曾经发散者，方可截之，何首乌散、常山饮、独蒜丸。久疟大虚者，人参一两、生姜一两，连投三服。若病邪初起，未经发散，遽用酸收劫止之剂，必致绵延难愈，或变成他证，不可不谨也。"《杨氏家藏方》："七宝散：治一切疟疾，或先寒后热，先热后寒；或寒多热少，或热多寒少；或多寒但寒，或多热但热；或一日一发，或一日二三发；或连日或间日发，或三四日一发。……常山、陈橘皮（不去白）、青橘皮（不去白）、槟榔、草果子仁、甘草（炙）、厚朴（去粗皮，生姜汁制），各等分。"截疟法是指运用和解、清热、达邪之药，如常山、草果、槟榔、青蒿等，在疟邪发作前给药，以截断疾病的进程，阻止疟疾发作的治法。用于治疗疟病。代表方如常山饮、截疟七宝饮等。据临床报道，可用截疟法治疗阿米巴病，也可用截疟法治疗妊娠疟疾。

辛开苦泄法

同辛开苦降法。《温热经纬》："湿遏热伏，必先用辛开苦降以泄其湿，湿开热透，故防舌干，再用苦辛甘凉从里而透于外，则胃气化而津液输布，舌即变润，自能作汗，而热邪亦可随汗而解。"《素问·阴阳应象大论》："气味辛甘发散为阳，酸苦涌泄为阴。"《素问·脏气法时论》："肝欲散，急食辛以散之，用辛补之，酸泻之。""肺苦气上逆，急食苦以泄之。"《素问·至真要大论》："阳明之复，治以辛温，佐以苦甘，以苦泄之，以苦之下，以酸补之。"辛味药有发散、行气的作用；苦味药有泻火、通泄和下降的作用。辛、苦并用，一可治湿热温病，湿热盛于中焦，或痰湿邪阻滞胸脘者，多用辛味之半夏、厚朴、生姜等配合苦味的黄连、黄芩等；二可治疗表寒里热证，症见发热、微恶风寒、头痛、少汗、口渴、咽痛，舌苔黄白，脉浮数等，以辛发表，以苦泄热。据临床报道，可用辛开苦泄法治胃炎、胃小弯处溃疡，或用辛开苦泄法合养阴醒脾法治疗复发性口疮。

第四篇

阴阳五行治法

第十章
阴阳治法

根据人体阴阳之互根互用的理论，用于纠正人体阴阳的偏盛偏衰，恢复人体阴阳平衡，以促进阴平阳秘的治法，归入阴阳五行类治法。

《素问·阴阳应象大论》："阴阳者天地之道也，万物之纲纪，变化之父母，生杀之本始，神明之府也，治病必求于本。"强调调节阴阳是治疗疾病的总法则。阴阳对立又统一，同时相互制约、相互依存、相互促进、相互转化。阴平阳秘，即阴与阳在保持各自功用和特性的情况下，通过相互作用达到整体协调状态，可综合体现在经络调畅、九候若一、脉应四时、寒温相守、形肉相称、气血和调、脏腑相协等方面。阴阳失调，即机体在疾病的发生发展过程中，由于各种致病因素的影响，导致机体的阴阳消长失去相对的平衡，从而形成阴阳偏胜偏衰的病理状态。

阴阳治法的确定，一般遵循以下原则：一是以对证施治为主。对于虚证，如阴阳两虚当用阴阳双补法，阳脱当用回阳救逆法；对于虚实夹杂证，如阴虚火泛当泄热养阴并用，用坚阴法。二是利用阴阳之间的相互关系以相互促进。如阴中求阳、阳中求阴，遵循二者互相依存、互相转化的特殊关系；阳病治阴、阴病治阳、补阴制阳、扶阳抑阴、育阴潜阳、滋阴潜阳，基于二者互相制约、消长的关系。三是因阴阳病证通常与肝肾功能失调有关，因此阴阳治法常与调节肝肾功能相为用，并善用介类来调节。如热伤津液而致肝风内动，用救阴平肝法；阴虚阳浮须通过滋阴联合重镇潜纳浮阳药，采用滋阴潜阳法或畜鱼置介法。

应用阴阳治法要注意以下几个方面：一是协调阴阳之间的关系。阳损及阴，阴亦损及阳，故临证治疗阳虚者，注意补阳的同时佐以补阴，使阴助阳升，阳化有源；补阴的同时佐以补阳，使阴精生化不绝。二是协调肝肾功能。肝肾同源，精血互生，肾水不足，肝木失养，故治疗过程中于滋肾的同时注重养肝、平肝、镇肝、泻肝。三是治疗虚实夹杂时，使用扶正治法时不得妨碍散邪，而使用祛邪治法又不得伤正。

本章主要涉及阴阳相互作用的功能失调的治法。至于阴、阳各自功能失常所致病证的治法，则分见于其他相关章节。

第一节 扶弱调平类

主要用于相克不及的虚证，即扶其不足以达到阴阳平调的治法，归入扶弱调平类治法。

阴阳之间有相互调节，以保持相对平衡的反馈功能。这种调节作用是通过阴阳相互克制和相互为用实现的。

扶弱调平类治法针对两种情况：一是单纯的阳气不足或阴液亏虚或阴阳两虚，通过补其不足，或扶助阳气，使阳气旺盛，或滋补阴精，使阴液充足，或阴阳双补以达到阴阳平调。二是由于阳虚无以制阴，阴虚无法抑阳，而通过补阳来抑阴，或滋阴以制阳，从而达到阴平阳秘，如阴中求阳法、阳中求阴法、阴阳双补法、阴病治阳法、阳病治阴法、补阴制阳法、回阳救逆法等。

　　临床应用扶弱调平类治法，应注意根据阴阳互根消长关系，补阳的同时佐以滋阴，育阴的同时佐以补阳。

回阳救逆法

　　【出处】《神农本草经读》："《素问》谓以毒药攻邪是回生妙手，后人立补养等法是模棱巧术，究竟攻其邪而正气复，是攻之即所以补之也。附子味辛气温，火性迅发，无所不到，故为回阳救逆第一品药。"

　　【溯源】《伤寒论·辨少阴病脉证并治》："少阴病，脉沉者，急温之，宜四逆汤。"《伤寒论·辨霍乱病脉证并治》："吐利汗出，发热，恶寒，四肢拘急，手足厥冷者，四逆汤主之。"

　　【释义】《医理真传》："按：四逆汤一方，乃回阳之主方也。……仲景深通造化之微，知附子之力能补先天欲绝之火种，用之以为君。又虑群阴阻塞，不能直入根蒂，故佐以干姜之辛温而散，以为前驱。荡尽阴邪，迎阳归舍，火种复兴而性命立复，故曰回阳。阳气既回，若无土覆之，火焰易熄，虽生不永，故继之以甘草之甘，以缓其正气，缓者伏之之意也。其火伏藏，命根永固，又得重生也。"

　　【例案】肝气挟痰塞逆，心脘掣痛，陡然寒颤，壮热痉厥，洧至汗出如雨，肤冷如石，脉细如发，语言不出。是痰邪内伏，肝风鸱张，正气欲脱，危如朝露，无可奈何。勉拟扶正涤痰，回阳救逆，以冀万一。人参、龙骨、半夏、竹沥、附子、牡蛎、橘红、姜汁。[《顾氏医案》]

　　　按：本案由于体内阴寒内盛，逼阳于外，而出现一些假热之象，如壮热。治疗当撇开假象，针对阴寒内盛（即取之阴），用人参、附子回阳救逆；肝气夹痰，风阳上扰，而见痉厥，用龙骨、半夏、竹沥、牡蛎、橘红、姜汁以平肝涤痰。

　　【析拓】回阳是指使外越之虚阳（肾阳）回藏于肾中，以复其封藏状态；救逆是指治疗四肢厥逆，即使厥冷之四末恢复温煦。此法用于少阴阳虚证属阳亡欲脱的阶段。据临床报道，用回阳救逆综合疗法可有效提高脓毒症休克患者液体复苏效果，改善组织灌注及预后；回阳救逆法辅治急性心衰正虚喘脱型可改善临床指标，减少病死率。乳腺癌的治疗可以回阳救逆为基本原则，基本方采用四逆汤。也可以回阳救逆汤联合西药治疗慢性肾功能不全，具有延缓肾衰竭进展、稳定肾功能、改善临床症状的作用。

引火归源法

　　【出处】《外科精要》："若因阴火，则元气病气俱不足，当用补中益气汤及六味地黄丸，以滋肾水。若肾水干涸，中传末症，急用加减八味丸及补中益气汤，以固根本，引火归源。"

　　【溯源】《素问玄机原病式》："肾水本寒，虚则热矣。"

【释义】《薛案辨疏》："此曰肾阴虚阳无所附而发于外，其症不甚相远，而治法则前既用参、芪、术补气之药，复用附子补火之药，而既此不用参、芪、术，复减去附子，大有径庭，何也？曰前是火虚，此是水虚也……水虚而阳无所附，只宜引火归源而已，不必补火也。故用肉桂而不用附子，只宜补肾壮水而已，不必补气也，故用加减八味而不用十全大补。"

【例案】人有牙齿疼痛，至夜而甚，呻吟不卧者，此肾火上冲之故也。然肾火，乃虚火，非实火也……治法急大补其肾中之水，而益以补火之味，引火归源，则火有水以养之，自然快乐，而不至于上越矣。方用八味地黄汤加骨碎补治之，一剂而痛止，再剂而痛不发也。盖六味地黄汤补其肾水，桂附引火以归于命门，但补水引火之药，不先入齿中，则痛之根不能除，所以必用骨碎补以透入齿骨之中，而后直达于命门之内，此拔本塞源之妙法耳。此症亦可用制火汤：熟地（二两）、生地（一两）、玄参（五钱）、肉桂（三分）、骨碎补（一钱）、车前子（二钱），水煎服。二剂即止痛。[《辨证录》]

按：此医案所论乃阴虚火旺所致牙齿疼痛之症，其治法为引火归源法。案中论述人身肾中若无虚寒，则龙雷之火自安于肾宫，惟其下寒过甚，水液不足，故龙雷之火上冲于咽喉，齿牙受其害。医以八味地黄汤加骨碎补或制火汤，方中以肉桂小剂量引火归源，火得水养，骨碎补在其中起透骨止痛的作用，此法标本兼治，体现治病求本的原则。

【析拓】引火归源法是治疗阴虚而虚火亢旺的治法。肾阴亏虚，阴虚而阳无所附，则浮越肌表而热。其特点是滋补肾阴为主，取同类相引之意，少佐以热药如肉桂，使虚浮之火归于阴中。虚火忌用寒凉，寒凉易伤真阳而致阴阳两虚。现在临床用引火归源法已经不仅局限于肾阴虚火旺，凡五脏阴虚火旺而病情需要者，皆可用之。据临床报道，可用引火归源法治疗小儿眩晕、盗汗等，均取得了良好的疗效。也可用该法治疗慢性咽炎、牙周炎、舌炎及顽固性口腔糜烂，可提高疗效。

◎ 其他扶弱调平类

坚阴法

《珍珠囊》："苦能燥湿、坚阴。"《素问·脏气法时论》："肾欲坚，急食苦以坚之。""坚阴"有三层含义：一指平相火，固肾阴；二指清热泻火，顾护阴津；三指泻下以存阴。后世对肺肾、肝肾、心肾阴虚有火泛者用此法。如滋润养阴药配伍知母、黄柏等，补肝肾之阴而泻相火，治疗肝肾阴虚火旺；在养阴的同时配伍地骨皮或黄柏等，治疗肺肾阴虚，虚火刑金；在养阴同时配伍黄连、黄芩等，治疗心肾阴虚。据临床报道，可用清热化湿坚阴法治疗早期糖尿病肾病，或以健脾益气祛湿坚阴止泻法治疗放射性直肠炎，或以泻火坚阴法治疗火热内蕴型口腔溃疡。研究发现，用益阳坚阴中药复方可抑制豚鼠形觉剥夺性近视眼的发展，延缓玻璃体腔的加深和眼轴的增长。

阳病治阴法

《素问·阴阳应象大论》："病之始起也，可刺而已；其盛，可待衰而已。……审其阴阳，以别柔刚，阳病治阴，阴病治阳，定其血气，各守其乡，血实宜决之，气虚宜掣引之。"《难经·六十七难》："阴病行阳，阳病行阴，故令募在阴，俞在阳。""阳病治阴"包括两个含义：一是指阳热亢盛，损伤了阴液的病证，或阴液不足，不能制阳而致阳亢的病证，运用滋阴法治疗；二是指疾病的症状表现在阳经，可采用针刺阴经穴位的方法治疗。基于"阳病治阴，阴病治阳"的治则，根据"外内之应，皆有表里"机制，取其相表里的阴经腧穴来治疗阳经的病变，用阳经的腧穴来治疗相表里的阴经的病变。据临床报道，可基于阳病治阴的治疗原则来治疗阴虚燥热伤肺型肺癌的癌性发热，或在阳病治阴法指导下调节阴阳以防治高血压。

阴病治阳法

《素问·阴阳应象大论》："审其阴阳，以别柔刚，阳病治阴，阴病治阳，定其血气，各守其乡……"《周易·系辞上传》："一阴一阳之谓道。"《老子·四十二章》："万物负阴而抱阳，冲气以为和。"《内经知要》："阴胜者阳伤，治其阳者，补水中之火也。"阴病治阳法包括两种含义：一是指阴寒盛，损伤了阳气的病证，或阳气不足，不能制阴而造成阴盛的病证，运用扶阳法治疗；二是指疾病的症状表现在阴经，可采用针刺阳经穴位的方法治疗。据临床报道，病态窦房结综合征的基本病机为阳虚阴盛，倡导以壮阳、补阳、通阳有机结合的温阳法贯穿治疗始终；或用阴病治阳理论针刺治疗中风后遗症；或用从阴病治阳、行气活血理论诊治瘿病，均有良效。

育阴平肝法

也称为救阴平肝法。《喉科家训》："救阴平肝汤，治温热极甚，壮热口渴，舌黄或焦红，发痉，神昏谵语或笑，邪灼心包，荣血已耗，宜用此方。犀角、连翘、菖蒲、鲜地、元参、羚羊、双钩、银花，煎服佐以至宝丹先服。"育阴平肝法是用清热护津联合滋阴平肝药，来治疗热伤津液而致风气内动的治疗方法。伤津之热，既可以是外邪所生热，也可以是内生邪热。可用于治疗高血压、中风、更年期综合征、头痛，以及外感发热性疾病，病机属于邪热伤津而致风气内动者。育阴涵阳法通过滋阴来潜纳浮阳，如六味地黄丸类；滋阴潜阳法通过滋阴联合重镇潜纳浮阳药来治疗阴虚阳浮，如镇肝熄风汤。据临床报道，可用育阴平肝法治疗原发性面肌痉挛属风阳夹痰者，或用天麻钩藤饮加减以育阴平肝、潜阳息风通络治疗高血压性脑卒中，或用扶正救阴平肝散风法治疗内闭外脱型小儿肺炎并发心衰。也有用该法治疗冠心病心悸胸闷的记载。

阴阳双补法

也称为阴阳并补法。《医学入门》："若见命门脉微细或绝，阳事痿弱，法当补阳；若见命门脉洪大鼓击，阳事坚举，是为相火妄动，法当滋阴。若或肾脉浮大芤紧，遗精尿血，法当补阴；若带洪数，兼以泻火；若见肾脉微甚欲绝，别无相火为病，法当阴阳双补。阳脱痿弱，精冷而薄，或来慢不能直射子宫，命脉微细者，还少丹、打老儿丸。精清淡者，雀卵丸。阳痿不举，命门脉虚欲脱者，巨胜子丸、壮阳丹。肾气久旺，来慢不能直射子宫者，续嗣丹、温肾丸。"阴阳双补法是以补阴剂与补阳剂相结合，治疗阴阳两虚证的方法。临床以头晕目眩，腰膝酸软，阳痿遗精，畏寒肢冷，自汗盗汗，午后潮热等为主症。多是疾病发展到严重阶段，阴损及阳，或阳损及阴，而出现阴虚与阳虚的证候同时并见的病理现象。据临床报道，可从阴阳双补法论治多系统萎缩伴直立性低血压；或用阴阳并补方法治疗脑髓或骨髓相关疾病，在滋肾填精的同时，配以温阳药温润，动静结合，取得良好临床效果。有人从网络药理学角度揭示了阴阳双补方治疗恶性肿瘤骨转移的复杂机制，揭示了该治法的应用价值。

阴以制阳法

即补阴以制阳治法。《类经》："肝主筋，其化风，风气有余，如木郁之发，善暴僵仆之类，肝邪实也。风气不足，如委和之纪，其动缓戾拘缓之类，肝气虚也。此皆肝木本气之化，故曰属风，非外来虚风八风之谓。凡诸病风而筋为强急者，正以风位之下，金气乘之，燥逐风生，其燥益甚。治宜补阴以制阳，养营以润燥，故曰：治风先治血，血行风自灭，此最善之法也。设误认为外感之邪，而用疏风、愈风等剂，则益燥其燥，非惟不能去风，而适所以致风矣。"阴以制阳法用于阴液不足所致的阴虚内热证，即阴虚不能制阳而导致阳相对偏盛的虚热证，临床多见低热、手足心热、午后潮热、盗汗、口燥咽干、心烦失眠、头晕耳鸣、舌红少苔、脉细数无力等症。据临床报道，消渴病多呈现阴虚燥热证，可用滋阴以制阳治疗之；有用内养功联合滋阴制阳法治疗女性更年期失眠，或在阴以制阳理论指导下，用滋阴清热方治疗Graves病心肝阴虚证，均疗效显著。

阴中求阳法

《景岳全书》："其有气因精而虚者，自当补精以化气；精因气而虚者，自当补气以生精。又有阳失阴而离者，不补阴何以收散亡之气？水失火而败者，不补火何以苏垂寂之阴？此又阴阳相济之妙用也。故善补阳者，必于阴中求阳，则阳得阴助，而生化无穷。"阴阳相偶，二者互相依存、互相转化。阳虚会损及阴，阴虚亦可损及阳。故临证治疗阳虚患者，可于补阳的同时也兼补阴，以使阴助阳升，阳化有源。阳气的功能活动需要以阴精为物质基础，故在补阳的同时佐以滋阴，则阳气得到阴精的滋养而生生不息。据临床报道，可用阴中求阳理论指导治疗慢性心力衰竭；或按阴中求阳法论治督脉病；用右归丸加减方治疗肾虚型骨质疏松症，皆有良效。研究发现，用右归丸处理肾阳虚雄鼠，能有效提高肾阳虚证大鼠体质量、睾丸指数、血清中的睾酮含量，并对睾丸微细结构产生良性影响。

阳中求阴法

《景岳全书》："善补阴者，必于阳中求阴，则阴得阳升，而源泉不竭。"《素问·生气通天论》："故阳强不能密，阴气乃绝，阴平阳秘，精神乃治。"阴精的不断化生需要阳气的推动、温煦。对阴虚者，在补阴的同时佐以补阳，得到阳气的鼓动、气化而阴生不绝。"阳中求阴"包括气中求血与火中求水。气中求血立足脾胃，重用甘补温运之品温补脾胃，鼓舞中气，激发生化之源，使中州脾土生发营卫、阴血；火中求水则立足阴津蒸化之源，重在温补肾阳，使阳气蒸发，带动阴液上腾四布，阴亏自复。据临床报道，可用阳中求阴理论论治卵巢早衰；在IgA肾病治疗中，须重视阳中求阴，阴阳双补；运用阳中求阴法治疗干燥综合征，可提高疗效。研究发现，体现阳中求阴治法的左归丸可以有效改善环磷酰胺所致早发性卵巢功能不全模型大鼠的卵巢功能，其机制可能与促进卵巢组织Notch信号通路的关键组分Notch1、Hes1蛋白表达，改善卵泡生长发育，缓解卵巢毒性损伤有关。

第二节 抑旺调平类

主要用于抑制阴阳对立面功能过于亢旺的一方的治法，归入抑旺调平类治法。

相火系于肝肾之间，君火明，则相火伏；若君火不明，则相火烈焰冲天。肝肾二脏功能的不足与太过是致使"阳化气"与"阴成形"平衡失调的关键因素。

抑旺调平类治法是在补足阳气或阴精的基础上，针对热伤津液而致的肝风内动或阳气浮越而出现热象明显、神昏发痉等证候，治疗上佐以清肝、平肝、镇肝、泻肝等药物，从而达到阴平阳秘。如扶阳抑阴法、畜鱼置介法和滋阴潜阳法。

临床应用抑旺调平类治法，通常肝风内动，阳气浮越者，可加以重镇潜阳的介类药物如龟甲、鳖甲、龙骨、牡蛎等以潜阳；相火旺者，佐以清热泻火之品，如知母、黄连、黄芩等；重视调理肝肾功能，"补其不足，损其有余"，可恢复"阳化气，阴成形"平衡。

扶阳抑阴法

【出处】《类经附翼》："故圣人作易，至于消长之际，淑慝之分，则未尝不致其扶阳抑阴之意，非故恶夫阴也，亦畏其败坏阳德，而戕伐乎乾坤之生意耳。以故一阴之生，譬如一贼，履霜坚冰至，贵在谨乎微，此诚医学之纲领，生命之枢机也。"

【溯源】《黄帝四经》："主阳臣阴，上阳下阴，男阳女阴，父阳子阴，兄阳弟阴，长阳少阴，贵阳贱阴，达阳穷阴。"

【释义】《医经原旨》："夫阳长则阴消，阳退则阴进，阳来则物生，阳去则物死，所以阴邪之进退，皆由乎阳气之盛衰耳。"

【例案】徐氏子岁半，六月病泻，甘治之不效，大热大渴，烦躁不安。万往视，问向服何药？甘曰：玉露散，初服泻已止，因热未除，再与之，复泄矣。至今五日，病益甚。教用理中汤加熟附子治之。如服下，越加烦躁，再进一剂即愈。若不烦躁，不可治也。[《续名医类案》]

> **按：**患者腹泻，且热渴烦躁，初用玉露散能愈，表明其病属实热，为热邪致泻。凡苦寒攻下之剂，当中病即止，免伤阳气或损伤脾胃。今泻已止仍服寒凉之剂，必损伤脾阳，阴寒内生，故而复泄。越服则脾阳越伤，阴邪越盛，以致腹泻数日不止，反而加重。故万医嘱用理中汤加附子，温助脾阳，化散寒邪。此扶阳抑阴之法，恢复脾的气化功能，则肠道水湿得化，其泄则止。

【析拓】以洛书、河图、卦象学为代表的中国易学文化，重视阴阳平衡，以阳气为主导。扶阳抑阴，是重视阳气在阴阳平衡中的主导作用思想的体现。马王堆西汉帛书《黄帝四经》："贵阳贱阴，达阳穷阴。"《地理知本金锁秘》："一部大易，扶阳抑阴。"据临床报道，岭南罗氏妇科以扶阳抑阴为原则论治子宫内膜息肉，处方多用平和或温热性质、疏理气血等走阳分的药物，少用寒凉、滋润等走阴分的药物。有人认为阴阳失和是慢性心力衰竭的根源，治当扶阳抑阴，以恢复脏腑气化功能为先。可用扶阳抑阴、培元固本法治疗肿瘤，或用扶阳抑阴法针刺治疗抑郁症，临床疗效好。

育阴潜阳法

【出处】《临证指南医案》："《经》云：诸风掉眩，皆属于肝。头为六阳之首。耳目口鼻，皆系清空之窍。所患眩晕者，非外来之邪，乃肝胆之风阳上冒耳，甚则有昏厥跌仆之虞。其症有夹痰、夹火、中虚、下虚，治胆、治胃、治肝之分。火盛者，先生用羚羊、山栀、连翘、花粉、元参、鲜生地、丹皮、桑叶，以清泄上焦窍络之热，此先从胆治也。痰多者，必理阳明，消痰如竹沥、姜汁、菖蒲、橘红、二陈汤之类。中虚则兼用人参，《外台》茯苓饮是也。下虚者，必从肝治，补肾滋肝、育阴潜阳、镇摄之治是也。至于天麻、钩藤、菊花之属，皆系熄风之品，可随症加入。此症之原，本之肝风，当与肝风、中风、头风门合而参之。"

【溯源】《格致余论》："人之一身，阴不足而阳有余。"

【释义】《临证指南医案》："精血衰耗，水不涵木……肝阳偏亢，内风时起。"治法当"缓肝之急以熄风，滋肾之液以驱热……介以潜之，酸以收之，厚味以填之"。

【例案】族子，劳力伤阴，口干鼻衄，颊赤神疲，是冬阳不潜，当春脉洪晡热，系引动温邪。先治温，后治劳。黑山栀、生地、白芍、丹皮、麦冬、沙参、蔗汁。三服脉洪已退，鼻衄亦止，而右尺不静，龙焰未熄，宜育阴潜阳。六味丸料去泽泻，加龟板、淡菜、五味、白芍。煎服十剂效。[《类证治裁》]

> 按：患者口干鼻衄、颊赤神疲，系劳倦伤阴；脉洪、晡热为虚阳外浮，引动温邪。经治温病后，诸症平，但命门脉浮动，乃虚阳上扰，予六味丸滋肾源，加入龟甲、淡菜，介品属阴类可潜阳，引浮阳下归于阴，复通阴气上行。凡遇阴不潜阳之证，皆可用育阴潜阳法。

【析拓】育阴潜阳即在清热育阴的同时，用潜纳浮阳之品以抑阳亢。适用于老年阴亏或素体肝肾不足，阴亏于下，而致虚阳上扰，眩晕欲仆，头重脚轻，耳鸣失眠，腰膝酸软，脉细弦，舌红、苔薄等症。盖肝藏血而属木，肾藏精而主水，肝肾同源，精血互生，肾水不足，肝阴亦亏，木失涵养而阳浮于上，龙雷之火上升。据临床报道，朱良春以滋阴降火、引火下行分阶段论治激素依赖患者。也有人用育阴潜阳之加味大补地黄汤，配合非洛地平片治疗肝肾阴虚型高血压；或用育阴潜阳法治疗中风痴呆，均有良效。

◎ 其他抑阳调平类

畜鱼置介法

《得心集医案》："黄锦盛，头左大痛，医以为偏头风，凡疏风清火之药，服之其疼愈甚。观其脉盛筋强，纵欲必多，以致水因下竭，而火愈上炽，宜养肝以熄风，滋阴以潜阳。仿仲景济阴复脉之例，参入嘉言畜鱼置介之法，与何首乌、阿胶、胡麻、麦冬、白芍、菊花、桑叶、牡蛎、龟板，药下其痛立止。惟其房劳不节，加以服药不坚，宜其愈而复发也。

凡阴虚头痛之症，法当准此。"《寓意草》："畜鱼千头者，必置介类于池中，不则其鱼乘雷雨而冉冉腾散。"畜鱼置介法是用贝壳类药来治疗虚阳上浮的治法。临床无论是肝肾阴虚导致的阴虚阳亢，还是肾阳不足导致的虚阳浮越，均可配合使用畜鱼置介法来治疗。在治疗肝肾阴亏于下而真阳浮越于上的脱证之时，在滋阴药中加入潜阳药，借介类药物重镇、收涩之性，下涩阴精，上敛浮阳，以潜纳真阳，使之归于本位；在治疗肾阳虚、虚阳浮越时，可于温肾阳时，加用介类协助潜纳浮阳。据临床报道，治疗原发性慢性肾上腺皮质功能减退症（Addison病）时常可采用畜鱼置介法之意，取龟甲、鳖甲以滋补肾精，又具潜镇作用。也可结合畜鱼置介法论治疗阳痿。研究发现，现代人易出现阴虚阳浮之证，表现为头痛头晕、耳鸣、潮热颧红、咽痛等症，可于辨治时使用畜鱼置介法。

滋阴潜阳法

《增订通俗伤寒论》："初用升降疏郁汤（苏子、山楂各二钱，广皮红、半夏曲各钱半，茯苓、乌药、制香附拌炒五谷虫各一钱，蜜炙升麻三分，柴胡四分，韭汁二匙，姜汁二滴，同冲）；次用和中畅卫汤（制香附、苏叶梗炒神曲、北沙参各一钱，杜苍术、川贝、抚芎、连翘各八分，苦桔梗六分，广木香四分，春砂仁三分，冲）；又次用八物顺气汤（白芷、乌药、青皮、陈皮各一钱，茯苓、白术各钱半，米炒党参八分，清炙草五分），送下沉附都气丸（熟地八两，山萸肉、山药各四两，茯苓、泽泻、丹皮各三两，沉香、淡附片各一两，北五味五钱，蜜丸，如桐子大，每服二钱），临卧口含陈氏嚼化丸（米炒西洋参六钱，醋制香附、广皮红各四钱，川贝、桔梗各三钱，松萝茶二钱蒸烂，同竹沥梨膏为丸，每丸一钱），使睡中常有药气，徐徐沁入，以疏通其胸膈中脘之间，必使新结不增，旧结渐解，然后朝用二加龙蛎汤（生白芍、化龙骨各二钱，东白薇二钱，清炙草八分，煅牡蛎四钱，蜜煨生姜一钱，大红枣三钱，淡附片五分），滋阴潜阳，封固下焦以收火，夜用运痰丸（半夏曲四两，姜汁竹沥制，姜炒川连一两，广木香、沉香、清炙草各五钱，党参、於术、茯苓各三两，姜汁竹沥泛丸，每服二钱），益气化痰，疏补中上以除根。"滋阴潜阳法运用滋阴药和潜阳药以治疗肝肾阴虚而肝阳上亢证。朱丹溪制大补阴丸，用沉潜之品龟甲，以制阳亢，配地黄育阴，确有创见。明清以后医家，用介属潜阳者渐多。至吴鞠通吸取前人经验，立大小定风珠、三甲复脉汤诸方，滋阴潜阳治疗温病，并进一步推广应用于内伤杂病。据临床报道，可用滋阴潜阳之三甲复脉汤治疗老年失眠；或以滋阴潜阳活血汤治疗糖尿病合并高血压阴虚阳亢夹瘀证；或用滋阴潜阳方反向添加疗法有效减缓促性腺激素释放激素激动剂的不良反应，降低刺激异位内膜生长风险。

第十一章
五行治法

根据五脏配五行的生克制化规律来拟定的治疗方法，归入五行治法。

五脏系统的形态与功能各不相同。五脏功能可以从五脏与五行的配属，来体现相互之间的相互作用。基于五行的五脏功能相互作用，包括相生、相克两个方面。五脏系统依肝木、心火、脾土、肺金、肾水的顺序，前一行生后一行，前者为母，后者为子。因此，每一脏都即其前一行的子，也是其后一行的母，形成闭环。同时，五行中的任何一行，都依次克其后间隔一行：如肝木克脾土，心火克肺金，脾土克肾水，肺金克肝木，肾水克心火。相生相克是五脏功能维护正常的生理机制。如果相克太过，称为相乘；被克的一方的病邪过于强大，则可反克原本克我的一方，称为相侮。如心火过于强大则侮肾水，同样也可肝木侮肺金、肾水侮脾土、肺金侮心火、脾土侮肝木。相乘与相侮都是疾病的表现。

五脏相生相克关系异常，都会发生疾病。就相生关系而言，在病理上相互作用的特点是实传虚受。如脾土健旺可生肺金，则肺气强盛；如脾虚失于运化，土不生金，则可导致肺气虚弱；如脾已虚，同时其母心火感受了实邪，则心火之实邪就可传给脾土，导致脾脏生病，即脾受心邪而生病。在脾并不虚的情况下，如果心火受邪过于强大，也可以将邪气传给其子即脾土。同理，肺气虚弱不能生肾水，则可发生肾气亏虚。在相克关系上，病理上主要表现为相乘和相侮。相乘即相克太过，相侮即被克的一方过于强大而反克原本克我的一方。

五行治法，就是依据上述五脏配五行的生克发生异常，通过中医治疗的干预，使其恢复正常的生克关系的治法。在相生关系上的治疗基本原则是虚则补其母、实则泻其子，如补益心脾法、补脾益肺法。但如果母实而母邪传子，也可泻母保子，如解郁安神法；子实则子病犯母，可泻子保母，如泻水平喘法。在相克关系上的治疗，如克我太过，则泄克我者，如疏肝和胃法；如侮我而病，则攻侮我者，如泻南补北。如肝郁太过而乘脾土，则当抑木扶土或泻肝健脾，如痛泻要方；如肝火过旺而反侮肺金，则当清肝宁肺。如相克不足而生病，则当扶克我者，如金克木不足而致火旺，则当补土以生肺金，使肺金能克肝木而制火，如佐金平木法。

本章主要涉及运用五行生克制化规律来治疗疾病，用于调和脏腑相互关系的治法，包括五行相生类、乘侮归常类。至于其余涉及单一脏腑功能的治法，则分见于其他相关章节。五行治法不仅包括药物疗法，也包含针灸及情志疗法。

第一节　五行相生类

主要用于恢复五脏相生关系的治法，归入五脏相生类治法。

五脏之间的相生关系包括木生火、火生土、土生金、金生水及水生木，是指五行中某一行对其子行的资生、促进与助长。

五脏相生类治法主要通过以下几个方面实现：一是在虚证中补其母，如培土生金法、滋水涵木法；二是在实证中泻其子，如逐水平喘法；三是母病及子，可泻母保子，如泻肝宁心法；四是子病犯母，则当泻子救母，如疏肝宁心法。

临床应用以五脏资生关系为治法时，须注意母病可及子，子病可及母。故在治疗上，以相生关系传变则须注意补肝阴肝血多兼滋肾阴，补心火多兼温肾阳，补肺气多兼益脾气，滋肾阴多兼补肺阴等。

金水相生法

【出处】《素问要旨论》："假令少阳下降，肺气承之，金乃受邪，病喘咳头痛。肺金生水，邪传入肾，病脐腹痛，腿脚肿痛，身寒。水为金之子，水克火，金水相生，子母同制于火，乃子救于金母也，此名复也。治者补其子，折其肝气也。"

【溯源】《类经》："肾应北方之气，其脏居下，故曰至阴也。水王于冬而肾主之，故曰盛水也。肺为手太阴经，其脏属金。肾为足少阴经，其脏属水。少阴脉从肾上贯肝膈入肺中，所以肾邪上逆，则水客于肺。故凡病水者，其本在肾，其末在肺，亦以金水相生，母子同气，故皆能积水。"

【释义】金水相生法，是根据肺金和肾水之间相互滋生关系治疗肺系或肾系疾病的一种间接治疗方法，其中滋肾水以养肺金为主要方面。它以咳嗽、喘促、有痰、咳血咯血、舌红无苔或燥或黄、脉细数为主要临床表现，病机上以肺肾阴虚为主，同时也包括养肺以生肾水，但后者并不占主导地位。[中国中医急症，2011，20（5）：765-766.]

【例案】江苏张某，于麦秋患头晕目眩，食减神疲，偶患头痛。一医作水不涵木治之，虽未中机，尚称平稳。一医作风湿侵脾治之，服之神气更疲。邀丰诊之，脉濡且弱，毫无外感之形，见其呵欠频频，似属亏象。丰曰：此阴虚之体，过于烦劳，劳伤神气所致，所以前医滋补无妨，后医宣散有损。张曰：头痛非外感乎？曰：非也。外感头痛，痛而不止；今痛而晕，时作时止，是属内伤。曰：何证也？曰：疰夏也。当用金水相生法去玄参、知母，加冬桑叶、稆豆衣、省头草治之，服至第三剂，诸疴皆屏矣。[《时病论》]

按：《时病论》金水相生法用于治疗疰夏眩晕神倦，呵欠烦汗，以及久咳肺肾并亏。基础方：东洋参（三钱），麦冬（三钱，去心），五味子（三分），知母（一钱五分），元参（一钱五分），炙甘草（五分）。其治疗的重点是阴虚肺咳，滋肾是为了养肺。金水相生的根本目的是使肺金能持续得到滋养。

【析拓】金水相生法，也称滋养肺肾法，原本是指用润肺滋肾以治疗火旺刑金之证。金生水，水克火又生木。滋补肺金以生肾水，既可母子同补以制火，也可使水能涵木以使肝火得降，则肝火既不助子克肺，也不能反侮肺金。现多用于肺肾阴虚所致诸症，如肺系疾病支气管哮喘、感冒后咳嗽、肺结核、肺癌等，亦用于治疗糖尿病、前列腺癌、系统性红斑狼疮等疾病。代表方如百合固金汤、麦味地黄丸、金水六君煎等。据临床报道，可用金水相生法联合口服降糖药有效改善2型糖尿病，或用金水相生法干预治疗支气管哮喘缓解期，也可以金水相生法为指导治疗小儿顽固性遗尿伴隐性脊柱裂，或用金水相生法以治疗气阴两虚型肺癌。研究表明，临床以金水相生法联合雄激素阻断治疗晚期前列腺癌，相较于单纯雄激素阻断能够延缓晚期前列腺癌进展。

金水并调法

【出处】《马培之医案》："肛有漏卮，阴气先亏于下，子病及母，致生喘咳，宜金水并调。"

【溯源】《景岳全书》："有肾虚不能纳气归原，原出而不纳则积，积不散则痰生焉，八味丸主之。"《八十一难经》："四难曰：脉有阴阳之法，何谓也？然：呼出心与肺，吸入肾与肝，呼吸之间：脾受谷味也，其脉在中。"

【释义】金水并调法是用于肺肾气机异常的治法，症见肾虚不纳，肺失肃降，咳喘气短，乃至不得安卧，或致水液输布与排泄异常，发为痰饮水湿，小便失禁或淋沥；亦有肺家实证而致肾阴、肾阳不足者。［河南中医，1998（1）：17-18.］

【例案】杨，去秋吐血之后，咳呛，呕吐白沫，动则气舞，脉细沉数。积饮在肺，肺肾两虚，治痰在肺，治虚在肾。茯苓、莱菔子、法夏、海浮石、冬花、苏子（炒）、白芥子、炙草、银杏肉，金水六君丸。［《周慎斋遗书》］

按：患者肺肾同病之喘咳，常须肺肾同治。动则喘多属肾虚，喘多因痰阻气郁，痰气在肺。故采用金水并调法，以固肾化痰、降气平喘。

【析拓】肺肾为母子关系，在五行上分属金水，金水相生与金水并调为调和其两者关系的常见治法。金水相生侧重于养阴益气，金水并调侧重于调气利水。周仲瑛治疗肾小球肾炎时注重金水并调，肺肾同治，针对不同病机予疏风宣肺、顺气导水、清肺解毒、养阴补肺。现代临床治疗慢性阻塞性肺疾病强调应重视肾与肺脾二脏之间的关系，运用山茱萸、生山药、冬虫夏草等益肾之品补益元阴元阳，并结合填精益髓之法。同时，偏肾阳虚者用菟丝子、杜仲等益肾。有人据金水并调法用金水宝胶囊治疗中晚期糖尿病肾病患者，发现使用该法能改善患者水肿、血压及尿蛋白减少程度；治疗肺肾两虚型过敏性鼻炎方用益督养元汤、细辛散等加减。研究认为，肾虚为哮喘患者的基本体质，在哮喘发作期采用清肺平喘结合补肾益气法治疗，而在哮喘缓解期采用补肾益气法结合清肺平喘等治法，可使气道反应性进一步降低，使气道重塑等得以减轻。

健脾润肺法

【出处】《银海指南》："饴糖，甘，大温，入脾，补虚冷，益中气，健脾润肺，消痰又能下恶血。"

【溯源】《本草经集注》："味辛、苦，平、微寒，无毒。主治伤寒烦热，淋沥邪气，疝瘕，喉痹，乳难，金疮，风痉。治腹中结实，心下满，洗洗恶风寒，目眩项直，咳嗽上气，止烦热渴，出汗，安五脏，利骨髓。"《素问·经脉别论》："饮入于胃，游溢精气，上输于脾；脾气散精，上归于肺；通调水道，下输膀胱。水精四布，五经并行，合于四时五脏阴阳，揆度以为常也。"

【释义】健脾润肺法是基于肺脾母子关系而建立的治法，即通过健运脾土以滋润肺金，常用于治疗呼吸系统疾病，症见气虚乏力，食少纳呆，面色萎黄，干咳无痰或痰少。[世界科学技术——中医药现代化，2015，17（6）：1146–1149.]

【例案】儒者张克明，咳嗽用二陈、芩、连、枳壳，胸满气喘，侵晨吐痰，加苏子、杏仁，自出痰涎，口干作渴。余曰：侵晨吐痰，脾虚不能生肺金，涎沫自出。脾虚不能收摄，口干作渴。脾虚不能生津液，遂用六君加炮姜、肉桂温补脾胃，更用八味丸以补土母而愈。[《薛案辨疏》]

> 按：患者咳嗽，用黄连、黄芩苦寒之药而不效，反增胸满，早晨吐痰。因7：00以后为脾胃所主，又痰从肺出，服连芩不效反增病情，故断定当为脾阳亏虚，土不生金。改用六君加炮姜、肉桂，温补脾胃，补中益气，使脾土健旺，方能温化肺金，使涎沫能气化，变为雾露之气以润肺，故能出入肺道，其咳则可愈。全方不用养阴滋腻之品，也能起到健脾润肺之效，此其妙也。然脾为后天之本，易受水谷生冷之害。因此，脾胃阳气如无生化之源，则易于再次折损。故更用八味丸温肾之先天，使后天脾阳生化有源，病方可痊愈。

【析拓】肺喜润恶燥，临床上可见因脾失健运而肺失津润者，亦可独见肺燥阴伤者。健脾润肺法通过健运中焦脾胃，复脾之散津功能，从根源上治疗肺中津液的匮乏，配合化痰降浊、养阴生津之法，一使痰浊能消，二使精微得布，三使清虚可润，从而令肺得润。现代临床用健脾润肺化痰法治疗慢性阻塞性肺疾病急性加重期痰浊阻肺证，方用茯苓、白术、陈皮、紫苏子、苦杏仁、川贝母、百合、桔梗、川芎、地龙、枳壳、炙甘草；用健脾润肺益肾汤结合西药治疗小儿难治性哮喘，发现该法可提升免疫因子水平，改善肺功能；用健脾润肺通窍汤治疗肺脾气虚型变应性鼻炎；用健脾润肺解毒汤联合化疗治疗晚期非小细胞肺癌，方用黄芪、党参、白术、茯苓、北沙参、麦冬、天冬、百合、白英、三叶青、半枝莲、守宫、甘草，发现该方可显著改善晚期非小细胞肺癌患者近期疗效，提高生活质量，降低不良反应发生率。

补肾纳气法

【出处】《医方论》载三才封髓丹："此方治龙雷之火不安，梦遗走泄则可。若肾气久虚，精宫不固者，岂得再用苦寒！断宜补肾纳气之法为是。"

【溯源】《黄帝内经太素》："肾藏精，精舍志，肾气虚则厥，实则胀，五脏不安。（肺为金脏，主于狂厥；肾为水脏，主于水胀。五脏不安，金以生水，故水子虚者，金母乘之，故狂厥逆也。平按：志《甲乙》作气。）"《医述》："盖实喘者有邪，邪气实也；虚喘者无邪，元气虚也。实喘者，气长而有余；虚喘者，气短而不续。实喘者，胸胀气粗，声高息涌，澎澎然若不能容，惟呼出为快也；虚喘者，慌张气怯，声低息短，惶惶然若气欲断，提之若不能升，吞之若不相及，劳动则甚，而急促似喘，但得引长一息为快也。此其一为真喘，一为似喘。真喘者，其责在肺；似喘者，其责在肾。何也？盖肺为气之主，肾为气之根。肺主皮毛而居上焦，故邪气犯之，则上焦气壅而为喘。气之壅滞者，宜开宜破也。肾主精髓而在下焦，若真阴亏损，精不化气，则上下不交而为促。"

【释义】《中医辞典》：补法之一。治疗肾虚不能纳气的方法。气主于肺而根于肾，肾虚不能摄纳，则见气短气促、吸气困难。用党参、胡桃肉、补骨脂、山萸肉、五味子、熟地等药。除同调肺肾以治疗呼吸喘促以外，肾主蛰藏人体先天之精，肾气不固则有精气耗散等症，故医家亦以补肾纳气法治疗精关不固。

【例案】奚，黄昏咳嗽，肺热也。黎明气升，肾虚也。纳食倒饱，脾虚也。补肾纳气治其下，清金化痰治其上，运脾培土治其中，三焦并治。其方组为：大生地、沙苑子、麦冬、川贝、茯苓、怀山药、六神曲、沙参、牛膝、枇杷叶。[《王旭高临证医案》]

> **按：** 肾不纳气之证论其病位，一在肾，一在肺，然不离脾。黄昏咳嗽，病在酉时，归于肾不纳气；黎明咳嗽，病在寅时，归于肺阴不足。故本方以生地黄、沙苑子补肾，麦冬、川贝母、枇杷叶、沙参治肺，山药兼补三脏，茯苓与六神曲除运转中焦外，更能杜绝痰湿生成之患，牛膝益肾亦可引气血下行。

【析拓】也称为温肾纳气法。肺为气之主，肾为气之根。补肾纳气法即通过补肾摄纳，以引浮动之肺气下潜，则肺气不上逆而喘咳之症可平。此治子盗母气之证，是扶子以救母。五味子、核桃仁、蛤蚧是补肾纳气的常用中药。《张氏医通》载都氖丸即以补肝肾阴之六味地黄丸加五味子。补肾纳气法治疗虚劳而致喘、嗽、咳、哮皆有应用。也可用补肾填精药与补肺气药配伍以治疗虚喘。据临床报道，可以加减补肾纳气方治疗肺肾气虚型慢性阻塞性肺疾病稳定期；补肾纳气方可以提高肺肾气虚型慢性阻塞性肺疾病稳定期患者的免疫功能；可用补肾纳气活血冲剂治疗慢性阻塞性肺疾病缓解期；以补肾纳气、理气活血化瘀之法防治结合治疗儿童哮喘。研究表明，补肾纳气法能够降低支气管哮喘患儿气道炎症因子水平，调整免疫异常，改善肺功能。

培土生金法

【出处】《三因极一病证方论》："五之气，太阴湿土加临阳明燥金，燥湿相胜，寒气及体。……半夏（辛温），枣仁（甘酸），五味子（甘酸），炮姜（苦辛），枳实（苦辛），茯苓（甘淡），诃子（苦温），橘皮（辛甘），炙甘草（甘平）。自大寒至春分，加牛蒡子。自春分至小满，加麦冬、山药。自小满至大暑，加紫菀。自大暑至秋分，加泽泻、山栀。自秋分至小雪，大寒，并依原方。歌诀：厥阴巳亥用敷和，风木司天土病多，橘半草苓姜味枳，枣仁诃子九般哦。方解：《内经》：'厥阴司天，风淫所胜，治以辛凉，佐以苦甘。''少阳在泉，火淫所胜，治以咸冷，佐以苦辛。'此方辛凉咸寒，在加减法中，而不入正方，正方九味，多是温中补土益肺之药。盖木盛者土必衰。培土生金，正所以抑木也。"

【溯源】《黄帝内经太素》："按《甲乙经》云：肝之与肾，脾之与肺，互相成也。脾者土也，四脏皆受成焉。"《素问·经脉别论》："饮入于胃，游溢精气，上输于脾。脾气散精，上归于肺，通调水道，下输膀胱。"

【释义】培土生金法用甘温补脾益气的方药来补益肺气，促进脾肺功能。因脾属土，肺属金，土能生金，故名。又称补脾益肺法。适用于肺虚脾弱所致咳嗽日久，痰多清稀，兼见食欲减退、大便溏泻、四肢无力、舌淡脉弱等。培土生金的内涵实际是通过调理后天之本脾胃的功能，使气血生化有源，脏腑功能得以恢复正常。补脾益肺是狭义的培土生金，广义的培土生金则是应用调理脾胃的方法来改善肺肠功能的一种治法。[中医杂志, 2016, 57（10）：815-818.]

【**例案**】薛立斋治一妊妇，嗽则小便自出。此肺气不足，肾气亏损，不能司摄。用补中益气汤以培土生金，六味丸加五味以生肾气而愈。[《续名医类案》]

按：妇人怀孕多虚损，其人"嗽则小便自出"，欲知其由且问肺肾二脏。肺病则嗽，肾病则溺。若依"虚则补其母"之句，肺气不足当健脾，故予补中益气汤则肺气可旺，又以六味地黄丸加用收涩之五味子则肾气可摄。二脏并治诸症可愈。

【**析拓**】培土生金法用运脾、暖脾之品，使脾土健运，以间接保护肺金，使金旺抑木则不乘土，则脾土得旺。《备急千金要方·脾劳》指出："凡脾劳病者，补肺气以益之，肺旺则感于脾。"即是基于此。现代多基于土能生金，以甘温补脾益气的方药补益肺气，促进脾肺功能，用于治疗脾气不足或脾肺气虚之泄泻，咳嗽日久，痰多清稀，兼见食欲减退、大便溏泻、四肢无力、舌淡脉弱等。代表方如《三因极一病证方论》敷和汤，也可用参苓白术散等。可用于治疗消化系统、呼吸系疾病如慢性胃肠炎、结肠炎、鼻炎、慢性阻塞性肺疾病、支气管哮喘等。据临床报道，可用培土生金法治疗慢性阻塞性肺疾病肺脾气虚证兼血瘀证、胃食管反流性咳嗽、慢性荨麻疹、儿童斑秃；或根据培土生金原理选脾俞、肺俞、足三里为主穴，配以中脘、太白治疗支气管哮喘患者，均有良效。

健脾止咳法

【**出处**】《实用中医内科学》："补"为补虚之意，古有"肺无补法"之说，故不可妄用，必须在久咳肺虚，确无实邪之证时方可使用。况且肺虚又多与脾虚、肾虚兼见，又有阴虚、阳虚之分，故须互相参照治之，临床分为补气止咳、补阴止咳、健脾止咳等法，分别适用于肺虚咳嗽、阴虚咳嗽及脾虚咳嗽，常用药物如黄芪、人参、党参、山药、白术、冬虫夏草、蛤蚧等。

【**溯源**】《景岳全书》："王节斋曰：因嗽而有痰者，咳为重，主治在肺。因痰而致咳者，痰为重，主治在脾。但是食积成痰，痰气上升，以致咳嗽，只治其痰，消其积，而咳自止，亦不必用肺药以治咳也。"《素问·咳论》："黄帝问曰：肺之令人咳，何也？岐伯对曰：五脏六腑皆令人咳，非独肺也。""脾咳之状，咳则右胁下痛，阴阴引肩背，甚则不可以动，动则咳剧。"

【**释义**】健脾止咳法是以健脾化痰而治咳的方法，因脾土虚弱，致使肺金不足，症见面色萎黄，气短食少，神疲乏力，咳嗽迁延日久难愈等。亦有急性病证以脾虚痰浊为主证，亦用健脾止咳法。[中医研究，1999（6）：4-6.]

【**例案**】一妇人久咳嗽，面色萎黄，肢体倦怠，饮食少思，稍多则泻。此脾土虚而不能生肺金，朝用补中益气汤，夕用六君子汤为主，间佐以八珍汤，三月余渐愈。后感寒邪喘嗽，胸腹作胀，饮食不入，四肢逆冷，此中气尚虚，不能充皮毛，实腠理，司开阖之所致也。遂用六君加生姜及桔梗而愈。[《续名医类案》]

按：病案前段属于脾气亏虚，土不生金，发为咳嗽，用培土生金法治疗而取效。后段因感受寒邪，化生痰湿，引发咳嗽，治疗当健脾散寒为主，同时化痰止咳，改用六君子汤加生姜及桔梗，则是体现了健脾止咳治法。

【析拓】健脾止咳法与健脾化痰法、培土生金法基于同一理论，即土与金的母子关系。就"母病及子"而言，脾脏气虚致肺脏气虚，一方面，肺失肃降，上逆作咳；另一方面，肺卫不足，易于感邪而咳。治用培土生金法。脾虚失运，还可内生痰湿，上盛于肺，咳盛者用健脾止咳法，痰盛者用健脾化痰法。此外，治疗脾虚咳嗽须配合使用敛肺、止咳、降气、滋阴等法，谨守"邪去正自安"，不能"见咳治咳"。现代临床研究发现，脾虚痰浊型咳嗽以上午为主，病程多超过1年，痰多，有咽异物感，严重影响日常生活。健脾止咳法可用于治疗脾虚证为主的呼吸系统疾病，如用六君子汤治疗小儿支原体肺炎恢复期气道高反应，或用枳桔六君子汤治疗胃食管反流性咳嗽。

调和肠胃法

【出处】《医疗护理技术操作常规》：调和肠胃法用于治疗邪在肠胃，致使功能失调，寒热夹杂之证。常用方如半夏泻心汤。常用药如人参、半夏、黄连、黄芩、干姜等。

【溯源】《成方便读》："若表邪内陷，胸满而不痛者，此为痞，此汤主之。夫痞之为病，皆由表邪乘虚陷里，与胸中素有湿浊，交相互结所致。表证既无，不必复用表药；里气又虚，又不得不兼顾其里。然邪既互结于胸次，必郁而为热，所谓痞坚之处，必有伏阳，故以芩、连之苦以降之，寒以清之。且二味之性皆燥，凡湿热为病者，皆可用之。但湿浊粘腻之气，与外来之邪，既相混合，又非苦降直泄之药所能去，故必以干姜之大辛大热以开散之。一开一降，一苦一辛。"《太平圣惠方》："太阳病汗出后，胃中不和，心下痞坚，干噫，食臭，胁下有水气，腹中雷鸣而痢。宜半夏泻心汤。"

【释义】调和肠胃法适用于肠胃功能失调，症见脘腹痞满、腹痛、呕吐、肠鸣腹泻等。该法常同时运用苦味药与辛味药于一方之中，用以治疗寒热错杂之证。如半夏泻心汤以辛味药半夏、干姜主发散，苦寒药物黄芩、黄连清热燥湿开痞主降，同时予以健脾益气的人参、甘草、大枣组合以补气健脾和中。辛苦合用，寒热同调，能有效应对中焦脾胃气机升降出入之病证。[光明中医，2015，30（12）：2653-2654.]

【例案】黄平福，形瘦面白，时当暑热，得呕吐泄泻之病，医见口渴溺赤，与石膏竹叶汤，而呕泄未止，反加心胸胀满，神气昏冒，躁扰不安，势甚危急。诊之脉来浮数，肌热灼指，舌边红刺，满舌白苔，中心黄黑。伊父绍邦，年老独子，求治甚切，因慰之曰：俟吾以二法治之，毋庸惧也。先与连理汤，继进半夏泻心汤，果得呕泄顿止，热退纳食而安。门人问曰：吾师治病，每预定安危，令人莫测。此症先定二法，服下丝毫不爽，其理安在？答曰：业医必揣摩有素，方有把握。[《得心集医案》]

按：患者病虽发于暑热时季，不一定就是暑热伤津耗气。今患者呕吐泄泻，确似伤暑，但用石膏竹叶汤，病不但不好转，反而又出现心胸胀满等症，说明方不对证。中暑多以发热为主症。然再析其症，呕吐泻泄，但不发热，又有口渴溺赤之症，后医判其合乎胃中寒，肠中热，即胃肠寒热错杂证候。故用半夏泻心汤调和肠胃，辛开苦降，温胃清肠，证机相应，病则能愈。

【析拓】胃肠解剖相邻，功能相关，一方面，六腑以和降为顺，胃降则小肠、大肠之气得降；另一方面，以五行而论，火能生土，脾胃属土象，心小肠属火象。因此心、小肠与脾胃在功能上相互密不可分，与脑-肠轴理论有关。半夏泻心汤是调和胃肠法的代表方。《古今名医汇粹》中程郊倩指出，小柴胡和解于表里，半夏泻心汤和解于上下际。泻心汤类适用于胃肠消化系统气机不调而致的诸病。《增订通俗伤寒论》载罗谦甫云："泻心汤诸方，取治湿热最当，以其辛开苦降也。余谓参、草、枣究宜慎用。干姜宜易枳实、橘皮，庶免反助湿热为患之流弊。"指出在临床上运用泻心汤等方剂宜适当加减配伍。但《医方絜度》中华岫云认为辛开苦降或苦寒下夺都并非能让胃从根本上和降，甘平或甘凉药物的濡润才是使胃和降的最佳方式。由此可知，辛开苦降法为调和肠胃中的一法，和解肠胃未必拘泥辛开苦降，当机适时为要。临床诸多研究表明，调和肠胃法除可以治疗功能性消化不良、胃食管反流等消化系统疾病以外，还可用于治疗心理疾病如焦虑、抑郁与内分泌代谢性疾病。如有人认为反流性食管炎以脾胃升降失序、寒热错杂其中为基本病机，方选半夏泻心汤合百合乌药散等。

清离定巽法

【出处】《时病论》："暑风之病，良由暑热极盛，金被火刑，木无所畏，则风从内而生，此与外感风邪之治法，相悬霄壤，若误汗之，变证百出矣。夫木既化乎风，而脾土未尝不受其所制者，是以卒然昏倒，四肢搐搦，内扰神舍，志识不清，脉多弦劲或洪大，或滑数。总当去时令之火，火去则金自清，而木自平，兼开郁阏之痰，痰开则神自安，而气自宁也，拟用清离定巽法佐以郁金、川贝治之。倘有角弓反张，牙关紧闭者，宜加犀角、羚羊；痰塞喉间有声者，宜加胆星、天竺；服药之后，依然昏愦者，宜加远志、菖蒲。然而证候至此，亦难治矣。"

【溯源】《小儿药证直诀》："凡病或新或久，皆引肝风，风动而止于头目，目属肝，肝风入于目，上下左右如风吹，不轻不重，儿不能任，故目连劄也。若热入于目，牵其筋脉，两眦俱紧，不能转视，故目直也。若得心热则搐，以其子母俱有实热，风火相搏故也。治肝，泻青丸；治心，导赤散主之。"

【释义】清离定巽法由清代雷丰所创，为治疗热极生风之暑风证而设，出自《四时治病全书》的清离定巽汤，该方由连翘、竹叶、细生地、玄参、菊花、桑叶、钩藤、木瓜诸药物组成，以井华水煎服。具有疏散风热、滋阴清火、平肝息风之功。[中国中医急症，1999（6）：286.]

【例案】城西陈某，年近五旬，倏然昏倒，人事无知，手足抽掣。一医作中暑论治，虽不中亦不远矣。一医辄称中风，反驳前医有误，敢以小续命汤试之，更加搐搦，身热大汗，迓丰商治。诊其脉，洪大而数，牙关紧闭，舌不能出，但见唇焦齿燥。丰曰：此暑风证也。称中风之医，亦在座中，遂曰：子不观《指南医案》，常有暑风，何得有搐搦之证？曰：香岩之案，谓暑风系暑月所感之风，非热极生风之内风也。丰今所谓乃暑热内燃，金被火烁，木无所制，致发内风之证也。理当清其暑热，兼平风木。遂用清离定巽法加石膏、甘草、橘络、扁豆花治之。彼医似为不然，病家咸信于丰，即使人拣来煎服，幸喜法中病机，抽搐稍定，神识亦省，继服二帖，得全愈矣。[《时病论》]

按：《时病论》清离定巽法用于治疗昏倒抽搐，热极生风之证。处方：连翘（三钱，去心），竹叶（一钱五分），细生地（四钱），玄参（三钱），甘菊花（一钱），冬桑叶

（三钱），钩藤钩（四钱），宣木瓜（一钱）。井华水煎服。方中用连翘、竹叶清热；热甚必伤阴，故用生地、玄参保阴；菊花、桑叶，平木而定肝风；钩藤、木瓜，舒筋而宁抽搐。清离定巽实则为清火定风之法。

【析拓】离为心火，巽为肝风。清离定巽法即清心火以息肝风之法，是治疗子病伤母（我子生子而克我母）而泄子以保母之法。适用于热极生风证或暑热生风证，常配平肝息风药。代表方清离定巽汤中用连翘、竹叶清心热，生地、玄参养心阴，菊花、桑叶平木定肝风，钩藤、木瓜舒筋宁搐。可用于治疗高热惊厥、老年性震颤、帕金森病、病毒性脑炎、流行性乙型脑炎等。据临床报道，可用体现清离定巽法的清络饮治疗小儿暑风证；用清离定巽汤治疗舌麻颤动、双手震颤、眩晕、癫痫、荨麻疹；用补坎益离汤结合清离定巽汤治疗高血压；也可用钩藤银翘散清离定巽治疗风热动风型小儿急惊风。

滋水涵木法

【出处】《程杏轩医案》："君翁盛纪，年将二旬。暮春之初，始觉头筋抽痛，旋见口眼歪斜，肢凉脉细。以为风寒外感，药投温散，其病益剧，肢掣头昏，心悸汗浆，君翁令舁至舍，嘱为诊治。按：诸风眩掉，皆属于肝。春深时强木长，水不涵木，阳化内风，乘虚绕络。凡治风须分内外，外入之风则可散，内出之风，散之益助其升腾鼓动之势。现在左肢瘛疭，防变痉厥神迷。议以滋水涵木，和阳熄风。"

【溯源】《医宗必读》乙癸同源论："东方之木，无虚不可补，补肾即所以补肝；北方之水，无实不可泻，泻肝即所以泻肾。"《素问·阴阳应象大论》："北方生寒，寒生水，水生咸，咸生肾，肾生骨髓，髓生肝，肾主耳。"

【释义】滋水涵木法又称滋肾养肝法，指滋养肾阴以养肝阴的方法。适用于肝肾亏损而肝阴不足或肝阳偏亢的证候，如头目眩晕，两目干涩，耳鸣颧红，咽干口燥，五心烦热，腰膝酸软，男子遗精，女子月经不调，舌红苔少，脉细数。[辽宁中医药大学学报，2013，15（8）：148-149.]

【例案】今人所谓心痛、胃痛、胁痛，无非肝气为患，此有虚实之分，大率实者十之二，虚者十之八。余表兄周士熙，弱冠得肝病胃痛，医用疏肝之药即止，后痛屡发，服其药即止，而病发转甚，成婚后数月，痛又大发，医仍用香附、豆蔻、枳壳等药，遂加剧而卒。盖此症初起，即宜用高鼓峰滋水清肝饮，魏玉璜一贯煎之类，稍加疏肝之味，如鳖血炒柴胡、四制香附之类，俾肾水涵濡肝木，肝气得舒，肝火渐熄而痛自平。若专用疏泄，则肝阴愈耗，病安得痊？余尝治钮秬村学博福厘之室人肝痛，脉虚，得食稍缓，用北沙参、石斛、归须、白芍、木瓜、甘草、云苓、鳖血炒柴胡、橘红，二剂痛止，后用逍遥散加参、归、石斛、木瓜，调理而愈。[《冷庐医话》]

按：实证当泻，虚证当补，虚实夹杂当参补虚泻实。前方屡用疏肝之法而使肝阴耗散，未能尽善。故宗乙癸同源之理。用北沙参、石斛、当归须养阴血，白芍、木瓜、甘草酸甘化阴，云苓健脾防止肝病相传，橘红运行中焦之气以条达气机，鳖血炒柴胡能制柴胡劫肝阴之弊。

【析拓】滋水涵木法是通过滋补肾阴之母，以涵养肝木之子，用于治疗肝肾阴虚兼肝阳偏亢者。"壮水之主，以制阳光"是滋水涵木法的一种形式。代表方如杞菊地黄丸、滋水清肝饮等。可用于治疗现代医学的围绝经期综合征、高血压、帕金森病、干眼症、崩漏等疾病。据临床报道，可用滋水涵木法治疗高血压肾病、帕金森病；或用滋水涵木针刺法，以太溪、太冲、三阴交等穴位为主治疗干眼症；有人提出妇科崩漏要根据月经周期变化，将滋水涵木法灵活运用于"塞漏、澄源、复旧"的不同过程中；或以一贯煎、滋水清肝饮为基础方加减治疗围绝经期综合征睡眠障碍。

◎ 其他五行相生类

补益心脾法

《严氏济生方》："归脾汤，治思虑过度，劳伤心脾，健忘怔忡。白术、茯神（去木）、黄芪（去芦）、龙眼肉、酸枣仁（炒，去壳，各一两），人参、木香（不见火，各半两），甘草（炙，二钱半）。上咬咀，每服四钱，水一盏半，生姜五片，枣子一枚，煎至七分，去滓，温服，不拘时候。"《本草约言》："龙眼肉：补益心脾，故归脾汤、补心丹多用之，功与人参并。若膈食、膈气之症，与大枣同用，则膜胀反增，盖甘温能作胀也。"心主血，脾为气血生化之源。心血不足，母不生子，脾失滋养，脾运无力发为脾气亏虚，子盗母气，心血亦虚。补益心脾法以益脾气、养血宁心之品，心脾同补，母子并治，使心血旺则脾运有力，脾气足则心血生化有源。适用于心脾两虚、气血不足者。可用于病机为心脾气血两虚的各种疾病。据临床报道，可用补益心脾中药有效改善产后抑郁心脾两虚证患者中医证候评分；或基于心脾两虚选穴厥阴俞、心俞、膈俞、脾俞、神道、至阳，治疗心脾两虚型失眠；或用归脾汤治疗心脾两虚型抑郁症；用补益心脾法治疗冠心病心绞痛、老年慢性心力衰竭合并肌肉减少症，可以改善患者的临床症状与心功能，还能提高骨骼肌肌肉量，改善营养状况，抑制炎症反应。

补益肝肾法

《鸡峰普济方》："羊角丸：治小儿肾虚或病后筋骨弱，五六岁不能行，宜补益肝肾。羚羊角、虎脑骨、生干地黄、白茯苓、酸枣仁（各半两）、当归、桂心、防风、黄芪（各一分）。上为细末，炼蜜和成剂。每服一皂皂大，儿大者加之。食前温水化下，日三四服，久服取效。"《张聿青医案》："邹（左），肝肾不足，闪挫气注，腰府不舒。当益肝肾，而和络气。川桂枝（五分）、杜仲（三钱）、炒牛膝（三钱）、炒丝瓜络（一钱五分）、川独活（一钱）、猩绛（五分）、旋复花（二钱，包）、生熟薏仁（各二钱）、橘红（一钱五分）、青葱管（三茎）。"补益肝肾法是用补肝肾、强筋骨、益精血的药，治疗肝肾精血不足所致腰膝不健、筋骨软弱或伴疼痛为主要表现的治法。滋补肝肾法用补肝肾精血之品滋养肝肾，重在补阴；补益肝肾法通常肝肾阴阳同补。代表方如薯蓣丸、五子衍宗丸、七宝美髯丹等。据临床报道，可用痰瘀兼顾、肝肾同治、内损外伤兼顾的方法治疗膝骨关节炎；或以补益肝肾法合活血化瘀法治疗类风湿性关节炎；或以五子衍宗丸治疗不育症以提高精子活力及精子活率；或以益气血补肝肾中药预防中重度卵巢过度刺激综合征。研究发现，七宝美髯丹可治疗肝肾不足型斑秃，同时对外周血Th17/Treg比值与血清IL–6、IL–23等相关细胞因子水平有调节作用。

解郁安神法

《医门补要》："一妇伤子过悲，致肝脾气郁，智能不灵，神昏不语，不食不大小便，直卧如尸，已旬半，惟目尚灵，脉迟细，以郁金、佩兰、木香、佛手、苏梗、夜合花、茯神、九节菖蒲、橘红、远志、沉香、煅磁石、香附，解郁安神通窍，八帖，遂起坐如常。"解郁安神法是用疏肝解郁之剂以安心神，是肝实传心子之治法。常配合养心宁神之药。临床肝郁常有心神不安，心神不安也常伴肝郁，即心肝同气。因此，本法可用于治疗肝气郁结和/或心神不安诸证，可见于现代医学的抑郁或焦虑状态、睡眠障碍、心律失常等。可用柴胡疏肝散、越鞠丸、四逆散加减。据临床报道，可用越鞠丸治疗抑郁症，或用越鞠丸加减治疗中风后抑郁症，或以柴胡疏肝散加味治疗卒中后抑郁，或用化痰解郁安神汤治疗脑卒中睡眠障碍。研究发现，解郁安神汤联合中医心理干预可以改善中晚期肺癌患者抑郁情绪，且能够调节机体的免疫功能。

平肝安神法

也称为平肝宁心法。《素问·六元正纪大论》："木郁之发，太虚埃昏，云物以扰，大风乃至，屋发折木，木有变。故民病胃脘当心而痛，上支两胁，膈咽不通，食饮不下，甚则耳鸣眩转，目不识人，善暴僵仆。"《本草征要》："紫贝齿：味咸，性平，无毒。入脾、肝二经。除热平肝，安神明目。治惊而不眠，退遮睛之翳膜。此物煎汤须打碎或研末。外用点眼须水飞。"肝属风性主动，为心之母，心受肝邪而不宁。平肝安神法是针对因肝阳上亢、肝阳化风而致心神不宁或急躁易怒等证候的治法。常用养肝柔肝、重镇潜阳或平息肝风等方药，配以开窍宁神药，以治疗因肝实传子而致的心神不安，是心肝同病的治法。肝肾同源，肾水生肝木，应用平肝安神法时常佐以滋补肾阴之品，可用天麻钩藤饮、建瓴汤等加减。可用于心肝阴虚、肝阳凌心及肝风缭心而致心神不宁。据临床报道，可用平肝安神法治疗高血压；有人将天麻钩藤饮、安神定志丸及酸枣仁汤化裁为平肝安神之方以治疗老年抑郁症；或用体现该法的千金龙胆汤加减治疗小儿多发性抽动症；也可以天麻钩藤饮为基础方辅以重镇平肝安神药加减治疗不寐。

疏肝清热法

《医学原理》："治忧思气结伤脾而成痞满，法当疏散结气。《经》云：辛以散之。故用枳实、半夏、陈皮、木香、草蔻诸苦辛以散痞结。夫气结而血亦凝，故加归梢、红花以活滞血，佐柴胡疏肝清热，甘草和药。"《金匮钩玄》："凡气有余便是火。火急甚重者，必缓之。……山栀子仁大能降火，从小便泄去。其性能屈曲下行，降火，人所不知。凡火盛者，不可骤用凉药，必用温散。又方：左金丸治肝火，黄连（六两）、茱萸（一两或半两）水为丸。白汤下五十丸。"疏肝清热法是用归肝胆经的辛散微寒或凉性药，辛以达气，散以化郁，微寒祛热。也可用归肝经的温热之辛散药，配合苦寒之品，辛散以祛郁、苦寒以清热，用于治疗肝气郁结化火所致病证。因心火同象，肝为心之母。肝郁之火易于传子而扰乱心神，常佐以清心宁神之剂。代表方如加味逍遥散或丹栀逍遥散、佐金丸等。除用于治疗情志病外，亦用于乳腺疾病、消化系统疾病及皮肤病等。据临床报道，可用加味丹栀逍遥散联合"疏肝调神"针灸治疗偏头痛伴抑郁焦虑障碍；或用龙胆泻肝汤加减治疗气郁化火型焦虑症；或用疏肝清热化瘀方联合盾构切开术治疗浆细胞性乳腺炎。研究发现，疏肝清热的丹栀逍遥散可调整抑郁症患者5-HT、脑源性神经营养因子、血清皮质醇、IL-6等的水平。

心肝同补法

《内经药瀹》："邪之所凑，其正必虚，补正所以祛邪也。如先天之阳虚，当补命门桂附之类是也；先天之阴虚，宜补肾水地茱麦味之类是也；后天之阳虚，宜温胃以补气参芪苓术之类；后天之阴虚，宜补心肝以养血归地芍药之类。"《辨证奇闻》："闻声惊，心怦怦，半日后止。人谓心有痰，痰药不效。久不必闻声，亦惊且悸，常若有人来捕者，是惊悸相连而至。虽是心虚，惊悸实不同。盖惊轻悸重，惊从外来动心也，悸从内生动心也。若怔忡，正悸之渐也；若悸，非惊之渐也。故惊悸宜知轻重。一遇怔忡，宜防惊，惊宜防悸。然虽分轻重，治虚则一。用安定汤：黄芪、熟地一两，当归、生枣仁、白术、茯神、麦冬五钱，远志、柏子仁、玄参三钱，半夏二钱，甘草一钱。一二剂轻，十剂愈。夫神魂不定而惊生，神魂不安而悸起，皆心肝血虚。血虚则神无归，魂无主。今大补心肝之血，则心肝有以相养，何有惊悸？"心肝同补法是补心血、养肝血之法，治疗心肝血虚，是母子同补之法。因肝主血，肝血不足多表现为肝阴亏虚。因此，心肝同补法多补血药和养肝阴药合用，以治疗心肝阴虚或心肝血虚或阴血俱虚。可用于治疗现代医学的睡眠障碍、抑郁或焦虑状态、阿尔茨海默病、帕金森病、心律失常等表现为上述证候者。据临床报道，可用调营敛肝饮加味治疗心肝血虚型失眠；可用加味酸枣仁汤联合艾司唑仑治疗甲状腺癌术后睡眠障碍心肝血虚证；可用酸枣仁汤联合一贯煎加味治疗帕金森病伴心肝血虚型失眠；可用天王补心丹加减治疗心肝血虚型抑郁症，均有良效。

逐水平喘法

《景岳全书》："水病为喘者，以肾邪干肺也。然水不能化而子病及母，使非精气之败，何以至此，此其虚者十九，而间乎虚中挟实，则或有之耳。故凡治水喘者，不宜妄用攻击之药，当求肿胀门诸法治之，肿退而喘自定矣。古法治心下有水气上乘于肺，喘而不得卧者，以《直指》神秘汤主之。但此汤性用多主气分，若水因气滞者用之则可，若水因气虚者，必当以加减金匮肾气汤之类主之。"《素问·逆调论》："夫不得卧，卧则喘者，是水气之客也。夫水者，循津液而流也，肾者水脏，主津液，主卧与喘也。"逐水平喘法是根据实则泻其子的原则，通过利尿逐水，以消除停滞于肺金的痰饮浊水，以疏肺纳气而平肺喘。常配合温肺化饮法应用。对于寒水袭肺，用真武汤可达到逐水平喘之效。可用于治疗现代医学的支气管哮喘、肺源性心脏病、尿毒症、急性或慢性心功能不全等。据临床报道，用杨氏利水定喘方治疗慢性肺源性心脏病急性期；或用利水消肿、泄肺平喘、止咳化痰的葶苈与定喘汤组方加减治疗急性或慢性支气管炎；或用宣肺平喘、温阳利水法治疗肺心病急性发作期合并心衰，皆有良效。

第二节　乘侮归常类

主要用于治疗五脏相乘、相侮病变，以恢复五脏相克关系的治法，归入乘侮归常类治法。

五脏五行之间的相克关系包括木克土、土克水、水克火、火克金及金克木，是指五行之间存在有序的递相克制、制约的关系。

乘侮归常类治法主要通过以下方面实现：一是在相克太过引起的相乘疾病，当泻其太过。如木旺乘土，治当抑木扶土；肝气犯胃，当疏肝和胃。二是基于反克病变的相侮疾病，当泻我克之实。如土壅木郁，治当疏土荣木，或健脾达肝，或以运脾祛湿。三是在相克不及引起的病变，当扶不足以复其克。如土虚水犯，治当培土制水；肾虚不制火，当滋阴降火或泻南补北。

临床应用乘侮归常类治法时，须注意治疗某脏过盛时应克伐有度，某脏过虚时补益也应适可而止，以五脏之间关系恢复相互制约，维持平衡即可。

泻南补北法

【出处】《医学入门》："黄连……吴萸水炒，调胃厚肠，治冷热不调，久痢久泻，肠澼腹痛下血，益胆镇肝，止血行滞。黄土炒，治食积，安蛔虫，小儿疳病有虫好食泥土。盐水炒治下焦伏火，妇人阴中肿痛。心去，疗下焦虚，坚肾。《日华》云：治五劳七伤，皆泻南补北之谓也。"

【溯源】《难经·七十五难》："《经》言东方实，西方虚，泻南方，补北方，何谓也？然：金木水火土，当更相平。东方木也，西方金也。木欲实，金当平之；火欲实，水当平之；土欲实，木当平之；金欲实，火当平之；水欲实，土当平之。东方，肝也，则知肝实；西方，肺也，则知肺虚。泻南方火，补北方水。南方火，火者，木之子也；北方水，水者，木之母也。水胜火，子能令母实，母能令子虚，故泻火补水，欲令金不得平木也。《经》曰：不能治其虚，何问其余，此之谓也。"

【释义】《温热论笺正》："暑热证夹血多有中心黑润者，勿误作阴证治之。又茅雨人云：凡起病发热胸闷遍舌黑色而润，外无险恶情状，此胸膈素有伏痰，不必张皇。此用薤白栝蒌桂枝半夏一剂，黑苔即退，或不用桂枝，即枳壳桔梗亦效。舌黑而干者，津枯火炽，急急泻南补北。若燥而中心厚者，土燥水竭，急以咸苦下之。舌黑而干不厚，为阴竭津干，邪不在胃，故当急急泻南补北。章虚谷谓仲景黄连阿胶汤主之。至舌黑而燥，（燥甚于干。）且见中心厚，此属中焦燥实，故急宜咸苦下之，以存津保胃耳。按：黄连阿胶汤，用黄连清心火，黄芩白芍清热养阴，阿胶鸡子黄救肾阴，恰合泻南补北之义，咸苦用硝黄，不必定拘承气也。"

【例案】病由丧子，悲愤抑郁，肝火偏盛，小水淋浊，渐至遗精，一载有余，日无虚度，今年新正，加以左少腹、睾丸、气上攻胸，心神狂乱，龈血目青，皆肝火亢盛莫制也。《经》云：肾主闭藏，肝司疏泄，二藏皆有相火，而其系上属于心，心为君火，君不制相，相火妄动，虽不交合，精亦暗流而走泄矣。治法当制肝之亢，益肾之虚，宗越人东实西虚、泻南补北例。川连、黑栀、延胡、赤苓、沙参、川楝子、鲜地、知母、黄柏、龟板、芡实。[《柳选四家医案》]

按：患者因情志失节，而致长时间淋浊遗精，暗耗肾阴。肾阴亏耗，虚火上扰心君，而致心神狂乱，发为心肾不交。然情志抑郁，肝气郁而化火，母病及子，心火亦旺。心火扰动，也是心神狂乱之因。故治疗之法，在心则当先去其有余之火，当泻南方心火；在肾则应滋其阴、填其精，当补北方肾水。方中川连、黑栀子、川楝子泻心火，兼降肝火；鲜地黄、芡实补益肾阴，龟甲益肾填精。取金水相生之意，沙参养肺以生肾水；知母、黄柏泻火坚阴，攻补两用。延胡索活血又能行气，使肝之气血不郁，则其子可宁。再以赤茯苓安神宁心，使心静则宁。全方重在泻心火、益肾水，体现了泻南补北治法。

【析拓】泻南补北法用泻心火、补肾水以治疗肝肾阴虚、虚火扰心所致病证。后世用以治疗肾阴虚、心火旺之心肾不交证，代表方如黄连阿胶汤。据临床报道，泻南补北法多用于治疗不寐、精神疾病，还可治疗男、妇及儿科疾病。如有人以泻南补北法联合引火归元法治疗更年期女性失眠，或取肾经、肝经、心包经穴位以泻南补北针刺法治疗阴虚阳亢型高血压，或用泻南补北法针刺治疗小儿一过性抽动障碍，或用黄连阿胶汤合六味地黄汤加减治疗经行鼻衄，都取得满意疗效。有人认为心肾不交是性欲减退的主要证型，提倡以泻南补北法治之，方用交泰丸加减化裁的归欲丹，配合针刺神门、肾俞、心俞等穴，疗效确切。

佐金平木法

【出处】《冯氏锦囊秘录》："古人立方之妙如此，其甚者，方中加左金丸，左金丸止黄连、吴茱萸二味，黄连但治心火，而吴茱萸则气燥，肝气亦燥，同气相求，故入肝以平木，木平不生火，火平不刑金，金平能制木，不直伐木而佐金以制木，此左金之所以得名也。"

【溯源】《丹溪心法》："咳逆嗽，非蛤粉、青黛、栝蒌、贝母不除。口燥咽干有痰者，不用半夏、南星，用栝蒌、贝母；饮水者不用栝蒌，恐泥膈不松快。知母止嗽清肺，滋阴降火。杏仁泻肺气，气虚久嗽者，一二服劫止。治酒嗽，青黛、栝蒌、姜蜜丸，噙救肺。食积痰作嗽发热者，半夏、南星为君，栝蒌、萝卜子为臣，青黛、石碱为使。"《素问·本病论》："帝曰：愿闻气交遇会胜抑之由，变成民病，轻重何如？岐伯曰：胜相会，抑伏使然。是故辰戌之岁，木气升之，主逢天柱，胜而不前。又遇庚戌，金运先天，中运胜之，忽然不前。木运升天，金乃抑之，升而不前，即清生风少，肃杀于春，露霜复降，草木乃萎。民病温疫早发，咽嗌乃干，四肢满，肢节皆痛。久而化郁，即大风摧拉，折陨鸣紊，民病卒中偏痹，手足不仁。"

【释义】佐金平木法是清肃肺气以抑制肝气上逆的方法。因肝阴不足，肝阳上逆，阳动化风，或情志不遂，肝气郁结，气不顺则生风，或因肝之阴血亏虚，血燥生风，阴虚风动而内风上扰致使肝经气火上冲于肺，使肺气不得下降，症见咳嗽时作，咳痰不爽，咽喉干燥，胸胁胀满，舌质红、少津，苔薄白或黄，脉弦等，还可见头晕、头痛、面红目赤等症状。[中华中医药学刊，2012，30（11）：2532-2534.]

【例案】顾洪卿，辛巳十月，河泥桥。气逆咳嗽，痰带血丝。症是木火刑金，治主缓肝保肺。枇杷叶（五钱），杏仁（三钱），白前（二钱），冬瓜子（三钱），川贝母（三钱），牡蛎（五钱），沙参（一钱半），淡苁蓉（二钱），川百合（三钱），甘草（三分），茯苓（一钱半）。[《慎五堂治验录》]

按：本方治肺以枇杷叶清肃肺气；冬瓜子清肺化痰；沙参养肺阴，增其肃降之能；白前、杏仁止咳敛肺；百合性寒清心以佐金；苁蓉补肾益精，润肠通便，使魄门能降，魄门降则肺气可降；茯苓、甘草健脾培土以生金助肺。以上诸药使肺气能降，进而抑肝气上逆。牡蛎抑肝阳，肝肺气顺使咳嗽能解，体现"魄门亦为五脏使"与"五脏六腑皆令人咳"之理。

【析拓】佐金平木法用平肝木、泻心火之剂，以清肃肺金，使金平则能制木，木气不旺则心火自平，同时泻心火使火不刑金，从而使肺金安宁。平肝木、泻心火即是佐金，代表方如佐金丸。佐金平木法的代表方为黛蛤散、清气化痰丸、《医碥》饮酒伤肺痰多方（瓜蒌、杏仁、青黛、黄连为丸，竹沥煎入韭汁吞之），主要用于治疗呼吸系统疾病，亦用于治疗高血压、眩晕等。据临床报道，可用佐金平木法治疗后半规管良性位置性眩晕、慢性咳嗽。有人认为，虚寒型慢性胆囊炎发病的根本原因在于肝郁气滞，久则乘脾土，土虚则无以生金而不能克制肝木而反受其侮，故使用佐金平木法与抑木扶土法针刺治疗胆囊炎。有人对该法进行了发展，认为佐金有清、肃、宣、润等法，平木有疏、泻、镇、养等法，创立佐金平木方治疗高血压，方由天麻、钩藤、桑白皮、地骨皮、全瓜蒌、防风、防己、白术、白芍、黄芩、黄连、丹参、川芎、杜仲、怀牛膝组成，共奏佐金平木、解毒祛瘀化痰之功。也有人用佐金平木与健脾化痰法联合治疗小儿多发性抽动症，发现该法有助于改善患儿神经功能和肌肉功能，疗效肯定。

抑木扶土法

【出处】《医方论》："小建中汤：桂枝、生姜三两，芍药六两，甘草（炙）一两，大枣十二枚。入饴糖一升，微火解服。肝木太强，则脾土受制。脾阳不运，虚则寒生，阴气日凝，阳气日削，故见肠鸣、泄泻、腹痛等症。小建中汤之义，全在抑木扶土。当从吴氏之说，用肉桂而不用桂枝。肉桂温里，桂枝解表，用各有当也。且肉桂性能杀木，合芍药以制肝，又用姜、枣、甘草、饴糖之甘温以补脾，斯中州之阳气发舒，而阴寒尽退矣。"

【溯源】《医方考》："泻责之脾，痛责之肝。肝责之实，脾责之虚。脾虚肝实，故令痛泻。"

【释义】抑木扶土法，是指平抑肝脏过旺之木，扶助中焦脾胃之土，用以治疗肝旺冲逆，脾胃虚弱证的方法，适用于肝木乘土或土虚木乘之证。症见胸闷胁胀，不思饮食，腹胀肠鸣，大便或溏，或见脘痞胀痛，嗳气矢气等。［中华中医药杂志，2018，33（11）：4852-4855.］

【例案】刘履贞之侄，患肝气乘脾，胁痛便溏，西医治之无效。延予往，予为拟抑木扶土汤，连服四剂，即愈。[《重订温热经解》]

按：《重订温热经解》载有两方，一方为抑木扶土的陈苓术芍甘连汤方，方用陈皮一钱、茯苓二钱、白术八分、白芍八分、甘草一钱、川连一钱；一方为扶土泻木合银楂汤方，方用川连钱半、银花炭二钱、赤砂糖钱半、陈皮八分、竹茹钱半、甘草八分、南楂炭二钱、焦建曲钱半、茯苓钱半、枳实五分。抑木用白芍，兼川连以清解，泻木用竹茹、川连，则无白芍。一味白芍能转调肝之用，实属当机。

【析拓】抑木扶土法是针对以肠鸣、泄泻、腹痛为主要表现的肝旺乘脾病机的治法。脾虚包括脾气虚和脾阳虚两种情况。前者抑木在于酸甘化阴以柔肝，扶土在于温胃健脾，代表方为小建中汤。后者抑木在于养肝祛风，扶脾在于益气健脾，代表方为痛泻要方。临床上可治疗肠易激综合征、肝硬化、小儿多发性抽动症、抑郁症等。据临床报道，用扶土抑木理论治疗脾虚肝亢型小儿多发性抽动症疗效确切，不良反应发生率较小，且复发率较低。临床观察到抑木扶土、填精益髓法针刺结合康复治疗痉挛性脑瘫能较好改善关节活动度、缓解痉挛，同时可明显提高患儿步行能力；以抑木扶土法结合消癥解毒、峻剂逐水之剂，达到攻补兼施，软肝化癥之效，用于治疗肝炎后肝硬化；以抑木扶土方治疗肝气乘脾证腹泻型肠易激综合征可改善临床症状和提高患者生活质量。

◎ 其他乘侮归常类

疏肝和胃法

《沈氏医案》："黄士端后案，气结于小腹之右边，有形一条坚硬。此系外受寒邪，郁其肝火，不得疏泄，遇冬令潜藏之月，火气内伏，稍触寒邪，则上干于胃，而胸膈胀满。当以疏肝和胃清火之药为治。苏子、桂皮、沉香、枳壳、黄柏、香附、山栀、青皮、半夏、橘红、栝蒌、莱菔子，加姜煎。"《素问·六元正纪大论》："木郁之发……民病胃脘当心而痛，上支两胁，膈咽不通，食饮不下。"疏肝和胃法即疏肝的同时理气和胃的治法，适用于肝木乘土之肝气犯胃所致肝气不疏、胃气不和。据临床报道，疏肝和胃法治疗心脾两虚、肝郁血虚、心虚胆怯、痰热内扰、胃气不和五种证候的失眠患者均可获得理想的临床疗效，并能在不同程度上控制患者的烦躁、紧张、焦虑或抑郁等精神症状。可用疏肝和胃法治疗反流性食管炎、便秘型肠易激综合征，可用疏肝利胆和胃法治疗胆囊切除术后胆道动力障碍。也有人提出治疗梅核气应从调理肝、脾、胃入手，标本兼顾，以健脾疏肝和胃为主要治法，临床均有效。

疏肝健脾法

《慎柔五书》："病已延至三四月，服药已多，其不效者，必过用寒凉，病者五脏愈虚，邪火愈炽，初用补剂，或数帖，或一二十帖，邪火一退，反觉头眩、恶心、骨疼、脚酸、神气昏懒、不思饮食。（亦有宣肺疏肝健脾滋肾反见火大者，初为凉剂遏其真阳下伏，接用振阳安阴法即愈，以根气尚稳也。）倘脉不细数，而带和缓，急用保元、四君大剂连服之，便安寝半日或一日，睡觉即精神顿爽。再一剂，再寝，饮食渐增，则可治矣。倘脉细如丝，肚饱昏愦，即属难治。"疏肝健脾法是通过疏肝同时健脾，治疗肝失疏泄而致脾失健运的肝郁脾虚证的治法。其脾虚因于肝木克脾土太过，而致肝木乘土证，属于标本兼治之法。现代也有用疏肝健脾法治疗因脾失运化而致肝气郁结的土壅木郁证。其要点是疏肝与健脾并举。代表方如逍遥散。抑木扶土法适用于肝强脾虚、肝木乘脾之肠鸣腹泻腹痛。疏肝健脾法可治疗消化系统疾病、代谢性疾病、抑郁症、肿瘤等疾病。据临床报道，以疏肝健脾法随证加减治疗腹泻型肠易激综合征，具有较好的临床疗效；可用疏肝健脾法治疗慢性非特异性溃疡性结肠炎、肝郁脾虚型抑郁症，或口服疏肝健脾、化痰清热的中药联合口服避孕药、促排卵药、胰岛素增敏剂治疗多囊卵巢综合征，都可以取得较好的疗效。还有人以疏肝健脾合益肾法来延长肝郁型转移性三阴性乳腺癌化疗患者的无进展生存期，并能减轻化疗药物的消化道不良反应。

调和胆胃法

《伤寒指掌》："如汗后虚烦不得眠，筋惕肉瞤，此血虚兼火也。十味温胆汤，去五味，加柴、芍、川连。邵评：汗后虚烦，肝胆有火，阴亏挟痰，故见不眠、惕瞤等症。宜用补气化痰两和胆胃之法。"《伤寒论·辨少阳病脉证并治》："伤寒，脉弦细，头痛发热者，属少阳。少阳不可发汗，发汗则谵语，此属胃，胃和则愈，胃不和，烦而悸。"胆从肝属木，胃从脾属土，二者同属于六腑，在运化水谷、气机升降、情志调畅诸方面关联密切。胆象征少阳春升之气，其所主时为阴尽阳升的关键所在。"凡十一脏取决于胆"，说明胆气的升发是全身气机升发的关键。临床少阳春升之气升发异常，多影响胆及胃，导致胆气犯胃或胆胃不和，当以调和胆胃治之。具体选方用药，须结合具体病机。代表方如温胆汤、大柴胡汤等。可用于治疗现代医学的消化系统、心血管系统、神经系统疾病，以及发热性疾病、代谢性疾病等，病机属胆胃不和者。据临床报道，有人认为"胆胃不和"是导致胆汁反流性胃炎发生、发展的基本病因病机，治疗上应遵循"主在胆胃，贵在通降"之法，如胆逆犯胃、疏降失和选用小柴胡汤和香苏散加减；胆胃郁热、夹痰夹积选蒿芩清胆汤化裁；胃阴不足、胆腑失和选一贯煎加味。有人用四逆散合越鞠丸加减治疗胆汁反流性胃炎；或用柴芩温胆汤加减以清热化痰，清胆和胃；或用蒿芩清胆汤或龙胆泻肝汤合清中汤加减治疗湿热内蕴，阻滞气机；或用疏肝利胆和胃法治疗胆囊切除术后胆道动力障碍；或以利胆和胃法治疗胆囊息肉，均有良好疗效。

泻肝和胃法

《怡堂散记》："汪利宾兄孙，发热，呕吐，食少出多，长虫出，目眶陷，心烦不宁。方春木气旺，上冲于胃，宜泻肝和胃，用橘红、半夏、茯苓、甘草加代赭二钱，水芦根五钱，黄连三分，一剂愈。泻肝热而用黄连，实则泻其子也。"《脾胃论》："所胜妄行者，言心火旺能令母实。母者，肝木也，肝木旺则挟火势，无所畏惧而妄行也，故脾胃先受之。"泻肝和胃法是以清泻肝火为主配合理气降逆和胃之品，以治疗因肝火（阳）亢旺而肝木乘其所胜（胃土）的病证，即肝火犯胃证，包括肝火所致的阳明热证和阳明腑实证。风木象天，为纯阳之性。肝属风木，阳亢则扇而易化火，犯其所胜。《西溪书屋夜话录》指出，泻肝是泻肝火，泻肝乃针对肝火犯胃的治法，而泄肝和胃在于治疗肝气犯胃。左金丸是治疗肝火犯胃的代表性方剂，治疗肝气犯胃时常与二陈丸同用。叶天士用左金丸、乌梅丸、金铃子散调和肝胃，以苦泻肝、酸敛肝、辛散痞以通气为治疗思路。现代有人用泻肝火和胃健脾的左金丸加味方治疗肝火犯胃证反流性食管炎患者，发现能有效调节患者胃肠道自主神经功能，缓解反酸、胸骨后灼痛等临床症状；或用健胃左金丸治疗胃炎，取得较好疗效。

泄肝和胃法

《临证指南医案》："王，脉沉弦。腹痛呕吐，鼻煤舌绛，面带青晦色。夏秋伏暑发热，非冬月。乃误表禁食，胃气受伤，致肝木上干胃土，蛔虫上出，遂成重病。常有厥逆之虑，拟进泄肝和胃，得痛止呕缓，冀有转机。川椒、川连、乌梅、干姜、人参、茯苓、生白芍、川楝子。"《证治准绳》："惟肝木之相乘者尤甚，胃脘当心而痛。"泄即疏泄，针对气机不畅而言。肝和胃均为气常有余之脏腑。肝主疏泄失职，常乘其所胜，而致胃气郁闭而失于和降。泄肝和胃法即通过疏理肝气，以治疗肝气犯胃所致之胃失和降，表现为郁闷不舒，嗳气喜叹，脘痞胁胀，或呕逆，或伴大便失常。临床常配合理气和胃降逆之品，用于治疗肝胆疾病、消化系统疾病、神经系统疾病、内分泌疾病等，表现为肝气犯胃者。据临床观察，反流性食管炎肝胃郁热证乃由肝失疏泄，郁久化热，横逆犯胃，胃失和降，胃气上逆所致，故用左金丸合济生橘皮竹茹汤加减为泄肝和胃汤，以疏肝泄郁、和胃降逆；用泄肝和胃法治疗胆汁反流性胃炎，疗效优良。

第五篇
脏腑气血津液治法

第十二章
脏腑治法

　　用于调理五脏系统功能，使脏或腑的功能恢复正常生理状态的治法，归入脏腑治法。

　　脏腑是人体五脏、六腑和奇恒之腑的总称。五脏主藏精气，即生化和贮藏气血、津液、精气等精微物质，主持复杂的生命活动。六腑主传化物，即受纳和腐熟水谷，传化和排泄糟粕。奇恒之腑则兼具脏和腑的一些功能特性，是对脏腑功能的补充。脏与腑的功能，是在相互依存、互相制约的情况下，各负其责，构成一个完整的机体。不但在人体内部脏与脏、腑与腑之间相互联系、脏腑之间互为表里，而且与外界自然环境的变化、四时气候的转换等方面，都息息相关，互为影响。

　　病理上，脏腑是气血阴阳的统一体，气血阴阳在脏腑生理活动中，各自发挥特殊的作用。因此脏腑病变的基本病机，就是脏腑气血阴阳失调。因各脏腑所主气血阴阳各有所长，如心主血，肺主气，脾胃为气血生化之源，肾藏精而化阴阳，肝则阳常有余而阴常不足等，故脏腑功能失常的病变特点也各不相同。

　　脏腑治法一般遵循以下原则：一是扶正祛邪，即虚则补之、实则泻之。扶正用于虚证，祛邪用于实证。若属虚实错杂证，则应扶正祛邪并用，但这种兼顾并不是扶正与祛邪各半，要分清虚实的主次缓急。二是调整阴阳，即针对各脏腑阴阳偏盛偏衰的变化，采取损有余、补不足的原则，使阴阳恢复相对平衡的状态。三是调和气血，即根据脏腑气和血的不足及其各自功能的异常，以及气血互用的功能失常等病理变化进行治疗，以使气顺血和，气血协调。气血的生成与运行，又依赖于脏腑经络的正常生理活动，所以调和气血又须与平衡阴阳、调节脏腑功能密切结合起来。四是调整脏腑，主要根据脏腑的功能特点，泻实补虚、扶弱抑强，通塞固泻。

　　应用脏腑治法应注意以下几个方面：一是运用脏腑治法时要从整体观出发，不仅要考虑一脏一腑，还必须注意脏腑间的相互作用。二是脏腑治法还应联系经脉的循行部位，结合归经理论，达到整体和局部相统一。三是脏腑治法需与气血津液、经络治法等紧密联系。四是脏腑是形与神俱的统一体，调理脏腑功能往往需要形、神同调。

　　本章主要涉及五脏象系统的阴阳、气血的功能失调的治法。关于五脏生克制化的治法参见其他相关章节。

第一节　肝系治法

　　用于调节肝脏象系统功能，使其恢复生理功能的治法，归入肝系治法。

　　肝主情志，司疏泄，主藏血。肝为刚脏，阳常有余而阴常不足，五行属风，主动主升。

肝阳有余，易于化风；肝主情志与司疏泄的功能相互影响，情志失调会导致肝失疏泄，肝失疏泄又会导致情志异常。肝阴与肝血一体两面，往往相互包含。

肝系治法具有以下特点：一是实邪滞肝用泻利，祛邪为要。如清热利胆法、清泻肝火法、利胆退黄法等。二是肝郁用疏泄，气达则顺。如疏肝理气法、疏肝利胆法等。三是只可补阴补血，不可补气、补阳。四是肝有余在气在阳，易于化风，治常用潜、镇、平、息。

临床应用肝系治法，一是要顺肝喜条之性，宜通宜疏。即使补肝血、养肝阴，也宜佐疏阴郁。二是肝系为病，多波及心神，治肝多须调神。三是泻肝利胆应防伤阴，畅肝须防耗气。

柔肝法

【出处】《证治心传》："肝脏气逆上冲，每多胃脘当心而痛，上支两胁膈咽不通，治宜降逆柔肝。"

【溯源】《素问·脏气法时论》："肝苦急，急食甘以缓之。"《素问·气厥论》："脾移寒于肝，痈肿，筋挛。"《素问·痿论》："肝主身之筋膜。"《素问·生气通天论》："骨正筋柔，气血以流。"

【释义】《医学衷中参西录》："肝恶燥喜润。燥则肝体板硬，而肝火肝气即妄动；润则肝体柔和，而肝火肝气长宁静。是以方书有以润药柔肝之法……肝体木硬，宜用柔肝之法。至柔肝之药，若当归、芍药、柏子仁、玄参、枸杞、阿胶、鳖甲皆可选用，而亦宜用活血之品佐之。而活血药中尤以三七之化瘀生新者为最紧要之品，宜煎服汤药之外，另服此药细末日三次，每次钱半或至二钱。则肝体之木硬者，指日可柔也。"《类证治裁》："大抵肝为刚脏，职司疏泄，用药不宜刚而宜柔，不宜伐而宜和，正仿《内经》治肝之旨也。"

【例案】中风，神呆不语，前能语时，自云头晕，左肢麻，口大歪，不食，六脉弦数，此痱中也，与柔肝法。生白芍（三钱），麦冬（二钱），生鳖甲（五钱），左牡蛎（五钱），炙甘草（三钱），生地黄（八钱）。一帖而神有清意，人与之言能点头也。又于前方加生阿胶三钱，丹皮四钱，三帖而半语，七帖而愈，能食，十二三帖而如故。[《吴鞠通医案》]

> 按：患者中风失语，六脉弦数，乃肝阳内盛，肝风内动之象，当养血柔肝，息风止痉，故予白芍、生地、麦冬、阿胶等养血柔肝，鳖甲、牡蛎平肝息风而收速效。

【析拓】肝体阴而用阳，其为刚脏，得阴血则柔。柔肝法即用滋养肝阴、肝血之品，治疗肝阴虚和/或肝血不足的方法，亦称养肝法。症见两眼干涩、头晕耳鸣等。代表方如一贯煎、滋水清肝饮等。据临床报道，可用柔肝舒筋法予木芍柔肝舒筋汤治疗糖尿病周围神经病变，以健脾柔肝法治疗不寐，用养血柔肝法治疗乙型肝炎肝硬化门静脉高压，用柔肝法治疗甲状腺功能亢进症、紧张性头痛、慢性前列腺炎，均有良效。

疏肝解郁法

【出处】《叶天士曹仁伯何元长医案》："诊脉右弦左濡，久痔注血，致纳食不易运化。此脾营先伤，胃阳继困，府气不能宣畅，大便不爽，温补不能通调。府气疏滞，更损脾胃生阳。东垣每以治土必先达木，不宜过投燥剂。仿古治中汤法，佐以疏肝解郁。"

【溯源】《仁斋直指方论》："肾痒证治，宣风散，疏肝肾风。大鸡心槟榔（二个），橘皮（半两），牵牛（生取末一两，炒取末一两），甘草（焙，三钱）。上末，每服二钱，蜜汤调下。"

【释义】疏肝解郁法指用具有疏肝理气、行滞解郁作用的方药治疗肝郁气滞证的方法。此类方剂临床常用，适宜于情志抑郁、肝失疏泄等。症见心情欠佳，出现胀闷疼痛，胸胁或少腹胀、憋闷、窜痛、胸闷、善太息等；或压抑易怒，或咽部有异物感，或颈部胀闷似有块状物，或胁下扪及肿块；女性还可见乳房胀痛、经前头痛、痛经、产后抑郁等。[《中华医学百科全书》]

【例案】孙右，盛怒后忽然心胸大痛，喜笑不休，脉沉伏，肢冷。久郁伤肝，肝病善怒，怒则气上，所以心胸大痛；气郁化火，扰于膻中，所以喜笑不休；气机窒塞，所以肢冷脉伏。种种见证，皆由肝病为患。木郁则达之，宜疏肝解郁，而理气机，若误为寒厥则殆矣。银花炭（三钱），金铃子（二钱），制香附（一钱五分），川贝母（三钱），薄荷叶（八分），青陈皮（各一钱），上沉香（四分），大白芍（二钱），广郁金（一钱五分），白蒺藜（一钱五分），金器（入煎，一具），苏合香丸（去壳，研细末化服，一粒）。[《丁甘仁医案》]

按：患者因怒而胸痛，属肝；脉沉伏，病在里；四逆当慎辨属寒属气，患者因怒而病，当属气。属肝郁气滞之证，故予疏肝解郁，上方中用一派理气疏肝柔肝之品，配合苏合香丸加强行气通窍止痛，以达到疏肝解郁，行气止痹之功。

【析拓】疏肝解郁法用理气药与疏肝药，治疗肝郁乘脾而脾胃不和、阳明腑气不通的肝脾不调或肝胃不和之证。现多用于治疗肝郁气滞证。可用于治疗乳腺癌、抑郁症、睡眠障碍、性功能障碍、功能性消化不良等病机属于肝郁气滞或肝胃不和的病证。代表方如逍遥散、四逆散。据临床报道，可用疏肝解郁法治疗特发性水肿、腰痛、不射精症、顽固性失眠等。

疏肝理气法

【出处】《西溪书屋夜话录》："一法曰：疏肝理气。如肝气自郁于本经，两胁气胀或痛者，宜疏肝，香附、郁金、苏梗、青皮、橘叶之属。兼寒，加吴萸；兼热，加丹皮、山栀；兼痰，加半夏、茯苓。"

【溯源】《证治汇补》："故凡木郁不舒，而气无所泄，火无所越，胀甚惧按者，又当疏散升发以达之，不可过用降气，致木愈郁而痛愈甚也。"《证治准绳》："肝性喜调达，恶抑郁，为藏血之脏，体阴而用阳。若情志不畅，肝木不能调达。"

【释义】《贯唯集》："张，右。兹届暮春，阳气上越，脾受木戕，脏络失疏，以致食纳作饱，失其运化之司。议以疏肝理气，醒其脾阳，俟其松减，再图治本。大生地，归身，郁金，香附，蒌皮，橘络，半夏，青皮，苡米，阳春砂仁。"

【例案】山西吴姓者。患胸膈作痛，已历多年，细按六脉，左三部沉郁不舒，右手脉弦紧而大。此肝气抑郁，木乘脾土，当以疏肝理气，扶土制水，则肝脾利而痛自愈矣。瓜蒌皮（炒，四钱），法夏（一钱五分），炒白芍（二钱），新会（一钱五分），乌药（一钱五分），

制香附（三钱），甘草（四分），茯苓（三钱），薤白，白酒。[《王应震要诀》]

按： 患者胸痛，右脉弦为肝脉，故辨为肝气郁痹之胸痛，上方以瓜蒌薤白半夏汤通阳宣痹，香附、白芍、乌药等疏肝理气，全方共奏疏肝理气，宣痹止痛之功。

【析拓】疏肝理气法具有疏理肝之气机、恢复肝之条达的作用。肝属木而性喜条达，主疏泄，为藏血之脏。若情志不遂，肝木失于条达，肝体失于柔和，以致肝气横逆、郁结，可呈现情志不舒、心情不爽、抑郁、易怒等症状，常用香附、青皮、枳壳、柴胡等药。代表方如柴胡疏肝散。据临床报道，可用疏肝理气法治疗浅表性胃炎，以该治法为基础用温针灸联合疏肝理气活血方治疗感音神经性聋，以疏肝理气法改善乳房有关症状，用疏肝理气方联合恩替卡韦治疗慢性乙型肝炎，在临床上都取得了一定疗效。

◎ 其他肝系治法

补肝法

又称为养肝法。《医宗金鉴》："补肝汤，即当归、川芎、白芍、熟地、酸枣仁、炙草、木瓜也。"《素问·脏气法时论》："肝苦急，急食甘以缓之。"《金匮要略·脏腑经络先后病脉证》："夫肝之病，补用酸，助用焦苦，益用甘味之药调之。酸入肝，焦苦入心，甘入脾。"补肝法是指用酸甘补血滋阴的药物，治疗肝阴血亏虚所致病证的治法。临床常用于治疗妇科疾病、精神疾病、男性疾病以及肝炎、肝硬化等病机为肝阴血不足的疾病。代表方如补肝汤、四物汤。据临床报道，可用补肝法治疗狼疮性肾炎伴焦虑症、酒精性肝纤维化、阳痿等。研究发现，补肝法可以减轻细胞凋亡引起的小鼠视网膜损伤。

利胆排石法

《金匮要略·黄疸病脉证并治》："黄疸腹满，小便不利而赤，自汗出，此为表和里实，当下之，宜大黄消石汤。"《中西医结合治疗急腹症》胆道排石汤："金钱草（一两），茵陈、郁金（各五钱），枳壳、木香（各三钱），生大黄（二至三钱）。水煎服。清热利湿、行气止痛、利胆排石。主治胆总管结石直径小于一厘米，肝胆管结石，术后残存结石发作期或缓解期。"利胆排石法是用利胆药促进胆结石排出的治疗方法，适用于胆结石的治疗，同时也可以用于治疗多种胆结石合并症。临床可根据辨证配合其他治法。据临床报道，利胆排石法治疗胆结石优于西药的保守治疗，还可用利胆排石法治疗胆心综合征、胆囊疾病，均获得满意疗效。也可配合疏肝化瘀、利胆排石法治疗胆结石。研究发现，利胆排石法对内镜逆行胰胆管造影术（ERCP）取石后急性胰腺炎有较好的治疗作用。

利胆退黄法

《伤寒论·辨阳明病脉证并治》："阳明病，发热汗出，此为热越，不能发黄也。但头汗出，身无汗，剂颈而还，小便不利，渴引水浆者，此为瘀热在里，身必发黄，茵陈汤主之。"《伤寒直格》："此伤寒湿热极甚，而发黄者，开结退热，双利大、小腑以除水湿，则利和而愈也。"利胆退黄法使用茵陈、金钱草、车前草等利湿退黄的中药，疏通胆道，通降郁闭之胆气，祛除胆中蕴结之留邪，促使胆汁疏泄循其常道而消退黄疸。常配合调理肝脾及胃肠药。现代常加用通腑降浊药如大黄类以提高利胆退黄之效。临床可用于治疗急性或慢性病毒性肝炎、胆汁淤积性黄疸综合征、新生儿黄疸等疾病。代表方为茵陈蒿汤、《太平圣惠方》茵陈散等。据临床报道，可用利胆退黄法治疗新生儿黄疸、肝内胆汁淤积、急性肝炎黄疸、瘀胆型病毒性肝炎。研究发现，利胆退黄法能提高急性胆源性胰腺炎的临床疗效。

暖肝散寒法

《素问·举痛论》："寒气客于厥阴之脉，厥阴之脉者，络阴器，系于肝，寒气客于脉中，则血泣脉急，故胁肋与少腹相引痛矣。厥气客于阴股，寒气上及少腹，血泣在下相引，故腹痛引阴股。"此为寒凝肝脉证的最早记载。《伤寒论·辨厥阴病脉证并治》："干呕吐涎沫，头痛者，吴茱萸汤主之。"创立暖肝散寒法的代表方吴茱萸汤。《普济方》："孕妇多暴死，忽坠胎之病，宜服暖肝药以治之。治动胎不安方：无问太岁，但寅申年十月，频有蒙露凄清之化，孕妇有胎动不安之病，宜进此药。"《药性赋白话解》："配橘核、小茴香，暖肝散寒，治寒疝，阴囊肿痛坚硬牵引及腹。"暖肝散寒法运用具有温通肝经、行气散寒等作用的方药，治疗寒滞肝脉所引起的少腹牵引睾丸坠胀冷痛，或阴囊收缩引痛，受寒则甚，得热则缓等不适。据临床报道，可用暖肝散寒法治疗阴缩、缩阳、阳痿、男子阴冷、男子不育症、胃脘痛，或用温肝散寒活血法治疗冠心病，都取得了良好疗效。

平肝潜阳法

《中风斠诠》："排风汤：《千金》治诸毒风邪气所中，口噤闷绝，不识人及身体疼痛，面目手足暴肿者。犀角，贝子，羚羊角，升麻（各一两）。上四味为散，以水二升半，内四方寸匕，煮取一升，去滓，服五合。寿颐按：方下所谓口噤闷绝、不识人、身体疼痛等症，固是肝风暴动，上冲入脑，神经不用之病。药用犀、羚、贝子，平肝潜阳，清热熄风，而兼镇逆，以治内风，皆是吻合，必有捷效。可知制方之意，固亦见到内热生风，是以投此三物。"平肝潜阳法是运用石决明、牡蛎、珍珠母、赭石等平肝潜阳药，结合白芍、甘草等药酸甘化阴，治疗肝肾阴虚而肝阳上亢所致病证。临床常用于治疗高血压、中风、精神分裂症、小儿惊厥及头痛、眩晕等病机属肝阳上亢的疾病。据临床报道，可用平肝潜阳法治疗眩晕、血管神经性头痛、失眠症等。研究发现，平肝潜阳法对自发性高血压大鼠早期高血压具有降压作用，机制可能与改善高血压时平滑肌细胞的钙超载状态有关。

清肝利胆法

《伤寒论·辨阳明病脉证并治》："阳明病，发热汗出，此为热越，不能发黄也。但头汗出，身无汗，剂颈而还，小便不利，渴引水浆者，此为瘀热在里，身必发黄，茵陈汤主之。"清肝利胆法是用清肝热、利胆退黄的方药治疗湿热或胆热郁结所致肝胆疾病的治法。临床常用于治疗现代医学的急性或慢性肝炎、急性或慢性胆囊炎、胰腺炎以及耳鼻喉科疾病等，病机属湿热壅滞肝胆的病症。代表方如茵陈蒿汤、龙胆泻肝汤。据临床报道，用清肝利胆法治疗重症胰腺炎、化脓性中耳炎、梅尼埃病、鼻窦炎、口臭、面瘫等，均有良效。

清泄胆热法

《内经药瀹》："风淫火胜之会，用枣仁治心腹寒热邪气，熟补肝阴，生清胆热，君之以泄少阳之火。"清泄胆热法用清胆热的方药治疗胆腑郁热之证。临床常用于治疗急性或慢性胆囊炎、急性或慢性鼻窦炎、中耳炎、嗜睡症、睡眠障碍等证属胆腑郁热者。可用清胆泻火汤、蒿芩清胆汤、柴胡疏肝散等加减。据临床报道，可用清泻胆热法治疗反流性胃炎、小儿鼻窦炎、慢性胆囊炎、糖尿病。

疏肝利胆法

《杏苑生春》："泻肝汤：肝主谋虑，胆主决断，肝取决于胆也。此人数谋不决为呈怒，怒则气逆，胆汁上溢，故口苦，或热盛使然也，名曰胆瘅，以泻胆汤主之。"疏肝利胆法疏肝理气药与利胆药同用，治疗肝郁气滞所致的胆腑郁结。常用的中药包括柴胡、茵陈、金钱草、郁金、黄芩、龙胆草、赤芍、白芍等。可用于治疗现代医学的慢性胆囊炎、胆结石、肝炎等疾病属于肝胆郁结者。据临床报道，可用活血化瘀、疏肝利胆法治疗代谢综合征；可联合清热利湿法预防反流性胃炎复发；用疏肝利胆法治疗高脂血症，或用于胆管结石术后减少结石生成。研究发现，该法能有效降低胆汁中非结合胆红素及胆固醇含量，升高总胆汁酸含量。

疏肝通络法

《西溪书屋夜话录》："一法曰：疏肝通络。如疏肝不应，营气痹窒，络脉瘀阻，宜兼通血络，如旋复、新绛、归须、桃仁、泽兰叶等。"疏肝通络法用疏肝理气、活血通络的中药方，治疗肝气不疏、瘀血痹阻证。临床症状常以胁痛为代表。代表方如旋覆花汤等。据临床报道，可用疏肝通络法治疗乳腺癌术后上肢淋巴水肿、慢性前列腺炎、青光眼、偏头痛，皆具有较好疗效。

疏肝止痛法

《古今医彻》："河间芍药汤，用芩、连清火，归、芍调血，木香、槟榔理气止痛，甘草和中，或加肉桂为引，所云调血则便血自愈，理气则后重自除。"理气止痛法含义与疏肝止痛法相同。肝主疏泄，疏泄功能异常，疏泄不及而致气机郁滞，不通则痛。疏肝止痛法是采用柴胡、青皮、香附等药物以调畅气机，条达肝气，肝气疏则气行，气行则痛自止，常用越鞠丸、金铃子散、柴胡疏肝散等方。据临床报道，可用疏肝止痛法治疗慢性萎缩性胃炎，用此法可通过调节颈部血液流变学指标改善颈源性头痛，用此法治疗经行头痛，均取得良好疗效。研究发现，疏肝止痛法可通过上调MUC5AC蛋白的表达改善胃黏膜黏蛋白屏障的保护作用，下调ETAR蛋白的表达改善胃黏膜血流，治疗消化性溃疡。

滋肝明目法

又称为养肝明目法。《医学指归》："补气：木性条达，郁遏之则其气不扬，辛以补之，所以达其气。天麻（辛温入肝经气分，益气强阴），柏子仁（滋肝明目，肝经气分药），苍术（升气散瘀），菊花（去风热，明目），细辛（辛散风热，补益肝胆），密蒙花（润肝明目），决明（入肝经，除风热），谷精草（辛温去风热，入厥阴肝经），生姜（辛温散寒，宣气解郁）。"《顾松园医镜》："盖目之精明在瞳子，故真水内亏，必目多昏黑，譬之水浅混浊，则不能照物，故绝无障翳遮睛。是以治目者，当养肝血，补肾水为主。"滋肝明目法是用滋补肝阴肝血的方药治疗肝阴亏虚或肝血不足所致各种目疾的治法。临床可用于治疗干眼症、干燥综合征、夜盲症、视神经炎等病机为肝阴或肝血不足的疾病。代表方如石斛夜光丸、明目地黄丸。据临床报道，可用滋肝明目法治疗湿性年龄相关性黄斑变性、视网膜色素变性、视网膜静脉阻塞等，皆有疗效。

滋养肝阴法

也称为滋阴养肝法、滋补肝阴法。《医门八法》："血虚则肝燥，肝燥则肝气妄动，肝气动则多恚怒，恚怒而不能发泄。则抑遏郁窒，而疮证成矣。见证之初，急为滋阴养肝。阴血足，肝气静，则疮证亦可内消，即不能全消，而元气增一分，则毒气减一分，此以补为功者也。"滋阴养肝法用滋养肝阴的中药，补阴柔肝，起到润燥平肝的作用。由于肝肾同源，肾水生肝木，常用滋养肝肾来养肝阴，起到以阴平肝的作用。适用于肝阴不足，导致肝失濡养，症见头晕目眩，两目干涩，胁肋隐痛，五心烦热，口干咽燥，舌红少苔，脉弦细或弦细数。据临床报道，可用滋阴养肝法治疗胃痛、更年期综合征、老年慢性胆囊炎、慢性乙型肝炎后肝纤维化；或以滋阴养肝法联合养血荣心法治疗胸痹心痛，皆具有良效。

第二节　心系治法

主要用于调节心脏气血阴阳，以维护其主血脉和主神志功能正常运转的治法，归入心系治法。

心为君主之官，气与血均运行于心脉之中。心、脉之功能与气、血的正常运转相互依存。心、脉、气、血正常运转和相互协调，是维护心脏象系统功能正常运转的基本保障。

心系治法主要通过以下作用来调节心的功能：一是补心气、益心阳，助心推动。二是益心血、养心阴，使心脉能充养。三是祛邪宁心，使心宁则安。

临床应用心系治法，一般治太过多兼泄肝，补不足多兼助脾，平阴阳多须从肾。

补益心气法

【出处】《圣济总录》："治心气不足，脾乏生气，脾既受邪，先诊其脉，若心脾脉俱弱，即宜先服补益心气。人参汤方：人参、藿香（去梗）、远志（去心）、芎䓖、菖蒲、白术、白芷、陈橘皮（去白，切焙，各等分）。上八味，粗捣筛，每服三钱匕，水一盏，煎至八分，去滓食前服。"

【溯源】《伤寒论·辨太阳病脉证并治》："发汗过多，其人叉手自冒心，心下悸，欲得按者，桂枝甘草汤主之。""烧针令其汗，针处被寒，核起而赤者，必发奔豚。气从少腹上冲心者，先灸其核上各一壮，与桂枝加桂汤，更加桂二两也。"

【释义】《伤寒指掌》："若汗后，心中悸而烦者，虚也，宜小建中汤，以补心气。邵评：阳气内虚则心悸，阴气内虚则心烦。悸而烦者，正不足而欲入内也，不可攻其邪，当用小建中汤，温养中气之虚。中气立，则邪自解。即不解，而攻取之法，亦可因之而施矣。……若病后心气虚，而怔忡不宁，闻声即惊者，宜镇心神以补心气。如茯神、远志、枣仁、丹参、当归、龙齿、辰砂、金箔之类。邵评：病后阴伤营弱，血少不能养心，心气大虚，虚火上扰而怔忡惊悸也，治以养营补心安神一法。此病后心虚营弱而怔忡心悸之正法。"

【例案】桂真官方吕少张丁家难，积忧之后，遂成狂易之疾，服此一剂即定。继以蕤仁之类心气药，七日而安。廖硕夫知府云。辰砂（半两），麝香（一钱）。上为细末，以好酒二升，银石或沙器内慢火煮至半升许，入麝香，更煎数沸，取出。随意饮之，以尽为度。心神既定，却服补心气药，即愈。[《宋元方书》]

按： 患者由于长期忧虑过度成疾，狂躁不安，服用朱砂、麝香安神定惊。心神安定后，继而使用蕤仁之类补益心气药物治疗，疾病痊愈。

【析拓】补益心气法是针对心气亏虚所致诸症的治疗方法，使虚弱的心气得补，血气得以宣流，神得血气濡养，脉得血液充盈。补益心气可改善心肌代谢，可用于慢性心力衰竭、冠心病、心肌病、心肌炎等心脏疾病，以及其他系统疾病临床表现为心气亏虚证候者。据临床报道，补益心气中药在改善心肌能量代谢、防治心力衰竭方面有一定的作用。可用补益心气法治疗糖尿病合并冠心病心绞痛，以补益心气法治疗病毒性心肌炎慢性期，异常心电图得以改善。研究表明，对老年慢性心力衰竭患者在常规抗心力衰竭的治疗方法基础上结合补益心气法可有效提高患者的心功能，改善临床症状，提高运动耐力。

清心豁痰法

【出处】《凌临灵方》："汪左（十一月），天时温燥，阳明受之，酿痰化火，上扰肺胃，加以肝阳浮越，不潜阳气，皆并于上，夜无眠，歌哭声怒，袭成癫狂之候，《经》谓：重阳则狂是也，治宜清心豁痰，平肝宣窍为法。"

【溯源】《丹台玉案》："育神镇心丸（秘传）治五种痫症，并颠狂惊恐，痰迷心窍等证。羚羊角，犀角（各四钱），胆星（制过九次者），远志（去心），茯苓（去木），百子仁（去油），石菖蒲，橘红（各八钱），礞石（过六钱），大黄（五钱），天麻（煨过七钱），生黄（二钱），栝蒌曲（五钱），麝香（一钱二分），朱砂（二钱），真金箔（三十张），上为细末。竹沥同胆星打糊为丸。朱砂，金箔为衣。每服空心姜汤送下。清心豁痰汤：石菖蒲（去毛），麦门冬（去心），茯苓（去皮），枳实（炒，各一钱二分），远志（去心），天花粉，贝母（去心），酸枣仁（去油），玄参，黄连（姜汁炒），橘红（各一钱），甘草梢（四分），水二钟。加姜五片，竹茹八分。煎一钟，温服。"

【释义】《伤寒指掌》："如初起发热，神呆不语，六脉沉细短数。似痉非痉，或烦躁狂言。此邪在心肾之间，或因受惊，痰乘包络，治宜清心豁痰。如茯神、小草、菖蒲、天竺黄、川贝、丹参、麦冬、钩丁、薄荷、辰砂之类，以清包络之痰，神自清矣；如舌形绛燥，口渴唇干，六脉沉数，前方宜加生地、丹皮、淡竹叶之类，以清心包之火；如大便秘结，不妨加犀角数分。"

【例案】朱右（市陌路，年十六岁，六月），暑湿风邪酿痰化热，自肺胃扰动肝阳，痰随气升，徒然厥逆，不省人事，牙关紧急，手指搐搦，脉弦滑数，蒲清心涤痰，平肝宣窍。

玄参，连翘心，纯钩，陈胆星，鲜竹沥，鲜细叶石菖蒲汁（同冲），羚角片，川郁金，石决明（青黛拌打），牛黄清心丸，薄荷梗，丹皮，朱茯苓，青荷梗。[《凌临灵方》]

按：该患者因感染暑湿风邪，入里化热，导致肺胃痰热自生，肝风内动，痰随气升，出现厥逆，不省人事，牙关紧急，手指搐搦，脉弦滑数等症，应用清心豁痰、平肝宣窍之法治疗，方用玄参、连翘心、胆南星、钩藤、鲜竹沥、鲜细叶石菖蒲汁清热凉血，平肝息风；羚角片、川郁金、石决明清心涤痰，醒神开窍；牛黄清心丸、薄荷梗、丹皮、朱茯苓、青荷梗清热健脾化湿，凉血安神。

【析拓】清心豁痰法通过清心热加豁痰开闭之品，治疗痰蒙心窍证。临床上常用于治疗小儿急惊风、乙型脑炎、流行性脑脊髓膜炎、中暑、脑血管意外、肝昏迷等疾病属痰热内闭神昏者。据临床报道，可用清心豁痰法治疗脏躁和癫痫持续状态，效果良好。研究发现，该法可显著改善注意缺陷多动障碍患者的临床症状。

温补心阳法

【出处】《重订广温热论》："温补心阳，首推人参养荣汤（见《时方歌括》），其次参附养荣汤（别直参、淡干姜各一钱，淡附片八分，白归身、熟地炭各二钱，酒炒白芍钱半。吴又可温热论方）亦佳。"

【溯源】《伤寒论·辨太阳病脉证并治》："伤寒脉浮，医以火迫劫之，亡阳，必惊狂，卧起不安者，桂枝去芍药加蜀漆龙骨牡蛎救逆汤主之。"

【释义】《伤寒论注》："太阳病，发汗，遂漏不止，其人恶风，小便难，四肢微急，难以屈伸者，桂枝加附子汤主之。太阳固当汗，若不取微似有汗而发之太过，阳气无所止息，而汗出不止矣。汗多亡阳，玄府不闭，风乘虚入，故复恶风。汗多于表，津弱于里，故小便难。四肢者，诸阳之末，阳气者，精则养神，柔则养筋，开阖不得，寒气从之，故筋急而屈伸不利也。此离中阳虚，不能摄水，当用桂枝以补心阳，阳密则漏汗自止矣。坎中阳虚，不能行水，必加附子以回肾阳，阳归则小便自利矣。内外调和，则恶风自罢，而手足便利矣。"

【例案】许少卿室，故医陈启东先生之从女也。夏初患感，何新之十进清解，病不略减，因邀诊于孟英。脉至弦洪豁大，左手为尤，大渴大汗，能食妄言，面赤足冷，彻夜不瞑。孟英曰：证虽属温，而真阴素亏，久伤思虑，心阳外越，内风鸱张，幸遇明手，未投温散，尚可无恐。与龙、牡、犀、珠、龟板、鳖甲、贝母、竹沥、竹叶、辰砂、小麦、元参、丹参、生地、麦冬，为大剂投之；外以烧铁淬醋，令吸其气，蛎粉扑止其汗，捣生附子贴于涌泉穴。甫服一剂，所亲荐胡某往视，大斥王议为非，而主透疹之法。病家惑之，即煎胡药进焉。病者神气昏瞀，忽见世父启东扼其喉，使药不能下嗌，且嘱云：宜服王先生药。少卿闻之大骇，专服王药，渐以向愈，而阴不易复，频灌甘柔滋镇，月余始能起榻。季夏汛行，惟情志不怡，易生惊恐，与麦、参、熟地、石英、茯神、龙眼、甘麦大枣、三甲等药善其后。[《重订广温热论》]

按：该患者夏初时节发病，出现脉弦洪大，口渴，大汗出，面足赤冷，胡言，失眠，因素体心阴亏虚，久病思虑，导致心阳外越，阴风内动。药物予龙骨、牡蛎温补心阳，镇静安神；珍珠、犀角清热凉血，安神定惊；朱砂、紫石英镇静安神；龟甲、鳖甲滋阴潜阳，养血补心；贝母、竹沥、竹叶清热定惊开窍；玄参滋阴降火；丹参清心除烦；生地、麦冬、小麦养阴生津等，外用牡蛎粉外涂以敛阴止汗，生附子捣碎贴于涌泉穴以回阳救逆，助阳补火。病情逐渐有所好转。到季夏时节，仅有情志不舒，唯再生惊恐之症，药物予人参补气生津安神，麦冬、熟地滋阴生津，茯神、龙眼宁心安神，甘麦大枣汤、三甲复脉汤滋阴潜阳以巩固治疗。

【析拓】也称为补益心阳法、补心阳法或益心阳法。温补心阳法根据寒者温之、衰者彰之的原则，着重选用辛温助阳又归心经之品，治疗心阳不足或心阳不振的病证。在扶正固本、化赤运血以改善气血运行的基础上，达到强心固脱、宁悸、止痛等疗效。据临床报道，可用体现温补心阳、益气活血法的桂枝甘草龙骨牡蛎汤治疗心律失常，可用温通心阳法治疗2型糖尿病心脏病、风瘙痒、痤疮、带状疱疹后遗神经痛等，临床效果可靠。有人用温补心阳法治疗脾胃病，体现了补火暖土的思想，提高了临床疗效。

◎ 其他心系治法

清心泻火法

也称为泻火宁心法。《景岳全书》："二阴煎，此治心经有热，水不制火之病，故曰二阴。凡惊狂失志，多言多笑，或疮疹烦热失血等证，宜此主之。生地（二三钱），麦冬（二三钱），枣仁（二钱），生甘草（一钱），玄参（一钱半），黄连（或一二钱），茯苓（一钱半），木通（一钱半），水二钟，加灯草二十根，或竹叶亦可，煎七分，食远服。如痰胜热甚者，加九制胆星一钱，或天花粉一钱五分。"《本草经解》："心与小肠为表里。小肠者心火之去路也。小肠传化失职，则心火不能下行，郁于心而烦满矣。其主之者，苦寒清泄之功也。肺属金而主气。丹参清心泻火，火不刑金，所以益气也。"清心泻火法用于治疗心火亢旺证，临床表现如狂躁、谵语、喜笑不休、舌痛、心烦失眠，常用黄连、连翘、栀子、牛黄等。刘完素用清心泻火法治疗"由心火热甚，亢极而战，反兼水化制之"之寒栗证，"以大承气汤下之，多有燥屎，下后热退，则战栗愈类"。当心火下移小肠时，可用导赤散来清心泻火。据临床报道，可用清心泻火法治疗失眠及儿童疱疹性咽峡炎。研究表明，用清心泻火法治疗Graves病心肝火旺证，能够明显改善临床症状，减慢心率，调节甲状腺激素水平和甲状腺相关抗体。

补益心血法

也称为补心血法、益心血法或滋补心血法。《医方选要》："人参固本丸：夫人心生血，血生气，气生精，精盛须发不白，容貌不衰。今人滋补气血多用性热之药，殊非其治。此方盖用生地黄能生精血，用天门冬引入所生之地；熟地黄能补精血，用麦门冬引入所补之地；又以人参能通心气，使五味并用，实补益心血。又名二黄丸。"补益心血法用于治疗心血不足、血虚不能奉于心之症。通过补益心血法可改善心肌代谢，改善血液流变学，调节心脏功能，改善心绞痛等作用。据临床报道，可通过补气心血法治疗心脾两虚型心脏神经症、不稳定型心绞痛气虚血瘀证、银屑病的后期、功能失调性子宫出血、冠心病心绞痛、老年心力衰竭，疗效显著。研究表明，该法治疗老年慢性心力衰竭能够显著减轻症状，改善心功能及调节与慢性心力衰竭病情相关的血清趋化素和PPAR-α水平，提高患者生活质量。

补益心阴法

也称为益心阴法或补心阴法。《重订广温热论》："心肝脾肾之阴则血液也，清补心阴，如清燥养荣汤、叶氏加减复脉汤、王氏小复脉汤（原麦冬五钱，甘杞子三钱，炙甘草一钱，鲜刮淡竹茹三钱，南枣两枚。王孟英新验方）等选用。"《中医方剂与治法》："心阴亏损，法当补益心阴，血中津液得以补充，阴虚征象才能逐步消失。"补益心阴法通过补心阴的方药治疗心阴不足的病证，常见心悸不宁、失眠、多梦、舌质红、苔薄、脉细数等。本法在补益心阴的基础上，常配伍人参、甘草补心气，酸枣仁、柏子仁养心血、安心神。可用于胸痹、心悸、郁病等病机属于心阴不足者。据临床报道，可用体现补益心阴法的加减复脉汤治疗病毒性心肌炎合并房室传导阻滞，或用复脉汤加减治疗虚证室性期前收缩，或通过滋阴补肾、补益心阴法治疗更年期抑郁症，效果理想。也可用补益心阴法以天王补心丹治疗心房颤动合并冠心病阴虚火旺证，或通过补益心阴法用天王补心丹治疗甲状腺功能亢进症阴虚火旺证，均有疗效。

化饮宁心法

《金匮要略·痰饮咳嗽病脉证并治》："卒呕吐，心下痞，膈间有水，眩悸者，小半夏加茯苓汤主之。"《伤寒论汇注精华》："发汗过多，其人又手自冒心，心下悸，欲得按者，桂枝甘草汤主之（原文）。汗多阳气虚衰，阳本受气于胸中，不足，故又手冒心，实与阴血无干。方注谓血伤心虚，迂阔而远于事情（喻氏）。按：此证当用人参、黄芪以补胸中阳气；半夏、茯苓涤饮宁心；肉桂化气。至于桂枝，功专发散，耗散阳气，不可谓固表，贻误后人（舒氏）。"化饮宁心法是通过辛温化饮、开通心阳之剂以化散凌心之水饮，常配合祛痰、淡渗之剂。临床用于饮停心包（胸膈）、水气凌心等证的治疗。据临床报道，可用该法治疗冠心病、心包积液、胸腔积液、心力衰竭等证属水气凌心者，也可用于治疗眩晕、心悸等，均获良效。

宁心定悸法

《杨氏家藏方》天王补心丸："宁心保神，益血固精，壮力强志，令人不忘。清三焦，化痰涎，祛烦热，除惊悸。疗咽干口燥，育养心气。熟干地黄（洗焙，四两）、白茯苓（去皮）、茯神（去木）、当归（洗焙）、远志（去心）、石菖蒲、黑参、人参（去芦头）、麦门冬（去心）、天门冬（去心）、桔梗（去芦头）、百部、柏子仁、杜仲（姜汁炒）、甘草（炙）、丹参（洗）、酸枣仁（炒）、五味子（去梗）。以上十七味各一两。"《玉楸药解》："自然铜燥湿行瘀，止痛续折，治跌打损伤，癥瘕积聚，破血消癥，宁心定悸，疗风湿瘫痪之属。"宁心定悸法是养心益血、安魂定魄、宁心志、止惊悸的治疗方法，临床用于治疗冠心病、心绞痛、心律失常、惊悸等疾病。据临床报道，可用宁心定悸法治疗心房颤动、心肌炎后心律失常、阵发性房室结折返性心动过速、不稳定型心绞痛合并室性期前收缩等，均有效。

通脉宁心法

《伤寒论注》："伤寒脉结代，心动悸者，炙甘草汤主之。……一百十三方，未有用及地黄、麦冬者，恐亦叔和所附。然以二味已载《神农本经》，为滋阴之上品，因伤寒一书，故置之不用耳。此或阳亢阴竭而然，复出补阴制阳之路，以开后学滋阴一法乎？地黄、麦冬、阿胶滋阴，人参、桂枝、清酒以通脉，甘草、姜、枣以和营卫，酸枣仁以安神，结代可和而悸动可止矣。"通脉宁心法是通过辛温通心阳之剂以通心脉，治疗寒凝心脉证。现代也用活血通脉之品，配合宁心安神药，治疗血脉瘀滞所导致的心悸不宁。用于胸痹心痛、心悸怔忡、心绞痛、心律失常等的治疗。据临床报道，可用通脉宁心法治疗病毒性心肌炎、高脂血症、缺血性中风，均有效。

通脉止痛法

《圣济总录》："治伤寒霍乱吐利，脉微欲绝，或恶寒四肢厥逆，小便复利，或吐利已定，汗出而厥，四肢拘急不解。通脉四逆汤方：甘草（炙，二两），附子（炮裂，去皮脐，二枚），干姜（炮，三两）。上三味，锉如麻豆，每服五钱匕，水一盏半，煎至八分，去滓温服，脉出即愈，面色赤者，加葱白二茎同煎。腹痛去葱白，加芍药二两，呕加生姜一分切同煎，咽痛去芍药，加桔梗并人参二两，以吐利止。手足温为度。"《素问·举痛论》："经脉流行不止，环周不休，寒气入经而稽迟，泣而不行，客于脉外则血少，客于脉中则气不通，故卒然而痛。"通脉止痛法是治疗寒凝心脉的治法，用温热散寒之品如附子、干姜等，配合甘草、人参补益心气，以热散寒、以气通脉。现代泛指通过疏通血脉以治疗脉痹疼痛，用于心脉痹阻或其他各种疾病因脉络痹阻而出现疼痛者。据临床报道，可用于治疗冠心病、心绞痛，以及带状疱疹后神经痛、偏头痛、脱疽、痛经、糖尿病周围神经病变、原发性痛经等。研究表明，通脉止痛方药可缓解血管或子宫平滑肌痉挛，改善血液微循环。

通阳宣痹法

《金匮要略·胸痹心痛短气病脉证治》曰："胸痹之病，喘息咳唾，胸背痛，短气，寸口脉沉而迟，关上小紧数，栝蒌薤白白酒汤主之。栝蒌实，薤白，白酒。"《医方论》："……薤白通阳，栝蒌散团结之气，再加白酒以行气血，自能消阴翳而开痹结。故不必用辛散耗血之品，以伤至高之元气也。"《中医方剂与治法》："栝蒌薤白半夏汤……白酒性热，用以畅血行之滞，合而成方，能呈通阳宣痹功效。"通阳宣痹法是通过化痰通阳、辛宣通散之品，以开通胸痹，使胸阳得振，胸痹得开，则心肺气机通畅。该法是治疗胸肺疾病的重要治法，如缺血性心脏病、心功能不全、心律失常、慢性阻塞性肺疾病、慢性肺源性心脏病、慢性支气管炎等。据临床报道，可通过通阳宣痹法治疗缓慢性心律失常、慢性阻塞性肺疾病急性发作期、慢性支气管炎、颈椎病。实验研究显示，该法可缓解支气管痉挛，提高气道分泌物IgA水平，改善气道微环境。

养血宁心法

《身经通考》："养血宁心汤：当归一钱二分，白芍（酒炒）八分，生地一钱，片芩八分，黄连八分，栀子七分，枣仁一钱，远志、麦冬各二钱，姜、枣煎服。"心主血，主神志。

心主神志依赖于心血的滋养。养血宁心法用于心血亏虚、心神失养所致之心悸不宁之症，就是在养血的基础，联合使用宁心药如远志，或养血宁心药如酸枣仁等。临床常用于治疗现代医学的冠心病、心肌炎、心脏神经症等出现气短、胸闷、怔忡、惊悸、失眠、多梦、健忘、眩晕、面色淡白、少神等症。据临床报道，通过养血宁心法治疗抑郁症、心脾两虚型心律失常、产后精神异常，均有效。

第三节　脾系治法

主要用于调理脾胃，使其能发挥正常生理功能的治法，归入脾系治法。

脾胃同居中焦，为后天之本，气血生化之源。五脏六腑、四肢百骸皆赖其所养。脾主运化、升清、统摄血液，在体合肌肉。胃主受纳、腐熟，主通降。脾为太阴湿土，喜温燥而恶寒湿，得阳气温煦则运化功能正常；胃为多气多血之腑，有喜润恶燥之特性，需阳气蒸化，津液濡润，方能维持腐熟水谷、通降下行之常。

脾系治法通过以下几个方面来恢复脾胃的功能：一是通过运脾化湿来恢复脾胃的运化功能，如健脾益气法、健脾化湿法、理气和胃法。二是通过和胃来恢复胃受纳、腐熟水谷及通降功能，如和胃消食法、温胃建中法、温胃散寒法。三是通过调节气机的升降来调节恢复脾胃的升降功能，如理气和胃法、益气生津法等。

临床应用脾系治法辨治脾胃病，应详辨寒热虚实，在气在血，要处理好寒热错杂、虚实兼夹、气血同病等复杂证候。应注意各脏腑病机间的关联，组方遣药须兼顾脾升胃降的生理特点。

健脾消食法

【出处】《幼科证治准绳》："凡饮食停滞，痰涎壅满而见惊证者，实因脾土虚弱，不能生金，金虚不能平木，故木邪妄动也，宜健脾消食，其证自愈。"

【溯源】《备急千金要方》："治脾虚寒劳损，气胀噎满，食不下，通噎消食，膏酒方。猪膏三升，宿姜汁五升，吴茱萸一升，白术一斤。"

【释义】健脾消食法是针对脾胃虚弱，饮食停滞病机而设。胃主受纳，脾司运化，若诸因导致脾胃虚弱，脾虚失升，则不能运化，饮食停滞，则症见神疲乏力，饮食不化，嗳腐吞酸，脘腹痞满，脉虚少力。临床常选用人参、党参、炒白术、茯苓、砂仁、山楂、神曲、麦芽、枳壳、木香、陈皮、炙甘草组方。用治脾胃虚弱，饮食停滞之证。代表方如健脾消食汤。

【例案】脾土不运，积湿生痰，阻塞胃气，不能下降。胸脘痞闷不舒，饮食少进，不易消化，苔黄，神倦，四肢无力，脉来沉细而滑。治宜健脾消食，消痰和胃。陈广皮一钱，制半夏一钱半，川贝母三钱，白茯苓三钱，江枳壳一钱半，南沙参四钱，炙内金二钱，冬瓜子四钱，佩兰叶一钱半，姜竹茹一钱，生熟谷芽各四钱。[《中医古籍珍稀抄本精选》]

按：脾为生痰之源。脾土不运，积湿生痰而阻塞肺胃，胃失和降，气机不畅，故胸闷；痰湿壅盛于脾胃，故纳差；脾虚则运化不行，故饮食少进、神倦。治以健脾消食，消痰和胃。以温胆汤加减，消痰和胃同时加强健脾消食之功。

【析拓】健脾消食法是采用健运脾气、消食导滞的方药促进脾胃运化。脾主运化，脾为胃行其津液于全身。饮食不节，食积阻滞，损伤脾气，则脾失健运，不得为胃行其津液，四肢不得禀水谷气，法当健脾消食。据临床报道，现多用于治疗功能性消化不良、慢性胃炎、厌食症、心力衰竭伴食欲不振、非酒精性脂肪性肝病等疾病属脾失健运、饮食滞胃证者。

培土制水法

【出处】《本草汇言》："方书用大枣入药者众，今特举归脾、调中、奔豚、桂枝四汤者，引前人立方用大枣，明其培土制水，去风木之意。经读本草《神农经》：大枣安中和百药，则药药皆可入用，又不独归脾等四汤已也。"

【溯源】《素问·至真要大论》："诸湿肿满，皆属于脾。"

【释义】《丹溪心法》："水肿：因脾虚不能制水，水渍妄行，当以参术补脾，使脾气得实，则自健运，自能升降运动其枢机，则水自行。"

【例案】薛立斋治一妊妇，每胎至五月，肢体倦怠，饮食无味，先两腿肿渐至遍身，后及头面，此脾肺气虚。朝用补中益气汤，夕用六君加苏梗而愈。前方补益中气，后方健脾、燥脾，皆为培土，进而水得制，实现培土制水之妙。[《续名医类案》]

> **按：** 补中益气汤及六君（应为香砂六君丸）皆为健运中土的代表方，二方之效各有侧重，补中益气能升提气机，其中橘皮、白术可燥痰湿，黄芪可利水消肿，香砂六君自可治痰湿，合苏梗则如虎添翼。本病孕妇虽有水肿之象，然实属本虚标实之证，又妇人妊娠及产后，不宜用攻伐之品，疗其本虚可获邪去正安之效，两方都可达到培土以治疗水肿之效，可谓良方。

【析拓】也称为补土制水法。脾属土，为主水之脏，又为升降之枢。培土制水法即通过培补脾土以制水液泛溢而致的水肿病证。培土之法，或健脾益气，或温脾助阳，皆助脾之气化以制水肿。代表方如参苓白术散、桂枝去桂加茯苓白术汤等。据临床报道，可用培土制水法结合补肾缩尿法治疗脾肾气虚型小便频数；或基于培土制水思想，用益气温阳法治疗慢性心力衰竭所致脾阳不足之水肿；或以温脾行水的培土制水法治疗妇科肿瘤患者腹水。有人用保和丸加黄芪、白术、猪苓、泽泻、车前子组成培土制水汤，加减治疗慢性肾病浮肿、少尿等症有效。

温胃建中法

【出处】《医方考》："大顺散：甘草（炙），干姜（炮），杏仁（去皮尖），肉桂（去皮，等分）。夏月引饮过多，脾胃受湿，清浊相干，阴阳气逆，霍乱呕吐者，此方主之。脾胃者，喜燥而恶湿，喜温而恶寒，时虽夏月，过于饮冷吞寒，则伤之矣，故令气逆霍乱而呕吐也。干姜、肉桂，温胃而建中；甘草、杏仁，调脾而理气。此方非治暑，乃治暑月饮冷受伤之脾胃尔。若非饮冷而致诸疾，则勿执方以治也。"

【溯源】《幼科类萃》："伤寒斑者，盖不当下而下之，热则乘虚入胃；当下而失下，则胃热不得泄，二者皆纯发斑。其状锦纹赤者易治，黑者难治，盖热毒入胃深也。如温毒发斑，当服玄参升麻白虎等药主之。阴证发斑，宜调中温胃，加以茴香、芍药，以大建中汤之类，其火自下，其斑自退，可谓治本而不治标也。"

【释义】《周天寒医论精选》：温胃建中法指用温胃散寒、健脾益气之品治疗脾胃虚寒的方法。适用于胃下垂脾胃阳虚阴盛的证候。脾主运化，胃主受纳，必赖阳气为动力，以完成其升清降浊、腐熟转输之功能。若脾虚失治，或过食生冷，致脾胃阳气受损，气虚下陷，升举无力，形成胃下垂。临床表现：脘腹胀满冷痛，喜热饮，喜温喜按，或呕吐清水，食少腹痛，或气短乏力；舌苔白滑，脉沉弱。治宜温胃建中，益气升阳；药选党参、干姜、砂仁、黄芪、白术等；方如建中温脾汤（自拟方：党参、白术、黄芪、干姜、白芍、升麻、炒枳壳、炙甘草）。

【例案】赵，三十八岁，胃痛彻背，背冷如掌大，脉弦细而紧。与小建中汤加附子。桂枝六钱、白芍四钱（炒）、炙草三钱、生姜五片、大枣二枚、胶饴一两、熟附子三钱。[《吴鞠通医案》]

按：患者症见胃痛背冷，且脉弦细紧，系中焦虚寒，阳气不振所致。治宜温胃建中，散寒止痛。案中用小建中汤加附子。方中桂枝辛温，能温胃散寒，寒散则胃痛可止；白芍炒用，性微温，与桂枝相配，既能调和营卫，又能缓急止痛。炙甘草、生姜、大枣三味，乃建中汤之基础，炙甘草甘温，补中益气；生姜辛温，散寒和胃；大枣甘温，补脾和胃，三药合用，共奏温中补虚之功。胶饴甘温质润，既能补中益气，又能缓急止痛，为建中汤之要药。更加附子，大辛大热，温阳散寒，助桂枝、生姜以增强温中散寒之力。诸药合用，共成温胃建中之剂，使中焦阳气得以振奋，寒邪得以消散，则胃痛自除。此方之妙，在于温中不忘补虚，散寒兼以止痛，标本兼治，故能收效迅捷，体现了吴鞠通先生"温胃建中"之治法精髓，对于治疗中焦虚寒、阳气不振所致之胃痛，具有重要指导意义。

【析拓】温胃建中法是治疗胃气虚寒的方法。症见胃隐痛，得食痛减，吐清水，大便稀烂，舌淡白，脉细。常用方如黄芪建中汤。现临床多用该法治疗功能性消化不良、胃脘痛、上消化道溃疡等疾病。据临床报道，可用温胃建中汤治疗脾胃虚寒型功能性消化不良，用黄芪建中汤治疗慢性萎缩性胃炎脾胃虚寒证，用黄芪建中汤加减治疗上消化道溃疡，均有效。

◎ 其他脾系治法

安蛔止痛法

《通俗伤寒论》："而安蛔止痛之法，照俞法治，轻症可效，症势重者不应。必用沉香至珍丸（沉香、广木香、公丁香各四钱，广皮、青皮、乌药、莪术、巴霜、川连、槟榔各一两，神曲糊为丸，每服三五粒，淡姜盐汤送下，或玫瑰花汤送下，善治九种胃痛、一切肝胃气痛、两胁胀痛，及呕吐反胃，痰气食带诸症，杀虫下虫，尤有专功），始克逐虫下。虫出则疼自止。""蛔得酸则静，得辛则伏，得苦则下。"安蛔止痛法是用乌梅等酸味药物，姜、乌药、公丁香等辛味药，以及苦楝皮、川楝子等苦味药物，共同安蛔、驱蛔而减轻疼痛，缓解病情。现该治法多用于治疗小儿蛔虫病、胆道蛔虫病等疾病。据临床报道，可用安蛔止痛法缓解蛔虫腹痛；或用该法缓解蛔虫相关小儿肠痉挛。

补脾法

也称为益脾法。《素问·脏气法时论》："脾欲缓，急食甘以缓之，用苦泻之，甘补之。"《中西汇通医经精义》："后天不足，宜补脾。四君子归脾汤，补中汤之类是也。"补脾法是指用于治疗脾之气血阴阳亏虚的方法，有补脾气法、养脾血法、滋脾阴法、温脾阳法等，使中焦气机调畅，脾运化正常，全身气血充盈。该法除常用于治疗消化系统疾病，还广泛应用于治疗肺系、心系、肾系疾病，以及慢性虚耗性疾病、恶性肿瘤等。据临床报道，可用补脾法治疗慢性胃炎、消化性溃疡等消化系统疾病，以及慢性咽炎、糖尿病肾病、虚寒型鼻衄及恶性肿瘤等，还可用于预防虚体感冒。

健脾法

《医考方》枳术消积丸："健脾消痞，此方主之。一消一补，调养之方也。故用白术以补脾，枳实以消痞，烧饭取其香以益胃，荷叶取其仰以象震。象震者，欲其升生甲胆之少阳也。此易老一时之方，来东垣末年之误，孰谓立方之旨易闻耶。"《千金翼方》建脾汤："主脾气不调，使人身重如石，欲食即呕，四肢酸削不收方：生地黄，黄耆，芍药，甘草（各一两，炙），生姜（二两），白蜜（一升）。"健脾法是通过或益脾气，或助脾阳，或消食，或理气，或芳香醒脾，或燥湿健脾等，鼓舞脾的运化，以治疗脾失健运的治疗方法。该治法可恢复脾之升降、运化，使水谷、水液得以输布全身，充沛全身气血、调畅中焦气机，在消化系统疾病、代谢性疾病、老年性疾病、肿瘤，以及多种功能减退性疾病的临床诊治中运用广泛。据临床报道，可用健脾法治疗病毒性肝炎、老年性骨质疏松、结直肠恶性肿瘤、胃下垂、膝骨关节炎、后循环缺血性眩晕；或用健脾法降低患者血脂水平，都取得良效。研究表明，健脾法具有调整肠道微生态的作用。

健脾益气法

也称为补气健脾法、益气健脾法。《原病集》："脾虚泻者，饮食入胃，完谷不化，因久虚乏，不受饮食，食则腹急肠鸣，尽下所食之物，才方宽快；不食则无事，甚至气衰滑泄不禁，动经年久不愈，当须健脾益气。"健脾益气法是治疗脾气亏虚的治法，通过芳香、燥湿、消导、理气等健脾药以促进脾的运化功能，以补气药补益脾气，使脾气得补且生化有源，从而恢复脾气的健旺，消除脾气亏虚诸症。多用于慢性胃炎、功能性消化不良、消化性溃疡、腹泻、便秘等消化系统疾病的治疗，也常用于代谢性疾病、内分泌疾病、妇科疾病等。据临床报道，可用健脾益气法治疗肝癌，诱导肝细胞凋亡；用该法治疗单纯性肥胖、崩漏；用健脾益气法改善胃癌晚期患者生存质量，均获良效。

甘淡实脾法

《素问·刺法论》："欲令脾实，气无滞，饱无久坐，食无太酸，无食一切生物，宜甘宜淡。"《疑难奇症案汇》："症见面色萎黄，忧郁倦急，目光乏神，口淡，纳减，厌油腻……继以甘淡实脾之法调理一月，诸症遂愈。"甘淡实脾法，主要适用于脾阴亏虚证。脾阴不足，甘能补之；脾恶湿浊，淡能渗之，甘淡合用，寓补于泻，阴中潜化，补而不腻。现代医学多用甘淡实脾法治疗水肿、小儿疳积、眩晕等疾病。据临床报道，可用甘淡实脾法治疗脾肾气阴两虚型水肿，脾胃阴虚、运化失调所致小儿疳积，或痰饮咳嗽，均有效。

和胃降逆法

《医学三字经》："二陈汤倍生姜，安胃降逆药也。"《医方絜度》："胆气横逆，移热于胃而为病，欲其旁通胆气，退热为温，非胆寒而温之也。用半、苓和胃降逆，合橘皮则化痰……"《素问·阴阳应象大论》："浊气在上，则生䐜胀。"胃气主降，若外邪、饮食、情志等因素导致胃失和降，则撑满闭塞、腹胀不通，中焦气机升降失常，法当和胃降逆，以和胃药与降胃逆药联用。和胃药根据导致胃失和降的病机来选择。据临床报道，可用该法治疗胆汁反流性胃炎、胃食管反流病、顽固性呃逆、妊娠恶阻等疾病，均有良效。

消食和胃法

也称为和胃消食法。《鸡峰普济方》："姜黄丸，消食和胃。缩砂、草豆蔻、荜澄茄、橘皮、青皮、姜黄各一两。上为细末，水煮，面糊和丸如豌豆大。每服二十丸，生姜汤下不以时。"《医验大成》："一人脉息沉滑，右寸独盛，咽酸腹痛，饱胀恶心。东垣所谓食塞太阴，抑遏阳气，是食郁症也。治当消食和胃。方：苍术、厚朴、陈皮、甘草、草蔻、神曲、麦芽、山楂。"消食和胃法采用山楂、神曲、鸡内金等消食药促进食物消化。胃主受纳腐熟，胃气不和则纳运失调，可见撑满闭塞、饮食难消，当用和胃消食法。据临床报道，可用该法治疗慢性胃炎、功能性消化不良、糖尿病胃轻瘫、食积腹痛、婴幼儿睡眠障碍等疾病。

和胃止痛法

《仁斋直指方》："宫方七香丸，消食快膈，和胃止痛。木香、丁香、檀香、甘松（净）、丁皮、橘红、缩砂仁、白豆蔻仁、三棱（醋煮）、蓬术（醋煮，焙干，各半两）、大香附（炒，去毛，二两半）。上为末，研米糊丸绿豆大。每三四十丸，姜汤下。"脾胃为仓廪之官，脾气健运胃自和；阳明之气以降为和。和胃止痛法即用理气健脾之品，合以行气止痛之药，佐以降泄阳明之剂组方。适用于中焦气机郁滞，胃失和降所致胃痛。多用于治疗急性或慢性胃炎、消化性溃疡、幽门螺杆菌感染等疾病。代表方如《仁斋直指方》宫方七香丸。据临床报道，可用和胃止痛法降低炎症因子、缓解急性胃痛；也可用该法提高幽门螺杆菌清除率，缓解胃痛。

健脾化湿法

《仁斋直指方》："治湿之法，通利小便为上，益脾顺气次之，半夏、茯苓、苍术、白术、官桂、干姜，皆要药耳。"《贯唯集》："吴，右。脉象细数微滑，头晕眩冒，恶心欲呕，经过五旬，有怀麟之喜。拟进健脾化湿，兼泄木邪。归身，白芍，川芎，枳壳，半夏，砂仁，炙草，首乌，青皮，白术，菊花，橘红。"脾主运化水湿。脾气不足则失于运化，水液停聚体内，变生湿邪，进而又影响脾的运化功能。健脾化湿法通过健运脾气，使湿邪得化，恢复脾之运化功能。据临床报道，可用健脾化湿法治疗类风湿性关节炎、干燥综合征、单纯性肥胖、慢性荨麻疹、腹泻型肠易激综合征、非酒精性脂肪肝等，均有疗效。

健脾和胃法

也称为和胃健脾法。《备急千金要方》："稷米，味甘平，无毒。益气安中，补虚，和胃宜脾。"《杨氏家藏方》："豆蔻煮散，健脾和胃。治呕逆恶心，不思饮食。"健脾和胃法通过健运脾气，调和胃气，以恢复脾胃气机。脾胃同居中焦，互为表里，脾主运化而胃主受纳，脾气升而胃气降。脾胃调和则中焦安稳，脾胃失和则中焦气机逆乱、纳运失常，百病由生。据临床报道，可用健脾和胃法改善慢性萎缩性胃炎临床症状；或用该法改善胃肠道功能，增强机体抗癌能力；也可用于调节脂代谢，改善心功能；或用以提高幽门螺杆菌清除率，减轻临床症状。

苦味健胃法

《医宗金鉴》："李杲曰：白术苦甘温，其苦味除胃中之湿热……与术协力，滋养谷气而补脾胃，其利大矣。"《皇汉医学》："所以者，病者若急于饮食等之摄生时，尚未全复常态，不仅使刺激消化管而发炎，且使胃部有停滞膨满之觉，故用栀子豉汤治炎证，以苦味健胃解凝药之枳实治胃部之停滞膨满感也。"苦味健胃法运用少量苦味类药物，去除胃中郁热。郁则滞，郁清则胃滞消，从而使胃气健运而安。适用于治疗胃脘痞闷、食欲不佳。据临床报道，可用苦味健胃法治疗中焦郁热或湿郁化热之胃炎、幽门螺杆菌感染、胃肠自主神经功能紊乱等疾病。

苦温燥湿法

《伤寒易简》："桂枝去芍药加苓术汤……白术苦温燥湿，以助中土，水去而便利满消，则阳气伸而表自和……"《素问·至真要大论》："湿淫于内，治以苦热，佐以酸淡，以苦燥之。"苦温燥湿法用陈皮、苍术、白术等苦味温性的燥湿药以健脾和胃，适用于脾失健运，湿邪内盛，或外感夹有里湿之证。其证候特点是胸脘痞闷，口淡或腻，肢体困重，或便溏泄泻，舌苔白腻而厚，脉缓弱。代表方剂如平胃散、实脾饮。现代医家多用该法治疗胸闷、呕吐、恶心、腹胀、大便清稀、苔白腻等中焦寒湿证。据临床报道，可用苦温燥湿法治疗脾胃病、慢性病毒性肝炎。研究发现，可用苦温燥湿法调控湿阻中焦证动物模型肠道水、糖代谢异常。

理气和胃法

《沈氏医案》："至于胸次不时作胀，此亦胃中余瘀未清，浊气壅滞不通之故也。当以理气和胃，疏肝之药治之。"理气和胃法是用行气宽中药和降胃逆以调畅中焦气机，恢复胃气降浊功能的治法。中焦为全身气机的枢纽，脾气升、胃气降，则全身气机调和。若饮食、情志等致胃气失于和降，则气滞而成痞满、便秘，气逆而见呕吐、胸闷等不适。据临床报道，可用理气和胃法治疗慢性胃炎、胃食管反流、功能性消化不良、胆汁反流性胃炎，或用理气和胃法改善恶性肿瘤患者临床症状，提高生活质量。

清热泄脾法

《医宗金鉴》："鹅口白屑满舌口，心脾蕴热本胎原，清热泻脾搽保命，少迟糜烂治难痉。"《太平圣惠方》："治热病，心脾壅热不退，口干烦渴，时发躁闷，宜服黄芩丸。方：黄芩（一两），栀子仁（一两），铁粉（一两，细研），栝蒌根（一两），马牙硝（一两研），寒水石（一两，研）。"清热泻脾法是泻心火、清脾热之法。心脾积热，火热留滞中焦，则见不欲饮食，火热上扰，多见口疮、口腔溃疡等疾病。据临床报道，可用清热泄脾法治疗鹅口疮、睑腺炎、复发性口腔溃疡、手足口病、厌食症等疾病。

清胃降火法

也称为清胃泻火法、清泻胃火法。《治法汇》："火吐：脉弦数，或洪滑，口干面赤，喜冷恶热，烦躁引饮而吐者，属火。宜清胃降火，二陈、姜汁炒黄连、竹青徐徐服，或加枇杷叶，不应，入芦根汁服。"胃为阳明燥土，阳气旺盛。若外邪、饮食等因素导致胃火旺盛，法当清胃腑之火，予清胃散、承气汤类。现临床可用该法治疗胃火牙痛、复发性口疮、急性上消化道出血、遗精等疾病。据临床报道，可用该法缩短消化道出血时间，促进止血。

清养胃阴法

《温病条辨》："五汁饮。此甘寒救胃阴之方也……欲泻阳明独胜之热，而保肺之化源，则加知母。"《时病论》："此温病也。有伏气自内而出，宜用清凉透邪法……病全愈矣，当进清养胃阴之药。服数剂，精神日复耳。"清养胃阴法是清胃热、养胃阴之意，是针对胃热阴虚证而设。胃火旺，当用石膏、知母等以泻胃火；火热伤阴，则当予沙参、麦冬、玉竹之类以养胃阴，二者相合，则热去阴复。据临床报道，可用该法治疗慢性胃炎、缓解胃痛、腹泻、慢性胆囊炎急性发作；还可用该法治疗巨幼细胞贫血，改善临床症状。

温补脾阳法

《伤寒论·辨太阴病脉证并治》："自利不渴者，属太阴，以其脏有寒故也。当温之，宜服四逆辈。"《吴鞠通医案》："福，二十四岁，初因爱饮冰冻黄酒与冰糖冰果，内湿不行，又受外风，从头面肿起，不能卧，昼夜坐被上，头大如斗，六脉洪大。先以越婢汤发汗。肿渐消，继以调理脾胃药，服至一百四十三帖而愈，嘱戒猪肉、黄酒、水果。伊虽不饮，而冰冻水果不能戒也，一年后粪后便血如注，与《金匮》黄土汤，每剂黄土用一斤，附子用八钱，服至三十余剂而血始止。后与温补脾阳至九十帖而始壮。"温补脾阳法用于治疗脾阳亏虚、寒邪内生的病证。采用干姜、蜀椒、吴茱萸、附子等药物补脾阳、散脾寒，恢复中焦脾之运化。可用于治疗现代医学幽门螺杆菌感染、慢性胃炎、腹泻、肾病综合征、痛风性关节炎、慢性心力衰竭等多种疾病。据临床报道，用温补脾阳法联合西药可提高幽门螺杆菌清除率；用该法治疗肾病综合征，减少蛋白尿；以该法缓解痛风性关节炎临床症状，降低复发率；用该法改善慢性心力衰竭患者临床症状，提高生活质量。

温胃健脾法

《伤寒直指》："蓝色论……如微蓝或稍见蓝纹者，犹可温胃健脾，调肝益肺治之……"《鸡峰普济方》："温胃健脾丸，治脾虚胁寒，食少多倦。附子三两生，厚朴二两，大枣五十个，生姜六两取汁。以上三件，生姜汁煮附子等透为度，然后焙干入后药：丁香、胡椒、肉豆蔻各半两。上同为细末，水煮，面糊和丸如梧子大。每服三十丸至五十丸，空心或食前，米饮下。"温胃健脾法通过温胃散寒、健运脾气，祛散中焦寒邪，恢复脾胃运转。外邪、饮冷伤胃，损伤脾阳，使脾失运化，则胃受纳、腐熟无能，出现痞满、嗳气、纳差等症状，当以温胃散寒、健运脾气。据临床报道，可用温胃健脾法治疗幽门螺杆菌感染慢性萎缩性胃炎、小儿厌食症、十二指肠溃疡，或用该法温中健脾、益气固表，治疗感冒后咳嗽。

温胃散寒法

同温中散寒法。《伤寒论·辨霍乱病脉证并治》："霍乱，头痛，发热，身疼痛，热多，欲饮水者，五苓散主之。寒多，不用水者，理中丸主之。"《素问·脏气法时论》曰："脾欲缓，急食甘以缓之，用苦泻之，甘补之。"理中汤方用人参、白术、甘草之甘，以缓脾气调中。寒淫所胜，平以辛热。干姜之辛，以温胃散寒。因脾胃阳气不足，寒从中生，寒性收引，凝滞经脉，阻滞气机，寒凝气阻，胃寒疼痛等发生。可见脾胃虚寒、气机阻滞，乃是本法所主之病证的病机所在。故临床上常见的寒滞胃痛，胃寒恶阻等病证，应用温胃散寒法治疗，常用干姜或炮姜、吴茱萸、高良姜，重者用附子等。据临床报道，可用该法治疗胃寒或脾胃虚寒型慢性胃炎、消化性溃疡、寒凝腹痛、心绞痛、肝癌肝动脉插管化疗栓塞术后恶心呕吐等疾病。

温胃止痛法

也称为温中止痛法。《本草经集注》："当归……温中止痛，除客血内塞，中风痉，汗不出，湿痹，中恶，客气虚冷，补五脏，生肌肉。一名干归。生陇西川谷。二月、八月采根，阴干。"《圣济总录》："治风入腹，心腹痛，胀满拘急不得息，并转筋。温中止痛，利大小便。甘草饮方：甘草（炙，锉）、防风（去叉，各一两半）、吴茱萸（汤浸，焙炒）、赤芍药、当归（切，焙）、细辛（去苗叶）、干姜（炮）、熟干地黄（各一两）。上八味。粗捣筛。每服五钱匕。以水一盏半。煎去滓取八分。空腹温服日二。"温胃止痛法常以姜附等辛热暖脾，吴茱萸、乌药等温胃散寒之品，佐以芍药、甘草酸甘缓急，治疗寒邪伤及中焦所致之胃痛。此类疼痛常遇寒食冷则胃痛加重，甚则胃脘阵发性绞痛。据临床报道，该法多用于治疗急性或慢性胃炎、功能性腹痛、消化性溃疡，或者胆囊炎、胆结石、胆道蛔虫等辨证属于寒邪侵犯中焦者。

温中化饮法

《金匮要略·痰饮咳嗽病脉证并治》："心下有痰饮，胸胁支满，目眩，苓桂术甘汤主之。苓桂术甘汤方：茯苓（四两）、桂枝（三两）、白术（三两）、甘草（二两）。右四味，以水六升，煮取三升，分温三服，小便则利。"《王旭高临证医案》："痰饮窃踞于胃之上口，则心阳失其清旷，而背常恶寒。纳食哽噎，是为膈症之根。盖痰饮为阴以碍阳故也。熟附子、桂枝、杏仁、神曲、薤白头、瓜蒌皮、旋复花、蔻仁、豆豉、丁香、竹茹、枇杷叶。渊按：温中化饮，降逆润肠，不失古人法度。"温中化饮法通过温补中阳、运化水液，治疗水饮停聚中焦的病证。中阳虚衰，失于运化，水液停聚，变为痰饮，法当温阳化饮，祛邪扶正。据临床报道，现代医家多用该法治疗胃下垂、呕吐、阳虚饮阻型高血压、心脾阳虚型老年慢性心力衰竭等疾病，可提高生活质量。

辛热燥湿法

也称为辛温燥湿法。《伤寒证治准绳》："干姜……今理中汤用之，言泄不言补，何也？盖辛热燥湿，泄脾中寒湿邪气，非泄正气也。"《时病论》："辛热燥湿法：治寒湿之病，头有汗而身无汗，遍身拘急而痛。苍术（一钱二分，土炒），防风（一钱五分），甘草（八分），羌活（一钱五分），独活（一钱五分），白芷（一钱二分），草豆蔻（七分），干姜（六分）。水煎服。法中苍、防、甘草，即海藏神术散也，用于外感寒湿之证，最为中的。更加二活、白芷，透湿于表；草蔻、干姜，燥湿于里。诸药皆温热辛散，倘阴虚火旺之体，勿可浪投。"辛热燥湿法用干姜、桂枝等辛热之品以祛除寒湿之邪。经过后来发展，包括了运用辛温苦燥之品，燥体内之湿邪。临床常用苍术、草豆蔻、草果等。据临床报道，多用于治疗湿疹、慢性宫颈炎伴高危型宫颈人乳头瘤病毒感染、脾虚湿盛型功能性腹泻、痛经等湿浊或寒湿所致之疾病。

养胃生津法

《鸡峰普济方》："大圣人参散，和气快膈，养胃生津液。人参、白芷、葛根、青桂皮、桔梗、白术各三分，甘草一两、干姜二分。上为细末。每服二钱，水一盏，入生姜三片，枣一个，同煎至七分，去滓温服不以时。"养胃生津法是用沙参、麦冬、玉竹等甘寒之品养胃阴、生津液的方法，适用于各种胃阴不足之证。叶天士在《脾胃论》中强调"胃宜甘润通降则需滋养胃阴"。据临床报道，现代医家多该法治疗泄泻、慢性萎缩性胃炎、阴虚久咳等。

温脾止泻法

《伤寒论·辨太阳病脉证并治》："伤寒，医下之，续得下利，清谷不止，身疼痛者，急当救里；后身疼痛，清便自调者，急当救表。救里宜四逆汤，救表宜桂枝汤。"《绛雪园古方选注》："肉果温脾止泻，当归活血成浆。"温脾止泻法是针对脾胃虚寒，或脾肾阳虚，固摄无权病机而设，症见久泻便溏、腹胀、畏寒肢厥等。泄泻主要病变在脾。脾主运化水湿和水谷精微。脾喜燥而恶湿，湿困脾阳，运化失职，湿盛则濡泄，前人称"无湿不成泻"，故治疗应通过温脾以止泻。据临床报道，可用温脾止泻散敷脐治疗小儿泄泻；或用温脾止泻胶囊治疗脾肾阳虚型腹泻型肠易激综合征；或用温脾止泻胶囊联合马来酸曲美布汀片治疗肠易激综合征。

燥湿运脾法

《素问·脏气法时论》："脾苦湿，急食苦以燥之。"《陈素庵妇科补解》："前方四君子补脾虚，二陈祛湿痰，加苍术健悍，燥湿运脾……"燥湿运脾法也称为燥湿健脾法，是用苍术、草豆蔻、半夏、厚朴等苦燥之品祛除湿邪、助脾运化。脾土恶湿，水湿浸渍，则脾失健运，枢机不利，当燥湿运脾，恢复运转。祛湿之法包括燥湿、化湿、利湿。临床可治疗化疗相关性呕吐、腹泻、水肿、炎症性疼痛等疾病。据临床报道，可用燥湿运脾法抗炎、解热镇痛，提高机体免疫功能及抗病原微生物，治疗含铂类化疗所致相关呕吐。研究显示，燥湿健脾法修复放射性肠黏膜损伤，并具有止泻、利尿作用。

治痿独取阳明

《素问·痿论》："论言治痿者独取阳明何也？岐伯曰：阳明者，五脏六腑之海，主润宗筋，宗筋主束骨而利机关也。冲脉者，经脉之海也，主渗灌溪谷，与阳明合于宗筋，阴阳总宗筋之会，会于气街，而阳明为之长，皆属于带脉，而络于督脉。故阳明虚则宗筋纵，带脉不引，故足痿不用也。帝曰：治之奈何？岐伯曰：各补其荥而通其俞，调其虚实，和其逆顺，筋脉骨肉。各以其时受月，则病已矣。"治痿独取阳明原意是治疗痿证当取阳明胃经穴位。胃为水谷之海，脾胃为后天之本，故又将其含义扩展为用补益脾胃法治疗痿弱失用的疾病。据临床报道，可用该法治疗中风偏瘫、绝经后骨质疏松症、糖尿病周围神经病变、慢性萎缩性胃炎、肌少症等疾病。

滋养脾阴法

《血证论》："若脾阴虚，脉数身热，咽痛声哑，《慎柔五书》用养真汤煎去头煎，止服二三煎，取无味之功以补脾，为得滋养脾阴之秘法。杨西山专主甲乙化土汤，亦颇简当，而人参、花粉尤滋生津液之要药……若脾阴不足，津液不能融化水谷者，则人参、花粉又为要药。试观回食病，水谷不下，由于胃津干枯，则知津液尤是融化水谷之本。"《先醒斋医学广笔记》："此脾阴不足之候。脾主四肢，阴不足故病下体。向所饮药虽多，皆苦燥之剂，不能益阴。用石斛、木瓜、牛膝、白芍药、酸枣仁为主，生地黄、甘枸杞、白茯苓、黄柏为臣，甘草、车前为使。投之一剂，辄效，四剂而起。"滋养脾阴法是运用甘淡、甘寒之品，滋养脾阴，培补脾元的方法。脾为太阴湿土，性喜燥恶湿，但临床仍可见脾阴不足之证，当须滋养脾阴。据临床报道，现该法多用于治疗便秘、慢性腹泻、阿尔茨海默病、糖尿病等疾病。

滋养胃阴法

也称为滋阴养胃法。《血证论》："叶氏养胃汤：麦冬三钱，扁豆三钱，玉竹三钱，甘草一钱，沙参三钱，桑叶三钱。清平甘润，滋养胃阴，在甘露引、救肺汤之间。"滋养胃阴法用甘寒之品濡养胃阴、益胃生津。适用于热病虽愈，但胃阴已伤，须滋养微清者。胃为阳土，喜润恶燥，温热之邪耗伤胃阴，可见胃热、口干喜饮等胃阴不足证候。据临床报道，现代用于慢性萎缩性胃炎、胆汁反流性胃炎、水肿、尿毒症、厌食症等疾病之胃阴亏虚证的治疗。

滋阴益胃法

也称为益胃阴法、养胃阴法或滋养胃阴法。《临证指南医案》："所谓胃宜降则和者，非用辛开苦降，宜非苦寒下夺以损胃气，不过甘平甘凉以养胃阴，则津液来复，使之通降而已。"滋阴益胃法用甘平、甘凉之品滋养胃阴，适用于胃阴不足证，多由邪热伤耗所致，临床多表现为低热、口干咽燥、心烦、饮食减少、便秘，日久可见干呕、呃逆、舌红少苔或无苔、脉细数等症状。据临床报道，滋阴益胃法多用于治疗热病后期、肺结核、胃炎、习惯性便秘、慢性肝炎、糖尿病等。

第四节　肺系治法

主要用于治疗肺系功能失调疾患的治法，归入肺系治法。

肺主气，司呼吸，主宣发与肃降，开窍于鼻，外合皮毛，与大肠相表里。肺为娇脏，性喜清宁，喜润恶燥。邪气入侵于肺，往往引起肺失宣降而发病。肺朝百脉，通过呼吸之气调节百脉血液化赤。肺为华盖，又为水之上源，主通调水道，与大肠相表里，其生理、病理都可与二便相互影响。

肺系治法主要包括以下几个方面：一是宣降肺气，恢复肺的呼吸功能。如宣肺平喘法、宣肺止咳法、宣降肺气法等。二是滋养肺阴，使娇脏得润而愈病。如润肺止咳法、清燥润肺法、滋阴养肺法等。三是祛除在肺之实邪，以恢复肺的清宁。如化痰止咳法、泻肺逐饮法、清金化痰法等。四是通过肺与大肠的表里关系进行治疗。如通腑泻肺法、泻热通便法等。

临床应用肺系治法，注意养肺阴要防助痰，化痰湿要防生肺燥，泻肺水要防伤肺阴。

开肺法

【出处】《内经运气病释》："初之气加升麻之升清阳，酸枣之除烦渴，以利其气郁。气利则诸痛自止。二之气加车前以明目，茯苓以通淋。三之气加麻、杏二味，一以润燥，一以开肺。四之气加荆芥，入木泄火，止妄行之血。茵陈入土除湿，去瘀热之黄。陈氏藏器谓荆芥搜肝风，治劳渴、嗌干、饮发均为专药。五之气依正方。终之气加苏子以下气。传曰：刚克柔克，真斯道之权衡也。"

【溯源】《医学穷源集》："此时只宜开肺郁，而壮水以制火耳。"

【释义】《辨舌指南》："凡舌苔白润而薄，邪在卫分，可汗；开肺，即是开太阳，如麻黄、羌活之类。如苔白而厚，或兼干，是邪已到气分，只宜解肌清热，如葛根、防风、连翘、蝉蜕、薄荷之类，不可用辛温猛汗也。若寒邪化热，过卫入营，或温邪吸入，竟入营分，则舌苔红绛而燥，惟羚犀为妙品，以能透热于营中也。邪在营分不解，渐入血分，则发热不已，宜清血分之热，鲜生地、丹皮之类。"

【例案】肿自下起，胀及心胸，遍身肌肤赤瘰，溺无便滑，湿热蓄水，横渍经隧，气机闭塞，呻吟喘急。湿本阴邪，下焦先受，医用桂、附、芪、术，邪蕴化热，充斥三焦，以致日加凶危也。处方：川通草一钱半，海金沙五钱，黄柏皮一钱半，木猪苓三钱，生赤豆皮一钱半，真北细辛一分。又前法肿消三四，仍以分消。处方：川白通草、猪苓、海金沙、生赤豆皮、葶苈子、茯苓皮、晚蚕沙。又间日寒战发热，渴饮。此为疟，乃病上加病，饮水结聚，以下痛胀，不敢用涌吐之法。暂与开肺气壅遏一法。处方：大杏仁、蜜炒麻黄、石膏。[《临证指南医案》]

按：患者素患水气病，经温化或通利等法治疗。现今又间日疟，寒战发热，是寒邪仍在表，肺气郁闭，水道不通可致渴饮。然邪郁入里化热，郁热伤津也可致渴饮。前者当用开肺法辛温宣透，后者当宣外清里。考虑患者素有水饮病，苦寒清气可能加重肺气郁闭。故先予开肺试治，以观后效。

【析拓】也称为开音法。肺主皮毛。开肺法即通过辛温宣发药宣表散寒，使毛窍得开，则肺气亦开。多用于寒邪袭表而致肺气郁闭，肺卫同病。因肺为声音之门，为水之上源，与大肠相表里。开肺法亦可用于失音、小便不利或水肿、便秘等。由于该法给邪以出路，也常用于实邪内壅所致的多种疾病。据临床报道，用开肺法治疗小儿细菌性肺炎、癃闭、便秘、胆汁反流相关性疾病、肝硬化腹水、系统性硬化症肺间质纤维化、痰湿闭肺型小儿肺炎喘嗽、胸膜粘连，均获良效。

清宣金脏法

【出处】《时病论》："清宣金脏法：治热烁肺金，咳逆胸闷，身体发热。……夏日炎暑，火旺克金，宜乎清热宣气，保其金脏。"

【溯源】《温病条辨》："治上焦如羽（非轻不举）；治中焦如衡（非平不安）；治下焦如权（非重不沉）。"

【释义】《时病论》："清宣金脏法：……法中蒡、贝、兜铃，清其肺热；杏、蒌、桔梗，宣其肺气。夫人身之气，肝从左升，肺从右降，今肺被暑热所烁，而无降气之能，反上逆而为咳矣。故佐桑叶以平其肝，弗令左升太过；杷叶以降其肺，俾其右降自然。升降如常，则咳逆自安谧矣。"

【例案】城北方某，木火体质，偶患冬温，约有半月矣，治疗乏效，转请丰医。按之脉形洪数，两寸极大，苔黄舌绛，口渴喜凉，喘咳频频，甚则欲呕，痰内时有鲜红。思《内经》有肺咳之状，咳甚唾血，胃咳之状，咳甚欲呕之文。此显系肺胃受邪，明若观火矣。见前方都是滋阴滋血之剂，宜乎冰炭耳。丰用清宣金脏法去桔梗，加花粉、鲜斛治之，迭进五剂，诸证渐平，调治旬余遂愈。[《时病论》]

> **按：** 木火之人，遇温邪外袭入里，脉形洪数，两寸极大，喘咳频频，痰中带血，则温邪在肺，灼伤肺金；阳明化热，胃阴受损，使胃失和降。前方滋阴滋血之剂，肺热不清，故用清宣金脏法宣肺达邪，再佐以天花粉、鲜石斛清降胃气，通过肺胃同治而取效。

【析拓】清宣金脏法是清肺热药与宣肺化痰药并用，同时佐以平肝、降肺之剂的治法，用于火热伤肺、肺气不宣之证。常用于治疗外感病症、呼吸系统疾病。据临床报道，可用清宣金脏法治疗风邪犯肺的喉源性咳嗽、暑咳、妊娠感冒、小儿咳嗽，均获良效。

温润辛金法

【出处】《时病论》："其证咳逆乏痰，即有痰亦清稀而少，喉间干痒，咳甚则胸胁引疼，脉沉而劲，舌苔白薄而少津，当用温润辛金法治之"。

【溯源】《增订十药神书》："血去则燥，燥则火旺，肺必枯。欲从肾源滋水，而不先滋水之母，有是理乎？然肺为多气少血之脏，故一切血药概不欲用。以羊肺为主，诸味之润者佐之，人所易能也。若以真粉之甘寒，不独凉金，且以培土，人所未知也。润肺之中，意则甚美，故曰：医者，意也。"

【释义】《时病论》："温润辛金法：治无痰干咳，喉痒胁疼。……肺属辛金，金性刚燥，所以恶寒冷而喜温润也。紫菀温而且润，能畅上焦之肺。百部亦温润之性，暴咳久咳咸宜。

更加松子润肺燥，杏仁利肺气。款冬与冰糖，本治干咳之单方。陈皮用蜜制，去其燥性以理肺。肺得温润，则咳逆自然渐止。"

【例案】下痢失血：下痢不止，咳呛多痰，失血，肝肺络伤，神倦，脉濡，素日劳乏，气不摄营，仍拟培补。熟地炭（五钱），归身炭（二钱），怀膝炭（一钱半），橘红（一钱），草郁金（一钱），蛤粉拌阿胶（二钱），潞党参（三钱），甜杏霜（三钱），炒冬术（一钱半），紫菀（二钱），旋覆花（一钱半），甘蔗（乙节）。[（孤鹤医案）]

按：患者因下痢不止，久则损伤正气。肺与大肠同象，故而出现咳呛多痰，损伤肺络。肝主藏血。肝因失血而藏血不足，肝络变失养，络因血失而枯。终致气营两伤，肺肝两损。治疗一则温润辛金、养肺化痰止咳；二则养血益肝，行血止血。前者药用蛤粉、阿胶、甜杏霜、紫菀、旋覆花，温养润肺又化痰，并以党参、炒冬术、甘蔗益气健脾，橘红行中焦之气，以培土生金。后者药用熟地炭、归身炭、怀膝炭，既能养血行血，又能以炭之性收敛止血。郁金偏寒，患者久病正气已虚，阳气受损，不耐寒冷，故炒以除寒，去性取用，其归肝经而能行肝血，使诸炭药敛而不留邪生瘀。全方温养而润，标本兼顾。

【析拓】温润辛金法是用温而润且能宣降肺气的药物，来治疗咽痒、干咳，或者咳嗽少痰的证候。现代也用辛温宣肺药与滋养肺阴药联合，以治疗外感或内伤所致的"金寒水冷，肺失温润"诸症。可治疗现代医学肺部多种疾病，也可用于治疗过敏性鼻炎。据临床报道，可用温润辛金培本系列疗法治疗支气管哮喘；可用温润辛金培脾法治疗慢性阻塞性肺疾病合并焦虑抑郁肺脾两虚型；或用温润辛金培本外治法治疗过敏性疾病。研究表明，用西药联合温润辛金培本方，治疗慢性持续期支气管哮喘，改善了肺功能及生活质量。

清金化痰法

【出处】《丹溪治法心要》："有风寒、有火、有痰、有劳、有肺胀，风寒行痰开腠理，二陈汤加麻黄、杏仁、桔梗之类。火主降火，清金化痰。劳主补阴，清金四物汤加姜汁、竹沥。"

【溯源】《丹溪心法》："咳嗽有风寒、痰饮、火郁、劳嗽、肺胀。……夏是火气炎上，最重用芩、连；秋是湿热伤肺；冬是风寒外来，以药发散之后，用半夏逐痰，必不再来。风寒，行痰开腠理，用二陈汤加麻黄、桔梗、杏仁，逐痰饮，降痰，随证加药。火主清金，化痰降火。"

【释义】《济阳纲目》："清金化痰汤。治积火炎上，咽喉干痛，面赤，鼻出热气，其痰嗽而难出，色黄且浓，或带血丝，或出腥臭。黄芩，山栀（各一钱半），桔梗（二钱），麦门冬（去心），贝母，知母，桑白皮，瓜蒌仁（炒），橘红，茯苓（各一钱），甘草（四分）。上水二钟，煎八分，食后服。如痰带血丝，加天冬、阿胶。"

【例案】龟胸一证，多因小儿饮食不节，痰热炽盛，复为风邪所伤，风热相抟，以致肺经胀满，攻于胸膈，高如覆杯。现证咳嗽喘急，身体羸瘦，治宜清肺化痰为主，先以宽气饮开其气道，再以百合丹除其壅滞，肺热清而胀满自除矣。[《医宗金鉴》]

按： 病者风热伤肺，咳嗽喘急，身体羸瘦；又素有龟胸，呼吸不畅，易致痰浊停肺。热在肺当清，痰在肺当化。故当用清肺化痰法治疗。

【析拓】也称为清肺化痰法。清金化痰法是通过清肺中郁热，并化肺中积滞之痰，最终恢复肺主宣发肃降功能的治法。可用于治疗燥痰证和痰热证。在呼吸系统、五官科、消化系统、循环系统、免疫系统疾病的临床诊治中应用广泛。据临床报道，可用清肺化痰法辅助西医治疗小儿过敏性鼻炎；用清肺化痰法治疗实证便秘、痰热壅肺型的社区获得性肺炎、痰热壅盛型肺癌、老年人肺心病急性发作等。研究表明，清肺化痰法结合丙种球蛋白可通过提高难治性支原体肺炎小儿免疫功能，改善肺功能，抑制炎症反应，从而提高疗效。

宣肺降气法

【出处】《通俗伤寒论》："寒饮浸肺……重则用小青龙汤加苓皮、石膏（生石膏、浙苓皮各一两，先煎代水），宣肺降气以行水。"

【溯源】《医灯续焰》："参苏饮：治痰积中脘，晕眩嘈杂，怔忡哕逆，或痰停关节，手足弹曳，口眼㖞斜，半身不遂，呕吐恶心，头疼发热，及感冒风邪，鼻塞、憎寒、咳嗽等证。人参，紫苏叶，前胡，半夏（制），葛根（各一钱），茯苓，枳壳，桔梗，陈皮（各八分），木香（磨，四分）。加葱白、生姜煎服。"

【释义】《删补名医方论》："参苏饮，治感冒风寒，头痛发热，憎寒咳嗽，涕唾稠粘，胸膈满闷，脉弱无汗。人参（八分），苏叶（八分），干葛（八分），前胡（八分），陈皮（八分），枳壳（八分），茯苓（八分），半夏（八分），桔梗（五分），木香（五分），甘草（五分），生姜（五片），大枣（一枚）。上水煎，热服取汗。注：风寒感冒太阳则传经，以太阳主表，故用麻、桂二方，发营卫之汗也。若感太阴则不传经，以太阴主肺，故用此汤外散皮毛，内宣肺气也。盖邪之所凑，其气必虚，故君人参以补之。皮毛者，肺之合也，肺受风寒，皮毛先病，故有头痛无汗，发热憎寒之表，以苏叶、葛根、前胡为臣以散之。肺一受邪，胸中化浊，故用枳、桔、二陈以清之，则咳嗽、涕唾稠粘、胸膈满闷之证除矣。加木香以宣诸里气，加姜、枣以调诸表气，斯则表里之气和，和则解也。以本方去人参加川芎，以前胡易柴胡，名芎苏饮。治气实有火者，头痛甚亦加之。喘嗽者，加杏仁以降气，桑皮以泻肺。合四物名茯苓补心汤，治气血两虚，及新产之后虚损吐血，感冒伤风咳嗽，最相宜也。"

【例案】寒饮浸肺，肺气不化而先喘后肿者，《金匮》所谓溢饮肢肿，支饮咳逆是也。轻则用麻杏三皮饮（蜜炙麻黄八分，光杏仁三钱，浙苓皮四钱，新会皮钱半，生姜皮一钱，紫菀、前胡各二钱，牛蒡子钱半。以上即叶氏验方）。稍重用白果定喘汤。重则用小青龙汤加苓皮、石膏（生石膏、浙苓皮各一两，先煎代水），宣肺降气以行水。[《通俗伤寒论》]

按： 本案因寒饮内伏犯肺，肺失宣降而发喘促，肺失主水而发为水肿。治予宣降肺气，温化寒饮。取麻黄、杏仁宣肺发汗，茯苓皮、橘皮、生姜皮化饮消肿。重则化热，则用白果定喘汤或小青龙汤加茯苓皮、石膏宣肺平喘，清化郁热，使肺气出入有序、升降有常。

【析拓】也称为宣降肺气法。宣肺降气法用宣发之品助肺吐故，以潜纳肺气之品使肺能纳新气，从而使肺之气道通畅，肺气出入有常，以恢复肺的吐故纳新功能。适用于气道不利，肺气出入不畅所致病症。由于肺为水之上源，肺与大肠相表里。膀胱与大肠的正常排泄，都与肺气宣降功能有关。故本治法也用于泌尿系统和消化系统部分疾病的治疗。据临床报道，可用宣降肺气法治疗慢性肾脏病、便秘、气淋、胃气上逆、慢性肺源性心脏病急性发作期、慢性阻塞性肺疾病急性期，皆有良效。有人提出，宣降肺气法可以用于肺气宣发肃降功能失司的各类水液代谢疾病。

◎ 其他肺系治法

补益肺气法

也称为补肺气或益肺气。《圣济总录》："论曰：饮食劳倦则伤脾，脾伤则善噫欲卧，面黄舌本苦直，不得咽唾，皆脾劳证也，法宜补益肺气，肺王则感于脾矣。"《外台秘要》："凡脾劳病者，补肺气以益之，肺王则感脾。是以圣人春夏养阳，秋冬养阴，以顺其根矣。肝心为阳，脾肺肾为阴，（一云太阴、阳明为根。）逆其根则伐其本。阴阳四时者，万物之始终也。"补益肺气法通过补养肺气以治疗肺气不足的病证。由于肺主表，肺气以宣发为顺，故常配以升麻、柴胡、羌活等风药。由于肺主天气，而脾主水谷之气，只有二者相合，人体之气才能生化无穷。因此，补益肺气时常须补脾益气，使脾气健运则土能生金。现代该法多用于肺气亏虚或肺脾气虚证的治疗。据临床报道，可以补益肺气法联合针刺治疗肺气虚型煤工尘肺；以补益肺气法治疗冠心病；用补益肺气法调补宗气，或治疗小儿哮喘，均有良效。

化痰止咳法

也称为止咳化痰法。《片玉痘疹》："麻疹之症，宜用清凉。解毒而已，其症属火。……风寒若受兮，为肿为热；咸酸不禁兮，为咳为喘。……治此变证，各有奇方。身热不出，柴胡合乎四物；口疮若甚，甘桔对乎三黄。消肿定喘兮，葶苈助效；化痰止咳兮，顺气为良。"《活法机要》："治咳嗽者，治痰为先；治痰者，下气为上。"化痰止咳法是联合使用化痰药和止咳药，以治疗痰邪壅肺所致病症之治疗方法。该法止咳与化痰并举，治疗以咳嗽、咳痰为主要临床表现之疾病，可以结合清热、疏风、降火、健脾、温肾等多种治本策略，以实现标本兼治的效果。据临床报道，可用化痰止咳法治疗小儿肺炎喘嗽、慢性阻塞性肺疾病加重期、特发性肺间质纤维化；用该法联合推拿治疗小儿急性支气管炎；用该法辅助治疗儿童急性上呼吸道感染。研究发现，化痰止咳法可改善肺功能，并能减轻机体炎症反应；联合盐酸氨溴索雾化吸入可有效改善老年慢性支气管炎患者急性发作期临床症状和肺功能。

降气止咳法

也称为止咳降气法。《医方集解》："杏仁润燥散风，降气止咳，阿胶清肺滋肾，益血补阴。"《神农本草经疏》："降气者，即下气也。虚则气升，故法宜降。其药之轻者，如紫苏子、橘皮、麦门冬、枇杷叶、芦根汁、甘蔗；其重者，如番降香、郁金、槟榔之属。"肺气上逆则发为咳嗽。降气止咳法通过使用降肺气药如苦杏仁、旋覆花等，以达到止咳作用，是治疗因肺气上逆所致咳嗽的治疗方法。多合用止咳之品。可用于治疗现代医学呼吸系统、喉科疾病，也用于循环系统以及消化系统等疾病的治疗。据临床报道，可用降气止咳法治疗慢性支气管炎发作期、支气管哮喘、慢性喘息性支气管炎、喉源性咳嗽、肺源性心脏病心力衰竭、胃食管反流病。研究表明，该法能降低血清IL-4水平，提高血清TNF-γ水平，纠正Th1/Th2细胞因子平衡失调，有效降低气道反应性。

降气平喘法

《素问·脏气法时论》："肺苦气上逆，急食苦以泻之。"降气平喘法以肃降肺气之品如苦杏仁、马兜铃、紫苏子、白果等，治疗肺气不降而致喘促，症见气逆不能卧、形凛、痰多稀白、口不渴，胸部不适，脉浮弦，苔薄白。多结合化痰、健脾、泻肺等法应用。据临床报道，可用降气平喘法治疗毛细支气管炎、慢性肺源性心脏病急性发作期（痰热壅肺证）、肺气肿、睡眠呼吸暂停综合征等。

降气通腑法

也称为通腑降气法。《友渔斋医话》："翻胃者，朝食暮吐，暮食朝吐，多有劳心劳力，忧愁不解，饥饱不调，日久胃伤而成。治法补胃为君，并通腑降气之药，亦可十愈八九。"降气通腑法是通下大肠药与降气药并用、引邪下行而出的治法。六腑以通为用，也可以通畅六腑与降逆理气治法合用。适用于腑气不畅，或腑气当降而不降、降之而不及或不降反升的病证。降气通腑法可用于治疗现代医学消化系统、循环系统、神经系统、呼吸系统疾病，肿瘤及手术后诸症。据临床报道，可用通腑降气汤治疗腑气郁滞型便秘、胆汁反流性胃炎、腹部手术后呃逆，也可治疗冠心病、心力衰竭、高血压、心律失常等心系疾病。还可用该法治疗出血性中风急性期、慢性阻塞性肺疾病急性加重期，也可用于恶性肿瘤姑息治疗。

清燥润肺法

《古今医统大全》："（《瑞竹》）杏仁煎丸，治久嗽及老人咳嗽，喘急不已，睡卧不得，服之立效。杏仁（去皮尖炒），胡桃仁（去皮。各等分）。"《医门法律》："自制清燥救肺汤，治诸气膹郁，诸痿喘呕。桑叶、石膏、甘草、人参、胡麻仁、真阿胶、麦门冬、杏仁、枇杷叶。"清燥润肺法是将轻清宣肺药与养阴润肺药联合使用，以凉润走肺之剂，治疗肺津不足或者温燥伤肺所致的肺失宣降诸症。多用于久咳损伤肺阴，或老年阴虚咳喘，或温燥伤肺等所致证候。现代可用于治疗肺结核、支气管炎、鼻炎等疾病。因肺主皮毛，与大肠相表里，故也用于治疗皮肤病、便秘等。据临床报道，可用清燥润肺法治疗妊娠鼻衄、尿血、鼻槁、顽固性干咳、便秘、亚急性咳嗽、银屑病、湿疹等，均获得较好效果。

温肠散寒法

《伤寒论·辨少阴病脉证并治》："少阴病，下利便脓血者，桃花汤主之。桃花汤方：赤石脂一斤（一半全用，一半筛末），干姜一两，粳米一升。右三味，以水七升，煮米令熟，去滓。温服七合，纳赤石脂末方寸匕，日三服。若一服愈，余勿服。少阴病，二三日至四五日，腹痛，小便不利，下利不止便脓血者，桃花汤主之。"温肠散寒法通过辛温暖肠之剂治疗肠道虚寒所致病症，大多表现为久泻或下痢脓血，或虚寒体质发生腹泻。该治法可用于胃肠功能紊乱、慢性肠炎、痢疾、慢性附睾炎等疾病属于肠道虚寒者。据临床报道，可用温肠散寒法治疗肠鸣泄泻、便血、慢性肠炎、腹股沟疝、痢疾等，均有良效。

润肠通便法

《医方絜度》："增液汤（鞠通），主热结液干，便闭，口渴。元参（一两），麦冬、细生地（各八钱）。水煎服。吴鞠通曰：虚人热结液干，承气急下，嫌其峻猛，则以此方代之。元参壮水制火，启肾水上潮于天；生地增液，兼能走络；麦冬回护其虚，务存津液，为阴虚阳亢之良法。妙在润肠通便，肠为津液之府，便通则液自生矣。甚者合肉苁蓉汤。"《华佗神方》："久病之后，大便一月不通，毋庸着急。止补其真阴，使精足以生血，血足以润肠，大便自出。"润肠通便法即用润肠通便之品滋润肠道以通导大便的治法，用于治疗年老津枯、产后血虚、热病伤津及失血等所致的肠道津液不足所致便秘。因肠燥津枯通常与精血不足有关，常配以养血润肠之药。现代临床用于功能性便秘、下肢术后腹胀便秘以及老年帕金森病患者便秘的治疗。据临床报道，可用润肠通便方联合腹部按摩治疗老年性髋部骨折术后腹胀便秘、老年帕金森病患者便秘症状、肛门常见病术后便秘等，均有良效。研究表明，刺糖低聚糖和黑菊芋多糖具有润肠通便及调节肠道菌群的作用。

润肺止咳法

《景岳全书》："贝母丸：消痰热，润肺止咳，或肺痈肺痿，乃治标之妙剂。"《本草纲目》："形似聚贝子，故名贝母……消痰，润心肺。末和沙糖丸含，止嗽。烧灰油调，敷人畜恶疮，敛疮口。"润肺止咳法，是指使用养阴润肺中药以滋肺阴、润肺燥，多配合化瘀止咳药组方，用于治疗阴虚肺燥所致咳嗽的一种治法。常用于治疗现代医学的间质性肺疾病、慢性支气管炎、咳嗽变异性哮喘等疾病属于阴虚肺燥者。据临床报道，可用益气活血、润肺止咳法治疗自发性气胸咳嗽，用健脾润肺止咳冲剂治疗慢性支气管炎，用润肺止咳饮治疗顽固性久咳，均获效。

软坚通便法

也称为软坚通腑法或泻下软坚法。《外伤性截瘫防治手册》："肉苁蓉、当归、火麻仁、瓜蒌润燥通便，焦三仙通腑气助消化，枳实行气化滞，元明粉软坚通便，元参、生地滋阴增液。"《实用中医词典》："软坚：指用咸寒增液法润燥、稀释大便，使燥结的大便（坚）得下。"软坚通便法，是用咸寒软坚之品如芒硝或玄明粉以软化坚结之大便，以便于大便排出的治疗方法。适用于胃肠实热、燥结便秘。广泛应用于现代医学消化系统、呼吸系统、神经系统、循环系统、免疫系统、外科疾病以及急危重症等属燥结便秘者。据临床报道，软坚通便法可用于治疗外痔、支气管哮喘、急性脑出血、急性心肌梗死并发顽固性呃逆、痛风性关节炎、粘连性肠梗阻、急性胰腺炎等疾病。研究表明，该法可有效改善实验性术后肠梗阻小鼠的胃肠道运动功能，减轻炎症反应，调节肠道黏膜细菌的变化和胃肠激素失衡。

润燥止咳法

也称为润肺止咳法。《医宗金鉴》："清肺汤：清肺肺燥热咳嗽，二冬母草橘芩桑，痰加蒌半喘加杏，快气枳桔敛味良。注：清肺汤，即麦冬、天冬、知母、贝母、甘草、橘红、黄芩、桑皮也。有痰燥而难出，加栝蒌子。痰多加半夏，喘加杏仁。胸膈气不快加枳壳、桔梗。久则宜敛，加五味子。"《药性切用》肥知母："辛苦寒滑，泻阳明有余之热，滋少阴不足之阴，润燥止咳，除烦安胎。酒浸炒清上；盐水炒滋下。便滑者均忌之。"润燥止咳法用滋肺阴、润肺燥之方药，祛除肺中燥邪，使肺气不上逆为患。适用于肺燥咳嗽。燥邪多兼热，常配凉润之药。常用于治疗支气管肺炎、顽固性喉源性咳嗽、咳嗽变异性哮喘等由肺燥所致者。据临床报道，可用润燥止咳法治疗上呼吸道感染后咳嗽，或用润燥止咳饮治疗顽固性喉源性咳嗽、小儿支气管肺炎、儿童咳嗽变异性哮喘风邪伏肺证，均获良效。

通腑泻肺法

《伤寒论·辨阳明病脉证并治》："病人小便不利，大便乍难乍易，时有微热，喘冒不能卧者，有燥屎也，宜大承气汤。"通腑泻肺法依据"肺与大肠相表里""肺实泻大肠"，通过泻大肠之实而降肺气的治疗方法，是里病泻表之法。适用于大肠腑气不通而致肺失肃降所引发的咳喘病症。多用于现代医学呼吸系统疾病的治疗，也可用于治疗消化系统、心血管系统、神经系统疾病以及急重症。据临床报道，可用通腑泻肺法治疗急性肺炎、顽固性支气管哮喘、老年便秘并肺炎、急重症喘咳；或用该法治疗脓毒症相关急性呼吸窘迫综合征。研究表明，通腑泻肺法通过抗氧化、抑制炎症因子表达和释放以及抑制肺表面活性物质降解等途径实现肺保护作用。

通腑泻热法

又名通腑泻火法。《疡科心得集》："井疽生于心窝，乃任脉经鸠尾穴，又名穿心毒，最为难治。此因心火妄动而发。若初起状如黄豆，即焮赤高肿，心躁烦而肌热如焚，唇干舌燥黄色，渴饮冷水，斯时或以凉膈散通腑泻热，或用犀角地黄汤清营解毒。"通腑泻热法是基于六腑以通为用、大肠传导糟粕的理论，通过通泻阳明大肠腑浊，使蕴结于阳明的里热之邪随大便排出的治法。适用于具有阳明里热燥结证的疾病。临床可用于治疗发热性疾病、感染性疾病具有里热燥结者，近年也用于治疗脑卒中急性期。据临床报道，可用通腑泻热法治疗脓毒症、重症肺炎合并胃肠功能障碍、脑出血急性期等。研究表明，通腑泻热法可以抑制炎症反应并降低细胞炎症因子水平，提高疗效。

通腑泻浊法

《素问·灵兰秘典论》："大肠者，传道之官，变化出焉。"《贯唯集》："唐，左。伏邪挟积，留恋经旬，灼热有汗不解，入夜转甚，间有神昏谵语，口渴引饮，脘痛拒按，大便解而不多，脉象两手弦洪，尺部较甚，舌苔光绛，中罩灰。症属邪积内阻，湿热上蒙，防其邪陷心营生变。兹姑拟宣邪化热，通腑泄浊，俟其轻减，方可着手。"通腑泄浊法有时与通腑泻浊法互用。通腑泻浊法是指通过通利大便、使大便变稀、便次增多，浊邪随稀便而出的方法。六腑通畅，传化物而不藏。故凡六腑之病都可用之。通腑泄浊法是指通过通导大便以排出浊邪，粪质不必变稀。临床常用于慢性肾衰竭、尿毒症、高血压等疾病的治疗，也可用于治疗急性胰腺炎、急性脑梗死等危重疾病。据临床报道，用通腑泻浊法还可治疗危重腹腔高压、高脂血症。研究表明，通腑泻浊法有利于机体肠源性毒素的减少和肠道屏障功能的恢复。

温肺化饮法

《伤寒论·辨太阳病脉证并治》："伤寒表不解，心下有水气，干呕，发热而咳，或渴，或利，或噎，或小便不利，少腹满，或喘者，小青龙汤主之。"温肺化饮法即用温肺散寒合解表化饮之方药，治疗寒饮束于肺卫之病症。其适用的病机特点是肺卫表里俱寒，又水饮停聚。多见于太阴肺寒饮久伏，遇感而发。多用于治疗久病之咳嗽、哮喘、肺胀等。在现代医学的癌性胸腔积液、恶性肿瘤胸腔积液、艾滋病肺部感染等疾病中也有运用。据临床报道，可用温肺化饮方治疗艾滋病肺部感染；用细胞因子诱导的杀伤细胞（CIK细胞）胸腔灌注联合温肺化饮法治疗恶性肿瘤胸腔积液；用温肺化饮法治疗支气管哮喘和夏季小儿寒性哮喘；用温肺化饮法外治癌性胸腔积液；还有人用温肺化饮、平冲降逆法治疗过敏性咳嗽。

肃肺法

《温病条辨》："若泛用治湿之药，而不知循经入络，则罔效矣。故以防己急走经络之湿，杏仁开肺气之先，连翘清气分之湿热，赤豆清血分之湿热，滑石利窍而清热中之湿，山栀肃肺而泻湿中之热，薏苡淡渗而主挛痹，半夏辛平而主寒热，蚕沙化浊道中清气，痛甚加片子姜黄、海桐皮者，所以宣络而止痛也。"《医述》："七情气逆者，顺气为先；停水宿食者，分导为要。此条原意指咳嗽治则。凡七情内伤而致气逆咳喘者，当以肃肺顺气为先；若由水寒射肺、食伤脾胃生痰致咳者，则宜利水、化痰、消导以祛邪，邪去则宣肃有常，此为治咳之要领。"肃即收缩之意。肃肺法就是通过收敛、下降躁浮之肺气，以治疗肺气耗散过度的病症，通常联合应用化痰降气之品。多用于治疗呼吸系统疾病。据临床报道，可用肃肺法治疗肺腺癌肺脾气虚证、儿童支原体肺炎、失眠肺肾两虚证、胃食管反流性咳嗽、咳嗽变异性哮喘、焦虑性抑郁症等。

宣肺化痰法

《伤寒指掌》："肺郁（痧透后）。痰多气急咳嗽者，余热郁于肺也。宜宣之开之。如栀豉、桑杏、桔梗、枯芩、薄荷、象贝、蒌皮、通草、芦根之类。邵评：此为痧邪余热挟内之痰火，郁于肺中，气不下降所致。宜宣肺化痰清火治之，为痧疹之后痰热郁肺之正法。"宣肺化痰法是应用宣肺药和化痰药以宣通肺气、化散痰涎的一种治法，适用于外邪束肺、痰涎壅堵、表邪初解者。可用于治疗肺炎、肺心病、慢性阻塞性肺疾病，以及多种原因引起的顽固性咳嗽咳痰。现代也用于内伤咳嗽，临床以咳嗽而痰出不爽为应用要点。据临床报道，可用宣肺化痰法治疗新型冠状病毒感染、小儿风热郁肺型肺炎、社区获得性肺炎、小儿顽固性咳嗽、慢性支气管炎。研究表明，联合宣肺化痰法，能够提高肺心病急性发作期患者的临床疗效；用宣肺化痰逐瘀法辅助治疗慢性阻塞性肺疾病急性加重期痰热壅肺型，效果显著。

宣肺平喘法

《济生方》："将理失宜，六淫所伤，七情所感。或因坠堕惊恐，度水跌仆，饱食过伤，动作用力，遂使脏气不和，荣卫失其常度，不能随阴阳出入以成息，促迫于肺，不得宣通为喘也。"《中医辞典》："症见息粗声高，脉数有力，是属外感实证。治疗重点在肺，以宣肺平喘、疏解表邪为主。"宣肺平喘法应用理气宣肺及化痰平喘之剂，宣达肺气以畅通气道，从而平息气喘。临床可用于治疗支气管哮喘、慢性阻塞性肺疾病、肺源性心脏病、慢性心功能不全等表现为肺气郁闭而喘促或喘咳者。据临床报道，可用宣肺平喘、温阳利水法治疗心力衰竭，或用宣肺平喘化痰通络方治疗支气管哮喘慢性持续期（痰哮证），或用宣肺平喘方

治疗慢性阻塞性肺疾病急性加重期痰湿阻肺证，或用宣肺平喘汤治疗肺炎喘嗽痰热壅肺证。研究表明，宣肺平喘方联合雾化吸入布地奈德能够在提高哮喘患儿CD5抗原蛋白水平的同时降低抗凝血酶Ⅲ水平。

泻肺平喘法

也称为泻肺定喘法。《医学入门》："内伤饥饱劳倦总方……参术调中汤泻热补气，止嗽定喘，和脾胃，进饮食。即补中益气汤去当归、升、柴，用黄四分，人参、甘草各三分，陈皮二分，加白术、桑白皮各五分泻肺定喘，五味子二十粒收耗散之气以止嗽，地骨皮二分善解肌热，茯苓三分以降肺火，麦门冬二分以降肺气，青皮一分散胸中滞气。"泻肺平喘法用泻降肺气之品如桑白皮、地骨皮、苦杏仁等向下泻降肺气，以平息肺喘。适用于肺气壅滞、当降不降所致气喘的治疗。常配合化痰、逐饮、祛风等法应用。可用于治疗现代医学的呼吸系统、心血管系统等疾病，临床具有肺气壅闭表现者。据临床报道，可用泻肺平喘法治疗支气管哮喘、慢性心力衰竭、肺胀、自发性气胸、小儿喘息性支气管炎。研究表明，泻肺平喘法配合西药治疗支气管哮喘效果显著；联合温阳利水、泻肺平喘法可以控制感染，改善微循环，控制心力衰竭。

宣肺散寒法

《伤寒论·辨少阴病脉证并治》真武汤方："后加减法：若咳者，加五味半升，细辛一两、干姜一两。"《医学心悟》："咳嗽之因，属风寒者，十居其九。故初起必须发散。"肺主皮毛，寒邪束表则肺气闭郁。宣肺是指宣通郁闭的肺气，使之正常运行；散寒是指发散肌表皮毛的寒邪。肺为水之上源，皮毛窍道为水气散发之通道。故该法也应用于治疗水气所致诸病。可用于呼吸系统、免疫系统、五官科、肾脏疾病的治疗。据临床报道，可用疏风散寒宣肺治咳法治疗过敏性咳嗽、风寒袭肺型急性咳嗽、急性分泌性中耳炎、社区获得性肺炎（风寒袭肺型）；或用宣肺散寒利水消肿汤治疗小儿肾病综合征。

宣肺止咳法

《博济方》："华盖散治肺感寒气，有痰，咳嗽，久疗不差。紫苏子（炒）、麻黄（去根节）、杏仁（去皮尖）、陈橘皮（去白）、桑白皮、赤茯苓（去皮，各一两）、甘草（半两，炙）。上七味，同为末，每服二钱，水一盏，煎至六分，食后温服。"肺主皮毛，皮毛为人体之气与天气交通之处。若风邪束表，则致肺气失宣。宣肺止咳法通过宣通肺气、发散表邪以止咳，适用于外感风邪束表、肺气不宣所致之咳嗽。可用于治疗支气管炎、慢性阻塞性肺疾病之咳嗽、支原体肺炎、哮喘等。据临床报道，可用清热宣肺止咳汤联合循经叩背法治疗支气管炎；用宣肺止咳汤结合硫酸沙丁胺醇治疗高龄慢性阻塞性肺疾病急性加重期；用宣肺止咳方联合西药治疗可降低支原体肺炎患儿心肌酶指标；用疏风宣肺止咳汤治疗咳嗽变异性哮喘。研究表明，宣肺止咳合剂能够降低LPS诱导的急性肺损伤模型大鼠AQP1蛋白表达，对急性肺损伤有一定的保护作用。

泻肺逐饮法

《本草纲目》："十枣汤驱逐里邪，使水气自大小便而泄，乃《内经》所谓洁净府，去陈莝法也。……芫花、大戟、甘遂之性，逐水泄湿，能直达水饮窠囊隐僻之处，但可徐徐用之，取效甚捷。不可过剂，泄人真元也。陈言《三因方》以十枣汤药为末，用枣肉和丸，以治水气喘急浮肿之证，盖善变通者也。"泻肺逐饮法，是治痰浊涎沫等水饮之邪壅肺之治法，常用泻肺药和通利水饮药。痰浊涎沫皆为痰饮，壅滞于肺，发为咳喘、肺痈等病，出现胸部胀满，咳逆上气，喘鸣迫塞，抑或一身面目浮肿。多用于治疗现代医学的支气管哮喘、慢性阻塞性肺疾病、肺心病、急性或慢性心功能不全、心包积液、胸膜炎或胸腔积液等。据临床报道，可用泻肺逐饮法治疗结核性胸膜炎、肺癌胸腔积液饮停胸胁证、肺心病、慢性心力衰竭、尿毒症心包积液。研究表明，泻肺逐饮法可显著降低恶性胸腔积液大鼠血清中CYFRA21-1含量。

滋阴化痰法

《杂病广要》："夫痰之生也，其由非一。其为治也，药亦不同。由于阴虚火炎，上迫于肺，肺气热则煎熬津液，凝结为痰，是谓阴虚痰。……当以润剂，如门冬、地黄、枸杞子之属滋其阴，使上逆之火得返其宅而息焉，而痰自清矣。"《疡医大全》："伤寒汗下不彻，余部结在耳后一寸二三分，或两耳下俱硬肿者，名曰遗毒。宜速消散，缓必成脓，以连翘败毒散治之。如项肿痛，加威灵仙；大便实，加大黄、穿山甲。如发肿有脓不消，或已破未破者，但用内托消毒散加皂针、升麻、银花、甘草之类。然古人方书之论如此，但实多由于久热伤阴。盖少阳、少阴，阴亏已极，乃因虚火上冲，所以腮颊耳后肿痛也。《经》曰：荣气不从，逆于肉里，乃生痈肿。况耳后方圆一寸，皆属于肾，有何毒之谓欤！治宜以滋阴化痰，散郁和肝，而肿自愈。如熟地、麦冬、土贝母、白芍、连翘、甘、桔之类，略佐青皮、柴胡少许足已。若尺脉甚弱者，竟用上病疗下之法，投以引火归源之药，则肿不治而自散。若误认以毒为事而攻之，不惟肿结愈固而愈甚，必致变生别病而危矣。当详酌之。"滋阴化痰法是针对阴液亏虚、阴凝成痰而致痰结成形之疾的治法。通过滋阴以增液，津液足则痰可溶而散，如水行船动，痰结自消。适用于阴虚痰结所致的各种增生性病变、良性肿瘤，也可用于恶性肿瘤的辅助或保守治疗。现代也用于肺阴虚、痰结于肺所致的病症。据临床报道，可用滋阴化痰法治疗女童乳房早发育、脑动脉粥样硬化、多囊卵巢综合征患者的胰岛素抵抗、痄腮、慢性咽炎、精液不液化；用滋阴化痰法配合耳穴压埋治疗儿童多动症，均有疗效。

滋阴养肺法

也称滋养肺阴法或滋阴宁肺法。《金匮要略·肺痿肺痈咳嗽上气病脉证治》："火逆上气，咽喉不利，止逆下气者，麦门冬汤主之。"《外科正宗》："初起风寒相入，头眩恶寒，咳嗽声重者，宜解散风邪。汗出恶风，咳嗽气急，鼻塞项强，胸膈隐痛，宜解表清肺。日间多寒，喜覆衣被，夜间发热，多烦去被，宜滋阴养肺。"滋阴养肺法通过滋肺阴以治疗肺阴亏虚所致干咳少痰、痰带血丝、口干咽燥或五心烦热、盗汗等症。滋阴养肺可以顺应肺"喜润恶燥"的特性，有助改善肺主呼吸的功能。临床可用于治疗以肺阴虚为病机的呼吸系统及免疫系统疾病等。据临床报道，可用滋阴养肺法辅助肺癌化疗；用滋阴养肺法治疗耐多药肺结核、原发性干燥综合征、老年慢性支气管炎、外感咳嗽、尘肺病等，均有确切疗效。

第五节　肾系治法

主要用于治疗肾脏象系统功能异常所致病症的治法，归入肾系治法。

肾藏精，为元阴元阳之根本。肾精化肾气，肾气与肾阳又可相互转化。肾主骨生髓，其华在发，与膀胱互为表里。肾主生殖，为天癸发生之处。肾主水液，司气化。肾的气化功能使其能固摄人体之精微不外泄。肾主纳气，是指肾有摄纳肺吸入之气而调节呼吸的作用。人体的呼吸运动，虽为肺所主，但吸入之气，必须下归于肾，由肾气为之摄纳，呼吸才能通畅、调匀。

肾失藏精当用补肾摄纳，使肾精充实，摄纳正常。根据气血阴阳亏损之不同，补肾法分为补肾气、补肾阴、补肾阳、补肾精四法。肾主水液功能失常导致水肿，或因实或因虚，或兼寒或兼热。因实者通过通利水道排泄水湿之邪，因虚者通过补肾化气利水以排泄水湿之邪。肾失纳气当通过补肾纳气来治疗。

临床应用肾系治法，补肾要注意阴中求阳、阳中求阴理论的应用，同时避免滋腻碍脾，可适当加入理气醒脾的药物。此外，摄纳肾气的同时，配伍降肺气的药物可加强疗效。

强筋壮骨法

【出处】《仁斋直指方》："补髓丹（《百一选方》）升降水火，补益心肾，强筋壮骨。治肾虚腰痛。"

【溯源】《肘后备急方》："又方，乌髭鬓，驻颜色，壮筋骨，明耳目，除风气，润肌肤，久服令人轻健。"

【释义】《圣济总录》："论曰：人之有身，不自爱惜，竭情纵欲，遂致劳伤筋骨，肝肾虚弱，精气不足。则骨髓枯竭，形体消瘦，气血既虚，则百病斯作，故为虚损也。肾主骨，肝主筋，补肝养肾，使精血气实，则所以筋骨自壮也。"

【例案】冯楚瞻治唐某，患左足左手骨节疼痛，势如刀割，旦夕呼号，既而移至右手右足皆遍矣。或用祛风活络之剂不效。见其口燥咽干，误作风火，投以凉剂，幸而吐出。神气疲困，六脉洪弦，此气血久虚，筋骨失养，将成瘫痪之候。惟宜大用熟地、当归、白芍，养血为君；银花、秦艽，少借风势以达药力于筋骨为臣；牛膝、续断、杜仲，以调筋骨为佐；更用桂枝、松节，以鼓舞药性，横行于两臂为引；再用参、术以固中培元。调理半月，渐瘳。后以生脉饮，送八味丸之，加牛膝、杜仲、鹿茸、五味子各四五钱，日中仍服前剂，始能步履。更以大补气血，强筋壮骨之药，以收全功。[《续名医类案》]

按：患者骨节游走性疼痛剧烈，伴有神疲乏力，口燥咽干，六脉洪弦，祛风活络、清凉泻火均无效，为"至虚有盛候"，实乃肝肾精血不足而致经脉失养之证，故以熟地、当归、白芍补益肝肾，牛膝、续断、杜仲等药强筋壮骨为主而渐取效。

【析拓】也称为强筋健骨法。强筋壮骨法是指用具有补肾强筋、益肾健骨作用的药物组方，以治疗素体虚弱或伤后、病后体虚而筋骨不健病证的方法。临床常用于中医病机属肝肾亏虚、筋骨不健所致病症。可治疗现代医学的腰肌劳损、骨质疏松、椎间盘突出症、膝骨关节炎、骨折、风湿性关节炎、类风湿性关节炎、坐骨神经炎、肩周炎等疾病属肝肾亏虚、筋骨不健者。据临床报道，可用强筋壮骨法治疗股骨粗隆间骨折股骨近端防旋髓内钉（PFNA）术后、腰痛、颈椎病等。研究发现，强筋壮骨法可以改善骨关节炎患者间质细胞衍生因-1（SDF-1）、基质金属蛋白酶-1（MMP-1）、MMP-3等相关指标，减轻疼痛等症状。

通利州都法

【出处】《时病论》："热胜则泻，而小水不利者，以火乘阴分，水道闭塞而然，宜用通利州都法去苍术，加芩、连治之。"

【溯源】《伤寒论汇注精华》："太阳邪传膀胱，口渴而小便不利（此为太阳腑证），法主五苓散以去腑邪。小便不利者，气不行，病在气分，不可用猪苓血分之药，当以桔梗易之。太阳腑证，有蓄尿蓄热二端。膀胱有尿，热邪入而搏之，则少腹满为蓄尿；若无尿，热邪入无所搏，则少腹不满，为蓄热。蓄尿者倍肉桂，蓄热者易滑石。"

【释义】《时病论》："通利州都法。治火泻、湿泻，湿热痢疾。白茯苓（三钱），泽泻（一钱五分），苍术（八分，土炒），车前子（二钱），通草（一钱），滑石（三钱，飞），苦桔梗（一钱），河水煎服。斯仿舒驰远先生加减五苓之意。州都者，膀胱之官名也。首用茯苓甘淡平和，而通州都为君；泽泻咸寒下达，而走膀胱为臣；佐苍术之苦温，以化其湿；车前、通、滑之甘淡，以渗其湿；使桔梗之开提，能通天气于地道也。"

【例案】邹右，产后腹痛，小溲淋漓，脉弦紧右濡细，此营血已亏，宿瘀未楚，挟湿下注膀胱，宣化失司。拟和营祛瘀，通利州都。全当归（二钱），朱茯神（三钱），泽兰叶（一钱五分），荸荠梗（一钱五分），紫丹参（二钱），生草梢（八分），益母草（三钱），大川芎（八分），绛通草（八分），琥珀屑（冲，六分）。[《丁甘仁医案》]

> **按：**患者产后腹痛伴小便不利，脉弦紧为痛，濡细为虚，据此为不荣则痛之证。盖产后营血流失，阻滞经络，客于膀胱而气化不利，故以当归、茯神以养血利水，余药活血利水。全方体现了养血活血，通利州都之法。

【析拓】膀胱者，州都之官，通利州都，即通利膀胱。原出处中，通利州都法是用清利湿热之品佐桔梗开肺气，以通调水道，使阳明之水偏渗膀胱的方法，用于治疗湿热泄泻。后世著作根据字面意思，也引申为利尿通淋法。据临床报道，可用通利州都法治疗小儿腹泻、尿路结石、原发性多汗症、产后无乳等病机属湿热内蕴的病症。

温化肾气法

【出处】《重订通俗伤寒论》："秀按：此以仲景麻附细辛汤，合华元化五皮饮为剂。君以麻黄，外走太阳而上开肺气。臣以辛附，温化肾气。佐以五皮，开腠理以达皮肤。为治一身尽肿、化气发汗之良方。"

【溯源】《素问·阴阳应象大论》："少火生气。"《金匮要略·血痹虚劳病脉证并治》："虚劳腰痛，少腹拘急，小便不利者，八味肾气丸主之。"

【释义】《名医方论》："命门有火，则肾有生气矣。故不曰温肾，而名肾气，斯知肾以气为主，肾得气而土自生也。且形不足者，温之以气。"有学者认为，本方纳桂、附于滋阴药中，意不在补火，而在微微生火，即生肾气也。所以方名不叫"温肾丸"而叫"肾气丸"，其主要作用是温化肾气。

【例案】薛立斋治一产妇，饮食少思，服消导之剂，四肢浮肿。薛谓中气不足，朝用补中益气汤，夕用六君子汤而愈。后因怒腹胀，误服沉香化气丸，吐泻不止，饮食不进，小便不利，肚腹四肢浮肿，用《金匮》加减肾气丸而愈。[《续名医类案》]

> **按：**产妇少食，肢肿，乃阴水之象，先扶脾理气而病反复，又见小便不利，周身浮肿，可知病不在脾，而已及肾，肾失气化而肿。故予金匮肾气丸以温化肾气，行水消肿而取效。

【析拓】温化肾气法是指于滋肾阴药中少佐温肾阳之品，使"少火生气"而补益肾气的治法，用以治疗肾气亏虚之证。适用于治疗现代医学的慢性肾炎、尿毒症、慢性气管炎、糖尿病、前列腺肥大、尿潴留、神经衰弱、男科或妇科疾病等证属肾气亏虚的病症。代表方为金匮肾气丸。据临床报道，可用温化肾气法治疗老年功能性便秘、支气管哮喘非急性发作期、肾结石、骨质疏松症等。研究发现，温化肾气法对多囊卵巢综合征模型大鼠性激素水平异常、胰岛素抵抗及卵巢囊性改变均有较好的改善作用，其作用机制可能与上调LKB1/AMPK信号通路活性有关。

◎ 其他肾系治法

补肾固精法

《圣济总录》："论曰：肾主水，受五脏六腑之精而藏之，所谓天一在脏本立始也。若肾脏衰，精气不固，或因溲而出，或因闻见而溢，或因虚劳，漏泄精气。或因邪气乘虚，客于阴为梦遗，皆肾虚也，宜补以固之，故法宜以涩去脱。"《医学刍言》："浊者，小溲不清也，属湿热。初宜治脾渗湿热；久宜补肾固精。"补肾固精法是指用具有补肾固摄作用的方药，治疗因肾失封藏、精关不固导致的精微遗失。传统用于遗精症、滑精症的治疗。现代也用于精液异常综合征、更年期综合征、女子血崩症以及乳糜尿、肾病蛋白尿等，病机属肾虚精气外泄的疾病。代表方为金锁固精丸。据临床报道，可用补肾固精法治疗原发性肾病综合征、早泄、小儿遗尿、狼疮性肾炎、经期延长等，疗效可靠。

补肾固摄法

《素问·六节藏象论》："肾者，主蛰，封藏之本，精之处也。"《素问·灵兰秘典论》："膀胱者，州都之官，津液藏焉，气化则能出矣。"《中医学概论》（孟景春、周仲瑛主编）："肾失固摄，脂液下流，则尿浊迁延日久，小便乳白如凝脂或陈胶，精神萎靡，消瘦无力，腰酸腿软，头晕耳鸣，舌红，脉细数或舌淡，脉沉细。治予补肾固摄，方用六味地黄汤、菟丝子丸加减，药如熟地、淮山药、山萸肉、菟丝子、五味子、金樱子等。"补肾固摄法又称为补肾固涩法，包含补肾固精和补肾缩尿两种治法。前者用于治疗肾虚精关不固之遗精、早泄、尿浊等病，以及肾病蛋白尿，如慢性肾小球肾炎、肾病综合征、糖尿病肾病等；后者用于治疗肾虚膀胱失约之尿频、遗尿、尿崩等病。代表方有金锁固精丸、缩泉丸。据临床报道，补肾固摄活血法能减轻肾虚血瘀型早期糖尿病肾病患者的症状，改善糖代谢，有效减少患者尿微量白蛋白的排泄，同时能够降低胱抑素C（CysC）、同型半胱氨酸（HCY）水平。可用补肾固摄法治疗压力性尿失禁、功能失调性子宫出血、镜下血尿，均效果满意。

补肾强腰法

又称为补肾壮腰法。《素问·脉要精微论》："腰者，肾之府，转摇不能，肾将惫矣。"《本草纲目》："龟板、黄檗，补阳补阴，为河车之佐；加以杜仲补肾强腰，牛膝益精壮骨；四味通为足少阴经药，古方加陈皮，名补肾丸也。"补肾强腰法是用补肾或补肝肾、强筋骨的中药组方，治疗肾虚腰弱或伴腰痛病证的治疗方法。适用于现代医学的腰肌纤维炎、强直性脊柱炎、腰椎骨质增生、腰椎间盘病变、腰肌劳损等证属肾虚腰痛的疾病。代表方有补肾汤、青娥丸。同时针灸也是补肾强腰法的重要组成部分，临床常取用肾俞、腰阳关、太溪等穴位。据临床报道，可用手法配合补肾壮腰方来有效改善退行性腰椎管狭窄症患者的临床症状；或用补肾强腰法促进胸腰椎骨折患者快速康复，治疗慢性腰腿痛、腰椎间盘突出症，均有效。

补肾强筋法

又称为补肾强筋壮骨法、补肾强筋健骨法、补肝肾强筋骨法。《圣济总录》："论曰：人之有身，不自爱惜，竭情纵欲，遂致劳伤筋骨，肝肾虚弱，精气不足。则骨髓枯竭，形体消瘦，气血既虚，则百病斯作，故为虚损也。肾主骨，肝主筋，补肝养肾，使精血气实，则所以筋骨自壮也。"《傅青主女科歌括》："青娥丸……当归防风杜仲桂，独活寄生姜续断。腰痛验方青娥丸，胡桃杜仲故纸团。壮腰补肾强筋骨，淡醋汤送效更显。"补肾强筋法是指应用具有补肝肾、强筋壮骨功效的方药，治疗肾虚筋骨不健病症的治法。代表方有独活寄生汤、杜仲丸等。中医内科中的强筋、健骨、强筋壮骨或强/壮筋骨法，可视为同义治法。据临床报道，可用补肾强筋法治疗老年骨质疏松性胸腰椎骨折、腰椎间盘突出症、骨关节炎、强直性脊柱炎、腰肌劳损等疾病。研究发现，补肾强筋骨法可能通过AMPK/mTOR通路上调膝骨关节炎（KOA）模型大鼠膝关节软骨自噬水平从而延缓病程进展。

补肾壮阳法

又称为补肾助阳法。《医便》："延龄育子龟鹿二仙胶。四十。此方试极效，专治男妇真元虚损，久不孕育，或多女少男，服此胶百日，即有孕生男，应验神速，并治男子酒色过度，消铄真阴，妇人七情伤损血气，诸虚百损，五劳七伤，并皆治之。"《杂病源流犀烛》："又有肾气逆上而痛者，必补肾壮阳气（宜杞子、山萸、牛膝、补骨脂）。"补肾壮阳法与温肾壮阳法都是补肾阳之法。但前者多用补肾填精药联合补肾阳药，如《医便》龟鹿二仙胶、五子衍宗丸。而后者临床多有寒象，一般补肾阳之中加辛热药，如右归丸。补肾壮阳法临床常用于治疗男科及内分泌科多种疾病临床无显著寒厥之象的肾阳虚损疾病。据临床报道，可用补肾壮阳法治疗男子少精子症不育、前列腺增生、勃起功能障碍、男性更年期综合征等。研究发现，补肾壮阳法的疗效机制可能与提高机体抗氧化能力、调节雄激素水平以及激活阴茎组织中 NOS/NO/cGMP 信号通路有关。

补益肾气法

又称为补肾气法、益肾气法。《金匮要略·血痹虚劳病脉证并治》："虚劳腰痛，少腹拘急，小便不利者，八味肾气丸主之。"《太平圣惠方》："夫肺劳病者，补肾气以益之，肾王则感肺矣。人逆秋气，则手太阴不收，肺气烦满。顺之则生，逆之则死，故反顺为逆，是谓关格，病则生矣。"补益肾气法包括温化肾气法和平补肾气法两种。前者是于滋肾阴药中少佐辛热温化之品以"少火生气"，达到补益肾气的效果，代表方为金匮肾气丸；后者主要用补助肾阳药，可加黄芪、人参等补气药，具有温和平补肾气的作用，代表方为《千金翼方》彭祖延年柏子仁丸。据临床报道，补益肾气法可用于治疗高血压、支气管哮喘、过敏性鼻炎、弱精子症、不孕症、乳腺增生、绝经后骨质疏松等病机属肾气亏虚的疾病。研究发现，补肾益气法可有效减轻大鼠脑缺血再灌注损伤，疗效与阿加曲班相当，其神经保护作用机制可能与通过激活 PI3K/AKT 信号通路有关。

补肾法

又称为益肾法。《古本难经阐注》："《经》曰：不能治其虚，何问其余？此之谓也。读此章乃见补肾之法。"补肾法是治疗各种肾虚的总称，分补肾气法、补肾阴法、补肾阳法、补肾精法，分别用以治疗肾气虚证、肾阴虚证、肾阳虚、肾精虚证。本法适用于现代医学各系统、各器官发生的多种慢性消耗性和功能衰退性疾病而病机属肾虚者。代表方分别有大补元煎、左归丸、右归丸、补天大造丸等。据临床报道，可用补肾法治疗乙肝、高血压，或用补肾法预防绝经后妇女骨质丢失。研究表明，补肾法有助于维持老年人T细胞功能；对老年性腺轴功能减退有改善作用；对老年人与老年大鼠T细胞FasL基因的转录具有负调控作用，是下调老年人与老年大鼠T细胞过度凋亡的分子机制之一。

清泻肾热法

《素问悬解》："此亦缘火旺而水亏，刺足少阴，泻肾热以救癸水也。"《中医方剂与治法》："清泻肾热法，是根据肾热病机拟定的治法。肾热证以阳强遗精，小便热赤不利，甚则不通，小腹胀满，膏淋，石淋等为主要表现。"清泻肾热法是指以苦寒或甘寒的方药，治疗下焦前阴热象的治疗方法。根据疾病的虚实之分，包含清热利湿法和滋阴降火法，前者代表方有八正散，后者代表方有知柏地黄丸。据临床报道，可用清泻肾热法治疗中医学血精、遗精、精浊、绝经前后诸症，或者用于治疗现代医学的淋病、单纯性肥胖等病机属肾热者。

温补肾阳法

《重订广温热论》："温补肾阳，约分二法：一为刚剂回阳，其方如四逆汤（厚附块三钱，干姜二钱，炙甘草钱半）、通脉四逆汤（即前方加葱白五枚）……""一为柔剂养阳，其方如六味回阳饮（西党参、大熟地各五钱，黑炮姜三分，淡附片一钱，白归身三钱，炙甘草一钱）、理阴煎（大熟地五钱，白归身三钱，炒黄干姜一钱，炙甘草八分，蒙自桂五分）……"《沈菊人医案》："肾阳虚，气不约束，小便日淋滴，夜则自遗。此根本薄弱，阴亏，阳失其基。鹿角霜、甘杞子、覆盆子、韭菜籽、牡蛎、鸡金、大熟地、桑螵蛸、破故纸、益智仁、鸡肠。又：先天不足，肾阳暗亏，气不收摄，小便淋滴，寐则遗尿，阴亏阳虚，膀胱不约。宜温补肾阳，兼升督脉。毛鹿角、覆盆子、杞子、牡蛎、龙骨、鸡金、桑螵蛸、益智仁、熟地、故纸、鸡肝、鸡肠。"温补肾阳法是用辛温之附子、肉桂等，合用益肾填精之品，治疗具有寒象的肾虚诸证。据临床报道，可用温补肾阳法治疗以肾阳不足为基本病机的慢性疾病，如慢性肾脏病、慢性腹泻、肝病、青少年郁证、心功能不全、脑动脉硬化、中风后遗症，以及女性更年期综合征等妇科疾病和甲状腺功能减退症等内分泌疾病，或弱精子症等男科疾病。代表方有右归饮、内补丸。研究发现，温补肾阳法治疗高尿酸血症恢复期，可以减少复发；温阳补肾法可能通过激活 ROS/p38 MAPK 信号通路，调控细胞凋亡和自噬相关蛋白的表达，进而促进骨髓增生异常综合征（MDS）细胞发生凋亡自噬。

温肾壮阳法

《金匮要略·血痹虚劳病脉证并治》："夫失精家，少腹弦急，阴头寒，目眩（一作目眶痛），发落，脉极虚芤迟，为清谷、亡血失精。脉得诸芤动微紧，男子失精，女子梦交，桂枝加龙骨牡蛎汤主之。""天雄散方：天雄（三两，炮），白术（八两），桂枝（六两），龙骨（三两）。右四味，杵为散，酒服半钱匕，日三服，不知，稍增之。"《玉楸药解》："石斛味甘，气平，入手太阴肺、足少阴肾经。降冲泻湿，壮骨强筋。石斛下气通关，泻湿逐痹，温肾壮阳，暖腰健膝，治发热自汗，排痈疽脓血，疗阴囊湿痒，通小便淋漓。"温肾壮阳法是用壮阳、兴阳事之品如淫羊藿、仙茅、天雄、巴戟天等组方，主要用于治疗阳痿属肾阳虚证者。代表方有右归丸（饮）、赞育丹、天雄散等。据临床报道，现代也用温肾壮阳法治疗原发性骨质疏松症、膝关节痛、婴幼儿重症腹泻等，具有异病同治之效。

温阳化水法

《伤寒论·辨少阴病脉证并治》："少阴病，二三日不已，至四五日，腹痛，小便不利，四肢沉重，疼痛，自下利者，此为有水气。其人或咳，或小便利，或下利，或呕者，真武汤主之。"温阳化水法用辛温助阳药联用利尿药，治疗阳虚水泛之证。可用于现代医学的肾脏疾病、心血管疾病、内分泌疾病、精神疾病等属于阳虚水气不化的病证。代表方如真武汤、实脾饮等。据临床报道，可用温阳化水法治疗舒张性心力衰竭、鼓胀、尿道狭窄、膀胱癌术后复发、胃脘痛，均获良效。

益肾聪耳法

又名补肾聪耳法。《灵枢·脉度》："肾气通于耳，肾和则耳能闻五音矣。"适用于辨证属肾亏精少、耳窍失养，轻者仅耳鸣如蝉或如机器隆隆声，重者耳聋的患者。代表方如耳聋左慈丸。据临床报道，可用益肾聪耳法治疗急性低频感音性神经性耳聋、慢性中耳炎、慢性化脓性中耳炎、混合性耳聋、老年性耳聋、小脑共济失调、脑外伤引起耳鸣耳聋等病机属肾虚失养者。研究发现，补肾聪耳法可能通过调节 MAPK 信号通路相关蛋白的表达，从而降低听性脑干反应（ABR）阈值以治疗药物性耳聋。

补肾行水法

也称为益肾行水法、补肾利水法、益肾利水法。《金匮要略·中风历节病脉证并治》："崔氏八味丸，治脚气上入，少腹不仁。"《普济方》："夫取水法，若不顿收尽，必当再发则难治。如病甚，治者初隔一日一取。候减三二分，又隔两日一取。候退六七分，又隔三日一取。减去八九分，又隔四五日取。其不取日，即服补肾行水气之药。"补肾行水法是用辛温助阳之附子、桂枝等，合用补肾阴、淡渗利尿之品组方，治疗肾阳虚有寒象之水液内停。代表方有金匮肾气丸。据临床报道，可用补肾利水法治疗自汗、泌尿系结石、癃闭等。也可用补肾利水中药保留灌肠治疗慢性前列腺炎，均有效。实验研究表明，补肾利水法有抗炎镇痛的作用，并可降低卵巢过度刺激综合征患者的血管通透性。

滋补肾阴法

也称为滋阴补肾法。《小儿药证直诀》："治肾怯失音，囟开不合，神不足，目中白睛多，面色㿠白等方。熟地黄（八钱），山萸肉、干山药（各四钱），泽泻、牡丹皮、白茯苓（去皮，各三钱）。"《张氏医通》："后以六味丸加牛膝，滋补肾阴，以安其血，慎不可用攻血药也。"滋补肾阴法是运用滋补肾阴的方药治疗肾阴不足证的治法。临床常用于治疗肾炎、肾结核、神经衰弱、肺结核、糖尿病、甲状腺功能亢进症等病机属肾阴不足的疾病。代表方有六味地黄丸、左归饮。本法所用药物多属阴柔滋腻之品，有碍脾运之弊，脾胃不强者慎用。据临床报道，用滋补肾阴法治疗慢性肾脏病、多囊卵巢综合征、小儿精神性尿频、复发性霉菌性阴道炎，均有良效。研究发现，滋补肾阴法治疗肾阴虚型围绝经期综合征可有效提高人体内多巴胺、5-HT含量，对肾阴虚型围绝经期综合征患者疗效明显，能改善相关临床症状，调节血脂，提升雌激素水平，无明显副作用。

滋阴利水法

也称为育阴利水法、养阴利水法、益阴利水法。《伤寒论·辨阳明病脉证并治》："若脉浮，发热，渴欲饮水，小便不利者，猪苓汤主之。"《伤寒论注》："猪苓汤证……咳呕烦渴者，是肾水不升；下利不眠者，是心火不降耳。凡利水之剂，必先上升而后下降，故用猪苓汤主之，以滋阴利水而升津液。斯上焦如雾而咳渴除，中焦如沤而烦呕静，下焦如渎而利自止矣。"滋阴利水法是滋阴药与利水药相结合用于治疗阴虚水停证的治法。适用于现代医学的泌尿系统疾病、皮肤科疾病、精神类疾病等病机属阴虚水溢肌肤或水蓄膀胱者。代表方剂如猪苓汤、六味地黄汤化裁。据临床报道，用滋阴利水法治疗特发性水肿、慢性肾炎、老年急性脑梗死、肝硬化腹水等疾病具有良好疗效。研究发现，滋阴利水法有提高血清中NO水平、降低ET-1的水平，同时有改善血液流变学指标，改善血液黏度、血浆黏度及红细胞聚集性，降低血管阻力的作用；还可抑制肾小球系膜细胞分泌细胞因子IL-6、TNF-α及抑制多发性骨髓瘤（MM）胶原合成等环节，阻止肾小球系膜的增生。

第十三章
平衡五脏功能治法

用于调平五脏功能，使五脏恢复相互协调，各司其职的治法，归入平衡五脏功能治法。

五脏为心肝脾肺肾，具有不同的生理功能，在生理功能上密切联系，其平衡关系主要体现在气、血、精、津的生化和输布上，五脏各司其职且互相配合，气、血、精、津才能生化无穷、循行有度，从而反过来滋养脏腑，维持正常生命活动。

在病理上，五脏过与不及均会引起生理功能出现异常，气血津液失衡，通过五脏之间相生相克、气血阴阳之间的联系互相影响，以致五脏失衡，同时因五脏功能失调，气、血、精、津生化输布障碍，以致气滞、血瘀、水湿、痰浊等邪实表现日益凸显。

平衡五脏功能治法的确定，一般遵循以下原则：一是扶弱抑强：通过扶助较弱的一方同时抑制较强的一方，以调和五脏之间的过与不及，使五脏重归平衡；二是补益扶正：基于五脏之间气血阴阳和五行之间的联系，补益一脏的同时其气血阴阳会扶助他脏，促进五脏达到新的平衡；三是泻实祛邪：注重五脏功能失调后出现气滞、血瘀、痰阻等邪实病理因素，客于五脏而影响其正常生理功能，可针对不同脏腑、不同邪实选用不同的祛邪治法，使邪祛正复，五脏得安。

应用平衡五脏功能治法要注意以下三个方面：一是因五脏生克及乘侮关系致五脏失衡时，须准确判断五脏的关系，不可攻伐虚脏或大补实脏；二是五脏虚损的病机中，应灵活选用补肾、健脾、调肝、养心、益肺之法；三是以气滞、血瘀、痰阻等病理因素为主的病机中，及时祛除实邪，恢复五脏正常的生理功能极为重要。而在疾病发生发展的整个过程中，病机复杂且多变，故治疗应紧扣五脏虚实、正虚邪盛，在补益脏腑虚损的基础上，针对血瘀、湿热等邪实因素，施以活血化瘀、清热利湿之法，达到五脏兼顾，正邪并治。

本章主要涉及五脏功能失调的治法，主要分为三大类：一是根据脏腑太过与不及采用补虚或制约所制定的健脾利水、温肾降浊法、补土伏火法、交通心肾法等；二是根据五脏气血阴阳及相生的联系所制定的肺脾双补法、益肾强筋法、补坎益离法、补土荣木法、健脾止泻法等；三是以根据邪实所制定的利湿退黄法、清肝泻火法、清心导赤法等。至于针对外邪所致脏腑功能失常的治法，则分见于其他相关章节。

第一节　扶弱抑强类

主要通过补益羸弱脏腑或通过五脏制约关系抑制过盛的脏腑，使五脏之间达到平衡的治法，归入扶弱抑强类治法。

五脏之间相互协调、相互制约，共同维持人体的正常生命活动，五脏太过或不及均会导致五脏之间的失衡，导致疾病的发生。

扶弱抑强法通过以下几个方面来调节五脏平衡：一是通过补益羸弱脏腑，使虚弱的脏腑恢复其原本的生理功能，如健脾化痰法、健脾利水法、纳气平喘法、温肾降浊法、滋肾宁心法，交通心肾法（肾阴亏虚）、水火既济法（肾阴亏虚）。二是通过补益制约脏腑，来抑制过盛的五脏，使过盛的脏腑归于平衡，如补土伏火法、交通心肾法（心火亢盛）、水火既济法（心火亢盛）。

临床应用扶弱抑强法时，应辨清五脏的太过与不及，针对性用药，同时注意药量，过少则杯水车薪，过多亦会导致新的五脏偏盛。

补土伏火法

【出处】《医理真传》："脾土太弱，不能伏火，火不潜藏，真阳之气外越……明知其元阳外越，而土薄不能伏之，即大补其土以伏火。"

【溯源】《脾胃论》："脾胃气虚，则下流于肾，阴火得以乘其土位。"《内外伤辨惑论》："脾胃气虚不能升浮，为阴火伤其生发之气。"

【释义】《医理真传》："世多不识伏火之义，即不达古人用药之妙也。余试为之喻焉：如今之人将火煽红，而不覆之以灰，虽焰，不久即灭，覆之以灰，火得伏即可久存。古人通造化之微，用一药、立一方，皆有深义。若附子甘草二物，附子即火也，甘草即土也。古人云：热不过附子，甜不过甘草。推其极也，古人以药性之至极，即以补人身立命之至极，二物相需并用，亦寓回阳之义，亦寓先后并补之义，亦寓相生之义，亦寓伏火之义，不可不知。"

【例案】一人腹中不和，知饱不知饥，胸膈饱闷，脾虚也。常发火喉痛，口唇生疮，牙根作胀，齿缝出血，火在上，上盛也；骨酸不能久立，鸡鸣精自遗，下虚也：上盛下虚。阴精上奉其人寿，阳精下降名曰下消。善治不如善养。用补中益气汤散上焦之火，六味汤以实下焦之肾，所以敛火归本也。[《周慎斋遗书》]

> **按：** 患者腹中不和，为脾虚之征；喉痛生疮，乃火上炎之象。属脾胃气虚，浮火上游。予益气升阳，补土伏火治疗。故用补中益气汤补脾土以制水，并用六味汤加强敛降虚火之功。

【析拓】土克水，肾阳为相火。土虚不能制水，则相火动而上浮。补土伏火法是针对土虚不能制相火，而致肾中相火为患的治法，为补一制二之法。通过补益脾胃、益气以升阳，从而使脾的阳气足而阴火散、阳气复而火自安位。该治法可以恢复脾阳的升散运化生理功能，即使清阳上升灌溉全身，浊阴下降于六腑出于前后二阴。对发热疾病、消化系统疾病、出血性疾病等的治疗具有重要的指导意义。据临床报道，以补土伏火法治疗难治性内伤发热、久发性口疮、功能性消化不良、消化性溃疡，以及衄血吐血、便血等失血诸症，病机属土虚不能制相火者，疗效良好。该法也可用于治疗水肿、睑腺炎等疾病。

交通心肾法

【出处】《类证治裁》："治水必先治气，治肾必先治肺，惟巩堤丸一方，凡心脾肺肾之属皆宜。有因恐惧辄遗者，此心气不足，下及肝肾而然，宜归脾汤或五君子煎。下元亏损，固精丸。睡中自遗，多属下元虚冷，宜螵蛸丸。然遗失不知，必交通心肾，寇氏桑螵蛸散：人参、茯苓、远志、石菖蒲（盐炒）、桑螵蛸（盐水炒）、龙骨、当归、龟板。"

【溯源】《世医得效方》："肾水枯竭，不能上润，心火上炎，不能既济。煎熬而生，心烦躁渴，小便频数，白浊，阴痿弱。"《周慎斋遗书》："欲补心者须实肾，使肾得升，欲补肾者须宁心，使心得降……乃交心肾之法也。"

【释义】《类证治裁》："若遗尿一症，有睡中自遗者，有气不摄而频数不禁者，有气脱于上，则下焦不约，而遗失不知者，睡中自遗，幼稚多有，俟其气壮乃固，或调补心肾自愈，寇氏桑螵蛸散。惟水泉不止，膀胱不藏，多是年衰气弱，以气为水母，水不能蓄由气不固摄也，宜参、茋、归、术、益智、五味、补骨脂、升麻。"

【例案】文学汪绎如，初夏得心病有似癫狂之状，彻夜不成寐，举家惊愕，甚可虑，眼药旬日，有用逍遥加味者，有用补心丹者，有作痰治用胆星者，作火治加黄连者，皆不效。请予治，诊其脉弦大，重按无力，唇红面赤。予曰：脉大无力非实火也，此由用心过度，心火上浮、不能下交于肾，肾水虚不能上潮于心，当用交通心肾之法，以予自服八仙长寿丸，辰砂为衣，令早晚各服三钱，纳心火于肾水之中，以成既济之象，服之数日，神安脉静，守服此丸，病遂愈。予治心肾不交，用六味地黄丸，辰砂为衣，效者甚多，是能以法治病者。［《怡堂散记》］

> **按：**心火下降温煦肾阳，肾统摄水液；而肾中真水上济，使心阳得以滋养，水火相济，心肾相交。患者脉大无力，当肾气不固时，此由用心过度，心火上浮、不能下交于肾所致，肾虚真水不能上济于心，使心之君火偏旺，扰动神明，故出现彻夜不眠，似癫狂之状。辨证为心肾不交，以六味地黄丸交通心肾，同时加辰砂镇心安神。

【析拓】心居上属火，主神志；肾位下属水，主藏精。肾水与心火互通互济互制，保持相对平衡。若二者之间的阴阳水火的动态平衡失调，称为心肾不交。主要病机为水不济火，肾阴亏于下而心火亢于上的阴虚火旺，或肾阳虚不能气化肾水以滋心火，或心肾阳虚、两不相济，或肾精与心神失调、精亏神逸四种情况。交通心肾法因病机不同而有不同的具体措施：或滋肾阴，降心火；或助肾阳，引火归元；或益肾助阳、温通心脉；或补肾固精、养心宁神。应遵循补肾须治心，治心须实肾的原则，既要补又要通，既要泻又要交，即补中寓通、泻中寓交。据临床报道，用交通心肾法治疗更年期综合征、失眠、中老年心悸，延缓心肾综合征急性恶化，具良效。研究表明，交通心肾法干预更年期大鼠，可显著升高血清雌二醇、降低促卵泡生长激素和促黄体生成素水平，同时有升高NE和β-内啡肽水平、降低5-HT水平的趋势，可调节更年期大鼠中枢神经系统和内分泌网络功能。

水火既济法

【出处】《医贯》："总之是下焦命门火不归元，游于肺则为上消，游于胃即为中消，以八味肾气丸引火归元，使火在釜底，水火既济，气上熏蒸，肺受湿气，而渴疾愈矣。"

【溯源】《金匮要略方论》："男子消渴，小便反多，以饮一斗，小便一斗，肾气丸主之。"

【释义】《医贯》："下消无水，用六味地黄丸可以滋少阴之肾水矣，又加附子、肉桂者何？盖因命门火衰，不能蒸腐水谷，水谷之气不能熏蒸、上润乎肺，如釜底无薪，锅盖干燥，故渴。至于肺亦无所禀，不能四布水精，并行五经。其所饮之水，未经火化，直入膀胱，正谓饮一升溺一升，饮一斗溺一斗。试尝其味，甘而不咸可知矣。故用附子、肉桂之辛热，壮其少阴之火，灶底加薪，枯笼蒸溽，稿禾得雨，生意维新，惟明者知之，昧者鲜不以为迂也。"

【例案】一妇惊悸不寐已延半载，医治不效，乞余诊治。尺脉微数，两寸浮洪，显是阳不交阴，卫气仅行于阳而不行于阴，故心肾不交也。即仿前法，用川连二钱另煎待冷，桂心二钱另煎待冷，用半夏、秫米各三钱，取甘澜水煎成，加连汁、肉桂汁和匀，乘温徐徐频饮。服后觉倦，至夜安睡甚酣。前患已瘳，稍有惊悸，改用补心丹加减而愈。[《肯堂医论》]

按：患者久病，尺脉微数，两寸浮洪，脉微为虚，数为火旺，是因水不济火，心肾不交。法当下滋肾水，上清心火，令其心肾交通，水火交济，治用交泰丸合半夏秫米汤取效。黄连清心火，肉桂温肾阳助化气以滋心火，二药合用，使心肾相交，水火既济而入寐；半夏和胃，秫米化浊，二药合用，使胃和则卧安，配合交泰丸调节心神而增强疗效，体现了《难经》"泻南补北"的思想。

【析拓】水火既济是借既济卦下离上坎哲学思想形成的中医治法，取火性向上、水性向下的物德，以实现水火交融的常态，用于治疗火热证在上、水亏证或水气不化证在下的水火失交疾病状态。因心属火，肾属水，可用于治疗心火旺于上、肾水亏于下或肾不化气的病机。现代也广泛用于阴阳的动态平衡调节。据临床报道，用水火既济法治疗糖尿病、卒中后轻度认知功能障碍、小儿遗尿症、老年抑郁症、扩张型心肌病等病机属水火失交者，都有良好的疗效。也可基于水火既济理论结合针灸治疗失眠症，或在水火既济法基础上将脐针疗法与体针结合治疗神经性耳鸣，也都具成效。

◎ 其他扶弱抑强类

健脾化痰法

《仙传外科集验方》："凡痈疽生痰有二证：一胃寒生痰，此方中加半夏健脾化痰。二热郁而成风痰，此方中加桔梗以化咽膈之痰，并用生姜，和水酒煎。"健脾化痰法是健运脾胃以治痰湿的治疗方法。脾气脾阳不足，或受外湿困厄，致使脾不运化水湿，聚而成痰，导致痰湿停于肺而发病，因此，健脾化痰法也是扶土泄金之法。脾为生痰之源，肺为贮痰之器，是邪实而母病及子。脾所生之痰常停于肺而发病，临床常见咳喘痰多，神疲乏力，四肢困重，大便溏薄或泄泻等。也可用于治疗无形之痰如肥胖、体表无名肿物等。据临床报道，可用健脾化痰法治疗湿盛咳嗽、妊娠恶阻食少；也可治疗代谢性疾病如肥胖及肥胖所引起的诸症如男子肥胖痰盛不育，以及妇人形体肥胖伴发的月经后期、经量涩少，肥胖型多囊卵巢综合征。可用加味玉屏风口服液合杏贝止咳祛痰口服液治疗小儿肺炎恢复期肺脾气虚证；也可用健脾化痰针刺法调整脂质代谢，或用益气健脾化痰法治疗冠心病和抗动脉粥样硬化。

健脾利水法

《万病回春》："水肿者，通身浮肿，皮薄而光，手按成窟，举手即满者，是水肿也……

治用健脾利水以为上策……实脾饮。"健脾利水法以理气健脾和利水渗湿药组方，扶太阴而泄太阳，促进体内水液排出，以治疗脾失健运、水气不化之水肿，以实脾饮为代表方。临床应用也可加入益气行水药如黄芪、白术。健脾止泻法用于治疗脾气虚泄泻。据临床报道，可用该法治疗老年恶性腹水、肝硬化腹水、羊水过多、小儿急性肾炎水肿、蛋白尿、胸腔积液等属于脾失健运者。

滋肾宁心法

也称为壮水制火法。《张皆春眼科证治》："肾水不足，水不制火，大眦肉浮胀，赤脉色淡，并兼耳鸣咽干，梦遗腰酸者，治宜壮水制火，滋肾宁心。"滋肾宁心法是针对肾阴亏虚、心阳偏亢的治法，以滋肾填精药来滋养肾阴，从而制约心火的亢旺（水克火）。可伍以降火、安神、理血等药物，其核心在于通过滋水益精，使肾水旺以降心火，宁心安神，调整心肾阴阳，使之达到动态平衡状态。值得注意的是，在心肾交合中尚有肝木、脾土的作用参与其中。肝与脾胃处于中焦，位于心肾之间，若肝郁气滞，或脾胃失常，升降不利，则上不能济心火，下不能引肾水，必然影响心肾水火之交合。故在调整心肾阴阳的同时，也需要注重肝脾气机升降的作用。据临床报道，用滋肾宁心法治疗围绝经期失眠、围绝经期高血压、早发性卵巢功能不全、月经过少、复发性流产、不孕症等疾病，都取得了一定的疗效；用滋肾疏肝宁心方配合针灸治疗女性更年期抑郁症也具良效。研究发现，运用滋肾宁心法结合卵巢周期性变化的活动规律，调整肾阴肾阳的平衡，使失调的心－肾－子宫生殖轴之间的功能协调，阴阳平衡，月经周期重新建立。

第二节　补益扶正类

主要通过补益脏腑、扶助正气，来恢复脏腑功能，以调节五脏平衡的治法，归入补益扶正类治法。

五脏各司其职，有着不同的生理功能，同时五脏之间又互相协调，气血阴阳互相影响，互资互助，共同维持人体正常生命活动。

补益扶正法主要通过以下几个方面来调节脏腑平衡：一是通过五脏之间的相生关系，肝血养心，心阳温脾，脾精益肺，肺水滋肾，肾精养肝。虚则补其母，通过同补双脏增强补益效果，更快地调节五脏平衡。如肺脾双补法、益肾强筋法。二是通过五脏之间气血阴阳联系，气血互相资助，阴阳互相调和，以调节五脏平衡。如补坎益离法、补土荣木法。三是通过扶助五脏，恢复其生理功能以调节平衡。如健脾止泻法、温肠止泻法、温脾止泻法、引火归元法、滋肾纳气法。

临床应用补益扶正法时应注意五脏之间的联系，勿补益太过。

补坎益离法

【出处】《医法圆通》："补坎益离者，补先天之火，以壮君火也。真火与君火本同一气，真火旺则君火始能旺，真火衰则君火亦即衰。"

【溯源】《周慎斋遗书》："心肾相交，全凭升降……夫肾属水，水性润下，如何而升？盖因水中有真阳，故水亦随阳而升至于心，则生心中之火。"

【释义】《医法圆通》："今病人心不安宁，既服养血之品而不愈者，明是心阳不足也。心阳不足，固宜直补其心阳。而又曰补坎者，盖以火之根在下也。予意心血不足与心阳不足，皆宜专在下求之，何也？水火互为其根，其实皆在坎也。真火旺则君火自旺，心阳不足自可愈，真气升则真水亦升，心血不足亦能疗。其所以服参、枣等味而不愈者，是未知得火衰而水不上升也。方用附、桂之大辛大热为君，以补坎中之真阳。复取蛤粉之咸以补肾，肾得补而阳有所依，自然合一矣。况又加姜、草调中，最能交通上下。"

【例案】蜀中名医范中林治疗48岁黄姓女病人，经常头晕，咳嗽气紧，心累心悸，四肢乏力，头面及双膝以下腿足浮肿。迁延已有五年。严重时，自觉心往下坠，甚至短暂昏迷。1964年3月，因劳累后，突觉心累心悸加重，旋即昏迷，不省人事……昏迷不醒，四肢不温，面色苍白，呼吸微弱。脉沉微，舌淡苔黑润。此为少阴证气厥，立即以自制坎离丹五粒，温开水灌服，同时速煎温中扶阳之剂急救。处方一：川附片三份半，上肉桂一份，真琥珀二份，柏子仁二份，飞朱砂一份，麝香半份。研细末，水打丸。处方二：炮干姜15克，炙甘草10克，一剂煎服。[《范中林六经辨证医案》]

按： 患者元气素虚，久病更伤阳气，劳累诱发，病势加重。呼吸弱，脉沉微，为心气亏耗之象；舌淡苔黑，浮肿，肢冷，为肾阳虚衰，阳气不振，肾水上泛；神机逆乱，而致昏迷。宜用补坎益离之法，温肾阳以益心阳，令坎离相济，使清阳得升，浊阴得降，神志立转清醒。

【析拓】补坎益离法通过温补肾阳以益心阳，或水火同温，治疗心肾阳虚所致病证。多用于治疗现代医学的精神疾病、心血管疾病及风湿性疾病等属于心肾阳虚者。据临床报道，用补坎益离法治疗阳虚型抑郁症、充血性心力衰竭、心脏神经症、阳虚型顽固性失眠等疾病，都取得了良好疗效。也常用于心悸、病态窦房结综合征等疾病的治疗。

培土荣木法

【出处】《四诊抉微》："春脉弦，见于人迎，肝气自旺也。设反见于气口，又为土败木贼之兆，或左右关虽弦，而小弱不振，是土衰木萎，法当培土荣木。"

【溯源】《素问·脏气法时论》："肝苦急，食甘以缓之。"可视为培土荣木法之雏形。

【释义】脾土运化失健，血液生化不足，肝木阴血亏虚，心神失养，故出现头痛、不寐等；虚风内生，上扰清窍，出现眩晕等症状。舌苔淡白，脉弦。可选用党参、人参、山药、白术、茯苓、白扁豆、甘草健脾益气，化生气血，从而滋养肝阴，此为补土荣木之法。方如一贯煎、健脾养肝汤等。[河北中医药学报，2016，31（4）：52-54.]

【例案】杜姓患者，右腹部结块，按之略痛，或左或右，内热神疲，脉沉弦，苔薄腻。病属脏，着而不移，瘕病属腑，移而不着。中阳不足，脾胃素伤，血不养肝，肝气瘀凝，脉症参合，病非轻浅。若仅用攻破，恐中阳不足，脾胃素伤，而致有膨满之患，辗转思维，殊属棘手。姑拟香砂六君加味，扶养脾胃，冀其消散。炒潞党参（三钱），制香附（一钱五分），大枣（五枚），云茯苓（三钱），春砂壳（五分），炙甘草（八分），炒白术（二钱），

陈广皮（一钱）。[《丁甘仁医案》]

> **按：** 症见腹部结块，按之略痛，兼见内热神疲，可见病性属虚实夹杂，追其原因，患者脾胃素伤，中阳不足，气血乏源，一则日久肝不得血养，二则肝之疏泄失职，导致肝气郁滞。"气为血之帅"，气不能推动血行，则瘀血阻滞，日久在体内形成结块。若瘀血尚在腑还未入脏，则结块按之可移，或左或右，辨为瘕病。脉沉弦，苔薄腻，确定为脾弱血虚，肝脾不和之证。病属虚实夹杂，若仅用攻法，恐加重脾胃虚弱。故拟香砂六君加味，扶养脾胃以培土荣木。

【析拓】 也称为补土荣木法。脾胃为气血生化之源。肝藏血，阳常有余而阴常不足。肝血、肝阴不足，有赖于脾胃化生之气血的滋养。肝血不足，或肝阴亏虚，可结合补益脾胃来提高疗效。补土荣木法常用于肝血不足或肝阴亏虚所致病证。据临床报道，补土荣木法可用于治疗多种慢性肝病后期，如乙型肝炎肝硬化等。也可用于治疗甲状腺功能亢进症，均有显著的临床疗效。

引火归元法

【出处】《景岳全书》："肉桂味重，故能温补命门……与参、附、地黄同用，最降虚火，及治下焦元阳亏乏……若下焦虚寒，法当引火归元者，则此为要药，不可误执。"

【溯源】《伤寒论·辨厥阴病脉证并治》："下利，脉沉而迟，其人面少赤，身有微热，下利清谷者，必郁冒，汗出而解，病人必微厥。所以然者，其面戴阳，下虚故也。"《素问·至真要大论》："微者逆之，甚者从之。"

【释义】《著园医药合刊》："夫引火归元而用附桂，实治真阳不足无根之火，为阴邪所逼，失守上炎，如戴阳阴躁之证，非龙雷之谓也。"

【例案】 何叟年近八旬，冬月伤风，有面赤、气逆、烦躁不安之象。孟英曰：此喻氏嘉言所谓伤风亦有戴阳证也，不可忽视。以东洋参、细辛、炙甘草、熟附片、白芍、茯苓、干姜、五味、胡桃肉、细茶、葱白，一剂而瘳。孟英曰：此真阳素虚，痰饮内动，卫阳不固，风邪外入，有根蒂欲拔之虞，误投表散，一汗亡阳，故以真武、四逆诸法回阳镇饮、攘外安内以为剂，不可施之阳实邪实之伤寒。[《王氏医案绎注》]

> **按：** 患者年近八旬，素体阳虚，伤风感邪后出现面赤、气逆、烦躁不安，非单纯外感表实证。外感风邪致使痰饮内动，阳浮于上，与风邪相合而成戴阳证。根本为下焦肾阳虚弱，无根之火上浮，须予参附汤、四逆汤、真武汤合方，以急固元阳，引火归元，同时加细辛、葱白、细茶以散外邪，药中病机，故一剂见效。

【析拓】 肾藏元阴元阳，是一身阴阳之根本。引火归元法是针对肾阳亏虚、虚阳化火上浮病机而设立的一种治法，被广泛用于治疗肾中虚火或虚阳浮越所致的疾病。传统使用桂、附等归肾的辛热药温助肾阳，并取同气相求之性，引导浮越虚阳复归下焦元阳之所。如戴阳证患者主要表现为颧红如妆，脉虚浮大或细微欲绝等危象，为阳气上越欲脱之征象，治疗用附子、肉桂以引火归元，常佐以益气之法以回阳救急。而引火归原法适用于因阴寒内盛格阳于外的寒盛格阳之格阳证，当用大剂大辛大热之品驱散阴霾。引火归源法则是治疗阴虚火旺的治法，是在众补阴药中少佐辛温药使虚浮之火归于阴中。现代也用巴戟天、胡芦巴、淫羊藿、仙茅类药来补益元阳、引火归元。据临床报道，可用引火归元法治疗高血压、放化疗后口腔溃疡、腰椎间盘突出症、乳腺癌类更年期综合征，均取得不错的疗效。研究表明，引火归元法对妇科肿瘤化疗患者癌因性疲乏和生活质量有显著改善作用，并增强患者免疫力。

◎ 其他补益扶正类

健脾止泻法

《医学阶梯》："健脾止泻用八珍糕……八珍糕内贵参苓，山药扁豆薏苡仁，芡实莲子山楂肉，健脾止泻利痰门。"健脾止泻法以健脾益气之品主，佐升清止泻药，通过健运脾气，恢复脾之运化，使得清气上升、浊气下降，清浊复位，而泻痢自止，阳明大肠自安。脾居中焦，脾气升清，清气在下，则生飧泄，法当健脾升清止泻。现临床多用健脾止泻法治疗急性或慢性腹泻、肠癌术后腹泻、溃疡性结肠炎、老年肠道菌群失调相关性腹泻等属于脾虚者。据临床报道，可用健脾止泻法治疗迁延型腹泻；也可治疗肠癌术后腹泻，并调节胃肠激素；或用该法降低溃疡性结肠炎患者炎症因子，增强免疫功能。该法也可改善肠道菌群、减少腹泻。

温脾止泻法

《明医指掌》："《经》云：脾虚则泻，胃虚则吐，脾胃不和，阴阳不顺，清浊相干，则吐泻兼作。……温脾止泻汤，治寒泻。白术（土炒），白茯苓（各一钱），桂（三分），肉果（五分），甘草（二分）。加生姜，煎服。"温脾止泻法用辛温助脾阳之品，温化脾阳以止泻。常佐以温肠收涩之品。适用于脾阳虚之泻痢。多用干姜、附子、肉豆蔻等温脾阳之品，可佐乌梅、禹余粮、赤石脂等涩肠止泻。临床用于治疗肠易激综合征、小儿寒湿泄泻、慢性结肠炎等疾病属脾阳亏虚者，疗效良好。

壮火补土法

也称为益火暖土法、补火暖土法、补火生土法、益火补土法。《冯氏锦囊秘录》："补骨脂，治男子劳伤，疗妇人血气，腰膝酸疼神效，骨髓伤败殊功，除囊热而缩小便，固精滑以兴阳道，却诸风湿痹，去四肢冷疼，暖丹田，止能泻。再加杜仲、青盐，即名青娥丸，总脾肾二经之要药，壮火补土之灵丹。若水亏火旺者，非其所宜。妊妇禁用，以其大温而辛，火能消物堕胎耳。"壮火补土法原指温心阳以补脾阳之法，但在金元后命门学说兴起后，多指温肾阳以益脾阳的治法。由于土居两位，土主东北则肾阳暖脾土，因此补肾阳可以暖脾土。故壮火补土法可通过补肾阳来治疗脾阳不足或脾肾阳虚之证，症见大便稀溏、小便清长，或脘痞、食少难化、饮食稍多则作痛泻，甚则肢厥腰冷等。若太阴寒盛，也可用附子、肉桂以益火（君火或相火）暖土。壮火补土法可用于消化系统疾病、冠心病、骨关节炎、咳嗽等疾病属脾阳亏虚或脾肾阳虚者。据临床报道，可取益火补土法之意治疗久泻；或用神阙、气海、关元、肾俞、脾俞体现益火补土法的选穴，以治疗脾肾阳虚型老年功能性便秘；或用益火补土、疏木达郁法治疗多种慢性胃病。

第三节　泻实祛邪类

主要通过祛除脏腑实邪，来恢复脏腑生理功能，以调节五脏平衡的治法，归入泻实祛邪类治法。

五脏各有所主，各司其职，当气血阴阳失衡时，邪气内生，客于脏腑，可引起五脏功能异常，疾病内生。

泻实祛邪法主要通过以下几个方面来调节五脏平衡：一是通过扶助本虚的脏腑，恢复其生理功能，通过其生理功能特性以祛除邪气重调五脏平衡，如淡渗实脾法、营卫双调法；二是五脏功能异常，气血津液运行紊乱，邪气盛实进一步扰乱脏腑平衡，以祛邪实为主来调节脏腑平衡，如化痰宁心法、利湿退黄法；三是以机体脏腑功能失调为主要矛盾，通过泻脏腑之实以恢复脏腑功能平衡使得邪气自除，如清肝泻火法、清心导赤法、宣肺利水法。

临床使用泻实祛邪法当注意分清五脏虚实与实邪的主次，确定治法的主要方向，亦须根据邪气的不同情况制定相应的治法，如清热、利湿、行气、活血等，同时应注意勿用药过猛而伤及五脏。

淡渗实脾法

【出处】运脾之法又有理气运脾、燥湿运脾及益气健脾、淡渗实脾和消食健脾等不同。……淡渗实脾者，惯用淡渗之品泄肾水以保脾土，药如茯苓、薏苡仁。[安徽中医学院学报，2003（5）：1–10。]

【溯源】《圣济总录》："脾，土也，土弱不能治水，脾土受湿而不能有所制……"

【释义】太阴脾土，喜燥恶湿，易被湿困，故脾病多与湿邪有关，致湿困脾呆而不运化，常用淡渗利湿之品以治疗水湿困脾之证，如茯苓、薏苡仁、猪苓等利湿药物，恢复脾脏运化。[江苏中医药，2015，47（5）：29–32。]

【例案】患者，女，72岁，2017年8月2日初诊。糖尿病史24年，1个月前无明显诱因出现全身浮肿，偶有胸闷气喘，干咳，动则加剧，心悸、头晕等不适，纳可，寐欠安，二便调。舌质淡而稍胖，苔腻。西医诊断：2型糖尿病；中医诊断：消渴之湿浊困脾。病机为湿浊困脾，脾气不升，可致水湿不化；湿浊蒙闭清窍，致使心神活动失常，出现头晕，精神不振；痰浊之邪易于阻滞气机，留滞于脏腑，可致脏腑气机失常，如痰浊阻肺则胸闷气喘；湿性趋下，下注足膝，则见浮肿。方以化湿健脾方加减，药用：茯苓、苍术、陈皮、薏苡仁各10g，草豆蔻、白豆蔻各6g，佩兰9g，藿香10g，厚朴6g，香附10个，法半夏10g，桂枝15g，杏仁6g，枇杷叶15g，石菖蒲10g。共3剂，水煎服，每日1剂，早、晚各服1次。方中药物以醒脾化湿、淡渗实脾为主，并加入桂枝通阳化气，枇杷叶、杏仁止咳化痰。[中医药临床杂志，2018，30（8）：1418–1421。]

按： 本例患者辨证为脾虚湿困，痰浊困脾，水湿不化出现水肿，湿浊上蒙则头晕，痰浊阻肺故胸闷气喘，治以醒脾化湿、淡渗实脾，少佐桂枝通阳化气，助脾去湿。

【析拓】太阴脾土，得阳始运，易被湿困。脾以阳为用，湿困则脾阳不展，运化失职。古云"治湿不利小便，非其治也"；也有"通阳不在温，而在利小便"之说。淡渗实脾法运用茯苓、薏苡仁、白术等药物以淡渗利水，使湿邪从小便而出，既除湿邪，也通脾阳以实脾。现代学者常用该法治疗2型糖尿病及其并发症、小儿脾虚型腹泻、小儿厌食症、痛风性关节炎及心血管疾病等。据临床报道，可用淡渗实脾法改善2型糖尿病口干症状、缓解痛风性关节炎，治疗小儿脾虚型腹泻、小儿厌食症；或用该法降低尿蛋白并延缓糖尿病肾病的发展进程；也可用该法治疗心痹，均疗效满意。

提壶揭盖法

【出处】《伤寒论汇注精华》："有为蓄尿过多，膀胱满甚……桔梗（开提）、生姜（升散）（此提壶揭盖之法）。使上焦得通，中枢得运，而后膀胱之气方能转运。"

【溯源】《古今医案按》："朱丹溪治一人，小便不通，医用利药益甚，脉右寸颇弦滑，此积痰在肺，肺为上焦，膀胱为下焦，上焦闭则下焦塞。如滴水之器必上窍通而后下窍之水出焉。以药大吐之，病如失。"

【释义】因为肺主宣降，能促进水的代谢，所以又称"肺为水之上源"。由于肺主诸气，为水之上源，与水液的敷布运行关系密切。因此宣肺利水成为治疗小便不利的重要方法之一。《中藏经》的五皮饮（桑白皮、陈皮、生姜皮、大腹皮、茯苓皮）治上气喘促，小便不利，身面浮肿的水肿证，也是宣肺、降气、利水、祛湿的方法。

【例案】李士材治郡守王镜如，痰火喘嗽正甚时，忽然小便不通，自服车前、木通、茯苓、泽泻等药，小腹胀闷，点滴不通。李曰：右寸数大，是金燥不能生水之故，惟用紫菀五钱，麦冬三钱，北五味十粒，人参二钱，一剂而小便涌出如泉，若淡渗之药愈多，反致燥急之苦，不可不察也。[《古今医案按》]

按： 患者先有痰火郁肺，而发喘咳，后发小便不通。虽用淡渗利水之药，不但无效，尿闭亦甚。前人断其为肺燥气郁，不能通调水道。故以宣肺之法，使肺气宣降得复，自能通调水道，其尿自通，以取类比象法称之为提壶揭盖法。

【析拓】又称为宣肺利水法或宣肺行水法。肺、脾、肾皆主水。"肺为水之上源"，有"通调水道，下输膀胱"之功能。盖因肺主一身之气，气行则水行，气闭则水闭。肺气不宣导致膀胱不利，可出现小便异常，甚或水肿等。提壶揭盖法便通过宣发肺气以通利膀胱。在宣达肺气时常配以通利膀胱之品，是上下同治之策。因肺与大肠相表里，提壶揭盖法也用于治疗便秘因于肺气郁闭或肺燥津伤者，可在宣发肺气或生津润肺的同时，佐以润肠通便之剂。据临床报道，用提壶揭盖法或宣肺利水法治疗顽固性腹水、卵巢囊肿、肝性胸腔积液、小儿急性肺炎、小儿遗尿、难治性肾病综合征水肿、功能性便秘、肺癌并发恶性胸腔积液的患者属肺气郁闭或肺燥津伤者，均效果确切。

◎ 其他泻实祛邪类

化痰宁心法

《中医奇证新编》："患者神志时明时昧，言语不能集中，对答不清，常胡言乱语，自感头昏眼花。中医辨证为气阴不足，心肾两虚，水不涵木，厥阳独亢，引动中焦素蕴之痰浊，上蒙清窍，堵塞灵机，神明无以自主，是以语类癫狂。拟培元益肾、滋水涵木，佐以化痰宁心之法。"化痰宁心法是用化痰药合用宁心安神药，治疗痰蒙心窍的治法。心为君主之官，脾为生痰之源，肺为贮痰之器，又为心之外候。痰蒙心窍，使心神不宁，可出现失眠、精神异常等。化痰之法须根据病而定，若属痰热，当清热化痰；胆热痰火，则应清胆化痰；痰浊壅肺，应宣肺化痰等。代表方如半夏秫米汤、温胆汤、导痰汤、涤痰汤、天王补心丹等。化痰宁心法在临床上常与活血法、理气法、补益法同用。可用于治疗冠心病、病毒性心肌炎、高血压、期前收缩、中风、癫痫、焦虑抑郁状态等，表现为痰蒙心窍者。据临床报道，可用化痰宁心法辅助治疗高血压伴失眠痰湿壅盛证；或用温胆汤加减治疗痰浊型失眠症；或用理气化痰宁心汤治疗室性期前收缩。研究发现，活血化痰宁心饮能改善急性冠脉综合征PCI术后心绞痛，其机制可能与其降低炎性细胞因子水平相关。

利湿退黄法

《医方集解》茵陈丸："治时气、瘴气，黄病，疟疾，赤白痢等证。茵陈、栀子、鳖甲（炙）、芒硝（二两）、大黄（五两）、常山、杏仁（炒三两）、巴豆（一两，去心皮炒）、豉（五合），蜜丸，梧子大。每服一丸。或吐，或利，或汗，如不应，再服一丸。不应，则以可作煎剂汤投之。老幼量意加减。此足太阳、太阴、阳明、厥阴药也。栀子、淡豉，栀豉汤也，合常山可以涌吐，合杏仁可以解肌；大黄、芒硝，承气汤也，可以荡热去实，合茵陈可以利湿退黄（三药名茵陈汤，治黄正药），加巴豆大热以祛脏腑积寒，加鳖甲滋阴以退血分寒热。此方备汗吐下三法，故能统治诸病。"《金匮要略·黄疸病脉证并治》有"诸病黄家，但利其小便"之说。利湿退黄法针对的病在肝胆，而其治重在膀胱，是用利湿退黄药通过利小便除湿的方法来消退黄疸的治法。湿热型黄疸当清热利湿以退黄，寒湿型黄疸当温通利湿以退黄，不偏寒热者可用淡渗利湿之法。据临床报道，利湿退黄法可有效治疗胆结石、胆囊炎、胆道梗阻、肝胆肿瘤、黄疸性肝炎、婴儿肝炎综合征、肝硬化早中期、药物性肝损伤等疾病由湿邪所致者，也可用于溶血性黄疸、新生儿黄疸过期不退者。

清肝泻火法

《医述》："《经》曰：故凡治黄赤者，宜清肝泻火；治青白者，宜壮肾扶阳，此固不易之法也。"《得心集医案》："素无他病，顷刻仆倒，目闭口噤，手撒脚僵。……越半月，胸紧头昏，复倒无知，目瞪口张，势似已危，脉象又伏，知非死候。余与伊夫常聚首，因谓曰：前番目闭口噤脉伏，今脉同症异，当从原意变通。言未已，开声知人，并云头晕目眩，重如石坠，面如火燎，转盼间，狂言见鬼，歌笑呻哭。众皆诧异。窃思中气之后，因思复结，仆倒无知，固其宜也。然面赤神昏，妄见妄言，必因郁久化火，挟肝邪为患，应用清肝泻火之剂。又胸紧气急，头重如坠，必缘郁气固结，经道久闭，故脉沉伏。与《内经》血并于上，气并于下，心烦惋善怒之旨合符。遂疏方以逍遥散，加丹参、牛膝、玄胡、降香，兼进当归龙荟丸，服下未久，神识顿清，诸症渐减，按方再服，诸症悉除。"清肝泻火即清肝热、泻心火，是用苦寒泻肝火的药物如龙胆、芦荟、夏枯草、柴胡，佐以清泻心火药如黄连、栀子，以治疗肝火上炎以致心肝火旺的治法。而清泻肝火则是治疗肝经火旺之法。肝为心之母，肝在下焦而心在上焦。火性上炎，又母病及子。故凡肝火之证多有心烦、舌尖红等心火为患的表现。清肝泻火法的代表方如当归龙荟丸。据临床报道，可以清肝泻火法治疗甲状腺功能亢进症、早发性卵巢功能不全、小儿抽动障碍、肝阳上亢型高血压、桥本甲状腺炎等疾病属心肝火旺者，均疗效确切。

清心导赤法

《环溪草堂医案》："医者意也，以意会之，随机应变，初无一定之法，亦无一定之方。此证初因中气不足，膀胱失化，故前以转运中枢，输化阳气得效。今则心火妄动，相火随炽，故昨以清心导赤、泻肝止痛立法，幸获奏功，慰喜慰喜。兹诊左脉稍平，知肝心之火渐退。而右尺尚旺，乃肾膀之火未清，仍以前法增损。"心与小肠相表里。清心导赤法即用清利之品清心火、利小便，使热出膀胱，以治疗心火炽盛之法。适用于心火过旺反侮玄水之心热下移膀胱，症见面赤口渴，心胸烦热，口舌生疮，小便赤涩热痛。常用栀子、车前子、木通等药清心火又利膀胱，代表方为导赤散。据临床报道，可用清心导赤法治疗小儿手足口病，或用导赤散加减方治疗老年尿路感染、心经热盛型小儿尿频症、皮肤病，也可用导赤散加减治疗小儿焦虑症、牙龈癌。该法用于治疗心肺郁热导致的痤疮、湿热内蕴导致的湿疹，以及湿热内蕴、血热迫血妄行导致的过敏性紫癜，也有显著疗效。研究发现，尼妥珠单抗配合使用导赤散治疗，可显著降低患者肿瘤细胞的细胞因子水平，改善牙龈疼痛、牙齿松动等临床症状，对患者生活质量的提高有很大帮助。

营卫双调法

《时病论》："又有久患疟疾，脾胃累虚，亦名虚疟也。盖胃虚则恶寒，脾虚则发热，寒则洒洒，热则烘烘，脉象浮之则濡，按之则弱，此宜营卫双调法，则疟疾不截而自罢矣。倘有肢凉便泻者，均加附子、干姜。或吐涎不食者，并加砂仁、半夏。治虚疟之法，尽于斯矣。"营卫双调法通过调和营卫、平衡阴阳，恢复机体的阴阳平衡。营卫本于脾胃，以经脉为通道，流行周身，营养脏腑肢节。营卫失和则五脏不安，六腑失调。临床当调和营卫，仲景之桂枝汤是调和营卫的典范，常用桂枝宣通阳气，芍药养血敛阴，生姜、大枣升脾胃之气而和营卫。据临床报道，现代医家常用营卫双调法治疗胃癌、阳虚型便秘、脾胃虚弱型胃痛、高血压、心悸、汗证等疾病。

第十四章
脑病治法

用于调节脑的气血运行、阴阳平衡，扶正祛邪，维持其正常生理功能的治法，归于脑病治法。

脑为髓海，是髓的汇集之处。脑为元神之府，诸神之会。主一切神机活动，总统众神，有指挥决断之能。可调节各脏腑经络的生理功能，周身津液的气血运行，是人的精神、思想及意识活动的物质基础。脑髓充盈，经络循环、气血运行得畅，则产生认知、记忆、思维、感知、情志等功能，是调节人体生理活动和精神活动协调发展和运行的重要枢纽。

因感受外邪，神明受损，或因情志失调，内伤虚损，以致脑髓空虚，脑神失养，调控功能减弱，气血津液输布障碍，瘀、痰、气郁、内风等病理因素上蒙清窍，导致脑病。其病位在于脑，与五脏关系密切，其病性属于"本虚标实"之候。

脑病治法的确定一般遵循以下原则：一是宣通开窍。脑为"清阳之府"，易被邪蒙，外感六淫，或内生之邪，均可上蒙清窍，瘀阻脑络。故以祛邪通络、醒神开窍法为主。如痰浊蒙窍则使用豁痰开窍法，寒闭则使用温通开窍法。二是潜阳息风。头为诸阳之会，阳亢上升则冲脑，且易夹火热之邪，以潜阳、息风为主。如热邪久居，热灼真阴则使用滋阴息风法；肝阳亢逆无制，风气内动则使用滋潜息风法。三是安神调神。脑病常以神志异常为主要表现，常见被痰、火所扰，或瘀阻脑络、气血失调致神志逆乱。如突受惊恐，上扰元神则使用重镇安神法；外伤、久病导致的痰瘀阻络则使用活血安神法。四是益精填髓。因肝肾亏虚，年老体衰，精亏而致髓海不足，如肾精不足，髓海空虚则使用补肾健脑法。

应用脑病治法要注意以下几个方面：一是急则治其标，以祛邪醒脑回神为要，及时扭转病势发展。二是应用宣通开窍法时应注意辨清证属寒属热，区分阳闭、阴闭，选用凉开、温开的治法。三是注重调节各脏腑间功能。五脏六腑的阴阳气血失衡皆能影响脑的正常功能，使精、气、血不足而致脑髓失充，元神失养。四是注意调节情志。情志过极在脑病的发病、转归、预后中产生重要的影响。

本章主要涉及脑病治法，包括安神类治法、息风类治法、开窍类治法和滋养类治法。

第一节　安神类

主要用于安定神志、使脑能主神明的治法，归入安神类治法。

脑为清明之府，主神明，为心主神志的具体执行者，心藏神功能与脑主神明功能密切相关。肝藏血、肾藏精，二者均与脑的功能关系密切。

安神法通过以下几个方面来达到安神之效：一是祛邪。痰、瘀、火等邪毒扰乱心神，通过祛邪使心神得安，如重镇安神法、活血安神法。二是养心。心藏神，心虚则心失养，心失养则神不安，补虚益心以安神，如温阳安神法、宁心安神法、养心安神法。三是补益脏腑亏虚，调节气血阴阳平衡，间接调心安神，如滋肾宁神法。

临床应用安神类治法时，实证要注意寻找病因，同时勿清利太过，避免因实致虚。虚证要注意是否有虚中夹实，治之要分清主次，攻补兼施。

安神宁心法

【出处】《罗太无口授三法》："以人参、黄芪，少佐以桂枝、麻黄根、白术、浮麦，自汗之药也。当归六黄汤加枸杞子、地骨皮、知母，盗汗之药也。又必宁心安神之剂佐之，大忌半夏、生姜。汗为心之液，治其本也。"《滇南本草》："丹参，味微苦，性微寒。色赤象火，入心经，补心，生血，养心，定志，安神宁心，健忘怔忡，惊悸不寐，生新血，去瘀血，安生胎，落死胎。一味可抵四物汤补血之功。"

【溯源】《外台秘要》："《古今录验》彭祖丸，无所不疗，延年益寿，通腑脏，安神魂，宁心意，固荣卫，开益智慧，寒暑风湿气不能伤，又疗劳虚风冷百病方。"

【释义】《内经博议》："心以神用，则必取金多而用物宏，苟非太冲之精腾上而调护之，则神空而无所丽，是神之所丽，唯有阴精承之，以为之济也。所以然者，心本纯阳，而其象反为姹女，内自含阴。故其象又为月窟。《参同》为姹女之性冤而最神，得火则飞，不见埃尘，必使清静有匹以镇之。"《东医宝鉴》："归神丹，治心气不足，恍惚健忘，或癫痫狂乱，惊悸怔忡，神不守舍之证，及大病后心虚，能安神宁心，固元气，长存大块。"

【例案】河口王（女），病后气血未复，加以惊吓，肝胆内伤，心血不附，包络郁热。热生痰，痰热相争，是以筋惕怔忡，神志时昧，怨哭不安，脉息细数兼滑。此乃虚中夹痰，势属癫症。法当宁心安神定志，佐以清化，徐徐治之。青龙齿、丹参、茯神、橘络、大贝、石斛、天竺黄、夜合花、白薇、莲心、鲜竹沥。[《临症经应录》]

按：患者病后气血亏虚，加之惊吓，肝失疏泄，心失所养，故见心神不宁，脉息细数兼滑，是为虚中夹痰，当宁心安神定志，选取养心安神之品，辅以清气化痰，病症得消。

【析拓】又称为宁心安神法。安神即是宁心，宁心即是安神，安神宁心法即安宁心神之意，是治疗心神不安、神志不宁病证的治标方法，临床多与治本之法联合应用。心藏神，主神志。肝主疏泄。五脏之病，皆可致心神不安，然以心肝为主。心失所养，或心受邪扰；肝郁失疏，或肝失血养，是导致心神不安的主要原因。因此该法常结合治肝疗心之法。据临床报道，用安神宁心法治疗功能性早搏、失眠、面容神经失调、焦虑等病症，皆获良效。研究发现，安神宁心法可恢复雌激素对糖脂代谢的调控能力，缓解雌激素分泌失衡。

◎ 其他安神类

活血安神法

《御药院方》："朱砂膏，镇心安神及解热损漱血等疾。……上都为末，拌和炼蜜，破苏合油剂，诸药为小铤子，更以金箔裹之，瓷器内收，密封。每服一皂子大，食后嚼化。卫尉叶承得效，并阿胶丸相杂服。此药活血安神，更胜至宝丹。每两作五铤子。"活血安神法是在祛痰解热安神的基础上加用活血药物，以达到活血安神解热之效，适用于血行不畅、痰热互结之心神不安。热迫血妄行，离经之血为瘀，痰瘀互结，热扰心神，故发为惊热不安。该治法在至宝丹的基础上，加用行瘀凉血、安神开窍等药物，去其血热，醒神开窍，心神安宁而愈。据临床报道，用活血安神法治疗缺血性脑卒中后失眠、更年期焦虑、冠心病、高血压等疾病病机属痰热互结、血行滞涩者，取得良效。也有人用该法治疗一氧化碳中毒后遗症。

温阳安神法

《素问·生气通天论》："阳气者，精则养神，柔则养筋。"《伤寒论条辨》："惊狂起卧不安者，神者，阳之灵，阳亡则神散乱，所以动皆不安，阳主动也。"《伤寒论本义》："火邪入真阳出，名曰阳亡，真阳出而神明乱，惊狂遂见。程注所谓汗者心之液是也。以火劫取汗，火邪入心，阳随汗亡，惊狂而起卧不安，皆有伤心液，无以养心之神。而空虚之地，邪火更易为害也……此条亦太阳风寒两伤，误而致烦躁之变……然烦躁即前条惊狂卧起不安之渐也，故用四物以扶阳安神为义，不用姜枣之温补，不用蜀漆之辛快，正是病轻则药轻也。"温阳安神法用扶助心阳药，联合养心安神和/或重镇安神之剂，治疗心阳虚损、心神浮越之证，如神烦不安，心悸怔忡等。由于心阳根于肾阳，现也用补益肾阳药如淫羊藿、巴戟天、杜仲等，联合养心或重镇之剂，来治疗心肾阳虚而心神不安者。据临床报道，用温阳安神法治疗阳虚失眠、慢性心力衰竭、汗证，颇具成效；也有人基于温阳安神法使用桂枝龙骨牡蛎汤治疗心悸、甲状腺功能亢进症病机属心阳虚损、心神浮越者。此外，以温阳安神法为基础的中药方联合针灸疗法治疗女性更年期综合征，能够有效改善睡眠质量。

养心安神法

《素问·举痛论》："惊则心无所倚，神无所归，虑无所定，故气乱矣。"《景岳全书》："尝见微惊致病者，惟养心安神，神复则病自却。"养心安神法是通过补心血、养心阴以益心神，配以安神之品，以恢复心神清明之要，从而治疗由于心神不安引起心悸易惊、健忘失眠、精神恍惚、多梦遗精及口舌生疮等。该法在心脑血管系统、精神系统、男科、内分泌系统等疾病的辨治方面具有重要指导意义。据临床报道，可用养心安神联合穴位针刺治疗室性心律失常；用该法治疗抑郁症、焦虑症，以及遗精、早泄、勃起功能障碍等男科疾病，或者应用该法配合针灸治疗中风后遗症，均疗效良好。

重镇安神法

《圣济经》："怯者惊也，怯则气浮，重剂以镇之。"《中医方剂与治法》："重镇安神法，使用于突受惊恐，或心阳偏亢，心火上炎，扰乱心神所致的惊恐、躁扰不宁、哭笑无常等病证。此类证型偏实，故按重可去怯的原则，治以重镇安神。"重镇安神法是通过使用金、石质重下沉之药，重镇潜降以镇肝宁心，使心神得宁，多配合介类潜阳及平肝、清心降火之品。临床多用以治疗癫痫、惊狂、失眠、怔忡、心悸等证。据临床报道，可用重镇安神法治疗心房颤动、精神分裂症、老年顽固性失眠、广泛性焦虑症、结节性痒疹，皆得良效。研究发现，重镇安神法可影响失眠大鼠快速眼动睡眠，延长失眠大鼠慢波睡眠，可显著提高失眠大鼠的睡眠质量。

第二节　息风类

主要用于平息内风的治法，归入息风类治法。

风善行而数变，主动主升，阳亢易化风。心与肝均为阳常有余、阴常不足之脏，与阳亢化风密切相关。

息风类治法通过以下几个方面来平息内风：一是通过清除实热，热退则阴液得存，阴液存则水能涵木，如却热息风法、清热息风法。二是通过平抑肝阳，阳气不躁动则木静风止，如镇肝息风法、凉肝息风法。三是通过养阴柔肝，滋阴抑阳，壮水以制约阳气躁动，恢复肝脏阴阳平衡，如滋潜息风法、滋阴息风法、酸甘化阴法。

临床应用息风治法时，清热要注意顾护脾胃，避免碍伤脾胃。若内兼湿邪，应注意滋阴之弊。息风用药亦有寒热温凉之别，偏于寒凉者，虚寒者不宜；偏于温燥者，阴血亏虚者当慎用。

滋潜息风法

【出处】《医案摘奇》："唐家妇年五十余，先曾患崩漏十年，愈后，虚火上冲，头痛连两目，至不成寐，羞明怕火，甚至头颅肿胀，自觉如火灼，他人按之，则不甚热也。脉沉弦，尺肤紧涩，此阴虚火炎，火甚生风，风火上入颠顶。肝开窍于目，故眼珠先痛，立方以滋阴、潜阳、熄风火、平肝为治。"

【溯源】《临证指南医案》："今叶氏发明内风，乃身中阳气之变动。肝为风脏，因精血衰耗，水不涵木，木少滋荣，故肝阳偏亢，内风时起。治以滋液熄风，濡养营络，补阴潜阳，如虎潜、固本、复脉之类是也。"

【释义】《临证指南医案》："《经》云：东方生风，风生木，木生酸，酸生肝，故肝为风木之脏，因有相火内寄，体阴用阳，其性刚、主动、主升，全赖肾水以涵之，血液以濡之，肺金清肃下降之令以平之，中宫敦阜之土气以培之，则刚劲之质得为柔和之体，遂其条达畅茂之性，何病之有？倘精液有亏，肝阴不足，血燥生热，热则风阳上升，窍络阻塞，头目不清，眩晕跌仆，甚则痿疾痉厥矣。先生治法，所谓缓肝之急以熄风，滋肾之液以驱热，如虎潜、侯氏黑散、地黄饮子、滋肾丸、复脉等方加减。是介以潜之，酸以收之，厚味以填之，或用清上实下之法。"

【例案】费统帅肾虚则生火，木燥则生风，水亏木旺，肝风鸱张，风乃阳化，故主上旋。阳明胃土，适当其冲，所以中脘不时作痛。木侮不已，胃土日虚，而风阳震撼，所以左乳下虚里穴动跃不平。肝风上旋至巅，所以头昏目重，一身如坐舟中。肝为藏血之海，肝脏既病，则荣血不和，遍体肌肤作麻。吾人脏腑阴阳，一升必配一降。肝，脏也，本主左升。胆，腑也，本主右降。升者太过，则化火化风，降者太过，则生沦陷诸疾，必得升降控制，而后可以和平。今肝升太过，则胆降不及，胆木漂拔，所以决断无权，多疑妄恐，面色并不虚浮，而自觉面肿，阳气壅重于上故也。舌苔白腻，冷气从咽中出，以肝胆内寄相火，阳气升腾，龙相上逆，寒湿阴气，随风泛动。倘实以寒湿盛极，而致咽中冷气直冲，断无能食如平人之理。丹溪谓上升之气，自肝而出，中挟相火。夫邪火不能杀谷，而胃虚必求助于食，可知胃虚乃胃之阴液空虚，非胃之气虚也。脉象细弦而带微数，亦属阴虚阳亢之征，为今之计，惟有静药以滋水养肝，甘以补中，重以镇摄。阳气得潜，则阴气自收，盗汗亦自止也。特内因之症，不能急切图功耳。玄武板（六钱炙），龙骨（三钱），块辰砂（三钱），大生地（四钱），生牡蛎（六钱），白芍（二钱），天冬（二钱），茯神（三钱），生熟草（各三分），洋青铅（六钱），淮小麦（六钱），南枣（四枚）。[《张聿青医案》]

按：肝肾阴虚，肝阳无阴制而亢逆，逆起则生内风，且风者善行主动，或走窜中焦，或冲及虚里，或上至颠顶，致中脘作痛、虚里动跃、头昏目重等症状。医者以滋潜息风法，旨在通过滋阴潜阳，达到调和阴阳、平抑肝风的作用。方中用龟甲、龙骨、生牡蛎、辰砂、洋青铅等重镇之品，能够潜阳入阴，重镇安神；生地、白芍、天冬等滋阴养血之药，能够滋养肝肾，补益阴液；而茯神、淮小麦等则能调和心肝，亦加甘味以补中。据此，本之阴虚可得滋养，标之阳亢风动可平息。

【析拓】滋潜息风法是通过养阴制阳联合介类潜阳，以达到息风之效的治法。适用于肝肾阴虚，阴不潜阳，肝阳亢逆无制，风气内动之证。脑为髓之海，肝肾阴虚致风阳内动上扰清窍，脏腑精血濡养受阻，肾水不涵肝木而致上盛下虚之势。症见头痛、眩晕、耳鸣、腰膝酸软等，代表方如大定风珠、建瓴汤等。据临床报道，国医大师葛琳仪用滋潜息风法治疗眩晕、中风、震颤、头痛等均有良效。也有人用滋潜息风法治疗小儿抽动症、耳鸣、原发性高血压、桥本甲状腺炎、甲亢性突眼、寻常性痤疮、急性期类风湿性关节炎，皆具成效。

平肝息风法

【出处】《程杏轩医案》："予知其疾由郁而起，初投逍遥达郁，继加丹栀清火，更进地黄阿胶滋水生木，白芍菊花平肝熄风，磁石牡蛎镇逆潜阳等法。"

【溯源】《素问·至真要大论》："诸风掉眩，皆属于肝。"

【释义】《素问·至真要大论》："风淫于内，治以辛凉，佐以苦甘，以甘缓之，以辛散之。"《说文解字》："熄，畜火也。从火，息声。亦曰灭火。"《临证指南医案》："肝为风脏，因精血衰耗，水不涵木，木少滋荣，故肝阳偏亢，内风时起。""倘精液有亏，肝阴不足，血燥生热，热则风阳上升，窍络阻塞，头目不清，眩晕跌仆，甚则瘛疭痉厥矣。先生治法，所谓缓肝之急以熄风，滋肾之液以驱热。"

【例案】情怀郁勃，肝胆风阳上升，右目昏蒙，左半头痛，心嘈不寐，饥而善食，内风掀旋不熄，痛势倏忽不定，营液消耗，虑其痉厥。法以滋营养液，清熄风阳，务宜畅抱，庶可臻效。大生地、玄精石、阿胶、天冬、滁菊、白芍、羚羊角、石决明、女贞子、钩藤。[《西溪书屋夜话录》]

按：患者单目昏蒙，左偏头痛，乃中风前兆，病属肝风；心烦不寐，饥而善食，属热属阳，故辨为肝风阳上扰，治宜滋阴柔肝，平肝息风，上方为羚角钩藤汤加减，甚合其证。

【析拓】肝乃"罢极之本",主升亦主动,肝阴肝阳共同调节全身气机,惟阴阳互补,升降相宜,则全身气机通,病邪除矣。肝阴不足,阳亢化风,内风扰动,常见眩晕,头痛,面色如醉,甚则卒然昏倒,半身不遂等症。平肝息风法用酸甘化阴及柔养肝阴之品以涵养肝木以平之,木平则内风自息,是治疗肝风内动的治法,常配合介类潜阳之品。据临床报道,用平肝息风法进行治疗病机属肝风内动的眩晕、中风、癫痫、甲状腺功能亢进症、糖尿病、三叉神经痛、颅内血肿、血管性头痛、面神经麻痹、高血压心脏病、震颤麻痹、老年性精神病、原发性高血压、血压性眩晕、失眠症、神经性头痛等病症;或用平肝息风法配合耳压治疗儿童多发性抽动症,都取得了一定的疗效。

◎ 其他息风类

凉肝息风法

《通俗伤寒论》:"肝藏血而主筋。凡肝风上翔,症必头晕胀痛,耳鸣心悸,手足躁扰,甚则瘛疭,狂乱痉厥,与夫孕妇子痫,产后惊风,病皆危险。故以羚、藤、桑、菊熄风定痉为君。臣以川贝善治风痉,茯神木专平肝风。但火旺生风,风助火势,最易劫伤血液,尤必佐以芍、甘、鲜地酸甘化阴,滋血液以缓肝急。使以竹茹,不过以竹之脉络通人之脉络耳。此为凉肝熄风,增液舒筋之良方。"凉肝息风法是用清热凉血以息风之剂,治疗肝阳上亢、化热生风之证。现代也将该法用于治疗肝火亢旺所致的动风。通常合用酸甘化阴、养血柔肝之品。凉肝息风法多用于治疗神经内科疾病和儿科疾病。据临床报道,用凉肝息风法治疗小儿咳嗽变异性哮喘、帕金森病、眩晕、中风阳闭证,都取得了良好疗效。

却热息风法

也称为清热息风法。《素问玄机原病式》:"风本生于热,以热为本,以风为标,凡言风者,热也,热则风动。"《时病论》:"总之春温之病,因于冬受微寒,伏于肌肤而不即发,或因冬不藏精,伏于少阴而不即发,皆待来春加感外寒,触动伏气乃发焉,即《经》所谓'冬伤于寒,春必病温;冬不藏精,春必病温'是也。……如有手足瘛疭,脉来弦数,是为热极生风,即宜却热息风法。"却热息风法是通过苦寒之品清热泻火,釜底抽薪,以息风动,以治疗热甚而肝风内动的治法。常配合增液舒筋、息风定惊之剂。该治法常用于治疗急性脑系疾病,如热性惊厥、脑出血、病毒性脑炎等。据临床报道,可用却热息风法治疗儿童重症病毒性脑炎,可用此法联合针刺治疗小儿热性惊厥。也可用于治疗小儿多发性抽动症,或用此法配合西药治疗蛛网膜下腔出血。研究表明,却热息风法能有效调节体液免疫,减轻神经损害。

镇肝息风法

《素问·至真要大论》:"诸风掉眩,皆属于肝。"《务中药性》:"海鮀性咸性微温,镇肝熄风足厥阴,小儿风疾诸般证,丹毒外贴发热清。"《医学衷中参西录》:"风名内中,言风自内生,非风自外来也。……西医名为脑充血证,诚由剖解实验而得也。是以方中重用牛膝以引血下行,此为治标之主药。而复深究病之本源,用龙骨、牡蛎、龟板、芍药以镇熄肝风，赭石以降胃降冲，玄参、天冬以清肺气，肺中清肃之气下行，自能镇制肝木。"镇肝息风法使用矿物类和介类中药为主，取其下沉之性镇肝以息内风。传统用于治疗因肝肾阴虚、肝阳偏亢的阳亢化风，属类中风。常结合滋补肝肾、养阴柔肝、清热疏肝理气等治本之法，以达到标本兼治之效。代表方如镇肝熄风汤。据临床报道，可用镇肝息风法治疗缺血性脑卒中、老年原发性高血压、失眠、出血性中风，取得良效。研究发现，镇肝熄风汤能上调PC12细胞中NQO-1mRNA表达，进而减少6-羟基多巴胺氢溴酸盐（6-OHDA）诱导的PC12细胞氧化应激，从而对6-OHDA诱导PC12细胞损伤发挥保护作用。

滋阴息风法

《通俗伤寒论》："阿胶鸡子黄汤：滋阴熄风法……血虚生风者，非真有风也，实因血不养筋，筋脉拘挛，伸缩不能自如，故手足瘛疭，类似风动，故名曰内虚暗风，通称肝风。温热病末路多见此症者，以热伤血液故也。方以阿胶、鸡子黄为君，取其血肉有情，液多质重，以滋血液而熄肝风；臣以芍、草、茯神木，一则酸甘化阴以柔肝，一则以木制木而熄风；然心血虚者，肝阳必亢，故佐以决明、牡蛎，介类潜阳；筋挛者络亦不舒，故使以钩藤、络石，通络舒筋也。此为养血滋阴，柔肝熄风之良方。"滋阴息风法通过滋养阴养血，使阴血足则风自不生，其风自息。常配合酸甘化阴、介类潜阳、通络舒筋之品。适用于阴血亏虚而致的虚风内动病证。常用于治疗脑卒中、眩晕等脑系病症。据临床报道，用滋阴息风法治疗小儿多发性抽动症、早期帕金森病、阴虚阳亢型眩晕病，均取得良好疗效。研究发现，滋阴息风法对帕金森病大鼠的cGMP具有正向调节作用，使血管活性物质血栓素B_2（TXB2）、ET和6-酮-前列腺素F1α（6-keto-PGF1α）等指标向正常水平恢复，对临床帕金森病的治疗有实际指导意义。

第三节 开窍类

主要用于开窍以醒神，治疗脑窍闭塞、脑神失主的治法，归入开窍类治法。

五窍为五脏与外界相连通之通道，心在窍为舌，肝在窍为目，脾在窍为口，肺在窍与鼻，肾在窍为耳及二阴。诸窍皆由脑神所主，脑窍开则诸窍可宁。

开窍法可以通过以下两个方面发挥开窍作用：一是通过祛邪，消除闭塞脑窍的痰、瘀、火等邪，如豁痰开窍法、清心开窍法、温通开窍法、清热开窍法、醒神开窍、开窍醒神法。二是通过填补虚窍，使神有所归，如填塞空窍法。

临床中应用开窍法时多为急症，应注意辨别患者是热闭还是寒闭，与五脏之间的联系，以免因急而用错治法，使患者病情恶化。

豁痰开窍法

【出处】《慎五堂治验录》："中风症，进熄风涤痰开窍，牙关得开，神识亦清。述四肢麻木已阅三载，舌中干。仍宗原方，去开窍，加养津品。但年越望五，气血既亏，终虞反复。"

【溯源】《丹溪心法》："中风大率主血虚有痰，治痰为先。""痰一化，窍自开，络自通，风自灭。"

【释义】《书种室歌诀二种》："痰浊蒙蔽心包，仍归属气分，所谓气分，指以气分为主，并非与营分无涉，不过主次之分而已。辨证关键，在舌苔黄垢腻和身热不扬。治宜涤痰开窍，菖蒲郁金汤加减。菖蒲配郁金，芳香开窍；竹沥、姜汁豁痰开窍，力嫌单薄，应增入胆星、竺黄，以增药力；银花、连翘清温解毒；竹叶、滑石渗利湿热；山栀、丹皮泻火凉营。方中菊花、牛蒡，似与病情无涉，可去。玉枢丹泄化痰水，芳香通神，却邪解毒，如用之不应，热重者易至宝丹，重者易白金丸。"

【例案】芦店周西扶，因恼怒抑郁，动其肝火，上干胃家，痰随火升，闭其心窍，以致舌音不清，语言謇涩，口流痰涎，脉息左手弦数，右手滑大。此肝家有郁火，胃中有痰饮，乃类中之基也。理宜豁痰清肝之药治之，并戒恼怒，忌醇酒厚味等物，面色亦红甚。半夏，橘红，天麻，石膏，连翘，川连，瓜蒌，枳壳，茯苓，香附，石菖蒲，钩藤。[《医案类聚》]

> **按：** 患者因情志不遂致肝火上炎，带动胃中之痰饮，痰火交结，上蒙清窍，故脉见左手弦数，右手滑大。有类中风之虞，诚属危候。此案治疗之关键在于豁痰开窍法之运用。痰浊蒙蔽心窍，非豁痰不能开窍，且从其病因，兼以清肝。医家选用半夏、橘红、瓜蒌、茯苓等药以化痰降浊；石菖蒲芳香开窍，醒神化痰；并佐以清肝理气之药，重在豁痰开窍，使痰火得清，心窍得开。后嘱戒恼怒，以平肝气；忌醇酒厚味，以防痰火再生。此亦治疗之重要一环，不可忽视。

【析拓】也称为涤痰开窍法。豁痰开窍法是通过化湿热、除痰浊，芳香通畅气机，使痰浊除而宣通清窍，神明不蔽而苏醒的治疗方法。适用于痰湿热闭阻气机，蒙蔽清窍而致心窍闭阻、痰涎壅盛之证。临床上多用于治疗脑系疾病，如癫痫、脑卒中、病毒性脑炎、小儿多发性抽动症等。据临床报道，用息风豁痰开窍法治疗小儿癫痫、脑外伤持续性植物状态、鼾症、小儿多发性抽动症等病机属痰湿热闭者，都颇具成效。

◎ 其他开窍类

清心开窍法

又称为清热开窍法。《济阳纲目》："健忘之证，大概由于心肾不交，法当补之，归脾汤，十补丸主之。亦有痰因火动，痰客心包者，此乃神志昏愦，与健忘证稍不相同，法当清心开窍，二陈汤加竹沥、姜汁，并朱砂安神丸主之。"清心开窍法具有清泻心包邪热，醒神利窍的作用，常在温热病神志昏迷中运用。此法多以芳香开窍药与清心热药同用。适用于温病高热神昏、胡言乱语、烦躁不安、唇焦齿燥、四肢抽搐，以及小儿热证惊厥等。据临床报道，可用清热开窍法治疗中枢性高热、阿尔茨海默病、肝硬化失代偿期肝性脑病。研究表明，清心开窍方能够通过激活蛋白激酶B（PKB），抑制糖原合成酶激酶-3α（GSK3α），降低β淀粉样前体蛋白（βAPP）、β淀粉样蛋白（Aβ）的生成，减少神经元损伤，改善学习记忆能力；还能减轻 β-淀粉样蛋白对神经元细胞的毒性作用，提高细胞存活率，保护海马神经元细胞。

温通开窍法

《温病条辨》："湿滞痞结，非温通而兼开窍不可，故以草果为君。茵陈因陈生新，生发阳气之机最速，故以之为佐。广皮、大腹、厚朴，共成泻痞之功。猪苓、泽泻，以导湿外出也。若再加面黄肢逆，则非前汤所能济，故以四逆回厥，茵陈宣湿退黄也。"温通开窍法多以芳香开窍、温宣化浊之品，救治寒、痰、湿、秽浊之邪内闭，气机壅塞逆乱之窍闭诸病症，临床可用于中暑、中风昏厥、口噤、肢冷之属寒闭者，也可用于因感受寒湿、痰浊、秽气而致胸腹满痛、霍乱吐泻、昏迷不省人事者。据临床报道，可用温通开窍法治疗急性期脑梗死、喑哑；或基于温通开窍法使用苏合香丸治疗新型冠状病毒感染；或用苏合香丸加减治疗胆道蛔虫病；或以温通开窍法联合逐瘀法治疗心系疾病；或以温通开窍法为指导使用针灸疗法治疗感冒后失嗅，都具有一定的疗效。

第四节　滋养类

主要通过滋阴补血及填精，以濡养脑窍的治法，归入滋养类治法。

脑为髓海，由精血充填而成。阴虚血亏、精血不足，脑海失充，脑窍则失灵。通过滋补阴血、填补肾精，使脑海得精血的滋养，脑窍得开。

临床应用滋养脑窍类治法时，应注意过滋腻之品反碍伤脾胃，同时滋腻之品容易生痰，不利于疾病的恢复。可在药中兼加消导之品，不必以全方补药而补之。

填塞空窍法

【出处】《医门法律》："则驱风之中，兼填空窍，为第一义也。空窍一实，庶风出而不复入，其病瘳矣。古方中有侯氏黑散，深得此意。仲景取为主方，随制数方，补其未备，后人目睹其方，心炫其指。"

【溯源】《素问·移精变气论》："贼风数至，虚邪朝夕，内至五脏骨髓，外伤空窍肌肤，所以小病必甚，大病必死。故祝由不能已也。"《素问·四气调神大论》："天明则日月不明，邪害空窍，阳气者闭塞，地气者冒明，云雾不精，则上应白露不下，交通不表，万物命故不施，不施则名木多死。"

【释义】《医门法律》："方中取用矾石，以固涩诸药，使之留积不散，以渐填其空窍。服之日久，风自以渐而熄。所以初服二十日，不得不用温酒调下，以开其痹着。以后则禁诸热食，惟宜冷食。如此再四十日，则药积腹中不下，而空窍填矣。空窍填，则旧风尽出，新风不受矣。盖矾性得冷即止，得热即行。故嘱云：热食即下矣，冷食自能助药力，抑何用意之微耶？"

【例案】惠阶，年壮形伟，大便下血。医治半载，以平素嗜酒，无不利湿清热以止血，如地榆、柏叶、姜、连之类，服之不应。厥后补中、胃风、四神之属，投亦罔效，求治于余。诊脉小弦，大便或溏或泄，不及至圊，每多自遗，其血清淡，间有鲜色。更有奇者，腹中无痛，但觉愊愊有声鼓动，因悟此必虚风内扰，以风属无形有声，与经旨久风成飧泄吻合，且脉弦者，肝象也，肝风内动，血不能藏故耳。因与玉屏风，重防风，加白术，乃扶土制木之意，更加葛根，辛甘属阳，鼓舞胃气，荷叶仰盂象震，挺达肝风。迭投多剂。其症一日或减，越日复增，轻重无常。予思虚风内动，按症投剂，疾不能瘳者，何故。潜思累夕，不得其解。忽记经有虚风邪害空窍之语。盖风居肠间，尽是空窍之地，非补填窍隧，旧风虽出，新风复入，无所底止，故暂退而复进，乃从《金匮》侯氏黑散驱风堵截之义，悟出治法，填塞空窍，将原方加入龙骨、石脂，兼吞景岳玉关丸。不数日，果获全瘳。[《谢映庐得心集医案》]

按：患者大便下血多为自遗，或溏或泄，血清色淡，腹无疼痛，其中有声鼓动，脉小而弦，多为虚风内扰，肝不藏血，虽予固表升阳疏肝之剂，症仍轻重无常，盖因风居于肠间，邪害空窍，旧风虽除，而新风又入。故于驱风之中，加龙骨、石脂填空窍，兼玉关丸涩痢固脱。空窍满，则内而旧邪不能容，外而新风不复入。

【析拓】填塞空窍法是治疗虚风内动的治法，意在使用质重之矿物、介类药，取其沉重填塞之义，以重填之药治风之游动，用药之留积不散，渐填空窍，则风邪自息。此法纯为治标，多配合补血填精等治本之法应用。据临床报道，施今墨用填塞空窍法治疗妇女崩漏、功能失调性子宫出血有良效。也有人用填塞空窍法治疗梅尼埃病、慢性结肠炎、支气管哮喘、坐骨神经痛、特发性面神经麻痹、慢脾风等病机属虚风内动者，都疗效显著。上海名医王仲奇治疗久泻不愈者，在方药中加蛇含石以填窍息风，确收疗效。

◎ 其他滋养类

补肾健脑法

《素问·灵兰秘典论》："肾主骨，骨生髓，髓生脑。"《灵枢·海论》："髓海有余，则轻劲多力，自过其度，髓海不足，则脑转耳鸣，胫酸眩冒，目无所视，懈怠安卧。"《中华名医名方薪传》："脑萎缩临床上症见头晕耳鸣，精神倦怠，失眠多梦，腰脊酸软，记忆力减退，舌红少苔，脉弦细数，属于中医虚劳的范畴。治以补肾健脑法。"肾为先天之本，肾藏精，精生髓，髓通脑。补肾健脑即是通过培补肾精，以使其使肾精得充，髓海得养则脑健。用于治疗肾精不足，脑海空虚所致各种病证。据临床报道，可用补肾健脑法治疗现代医学的脑萎缩、阿尔茨海默病、腔隙性脑梗死、小儿脑瘫或脑功能障碍等。研究发现，应用补肾健脑法可显著改善脑功能障碍者的脑地形图。

柔肝息风法

《临证指南医案》："先生治法，所谓柔肝缓急以熄风。"《重订通俗伤寒论》："柔肝息风煎（制首乌、黄甘菊、辰茯神、归身、石斛、川断、广郁金各三钱、白蒺藜、远志肉各钱半、川芎、明矾各八分。）治肝阴虚，内风上冒神明，兼挟涎沫，而为失心癫狂，延久不愈。

以此柔肝育阴。熄风除涎而愈。"柔肝息风法用滋肝阴和行血活血之品，治疗肝阴不足所致的经脉筋骨失养之风气内动症，以解痉、舒筋、柔络。可用于治疗现代医学的儿童抽动障碍、多种神经病变、胃或肠道疾病、精神疾病等，中医病机属于肝阴不足、风气内动者。据临床报道，用滋阴柔肝息风之法兼以化痰、祛瘀、清热，治疗眩晕，或用柔肝息风法治疗阴虚动风型儿童抽动障碍，或以柔肝息风通络汤干预糖尿病周围神经病变，有一定疗效。

酸甘化阴法

《临证指南医案》："入夜咽干欲呕，食纳腹痛即泻，此胃口大伤，阴火内风劫烁津液，当以肝胃同治，用酸甘化阴方。"酸甘化阴法用酸味和甘味药组成配方，有益阴、敛阴之效。酸甘化阴方剂的功能主要集中在缓急、收敛、滋补方面。酸者敛阴生津，甘者滋阴养胃，两者一敛一滋，起协同作用，可以化生津液、濡润脏腑、收敛浮阳，以缓急迫，产生"酸甘化阴"的临床效应，临床代表方如芍药甘草汤。据临床报道，可用酸甘化阴法治疗干眼症、小儿厌食症；也可基于酸甘化阴理论治疗血液透析患者口渴。研究表明，酸甘化阴法有助于降低患者纤维蛋白原、糖化血红蛋白、HOMA 指数，进而证实此法可改善胰岛素抵抗。

第十五章
气血津液治法

用于调节气、血、津液使其恢复正常生理功能的治法，归入气血津液治法。

气、血、津液是构成人体并维持人体生命活动的基本物质要素，为脏腑、经络等进行生理活动提供营养、环境等条件。三者在生理上各有特点又相互联系，在病理上相互影响。它们都化生于水谷精微，可以互化互滋、互为所用。津能化血，血可化津。气可生血、生津，又可摄血、摄津，行血、行津。津血同源，血行脉中，津行脉外。津与血均能载气。

在病理上，气郁则血滞，血瘀则气滞；血虚则气耗，气虚多血虚。津液失其常道，产生痰湿水饮，阻碍气血的运行，导致血津同病或气津同病。同时，气、血、津液失常还可影响脏腑、经络的功能。

气血津液治法的确定，一般遵循以下原则：一是以对证施治为主。对于虚证，如血虚当用补血法，气虚当用补气法，气血两虚施以气血双补法，津液亏虚用生津增液法，气津两虚用益气生津法等。对于实证，如气逆用降气法，血行不畅用行血活血法。二是利用气、血、津液之间的相互关系以相互促进。如慢性出血不止用益气摄血法，就遵循了气血之间气能摄血的相互关联；大吐大泻而致津液耗损，不仅要增补津液，还要根据"吐下之余定无完气"的气津关系，给予适当补气，因此用补气生津法。三是结合导致气、血、津液为病的原因。如因热伤津液导致津液不足，用清热生津法；阳虚不行水导致水液停滞，用温阳行水法。四是因气血津液病通常与脏腑功能失调有关，因此气血津液治法常与调节脏腑功能治法相互为用。如脾气虚用健脾益气法，肺气虚用补益肺气法，肝血虚用补血养肝法，肝气郁结用疏肝解郁法等。五是因气、血、津液异化形成病理产物，导致其他脏腑组织疾病的，则这些气、血、津液的病理产物当作为致病邪气加以祛除，如活血通络法、化痰顺气法、化痰软坚法等。

应用气血津液治法要注意以下几个方面：一是用补益法治疗气、血、津液不足时，当权病用药，既不可小病大治、用药过度，也不可用药不足，延误治疗时机。同是补气法，重者可用党参、太子参、黄芪、白术、山药等多种，轻者则仅需要使用其中一二即可。二是注意协调气、血、津液三者之间的关系。虚者促其相生，如通过益气以生血，通过补气以生津，通过生津以养血；实者互助消散，如行气可助化瘀而消散瘀血，理气可助化痰而祛散痰邪。三是顾护脾胃。气、血、津液的化生离不开脾胃。脾胃健运，既可助气、血、津液的化生而促其虚证的恢复，也可通过其运化功能促进气、血、津液所生病邪的消散，如健脾可助益气，燥脾可以化湿，健脾还可化痰。四是在治疗虚实夹杂时，注意使用扶正治法时不得妨碍散邪，而使用祛邪法又不得伤正。五是气血津液病多与饮食起居、情志相关。如气、血、津液之虚都当注意饮食调养，尤其使用补气法、补血法，都当食疗养胃，同时要适当休养生息，不要劳作过度；使用理气法、降气法要配合情志治疗，给予语言疏导；治疗津液亏虚用增补津液法，不要过食辛香辣燥之食物。

本章主要涉及气、血、津液功能失调的治法，包括调气类治法，调血类治法，气血同调类治法，调理津液类治法，气津、津血同调类治法。至于气、血、津液失常的病理产物所致病证的治法，以及涉及脏腑功能的气血津液治法，则分见于其他相关章节。

第一节　调气类

主要用于恢复气的功能的治法，归入调气类治法。

气主推动，是维持机体日常生活的动力基础，能促进血和津液的运行，温煦机体及组织器官，防御外邪，固摄血、精、津液。

调气类治法通过以下几个方面来恢复气的功能：一是通过补气，使气旺则功能健。如补气法、益气回阳法。二是使气机顺达以循其常道，恢复气的升降出入功能。如行气法、理气法、降气法。三是疏散郁结之气，消除气郁成结之病，使患病局部恢复正常。如破气法、行气解郁法等。

临床应用调气类治法，补气时要避免碍气，破气时慎防耗气。通常补气宜佐行气，理气多兼疏肝，解郁多配宁心，行气多兼和胃运脾。

温阳化气法

【出处】《内经博议》："肾虚者兼见腰膝酸软，手足不温，治宜温阳化气行水，方用五苓散。"

【溯源】《景岳全书》："又有阳不化气则水精不布，水不得火则有降无升，所以直入膀胱而饮一溲二，以致泉源不滋，天壤枯涸者，是皆真阳不足，火亏于下之消证也。"

【释义】《医述》："阳以化气，阴以成形。肾阳虚衰，气化失司，水湿之浊停聚，下焦不利。故宜温肾回阳，化气以治。肾阳得振、气化有权，则诸症消焉。"

【例案】某（六一），高年卫阳式微，寒邪外侵，引动饮邪，上逆咳嗽，形寒。仲景云：治饮不治咳，当以温药通和之。杏仁（三钱），粗桂枝（一钱），淡干姜（一钱半），茯苓（三钱），苡仁（三钱），炙草（四分）。[《临证指南医案》]

按：该病患者寒邪侵袭，引动内饮犯于肺，故出现咳嗽。因年老肾阳不足，无以温化寒饮，故疾病不愈。当以温阳化气法治疗。方中桂枝、干姜温补脾肾之阳，阳足则饮邪得气化，疾病向愈，同时薏苡仁、茯苓增强化湿之效，苦杏仁降气止咳，甘草调和诸药。全方药简效优。

【析拓】温阳化气法用辛温、辛热之温肾助阳药，治疗肾阳亏虚，膀胱气化不利所致水液代谢失常病症。患者多出现腰膝酸冷，水肿，或小便不利等症。临床多用于治疗癃闭、泄泻、水肿、肺胀等病机属于下焦阳不化气证，见于尿潴留、精癃、间质性肾炎、功能性水肿、肝硬化腹水等疾病。据临床报道，用温阳化气法治疗老年性高血压、糖尿病颈动脉粥样硬化斑块、甲状腺囊肿、肾阳虚型精癃、水疝、产后顽固性尿潴留病机属肾不化气者，均取得良效。

◎ 其他调气类

补气法

《明医杂著》:"久病便属虚属郁,气虚则补气,血虚则补血,兼郁则开郁。"《黄帝内经太素》:"员谓之规,法天而动,泻气者也。方谓之矩,法地而静,补气者也。"补气法是针对脏腑气虚的治疗方法。由于脾胃为后天之本,凡五脏之气虚,大多数从补益脾气入手。使得脾胃之气生,中枢健运,气血生化有源,脏腑得之滋养,各发其用。多种病症在进展过程中,都可能出现不同程度的气虚,临床须据症施治。据临床报道,用补气法治疗小儿便秘、慢性阻塞性肺疾病稳定期肺肾气虚证、产后气虚、肥胖病、耳鼻喉科疾病,取得不错效果。研究发现,补气法可降低载脂蛋白E基因敲除小鼠MMP-9、丙二醛(MDA)、氧化低密度脂蛋白(oxLDL)水平,有助于延缓动脉粥样硬化斑块的形成。

降气法

《先醒斋医学广笔记》:"吐血三要法。宜行血,不宜止血……宜补肝,不宜伐肝……宜降气,不宜降火。"《普济方》:"矾石丸:治热痰壅滞。白矾(熬令汁枯,一两),丹砂(研水飞,半两),上研匀,薄面糊和丸,如梧桐子大,烂嚼枣干,咽下五丸,不计时候。治风痰咳嗽。清头目,利咽膈,消痰降气。"降气法是指具有降逆理气作用、能驱使病气向下以顺其常的一种治法。适用于气之当降不降、降而不及,甚或不降反升的病证。《圣济总录》把降气法分别列入各门病证中。五脏之气逆,脾胃、肝胆、肺、心、肾之气上行逆乱或郁闭不行致病均可用之。降胃气可治疗胃气上逆的呕吐、痞满、呕血等。降肺气可治疗肺气上逆的咳嗽、喘证、哮病、肺胀等肺系疾病。降肝气可治疗肝气之升发太过所致的眩晕、中风、头痛等。气有余便是火,降气法可治疗心火上炎或者阴虚导致阳气相对亢盛的口舌生疮、心悸、失眠等。降气纳肾可以治疗肾虚不纳气而气逆于上的咳嗽、咳血、喘证。

理气法

《症因脉治》:"中风之症,理气为先。此言气道壅闭,故当先理其气,非言凡治中风该用理气也。"《金匮翼》:"气滞成积也。凡忧思郁怒,久不得解者,多成此疾。故王宇泰云:治积之法,理气为先,气既升降,津液流畅,积聚何由而生。"理气法为恢复人体气机流向的治法,适用于气机升降出入紊乱或失调所致病证。该法通过散其积聚、行其所逸、攻其所留等,使得疾病得解。同时气行则水行,津液代谢与气机调畅密不可分,因此理气法兼具调理水液输布功能。据临床报道,用该法治疗躯体障碍、早期恶性肿瘤、汗证、糖尿病胃轻瘫、胸闷变异性哮喘,均取得良效。研究发现,理气法能增加结肠肠肌间卡哈尔间质细胞(ICC)的数量。

破气法

《不知医必要》:"气实者须破气,气虚者须补气。"《医学入门》:"散火破气虽古法,古法散火之法,必先破气,气降则火自降矣。但枳壳、青皮,破滞要药,多服损人真气,虚者慎之。"破气法是理气法之一，是用较峻烈的理气药散气结、开郁滞的方法，适用于气机郁滞的重证。如胸腹痛甚，食滞不化，癥瘕积聚等，均可用破气之法。青皮、枳实是常用破气良药。该法须遵循"中病即止"或"衰其大半而止"的原则，过用可损伤正气。据临床报道，先用破气法、后用补气法治疗中心性浆液性视网膜炎，疗效显著；用破气消石法治疗泌尿系结石，或用破气消积法治疗不全性肠梗阻，均取得良效。

行气法

《景岳全书》："盖火实者，宜清火。气实者，宜行气。"《临证指南医案》："肝气升发，主疏泄，喜调达，恶抑郁，脾主升清，转输水谷，常人多因外感六淫，内伤七情等导致肝胃气滞，闭闷不舒，症见胸胁胀满，呃逆上气，脾虚泄泻，疝气癥积，小便失常等，脉多弦长，为气血不通之候。可选用柴胡、木香、佛手、陈皮、枳实疏肝行气，白芍、甘草、川芎、香附行气活血，柔肝缓急，血畅则气通，力求恢复脏腑病前状态。方选四逆散、柴胡疏肝散等。"行气法应用具有行气作用的药物，推动气机的运行，以畅达气机、调和脏腑功能，解除气机郁滞病理状态，为脏腑气机失畅的治法。气滞则百病生，因此气滞是多种疾病的始动因素。临床可根据辨证论治的需要，给予行气法治疗，尤其是肝胃疾病。据临床报道，用行气法治疗胃食管反流、脾虚气滞型上腹痛综合征、腹痛、高脂血症等，均取得了一定疗效。研究表明，行气法可以降低抑制性神经递质血管活性肠肽含量及表达，提高兴奋性神经递质P物质的含量与表达来促进肠道的蠕动功能。

行气解郁法

《丹溪心法》："气血冲和，万病不生，一有怫郁，诸病生焉。故人身诸病，多生于郁。"《成方切用》："肝性升散，主疏气机。气郁血缓，滞而病生。当行气解郁，疏散诸邪。常伍柴胡、佛手、香附之品。此外，血为气母，气血相兼为病，血留则气停。亦可配以活血药物以助气行。"肝主气之疏泄。气郁不行，则肝气不疏。行气解郁法用疏肝理气之品，行气以解肝郁，治疗肝气郁结为病机的病证，常见胸胁胀满、喜叹气、叹后觉舒等症状。临床可用于治疗黄疸、胁痛、鼓胀、胆胀等属于肝气郁结者，见于现代医学的神经症、癔症、高血压、脑出血、脑梗死等。据临床报道，用行气解郁法治疗微血管性心绞痛、卒中后抑郁、脂肪性肝病、功能性消化不良、抑郁性神经症、双心疾病，均取得良效。

益气回阳法

《严氏济生方》："参附汤：治真阳不足，上气喘急，自汗盗汗，气虚头晕，但是阳虚气弱之证，并宜服之。"《景岳全书》："脱汗者，急投参附汤益气回阳。"益气回阳法多以大剂参、附之品峻补元气、回阳固脱，用于治疗气衰阳脱证，为急救要法。临床用于治疗脱证、胸痹、厥证、痈疡久溃等属于气虚阳微证，见于现代医学的心力衰竭、崩漏、心肌炎、肺栓塞、感染性休克等病。据临床报道，用益气回阳法治疗中风后热厥欲脱变证，或用该法治疗充血性心力衰竭、重度心源性休克、嗜铬细胞瘤危象、脓毒症休克、心肾阳虚型慢性心力衰竭属气衰阳脱者，均取得良效。

第二节　调血类

主要用于治疗血失其常，使血液充足、血行畅达，以恢复血的滋养、运输功能的治法，归入调血类治法。

血是全身脏腑、经脉、筋骨的营养来源，并滋养肌肉、皮毛，也是精神活动的主要物质基础。血行脉中，循环无端，不休为健。后天之血，产生于脾所运化的水谷精微和肺所吸纳的天气，并需要津液的充养。血液的正常运行，有赖于气的推动、脉道的通利、津液滋润。

调血治法通过以下几个方面维护血液功能：一是补血益血，以治血之不足；二是凡血溢脉外，都当止血，同时求本治因；三是通行血脉，以行消滞，以恢复血液的正常运行；四是消除血失其常化生的病理产物，如瘀血、痰饮、水湿等，恢复脉道的通利。

临床使用调血治法，应注意以下几点：一是血液的大多数功能，离不开气的辅助。传统有"治血先治气""有形之血不能速生，无形之气所当急固"等从气治血的名训。根据临床病情，注意配合补气、理气、疏肝等。二是血得寒易凝，得热易行。凡活血宜兼温，止血宜兼凉。三是脾主统血，又为气血生化之源。用止血法、补血法，都当注意调理脾胃。四是血之为病，瘀则不通，虚则不营。不通则痛，不营亦痛。注意治痛多治血。

清热止血法

【出处】《古今医鉴》："治妇女虚劳发热，咳嗽吐血，先服此清热止血，后服逍遥散加减调理。"

【溯源】《素问玄机原病式》："阳热怫郁于足阳明，而上热则血妄行而为衄。此阳明之衄也。"

【释义】《中西汇通医书五种》："血行脉内，寒则凝滞，热则沸溢。火热过盛，血为热迫，遂不能安居于室、运行于脉而外溢，表现为出血诸症，如咳血、吐血、便血、尿血等。此为邪热所致血症，宜清热止血，热清则血自宁。同时，应注意止血防瘀。若治不如法，常致血滞脉中或滞留体内成瘀血，应适当配伍活血行瘀之品，使得凉血止血而无瘀滞之弊。"

【例案】侄孙尔嘉内人，三孕而三小产，六脉滑数。由其热故多滑下，因其血频下，心甚恐怖，终日偃卧，略不敢起身，稍起，血即大下。与生地、白芍药、白术、地榆、桑寄生、续断、甘草、升麻、椿根白皮、黄柏、条芩服之，而血三日不来，惟白带绵绵下。过五日后，因有不得已事，起身稍劳，血又大下。予谓：血滑已久，如水行旧路，若不涩之，必不能止。又思：血海甚热，亦肝风所致，防风子芩丸正与病对，宜制与之。又制白芍药六两，侧柏叶、条芩各三两，防风、椿根白皮各二两，蜜丸服之。从此血止胎安，足月而产一子。[《孙文垣医案》]

按： 患者多次小产，双手脉象滑数，为血热之征，热盛胎易滑。此次怀孕阴道出血不止，为热盛动血，故予清热止血法。方中地榆、椿皮、黄柏、黄芩、生地均为清热凉血之品，兼具止血之效。服之血止。二诊时因其稍劳，血又下，予防风子芩丸以清热凉血，同时配合侧柏叶、椿皮，增强凉血止血之效。

【析拓】也称为清热凉血止血法。清热止血法是据热迫血溢病机拟定的治法。该法通过清热以达止血之效。着重澄本清源，消除出血之因。血之留行，气为之本。气机调畅是血运正常的前提。一般而言，上部出血，是气血上逆之象，多配伍降气之品，使逆者得降。下部出血，为气机下陷之征，可配伍益气升提之品，使陷者上升。据临床报道，可用清热止血法治疗儿童过敏性紫癜性肾炎、肝硬化上消化道出血胃热炽盛证、混合痔、急性爆发性溃疡性结肠炎、育龄妇女经间期出血，均取得良效。

◎ 其他调血类

补血法

《素问·八正神明论》："故日月生而泻，是谓脏虚；月满而补，血气扬溢；络有留血，命曰重实；月郭空而治，是谓乱经。"《医学正传》："血虚加补血药……随证加减用之，无不效者。"补血法是治疗血虚病机的治法，可以补充机体血液，使其充盈而能达于四末、温暖全身；并恢复脏腑血运，使脏腑得以充养、各司其职。由于血虚常与气虚、阴虚等同时发生，临床常气血同补、阴血共益。女子以血为本，血海充盈是经带胎产正常进行的基础，因此补血法更多用于女性患者。据临床报道，可用补血法治疗缺铁性贫血、气血亏虚型帕金森病胃肠功能障碍、妊娠高血压综合征、糖尿病肾病Ⅲ期、少弱精子症、再生障碍性贫血，均取得良效。

活血止血法

《验方新编》："唇燥漱水，肌肤甲错，续见血漏不止，宿瘀使然。瘀阻不消，新血不通，遇瘀而停，久则血满外溢。活血为治，瘀去则血止。"《罗氏会约医镜》："骨碎补……治肾虚耳鸣久泻、牙痛，又能活血止血。"活血止血法适用于瘀血内阻、血不归经的患者。瘀血结于脉道，管壁日渐狭窄，血流受阻，易致脉道破裂出血。该法通过活血化瘀，祛除出血之因，起到止血作用。多用于治疗斑疹、崩漏、齿衄、呕血、便血等疾病属于血滞出血证，见于现代医学的过敏性紫癜、月经不规则出血、胃出血、肾性血尿等。据临床报道，用活血止血法治疗老年非ST段抬高心肌梗死合并尿血、异位妊娠、产后恶露不绝、顽固性血精、血瘀型崩漏、药物流产后出血等，均取得良效。

理血法

《黄帝内经太素》："安静手巧而心审谛者，可使行针艾，理血气而调诸逆顺，察阴阳而兼诸方。"《类证治裁》："理气滞不宜动血，理血滞必兼行气也。"广义上理血法包括止血、凉血、活血、化瘀、补血等。凡血之为病，皆可用之。该法通过凉血活血、化瘀止血、补血活血、温经活血，使滞血得通、虚者得补、实者得泻，从而恢复机体健康状态。临床可用于创伤出血、月经不调、痛经、崩漏等血症疾病。据临床报道，可用理血法治疗咳喘、盆腔炎后遗症、膀胱过度活动症、血液透析皮肤瘙痒、活动期红斑狼疮、无症状性血尿，均取得了不错效果。

温中止血法

《女科指要》："阳主动，脏腑皆以温之，方续其职。嗜食寒凉、汗出受风，致中阳受损，约束失司，血液外泄。止血亦需配伍温中之品，以求标本兼治。"《本草纲目》："干姜，主胸满咳逆上气，温中止血，出汗，逐风湿痹，肠澼下痢。生者尤良。"温中止血法适用于出血难止、血色较暗，病机属于中焦虚寒证者。临床多伴有四肢不温，舌淡苔暗脉沉细诸症。该法对因施治，以温中之品补机体之虚，再辅以止血药，能增强止血效力。多用于治疗便血、尿血、紫癜、吐血、呕血等属于阳虚失摄证者。也用于现代医学的消化道出血、崩漏、紫癜、溃疡性结肠炎等治疗。据临床报道，可用温中止血法治疗上消化道出血、肺癌咯血、无排卵性功能失调性子宫出血、溃疡性结肠炎、顽固性鼻出血、崩漏等，均取得良效。

行血活血法

《医学衷中参西录》："通则不痛，滞血于内，诸症生焉。血行贵顺，若有怫郁，新血羁留，渐成顽疾。宜行血活血，瘀去则血活。亦常伍行气之品，助散瘀血之意。"《本草述钩元》："茜根，味甘而微酸咸，色赤气温，专于行血活血。本经治寒湿风痹，固以其温而行之矣。"行血活血法适用于血瘀证患者。瘀血阻滞，气血运行受阻，患者常出现刺痛症状。该法能消血瘀，同时助血以行。然不可过剂，以防伤正。多用于治疗胸痹、胃痛、腹痛、胁痛等属于血瘀证者，多用于现代医学的冠心病、月经不调、中风后遗症、风湿病等的治疗。据临床报道，用行血活血法治疗白癜风、急性缺血性脑梗死、慢性咳嗽、脑梗死后吞咽障碍、血瘀型慢性非特异性腰痛、慢性软组织损伤，均取得良效。

止血法

《血证论》："血之原委，不暇究治，惟以止血为第一要法。"《金匮要略·惊悸吐血下血胸满瘀血病脉证治》："吐血不止者，柏叶汤主之。"止血法为治疗出血诸症的基本治法，属于急则治其标之策。由于出血都是血液不循常道而溢于脉外，通常通过摄血以止血。临床常需要结合导致出血的病机、发生出血的部位等不同，再配合不同的止血方案。如益气摄血止血、清热凉血止血等。据临床报道，用止血法治疗崩漏、肾炎血尿、IgA肾病血尿、血瘀型胃癌出血、老年非ST段抬高心肌梗死、过敏性紫癜，均取得良效。

第三节　气血同调类

主要用于治疗表现为气血关系失常的病证，以恢复气与血之间的相互作用和相互联系的治法，归入气血同调类治法。

气属阳，血属阴。气血相和，即是阴阳平衡，二者相互为用。一方面，气能生血、行血、摄血，为血液发挥正常的生理功能提供保障，气为血之帅；另一方面，血能载气，血为气之母。气的存续和发挥功能都离不开血液的供养，气必须以血为依托，二者相互维系，与阳根于阴含义相同。

调理气血法通过以下几个方面恢复气血相互为用关系：一是气血同补，互滋互化，相互促进。如气血双补法。二是气血同调，同时治疗气与血两方面的异常，使气和血都恢复到正常状态。如理气活血法。三是调气以和血，或调血以和气，最终实现气血调和。如益气摄血法、益气生血法。

临床使用调理气血法要注意以下几点：一是气血同调，权病用药，按需使用，药、病相宜。药重病轻为太过，病重药轻为不及，皆可影响疾病的康复。如益气摄血法，若补气太过可加速血液运行，可能导致出血不止；如补气不足，摄血无力，也可导致出血难止。二是气血同补，当以益气为主，气足可助生血，最终实现气血同补。如补血大于补气，血不能速生，气又生化不足，导致疾病缠绵难愈。

温补气血法

【出处】《正体类要》："若人元气素弱，或因叫号，血气损伤，或过服克伐之剂，或外敷寒凉之药，血气凝结者。当审前大法，用温补气血为善。"

【溯源】《仁术便览》："十全大补汤：此药性温平补，常服生气血，壮脾胃。即前四君子、四物汤内加黄芪、肉桂，姜三片，枣二枚。水煎，温服。"

【释义】《顾氏医案》："肆饮寒凉，攻伐过度，元阳受损。阳乎动，阴寒所胜，则脏腑运化受制，气血生发不足。急宜温补气血，壮五脏之阳、散机体之寒。"

【例案】年未及笄，左臀外侧起一小核如黄豆大，不痛不痒，无足介意。日渐月积，大如胡桃，后大如酒杯，亦毫不觉其痛痒。惟其不痛不痒，累月穷年，甚至大如茶杯，肉色不变，扪之似软，坐之将平于椅。至嘉庆戊寅五月始渐自溃，计其年月，迄今二十载矣。初溃时流滋水，渐小其半。因炎热洗浴，两日后又渐大，少有疼痛，行步牵瘁。以手捻之，瘤内脂片随出，其形如梅花瓣，色白光滑。于是又以两手大指按瘤四围，中间脂片层层叠出，不觉痛痒。视其瘤头溃处胬肉高突，根窠坚固。予详审原由，始缘气血充和，瘤故日渐长大，二十年来气血渐衰，瘤亦自溃。幸喜脂瘤，尚可图治，然亦须气血并补。用探本穷源之法温补下焦为最当，不然脾胃衰惫，气血不复，滋水淋漓，究难完口，终成不救者伙矣。丹溪云：臀居僻位，气血罕到之处，最不易治。正谓此耳，故寒凉克伐之药所宜深戒者也。乃拟养营汤加附子，借温补气血为紧要。至于瘤口之胬肉外，以自制之白云散点之，用膏药护之，五六日而胬肉腐落。[《竹亭医案》]

> **按：**患者早年气血充沛，故瘤渐长，甚至大如茶杯。久病年长气血渐衰，故二十年后瘤子自溃。此时气血已虚，宜温补气血法，令脾胃得复，气血盈满。养营汤中人参、黄芪、肉桂均为温中补气血之品，加上附子增强温补之力。

【析拓】温补气血法为气血虚衰、阳虚阴盛证的基本治法。通过使用甘温补益气血的药物，如人参、黄芪、当归等；也可伍以温运助脾之剂如干姜之类，达到温中助运、化生气血作用。临床多用于治疗产后病、胃脘痛、癌肿、虚劳等属于气血不足兼阳虚者。亦可用于胃癌、中风、眩晕、月经不调等病的治疗。据临床报道，可用温补气血法治疗痈疽溃后、腓神经损伤、糖尿病周围神经病变、胃脘痛、小儿发热、半产身痛，均取得良效。

益气补血法

【出处】《济阳纲目》："有血虚者，乃因亡血过多，阳无所附而然，当益气补血，此皆不足之证也。"

【溯源】《石山医案》："气能生血，气不足则血亦不足。"

【释义】《罗氏会约医镜》："血行脉内，以荣四末，如环无端。久病阴血暗耗，机体失养，表现为虚弱诸症。当益气补血。气能生血，血以载气，二者相辅相成。故于血虚患者，常加以黄芪、党参之属，即为此意。"

【例案】丹溪治一妇，面白形长，心郁，半夜生产，清晨晕厥。急灸气海十五壮而苏，后以参、术等药，服两月而安。[《古今医案按》]

> 按：本案妇女生产后失血过多，气血不足，出现面色苍白，甚至晕厥表现。朱丹溪处方体现益气补血法，通过大剂量参、术等品补中益气，使气能生血，气血俱旺，最终病愈症消。

【析拓】益气补血法是通过配合益气来治疗血虚失养的治法。有形之血不能速生，当辅以益气之法来固气补血，使气能生血。适用于因重症慢性疾病耗血伤血，或因出血而致血虚者，临床表现为较快发生的血虚失养的各种证候。据临床报道，可用益气补血法治疗子宫肌瘤患者贫血、慢性再生障碍性贫血、肾性贫血、产后缺乳、围绝经期异常子宫出血、胃癌癌因性疲乏，均取得良效。

◎ 其他气血同调类

补气摄血法

《医述》："然亦有阳虚不能摄血而外溢者，宜用参、苓、芪、术补气摄血……"补气摄血法通过调补脾气，恢复脾统血功能，从而达到固摄血液、防止血溢脉外的作用。现代医家将其广泛运用于紫癜、月经病等出血性疾病。据临床报道，可用补气摄血法治疗消化道出血、月经过多等；或用补气摄血法防治脑梗死溶栓后出血；用补气摄血法提高原发免疫性血小板减少症患者血小板、血红蛋白含量；用该法改善过敏性紫癜患者临床症状，缓解骨关节疼痛；也可用该法改善痛经症状。

补益气血法

《脉经》："寸口脉微而弱，气血俱虚，男子则吐血，女子则下血。"《兰室秘藏》："夫经者，血脉津液所化，津液既绝，为热所烁，肌肉消瘦，时见渴燥，血海枯渴，病名曰血枯经绝，宜泻胃之燥热，补益气血，经自行矣。"补益气血法是治疗气血俱虚证的治法。气为血之帅，血为气之母。对气血俱虚者气血同补，可使气能生血、血能载气。多用于久病、慢病所致的气血两虚患者。补气养血法常兼顾调养脾胃，以生化气血。据临床报道，可用补益气血法治疗结肠息肉术后气血两虚者，或用该法治疗男科疾病、胃癌晚期、高血压、冠心病，或用此法防治化疗毒副作用，均取得良效。

理气活血法

《世医得效方》血滞："当归建中汤或用舒筋散，于内有延胡索，活血除风理气。"《本草纲目》："自然铜接骨之功，与铜屑同，不可诬也。但接骨之后，不可常服，即便理气活血可尔。"理气活血法是理气药与活血药同用，以疏畅气机、促进血行，以使气血运行通畅的治法。适用于治疗气滞兼血行不畅的病证。临床常用于治疗心血管疾病、脾胃病、妇科疾病及儿科呼吸道疾病。据临床报道，可用理气活血法治疗冠心病不稳定型心绞痛、急性胃黏膜病变、痛经、小儿支气管哮喘，或用理气活血法调控海绵体磷酸二酯酶Ⅴ型（PDE5）活性，均有效。研究表明，理气活血滴丸可提高凝血酶原时间（PT）、活化部分凝血活酶时间（APTT）以及血清SOD水平，降低纤维蛋白原（FIB）以及血清IL-18、脑利尿钠肽（BNP）水平，治疗冠心病。

破血行气法

也称为行气破血法。《丹溪治法心要》："有瘀血，当用破血行气药，留尖桃仁、香附之类。"《新修本草》："姜黄：味辛、苦，大寒，无毒。主心腹结积疰忤，下气破血，除风热，消痈肿，功力烈于郁金。"破血行气法用祛瘀药中作用比较峻烈的中药达到祛瘀滞、散癥结目的，使气机舒畅，用于血液瘀阻、血脉不通较重，气机因瘀而阻滞之症。临床可用于治疗肝病、血液病、妇科病、皮肤病、血管疾病等属瘀血者。据临床报道，用破血行气法治疗乙型肝炎代偿期肝硬化、非霍奇金淋巴瘤、早期输卵管妊娠、甲银屑病，疗效可靠。研究表明，破血行气的大黄䗪虫丸能降低PAF、LP-PLA2蛋白表达，降低ET-1、IL-6、总胆固醇（TC）、甘油三酯（TG）、低密度脂蛋白胆固醇（LDL-C）的含量，升高高密度脂蛋白胆固醇（HDL-C）的含量，调控PAF/LP/PLA2的信号通路，治疗下肢动脉硬化闭塞症。

气血双补法

《洞天奥旨》："夫胆多气少血，肝多血少气，总宜气血双补，决不可猛浪用热剂也。"《瑞竹堂经验方》："八珍散：血气俱虚者，此方主之。人之身，气血而已。气者百骸之父，血者百骸之母，不可使其失养者也。"气血双补法是同时使用益气法与补血法，以治疗气血俱虚证的治法。适用于治疗虚劳、久病初愈、呕吐、泄泻、汗证等属于气血两虚者，可用于现代医学的原发免疫性血小板减少症、缺铁性贫血、产后虚弱、神经衰弱等疾病的治疗。据临床报道，用气血双补法治疗老年患者半髋关节置换术后隐性失血、原发性痛经、气血虚弱型产妇、产后压力性尿失禁、胃癌术后气血两虚证，均取得良效。

气血同治法

《伤寒杂病论》："气逆则血瘀，血瘀则气逆。"《石室秘录》："气血同源，彼此相依。气乱于内，血逆于经，气病可致血，血病亦及气。徒治气则血不愈，徒治血则气愈虚。故宜气血同治，二者兼顾。"气血同治法是气和血一并调治的治疗方法。气病与血病都有虚实之分，实者当祛，虚者当补，虚实夹杂者攻补兼施。气血同病者，气血两虚当益气补血，气虚血瘀当益气化瘀，气滞血瘀当行气化瘀。此外，血病佐以治气，气病佐以治血，也是气血同治法

the体现。如血瘀证，在活血化瘀时佐以理气行气药；对于气郁证、气滞证，在理气行气时，佐以行血活血药。临床多用于治疗痢疾、血证、积聚、瘿病、腰痛等属于气血共病者，也用于现代医学的溃疡性结肠炎、腹腔肿瘤、缺血性视神经病变、慢性肾炎、慢性支气管炎等。据临床报道，可用气血同治法治疗偏头痛、胃息肉、冠脉微循环障碍、产后缺乳、冠心病心绞痛、慢性胃炎，均取得良效。

益气活血法

《疡医大全》："诀云：治风先治气，气足风自除。治风先治血，血足风自减。故当分气血二治，有养气养血之别，故治风之要，莫稳于益气活血为主。"益气活血法指运用补气药与活血药同用的复合治法，既补气使脏腑之气充足，同时活血促进血行而消除血脉的不通畅。益气行血法是通过益气来实现促进血行的目的。益气活血法临床常用于治疗现代医学的心脑血管疾病、重症感染及风湿性疾病等中医病机属于气虚血滞者。据临床报道，可用益气活血法治疗冠心病慢性心力衰竭、脑卒中后偏瘫、慢性血栓性静脉炎、多重耐药菌感染脓毒症。研究发现，益气活血方通过减少 p65 mRNA 及蛋白表达，维持 IκB-α mRNA 及蛋白高表达，抑制 p65/IκB-α 信号通路治疗干燥综合征。

益气生血法

《温病条辨》："血虚者，补其气而血自生。"《中医治法与方剂》："气血相依，荣损与共。血虚者，益气则中焦昌盛，生血有源。甘入脾，益气尤佳，故多以甘味之品补虚。亦以行气药伍之，以求补而不滞。"益气生血法是通过补益中气以滋气血生化之源，治疗血虚诸症的治疗方法。脾胃为气血生化之源。中焦受盛化物，泌别清浊，取食物之精华，故能源源不断化生气血以荣周身。临床多用于治疗虚劳、失血、心悸失眠等属于血虚失养证者。现代多用于神经症、更年期综合征、贫血、慢性萎缩性胃炎、糖尿病、肿瘤等疾病的治疗。据临床报道，用益气生血法治疗慢性再生障碍性贫血、产后痹症、结直肠肿瘤化疗后血小板减少症、鼻咽癌、胃癌贫血、创伤性胫腓骨骨折，均取得良效。

益气摄血法

《不居集》："热伤吐血不已，则热已随血减，然气亦随血亡，当益气摄血。"《正体类要》："治大吐大衄后，血脱气随，速宜益气。"气能摄血。血之所以能行于脉中，是因为气对血的固摄作用。益气摄血法适用于出血不止，病机属气不摄血者。对于出血较多或较猛者，当遵"有形之血不能速生，无形之气所当急固"之训，通过大补元气以助摄血，既有助于止血，也利于正气恢复。临床多用于治疗尿血、便血、崩漏、衄血、吐血等病。多用于现代医学的宫颈癌失血、再生障碍性贫血、紫癜、食管胃静脉曲张破裂出血等病的治疗。据临床报道，可用益气摄血法治疗老年性紫癜、妇科出血证、慢性原发免疫性血小板减少症（cITP）气不摄血型、免疫性血小板减少症、消化性溃疡合并出血、血尿等，均取得良效。

益气行血法

《金镜内台方议》："利止脉不出者，加人参二两。利止脉不出者，亡血也。加人参益气行血。"益气行血法基于气能行血的理论，通过补气来达到行血效果，适用于因气虚所致的血行不畅。通常与行血活血药同用。据临床报道，可用益气行血法治疗肝硬化腹水、膝骨关节炎、气虚血瘀型经漏等病机属气虚而致血滞者。研究表明，益气行血方能够抑制炎症因子IL-1诱导的MMP-13表达，保护软骨细胞。

益气养血法

《妇科玉尺》："妊娠胎不长，必其宿有风冷，故致胎痿，或将理失宜，脏腑衰损，气血虚弱，故不能长大，俱当益气养血。"《成方切用》："医贵未然之防。痘症虽顺，若气体虚弱，不补恐有后失。故用四君以补气，四物以养血。"益气养血法是治疗脏腑、经络、肌肉失于气血滋养而引发的临床病症的治疗方法。适用于长期失养而气血化生不足，或长期慢性疾病逐渐耗伤气血而致失养的各种证候。其证候特征在于失于滋养，治疗要点在于补中兼养，气血同补，属于缓治之法。而益气补血法是通过益气来治疗血虚失养证候。据临床报道，用益气养血法治疗室性期前收缩、人工流产术后月经过少、气血亏虚型月经过少、晚期肺癌化疗所致骨髓抑制、帕金森病，或用该法改善大肠癌晚期症状，均取得良效。

益气止血法

《医门补要》："气固血止，气虚血溢。血泄速以止血药之，势急量崩者多伍补气之品。盖因气统乎血，气旺则束血于内，不妄为泄。"《汤头歌诀》："茜草山萸棕炭芍，益气止血治血崩。"气能摄血。益气止血法是通过益气以达到止血的目的；但现代也将联合使用补气法和止血法的复合治法视为益气止血法。适用于气虚溢血之肌肤斑疹、二便带血，甚或皮肤黏膜破损。临床多用于治疗便血、尿血、鼻衄、咳血、呕血等病，可用于现代医学的消化道出血、紫癜、胃溃疡出血、异常子宫出血等。据临床报道，可用益气止血法治疗肝硬化凝血功能减退、更年期异常子宫出血、肾性血尿、上消化道出血、功能失调性子宫出血、PCI术后消化道出血等，均取得良效。

第四节　调理津液类

主要用于治疗热灼伤津、津停不化、泻下无度等各种津液代谢失常的治法，归入调理津液类治法。

津液具有滋润皮毛孔窍、肌肉脉道作用，维系着人体生命活动，且与体内气血紧密联系。脉内之津，化生为血，滋养脏腑内外；脉外之津，游走诸身，隙于官窍以排。津能载气，津脱者气亦脱，终致津气两虚；津血同源，津枯者血亦竭，终成津枯血燥。

调理津液法通过多途径来恢复津液代谢：一是补液生津，虚者实之，对症以治，如生津增液法。且因甘品补虚效优，常予用之，如甘寒生津法。二是温而化之，通过辛温之药，蒸化津停体内形成的水饮、痰湿之邪，如温阳化气法。三是引其于下，使过剩的津液通过膀胱排出体外，如利水渗湿法、利小便实大便法。四是逐邪以复，消除导致津液亏耗的病因有助津液生成，如清热生津法。

临床使用调理津液法，应注意以下几点：一是补津同时配合补气活血之品。气附于津，津液不足则气失而散；津于脉内则为血，津亏者血亦虚，运行不畅而成瘀。二是辨清人体津液有余或不足。口渴一症，多由津失过多导致，然亦可由痰饮水湿阻滞，津不上承所致，故宜审症求因，辨明虚实以治。

甘寒生津法

【出处】《温热经纬》："斑出则邪已透发，理当退热，其热仍不解者，故知其胃津亡，水不济火，当以甘寒生津。"

【溯源】《温病条辨》："阳明温病，下后汗出，当复其阴，益胃汤主之。"

【释义】《温热论笺正》："燥性干涩，煎灼津液，致胃津消亡。人体阴津不足，水不济火，当用甘寒生津法治之。甘味具和、缓之性，配合寒药补之，助胃生津以复阴。兼余邪留恋者，热象为多，亦可与清法合参。凡热病后期，损伤胃津；或五志化火，水津暗耗，皆可用之。"

【例案】某，春温身热，六日不解，邪陷劫津，舌绛，骨节痛。以甘寒熄邪。竹叶心，知母，花粉，滑石，生甘草，梨皮。[《临证指南医案》]

> **按**：患者由于冬季感受温热之邪，邪陷于里，春季伏郁而发，则初起即里热炽盛，故身热六日不解。温热之邪劫津，肢骨关节失于濡养，不荣则痛。舌绛反映体内津亏已极，故宜甘寒生津以治。方中知母、天花粉、梨皮甘寒质润，清热生津，配合滑石、竹叶心等甘寒之品以增强生津之效。药味虽少，疗效显著。

【析拓】甘寒生津法是通过使用甘味、寒性药物，以补充机体津液亏损的治法。多用于实证所致津液不足，症见自汗盗汗、泄泻、热性病等。常用于现代医学的干燥综合征、白塞病、胃炎、糖尿病等。据临床报道，可用甘寒生津法治疗土燥水竭证、小儿口舌糜烂、慢性萎缩性胃炎，均取得良效。

增液行舟法

【出处】《温病条辨》："三者合用，作增水行舟之计，故汤名增液，但非重用不为功。"

【溯源】《四圣心源》："津枯肠燥，阴凝气结，关窍闭涩，是以便难。"

【释义】《重订通俗伤寒论》："肺肠表里，联络上下，赖津养之。便难者，糟粕艰阻，不得顺下。肠燥液枯，无水行舟使然。宜增液润肠、补益水津，其结自解。"

【例案】顾（妪），阳明脉大，环跳尻骨筋掣而痛，痛甚足筋皆缩，大便燥艰常秘。此老年血枯，内燥风生，由春升上僭，下失滋养。昔喻氏上燥治肺，下燥治肝，盖肝风木横，胃土必衰，阳明诸脉，不主束筋骨，流利机关也，用微咸微苦以入阴方法。鲜生地（八钱）、阿胶（三钱）、天冬（一钱半）、人中白（一钱）、川斛（二钱）、寒水石（一钱）。又咸苦治下入阴，病样已减。当暮春万花开放，阳气全升于上，内风亦属阳化，其下焦脂液，悉受阳风引吸，燥病之来，实基乎此。高年生生既少，和阳必用阴药，与直攻其病者有间矣。（丸方）生地（三钱）、阿胶（二钱）、天冬（一钱）、麦冬（一钱）、柏子霜（二钱）、松子仁（二钱）。[《临证指南医案》]

按： 本案老年患者，阴液已亏，肠道失润而干涩，故出现排便困难症状。治疗上体现增液行舟法。一诊处方中鲜生地、天冬、阿胶，均为滋阴润燥之品，对症施治。二诊更加麦冬，增强增液之效，同时配合柏子霜、松子仁以助通便，疗效显著。

【析拓】增水行舟法是通过增液润肠，恢复肠道润滑，以助结粪下行的治法，适用于肠燥便秘患者。素体阳盛、喜食辛辣刺激食物之人更易出现便秘。该法以补代泻，祛邪不伤正。多用于治疗腹痛、眩晕、胃痛、痞满便秘等属于津亏肠燥者。亦可用于现代医学的功能性便秘、血栓性疾病、输尿管结石、药物性便秘、妊娠便秘等治疗。据临床报道，可用增水行舟法治疗下肢动脉硬化闭塞症、老年功能性便秘、老年虚性便秘；也可用增水行舟法治疗糖尿病足干性坏疽、吗啡类药物所致便秘；还可用该法治疗血栓病，均取得良效。

◎ 其他调理津液类

利水渗湿法

《金匮要略·消渴小便不利淋病脉证并治》："脉浮，发热，渴欲饮水，小便不利者，猪苓汤主之。"《陈素庵妇科补解》："若霍乱尤宜升清降浊，利水渗湿，分理阴阳。"利水渗湿法是针对水湿内停、聚而不去病机的治法。水性趋下。通过利水逐邪，使体内之湿邪随小便渗利排出，给邪以出路。临床多用于治疗水肿、腹胀、咳喘、头晕等属于水湿内盛证者，常见于现代医学的泌尿系感染、慢性支气管炎、慢性肾脏病、心功能不全等疾病。据临床报道，用利水渗湿法治疗膝骨关节炎合并滑膜炎、急性椎间盘突出症、下肢深静脉血栓、损伤性肿胀、特发性水肿、中心性浆液性脉络膜视网膜病变等病机属水湿内盛者，均取得良效。

利小便实大便法

《伤寒论·辨太阳病脉证并治》："伤寒服汤药，下利不止……复不止者，当利其小便。"《汤头歌诀》："治湿热，五苓六一二方缀……每服五钱，加姜煎。小水并入大肠，致小肠不利而大便泄泻。二散皆行水泄热之药，加槟榔峻下，陈皮、木香理气，以利小便而实大便也。"利小便以实大便为治泄要法，通过从小便驱逐水湿之邪，使肠道水湿偏渗于膀胱，清浊以分，粪便成形。使用该法时应注意中病即止，切勿过用，尤恐伤正。临床多用于治疗泄泻、痢疾等病，见于现代医学的小肠功能失调、小儿腹泻、溃疡性结肠炎、急性或慢性肠炎等。据临床报道，可用利小便以实大便法治疗肝源性腹泻、抗肿瘤药物相关性腹泻、小儿秋季腹泻等，均取得良效。

清热生津法

《金匮要略·消渴小便不利淋病脉证并治》："渴欲饮水，口干舌燥者，白虎加人参汤主之。"《济阳纲目》："心火盛则小肠热结，热微则小便难而仅有，热甚则小便闭而绝无，宜清热生津为主。"清热生津法为热盛津伤证的基本治法。通过应用清热且生津之品，如天花粉、葛根、芦根等，祛邪同时兼顾生津，使邪去正安。临床多用于治疗感冒、便秘、咳嗽、腹泻、消渴等属于热盛津伤者，多见于现代医学的支气管炎、哮喘、细菌性痢疾、糖尿病等的治疗。据临床报道，可用清热生津法治疗产后便秘、干燥综合征、2型糖尿病、鼻咽癌放射性口咽反应，均取得良效。

生津增液法

《景岳全书》："若温暑大热大渴，津枯液涸，阴虚不能作汗者，宜归葛饮。"《重订通俗伤寒论》："鲜地、鲜斛，尤为生津增液之良药。"生津增液法使用甘寒药物补匮乏之阴，适用于津亏液枯证患者，常伴有口干口渴、饮水不解、尿少、皮肤干燥诸症。该法益阴增液，使脏腑诸窍得养。多用于治疗泄泻、痢疾、消渴、汗证、呕吐等属于津液亏虚证者。亦多见于现代医学的干燥综合征、干眼症、糖尿病、中暑等疾病的治疗。据临床报道，可用生津增液法治疗口腔干燥综合征、鼻衄、男性不育症、妊娠晚期羊水过少、口腔溃疡、流行性出血热合并急性肾损伤，均取得良效。

第五节　气津、津血同调类

主要用于气与津、津与血之间相互关异常病证的治法，归入气津、津血同调类治法。

气能固津，也能生津；津能化血，血能载气。津伤则气耗，故有"吐下之余定无完气"之说。血与津互化，津伤可致血虚，脱血常能耗伤，二者在生理上津血同源，在病理上又津血互损。

该类治法一般通过以下几个方面来调节气、血、津液的关系：一是通过治气、治血以达到调理津液的目的，如温阳行水法、益气生津法；二是通过同时治疗气津或津血，以达到气津协调或津血和谐的状态，如益气利水法、活血利水法等。

临床应用该类治法，应注意通过益气来生津，则益气不宜过温燥，利水也当防伤津。一般行水多兼行血、护津多用甘凉益气。

益气生津法

【出处】《鸡峰普济方》："团参散，补气生津，白术、人参、五味子（各半两），甘草（一分），上为粗末每服二钱水一盏入生姜二片同煎至六分去滓温服不以时。"也称为补气生津法。

【溯源】《素问·六节藏象论》："五味入口，藏于肠胃，味有所藏，以养五气，气和而生，津液相成，神乃自生。"

【释义】《长沙药解》："盖非气则津不化，非津则水不生，譬之水沸而气腾焉，气上之熏泽而滋润者，津也，气下之泛洒而滴沥者，水也。使无粳米、人参益气生津之药，徒以知、膏、麦冬清金化水之品，求其止渴，断乎不能！人之夏热饮水，肠鸣腹胀而燥渴不止者，水不化气故也。"

【例案】殷，呕而不食，病在胃也。食而腹痛，病在脾也。痛连胸胁，肝亦病矣。气弱血枯，病已深矣。和胃养血，生津益气为治。淡苁蓉，枸杞子，归身，火麻仁，大麦仁，茯苓，半夏，陈皮，沉香，砂仁。[《王旭高临证医案》]

按： 患者呕而不食，食而腹痛，气弱血枯，为气津两虚之证，治疗应补气以生津，淡苁蓉、枸杞子、当归等补益精血；陈皮、沉香、砂仁等健脾理气；大麦仁健脾益气，润肺生津；火麻仁养血生津，诸药合用，共奏益气生津之效。

【析拓】益气生津法指补益肺脾之气以资生津液。适用于气津两虚证，表现为汗出过多，肢体倦怠，气短懒言，口干作渴，舌质红干，脉虚或细等。临床多用于治疗内分泌代谢病、呼吸系统疾病、妇产科疾病及提高免疫功能。据临床报道，可用补气生津法治疗2型糖尿病、干燥综合征、慢性阻塞性肺疾病、产后便秘。研究表明，益气生津方可显著提高CD4、IgG、IgA和IgM水平以及自然杀伤细胞活性，并降低运动疲劳所导致的IL-6应激性升高。

◎ 其他气津、津血同调类

津血同治法

《血证论》："膀胱与血室，并域而居。热入血室，则蓄血；热结膀胱，则尿血。尿乃水分之病，而亦干动血分者，以与血室并居。故相连累也。其致病之由……尿血治心与肝而不愈者，当兼治其肺。肺为水之上源，金清则水清，水宁则血宁。盖此证原是水病累血，故治水即是治血。"《灵枢·营卫生会》："夺血者无汗，夺汗者无血。"津血同治法亦称血水同治法，即同时调治血与津液的病理状态，如通过活血行水，或瘀血为重者活血辅以治水，或水湿痰饮者利水辅以调血，以达津血同治之功。临床常应用于妇科、外科、眼科等疾病。据临床报道，可用津血同治法治疗多囊卵巢综合征、卵巢子宫内膜异位囊肿、葡萄膜炎黄斑水肿；可通过血水同治预防骨折术后深静脉血栓。研究表明，用当归芍药汤津血同治，能有效地清除β-淀粉样蛋白沉积和过度磷酸化Tau蛋白治疗阿尔茨海默病。

活血利水法

《古今医统大全》："滋血润燥必用熟地黄（治老人虚中燥热）、生地黄（治血热便干）、天门冬（清金润肺滋血止嗽）、麦门冬（保肺滋金润燥生血，生脉，止嗽）、栝蒌仁（润燥止嗽，滋血化痰解消渴）、天花粉（润燥止渴，活血利水，解毒消痈）。"《潜斋医学丛书十四种》："慎氏妇，产后腹胀泄泻，面浮足肿。医与渗湿温补，月余不效，疑为蓐损。孟英视之，舌色如常，小溲通畅，宛似气虚之证。惟脉至梗涩，毫无微弱之形。因与丹参、滑石、泽兰、茯苓、茺蔚、蛤壳、桃仁、海于、五灵脂、豆卷。（亦行瘀利水之法，数服即瘥。）"活血利水法通过活血化瘀、渗利水湿的方法，治疗血水互结或血瘀水停之证。此治法是基于营血与津，同行互渗，相依为用。若血行阻滞，经脉不利，则津液亦为之稽留。临床常用于心血管疾病、消化系统疾病、骨科疾病、眼病等。据临床报道，可用活血利水法治疗慢性心力衰竭、肝硬化腹水、膝关节滑膜炎、糖尿病视网膜病变。研究表明，活血利水法具有调控血清组织型纤溶酶原激活物抑制物复合物（tPAI-C）、纤维蛋白原（FIB）的作用。

温阳行水法

《医原》："所谓真武一类，重在温阳行水（水即是湿）者，此也。"《医方简义》："阳虚不运，水湿为患。病水者，引其于下，前后分利。亦伍温药和之，以充五脏之阳，化气行水谓也。"温阳行水法为针对阳虚不能气化，水湿充斥内外的治法。患者多伴周身浮肿，畏寒肢冷，小便量少，舌淡苔腻脉沉诸症。该法温机体之阳，助脏腑化气行水，以消肢体肿胀，为标本兼治法。临床多用于治疗黄疸、水肿、鼓胀、喘咳、风湿痹病等属于阳虚水泛证者。现代多用于心力衰竭、肝硬化腹水、肺心病、肾病综合征等疾病的治疗。据临床报道，用温阳行水法治疗舒张性心力衰竭、过敏性鼻炎、晚期肝硬化腹水、尿道综合征、慢性肾炎、尿崩症，均取得良效。

益气利水法

也称为益气除湿法、补气除湿法。《调疾饮食辩》："竹笋：《尔雅》曰：竹萌。《说文》曰：竹胎。《简谱》曰：竹芽……按：诸笋，《别录》谓其益气利水，可久食。"《神农本草经》："酸酱：味酸，平。主热烦满，定志，益气，利水道。产难，吞其实立产。"益气利水法是用益气药配伍利水渗湿的药，治疗气虚兼水湿内停病证的方法，主要症见恶风、颜面浮肿、小便不利、脉浮。临床常用于消化系统疾病、心血管系统疾病、肾脏病及多种原因引起的水肿。据临床报道，可用益气利水法治疗肝硬化腹水、慢性心力衰竭、慢性肾衰竭。研究发现，益气利水法可调控单核细胞趋化蛋白-1（MCP-1）、腺苷三磷酸（ATP）、IL-2水平；也能通过上调紧密连接蛋白Occludin、Claudin-1、ZO-1表达保护血脑屏障，减轻脑缺血再灌注大鼠脑水肿。

益气行水法

《金匮要略心典》："皮水为病，四肢肿，水气在皮肤中。四肢聂聂动者，防己茯苓汤主之。皮中水气，浸淫四末，而壅遏卫气。气水相逐，则四肢聂聂动也。防己、茯苓善驱水气；桂枝得茯苓，则不发表而反行水。且合黄芪、甘草，助表中之气，以行防己、茯苓之力也。"益气行水法是益气与行水同施，以治疗水液泛溢之病的一种气水兼治的治法。气旺则水行，气虚则津液运化不能，中医认为"肺为水之上源""脾为水之中专""肾为水之下源"，通过补益肺、脾、肾之气，行通全身水道。该法临床常用于心血管疾病及外科疾病病机属气虚水停者。据临床报道，可通过益气行水法治疗心力衰竭、肛肠术后尿潴留。研究发现，益气行水法能有效降低B型利尿钠肽含量。

第六篇

经典治法

第十六章
《黄帝内经》治法

出自《黄帝内经》并应用于临床实践的治疗大法，归入《黄帝内经》治法（简称内经治法）。

《黄帝内经》奠定了中医理论的基础。《黄帝内经》认识到人是阴阳对立的统一体，治疗疾病要识天时、用地利，讲究天人合一、形与神俱。"治病必求于本"之本不仅在于人体自身，如果疾病源于环境，则疾病之本在于环境，理当从环境着手来治疗相应的疾病。在辨证论治的指导下，还要灵活机动，因势利导，并不墨守成规。

应用内经治法要注意以下几个方面：一是经法高度概括，当取其意而不拘于其文。二是经中大多有法无药无方，在用法选药组方时，要完整体现经意，不可执一抛众。三是经法众多，要因需而取之，不可固守其一而莫视其他。

发表不远热

【出处】《素问·六元正纪大论》："发表不远热，攻里不远寒。"

【释义】《质疑录》："发者，逐之外也。寒邪在表，非温热之气不能散，故发表不远热。"

【例案】予昔糊口海澨，时六月，渔船往海取鱼，适雷雨大作，渔人皆着单衣，感寒者十中八九。予舍时从症，尽以麻黄汤加减发汗。有周姓粗知医道，窃议之，见人人尽愈，诘予曰：六月用麻、桂，有本乎？予曰：医者意也，仲景必因病立方，岂随时定剂！有是病，便服是方，焉可执乎？盖汪洋万里，雷雨大作，寒气不异冬月，况着单衣，感寒为何如哉？故予尽以麻黄汤加减取汗而愈者，意也；得其意，即本也。若必事事亲见，主为有本，则日亦不足矣。按：《经》云"用热远热"，是告诫医人勿违天时也。又言"发表不远热"，是因证从权也。夏月感寒表闭，非辛温无以解之，麻桂亦可用。[《医权初编》]

按：本案发病虽处夏月，然感寒而病，予麻黄汤加减取汗而愈。风寒在表，非辛温不能散。辨治疾病，既须遵循原则，亦须灵活变通，勿拘于时。

【析拓】表证者，多为腠理闭塞、玄府不通，治宜以辛散结，开腠理，从而使玄府开达、汗泄邪去。治疗表（寒）证使用解表方法时，须用辛温药物，虽值炎热季节，亦不必避忌。该治法常常运用于各种外感病的治疗，采用麻桂剂等方药治疗风寒外束、营卫不和之证等。据临床报道，"发表不远热"治法对于疮疡病的治疗具有重要意义，可将其融入外治法之中，结合内治法促进疮疡的愈合。遇外感发热者，仔细审辨其寒热之病机，不被"表热"之假象所迷惑，有的发热往往是伤于寒而传为热，本寒而标热，寒从外入者，仍从外出，此时应"发表不远热"。

洁净府

【出处】《素问·汤液醪醴论》："开鬼门，洁净府，精以时服。"

【释义】《素问经注节解》："净府，膀胱也，上无入孔而下有出窍，滓秽所不能入，故曰净府。邪在表者散之，在里者化之，故曰开鬼门洁净府也。"

【例案】王左。由发热而致溲结不爽，甚至带出血块。此热结膀胱，高年之所忌也。细木通、滑石块、牛膝梢、赤猪苓、丹皮、车前子、甘草梢、泽泻、瞿麦、淡竹叶，上沉香（三分）、西血珀（四分，二味研细，先调服）。[《张聿青医案》]

> 按：本例患者溲结不爽，甚至带出血块，属热结膀胱，"洁净府，谓泻膀胱水去也"，邪在里者化之，木通、猪苓、车前子等引热邪从小便去，小便得利，故愈。

【析拓】"洁净府"指以通利小便排出体内积聚水饮之邪的治法，多用于小便不畅、尿频、尿急、小腹胀满等膀胱（下焦）湿热证候，方如五苓散、八正散等。据临床报道，基于洁净府治法，可用五苓散利水行湿以治疗心力衰竭水肿，或用药浴疗法干预慢性肾脏病。基于临床实践，或灵活将该法用于眼科的结膜水肿、视网膜脱离、视盘水肿、角膜水肿、黄斑囊样水肿等病的治疗。在"洁净府"思想指导下研究发现，五苓散可调控水通道蛋白以防治重症急性胰腺炎。

开鬼门

【出处】《素问·汤液醪醴论》："开鬼门，洁净府，精以时服。"

【释义】《素问经注节解》："鬼门，汗空也，肺主皮毛，其藏魄，阴之属也，故曰鬼门。""邪在表者散之，在里者化之，故曰开鬼门洁净府也。"

【例案】旬日内，遍体俱肿，肤色鲜明，始也。原有身热，不慎风，而即止，亦无汗泄，诊脉浮紧，气喘促，小便闭，舌白。不思饮症系水湿之邪，借风气而鼓行经隧，是以最捷。倘喘甚气塞，亦属至危之道，治当以开鬼门为要著。麻黄（五分），杏仁（三钱），赤苓（三钱），苏子（二钱），桂木（五分），薏仁（三钱），紫菀（七分），椒目（五分），浮萍（一钱五分），大腹皮（一钱五分）。外用麻黄、紫苏、羌活、浮萍、生姜、防风、各五钱，闭户煎汤，遍体揩熨。不可冒风。[《柳选四家医案》]

> 按：本案中观其脉证属风水之证，治以麻黄、浮萍等解表药内服发汗，再外用众多辛温解表药，使腠理开泄，给水湿之邪以出路。水肿即消，喘亦止。

【析拓】"开鬼门"指通过开泄腠理、宣肺发汗治疗外感、水肿等病证的治法。据临床报道，可用"开鬼门"治疗风湿病，通过发汗作用可以使水湿浊气随汗而解，消除瘀积在表的水湿之邪；或用发汗开窍的"开鬼门"法治疗皮肤病；或以"开鬼门，宣肺气"调畅全身气机，选用葛根汤合小柴胡汤以升发清阳，开解气郁，达到改善患者抑郁症的效果。

去宛陈莝

【出处】《素问·汤液醪醴论》："平治于权衡，去宛陈莝，微动四极，温衣缪刺其处，以复其形。"

【释义】《素问经注节解》："宛，积也。陈，久也。莝，斩草也。谓去其水气之陈积，欲如斩草而渐除之也……宛，郁同。莝音锉。"

【例案】朱恕八哥，肚肿，因湿气起自五月，能饮酒，左胁有块，两足时有肿。白术，三棱（醋炒），木通，陈皮，大腹皮，赤茯苓，海金沙（各五分），甘草（二分），炒朴（五分），肉桂（三分）。煎汤下保和丸三十、温中丸三十、抑青丸十丸。[《医学纲目》]

> **按：** 方中以白术、陈皮、木通等药健脾利水，又加以三棱破血行气消积，活血祛瘀，通下利水使体内水湿、瘀血皆去，则胁肋部及下肢症状自能缓解。符合去宛陈莝之治法。

【析拓】"去宛陈莝"，指运用活血、通利之法，去除久积体内的糟粕物质的一种治法。适用于痰饮、悬饮等饮证治疗，通过涤清肠道、通利大便的方法，排出体内积滞水饮之邪。据临床报道，基于去宛陈莝理论，对膜性肾病以"通"为治疗原则，祛除体内郁积之水湿、化除体内郁久之积血。或基于去宛陈莝法，应用温化痰饮、渐清湿热、缓消瘀血和徐化浊毒来治疗慢性肾衰竭，常用牡丹皮、大黄、水蛭、泽泻、益母草、牛膝等，随证选择缓和渐通、轻灵通利之品。

◎ 其他《黄帝内经》治法

攻里不远寒

《素问·六元正纪大论》："发表不远热，攻里不远寒。"《质疑录》释义："攻者，逐之内也。热郁在内，非沉寒之物不能除，故攻里者不远寒。"邪热在里，虽有寒的因素也当用寒药攻之。如治疗胃实热结病证使用攻下方法时，须用苦寒药物，泄攻其里，虽值严寒时节，亦不必避忌。后世伤寒学家常引用这条法则指导承气汤类苦寒攻里泄热方剂的应用，亦包含后世常言苦寒直折之法。临床该法用于指导治疗里实热证。据临床报道，可基于该治法治疗肠梗阻、胰腺炎、阑尾炎等急腹症。也有人提出临床运用"攻里不远寒"时须因时制宜，因地制宜，因人制宜。

火郁发之

《素问·六元正纪大论》："郁之甚者治之奈何？岐伯曰：木郁达之，火郁发之……"《证治准绳》释义："火郁发之，发者，汗之也，升举之也。如腠理外闭，邪热怫郁，则解表取汗以散之。又如龙火郁甚于内，非苦寒降沉之剂可治，则用升浮之药，佐以甘温，顺其性而从治之，使势穷则止。""五郁"本指五脏郁发的疾病，心为火脏，火郁即指心郁，由心气不舒，热邪郁结于内所致。广义的"火郁"包括外感六淫、内伤七情、饮食不节造成气机失常，壅滞不通，郁结不舒而导致诸郁证，郁而化火致"火郁"。"发"是指顺应火热之邪升发的特点，因势利导，引邪外出。临证时运用疏解、辛散、透表、升发等法治疗热邪郁结，使机体气机升降出入恢复正常，阴阳气血调和就是"火郁发之"。据临床报道，可从"火郁发之"来论治玫瑰痤疮型类固醇皮炎，或基于"火郁发之"理论辨治湿热型轮状病毒性肠炎、幽门螺杆菌胃炎、小儿复发性睑腺炎、放射性口腔黏膜炎、溃疡性结肠炎，均取得一定的疗效。

寒者热之

《素问·至真要大论》："治诸胜复，寒者热之，热者寒之，温者清之……"《类经》释义："病之微者，如阳病则热，阴病则寒，真形易见，其病则微，故可逆之，逆即上文之正治也。""寒者热之"即寒性病证要用温热方药来治疗。寒证亦有表寒、里寒、虚寒、实寒之别。在临床中要区别温燥（桂、附等）与温养，温燥可以治病但不可以用来养生。寒者热之运用于临床时应辨虚实。据临床报道，以燔针射频术治疗中老年寒湿型腰椎间盘突出症是"寒者热之"理论指导临床的体现。有人基于"寒者热之"法则，运用具有温热助阳功效的火针治疗白癜风，获得较好的临床疗效。

寒之而热者取之阴

《素问·至真要大论》："诸寒之而热者取之阴，热之而寒者取之阳，所谓求其属也。"《黄帝内经素问直解》释义："诸寒之而热者，以寒为本，故取之阴，当以热药治之。""寒"为治法，"热"为证候。寒之而热者取之阴即用苦寒药治热症，热象不减而反增，这不是有余的热证，而是真阴（肾阴）不足的虚热，治之应滋补肾阴，壮水之主以制阳光。例如，对潮热、口干等热症用苦寒药来治疗，热势不减而反增口舌生疮、心烦热、耳鸣、舌体瘦、苔少脉虚细等阴虚证，当用六味地黄丸、左归丸之类壮水制阳。据临床报道，部分病毒性肝炎、系统性红斑狼疮、支气管扩张咯血虽表现为热象，但用寒药其热反盛，则可据该法用辛热药治疗。还可遵该法治疗使用抗生素后依然高热不退的上呼吸道疾病、慢性肝炎、虚火乳蛾、复发性口疮和血虚发热、阴虚发热，均收到较好的临床疗效。

金郁泄之

《素问·六元正纪大论》："郁之甚者治之奈何？岐伯曰：木郁达之，火郁发之，土郁夺之，金郁泻之……"《景岳全书》释义："金应肺与大肠，金主燥邪，畏其秘塞，故宜泄之，或清或浊，但使气液得行，则金郁可除，是即谓之泄也。"金郁泄之用于治疗因肺气郁闭导致肺失宣肃病证。肺为气之主，主气司呼吸。肺气郁滞，则肺失宣肃。该治法通过使用宣通、发散、疏泄之品，以恢复肺与大肠的气机调畅。可用于治疗现代医学的肺结节、慢性喘咳、便秘等疾病。据临床报道，可用金郁泄之法治疗功能性便秘、肺结节、肺气郁闭的慢性咳喘性疾病。有人指出，泄法具体可分为宣泄法、透泄法、清泄法、开泄法、疏泄法、渗泄法六种不同的方法，临床可灵活施用。

急者缓之

《素问·至真要大论》："结者散之，留者攻之，燥者濡之，急者缓之……"《内外伤辨惑论》释义："上喘气短，人参以补之。心火乘脾，须炙甘草之甘温以泻火热，而补脾胃中元气；若脾胃急痛并大虚，腹中急缩者，宜多用之。《经》云：急者缓之。""急者缓之"指拘急、强直一类病证，宜舒展柔养，采用缓急解痉法治疗。如寒邪侵袭，筋脉拘急，须用温经散寒法以缓之；如因热邪侵袭，热盛动风手足抽搐，须用泻火熄风法。如因肝风内动而见抽搐，用平肝熄风法。对于泻痢不止，又有急迫下坠之感者，可佐以甘药，取其甘能缓中培土，故常在方中加入甘草等药，此乃"急者缓之"之义。尤在泾注："急者缓之必以甘，不足者补之必以温，而充虚塞空黄芪尤为专长也。"据临床报道，用黄芪建中汤缓急治疗胃脘痛收到了满意的疗效。

惊者平之

《素问·至真要大论》："逸者行之，惊者平之。"《儒门事亲》释义："惊者平之。平，常也。使病者闻之习熟，见之惯常，自然不惊。且肝胆相为表里，其色为青，故人之受惊者，其面色必青也。临症审辨，何难施治哉！"惊者平之指因胆怯而易受惊吓引起的惊悸怔忡、心神慌乱等一系列病症，可用重镇安神、养心安神、平肝息风等方剂治疗，根据需要也可用频惊为常的见惯不惊策略。临床实践中，叶天士擅用重镇药，如石决明、龙骨、石英、云母、牡蛎等。现代医家将该法运用于因惊恐等情志因素所致疾病。临床观察发现，"惊者平之"情志疗法对广泛性焦虑症有良好治疗作用，能够降低广泛焦虑症患者焦虑程度，提高其自身心理抗压能力。

结者散之

《素问·至真要大论》："客者除之，劳者温之，结者散之……"《医方选要》释义："夫积者，阴气也，五脏所生。聚者，阳气也，六腑所成。故阴沉而伏，阳浮而动。气之所积名曰积，气之所聚名曰聚。治疗之法，当察其所痛，以知其应，有余不足，可补则补，可泻则泻，无逆天时。详脏腑之高下，辨积聚之虚实，如寒者温之，结者散之，客者除之，留者行之，坚者削之。又当节饮食，慎起居，和其中，外使可毕已。若骤以大毒之剂攻之，积不能除反伤其气，终难治矣。故洁古云：养正积自除。此之谓也。今集古今经验之方于下，治积者宜留意选而用之。"结者散之是指气、血、痰、火等郁结的病证，宜用消散的方法治疗。如气滞者治以行气导滞，血瘀者治以活血化瘀法等。据临床报道，基于结者散之运用大承气汤加减化裁治疗热结旁流证，获得较好的效果。郁气内结、热毒内结、痰浊内结、瘀血内结皆是导致冠心病PCI术后再狭窄实证的病机关键，基于结者散之的治法指导，总结出行气开郁散结法、清热解毒散结法、化痰软坚散结法、活血化瘀散结法四法用于临床治疗，提高了治疗效果。

坚者削之

《素问·至真要大论》："坚者削之，客者除之。"《医学心悟》释义："消者，去其壅也。脏腑、筋络、肌肉之间，本无此物而忽有之，必为消散，乃得其平。《经》云：坚者削之是已……夫积聚、癥瘕之症，有初、中、末之三法焉。当其邪气初客，所积未坚，则先消之而后和之。及其所积日久，气郁渐深，湿热相生，块因渐大，法从中治，当祛湿热之邪，削之、芟之以底于平。"坚者削之指体内有坚硬积块，如癥瘕、积聚之类，宜用具有克伐推荡、活血化瘀作用的方药消散之。软坚散结法即是消削之法，常用药有僵蚕、夏枯草、牡蛎、海藻、水蛭等，实验研究证明上述药物有抗肿瘤作用。据临床报道，用该法治疗食管癌具有一定效果。

客者除之

《素问·至真要大论》："坚者削之，客者除之。"《脾胃论》释义："客者除之，是因曲而为之直也。""客"指外来邪气，包括风、寒、暑、湿、燥、火六淫和疫疠之邪。"除"有驱逐之义。由于邪气侵入人体，破坏机体的动态平衡，可以导致人体发病，所以应当用药物或其他方法祛除。如祛风、祛寒、清暑、祛湿、润燥、清热、泻火等法，都是"客者除之"的具体运用。对"客者除之"意义加以延伸，诸如虫积、饮食停滞、痰饮内停、瘀血阻滞、气机郁阻等，治如消导、驱虫、燥湿化痰、逐饮、理气等法亦属"除之"的范围。据临床报道，可用"客者除之"治疗痹证；或结合月经病的生理病理特点，进行调经；有人在"客者除之"理论指导下治疗癥瘕，多采用山甲珠、三棱、莪术以破气散瘀、消癥散结，多获良效。

留者攻之

《素问·至真要大论》："结者散之，留者攻之。"《古今医统大全》释义："《经》曰：留者攻之，此积之所以当攻者也。然留积既久，蒂固根深，若不攻夺之，岂能自去？则传所谓若药不瞑眩，厥疾不瘳，其亦理势之不容已也。凡正气实而积固不能为殃，正如小人潜以伺其君子之隙，而遂乘以侮之，惟积亦然。但正气稍虚，积必为害，所以不可不攻也。既攻之后，尤当扶养正气，而不致扰乱之虞。正气不足，必先养正以自固，正既固，然后由渐而攻邪，积自渐削而不能留也，故曰攻补有序。"留者攻之是指痰、血、食及大便等浊邪留滞不去的病证，当用攻逐、泻下的方法治疗。如燥屎结于肠道，宜以承气汤类泻下通便之类。据临床报道，用留者攻之法治疗泌尿系统结石效果满意。研究表明，留者攻之法在治疗肿瘤方面有较好的临床疗效，可采用攻邪之法来治疗肿瘤。

劳者温之

《素问·至真要大论》："劳者温之，结者散之。"《素问·举痛论》："劳则喘息汗出，外内皆越，故气耗矣。"《医医病书》释义："何云阳常有余、阴常不足，见痨病必与补阴，必使阳小阴大而后快于心哉？《经》谓劳者温之。盖温者，长养和煦之气，故能复其痨也，岂未之读耶？"劳者温之，即对各种虚劳虚损病证，宜用温补方药来治疗。如虚劳内伤，中气不足所致的身热汗出，当用甘温除热法治疗等。据临床报道，理血痹治肺痨当遵劳者温之法则。实践表明，依据劳者温之采用"明之黄芪汤"补益中气，使元气内充、清阳得升，可有效治疗神经系统疾病引起的麻木。有人基于劳者温之法，认为骨髓增生不良性疾病如再生障碍性贫血、骨髓增生异常综合征等均属于中医"髓劳"范畴，当以劳者温之法为指导治疗，临床取得良好疗效。

木郁达之

《素问·六元正纪大论》："郁之甚者治之奈何？岐伯曰：木郁达之，火郁发之。"《景岳全书》释义："故以人之脏腑，则木应肝胆，木主风邪，畏其滞抑，故宜达之，或表或里，但使经络通行，则木郁自散，是即谓之达也。""达"即通、滑、行而不相遇。"郁"即壅塞、盛貌的样子。肝主血和疏泄气机。木郁达之即指肝为气、血壅郁而病，当用疏达、使其流通的方法来治疗。孙一奎提倡五脏"本气自郁"论，并且首创"肝郁"之名，其在《医旨绪余》中指出"木郁者……当条而达之，以畅其挺然不屈之常"。现代医家从"木郁达之"论治眼病，或从"木郁达之"论治甲状腺结节、反流性食管炎伴广泛性焦虑障碍、功能性消化不良、肉芽肿性乳腺炎，均获得良好的治疗效果。

其下者引而竭之

《素问·阴阳应象大论》："其下者引而竭之。"《灵枢·营卫生会》："下焦如渎。"《内经知要》释义："下者，病在下焦；竭者，下也，引其气液就下也，通利二便皆是也。或云引者，蜜导、胆导之类。竭者，承气、抵当之类。"下，指病邪停留在人体的下部；引，即引导。即用泄法、通法、利法，通利二便导邪外出。该法包括了下法，主要通过通利二便，因势利导助病邪排出，如痰饮、水湿、宿食、燥结、瘀血等。例如，阳明腑实证用承气汤，下焦蓄血证用桃核承气汤，太阳蓄水证用五苓散，可用攻下大便或通利小便的方法以排除病邪。据临床报道，现代医家将其用于治疗多种疾病，如以茵陈五苓散合血府逐瘀汤治疗肝硬化腹水，在利水渗湿的同时，辅以活血化瘀之效。用猪苓汤治疗复发性生殖器疱疹，或用泻下法治疗肺癌，使肺部痰饮、瘀血、癥瘕、积聚、热毒之邪经肺络由大肠泻下而出，使瘀、热、毒邪有所出，病情得以缓解。也有人治疗出血性脑卒中急性期，运用通腑泻下法进行治疗，是引邪下达。

其高者因而越之

《素问·阴阳应象大论》："其高者，因而越之。"《素问经注节解》释义："按：越，上出也。高者病在于上，吐之为便，涌泄之法，不独伤寒为宜也。""高"，指疾病的位置高，如咽喉、胸膈、胃脘等。"越之"，向上而出，多指吐法。即邪在胸膈之上（高位）者，可以用升散、涌吐法治疗。此为因势利导之法。该法多运用于治疗病邪留滞于胸膈之上的疾病，通过因势利导给邪以出路，常用于治疗呕吐、咽部不适、咳嗽等消化系统及呼吸系统的疾病。据临床报道，该法可扩展应用于多种疾病的治疗，如三圣散治疗郁证；基于该治法理论治疗中风病阳闭证；或用该法治疗风邪侵袭引起的头痛。

热之而寒者取之阳

《素问·至真要大论》："热之而寒者取之阳，所谓求其属也。"《黄帝内经素问直解》释义："诸热之而寒者，以热为本，故取之阳，当以寒药治之。夫寒之而热，治之以热；热之而寒，治之以寒，所谓求其属以治之也。"热，为治法；寒，为病证。即用辛温解表药治寒证，寒象不解而更甚，是由于辛温发散损伤了阳气，因此不属于外寒之证，而是真阳（肾阳）不足的里虚寒；应温补肾阳，则寒象自除。如用辛温散表之药治疗寒证，寒势不减而反甚，症见形寒肢冷，自汗，淡不渴，苔白而滑，脉沉细弱；甚者症见阳痿、遗尿、滑精等。可选用右归饮益火之源。据临床报道，可用温补肾阳法治疗阳痿、遗尿、滑精、脾胃虚寒型慢性胃炎、类风湿性关节炎、膝关节滑膜炎、慢性肠炎、呼吸道疾病和腹泻等，均有较好的疗效。

热者寒之

《素问》："寒者热之，热者寒之。"《类经》释义："治热以寒，温而行之；治寒以热，凉而行之。""热者寒之"，即实热性病证要用寒凉法治疗。如因湿热下注大肠，见下利脓血、里急后重、身热口干、舌红苔黄、脉数等症，用苦寒燥湿，清热凉血方药治之；又如外感风热，见发热恶风、头痛、舌红、脉数者，用辛凉解表方剂治之。据临床报道，有人用循证医学方法初步探索中医治则"热者寒之"，发现临床治疗慢性乙型肝炎以寒药疗热证，对口干口苦、大便干结、皮肤黄染、目黄、尿黄等症状具有明显的改善作用。基于"热者寒之"中药药性理论探讨含碘中药治疗 Graves 病的作用机制，发现其主要体现在调控细胞凋亡与自噬、调控表观遗传、调控细胞因子及信号通路等方面。

衰而彰之

《素问·阴阳应象大论》："病之始起也，可刺而已；其盛，可待衰而已。故因其轻而扬之，因其重而减之，因其衰而彰之。"《外台秘要方》释义："若阳气内发，发则实，实则筋实，筋实则善怒嗌干；伤热则咳，咳则胁下痛，不能转侧，又脚下满痛，故曰肝实风也。然则因其轻而扬之，因其重而减之，因其衰而彰之。""衰"，指病邪将尽而正气未复，以正气虚衰为主的证候；"彰之"，指补益的方法。衰是针对病情而言，彰为治法，所以张介宾注说"衰者气血虚，故宜彰之。彰之者，补之益之，而使气血充"。例如，水肿病用逐水药后，肿势大体消退，但脾胃阳气未复，仍处于衰的状态，即可改用温阳健脾法如参苓白术散之类，以加强健脾化湿功能，消除余肿。

水郁折之

《素问·六元正纪大论》："郁之甚者治之奈何？岐伯曰：木郁达之，火郁发之，土郁夺之，金郁泻之，水郁折之。"水郁折之，常用于治疗因水液运行输布失常所导致的病证。肾主水，主导水液的运行、输布、排泄等，脾主运化输布水液，肺主通调水道。水属阴，性趋下，运行异常则见上逆或郁滞，该治法通过从阳或阴使郁滞之水气化，平降上逆之水液，使得水液运行恢复正常。可用于治疗现代医学由于"水郁"所致疾病，如水肿、腰痛、睡眠障碍等疾病。据临床报道，有人通过对睡眠障碍的分析，认为部分患者可以从"水郁折之"的理论入手进行治疗。也有人通过"水郁折之"的理论来治疗腰痛、水肿等，认为在治疗"水郁"的病证方面可以通过温肾填精，升腾肾气、升发肝木，以复肾水升腾、降心火，温肾水、化水郁、升提脾气，以轴带轮、润降肺阴，以金生水、补肾填精、安神定志等治疗方法来达到"折之"的效果。

散者收之

《素问·至真要大论》："清者温之，散者收之。"《张氏医通》释义："一曰酸收。泻下有日，则气散而不收，无能统摄，注泄何时而已。酸之一味，能助收摄之权。《经》云：散者收之是也。"散者收之，指精气耗散，失于固摄和约束的病证，如自汗盗汗、遗精滑泄之类，要用收敛固涩法治疗。如泻下日久，往往导致统摄无能，精气耗散而不收，故常用酸涩之品以收之，方如乌梅丸等。据临床报道，遵"散者收之"而用固表敛阴止汗、敛肺纳气止咳、固精缩尿止带、敛津涩肠止泻之法治疗乳腺癌相关性并发症，疗效显著。实践表明，治疗精气耗散时不应拘于可见的有形物质的散失，而应拓展到一切有消耗、散失表现的疾病，如多汗、多尿、流涎、遗精等。

土郁夺之

《素问·六元正纪大论》："郁之甚者治之奈何？……土郁夺之，金郁泄之。"《景岳全书》释义："土应脾胃，土主湿邪，畏其壅淤，故宜夺之，或上或下，但使浊秽得净，则土郁可平，是即谓之夺也。"土郁夺之，是中土脾胃受到壅滞，当予祛除壅滞之邪。对脾胃运化功能被湿浊之气抑制过度而产生的一系列病症，如肠鸣泄泻、呕吐霍乱、脘腹胀满等，治当祛湿以疏土郁。据临床报道，可运用"木郁达之，土郁夺之"论治腹型肥胖，用"土郁夺之"理论辨治溃疡性结肠炎、慢性萎缩性胃炎，或基于土郁夺之论治腹泻型肠易激综合征，都取得了一定的疗效。

微者逆之

《素问·至真要大论》："微者逆之，甚者从之。"《素问经注节解》释义："夫病之微小者，犹人火也，遇草而焫，得木而燔，可以湿伏，可以水灭，故逆其性气以折之攻之。"微者逆之，是指对于病情轻、病势微的要逆其病气，采用与证情表现相对逆的治疗方法，治疗的用药趋向是逆病证表现而为的，即逆治法或正治法。

因其轻而扬之

《素问·阴阳应象大论》："故曰：其盛，可待衰而已。故因其轻而扬之……"《类经》释义："轻者浮于表，故宜扬之。扬者，散也。""轻"，指病邪浮浅，病位在表，来势不猛；"扬"，指宣扬发散。病邪轻浅在表的病证宜使用发散治法，顺病势向外发泄。例如外感风热之邪，病位在表者，当清热宣透，使在表之病邪随汗而解。据临床报道，可用宣散肺气的方法治疗咳嗽。有人将该治法运用于小儿推拿，于太阳、肩井等发汗解表的穴位使用拿法，配合泻法可起到"扬之"的作用。也有人将该法运用于皮肤病的治疗。

逸者行之

《素问·至真要大论》："逸者行之，惊者平之。"《内经知要》释义："逸，即安逸也。饥饱劳逸皆能成病，过于逸则气脉凝滞，故须行之。"由于过于安逸造成气脉凝滞、运动障碍之类的病证，可用行气活血通络的方法，使其通畅。逸者行之适用于由于各种原因所致的气血阴阳郁滞，血脉不通的病症。据临床报道，可用该法治疗带状疱疹、糖尿病高血糖状态及其并发症等。同时要强调日常调节养护的重要性。

燥者濡之

《黄帝内经》："结者散之，留者攻之，燥者濡之。"《丹溪心法》释义："燥结血少，不能润泽，理宜养阴。"燥者濡之，指对体内津液不足所致的干燥病证，要用生津润燥法治疗。如阴虚肺燥的干咳，用滋阴润肺止咳法；肠燥便秘宜用润肠通便法等。燥者濡之即是以濡润之品治疗津液匮乏。叶天士提出"脾喜刚燥，胃喜柔润"，创立了胃阴学说。有人基于"燥者濡之"的理论，以甘凉濡润之剂治疗萎缩性胃炎胃阴虚证，运用咸寒补益药滋胃肾之阴，以恢复胃阴濡润及升降之性。

第十七章
《伤寒论》治法

在《伤寒论》中首次出现，用于治疗六经病证的治法，归入《伤寒论》治法（简称伤寒治法）。

东汉末年张仲景于公元200—210年著《伤寒杂病论》，在流传过程中，经后人整理编纂，将其中外感热病内容结集为《伤寒论》。该书总结了前人的医学成就和丰富的实践经验，集汉代以前医学之大成，并结合临床经验，系统地阐述了多种外感疾病及杂病的辨证论治，理法方药俱全，在中医发展史上具有划时代的意义和承先启后的作用，为诊治外感疾病提出了辨证纲领和治疗方法。

在治法上，该书以内服为主，兼具外治方法。从治疗病证及药性分析，已概括了汗、吐、下、和、温、清、补、消等治疗方法，书中所用的治疗方法切合病机、精于选药、主治明确、效验卓著，经过千百年临床验证，为中医治疗学提供了发展的基础。

伤寒治法的确定，一般遵循以下原则：一是首次出现于《伤寒论》中。为首次作为独立的治法方法出现于《伤寒论》原文中，未经编撰，流传后世，并为后世医家广泛应用于临床的治法。如先其时发汗、啜热稀粥、复其阳等。二是以治疗六经病证为主。《伤寒论》将外感疾病演变过程中的各种证候群，进行综合分析，归纳其病变部位，寒热趋向，邪正盛衰，而区分为太阳、阳明、少阳、太阴、少阴、厥阴六经病，进而采用相应治疗方法，如汗法多用于太阳病、下法多用于阳明病、和法多用于少阳病等。三是依据正邪偏盛立法。根据邪气与正气的盛衰情况选用治疗方法，如运用发汗法时灵活应用小发汗法、微发汗、更发汗、复发其汗等。四是以调和阴阳为治疗目的。六经病证，无论采取扶正，还是祛邪，无论是内服，还是外治，皆为协调阴阳，以期平衡，如发汗法、下法、和胃气法等。

应用伤寒治法要注意以下几个方面：第一，准确辨证是选择伤寒治法的关键。将四诊资料通过仔细分析，全面综合，准确辨清疾病的病因、病机、病位以及正邪交争关系。如病可发汗与不可发汗、可下与不可下、可火与不可火等均应严格把握，避免失治、误治而发生"坏病"。第二，全面把握治法内涵。只有对各种治法的使用方法、功能效用、主治证候、现代应用、现代研究、注意事项、禁忌范围、用法比较等全面了解和熟悉，才可灵活应用。如发汗法依据疗效而有小发汗、微发汗、更发汗、复发其汗等区别。第三，调摄煎服有法。调摄、煎服方法是伤寒治法疗效的重要保证，是该治法发挥作用的基础。如桂枝汤发汗法的煎服法及饮食禁忌。

本章主要涉及首次出现于《伤寒论》中的治法，包括汗法类、解外类、下法类、助阳类、理中类、和法类、其他内治法及外治法类。至于由后世医家在临床应用过程中演绎、引申而来的治法，如调和营卫、和解少阳、针刺等治法，以及涉及多种方法合用的治法，则分见于其他相关章节。

第一节 《伤寒论》汗法类

《伤寒论》中通过发汗的治疗方法，使患者适当汗出，以达到治疗目的的治法，归入《伤寒论》汗法类治法。

汗乃体液的组成部分，有自身调节与保护作用。汗既能滋润肌肤，调节体温，是调节气血津液的重要物质；又能维护人体阴阳平衡，维系阴平阳秘的功能。汗法是逐邪的重要方法。

汗法通过以下几个方面来达到治疗目的：一是宣通腠理，恢复肺气宣降，使津气运行通畅无阻，既可使外邪随汗而解，又可使人体恢复平和。二是宣发肺气，使气机通畅，气津随之宣发，继而向全身布散，并且通过气化作用将部分水液排出体外。三是升散通阳，助脾升清，燮理升降，使中焦气滞之郁结不畅者得以开达舒畅，升降和调。四是宣通脏腑通道，恢复脏腑之间的协调功能。

临床应用汗法应以汗出邪退为度，适可而止，不可妄发其汗，以免伤津耗气。对于《伤寒论》所述"淋家、衄家、疮家、汗家、亡血家"禁汗，同时对年老体弱患者也应慎重。同时应嘱患者近衣被，避风寒，谨防汗出当风复受外感。

伤寒发汗法

【出处】《伤寒论·辨脉法》："立夏得洪大脉，是其本位。其人病身体苦疼重者，须发其汗。若明日身不疼不重者，不须发汗。若汗濈濈自出者，明日便解矣。何以言之？立夏得洪大脉，是其时脉，故使然也。四时仿此。"

【溯源】《素问·阴阳应象大论》："其有邪者，渍形以为汗，其在皮者，汗而发之。"

【释义】《伤寒论·辨太阳病脉证并治》："遍身漐漐，微似有汗者益佳，不可令如水流漓，病必不除。"

该治法可分为：小发汗法、微发汗法、更发汗法、复发其汗法、重发汗法、先其时发汗法。

小发汗法

【出处】《伤寒论·辨太阳病脉证并治》："二阳并病，太阳初得病时，发其汗，汗先出不彻，因转属阳明，续自微汗出，不恶寒。若太阳病证不罢者，不可下，下之为逆，如此可小发汗。"

【溯源】《素问·至真要大论》："岐伯曰：气有高下，病有远近，证有中外，治有轻重，适其至所为故也。""近者奇之，远者偶之，汗者不以奇，下者不以偶，补上治上制以缓，补下治下制以急，急则气味厚，缓则气味薄，适其至所，此之谓也。"

【释义】《内经伤寒论语法通释》：若太阳病证不罢者，不可下，下之为逆，如此可小发汗（《伤寒论》第48条）——假如是太阳病证没有消除的，不可泻下，用了泻下法就属于误治。对于太阳病没有解除的人，可以稍稍地发一点汗。

【例案】歙县汪小庭，年四十四岁，嘉庆庚辰岁，伤寒垂危证治验。细绎病情，素不节欲，于二月十三日畏寒而起。未病前三日泄精两次，既病后又溏泻三四日。其始也，他医作春温症，用清解退热之剂不应，日渐加重，始显三阴见厥之势，体倦，微热无汗。医又用四逆散加干姜，服后肢冷稍温，少顷又冷，更医。医作风温化热见厥，以清疏法，加羚羊角等（未曾服）。主家见势危险，特求治于余。余诊得脉形右脉沉细、左脉虚微。知其阴阳两亏，寒邪陷入于三阴，而致四肢厥逆，邪难达表，以故神识模糊、语言错乱、舌根短缩、口不喜饮也，难以许治，姑念客途抱病，聊尽婆心以应之（二月二十一日诊）。人参（三分，另煎冲），大熟地（四钱），淡附子（六分），干姜（八分，炒），炙甘草（八分），加葱白两枚，六味河水煎服。复诊（二月二十二日）：证脉合参，仍以辅正兼以和解，俾邪由里达表，取微汗而解。方用"小柴胡"，去黄芩之苦寒，加生地以退荣分之热，得姜汁以和卫。复诊（二月二十三日）：进前后两方，脉形渐出，有鼓指之势，自是邪有出表之象。再以生津退热、调和荣卫，取小汗以彻热，庶几无遗蕴矣。大生地（五钱），大麦冬（一钱半，元米炒），淡黄芩（一钱半，酒炒），丹皮（一钱半，炒），地骨皮（一钱半），川石斛（五钱），生甘草（六分），柴胡（八分），加生姜五分，黑大枣二枚（去核）。[《竹亭医案》]

按：本案患者素不节欲，损伤正气，外感寒邪，失治误治，阴阳两亏，寒邪陷入三阴，病势垂危，治必兼扶正以祛邪，予葱白四逆汤加人参、熟地，药后阴阳渐复，邪有达表之势，然尚不可攻，故继予补益阴阳，辅正以和解。三诊脉形渐出，有鼓指之势，邪有出表之象，但正气尚弱，只可小发其汗，以透表达邪、生津退热、调和荣卫。

【析拓】小发汗法减少发汗解表方的药物用量，以减轻发汗之力，以治疗风寒郁闭于表，不得外达，介于表实表虚之间而偏于表实之证。如开表发汗之麻黄汤和调和营卫之桂枝汤配合应用，减量为桂枝麻黄各半汤，各取其长，既稍稍发汗，又避免发汗太过。临床可用于感冒、外感高热、咳嗽、过敏性鼻炎，以及变态反应性疾病、皮肤肌表疾病等的治疗。据临床报道，可用小发汗法治疗慢性荨麻疹、糖尿病合并皮肤瘙痒、慢性肾衰竭皮肤瘙痒症、老年性皮肤瘙痒症，还可以用于治疗便秘、皮肌炎、神经性皮炎、银屑病、过敏性紫癜等疾病。研究表明，小发汗法可起到抗流感病毒、解热镇痛、抗炎、平喘、免疫干预、抗过敏及降糖等作用。

◎ 其他《伤寒论》汗法

微发汗法

《伤寒论·辨少阴病脉证并治》："少阴病，得之二三日，麻黄附子甘草汤微发汗。以二三日无证，故微发汗也。"微发汗法是温阳药与发汗解表药配伍应用，以达到微微发汗的治疗方法。该法可温经发汗，助阳解表，使汗不伤阴，邪从表解，以治疗病势较轻的少阴兼太阳表证，症见恶寒，微发热，身痛，无汗，气短，身浮肿，小便不利，脉浮而濡或沉而小等。现代医学的上呼吸道感染，流感，气管炎，支气管哮喘，急性或慢性肾炎等表现为上述证候者，可用微发汗法治疗。据临床报道，可用微发汗法治疗冠心病心律失常、哮喘、喉痹、荨麻疹、糖尿病，也可用微发汗法改善维持性透析并发皮肤瘙痒症症状。研究表明，微发汗法具有强心、消炎镇痛、发汗、止咳平喘、抑制流感病毒等作用。

更发汗法

《伤寒论·辨太阳病脉证并治》："伤寒发汗，解半日许，复烦，脉浮数者，可更发汗，宜桂枝汤主之。""若发汗不彻，不足言阳气怫郁不得越，当汗不汗，其人躁烦，不知痛处，乍在腹中，乍在四肢，按之不可得，其人短气，但坐，以汗出不彻故也，更发汗则愈。何以知汗出不彻？以脉涩故知也。"更发汗法是对经发汗治疗后表邪已尽，退而复集，或表邪郁闭，汗出不彻等表邪反复不解者，多次采用发汗法治疗，使表邪尽解而愈的治疗方法。常用于治疗呼吸系统、风湿免疫系统、泌尿系统、心血管系统等疾病及皮肤病，在部分疑难病的治疗中也常获良效。据临床报道，可用汗法治疗急性上呼吸道病毒感染、皮肤病、高血压、急性虹膜炎、过敏性鼻炎、乳腺增生、末梢神经炎、类风湿性关节炎等。研究表明，汗法具有抗炎、镇痛作用。

复发其汗法

《伤寒论·辨太阳病脉证并治》："病常自汗出者，此为荣气和。荣气和者，外不谐，以卫气不共荣气和谐故尔。以荣行脉中，卫行脉外，复发其汗，荣卫和则愈，宜桂枝汤。"复发其汗法是通过再次发汗以达到汗彻邪尽病愈的目的，可用于或汗出未彻，缠绵不解，或汗解后，将息失宜，又复劳发等。虽已发汗或汗自出者仍用汗法，乃是因为此汗是邪风内扰、腠理开合失度，营阴外泄之病汗，故必须再发其汗，使风寒外散方能营和卫谐、肌腠解利，病去汗止。据临床报道，应用复发其汗法可治疗以肌肉及关节冷痛、重着、活动困难、痛位固定等为主要表现的疾病。还可用该法治疗皮肤红肿、周围性面瘫、急性肾炎、腺病毒肺炎等。由于前已发汗，腠理已疏，故再次发汗时便不宜使用峻汗剂，只宜解肌祛风，调和营卫，以免过汗伤正，转生他变。

重发汗法

《伤寒论·辨可发汗脉证并治》："凡发汗，欲令手足俱周时出，以漐漐然一时许亦佳。不可令如水流漓。若病不解，当重发汗。汗多必亡阳，阳虚不得重发汗也。"重发汗法是指对已经发汗治疗过的患者再次使用发汗治疗。《伤寒论》强调应用重发汗法不可用麻黄汤、大青龙汤等重剂峻发其汗，否则易引起其他变证。且汗为津液，汗多津液耗损，阳亦随之亡，故阳虚者不可重发汗。重发汗法通常用桂枝汤等轻发其汗，既祛风解肌、调和营卫以治外邪侵袭，又固护表阳、益阴和阳而调和营卫以扶助正气。临床用于感冒、发热性疾病、各种汗证等的治疗。据临床报道，可用重发汗法治疗不明原因发热、更年期综合征、糖尿病多汗症、青少年期颈椎病、小儿反复呼吸道感染、中风半身汗出、产后汗证。

先其时发汗

《伤寒论·辨太阳病脉证并治》："病人藏无他病，时发热，自汗出，而不愈者，此卫气不和也。先其时发汗则愈，宜桂枝汤主之。"先其时发汗法是在正邪相争之前预先用药，使正气得药力相助，邪气被药力抑杀，一鼓而取胜。体现了中医"夺箕未至，发于先机"的治疗原则。这种方法开创了后世时间医学的先河。对某些在特定时间发作，或于某一时间最难忍受的疾病，亦有特定服药时间。据临床报道，可用先其时发汗法治疗自主神经功能紊乱、急性左心衰竭。孙增为用该法治疗痛经、恶性肿瘤。研究表明，该法具有提高血药浓度、延长半衰期等作用，能更有效地杀伤正在增殖中的肿瘤细胞。

第二节 《伤寒论》解外类治法

主要用于祛除表邪、解除表证的治法，归入《伤寒论》解外类治法。

"表"是相对于里而言，脏腑为里，皮毛、肌腠、经络为外，这些部位受邪，均属表证的范畴，故表证是指风、寒、暑、湿、燥、火六淫，以及疫疠之气由外经皮毛、口鼻侵入皮毛、肌肤、腠理、经络所形成的证候。

《伤寒论》解外类治法祛除表邪的途径有：一是"发汗"。服药后加用温覆法、啜热稀粥法等，以达到出汗的目的。二是"解表"和"解外"。服药之后，听其自然，不用温覆，也不一定必须出汗。"表"，是肤表，部位一定；"外"，是对里而言，除了里都是外。三是"解肌"。是指邪在肌腠，专指表邪之表疏有汗者而言，是桂枝汤的专长。

临床应用解外治法应注意以下几点：一是解外治法的作用不是发汗，而是祛邪的手段，使用本法后必须看外邪之解与未解。二是在运用解外治法时必须注意辨清外邪的部位在皮毛、肌肤、腠理、经络以及表里缓急，进而选择最佳的治疗方法。三是应注意剂量，中病即止。用量过多，发汗过多，易耗气伤阴。

解肌法

【出处】《伤寒论·辨太阳病脉证并治》："太阳病三日，已发汗，若吐，若下，若温针，仍不解者，此为坏病，桂枝不中与之也。观其脉证，知犯何逆，随证治之。桂枝本为解肌，若其人脉浮紧，发热汗不出者，不可与之也。常须识此，勿令误也。"

【溯源】《灵枢·邪客》："补其不足，泻其有余，调其虚实，以通其道而去其邪。"

【释义】《新修伤寒论研究大辞典》：治法名。指解散肌表邪气的治法，特指用桂枝汤调和营卫、解太阳肌表风邪的治疗方法。

【例案】孔左，外邪袭于太阳，湿滞内阻中焦，有汗恶风不解，遍体酸疼，胸闷泛恶，腹内作胀。宜疏邪解肌，化滞畅中。川桂枝（八分），仙半夏（二钱），炒枳壳（一钱），白蔻仁（八分），炒赤芍（一钱五分），陈广皮（一钱），大腹皮（二钱），六神曲（三钱），紫苏梗（一钱五分），苦桔梗（一钱），赤茯苓（三钱），制川朴（一钱），生姜（二片）。[《丁甘仁医案》]

按： 仲圣所谓发汗者，指麻黄独用，亦指麻、桂并用。中风有汗而桂、芍并用，即谓之解肌，不只为发汗。患者有汗恶风，遍体酸疼，乃外邪袭于太阳，太阳表虚，营卫失和，故予桂、芍并用，解肌疏邪，调补营卫，丝丝入扣。

【析拓】解肌法是解散肌表之邪，唯中风发热，脉浮缓自汗出者为宜。其与麻黄汤之发汗不同：麻黄汤发汗是用辛温发汗的方药，通过开发腠理，促进出汗以祛除表邪；其适应证是太阳伤寒表实证，病机是寒邪束表，腠理闭塞。解肌法是通过调补营卫，协调营卫关系，恢复营卫功能而达到祛邪外出的方法。桂枝汤是解肌法代表方，可辨证用于内、外、妇、儿、神经、精神等各科疾病的治疗。据临床报道，可用解肌法治疗支气管哮喘、低钾血症、颈椎病、单纯疱病毒性角膜炎、原发性眶上神经痛、变态反应性皮肤病、慢性肾炎。

◎ 其他《伤寒论》解外治法

解外法

亦称解表法。《伤寒论·辨太阳病脉证并治》："太阳病，先发汗不解，而复下之，脉浮者不愈。浮为在外，而反下之，故令不愈。今脉浮，故知在外，当须解外则愈，宜桂枝汤主之。"解外法有两种情况：一是指用桂枝汤的治法，治疗中风表虚证，解除肌表外邪，即解肌法；二是指用小柴胡汤解除少阳经表之邪，即和解法。临床应用包括：单纯解表法，适用于只见表证而无任何兼证以及表证为主兼有里证，治疗单用解表法，其兼证可以随之而解。表里双解法，适于涉及两个以上的病位和病因所引起的复杂证候。先后解表解里法，这是在表里同病的情况下，根据表里的轻重缓急所采取的一种方法。据临床报道，可用该法治疗支气管哮喘、急性肾炎、荨麻疹、皮肤瘙痒症、硬皮病、白癜风、干燥性角结膜炎、病毒性心肌炎、痛经、急性乳腺炎等。

攻表法

《伤寒论·辨厥阴病脉证并治》："下利，腹胀满，身体疼痛者，先温其里，乃攻其表。温里四逆汤，攻表桂枝汤。"其中下利，腹胀满，为里寒甚；兼身体疼痛为表有寒，故先用四逆汤温里寒，则胀满除；继用桂枝汤攻表邪，使邪从表而出。解表不止于发散以祛邪，还包括根据病因、病机、病势以及阴阳盛衰，进行调补后正胜邪退以祛邪。临床上广泛用于治疗呼吸、循环、免疫、泌尿、生殖、内分泌、消化、神经等多个系统疾病。据临床报道，可用攻表法治疗小儿反复呼吸道感染、肠易激综合征、支气管哮喘缓解期、不宁腿综合征、糖尿病心脏自主神经病变。研究发现，攻表法可影响脑中腺苷酸环化酶和磷酸二酯酶活性而调节体温。

急当救表法

《伤寒论·辨可发汗脉证并治》："下利后，身疼痛，清便自调者，急当救表，宜桂枝汤发汗。"急当救表法是表里同病时，若表证较急，则当先救表，积极治疗表证，以免表邪乘里虚而内传，提示要抓住主要矛盾先行解决，急当救表寓有预防表病传里之意。多用于治疗呼吸系统、泌尿系统、消化系统、免疫系统以及妇科疾病等。据临床报道，可用急当救表法治疗类风湿性关节炎（初起或急性活动阶段）合并外感、痢疾夹表邪、新型冠状病毒奥密克戎变异株感染、尿路感染、感冒兼伤食、闭经风寒客表证，以及治疗由外感而诱发、加重的肾病。

啜热稀粥法

《伤寒论·辨太阳病脉证并治》："……服已须臾，啜热稀粥一升余，以助药力，温覆令一时许，遍身漐漐微似有汗者益佳，不可令如水流漓，病必不除……"啜热稀粥法是服药后通过大口喝热稀粥一类食物，使谷气内充，以助药力，助胃气，资营卫，益津液使中焦之津液外布，即有潜伏之邪亦与汗并出，是以发汗不致于亡阳，止汗不至于留邪。临床常根据病情选用啜粥法，尤其是风寒感冒，胃中虚寒，脾气虚弱等更为适合。据临床报道，可在柴葛解肌汤基础上加用啜热稀粥法治疗时行感冒。可用该法配合治疗病毒感染，可用桂枝汤加啜热稀粥法等治疗冻疮，或用桂枝汤加该法治疗二尖瓣脱垂综合征。研究表明，啜热稀粥法能显著提高对流感病毒性肺炎的抑制作用，对病鼠网状内皮系统（RES）吞噬活性也有提高倾向。

小促其间法

《伤寒论·辨太阳病脉证并治》："若一服汗出病差，停后服，不必尽剂。若不汗，更服依前法。又不汗，后服小促其间，半日许，令三服尽。若病重者，一日一夜服，周时观之。"小促其间法是根据病情的轻重缓急、病势进退、体质强弱、年龄差异、服药后反应等而酌情缩短服药间隔时间，增加服药次数，使药物在一定的时间内持续发挥作用，也可增加血药高峰浓度及维持较高血药浓度时间。多应用于急症、重症以及慢性疾病、疑难病症的治疗。据临床报道，可用小促其间法治疗化脓性扁桃体炎、急性肾盂肾炎、风湿热、胆道感染、颅脑外伤、肺炎、上呼吸道感染、手术等导致的高热；也可用该法治疗急性再生障碍性贫血合并感染性休克、老年前列腺肥大性尿潴留、小儿腮腺炎高热、喉源性咳嗽，或用于溃疡性结肠炎保留灌肠治疗。

彻其热法

《伤寒论·辨厥阴病脉证并治》："伤寒脉迟，六七日，而反与黄芩汤彻其热。脉迟为寒，今与黄芩汤，复除其热，腹中应冷，当不能食；今反能食，此名除中，必死。"彻其热法是运用性质寒凉，具有清热、泻火、凉血、解毒等作用的一类药物来清解热邪的方法，适用于治疗各种热性病和脏腑火热证。广泛应用于消化系统疾病、呼吸系统疾病、循环系统疾病、神经系统疾病、内分泌系统疾病、泌尿系统疾病、免疫系统疾病、传染性疾病等。据临床报道，国医大师颜正华用该法治疗感冒。也可用该法治疗睡眠障碍、胃溃疡穿孔、脑出血、糖尿病。研究表明，彻其热法可调控多器官功能障碍综合征（MODS）患者炎症反应和代偿抗炎反应，改善MODS患者的病情及预后。

第三节 《伤寒论》下法类

《伤寒论》中运用具有泻下、攻逐、润下作用的药物，以通导大便、消除积滞、荡涤实热、攻逐水饮、积聚的治法，归入《伤寒论》下法类治法。

"阳明居中土，为万物所归，无所复传。"胃为水谷之海，后天之本。阳明大肠主传导糟粕，以通降为顺。故无论三阳三阴，受邪均传入胃，形成阳明腑实之证，多用下法，使邪从大肠而出，则腑气自通，阳明邪气得祛。

《伤寒论》下法类清除人体内糟粕及邪气的途径：一是通泻大便，使糟粕从下排出；二是通过泻热或散寒，使气机畅通，而消除痞满；三是缓通润下，用于胃强脾弱，肠乏津液导致大便难；四是破积逐瘀，用于血热互结、瘀血内阻的病证；五是清利退黄，用于热与湿互相郁蒸而致黄疸病；六是攻下逐水，用于饮停胃肠或饮停胸胁证。

《伤寒论》下法主要用于治疗阳明腑实证或邪结阳明，多为祛邪而设，力专药猛。该法在攻邪的同时易使病邪传里并损伤正气，故病在表者不可下，阳明病腑实未成者不可下，脾胃虚寒者不可下，阴血亏虚者不可下，阳气虚衰者不可下，下后慎用攻下。

伤寒下法

【出处】《伤寒论·辨阳明病脉证并治》："汗出谵语者，以有燥屎在胃中，此为风也，须下之，过经乃可下之。下之若早，语言必乱，以表虚里实故也。下之则愈，宜大承气汤。"

【溯源】《素问·阴阳应象大论》："其高者，因而越之，其下者，引而竭之，中满者，泻之于内。"

【释义】《伤寒杂病论大辞典》：攻下，泻下，治法之一。可分为急下法、宜下法。
该治法包括急下法等。

急下法

【出处】《伤寒论·辨阳明病脉证并治》："阳明发热，汗多者，急下之，宜大承气汤。"

【溯源】《素问·至真要大论》："盛者泻之""留者攻之"。

【释义】《新修伤寒论研究大辞典》：下法之一。指用峻猛的大承气汤紧急通泻腑热、釜底抽薪以保存津液的治疗方法。

【例案】师曰：予尝诊江阴街肉庄吴姓妇人，病起已六七日，壮热，头汗出，脉大，便闭，七日未行，身不发黄，胸不结，腹不胀满，惟满头剧痛，不言语，眼张，瞳神不能瞬，人过其前，亦不能辨，证颇危重。余曰：目中不了了，睛不和，燥热上冲，此《阳明篇》三急下证之第一证也。不速治，行见其脑膜破裂，病不可为矣。于是遂书大承气汤方与之。大黄（四钱），枳实（三钱），川朴（一钱），芒硝（三钱）。并嘱其家人速煎服之，竟一剂而愈。[《经方实验录》]

按：本案阳明燥气上冲颠顶，故头汗出，满头剧痛，神识不清，目不辨人，乃实热燥屎内结的阳明腑实重证，其势危在顷刻。当急下之，宜大承气汤。仲圣之论，已甚明了。今一剂而下，如釜底抽薪，泄去胃热，胃热一平，则上冲燥气因下无所继，随之俱下，故头目清明，病遂霍然。

【析拓】急下法有两层含义：一是应用峻烈的攻下药物；二是病情危重，有可下之症需要紧急攻下。少阴症，口燥咽干，谓之肾汁干；阳明症，发热汗多，谓之胃汁干，均须用急下法。主要用于阳明腑实、燥热亢盛、阴液大伤或有阴液迅速耗伤之趋势的证情，或少阴热化、阴液损耗而复转阳明而形成的阳明腑实证。广泛应用于现代医学急危重症的救治。据临床报道，可用急下法治疗肝性脑病、重症急性胰腺炎、暴盲症、脑血管意外、高热昏迷。研究表明，该法通过灭活内毒素，降低细胞因子、ET-1水平等减轻全身器官病理改变，控制炎症反应。

◎ 其他《伤寒论》下法

宜下法

《伤寒论·辨可下病脉证并治》："下利，不欲食者，以有宿食故也，当宜下之，与大承气汤。"宜下法是适当地运用承气汤攻下治疗阳明腑热已经结聚，症状上已具备可下条件的疾病。与急下法相比，没那么紧迫，还有选择适宜时间和方法攻下的余地。主要用于除汗、吐法之外的"有余"之证，其应用范围主要包括机体全身或局部的阳、实、热之证。广泛应用于现代医学消化系统、神经系统、循环系统以及妇科、儿科、皮肤科等多种疾病的治疗。据临床报道，可用宜下法治疗急性黄疸性肝炎、脑出血术后出现脑水肿、颅内压增高及胃肠道功能紊乱、阵发性室上性心动过速、糖尿病肾病Ⅲ期、糖尿病周围神经病变、人工流产后漏下不止、皮肤湿疹等病机属阳明腑热结实者。

第四节 《伤寒论》助阳类

通过各种方法和手段去保护、调理、强壮、振奋阳气以达正胜邪去、阴阳平秘的治法，归入《伤寒论》助阳类治法。

在《伤寒论》中阳气的生理功能主要有三：一是卫外功能。即顾护肌表、抵御外邪，使人体不易受外邪侵袭。二是温养功能。即气化、温养脏腑组织的生命活动，维持精神思维正常并保持精力充沛，使关节筋脉柔和而能屈伸自如。三是调节生命活动节律，顺应自然变化。

《伤寒论》助阳类治法恢复气阳功能的途径：一是养阳，就是消除或减少损阳耗阳的各种因素，以达到纠正阳虚的目的。二是通阳，即使阳气能够充分气化以贯通全身表里上下。根据导致阳气闭郁的不同病机采取相应的通阳措施，调节阳气的分布，从而纠正局部病变。三是温阳散寒，即以温热性药物消除象征寒的症状，包括辛温散寒和温补阳气。

《伤寒论》助阳类治法所用多为温热性药物，故热证忌用；其性又兼燥，易耗气伤阴，故阴虚津亏者忌用；因其易助热动火，故孕妇不宜，炎热之时亦应慎用；对于其中有毒之品的使用，应注意炮制、用法及用量，保证用药安全。

复其阳法

【出处】《伤寒论·辨太阳病脉证并治》："伤寒脉浮，自汗出，小便数，心烦，微恶寒，脚挛急，反与桂枝汤，欲攻其表，此误也。得之便厥，咽中干，烦躁，吐逆者，作甘草干姜汤与之，以复其阳。"

【溯源】《素问·生气通天论》："阳气者，若天与日，失其所则折寿而不彰。故天运当以日光明。是故阳因而上，卫外者也。"

【释义】《伤寒杂病论大辞典》：使病人阳气恢复。

【例案】丙子春，黄艮中之母病患春温，医人妄投药饵，遂致不起。越三日父又继之，而黄君病亦笃，举室仓皇，迎余诊视。余曰：此两感春温症也。诸医环议，余用小柴胡汤去黄芩，加前胡、苏梗，二服汗出热解，胁痛亦除。次日君侄自外来，以雪梨遗君，切数片食之，须臾痰涌气促，面赤戴阳，腰空欲脱。是夜，神魂飘荡，细语呢喃不止。余于次早用真武汤以复其阳，晚用六味地黄汤以救其阴，调治十余日，前阴利下赤便而愈。[《尚友堂医案》]

按： 患者冬伤于寒，又冬不藏精，至春发病，为两感春温，证属少阳，以小柴胡汤汗后热解，但汗后转虚，阴阳俱不足，又误食寒凉，阳气更伤，虚阳外越，治疗当阴阳兼顾，故以真武汤温阳散寒，以复其阳，并以六味地黄汤养阴，共奏扶阳益阴，双补阴阳之效。

【析拓】复其阳法是指应用具有温阳散寒作用的治疗方法，以使患者的阳气恢复。甘草干姜汤是复其阳法的代表方剂，在此方的基础上变化加味而来的类方不离温中复其阳的立方主旨，对疾病治疗更全面。该法治疗呼吸系统、消化系统、五官科、妇科、泌尿系统等疾病效果良好。据临床报道，用复其阳法治疗口腔溃疡、糖尿病、慢性萎缩性胃炎、干燥综合征、非肥胖型多囊卵巢综合征。研究表明，复其阳法方药通过抗炎、抗凋亡、抗氧化、神经再生等途径对缺血性神经元起到保护、修复作用；并可改善颈动脉和相关大血管的弹性。

◎ 其他《伤寒论》助阳类

温经法

《伤寒论·辨太阳病脉证并治》："寸口脉浮而大，浮则为风，大则为虚，风则生微热，虚则两胫挛。病证象桂枝，因加附子参其间，增桂令汗出，附子温经，亡阳故也。厥逆咽中干，烦躁，阳明内结，谵语，烦乱，更饮甘草干姜汤。夜半阳气还，两足当热，胫尚微拘急，重与芍药甘草汤，尔乃胫伸，以承气汤微溏，则止其谵语，故知病可愈。"温经法是通过温补阳气而使经脉复通，适用于阳衰而经脉不利所致证候的治疗方法。各种原因导致寒滞经脉，肝胆经脉所过所及证候之症，凡出现拘急、疼痛，甚或麻木冷痛，或肌肤不仁者，均可选用本法治疗。在妇科、生殖系统、循环系统、神经系统疾病，以及肝胆疾病的临床诊治中运用广泛。据临床报道，用温经法治疗血栓闭塞性脉管炎、功能失调性子宫出血、腹型癫痫、原发不孕、腰椎间盘突出症等病机属寒凝经脉者，效果良好。研究表明，温经法可改变血清NO、SOD含量，保护胸腺、脾脏等免疫器官，纠正免疫紊乱，降低促炎性细胞因子IL-1β、TNF-α等的表达，恢复机体及关节局部内环境稳态平衡。

温之法

包括太阴当温之法和少阴病急温之法。《伤寒论·辨太阴病脉证并治》："自利不渴者，属太阴，以其藏有寒故也。当温之，宜服四逆辈。"《伤寒论·辨少阴病脉证并治》："少阴病，脉沉者，急温之，宜四逆汤。"温之法是通过辛温方药的温里祛寒的作用，以治疗里寒证的治法。在具体应用上，又根据寒证所在的不同部位、不同层次，而有具体的分类。具有温中祛寒、回阳救逆之效。应用于循环系统、内分泌系统、神经系统疾病以及肿瘤、传染性疾病等的治疗。据临床报道，国医大师洪广祥用温之法治疗慢性阻塞性肺疾病。也可用该法治疗手部顽固性湿疹、眼部疾病、心血管疾病、急危重症。研究表明，该法能稳定氧化应激环境下肺间充质干细胞的线粒体形态。

温里法

《伤寒论·辨厥阴病脉证并治》："下利，腹胀满，身体疼痛者，先温其里，乃攻其表。温里四逆汤，攻表桂枝汤。"温里法是由温中以祛脏腑沉寒、回阳以救四肢厥逆等作用的温热类药物为主的处方所体现的治法，适用于脘腹冷痛、呕泻食少等脏寒证，或四肢厥逆、脉沉微欲绝等亡阳急证。广泛应用于现代医学内分泌代谢、神经系统、心血管系统、消化系统、免疫系统等疾病的治疗。据临床报道，国医大师沈自尹等用温里法防治老年病，延缓衰老。也可用温里法治疗脾肾阳虚型糖尿病、心力衰竭、慢性结肠炎、硬皮病、膝关节镜术后疼痛、癌性发热。

第五节 《伤寒论》理中类

《伤寒论》中具有温中祛寒、调补脾胃之功，主要用于温通疏理太阴之阳的治法，归入《伤寒论》理中类治法。

上焦属阳，下焦属阴，中焦坐守中宫，主要功能是助脾胃，主腐熟水谷、泌糟粕、蒸津液、化精微，乃阴阳交隅之所、脏腑升降之枢。中焦之气上交于阳，下交于阴，阴阳交和，使水谷精微升而输注于五脏，水湿糟粕降而下通于六腑。

《伤寒论》理中类治法通过以下几个方面来燮理中焦：一是补虚，如以甘味之人参、白术、甘草补益之；二是温阳，如以辛温之干姜温之；三是散寒，如以辛散之干姜散之；四是以苦温之白术燥之。四法融合，太阴之虚得补、寒得温、湿得化、谷气得升，共显温阳理中之功。

《伤寒论》理中类治法以补益、散寒、温阳为核心，燥湿为辅，以温补类药物为主，应注意使补而不壅滞，辛散而不耗气，二者相辅相成，补益中气之虚，散太阴之寒，温通疏理中焦之气，以复太阴升降之枢机。湿热内蕴中焦及阴虚内热者禁用。

和胃气法

【出处】《伤寒论·辨太阳病脉证并治》："发汗后，恶寒者，虚故也；不恶寒，但热者，实也。当和胃气，与调胃承气汤。"

【溯源】《素问·平人气象论》："平人之常气禀于胃，胃者平人之常气也；人无胃气曰逆，逆者死。"《素问·厥论》："胃不和则精气竭。"

【释义】《新修伤寒论研究大辞典》：本作调和胃气解，指通便和胃之类治疗方法。

【例案】秦，二七。面长身瘦，禀乎木火之形。气阻脘中，食少碍痛，胃口为逆，乃气火独炽之象。忌用燥热劫津，治以平肝和胃。降香，郁金，山栀，橘红，枇杷叶，苏子，川贝母，姜皮。[《《临证指南医案》》]

> **按：** 观察人之形态，是古人划分体质类型的主要方法之一。本例患者面长形瘦，禀乎木火之形，所以断其为肝木素旺，易犯中土，因而出现脘痛、纳少、呕逆等症状。《黄帝内经》所谓六腑者，传化物而不藏，以通为用，治以通降胃气，以顺应胃腑之性，胃气则和。同时予平抑肝气，肝胃同调，标本兼治。

【析拓】胃与大肠共属阳明，以降为和。和胃气法是基于通便为主要策略以调和胃气的治疗方法，用于发汗亡津，胃肠积热，腑气不通，胃气上逆所致证候，关键所见症为不恶寒反恶热，大便实，以调胃承气汤为代表方。可用于治疗现代医学的糖尿病、乙型脑炎、急性或慢性胃肠炎、急性或慢性胆囊炎、急性或慢性胰腺炎、细菌性痢疾、结肠炎、荨麻疹等病症。据临床报道，可用和胃气法治疗睡眠障碍、胃食管反流病、肿瘤、慢性咽炎、胃炎。研究表明，和胃气法可抵御病原体侵入，清除有害物质，维护、调节胃肠道生理功能。

◎ 其他《伤寒论》理中类

白饮和服法

也称白饮和法。《伤寒论·辨太阳病脉证并治》："右件三味为末，内芭豆，更于臼中杵之，以白饮和服。强人半钱，羸者减之。"白饮和服是一种能影响药物疗效的服药方法。白饮，即白米汤，或糯米汤，味甘温，有振奋胃阳，充养卫气的作用，使部分湿邪从汗而解，还能固护胃气，使峻药攻邪而不伤正，同时还有补气生津养阴之效。白饮和药内服，运用其和缓之性，使药物留恋于病所，发挥最大效力；又用其甘温之性，健脾和胃，益津气。据临床报道，可用五苓散白饮和服治疗呕吐。观察发现，该法可缓解产后体虚，促进产妇乳汁分泌；还可减少药物刺激、补益脾胃，能缓解、调和某些药物的毒副作用，辅助药物充分发挥效力，并可降低半夏毒性及方剂对咽喉的刺激性。

微和胃气法

《伤寒论·辨阳明病脉证并治》："阳明病脉迟，虽汗出，不恶寒者，其身必重，短气腹满而喘，有潮热者，此外欲解，可攻里也，手足濈然而汗出者，此大便已硬也，大承气汤主之；若汗多微发热恶寒者，外未解也，其热不潮，未可与承气汤；若腹大满不通者，可与小承气汤，微和胃气，勿令大泄下。"微和胃气法是用较和缓的药物调和胃肠气机，使腑气畅通，恢复胃肠气机升降的动态平衡。代表方剂为小承气汤。微和胃气法本质在于调和正气与邪气的关系，调和胃肠气机，恢复胃肠功能，属于"和"法，而非攻下。可广泛用于辨治外感疾病和内伤杂病。据临床报道，可用该法治疗神经性头痛、小儿厌食症、急性胃肠炎、荨麻疹等病症。用微和胃气法治疗术后早期炎性肠梗阻，一方面，可提高胃腑张力，改善胃部功能障碍，推动肠道功能运动；另一方面，可抑制体内细菌感染。研究证实，微和胃气法有促进胃肠蠕动及新陈代谢，预防感染的作用。

调胃法

《伤寒论·辨阳明病脉证并治》："阳明病，不吐、不下、心烦者，可与调胃承气汤。方一：甘草（炙，二两），芒硝（半升），大黄（清酒洗，四两）。上三味，切，以水三升，煮二物至一升，去滓，内芒硝，更上微火一二沸，温顿服之，以调胃气。"调胃法以调和胃气为主，通调大便为辅。胃中燥热不合，而非大实满，故不欲其速下，而欲其恋膈而生津，具有泻热和胃，润燥软坚，缓下热结的功效，通用于治疗阳明燥热结实，或大便燥坚，痞满不甚，或腑实证下后邪热宿垢未尽者。运用于消化系统、神经系统疾病，传染病及中毒等疾病的治疗。据临床报道，可用调胃法治疗慢性胰腺炎、中风急性期、肺心病合并肝损害、流行性出血热、急性有机磷中毒。研究表明，该法可抑制发热效应，减少血浆 ET 水平，降低血浆肿瘤坏死因子、LPO 水平，增加 SOD 活性，抑制脑脊液前列腺素 E、环核苷酸升高效应，减轻脏器组织病理损害。

攻胃法

《伤寒论·辨不可下病脉证并治》："脉浮而大，浮为气实，大为血虚。血虚为无阴，孤阳独下阴部者，小便当赤而难，胞中当虚，今反小便利，而大汗出，法应卫家当微，今反更实，津液四射，荣竭血尽，干烦而不得眠，血薄肉消而成暴液。医复以毒药攻其胃，此为重虚，客阳去有期，必下如污垩而死。"攻其胃法是用具有泻下、攻逐性质的药物治疗阳明里实证的治法，具有通导大便、荡涤积滞、攻逐水饮等作用。适用于热结、寒结、燥结、水结等里实证。广泛应用于现代医学消化系统、呼吸系统、神经系统、泌尿系统、内分泌代谢以及感染性疾病等的治疗。据临床报道，可用攻其胃法治疗急性假性肠梗阻、脑血管意外急性期、夜咳、咯血、胰腺炎等内科急重症；还可用该法治疗荨麻疹、痤疮等皮肤病，流行性出血热，急性肾衰竭。

攻痞法

《伤寒论·辨太阳病脉证并治》："伤寒大下后，复发汗，心下痞，恶寒者，表未解也，不可攻痞，当先解表，表解乃可攻痞。解表宜桂枝汤，攻痞宜大黄黄连泻心汤。"攻痞法是用泻热、开结、消痞的方法治疗中焦有热，脾胃升降失司，无形之邪热壅聚于心下，气机阻滞而形成的热痞证，以大黄黄连泻心汤为代表方剂。该方可清火热之痞，又可远苦味荡涤之患。广泛用于消化系统疾病、外科疾病、口舌生疮及急性结膜炎等疾病。据临床报道，可用攻痞法治疗幽门螺杆菌阳性慢性胃炎、急性上消化道出血、痤疮、原发性肾病综合征、糖尿病肾病慢性肾功能不全。研究表明，该法对机体细胞和体液免疫均有增强作用，并具有明显的抑菌作用。

理中焦法

《伤寒论·辨太阳病脉证并治》："伤寒服汤药，下利不止，心下痞硬。服泻心汤已，复以他药下之，利不止，医以理中与之，利益甚。理中者，理中焦，此利在下焦，赤石脂禹余粮汤主之。复利不止者，当利其小便。"中焦为机体生命运动上通下达之枢，脾胃乃气血津液布散脏腑之枢，又为水湿痰瘀代谢之枢。理中焦法是通过温中祛寒、和中理气，以协调中焦脾胃功能，使机体上下通畅，气血津液布散脏腑，水湿痰瘀代谢正常，失调之气机归常。多用于脾胃虚寒、气滞等证。据临床报道，可用理中焦法治疗冠状动脉硬化性心脏病、慢性胃炎、肿瘤、抑郁症，也可用于肺癌围手术期治疗。研究表明，理中焦法可减轻化疗所致骨髓抑制等毒性反应；还可改善动物的记忆、思维、意识活动。

甘澜水法

《伤寒论·辨太阳病脉证并治》："右四味，以甘澜水一斗，先煮茯苓，减二升，内诸药，煮取三升，去滓，温服一升，日三服。作甘澜水法，取水二斗，置大盆内，以杓扬之，水上有珠子五六千颗相逐，取用之。"甘澜水由于经过搅扬，寒性已去，柔弱无力，用于煎煮治疗肾虚水气上冲证之方药，不助肾邪。（也有人认为甘澜水是新鲜的淘米水经过激烈搅动形成，含有多种水溶性维生素，是机体必需的营养物质，还可改善神经系统的功能。）用于治疗伤寒后欲作奔豚、霍乱吐利、五劳七伤、阳盛阴虚、病后虚弱、目不能瞑、肾虚、脾弱煎阴证等。据临床报道，可用甘澜水法治疗妊娠呕吐、睡眠障碍、糖尿病性肾病。也可用甘澜水清洗疮毒及神经性皮肤瘙痒等。有人认为，甘澜水溶解氧达饱和状态；通过水的运动，使大水分子团分裂成许多小水分子团，更易进入细胞膜发挥应有功能，作为吸收、输送营养物质和药物分子及排除废物的媒介和载体。

第六节 《伤寒论》和法类

通过和解、缓和、调和、协调、疏解等作用以达到祛除病邪的治法，归入《伤寒论》和法类治法。

人在天地间，得天地之气，天、地、人三者和谐统一，其包含两方面：其一为人与自然之和；其二为人体自身气血、阴阳平衡之和。阴阳调和是人类健康的基础。

《伤寒论》和法类治法恢复人体"安和"状态的途径：一是调和阴阳。依靠人体的自身调节功能和适当的调理，使阴阳自和而自愈。二是和解少阳。少阳居半表半里，汗、吐、下法当禁，法宜和解。三是调和营卫。寓调和营卫之功，行祛邪扶正之本。四是调和寒热。寒热并用主治寒热错杂之证。五是调和脏腑。调和肝脾、调和脾胃、调和胃肠等。

临床应用《伤寒论》和法类治法，应注意以下几点：一是和法制方选药力戒偏颇。把性质和作用不同的药物恰当组合，相反相成，融为一体，但在处方用药有主有次，不可等量齐观。二是和法虽属治疗大法，但必须对证治疗，不可滥用，如纯里、纯表、大虚、大实、大寒、大热之证，皆非所宜，以免病重药轻，贻误病机。

和之法

【出处】《伤寒论·辨阳明病脉证并治》："太阳病，若吐、若下、若发汗，微烦，小便数，大便因硬者，与小承气汤和之愈。"

【溯源】《灵枢·五味》："五脏六腑皆禀气于胃。"《素问·厥论》："胃不和则精气竭。"《素问·阴阳应象大论》："其实者，散而泻之。"

【释义】《伤寒论译释》：指泻下实邪，调和胃气的治疗方法。

【例案】史左，阙上痛，胃中气机不顺，前医投平胃散不应，当必有停滞之宿食，纳谷日减，殆以此也，拟小承气汤以和之。生川军三钱（后入），中川朴二钱，枳实四钱。[《经方实验录》]

> 按：患者宿食停滞，胃中气机阻滞，不通则痛，故阙上痛。此里证虽成，病未危急，痞、满、燥、实、坚犹未全俱，故只用小承气汤。枳实、厚朴去上焦之痞满，大黄荡胃中之实热。酸以胜胃气之实，苦以化小肠之糟粕，辛以开大肠之秘结，燥屎去，地道通，阴气承，独治胃实。三物同煎，不分次第，以求地道之通，故不用芒硝之峻，且远于大黄之锐，故称和之法。

【析拓】"和之"多作调和解，非治疗手段而是治疗目的，即通过轻下之法，通降腑气，泻下实邪，使胃肠气机得以调和则愈。具有通便导滞，行气除满之功，用于治疗阳明热盛津伤气滞，燥屎邪结，气滞胃肠，脘腹胀满，里虽实而燥坚不甚之腑证。多用于治疗消化系统、泌尿系统、呼吸系统、神经系统等疾病。据临床报道，可用和之法治疗术后粘连性肠梗阻、小儿高热惊厥、颅内血肿、产后尿潴留、咳嗽。实验研究表明，该法对大鼠肝损伤有一定的修复作用。

◎ 其他《伤寒论》和法类

和解其外法

《伤寒论·辨霍乱病脉证并治》："吐利止而身痛不休者，当消息和解其外，宜桂枝汤小和之。"和解其外法是用具有调和营卫的方药治疗邪在肌表而致的各种病证的方法，属于《伤寒论》和法之一。针对里气已和，而表邪尚在的病证，宜酌情微发其汗，调和营卫，和表去邪，使邪去而正不伤。可用于治疗呼吸系统疾病、循环系统疾病、妇产科疾病、消化系统疾病、神经系统疾病以及皮肤病等。据临床报道，可用该法治疗慢性结肠炎、上呼吸道感染、痛经、冠心病心绞痛、皮肤瘙痒症。研究表明，该法的疗效机制与11β-羟类固醇脱氢酶1型有一定的相关性。

小和之法

《伤寒论·辨霍乱病脉证并治》："吐利止而身痛不休者，当消息和解其外，宜桂枝汤小和之。"小和之法即不用药过量，不令汗出过多，以达营卫和、正气复、微邪去的目的。只要用少量药或者功效弱的方药就可以减轻病情，或者用调营卫、解微邪的方药改变机体气机不调而导致的各种轻证。主要用于治疗呼吸系统疾病、不明原因发热、产后和病后发热。据临床报道，用小和之法治疗流行性感冒、感冒、咳嗽变异性哮喘、慢性心力衰竭、心脏自主神经功能失衡、多系统萎缩发热无汗等病机属营卫不调者，可获良效。研究表明，该法的疗效机制与热休克蛋白90α有关。

和其荣卫法

《伤寒论·辨发汗后病脉证并治》："发汗多亡阳，谵语者，不可下，与柴胡桂枝汤。和其荣卫，以通津液，后自愈。"和其荣卫法是通过调和的作用，祛除寒热，调其偏胜，扶其不足，促使人体表里、寒热、虚实、阴阳、营卫气血等由不和而和谐的治法。凡可使卫气固密、营阴充盈，营卫和谐的方法都是调和营卫之法。多运用于呼吸系统、循环系统、神经系统、内分泌系统及皮肤疾病的治疗。据临床报道，可用和其荣卫法治疗冠心病、咳嗽变异性哮喘、亚健康失眠、慢性心力衰竭、心脏自主神经功能失衡、糖尿病合并皮肤瘙痒症。研究表明，该法具有调节免疫的作用，尤善于调节黏膜免疫功能。

第七节 《伤寒论》其他内治法

《伤寒论》内治法中除汗法、解外治法、下法、助阳法、理中法、和法之外的治法，归入《伤寒论》其他内治法。

疾病有寒热虚实，治疗上有温凉补泻。寒热虚实是中医的辨证大纲，温凉补泻是中医的治疗大法。古代将具体的治法扼要地概括为"八法"，即汗、吐、下、和、温、清、消、补。《伤寒论》中关于治法的内容得到进一步充实，并对汗、下、温、和等治法进行了较为系统的论述。

后世医家将临床治疗伤寒的有效经验与《伤寒论》的证治经验结合起来，使《伤寒论》的治法得到了进一步的总结和归纳，如泻下清热治疗里热实证的攻里法，如温中散寒、回阳救逆治疗阴盛格阳的通脉法，如发汗、利小便、攻逐水饮治疗水气病证的治水法。

临证处方，往往非单一治法所能适用，必须针对复杂的病情变化，多种方法结合，灵活应用。在治疗疾病时，还应根据疾病发展的不同阶段、病势的缓急、病情的轻重、正邪的盛衰等具体情况使用不同的治法。

攻里法

【出处】《伤寒论·辨阳明病脉证并治》："阳明病脉迟，虽汗出，不恶寒者，其身必重，短气腹满而喘，有潮热者，此外欲解，可攻里也，手足濈然而汗出者，此大便已硬也，大承气汤主之。"

【溯源】《素问·六元正纪大论》："帝曰：善。论言热无犯热，寒无犯寒，余欲不远寒不远热奈何？岐伯曰：悉乎哉问也。发表而不远热，攻里不远寒。帝曰：不发不攻，而犯寒犯热何如？岐伯曰：寒热内贼，其病益甚。"

【释义】《新修伤寒论研究大辞典》：指运用泻下清热的药物治疗里热实证的方法。

【例案】王左，初诊，二十四年三月五日：起病于浴后当风，恶寒而咳，一身尽痛，当背尤甚，脉弦，法当先解其表。得汗后，再行攻里。大便七日不行，从缓治。生麻黄三钱，川桂枝三钱，光杏仁三钱，北细辛二钱，干姜三钱，五味子二钱，生甘草一钱，制半夏三钱，白前四钱。二诊，三月六日：发汗已，而大便未行，食入口甜，咽肿脘胀，右脉滑大，下之可愈。生川军三钱，枳实四钱，厚朴一钱，芒硝三钱冲。[《经方实验录》]

按：本案患者浴后当风，恶寒而咳，一身尽痛，当背尤甚，脉弦，初诊辨证为太阳太阴合病之小青龙汤证，予小青龙汤加白前解表散寒、化饮止咳。服药后汗出，表邪已解，而大便仍未行，食入口甜，咽肿脘胀，右脉滑大，考虑为里实热之阳明腑实证，故继予大承气汤攻里通下而愈。

【析拓】攻里法是指应用具有泻下清热作用的方药以通导大便、荡涤实热、急下存阴的治法。大承气汤为其代表方剂。该法适用于实、热邪气结于肠胃的里热实证。现广泛应用于治疗消化系统疾病，也用于治疗泌尿系统、免疫系统、内分泌系统、神经系统疾病，肿瘤，以及感染性疾病等表现为里实热证者。据临床报道，可用攻里法治疗急性胰腺炎、脑出血术后、急性呼吸窘迫综合征、精神分裂症、流行性脑脊髓膜炎、破伤风。研究表明，该法可有效地抑制内毒素的转移和炎性细胞因子的产生。

◎ 本节其他内治法

通脉法

《伤寒论·辨厥阴病脉证并治》："下利清谷，里寒外热，汗出而厥者，通脉四逆汤主之。"通脉法应用温中散寒、回阳救逆作用的药物，达到破阴回阳、通达内外的功效，用于治疗少阴病阴寒内盛，阳气大衰，手足厥逆，脉微欲绝；或格阳于外，里寒外热，下利清谷，身反不恶寒，其人面色赤，或利止，脉不出等。常用于治疗现代医学的心血管疾病、泌尿系统疾病、结缔组织病、自身免疫性疾病以及肿瘤等。据临床报道，用通脉法治疗心动过缓、关节型银屑病、慢性腹泻、肾衰竭、中晚期癌性发热，效果显著。研究表明，通脉法能够通过改善心肌的炎症损伤来达到较好的心脏保护作用。

治水法

《伤寒论·辨厥阴病脉证并治》："伤寒厥而心下悸者，宜先治水，当服茯苓甘草汤，却治其厥；不尔，水渍入胃，必作利也。"治水法通过发汗、利小便、攻逐水饮等方法治疗水气病证。其治疗总则不外扶正与祛邪，其具体方法涉及祛寒逐水、攻逐水饮、泻热逐水、化气利水、育阴利水、温阳利水等，可用于治疗脏腑功能失调，水饮痰湿为患的病证。亦广泛用于现代医学的泌尿系统、消化系统、循环系统、内分泌系统等疾病的治疗。据临床报道，可用治水法治疗肝硬化腹水、小儿急性肾炎、肾病综合征、急性肠炎、慢性支气管炎、充血性心力衰竭。研究表明，该法具有强心、利尿、降脂、抗氧化、改善肾功能和平衡水液代谢等诸多功效。

第八节 《伤寒论》外治法

《伤寒论》中运用非口服药物的方法，通过刺激经络、穴位、皮肤、黏膜、肌肉、筋骨等以达到防病治病目的的治法，归入《伤寒论》外治法。

人体是一个由脏腑、经络、形体和官窍组成的统一的有机整体。各脏腑、组织、器官的功能活动不是孤立的，体内的脏腑组织与体表的官窍、皮肤等存在密切关联，相互制约、相互依存、相互为用。

《伤寒论》外治法的作用途径：一是经官窍给药作用。一方面，可治疗官窍局部病变；另一方面，可通过官窍与脏腑的联系治疗脏腑疾病。二是经皮肤黏膜作用。通过刺激皮肤或药物经皮肤吸收进入皮下组织和血液，直接治疗浅表疾病或经血液运送到全身治疗疾病。三是经络穴位作用。主要是针刺法和灸法。

临床应用《伤寒论》外治法，应注意防止外治致误：若病在表而误用火法逼津作汗，可致心阳损伤，扰乱心神。若迫使大汗出，可致阴液受损；也可因火而引起络伤出血；甚者可致亡阳之变。伤寒发热，应顺其势而发之，若汲水灌其法用之不当，可致冰伏之弊。

重被覆之法

【出处】《伤寒论·辨不可下病脉证并治》："客热在皮肤，怅怏不得眠。不知胃气冷，紧寒在关元。技巧无所施，汲水灌其身。客热应时罢，栗栗而振寒。重被而覆之，汗出而冒巅。体惕而又振，小便为微难。"

【溯源】《灵枢·痈疽》："败疵者，女子之病也，灸之，其病大痈脓，治之，其中乃有生肉，大如赤小豆，锉蒌翘草根各一升，以水一斗六升煮之，竭为取三升，则强饮厚衣，坐于釜上，令汗出至足已。"

【释义】《伤寒论译释》：用重被盖覆。《伤寒杂病论大辞典》：厚厚地覆盖衣被。

【例案】丁巳岁，予从军回，住冬于曹州界，以事至州，有赵同知谓予曰：家舅牛经历，病头面赤肿，耳前后尤甚，疼痛不可忍，发热恶寒，牙关紧急，涕唾稠黏，饮食难下，不得安卧。一疡医于肿上砭刺四五百余针，肿赤不减，其痛益甚。不知所由然，愿请君一见。予遂往诊，视其脉浮紧，按之洪缓。此证乃寒覆皮毛，郁遏经络，热不得升，聚而赤肿。……宜以苦温之剂，温经散寒则已。所谓寒致腠理，以苦发之，以辛散之，宜以托里温经汤。……依方饵之，以薄衣覆其首，以厚被覆其身，卧于暖处，使经血温、腠理开、寒乃散、阳气伸，大汗出后，肿减八九分；再服去麻黄、防风，加连翘、鼠黏子，肿痛悉去。[《卫生宝鉴》]

> **按：** 气候严寒则大地封冻、流水凝冰。善行水者难以开凿冰道，善穿地者亦无法破开冻层。唯有待天暖冰融，方可行水利、破冻土。人体经脉的运行规律亦是如此，寒邪客于经络，寒性收引，肌肤致密，毛孔闭合，排汗不畅，气血旺盛而脏腑坚实，气血运行凝泣，唯有阳气回升方能通畅调治。患者寒覆皮毛，郁遏经络，治以苦发之，以辛散之，配合重被复之法，温阳祛寒，可促进药力游行全身经络，汗通则寒散，气通则血行，此点十分重要，服药不如法，则差之毫厘，谬之千里矣。

【析拓】重被覆之法是服祛寒温开药后，用覆盖厚衣被的方法以协助发汗愈病的治疗。对外感疾病可助使邪从汗解，祛邪外达。应注意汗出的程度，停药的指征以及止汗的措施等，不可过汗亡阳；还用于阴寒内盛患者的保暖。可用于现代医学的上呼吸道感染、其他感染性疾病以及非感染性发热的辅助治疗。据临床报道，可用重被覆之法配合灌肠治疗小儿外感高热；或用该法辅助治疗感冒、小儿喘咳、腰腿痛、颈椎病、乳腺炎发热。

火熏法

【出处】《伤寒论·辨太阳病脉证并治》："太阳病，以火熏之，不得汗，其人必躁，到不解，必清血，名为火邪。"

【溯源】《五十二病方》："治之以柳蕈一捼、艾二，凡二物。为穿地，令广深大如甀。燔所穿地，令之干，而置艾其中，置柳蕈艾上，而燔其艾、蕈；而取甀，穿其断，令其大圆寸，以复（覆）之。以土雍（壅）甀，会毋，烟能（泄），即被甀以衣，而毋盖其甀空（孔）。即令痔者居（踞）甀，令直（脽）直（值）甀空（孔），令烟熏直（脽）。熏直（脽）热，则举之；寒，则下之；圈（倦）而休。"

【释义】《外台秘要》："薪火烧地良久，扫除去火，可以水小洒，取蚕沙、桃叶、桑叶、柏叶、诸禾糠及麦麸……以此等物着火处，令厚二三寸，布席卧上，温覆，用此发汗，汗皆出。"

【例案】刘锡镇襄阳日，宠妾病伤寒暴亡，众医云，脉绝不可治。或言市上卖药许道人有奇术，可用召之。曰：是寒厥尔，不死也。乃请健卒三十人作速掘坑，炽炭百斤，杂薪烧之，俟极热，施荐覆坑，异病人卧其上，盖以毡褥，少顷，气腾上如蒸炊，遍体流汗，衣被透湿，已而顿苏如，取药数种调治，即日愈。[《夷坚志》]

> 按：此即仲景在《伤寒论》中提到过的火熏法。孙思邈认为，有些人服药不汗，非药不对证，是性本难汗，而火熏法取汗，起效极速。火熏取汗，古人是较为常用的，它对病须汗解，而寒邪束表，汗不得出之证，有桴鼓之效。但如温病里热，误用本法，以火攻热，两阳相劫，伤津劫液，也会产生许多变证。

【析拓】火熏法亦可于室内或床下，用火烧烤，使室内温度增高，迫使患者通体出汗。适用于伤寒、寒厥、中风、外感发热、表寒搏束等病当发汗而不得出者。《伤寒论》之火熏法是将易燃多烟的物体（主要是药物）点燃后熏灼体表的一种治疗方法，如《金匮要略》用雄黄燃烧的烟气"烧向肛熏之"、治狐惑病"蚀于肛者"等火熏法仍有用之。据临床报道，可用火熏法治疗伤风感冒、带状疱疹、脱肛、下肢瘫痪、骨髓炎、寻常疣、慢性鼻炎、鼻窦炎等。

◎ 其他《伤寒论》外治法

火劫发汗法

《伤寒论·辨太阳病脉证并治》："太阳病中风，以火劫发汗，邪风被火热，血气流溢，失其常度，两阳相熏灼，其身发黄。阳盛则欲衄，阴虚则小便难，阴阳俱虚竭，身体则枯燥。"火劫发汗法是古人用火取热，以助发汗的治疗方法，如熨背、烧针、炙、熏，以及用桃叶烧地坑，去火后卧热坑中取汗等。具有发汗散寒、温经祛寒等作用，适用于寒邪在经、在里等沉寒痼冷类疾病。《伤寒论》提出该法，重在阐述误用火劫发汗法治疗引起的变证。后代进一步拓宽该法的应用于多种疾病的治疗。据临床报道，可用酒火疗法配合刮痧治疗项背肌筋膜炎，可用中药火疗法治疗风湿寒性关节痛，或用火疗法治疗神经性皮炎。也有人用中药火疗配合针刺治疗原发性痛经，或用脐火疗法治疗肝硬化腹水，或用火疗配合中药鼻净粉治疗鼻窦炎。

蜜煎导法

《伤寒论·辨阳明病脉证并治》："阳明病，自汗出，若发汗，小便自利者，此为津液内竭，虽硬不可攻之，当须自欲大便，宜蜜煎导而通之。若土瓜根及与大猪胆汁，皆可为导。"蜂蜜甘补、润缓而性平，善益气生津、滑润大便。蜜煎导法是用微火单煎熬蜂蜜，制成栓剂，由肛门纳入直肠，直达病所。具有润肠通便之功效，用于治疗内无热邪之津液不足，肠燥便秘。广泛应用于治疗消化系统、神经系统、泌尿系统及妇科等疾病。据临床报道，可用蜜煎导法治疗大龄儿童功能性便秘、急性脑梗死瘀热证、慢性尿毒症、慢性盆腔炎，或用该法防治假性肠梗阻。研究表明，该法可使肠内渗透压增高，粪便湿化，粪便易于排出；蜂蜜中的乙酰胆碱进入人体后会对副交感神经产生作用，促进肠胃蠕动。

塞鼻法

《伤寒论·辨痉湿暍脉证并治》："湿家病，身上疼痛，发热面黄而喘，头痛，鼻塞而烦，其脉大，自能饮食，腹中和无病，病在头中寒湿，故鼻塞，内药鼻中，则愈。""内药鼻中"即塞鼻法。塞鼻法是将药物制成丸、散、膏等适宜剂型塞入鼻内，使药气随呼吸下传于肺，由肺敷布到全身而发挥治疗作用。本法药物与鼻腔接触的时间较长，药效发挥持久，临床广泛应用于鼻腔本身及鼻腔以外的众多疾病。据临床报道，可用药鼻法治疗血管神经性头痛、牙痛、颈淋巴结结核、急性结膜炎、喘息性支气管炎、支气管哮喘、急性乳腺炎。

温覆法

《伤寒论·辨太阳病脉证并治》："服已须臾，啜热稀粥一升余，以助药力，温覆令一时许，遍身絷絷微似有汗者益佳，不可令如水流漓，病必不除。"温覆的作用机制不外借助加盖衣被保持的温度与所服药物的辛散之力相合，犹如风火相煽，使热气迅速流遍全身，营卫通利而汗出。应用范围为虽用发汗剂但汗不出或汗出不彻的病证。据临床报道，可用温覆法辅助治疗社区获得性肺炎高血压、冠心病、外感病等；可用桂枝汤加温覆法等治疗冻疮。研究表明，温覆可以提高葛根汤效果，并且直接或间接调节体温、血液而提高免疫功能，进而通过激活巨噬细胞对细胞免疫产生影响。温覆能降低病毒在肺内的增殖量，对病鼠单核巨噬系统吞噬活性明显增强。

温粉扑法

《伤寒论·辨太阳病脉证并治》："大青龙汤方……右七味，以水九升，先煮麻黄，减二升，去上沫，内诸药，煮取三升，去滓，温服一升，取微似汗，汗出多者，温粉扑之。"温粉扑法是指汗出过多时外用温粉涂擦肌肤以起到止汗的功效，以防止汗出过多而耗伤阳气。温粉是外用收敛固涩止汗的粉剂，书中没有记载药物组成，后世组方较多，《备急千金要方》所载为："煅龙骨粉、煅牡蛎粉、生黄芪末各三钱，粳米粉一两，和匀以稀绢布包裹，缓缓扑之。"临床主要用于治疗汗出多。据临床报道，温粉扑法主要用于治疗汗液外泄过多的病症，可用于甲状腺功能亢进症、自主神经功能紊乱、风湿热、结核病等所致汗出、恶风等的辅助治疗。

温其上灸之法

也称为灸温上法。《伤寒论·辨少阴病脉证并治》："少阴病，下利，脉微涩，呕而汗出，必数更衣。反少者，当温其上灸之。"温其上灸之法用灸法之温热而起到回阳救逆、升阳举陷的作用，用于治疗津液亏损、阳气衰微。因阳虚与阴亏都比较明显，用温阳药稍有不当则伤阴，用补阴药若有不妥则不利于温阳，唯灸上部穴位以温之，既有姜附回阳之功，又无辛燥伤阴之弊。多用于消化系统疾病、神经系统疾病以及急重症等的救治。据临床报道，可用温其上灸之法治疗克罗恩病、肠易激综合征、慢性非特异性溃疡性结肠炎、慢性溃疡性结肠炎等胃肠道难治性疾病。也可用该法治疗胃下垂、脑血管病合并休克、中暑。研究表明，温其上灸之法可能通过调节T淋巴细胞亚群间的异常比例关系，使肝郁乘脾型腹泻型肠易激综合征患者异常的免疫功能状态得到有效纠正。

熏法

《伤寒论·辨太阳病脉证并治》："二阳并病，太阳初，得病时发其汗，汗先出不彻，因转属阳明，续自微汗出不恶寒。若太阳病证不罢者，不可下，下之为逆，如此可小发汗。设面色缘缘正赤者，阳气怫郁在表，当解之熏之。"熏法是利用中药燃烧时产生的烟气，或煎煮沸腾后产生的蒸气来熏蒸面部、周身或居处环境以防治疾病的方法，可分为热气熏和烟熏两种，具有疏通腠理、调和气血、解毒辟秽、防疫保健、杀虫止痒等功效。可广泛用于肿疡初起、肛肠疾病、妇科疾病以及皮肤病等多种病症的治疗。据临床报道，可用熏法治疗腱鞘炎、流行性结膜炎、类风湿性关节炎，或用中药内服外熏法治疗滴虫性阴道炎。该法也可应用于混合痔术后。研究发现，该法具有抑制胶原诱导性关节炎大鼠关节炎症的作用，其机制可能与调节体内炎性细胞因子IL-1β及抗炎性细胞因子IL-ra的水平有关。

汲水灌其法

《伤寒论·辨不可下病脉证并治》："客热在皮肤，怅怏不得眠。不知胃气冷，紧寒在关元。技巧无所施，汲水灌其身。客热应时罢，栗栗而振寒。重被而覆之，汗出而冒巅。"汲水灌其法与洗浴疗法同义，是用水喷洒或者浇洗全身或者身体局部，通过水的物理特性起到物理降温的作用，用于治疗表里俱热的疾病，对防止高热神昏具有良好的效果。现代多用同类的中药洗浴、酒精擦浴、湿敷等治法替代，用于治疗感染性高热，以及颅脑损伤、骨折等非感染性发热。据临床报道，可用中药洗浴疗法治疗小儿外感发热，或将该法用于颈髓损伤中枢性高热的治疗；也可用冰水、冷水浴治疗热射病；或用颈部冷敷减少咽喉部激光手术患者恢复期躁动。研究表明，冷敷降温有助于减轻急性重症胆管炎患者围手术期的炎症反应。

熨法

《伤寒论·辨太阳病脉证并治》："太阳病二日反躁，反熨其背而大汗出，大热入胃，胃中水竭，躁烦，必发谵语。十余日振栗自下利者，此为欲解也。"熨法是用药物或其他材料，经过加热处理，敷于患处或腧穴，或辅以摩法，并时加移动来治疗疾病的方法，集经络气血的调节功能、温热效应、药物偏性以及物理刺激于一体的综合作用，具有温阳散寒、疏通经络、调和阴阳、行气活血等功效。临床上中药烫熨应用最为广泛，适用病症涉及内科、外科、妇科、儿科、骨伤科、五官科、皮肤科等各个领域。据临床报道，可用熨法治疗项背肌筋膜炎、虚寒型胃脘痛、腰椎间盘突出症、老年膝骨关节炎、寻常痤疮。研究表明，该法可使皮肤局部血管、淋巴管扩张，促进血液、淋巴循环，促进药物吸收，消除炎症反应及水肿，提高免疫力，调节全身功能等。

第十八章
《金匮要略》治法

首次在《金匮要略》中出现，用于治疗内伤杂病的治法，归入《金匮要略》治法（简称金匮治法）。

《金匮要略》是我国东汉著名医学家张仲景所著《伤寒杂病论》的杂病部分，也是我国现存最早的一部论述杂病诊治的专书，原名《金匮要略方论》。全书分为上、中、下三卷，共25篇，记载疾病60余种，共收方剂262首，主治病证以内伤杂病为主，兼及妇科杂病、外科及急救猝死、饮食禁忌等内容，依病名分类，列方处置。

在治法上，该书汗、吐、下、和、温、清、补、消等治疗方法的运用在《伤寒论》的基础上有很多发展，对多种内科杂病以及妇产科疾病的证治进行了介绍，其中一些治法，经过一千多年的实践检验，证明仍有确切的临床指导意义，如"温药和之"已成为治疗痰饮病的准则。后世内科杂病和妇产科的许多治疗方法，都从《金匮要略》发展而来。

金匮治法的确定，一般遵循以下原则：一是首次作为独立的治疗方法出现于《金匮要略》原文中，未经编撰，流传后世，并被后世医家应用于临床的治法。如暖肌补中法、益精气法、缓中补虚法等。二是以治疗内伤杂病及妇科疾病为主。《金匮要略》所用治法配伍严谨，用药精当，化裁灵活，内科、外科、妇科、儿科、急救猝死、饮食禁忌等皆有涉猎，但以内伤杂病为主，如涉及下法的温药下之法、痰饮病的温药和之法等。三是具有临床指导意义。《金匮要略》所论述部分治法，经过千百年的实践检验，证明仍有临床指导意义，如利小便为治疗湿病的大法，成为规范化和标准化的治法。

应用金匮治法要注意以下几个方面：第一，准确辨证。将四诊资料通过仔细分析，全面综合，准确辨清疾病的病因、病机、病位以及正邪交争关系，高度概括，准确判断是选择金匮治法的关键。如下法在六经病中的应用广泛，方法众多，然属寒属温，下法用药用方则有所不同，温下、寒下各有所宜。第二，顾护正气。正气存内，邪不可干。金匮治法突出顾护正气，如正气亏虚时采用暖肌补中法、益精气法治疗，正虚邪实的治疗则予缓中补虚法，祛邪不伤正。第三，局部疾病局部用药。局部用药亦是疾病治疗的有效方法，如部分妇科疾病，病在阴部，局部用药疗效更彰，如温阴中坐药，直达病所，既可减轻毒副作用，又可提高疗效。

本章主要涉及首次出现于《金匮要略》中的治法。至于在《伤寒论》中已出现，或由后世医家在临床应用过程中演绎、引申而来的治法，如汗法、下法、和法等相关治法则分见于《伤寒论》治法及其他相关章节。

第一节 《金匮要略》补益类

通过补养气血、滋阴扶阳，使脏腑气血得以恢复，诸虚劳损得以痊愈的治法，归入《金匮要略》补益类治法。

胃主受纳，脾主运化；脾主升，胃主降，相反相成。脾胃共为后天之本，五行属土，属于中焦，为气血生化之源，是人生存的根本。肾阳是肾生理功能的动力，也是人体生命活动力的源泉。肾所藏之精，在命门之火的温养下，发挥滋养器官组织和繁衍后代的作用。

《金匮要略》补益类治法恢复脏腑气血功能的途径：一是立中气。即从中焦脾胃出发，运用甘温之品，建立中气，则能化生气血，气血生则阴阳协调，虚损得愈。二是补肾阳。即用壮阳补火的药物，恢复肾脏阳气的功能。又因阴阳互根，阴得阳助亦源泉不竭。

补益法用药，虽无大的毒副作用，但补之太过往往适得其反，补益必须讲求方法，绝不可呆补盲补。"至虚有盛候，反泻含冤"，必须透过外表征象，观察实质，及时用补，不可以虚为实，当补不补，以致难以挽回。若属实证，邪气有余，而正气不虚者，不可妄用补法。

暖肌补中法

【出处】《金匮要略·中风历节病脉证并治》："治风虚头重眩，苦极，不知食味，暖肌补中，益精气。"

【溯源】《素问·六节藏象论》："脾、胃、大肠、小肠、三焦、膀胱者，仓廪之本，营之居也，名曰器，能化糟粕，转味而出入者也。其华在唇四白，其充在肌，其味甘，其色黄，此至阴之类，通于土气。凡十一藏，取决于胆也。"

【释义】《金匮要略译释》："温阳补中。"《西溪书屋夜话录》："暖土以御寒风。"

【例案】尝诊一妇，病胃脘痛，过服泄气之剂，右脉内倚，藏于筋下，左手弦劲。问之，曰：左腹素有块也。用温元补中二剂，而脉复常矣。[《重订诊家直诀》]

> **按：** 本案患者右脉内倚，《扁鹊脉法》："外勾者，久癥也；内卷者，十日以还，是又以内曲外曲，分食积之新久也。大抵脉之曲者，皆因于积，而又中气虚也。偏于热多则外撑，偏于寒多则内倚。"结合患者左腹素有块、胃脘痛病史，乃素体中焦虚寒，运化失司，饮食积滞，又过服泄气之剂，中气更伤，唯有暖肌补中，以温补中焦、助阳消积。

【析拓】脾居中焦，主肌肉。暖肌补中是运用温燥助脾、补益中焦的药物，治疗中焦虚寒、脾阳失于温化病证的治法，具有温中助阳、健脾化湿等作用，适用于中焦虚寒失运、湿困脾阳而出现的以腹冷肌凉、头重闷眩、纳食不香为主要表现的证候。可应用于治疗现代医学消化系统、泌尿系统、妇科以及口腔科疾病等。据临床报道，可用暖肌补中法治疗肠功能紊乱、复发性口疮、小儿脾虚泄经、溃疡性结肠炎、多涎症、高血压肾病。研究表明，该法可缓解急性腹泻模型小鼠的腹泻症状，抑制小肠蠕动。

益精气法

【出处】《金匮要略·中风历节病脉证并治》："治风虚头重眩，苦极，不知食味，暖肌补中，益精气。"

【溯源】《素问·至真要大论》："诸寒之而热者取之阴，热之而寒者取之阳，所谓求其属也。"

【释义】《重广补注黄帝内经素问》："言益火之源，以消阴翳；壮水之主，以制阳光。"

【例案】服地节，头不白。樊阿从先生求方，可服食益于人者。先生授以漆叶青面散。漆叶屑一斗，青面十四两。以是为率，云久服，去三虫，利五脏，轻体，使人头不白。阿从之，寿百余岁。（原）按：漆叶或谓之漆树之叶，郁脂膏，或谓即黄芪，大补气。青面一名地节，又名黄芝，即今熟地，主理五脏，益精气。昔有游山者，见仙家常服此，因以语先生，试之良效。即以语阿，阿初秘之，旋因酒醉泄于人，其方遂流传于后世云。[《华佗神方》]

按：肾主骨、生髓、藏精，其华在发；肝藏血，发为血之余。毛发的生长源于气血的濡养。若气血不能上荣头部则可导致头发变白，如《诸病源候论·白发候》云："若血气虚，则肾气弱；肾气弱，则骨髓枯竭，故发变白也。"熟地和黄芪性甘，微温，合用具有温肾滋阴、补气养血、益精填髓之功效，故可使人头不白，延年益寿。

【析拓】益精气是用壮阳补火的药物，通过温补肾阳，使阳气振奋而阴寒自消的治法，具有扶阳益火以消除内盛之阴寒的作用。适用于五更泄泻、腹痛肠鸣、腰酸肢冷、神疲乏力等命门火衰、阴寒内盛之证。广泛应用于现代医学的泌尿生殖系统、妇科、血液系统、神经系统、循环系统、呼吸系统等疾病以及肿瘤的治疗。据临床报道，可用益精气法治疗急性肾盂肾炎、不孕症、再生障碍性贫血、围绝经期睡眠障碍、慢性心力衰竭、原发性痛经。研究表明，该法可通过调节机体下丘脑-垂体-性腺轴中钙调蛋白的基因表达，改善大鼠激素水平。

◎ 其他《金匮要略》补益类

缓中补虚法

《金匮要略·血痹虚劳病脉证并治》："五劳虚极羸瘦，腹满不能饮食，食伤、忧伤、饮伤、房室伤、饥伤、劳伤、经络营卫气伤，内有干血，肌肤甲错，两目黯黑。缓中补虚，大黄䗪虫丸主之。"缓中补虚法是攻下肝之瘀血久积生热，并佐补血扶正的治法。"缓中"是指针对肝之瘀热久积、邪气独盛之急重症，当标本兼治，以酸甘缓急治标、攻瘀下热治本，以峻猛之汤剂变为丸药而峻药缓施；"补虚"为顾正本，用补血之剂使瘀血去而新血生。适用于劳损日久不愈，邪实正虚之证。多用于肝硬化中后期，也广泛应用于现代医学的消化系统、心脑血管系统、呼吸系统、妇科、男科以及皮肤科等疾病的治疗。据临床报道，可用缓中补虚法抑制乙型肝炎后肝纤维化、室性期前收缩、脑出血、支气管哮喘、子宫腺肌病、慢性前列腺炎。研究表明，该法通过抑制动脉血管平滑肌细胞增殖，诱导其凋亡，发挥抗动脉粥样硬化的作用。

安中益气法

《金匮要略·妇人产后病脉证治》："妇人乳中虚，烦乱呕逆，安中益气，竹皮大丸主之。"安中益气法是指用健脾补气的方药，治疗脾胃气虚及全身气虚证的治法，具有调理脾胃、补益中气、清热通阳之功效。适用于脾胃气虚，热从内生，脾胃气机升降被邪热所扰而出现饮食减少，少气懒言，脱肛久泻，身热自汗等症。临床应用于现代医学的妇产科、消化系统、血液系统、内分泌系统、男科等疾病的治疗。据临床报道，可用安中益气法治疗更年期综合征、妇科内分泌失调、呕吐、出血性疾病、男性不育、产后高热、睡眠障碍。

第二节 《金匮要略》祛邪类

《金匮要略》中用于祛除邪气，排除或削弱病邪侵袭和损害，使邪去正安的治法，归入《金匮要略》祛邪类治法。

邪气是与人体正气相对立的一切致病因素及其病理损害，包括人体内生和外来两部分。内生之邪是人体生理活动失常，包括生理功能的自我调节失灵和防御功能出现缺陷。外来之邪是自然界和社会因素对人体生理调节机能和防御功能的干扰和破坏。

祛邪的具体方法很多，不同的邪气以及病位不同，采取的治疗方法也不一样，如阴中寒湿者，用温阴中法；如邪在肠胃下部，寒实积滞者，用温药下之法；如水液停积之痰饮病，用温药和之法；如小便不利及腰以下水肿者，用利小便法等。

临床应用《金匮要略》祛邪类治法，应注意以下几点：一是辨别适应证。祛邪法适用于邪气盛，正气未衰，以邪实为主要矛盾的患者。二是祛邪不伤正。在攻邪的时候，必须考虑患者正气的情况，因为祛邪虽寓有"邪去正自安"，但祛邪药使用过量、过久，也可能损伤正气。

温阴中法

【出处】《金匮要略·妇人杂病脉证并治》："蛇床子散方温阴中坐药。蛇床子仁右一味，末之，以白粉少许，和令相得，如枣大，绵裹内之，自然温。"

【溯源】《养生方》："取干姜、桂、要苦、蛇床、□□，皆冶之，各等，以蜜若枣脂和丸，大如指端，裹以疏布，入中，热细。"

【释义】《伤寒杂病论大辞典》：当用温热方药纳入女子阴中。《金匮要略心典》："此病在阴中而不关脏，故但纳药阴中自愈。"

【例案】交感阴痛：沧州治一宠妾，年三十余，凡交感则觉阴中隐痛，甚则出血，按其脉两尺沉迟而涩，用补血散寒之剂不愈，因思药与病对，服而不效，恐未适至其所也。偶检《千金方》，用蛇床子散，绵裹温阴中坐药，二次遂愈。[《名医类案》]

按：本案诊脉两尺沉迟而涩，是下焦虚寒所致。下焦虚寒则血凝滞，血不循经则外溢而出血。蛇床子温阳散寒，纳药阴中，可使寒气散去，血脉通而不滞，血归于经，能壮暖阳气。《儒门事亲》载用蛇床子、枯矾等分为末，醋面糊丸，绵裹纳阴道可治赤白带下。《金匮要略》用蛇床子为末，入粉少许和丸如枣大，绵裹纳阴道中治子宫寒冷不孕。

【析拓】温阴中坐药是将药物制成末、丸、膏、渣、锭等用布包裹，纳入阴道，以温其受邪之处的治疗方法。具有暖宫祛寒、杀虫止痒、除湿止带、祛腐生肌等作用。适用于阴中寒冷，带下绵绵，色白清稀，阴部痛痒，或腰酸怕凉，舌淡，脉迟等。主要应用于现代医学的妇科宫颈及阴道病变的治疗。据临床报道，可用温阴中坐药法治疗各种原因引起的阴道炎、慢性盆腔炎、阴冷等。研究表明，该法可能通过TRPV1通道发挥温肾壮阳、杀虫止痒的作用。

◎ 其他《金匮要略》祛邪类

温药下之法

《金匮要略·腹满寒疝宿食病脉证治》："胁下偏痛，发热，其脉紧弦，此寒也，以温药下之，宜大黄附子汤。"温药下之是用温热药联合泻下药，使寒性积滞病邪从下而去，起到温阳散寒、泻下通便之效。其病证阳气已伤，寒实积滞，非温不能已其寒，非下不能去其结，适用于便秘、腹痛、腹胀而属阴寒证候者。广泛应用于现代医学的消化系统、泌尿系统、免疫系统、神经系统等疾病的治疗。据临床报道，可用温药下之法治疗不完全性肠梗阻、急性阑尾炎等急腹症、慢性肾衰竭、痛风性关节炎、泌尿系结石、原发性坐骨神经痛。研究表明，温下法可抑制TNF-α与IL-8的表达，抑制以中性粒细胞为主的炎性细胞因子聚集，减少急性炎症反应；温下法也可通过肠黏膜保护作用机制，减轻黏膜的损伤和炎症。

温药和之法

《金匮要略·痰饮咳嗽病脉证并治》："病痰饮者，当以温药和之。"温药和之是指用温性药物使病者体内阳气升发，得之暖和；阳气升发，则气机通畅而使全身气化功能正常；气化正常，则一身之津液随气而顺。具有温和、温化和温运的作用。不仅是治疗痰饮病的大法，也是一切水液停积之病的治疗原则。广泛应用于现代医学的呼吸系统、消化系统、循环系统、内分泌系统、泌尿系统以及肿瘤等疾病的治疗。据临床报道，可用温药和之法治疗慢性支气管炎并肺气肿、胃下垂、慢性心功能不全、单纯性肥胖症、慢性肾衰竭尿毒症期、脑卒中后失眠、恶性肿瘤。研究表明，该法可下调豚鼠耳蜗组织中AQP4蛋白的表达。

利小便法

《金匮要略·水气病脉证并治》："师曰：诸有水者，腰以下肿，当利小便；腰以上肿，当发汗乃愈。"利小便法是用性味偏于甘淡平的药物通利水道、渗泄水湿，使水湿从小便而出的治法，具有利水消肿之功效。主要适用于诸水肿之小便不利者，以及腰以下水肿的患者。可用于现代医学的循环系统、消化系统、泌尿系统、神经系统疾病以及感染性疾病等的治疗。据临床报道，可用利小便法治疗慢性心力衰竭、急性黄疸性肝炎、慢性肾炎、小儿泄泻、老年自汗、小儿高热、睡眠障碍。

第七篇

针灸推拿与其他
非药物疗法

第十九章
针灸推拿治法

运用针刺、灸法、推拿手法治疗疾病的方法，归入针灸推拿治法。

经络腧穴、气血、脏腑理论是针灸推拿治法基本指导理论。经络是人体气血运行、协调阴阳、联系脏腑、沟通内外、网络全身、贯穿上下的通路，经络系统包括十二经脉、奇经八脉、十二经别、十五络脉、十二经筋、十二皮部、浮络和孙络；腧穴是人体脏腑经络之气血输注于体表的特殊部位，分为经穴、经外奇穴、阿是穴。腧穴归于经络，经络属于脏腑，故腧穴与脏腑脉气相通。调整气血使其恢复协调平衡的状态是针灸、推拿治疗疾病的基本原理。五脏化生和贮藏精气，六腑受盛和传化水谷，奇恒之腑有各自的生理功能及特性。脏为体，腑为用，脏之气行于腑，腑之精归于脏，脏与腑的关系即脏腑阴阳表里配合关系，其根据主要是通过经脉的联系。脏之经脉属脏络腑，腑之经脉属腑络脏，一脏一腑，一阴一阳，相互络属，协调共济，相互为用，从而维持着人体生理平衡和机体的功能活动。临床上可根据经络腧穴、气血、脏腑理论来指导辨证施治。

针灸推拿治法的确定包括以下几个方面：一是在辨识患者机体状态的前提下，按手法的性质和刺激量，结合治疗部位，分为不同的基本治法；二是根据古代医籍论述的刺灸法，选取《金针赋》中对后世影响较大的"飞经走气四法""治病八法"，也是近代人所称综合补泻手法的来源；三是临床广泛应用的灸法、拔罐法、刮痧法，以及在此基础上发展起来的各种针灸治疗技术。

应用针灸推拿治法要注意以下几个方面：一是重视医者与患者的配合，通过医者与患者各自的主观感觉和反应，以及医者或患者观察到的施术部位客观表象综合判定，医者必要时予以调整操作；二是施术时避开人体重要脏器、器官组织和某些特殊部位，以免发生不良后果；三是根据患者体质、功能状态不同，以及病情程度和疾病性质不同，施术时应区别对待；四是空腹、过饱、醉酒、极度疲劳、自发性出血者、对疼痛恐惧者和不合作者，应谨慎操作；五是操作艾灸疗法、火罐疗法、火针疗法等过程中要注意用火安全，防止烧伤皮肤及衣物；六是特殊操作施术前做好必要的解释工作，以及术后的护理事项，如刺络疗法、梅花针疗法、火针疗法、埋线疗法、水针疗法等，以消除患者疑虑并取得必要的配合；七是须避免直接接触患者血液，对施术过程中排出的血液应做无害化处理。

本章主要涉及针灸、推拿治疗方法。

第一节　针灸类

在经络腧穴理论指导下，应用刺灸方法以防治疾病的治法，归入针灸类治法。

通过刺法、灸法刺激经络、腧穴，发挥其调整机体功能的治疗作用，以通经脉、行气血、调脏腑、和阴阳。

针灸治法通过以下几个方面发挥治疗作用：一是疏通经络，祛除经络瘀阻而使其恢复通畅，从而使气血运行通畅，五脏六腑、体表肌腠及四肢百骸得以濡养；二是通过疏通经络，实现调和人体自身的气血，扶助正气，祛除邪气的作用；三是采取不同的针刺手法以调和阴阳，如补阴泻阳、补阳泻阴、从阴治阳、从阳治阴等。

临床使用针灸治法需要注意以下几点：一是辨病、辨证、辨经诊治，结合八纲、脏腑、经络等辨证方法，分辨清楚在内的脏腑病和在外的经络肢节病这两大类病，确定具体取何经何穴的治疗方法和操作手法；二是调神与调气并重，是针灸治疗作用的关键；三是依据选穴原则和配穴方法，选取适当的穴位；四是根据治疗方法和时机、操作方法的不同，选择合适的刺法灸法。

针刺补法

【出处】《灵枢·经脉》："盛则泻之，虚则补之，热则疾之，寒则留之，陷下则灸之，不盛不虚，以经取之。"《灵枢·九针十二原》："凡用针者，虚则实之，满则泻之，宛陈则除之，邪盛则虚之。"《灵枢·背俞》："气盛则泻之，虚则补之。"

【溯源】《道德经》："天之道，损有余而补不足。"

【释义】《针灸治疗学》：虚则补之意即治疗虚证用补法，适用于治疗各种虚弱性病证，如精神倦怠，肢软乏力，心悸气短，语声低微，自汗盗汗，面色苍白，形体消瘦，大便溏泄，遗尿或尿频，或肌肉萎缩，肢体瘫痪等。

【例案】治产子上逼心。令病人正坐，用人抱头抱腰，微偃，以毫针刺任脉巨阙一穴，举手下针，刺至即止，令人立苏不闷乱。次针补手阳明经合谷二穴，次泻足太阴经三阴交二次，应针而落。如子手掬心，生下手心内有针痕。如子顶母心，向前，人中有针痕。向后，枕骨上有针痕是验。[《普济方》]

> **按：** 受孕后，由多方面的原因而不能继续妊娠，选用药物使其妊娠中止者，则称"下胎"，亦称"去胎"。早在《诸病源候论》即有"妊娠去胎候：此谓妊娠之人羸瘦，或挟疾病，既不能养胎，兼害妊妇，故去之"的记载。本案用针刺补泻法调整妇女的阴阳气血平衡。三阴交为肾肝脾三脉之交会，主阴血，血当补不当泻；合谷为大肠之原，大肠为肺之腑，主气，当泻不当补。泻三阴交、补合谷以致血衰气旺也，故易下胎流产。三阴交、合谷配穴广泛用于妇科病证，二穴相伍既可治疗难产，亦可用于预防流产。现代研究表明针刺合谷、三阴交可催产镇痛，缩短产程；亦有研究提出针刺合谷、三阴交于早期妊娠呈双向调节作用，可调节子宫平滑肌缓解腹痛，胎孕自安，区别仅在于二穴补泻不同。盖以三阴交调血，合谷调气。孕妇血多气少，则胎儿稳固，血少气多则易于流产。

【析拓】针刺补法是通过针刺的手法、穴位的选择及其配伍，起到补益人体气血阴阳和脏腑虚损的治法，用于改善机体虚弱状态。根据气虚、血虚、阴虚和阳虚四个方面，分别对应补气、补血、补阴、补阳四种方法。据临床报道，针刺补法可治疗中风后假性球麻痹、特发性面神经麻痹恢复期。通过针刺补法温补肾阳可治疗神经性耳鸣；通过针刺捻转补法可治疗心脾两虚抑郁症失眠；可通过针刺呼吸补法为主治疗感染后咳嗽；通过捻转补法针刺水沟穴干预原发性高血压亚急症；通过补法针刺白环俞治疗盆底松弛综合征；通过补法针刺太溪穴、太冲穴治疗小儿遗尿等。通过正电子发射断层成像（PET）研究针刺捻转补泻手法降压的中枢机制，发现补泻手法可提高自发性高血压大鼠（SHR）特定靶脑区的葡萄糖代谢水平，具有明显的降压效应。

针刺降法

【出处】《素问·刺法论》："木欲降而地晶窒抑之，降而不入，抑之郁发，散而可得位，降而郁发，暴如天间之待时也。降而不下，郁可速矣，降可折其所胜也，当刺手太阴之所出，刺手阳明之所入。火欲降，而地玄窒抑之……"

【溯源】《道德经》："天之道，其犹张弓欤？高者抑之，下者举之；有余者损之，不足者补之。天之道，损有余而补不足。"

【释义】《中国针灸学》：降法，是用针灸降逆、潜阳的一类治法，适用于气、阳上逆等证。

【例案】壬申岁，行人虞绍东翁，患膈气之疾，形体羸瘦，药饵难愈。召余视之，六脉沉涩，须取膻中，以调和其膈，再取气海，以保养其源，而元气充实，脉息自盛矣。后择时针上穴，行六阴之数，下穴行九阳之数，各灸七壮，遂全愈。今任扬州府太守。庚辰过扬，复睹形体丰厚。[《针灸大成》]

> **按：** 膻中为八会穴，气会膻中也，其能够调理胸膈气机，使得胃气下降，膈气即止；取气海保养其源，主要因患者羸瘦，气海为元气之海，能够调补元气。患者羸瘦，亦有膈气阻滞之实，属于虚实夹杂，故膻中行六阴之数针法泻其实，气海行九阳之数针法补其虚，能够相辅相成，补泻适宜，从而达到疾病治愈的效果。

【析拓】针刺降法是针对气机上逆的治法，通过针法刺激腧穴达到降逆理气作用，用以调畅气机、协调升降，适用于气之当降而不降、降之而不及甚或不降反升的病证。如《针灸大成》对于中府穴的描述："少气之人，多喜静卧。今言不得卧，乃气郁于上，非气亏于中也。刺本穴使气得升降，而疏利之也。"据临床报道，可通过温阳降气止咳针刺方治疗寒饮伏肺型咳嗽变异性哮喘；以降气平喘针法治疗哮喘；或降法联合三梗降气汤治疗非糜烂性胃食管反流病；使用降法针刺联合穴位注射治疗神经性呕吐；通过左升右降针灸治疗慢性腹泻，都取得较好疗效。

针刺升法

【出处】《琼瑶神书》："上疼下针要升阳，再用升阳痛处良，升阳急取到痛处，连取气下痛齐康，男左痛在右取血，女右痛在左取血，出血之法已此定，多取穴道要行周。"

【溯源】《灵枢·禁服》："陷下者，脉血结于中，中有著着血，血寒，故宜灸之，不盛不虚，以经取之。"《素问·至真要大论》："下者举之。"

【释义】《中国针灸学》：升法，是用针灸升阳益气、提举下陷的一类治法，适用于清阳不升、中气下陷等证。临床上除近部取穴外，可配用百会、气海、关元、足三里等穴，针刺用补法，并用灸法，以治疗清阳不升头晕目眩，中气下陷，内脏下垂、脱肛、久痢等病证。阴虚阳亢者，不宜用升法。

【例案】戊寅冬，张相公长孙，患泻痢半载，诸药不效。相公命予治之曰：昔翰林时，患肚腹之疾，不能饮食，诸药不效，灸中脘、章门即饮食，其针灸之神如此。今长孙患泻痢，不能进食，可针灸乎？予对曰：泻痢日久，体貌已变，须元气稍复，择日针灸可也。华岑公子云：事已笃矣，望即治之，不俟再择日期，即针灸中脘、章门果能饮食。[《针灸大成》]

按： 久痢多因痢疾久延不愈或反复发作，脾胃亏损，中气下陷所致，症见大便常带脓血黏液，腹部隐痛，虚坐怒责，得按痛减，神疲乏力，纳差形消，重坠脱肛等。章门乃脾之募穴，中脘为胃之募穴，针灸此两穴有理中焦和脾胃之功，使脾气上升，浊阴下降，则饮食自调。

【析拓】升法的施行常依托于艾灸。由于阳气虚弱不固等原因可致上虚下实，气虚下陷，出现脱肛、阴挺、久泄久痢、崩漏、滑胎等。此时，艾灸可以起到益气温阳、升阳举陷、安胎固经等作用，使机体功能恢复正常。如脱肛、阴挺、久泄等病，可用灸百会穴来提升阳气，以"推而上之"。《类经图翼》云："洞泄寒中脱肛者，灸水分百壮。"据临床报道，在盆底肌功能训练和膀胱功能训练的基础上，对肾阳虚型压力性尿失禁老年女性患者实施升阳举陷法艾灸治疗；对脱肛患者进行百会穴、神阙穴温和灸联合中药坐浴治疗；以"升阳祛霾"针灸法治疗风寒感冒；用隐白穴艾灸联合固冲汤治疗脾虚型崩漏，均有效。在脾肾阳虚证慢性腹泻患者治疗中选取隔姜灸神阙、气海、关元、天枢等穴位，联合健脾温阳的膏药，疗效理想。

针刺通法

【出处】《素问·热论》："治之各通其脏脉，病日衰已矣。"《灵枢·经脉》："经脉者，所以能决死生，处百病，调虚实，不可不通。"《灵枢·终始》："和气之方，必通阴阳。"《灵枢·九针十二原》："欲以微针通其经脉，调其血气，营其逆顺出人之会。"

【溯源】《周易·系辞》："一阖一辟，谓之变；往来不穷，谓之通。"

【释义】《说文解字》："通，达也。"通，本义为没有堵塞，可以通过。通法运用针刺方法，对适当的部位施以刺激，使瘀阻壅滞得以疏通，从而起到调和气血阴阳平衡的作用。

【例案】李东垣治杜意遽，患左手右腿麻木，右手大指次指亦常麻木至腕，已三四年矣。诸医不效，求治。曰：麻者气之虚也，真气弱，不能流通，至填塞经络，四肢俱虚，故生麻木不仁。与一药，决三日效。遂制人参益气汤，服二日，手心便觉热，手指中间如气胀满。至三日后，又觉两手指中间如手擦，傍触之，曰真气遍至矣。遂于两手指甲傍，各以三棱针一刺之，微见血如黍粒许，则痹自息矣。后再与调理而愈。[《续名医类案》]

按： 麻木一病属于中医痹证范畴。《素问·痹论》："营气虚，则不仁。"《丹溪心法》："手足麻者属气虚，手足木者有湿痰、死血。"本案麻木系因真气亏虚所致，经脉不荣而不仁，初补气血之中，必佐宣行通络之治。遂予人参益气汤补益气血，升提阳气，使阳气充于四肢经脉，气血调和。又因久病必瘀，瘀血阻滞经络致气血难以流通，则麻木更甚，当以三棱针点刺放血，以疏通经络、促进局部气血运行，则麻木可愈。

【析拓】针刺通法是通过针刺方法解决"运行"之道路阻塞，以调动内部气血流动，畅通气机通路，起到疏通经络、调和气血阴阳的作用，广泛应用于由于经络不通所导致的各种疾病。据临床报道，用针灸通法可有效治疗中风偏瘫，用火针温通法可治疗面肌痉挛。通过固元双通法针灸联合重复经颅磁刺激治疗老年肾虚型耳鸣，用贺氏针灸三通法治疗过敏性鼻炎，用针灸温通法联合米氮平治疗难治性抑郁症，以疏通、畅通、强通和温通气机的"四通法"治疗颈椎病，都具良效。

针刺调法

【出处】《针灸甲乙经》："天地相感，寒热相移，阴阳之数，孰少孰多？阴道偶而阳道奇，发于春夏，阴气少而阳气多，阴阳不调，何补何泻？"即调和阴阳法。

【溯源】《灵枢·根结》："用针之要，在于知调阴与阳。"

【释义】《针灸治疗学》：调和阴阳是针灸治病的最终目的。疾病的发生，从根本上说是阴阳的相对平衡遭到了破坏，即阴阳的偏盛偏衰代替了正常的阴阳消长。在阴阳一方偏盛，另一方未虚损的情况下，应泻其有余，清泻阳热或温散阴寒，以防阳热太盛而耗伤阴液，阴寒太盛而耗损阳气。当一方偏盛，另一方见虚损的情况下，在泻一方有余的同时，当兼顾一方之不足，配合扶正或益其不足。在阴阳偏衰的情况下，应补其不足。阴虚不能制阳，常出现阴虚阳亢的虚热证，治宜滋阴潜阳，即所谓"壮水之主，以制阳光"。阳虚不能制阴，常呈现阳虚阴盛的阴寒证，治宜补阳消阴，即所谓"益火之源，以消阴翳"。阴阳俱虚则滋阴补阳同施。

【例案】罗氏治一子，四岁，一僧摩顶授记，众僧念咒，因而大恐，遂惊搐，痰涎壅塞，目多白睛，项背强急，喉中有声，一时许方醒。后每见衣皂之人辄发，多服朱、犀、龙、麝镇坠之药，四旬余前症犹在。又加行步动作，神思如痴，罗诊其脉，沉弦而急。《针经》曰：心脉满大，痫瘛筋挛。又云：肝脉小急，痫瘛筋挛。盖小儿血气未定，神气尚弱，因而惊恐，神无所依，又动于肝，肝主筋。故痫瘛筋挛，病久气弱，多服镇坠寒凉之剂，复损其气，故加动作如痴。《内经》云：暴挛痫眩，足不任身，取天柱穴是也，天柱穴乃足太阳脉气所发，阳蹻跗而行也。又云：癫痫瘛疭，不知所苦，两蹻主之。男阳女阴。洁古云：昼发，治阳蹻申脉穴；夜发，治阴蹻照海穴，先灸两蹻各二七壮（即十四壮），次处沉香天麻汤。[《名医类案》]

按： 小儿惊风又称小儿惊厥，是以四肢抽搐、口噤不开、角弓反张甚则神志不清为特征的病证，为中医儿科临床四大证之一。"两蹻"为奇经八脉中的阳蹻脉与阴蹻脉；"男阳女阴"为《灵枢·脉度》所言"男子数其阳，女子数其阴，当数者为经，不当数者为络也"。天柱穴归属足太阳膀胱经，具有开窍醒神、活血通络、调和百脉的功效；申脉穴属足太阳膀胱经，通阳蹻脉，具有清热安神、调和阴阳、疏经通络的功效；照海穴属足少阴肾经，通阴蹻脉，具有滋阴清热、调经止痛的功效。故此案取天柱穴，配合白昼发作取申脉穴、夜间发作取照海穴，从而达到调和阴阳平衡，镇静安神定志之目的。

【析拓】针灸调和阴阳法的作用，与针刺补泻手法密切相关。《灵枢·终始》："阴盛而阳虚，先补其阳，后泻其阴而和之；阴虚而阳盛，先补其阴，后泻其阳而和之。"阴盛阳虚则可见癫疾、嗜睡；阳盛阴虚则可见狂躁、失眠。可取阴跷脉气所发穴照海、阳跷脉气所发穴申脉来治疗：属阴盛阳虚的癫证、嗜睡宜补申脉，泻照海（补阳泻阴）；属阳盛阴虚证失眠，应补照海，泻申脉（补阴泻阳）。在失眠病、月经病、中风后遗症和面瘫病的临床治疗中得广泛的运用。临床报道，对阴阳失调证顽固性失眠症患者施行调和阴阳法针灸联合穴位按摩治疗；或用调和肾阴阳法结合针灸周期疗法治疗月经过少；以调和阴阳针法治疗中风后痉挛性瘫痪，都有效。通过功能性磁共振成像（fMRI）评估调和阴阳针灸治疗难治性周围性面瘫的临床疗效，发现该法可提升面部神经功能和面部肌肉控制能力。

针刺泻法

【出处】《灵枢·官能》："泻必用员，切而转之，其气乃行，疾而徐出，邪气乃出，伸而迎之，摇大其穴，气出乃疾。"《灵枢·九针十二原》："凡用针者，虚则实之，满则泻之……"

【溯源】《庄子·说剑》："上法圆天，以顺三光；下法方地，以顺四时。"《黄帝内经太素》："员谓之规，法天而动，写气者也；方谓之矩，法地而静，补气者也。"

【释义】《针灸素难要旨》："泻曰必持内之，放而出之，排阳得针，邪气得泄，按而引针，是谓内温，血不得散，气不得出也。"

【例案】又一掌记生，便毒，初起时疼痛不可忍。适予往侍御公所，因求治，更祈效速。予曰：药力不能速效，速效者，惟针耳。此穴刺之最疼，能受则可。曰：唯命。为取脚后跟上五寸、脚肚之下中间，名承山穴，针入四分，全用泻法。少时，迎气突然出针，肿消痛止。[《程原仲医案注解全篇》]

按：便毒，又名骑马痈，即生于阴部（腹股沟）结肿成疮毒者，其未破溃之时称便毒，既溃之后称鱼口，或左或右。西医又称为淋巴肉芽肿。本案中，于承山穴处用针刺泻法，承山具有理气止痛的功效，可用于肛门等阴部的疾患，泻法又可祛邪外出，二者配合正可以疏通经络，消肿解毒。

【析拓】针刺泻法通过针刺起到疏通经络、调和阴阳、祛邪外出的作用，主要运用于实证，适用于邪气盛的疾病。在消化系统、泌尿系统、神经系统疾病、伤科疾病以及多种气血阻滞导致的疾病的临床诊治中运用。后世针刺泻法发展为呼吸补泻、方圆补泻、迎随泻法、透天凉等多种形式。据临床报道，可用针刺泻法治疗瘀阻脑络型偏头痛、高血压、热秘证，或用不同泻法治疗急性胃痛，或将针灸泻法与龙胆泻肝汤加减联合治疗肝火上扰型耳鸣，都有效。研究发现，针刺泻法有助于改善患者脑供血不足的情况。

◎ 其他针灸类

艾灸疗法

《灵枢·经脉》："陷下则灸之。"《庄子·杂篇·盗跖》："丘所谓无病而自灸也。"艾灸疗法是通过对穴位的温热刺激，诱发多种局部效应，引起特定器官及全身系统的后续效应，达到治疗疾病的目的。据临床研究报道：可通过艾灸神阙穴、关元穴治疗寒凝血瘀证原发性痛经；以艾灸联合针刺治疗减轻缺血性卒中后肩手综合征；2型糖尿病周围神经病变可进行艾灸联合红外线照射治疗；加味四妙勇安汤联合艾灸用于治疗类风湿性关节炎；艾灸联合中药热奄包用于治疗腰椎间盘突出症，均取得疗效。

青龙摆尾法

出自《针灸大全》："若夫过关过节，催运气，以飞经走气，其法有四：一曰青龙摆尾，如扶船舵，不进不退，一左一右，慢慢拨动。二曰白虎摇头，似手摇铃，退方进圆，兼之左右，摇而振之。三曰苍龟探穴，如入土之象，一退三进，钻剔四方。四曰赤凤迎源，展翅之仪，入针至地，提针至天，候针自摇，复进其原，上下左右，四围飞旋，病在上吸而退之，病在下呼而进之。"《灵枢·官能》有"遥大其穴，气出乃疾"的记载。青龙摆尾法又称苍龙摆尾法，由于操作时拨摇针柄，犹似龙尾摆动的状况而命名。是以针尖方向行气为主，并结合摇针行气、九六法、分层法而组成的复式手法。《针灸问对》中对"青龙摆尾"增加了"提针至天部，持针摇而按"的方法。《医学入门》中又提出扳倒针头的方法。在治疗运动系统疾病、脑系疾病及由气血不畅所导致的其他疾病时均有良好的临床疗效。据临床报道，青龙摆尾针法用于治疗肱骨外上髁炎、膝骨关节炎、颈肩综合征、郁证等，都取得良效。以"青龙摆尾"针刺手法较用提插捻转常规手法治疗失颈患者疗效更好。

白虎摇头法

出处同"青龙摆尾法"。《灵枢·官能》："遥大其穴，气出乃疾。"白虎摇头法是由提插、捻转、呼吸三种方法，结合直立针身而摇的手法（即"动"法的反复运用）组合而成的复式手法，《针灸大全·金针赋》将其列为"飞经走气"第二法。从操作方法来看，各家认识不尽相同。《针灸大全·金针赋》为"退方进圆"；明代汪机认为是左右转，"提针而动之"的意思；清代周树冬则认为"下针得气后，向内进针要左右旁出，有如摇铃，用力稍重，谓之方；向外退针时轻慢上提，用力稍轻，谓之圆。"《针灸问对》《针灸大成》还在操作方法中，配合医生左侧押手，按在针穴的上方或下方，来控制经气流行方向。本法可引邪外出，散风寒，令邪由里达表，尤其适用于邪气内侵而致的风寒痹证。据临床报道，可采用白虎摇头针法治疗气滞血瘀型月经后期患者，也用于治疗神经根型颈椎病、血瘀型腰椎间盘突出症、膝痹，或结合康复训练治疗中风后肩手综合征等，均有效。

苍龟探穴法

出处同"青龙摆尾法"。《灵枢·官针》："合谷刺，左右鸡足，针于分肉之间，以取肌痹，此脾之应也。"苍龟探穴针法是徐疾补法与针向多向行气法相结合而形成的一种复式针刺手法，以行气为主兼补虚，有推动经气运行的作用，适用于各种疼痛病证。此法在于掌握"钻"和"剔"的操作，钻指扩大刺法的刺激面积，剔指增强对局部组织的刺激量，选取四肢肌肉丰厚处穴位为宜。临床报道，可通过苍龟探穴针法治疗梨状肌综合征急性疼痛发作、臀上皮神经卡压综合征，也可联合针刺运动疗法治疗肩周炎，或联合中药用于治疗膝骨关节炎、中风后偏瘫等多种疾病。

赤凤迎源法

出处同"青龙摆尾法"。赤凤迎源针法为疏通经络行气之要法，作为通经接气的催气手法，以促使针感通过关而达病所。适用于疼痛、风寒湿痹、痉挛等病证。也用于促进术后肠功能恢复及术后腹胀的治疗。据临床报道，可用赤凤迎源针法治疗腰椎间盘突出症、气滞血瘀型膝骨关节炎和原发性痛经、偏头痛等，均获良效。治疗顽固性周围性面瘫，可有效改善患者面部神经功能及面部表情肌自主运动，提升面部对称性，降低后遗症发生率。

刺络疗法

《灵枢·血络论》："刺血络而仆者，何也？"《五十二病方·脉法》："……用砭启脉者必如式。"《寿世保元》有"无如砭针出血，血出则病已"的记载。刺络疗法功能宣畅气机、清热泻火。邪气因血流而泻。刺络放血在疏通经络、调和气血及活血祛瘀方面疗效突出，最终达到"通"的目的。据临床报道，用三棱针点刺法能治疗睑腺炎，用梅花针叩刺治疗股外侧皮神经炎，用刺络放血疗法治疗腰椎间盘突出症，也可用刺络拔罐来治疗带状疱疹。现代研究表明，少量放血可改善局部微循环，加速新陈代谢，刺激末梢神经兴奋，使局部肌肉、神经、血管得到充分营养，促进神经功能恢复，降低局部 K^+、H^+、5-HT 和缓激肽等致痛物含量，从而有效缓解疼痛。

刺四缝疗法

《奇效良方》："四缝四穴，在手四指内中节，是穴用三棱针出血，治小儿猢狲劳等证。"《素问·针解》："菀陈则除之，出恶血也。"四缝穴是经外奇穴，分别是手太阴肺经、手少阴心经、手厥阴心包经的循行部位，也是十二经脉中阴经与阳经相交接的部位。后世医家根据自身临床经验将四缝穴运用于治疗小儿消化系统、小儿呼吸系统疾病，以及小儿夜啼、小儿发热及成人厌食症等。据临床报道，采用刺四缝疗法配合小儿推拿可治疗脾虚型特发性矮小症，也可对脾虚肝亢型小儿抽动症患者进行点刺四缝穴配合耳穴埋豆治疗，或用四缝穴放血联合足三里穴位注射治疗脑梗死后胃肠功能紊乱，也有人对小儿百日咳综合征痉咳期的患者用参芪顿咳汤结合四缝穴针刺治疗，或通过推拿手法结合四缝点刺放血治疗小儿痰湿型咳嗽，均疗效确切。

电针疗法

电针疗法是一种对神经系统的良性刺激所引起的全身反射性机制的理疗法。早在1903年的《对山医话》就有"有患暴绝及中风麻木，肢体不仁者，电能疗之。法以电线按患处，若针灸然，或蓄电于筒，令患者身贴而手按之，即取效。盖电能随人筋络，以营运骨节间，其功固甚速耳"的记载。电针疗法是在针刺腧穴得气后，在针上通以接近人体的生物电的微量电流，以加强对穴位的刺激，产生调节作用，达到防治疾病目的的一种疗法。具有疏通经络、行气活血、协调脏腑阴阳等作用，适用于各种痛证、痹证、痿证等，同时在针刺麻醉术中电针也具备独特的优点。据临床报道，可通过电针联合中药熏洗治疗类风湿性关节炎，使用电针联合红光治疗肛肠疾病术后疼痛，以培元养心法电针联合艾灸治疗心肾不交型失眠，通过电针腰腹穴位治疗非特异性腰痛。研究发现，通过电针夹脊穴联合祛风骨痛凝胶膏能够降低患者血液黏度，改善微循环血流状态，从而治疗2型糖尿病足气虚血瘀证，有效改善患者临床症状。

耳针疗法

出自《备急千金要方》："耳中穴，在耳门孔上横梁是，针灸之，治马黄黄疸、寒暑疫毒。""耳风聋雷鸣，灸阳维五十壮。"现代耳针疗法可分为耳毫针法、耳穴埋针法及耳穴贴压法等。耳毫针法是直接使用毫针针刺耳穴治疗疾病的方法；耳穴埋针法是以图钉式的揿针刺入皮内，以达到持续的刺激作用；耳穴贴压法又称压丸法，是用硬而光滑的药物种子或药丸材料贴压耳穴并用胶布固定的治疗方法，此法在临床上最为常用。此外还有耳穴电针法、放血法、耳穴药物注射法等。耳针在治疗失眠、高血压、便秘、呃逆、中风后吞咽障碍、周围型面神经麻痹等疾病时有良好的临床疗效。据临床报道，有人以耳穴针刺及耳穴压丸法治疗偏颇体质的失眠，以耳穴揿针结合艾司唑仑治疗脑卒中失眠，用耳穴针刺联合压丸治疗痰湿质的原发性高血压，以耳尖放血联合耳穴压丸法治疗高血压头痛，用耳穴压丸法及穴位敷贴治疗脑卒中后便秘等，均有效。

腹针疗法

《灵枢·九宫八风》："心应离，脾应坤，肺应兑，小肠应乾，肾应坎，大肠应艮，肝应震，胃应巽。"清代张振鋆的《厘正按摩要术·按胸腹》说："脐通五脏，真神往来之门也，故名神阙。"后世发展为以神阙系统为核心的腹针疗法。腹针疗法是以中医理论为基础，继承发扬传统医学并结合现代医学对经络的研究成果，以腹部的神阙调控系统为核心，根据腹部经络的特点，把腹部不同的经络系统的功能进行整合，施行腹针时寻找与全身部位相关的反应点，并对其进行相应的轻微刺激，从而调节脏腑失衡，以治疗全身疾病的一种安全、无痛的微针疗法。用于治疗脏腑疾病、慢性疾病。针刺时常无传统针灸所强调的酸、麻、胀、痛的"得气感"，但对全身的治疗作用却非常明确。据临床报道，腹针可改善肥胖型多囊卵巢综合征患者的内分泌及糖脂代谢紊乱；可用腹针治疗脑血管病后痉挛性瘫痪、慢性失眠、慢传输型功能性便秘、腹泻型肠易激综合征、神经根型颈椎病、腰椎间盘突出症、膝骨关节炎等，或用腹针配合美多巴治疗帕金森病等，均取得了一定的疗效。

刮痧疗法

出自《痧胀玉衡》："刮痧法，背脊颈骨上下，又胸前胁肋，两背肩臂痧，用铜钱蘸香油刮之。"《保赤推拿法》也有"刮者，医指挨儿皮肤，略加力而下也"的记载。现代刮痧疗法，通过使用刮痧工具如刮痧板、硬币、铜板等，加以介质如刮痧油、精油，再以一定力度刺激人体浅表，使皮肤出现明显的充血、瘀血现象。刮痧的机制在于通过对十二皮部的良性刺激，达到疏通经络、行气活血、调整脏腑机能的作用。据临床报道，可通过铜砭刮痧干预帕金森病；用头部刮痧法治疗乳腺癌化疗相关认知障碍；或用面部刮痧治疗黄褐斑，用分段刮痧缓解女性经前乳房胀痛；用刮痧疗法医治手足湿疹等，安全有效。

火罐疗法

出自《本草纲目拾遗》："火罐，江右及闽中皆有之，系窑户烧售，小如人大指，腹大两头微狭，使促口以受火气，凡患一切风寒，皆用此罐。"《五十二病方》中有"以小角角之"的治法："牡痔居窍旁，大者如枣，小者如枣核者方：以小角角之，如熟二斗米顷。"说明当时是以角法作为治疗痔疾的手段之一。现代火罐疗法，也称拔罐法或角法，具有行气止痛、祛风散寒、清热拔毒等功效。常用拔罐工具有竹罐、陶罐、玻璃罐等。操作方法主要为投火法、闪火法、棉球法、刺络拔罐法、走罐法等。据报道，可用火罐膀胱经走罐法治疗单纯性肥胖；用小针刀加火罐治疗颈型颈椎病；用梅花针叩刺与火罐放血法相结合治疗带状疱疹；也有人对慢性腰肌劳损患者施行针刺结合火罐留罐法。研究显示，拔罐后局部组织充血，能通过调节免疫系统的多个方面来调节人体免疫功能。

火针疗法

《小品方》："治痈及疖，始结肿赤热方，脓浅易为火针；治始发诸痈疽发背及乳痈，熟用火针，膏散，如治痈法。"《灵枢·九针十二原》："九曰大针，取法于锋针，其锋微员，长四寸……大针者，尖如梃，其锋微员，以泻机关之水也。"火针疗法也称为焠刺或烧针，是将针在火上烧红后，快速刺入目标部位以治疗疾病的方法。借"火"之力刺激穴位或局部，具有温壮阳气、散寒化湿、祛风止痒、敛疮生肌、祛瘀排脓、清热泻火、行气解毒等作用。火针优势病种主要集中在骨科（类风湿性关节炎以及骨关节、肌肉劳损性疾病如肱骨外上髁炎、腱鞘囊肿）、皮肤科（带状疱疹和疣类疾病），其次是外科（体表脓肿和淋巴疾病）、神经科（神经性疼痛）、妇科（乳腺疾病和外阴白斑）、五官科（口腔溃疡）。据临床报道，可用火针疗法治疗类风湿性关节炎、复发性口腔溃疡、膝骨关节炎、乳期急性乳腺炎，以及脑卒中后假性延髓性麻痹导致的吞咽障碍等；也用火针赞刺联合放血疗法治疗急性期带状疱疹；用火针配合皮内针治疗扁平疣，均有良效。

龙虎交战法

出自《针灸大全》："子午捣臼，水蛊膈气。落穴之后，调气均匀，针行上下，九入六出，左右转之，千遭自平。""进气之诀：腰背肘膝痛，浑身走注疼。刺九分，行九补，卧针五七吸，待气上行。""龙虎交战，左捻九而右捻六，是亦住痛之针。"龙虎交战法、子午捣臼法、进气法常综合应用。龙虎交战是通过行针过程中反复左右交替捻转针体，达到治疗作用的针刺方法。其左转即称"龙"，右转即称"虎"，交替往复，结合九六之数实施补泻，故称"龙虎交战"。本法补泻兼施，有调和气血，疏通经络之气的作用，具有较好的止痛效果，因此可治疗各种痛症及瘫痪病症。如胃火牙痛、胃痛、痛经、三叉神经痛，以及截瘫、中风后遗症等。子，为时间，也为方位，指夜半，夜十一点至一点。午，指正午，白天十一点到一点。子午流转，象征着方位的转动，即捻转手法。捣臼，指古代臼内舂米之状，指提插动作。子午捣臼具体操作：进针得气后，先紧按慢提九数，再紧提慢按六数，同时结合左右捻转，反复施行。本法可调补阴阳，补泻兼施，又有消肿利水作用，对一般疾病、实证和体质相对壮实的患者均为适用，主治水湿、气胀以及气机壅滞等疾病。进气法主要是在深层施行补法，具体操作针法是：进针后刺入深层（九分）施行补法，如紧按慢提九数，然后留针片刻（五至七息）。本法具有催气、行气的作用，同时可以温补阳气。对于阳虚阴盛的疾病具有良好的效果，可治疗各种风湿痹证，腰肌劳损，尤其对虚证疼痛有效。本法与龙虎交战同样有止痛的效果，但进气法多用于远隔部的穴位。据临床报道，可用子午捣臼针刺手法与艾灸配合治疗老年人便秘；或以子午捣臼针法治疗腰椎退行性骨关节病、产后尿潴留；或用龙虎交战针刺法治疗失眠。研究表明，龙虎交战刺法治疗坐骨神经痛，可刺激机体内源性阿片肽释放，使周围血管松弛，缓解水肿，松解粘连，起到缓解疼痛的作用。

灵龟八法

出自《针灸大全》："（灵龟）八法者，奇经八脉也……此言用八法，必以五门，推时取不，先主后喜，而无不效也。"《扁鹊神应针灸玉龙经》有"列缺通任脉，别走阳明……后溪为俞木，通督脉……内关通阴维，别走心阳……外关通阳维，少阳络……临泣为俞木，脉通带……公孙通冲脉，别走阳明……照海，通阴跷……申脉，通阳跷"的记载。灵龟八法是运用奇经八脉在手足部相通于十二经的八个穴位，结合奇经八脉气血的会合及九宫八卦中阴阳演变的道理，按照日、时干支指导临床开穴的一种针法。也叫奇经纳卦法。据临床报道，可用灵龟八法治疗突发性耳聋，以灵龟八法配合辨证选穴针刺治疗变应性鼻炎，用皮内针结合灵龟八法治疗胃火牙痛，用灵龟八法雷火灸治疗脾肾阳虚腹泻型肠易激综合征，用灵龟八法开穴配合浅针治疗肝郁化火型失眠症，均获良效。

留气抽添疗法

出自《针灸大全》："留气之诀，痃癖癥症，针刺七分，用纯阳，然后乃直插针，气来深刺，提针再停。""抽添之诀，瘫痪疮癞。取其要穴，使九阳得气，提按搜寻，大要运气周遍，扶针直插，复向下纳，回阳倒阴。"留气法主要针对脏腑功能失调、正气不足、寒痰结聚、气血凝滞所致腹内结块之病症。操作方法：右手将针刺入七分处，候气至针下沉紧，行提插补法（九阳数），待针下提气后进入一寸深处，略作伸提动作，再返回原处。反复施行，用以破气散结。抽，指上提法；添，指按纳。抽添法主要用于治疗中风、偏瘫等症。操作方法：先紧按慢提九数，得气后，慢慢转换针向，多用提按（或当呼气时按纳，吸气时上提）使气到病痛部位再直起针向下按纳。本法操作时要浅、深、上下提插搜寻，临床上辨证应用"一插数提"以泻其邪气，"一提数插"以补其正气。据临床报道，可用头皮针抽添法配合运动治疗中风偏瘫，用头皮针合经皮穴位电刺激治疗偏瘫肢体运动障碍，或用针刺留气法治疗前列腺炎及前列腺增生。研究表明，头皮针抽添法可显著提高患者上肢功能；将抽添法与苍龟探穴法结合，用于治疗肩关节周围炎，起到了松解粘连、消除炎症和改善症状的作用，疗效确切。

梅花针疗法

梅花针是在古代九针中的镵针及扬刺"正内一、傍内四"的基础上，经过历代医学家不断实践、研究、改进和总结而形成的一种针法。《灵枢·官针》有"凡刺有九，以应九变……七曰毛刺。毛刺者，刺浮痹皮肤也"的记载。梅花针疗法是在毛刺、扬刺、半刺的基础上发展起来的，利用多支短针集成簇，对穴区或特定的部位进行浅刺，以达到激活穴位、疏通经络、化瘀活血、调节局部气血的作用。该疗法对气滞血瘀型疾病以及风、火、热、毒邪所致的麻木痿痹疗效更佳。据临床报道，可用梅花针疗法治疗带状疱疹、扁平疣、脱发、膝骨关节炎，也可改善抽动秽语综合征症状。研究表明，梅花针叩刺可以激活神经细胞，促进神经元功能恢复，起到纠正异常模式的作用。

埋线疗法

埋线疗法产生于20世纪60年代初期，是穴位埋藏疗法中的一种。埋线疗法是将一定长短、数量、粗细的可吸收的医用羊肠线，通过穿刺针针刺相应刺激穴位于一定深度，同时施用不同的手法（如提插法、提插捻转法、摇针法、震颤法、弹针法），产生一定的针感效应，然后再将羊肠线推注于穴位之中，是一种物理、化学作用相结合的治病方法。其操作简便、作用持久、适应证广，可用于临床各科病证，如哮喘、萎缩性胃炎、腹泻、便秘、面神经麻痹、腰腿痛颈椎病、单纯性肥胖症、眩晕、癫病、阳痿、月经不调、小儿遗尿、神经性皮炎、视神经萎缩等慢性病证。据临床报道，可以穴位埋线治疗胃热湿阻型单纯性肥胖、中风后便秘、腹泻型肠易激综合征（脾胃虚弱证），也有用针刺联合穴位埋线治疗轻中度溃疡性结肠炎，或通过超声引导下穴位埋线治疗神经根型颈椎病颈痛。动物实验发现，穴位埋线对溃疡性结肠炎具有良好的治疗作用，其作用机制可能是调控NLRP3/Caspase-1信号通路抑制炎性小体活化，缓解炎症反应。

芒针疗法

芒针疗法是在古代"九针"的"长针"的基础上，经过不断发展、演进而来的，用芒针针刺一定的经络或腧穴以治疗疾病的方法。《灵枢·九针论》有"八曰长针，取法于綦针，长七寸，主取深邪远痹者也"的记载。该疗法具有疏通经络、调节人体脏腑阴阳的功能，适用范围基本和毫针刺法相似。但因芒针多采用深刺和沿皮下横刺法，针体长、刺入深，尤适用于普通毫针难以取得显著疗效、须用长针深刺的病证。如用于治疗神经系统疾病中的神经根炎、多发性神经炎、血管性头痛、三叉神经痛等，内科疾病中的急性或慢性胃炎、支气管哮喘、溃疡病等，泌尿生殖系统诸多疾病。据临床报道，用芒针疗法可治疗脑卒中后大便失禁、腰椎间盘突出症、中风后痉挛性肢体功能障碍、梨状肌综合征等，用芒针围刺治疗气滞血瘀型股骨头缺血性坏死，或用芒针深刺能明显改善卒中后功能性消化不良，都具良效。

面针疗法

《针灸甲乙经》："颜者，首面也。眉间以上者，咽喉也。眉间以中者，肺也。下极者，心也。直下者，肝也。肝左者，胆也。下者，脾也。方上者，胃也。中央者，大肠也。夹旁者，肾也。当肾者，脐也。面王以上者，小肠也。面王以下者，膀胱字子处也。颧者，肩也。后颧者，臂也。臂以下者，手也。目内眦上者，膺乳也。夹绳而上者，背也。循牙车以上者，股也。中央者，膝也。膝以下者，胻也。当胻以下者，足也。巨分者，股里也。巨屈者，膝膑也。此五脏六腑支节之部也。"面针疗法在此基础上发展起来，通过刺激面部范围内的特定穴位来治疗疾病。以中医学面部色诊为基础，可将之分为额区、鼻区、眼区、口区、耳区、颧区和颊区，每区均有面针专穴。可以治疗局部的疾病，也可以治疗全身性的疾病，对神经衰弱、高血压、痹症、哮喘等效果好，还可用于针刺麻醉。据临床报道，可用面针疗法可治疗急性腰扭伤、痤疮，用面针配合中药治疗黄褐斑，针刺面针脾穴治疗胆汁反流。研究表明，针刺面针脾穴可有效减缓胃肠蠕动，延长幽门开放时间，有助于帮助患者完成胃肠镜检查，减少恶心呕吐等不良反应。

皮内针疗法

《素问·离合真邪论》："吸则内针，无令气忤。静以久留，无令邪布。"后世发展出的皮内针疗法，又叫揿针法、皮下埋针法，由久留针发展而来。操作时将图钉形或麦粒形针，刺入皮肤，外用胶布固定。适用于慢性病。埋针时间有季节之分，一般夏季1~2日，冬季3~5日。据临床报道，皮内针穴位埋针可治疗非急性感染期小儿反复呼吸道感染，可通过皮内针联合易罐运动疗法治疗颈肩综合征，通过皮内针联合灸法治疗落枕，或以皮内针联合电针治疗风寒外袭型面瘫，均疗效显著。通过皮内针联合腕踝针治疗强直性脊柱炎，能快速减轻患者的疼痛症状，改善患者的脊柱活动度，提高患者的生活质量，临床疗效显著。

针刺清法

《针灸大全》："言针能调治脏腑之疾，有寒则温之，有热则清之……"针刺清法是利用经穴以清热开窍、清热养阴、清热解毒、清热利湿的方法。针法中的刺络放血法、透天凉法是清法的代表。临床用清法治疗外感热证，常取大椎、曲池、合谷，针刺用泻法以清解热邪；治疗脏腑热证，常取本经井穴、荥穴，针刺用泻法或点刺出血；治疗热蒙清窍证，常取水沟、十二井穴，针刺用泻法或点刺出血以泄热开窍。体质虚弱、大便溏薄等阳虚证、虚寒证禁用清法，临床应用时应注意与真寒假热证相鉴别，避免误用。据临床报道，可用针刺大椎退热法治疗感冒高热，用针灸透天凉手法治疗急性带状疱疹，用透天凉手法针刺鱼际为主治疗咽炎，通过益气清热针药并用法治疗急性期风热中络型面瘫伴耳后疼痛，用治痿大法祛湿清热、补不足，通过针药并施治疗多发性神经炎、神经根炎，均取得了一定的疗效。

烧山火、透天凉疗法

出自《针灸大全》："一曰烧山火，治顽麻冷痹，先浅后深，用九阳而三进三退，慢提紧按，热至，紧闭插针，除寒之有准。二曰透天凉，治肌热骨蒸，先深后浅，用六阴而三出三入，紧提慢按，徐徐举针，退热之可凭，皆细细搓之，去病准绳。"《素问·针解》也有："刺虚则实之者，针下热也，气实乃热也。满而泄之者，针下寒也，气虚乃寒也。"烧山火法、透天凉法均由徐疾、提插、捻转、九六、开阖、呼吸等单式补法组成。以"推内进搓，随济左而补暖"为烧山火热补手法的要点。透天凉法当"先刺入阳之分，后得气，推内至阴之分"。在心肺肾系病症中使用较多，也用于肢体经络病症如腰腿痛的治疗。据临床报道，可用烧山火针法治疗神经根型颈椎病、寒湿痹阻型膝骨关节炎、脑卒中神经源性膀胱等。也有人用烧山火手法针刺颈夹脊穴配合颈椎复位手法治疗颈性高血压，在手三里穴行透天凉针法治疗急性扁桃体炎，均取得了良好疗效。

水针疗法

是在20世纪50年代末开始并发展起来的针药结合治疗方法，又称为穴位注射疗法，是以中医经络理论、西医软组织理论和药物治疗原理为基础，结合针的机械刺激与药物的化学作用的一种独特疗法。通常选用某些修复神经的药物注射液注入相关穴位以防治疾病。本法既能治疗功能性疾病，也可治疗器质性疾病，涉及内、外、妇、儿各科。据临床报道，穴位注射疗法可治疗消化不良，用红花注射液穴位注射可治疗腰椎间盘突出症，将水针疗法与肩三针结合起来治疗肩周炎，足三里穴位注射配合基础疗法治疗儿童支气管哮喘，用丹参注射液穴位注射配合基础疗法治疗糖尿病周围神经病变，都取得了良好疗效。

天灸疗法

出自《针灸资生经》："治疟之方甚多，惟小金丹最佳，予尝以予人皆效，然人岂得皆有此药哉？此灸之所以不可废也。乡居人用旱莲草推碎，置在手掌上一夫（四指间也）当两筋中，以古文钱压之，系之以故帛，未久即起小泡，谓之天灸，尚能愈疟，况于灸乎？故详著之。"后世又将天灸称为自灸，是用对皮肤有刺激性的药物涂敷于穴位或局部，或同时施灸的一种治疗方法。随之局部皮肤呈现潮红、充血甚至起疱，有如灸疮。因发疱有如火燎，故名灸，近世又称为发疱疗法。近代医家在传统天灸疗法的基础上，结合民间天灸疗法和气候条件，发展出了"三伏天灸"和"三九天灸"等。今用者有蒜泥灸、毛茛灸、斑蝥灸、旱莲灸、白芥子灸、吴茱萸灸等。在现代医学的呼吸系统、消化系统、神经系统、骨伤科、耳鼻喉科、妇科及儿科疾病等均有应用。据临床报道，用三伏天灸疗法可治疗过敏性鼻炎，用天灸药膏贴敷治疗脾胃虚寒型慢性胃炎，用天灸结合艾灸治疗腰椎间盘突出，用三伏天灸敷贴治疗阳虚质原发性痛经，用酸枣仁汤加减联合天灸疗法治疗心胆气虚型失眠，用针刺结合天灸治疗Ⅲ型慢性前列腺炎等，均取得了一定的疗效。研究表明，天灸药物白芥子散可能是通过降低Rho A基因的蛋白质表达水平而实现免疫稳态的重建。

鍉针疗法

出自《灵枢·官针》："病在脉少气当补之者，取以鍉针于井荥分俞。"鍉针的针身大而针尖圆，多施于体表（即皮部），不刺入皮下，通过刺激皮部而起到疏通筋脉，调和气血阴阳，导邪气外出作用。据临床报道，双经筋理论指导下的鍉针联合针刺可治疗肩周炎，鍉针点穴配合肩三针可显著改善患者肩关节疼痛，以鍉针点穴结合穴位贴敷可治疗近视，用火鍉针结合体针可治疗痤疮，用火鍉针烙刺可治疗慢性咽炎，皆有良效。

头针疗法

《太平经》有"灸刺者，所以调安三百六十脉，通阴阳之气而除害者也。三百六十脉者，应一岁三百六十日，一脉持事，应四时五行而动，出外周旋身上，总于头顶，内系于藏，衰盛应四时而动移"的记载。现代发展起来的头针疗法又称为头皮针疗法、颅针疗法，是根据大脑皮质功能定位的理论，在头皮划分出皮质功能相应的刺激区，在有关刺激区进行持续、快速捻针以治疗全身疾病的一种针刺方法。根据刺激部位的不同，可以影响相应的大脑皮质功能。适用于中枢神经系统疾病、精神疾病、疼痛和感觉异常病症、皮质内脏功能失调所致疾病等。据临床报道，头针配合颈夹脊可治疗颈源性眩晕，通过头针配合腹针治疗中风后痉挛性瘫痪，通过头针结合菖蒲丸治疗儿童言语障碍及负面情绪，以头针配合松动上肢张力试验治疗脑卒中后手功能障碍，均取得了较好的疗效。研究发现，通过头针联合平肝潜阳通络汤可改善患者神经功能、精神状态、睡眠质量及肢体功能，调节脑部血流状态，从而治疗脑梗死后遗症。

针刺温法

《针灸大全》："言针能调治脏腑之疾，有寒则温之，有热则清之，虚则补之，实则泻之。"《灵枢·阴阳二十五人》："切循其经络之凝涩，结而不通者，此于身皆为痛痹，甚则不行，故凝涩。凝涩者，致气以温之，血和乃止。其结络者，脉结血不和，决之乃行。"针刺温法，是在采用针刺补法、温针法、深刺久留针及艾灸等方法治疗中，利用经穴和温热手法的刺激，使阴寒得以消散的治法。其中寒凝经络证用温通经络法，脾胃虚寒证用温中散寒法，阳气衰微、四肢厥冷证用回阳救逆法。实热证不宜用温法，阴虚证慎用灸法。据临床报道，用温阳化饮法针灸可治疗慢性阻塞性肺疾病，用温阳利气法针灸可治疗哮喘，以通元温针灸法可治疗腹泻型肠易激综合征（肝郁乘脾型），用针灸补肾温阳法治疗女性尿道综合征，用温针药灸与电针治疗单纯性肥胖，用温通针法治疗寒湿腰痛，均取得了一定的疗效。

腕踝针疗法

《难经·七十一难》有"针阳者，卧针而刺之"的记载。现代的腕踝针疗法是在手腕或足踝部的相应进针点，用毫针进行皮下针刺以治疗全身各部位的一些常见病症的一种新的针刺疗法。在腕踝针疗法中，每个区所治疗的病症大致包括两方面：一是同名区域内所属脏腑、组织、器官等所引起的各种病症；二是主要症状能反映在同名区域内的各种病症。据临床报道，用腕踝针疗法缓解患者创伤后急性中、重度疼痛；将腕踝针疗法应用于椎间孔镜手术辅助镇痛，用腕踝针辅助分娩镇痛、原发性痛经、脑卒中后肩手综合征等，均取得了一定的疗效。研究发现，用腕踝针治疗肩周炎，可降低患者血浆P物质水平，增加β-内啡肽（β-EP）水平，从而缓解肩痛症状，改善肩关节活动度。

温针疗法

出自《针灸聚英》："近有为温针者，乃楚人之法。其法针于穴，以香白芷做圆饼套针上，以艾蒸温之，多以取效。"《灵枢·官能》有"针所不为，灸之所宜"的观点。温针疗法即温针灸，又被称为针上加灸、针柄灸、传热灸、烧针尾等。是将毫针刺入穴位后，留针时，在针柄上插入一段艾条，或在针柄上先套上姜、蒜等物，再插上艾条而施灸的一种方法。既保留了针的效力，又增加艾条燃烧之热作用到皮肤，具有双重效果。据临床报道，有人以双自主功能锻炼联合温针灸治疗肩周炎寒凝筋脉证，通过温针灸联合健骨养元汤缓解风寒湿痹型膝骨关节炎症状，通过温针灸、康复理疗联合治疗椎动脉型颈椎病，用温针灸联合通窍活血汤加减治疗偏头痛，用温针灸治疗湿热型腰椎间盘突出症，皆有疗效。

眼针疗法

《证治准绳》："华元化云：目形类丸，瞳神居中而前，如日月之丽东南而晦西北也。内有大络六，谓心、肺、脾、肝、肾、命门各主其一；中络八，谓胆、胃、大小肠、三焦、膀胱各主其一；外有旁支细络，莫知其数，皆悬贯于脑，下连脏腑，通畅血气往来以滋于目。故凡病发，则有形色丝络显见，而可验内之何脏腑受病也……"有"诸脉皆属于目"之说，即十二条经脉皆直接或间接地与眼有密切关系，从而发展起来眼针疗法，用于诊断或治疗疾病。现代眼针疗法是以汉代华佗"观眼识病"、阴阳八卦学说、五轮八廓学说、脏腑经络学说为理论根据，以观察眼球结膜络脉形色变化为诊病手段，采用毫针或其他针具刺激特定的眼周八区十三穴，以防治疾病的一种微针疗法。用于治疗神经系统、心血管系统、生殖泌尿系统疾病因脏腑功能障碍、经络平衡失调、气血瘀滞所产生的各种疼痛。对急性中风偏瘫、高血压、心律不齐、急性痛症、急性扭伤等疾病能取得迅速的疗效。据临床报道，用眼针可治疗突发性耳聋、腹泻型肠易激综合征、原发性痛经、腰椎间盘突出症等，均取得了一定的疗效。

阳中隐阴、阴中隐阳法

是传统复式补泻手法，出自《针灸大全》："阳中之阴，先寒后热。浅而深，以九六之法，则先补后泻也。""阴中之阳，先热后寒。深而浅，以六九之方，则先泻后补也。"阳中隐阴、阴中隐阳手法，由徐疾、提插、捻转等手法组合而成，操作相反。阳为补，阴为泻。阳中隐阴法，即先补后泻，适用于先寒后热、虚中夹实之证。其操作方法是：先进针至浅部（0.5寸左右），行紧按慢提九次，觉微热，再进针至深部（1寸左右），行慢按紧提六次，此为一度。必要时可反复施术。阴中隐阳法，即先泻后补，适用于先热后寒、实中有虚之证。其操作方法是：顺序与阳中隐阴相反，进针后先在深层（1寸左右）行泻法，紧提慢按六数，再退到浅层（0.5寸左右）行补法，紧按慢提九数。阳中隐阴、阴中隐阳针刺法丰富了针灸治疗寒热病的不足，一方面可以使针灸治疗体现寒热虚实的性质，另一方面增加了治疗寒热虚实病的思路。据临床报道，用阳中隐阴手法可治疗萎缩性胃炎、发热；或用阴中隐阳手法治疗瘾疹、老年性失眠。有人于"四冲穴"施用阴中隐阳针刺法，显著提高了脑卒中后失语症的治疗效果。

针刀疗法

《灵枢·九针十二原》有"锋针，长一寸六分……刃三隅，以发痼疾"的记载。现代针刀疗法即小针刀疗法，是一种闭合性手术疗法，在古代"九针"的基础上发展而来的，具有针刺和局部微创手术的双重特征，主要用于各种慢性软组织损伤、部分骨质增生性疾病与骨关节病、常见脊柱疾病、神经卡压综合征、某些脊柱相关性内脏疾病、部分关节内骨折和骨折畸形愈合、瘢痕挛缩等的治疗。据临床报道，可用针刀疗法治疗强直性脊柱炎、膝骨关节炎、椎动脉型颈椎病眩晕、腰椎间盘突出症、屈指肌腱狭窄性腱鞘炎。动物研究表明，针刀治疗可降低关节腔内压，减少滑膜血管增生，发挥对膝骨关节炎的治疗作用。

治神法

《素问·宝命全形论》："凡刺之真，必先治神。"《道德经》："谷神不死，是谓玄牝。玄牝之门，是谓天地根。绵绵若存，用之不勤。"治神法通过针灸、推拿等方法刺激腧穴、经络，达到调神、安神等作用，主要适用于心血不足、心神失养，以及肝肾亏损、肾气不充而引起的虚烦不眠、健忘痴呆等症。常选用手足厥阴经、足太阴经、足太阳经等经脉的穴位，以滋阴养血、补肾益精、安神定志。据临床报道，可通过安神清脑针灸法治疗焦虑症；通过针灸"安神方"治疗儿童抽搐；针灸宁心安神法治疗阳痿；针灸安神方结合二仁安寐丸加味治疗失眠。研究发现，安神补肾疏肝针灸法可促进超促排卵体外受精患者卵泡发育及优胚形成，能明显缩短促排天数，加快卵泡每日直径增长速度，促进卵泡更快发育成熟，能显著提高优质胚胎率。

子午流注法

《针灸大全》："夫子午流注者，刚柔相配，阴阳相合，气血循环，时穴开阖也。何以子午言之？曰：子时一刻，乃一阳之生；至午时一刻，乃一阴之生，故以子午分之而得乎中也。流者，往也。注者，住也。"《子午流注针经》："夫流注者，为刺法之深源，作针术之大要，是故流者，行也；注者，住也。""并过本原京骨穴，水原在午，水入火乡，故壬丙子午相交也。"人与自然界相应。自然界的周期变化可以影响人体的阴阳消长和气血盛衰，从而影响人体的生理病理活动。子午流注法以阴阳的消长和五行生克制化理论，来推算人体经脉气血的流注盛衰和经脉穴位的开阖，构成了传统针灸学中一个颇具特色的治疗体系，通过按时取穴的方法可以提高针灸治疗效果。据临床报道，可用子午流注法治疗中风后遗症、周围性面瘫、脑卒中后抑郁症、失眠症、儿童痉挛型脑性瘫痪等。也可用子午流注法穴位贴敷治疗肝肾不足型老年性骨质疏松症。研究表明，用子午流注法治疗慢性心力衰竭焦虑，可有效提高患者的睡眠质量，减轻日间疲劳程度，且随时间的增加疗效愈佳。

第二节　推拿类

主要运用推拿手法作用于人体体表的经络、腧穴、皮部、经筋等特定部位，以防治疾病的治法，归入推拿类治法。

经络腧穴、气血、脏腑、筋骨理论是指导推拿治法临床应用的重要理论。经络腧穴是疾病的反映部位和推拿的治疗部位；推拿的刺激和信息的传递，即是通过气血的中介作用，通过气的感应运载而传导于内脏，达到调节机体的目的，通过促进血液运行，调节脏腑功能，使血液生化有源，运行有度。脏腑理论解释人体五脏六腑功能活动的变化规律，是推拿治疗功能性内科病的理论基础。推拿遵循"筋骨并重"的理念，通过理筋与整骨的方法，使筋骨由失衡状态恢复到平衡状态。

推拿治法通过以下几个方面发挥作用：一是疏通经络，行气活血，理气止痛；二是理筋整复，松解粘连，滑利关节；三是平衡阴阳，扶正祛邪，调整脏腑功能，增强抗病能力。

临床使用针灸治法需要注意以下几点：一是辨证、辨病、辨人、辨位施法，结合补虚泻实，选用恰到好处的推拿手法；二是选择合适的施术部位、患者体位，以及推拿的取穴与配穴；三是选择合适的手法刺激量、治疗时间；四是须患者配合的手法要提前告知，对患者配合方式予以指导。若配合不到位，不得强力使用手法。

松法

【出处】《按摩推拿学》：强则松之。

【溯源】《金匮要略》："阳明行身之前，筋脉松和则能前步。"

【释义】《按摩推拿学》："强"指筋强，即肌肉痉挛；"松"指松筋、放松、松解。损伤可以导致肌肉痉挛；治疗时应采用放松类手法，如一指禅推法、揉法，达到缓解肌肉痉挛的目的。

【例案】方印山治休宁泰塘一童子，十二岁，患癫症，口渴发热，不能睡，常赤身行走，命人重手拍击其两股，稍拍轻，则不快。时当六月，方至，先用白虎汤，不效。继用抱龙丸、至宝丹，亦不效。渴不止，乃用泉水调牛胆、天花粉，加蜜少许，调一大碗，作二次服之，使人以手揉其胸，自上而下一时许，（妙法）乃安卧而愈。[《名医类案》]

按：癫痫俗称"羊癫疯"，急性期会有全身强直－阵挛发作、肌肉不自主抽动、局灶性运动性发作、失张力发作等症状表现，中医推拿手法在癫痫发作期能够有效、迅速地缓解病情。本案中小儿癫痫发作时运用了拍击法缓解患儿自动症的发作，同时用揉法结合牛胆清泻肝胆火之效，发挥了推拿手法松解肌肉痉挛的作用，具有临床推广价值。

【析拓】推拿松法具有缓解肌肉痉挛、放松止痛、活血祛瘀、消除肿胀作用，常用的有一指禅推法、滚法、揉法、缠法、拿法、拨法、搓法、击法、弹法、踩跷法、牵拉法。据临床报道，一指禅推法联合电针用于治疗膝骨关节炎；舒张指揉法加"极泉"穴弹拨配合电针治疗神经根型颈椎病；舒张指揉法加"极泉"穴弹拨能改善麻木；以主动转颈训练结合被动弹拨法治疗神经根型颈椎病；以股内收肌群弹拨法治疗腰椎间盘突出症；以侧卧位直腿牵拉法治疗腰椎间盘突出症，均有良效。

调法

【出处】《按摩推拿学》：失则调之。也称为"摩腹、分推腹阴阳、十指分推法"等。

【溯源】《石室秘录》："摩治者，抚摩以治之也。譬如手足疼痛、脏腑癥结、颈项强直、口眼㖞斜是也。法当以人手为之按摩，则气血流通，痰病易愈。……脏腑癥结之法，以一人按其小腹揉之，不可缓，不可急，不可重，不可轻，最难之事，总以中和为主。揉之数千下乃止，觉腹中滚热，乃自家心中注定病，口微微嗽津，送下丹田气海，七次乃止。如是七日，癥结可消。"

【释义】《按摩推拿学》："失"指脏腑功能失和，"调"指调节、调和、调整。无论筋伤导致的脏腑功能失调，还是阴阳、气血、经络失常导致的脏腑功能失调，治疗时应选用具有调节、调和作用的手法，如摩腹、分推腹阴阳、十指分推法，达到调节脏腑、调节经络、调和气血的目的。

【例案】正偃卧，以口徐徐纳气，以鼻出之。除里急，饱食。后小咽气数十，令温中；若气寒者，使人干呕腹痛；从口纳气七十所，咽，即大填腹，小咽气数十；两手相摩，令极热，以摩腹，令气下。[《养生导引法》]

按：摩腹为保健按摩中的重要内容之一。摩腹通过摩法激发穴位的功能，通过穴位的感受和传输作用，促进经络气血的运行和脏腑功能的发挥，还可以对功能亢进予以抑制，使减退的功能得以恢复。摩腹有调整阴阳、补虚泻实、除旧布新、促进脏腑功能，尤其是调理脾胃的作用，可行气消食，增强脾胃运化功能以培本补元。

【析拓】推拿调法也称为摩法，采用摩腹、分推腹阴阳、十指分推法等推拿手法治疗脏腑功能失和，多在胸部、腹部等脏腑区域施术，具有调节脏腑、调节经络、调和气血等功效。据临床报道，摩腹捏脊推拿法可治疗脾胃气虚型小儿厌食症。在补液、药物对症口服等入院常规治疗基础上，以摩腹法配合补脾经、按揉足三里等手法，可治疗积滞伤脾型小儿疳积证。可以小儿推拿复式操作法"开璇玑"治疗儿童痰湿蕴肺型咳嗽。研究发现，摩腹法可以有效调控便秘型肠易激综合征家兔模型内脏敏感化中枢。

动法

【出处】《按摩推拿学》：凝则动之。也称为摇法。

【溯源】《素问·血气行志》："形数惊恐，筋脉不通，病生于不仁，治之以按摩醪药。"

【释义】《按摩推拿学》：凝指筋凝、筋结，动指助动，即帮助肢体、关节运动。筋凝相当于西医学的功能受限如肩凝，筋结如"䐃如结"，在治疗时应以助动为治疗原则，选用有助动作用的手法，如摇法、屈伸法，达到松解筋凝、缓解筋结、恢复功能的目的。

【例案】一妇生女不生子，多思多郁，小便秘而不通，胀闷不安者二日。歙医汪氏以备急丸进之，谓大便行小水自利也。讵意大便行后，而小水点滴不通，胀闷益急，时刻不能存，将欲自尽。家人急予为治。予询之曰：近来经水行否？答曰：行过十日矣。小腹肿大如一大西瓜之硬，自大便泄后，疲困不足以息，势若燃眉。予曰：此转脬病也。不急治则危矣。以补中益气汤，临服入韭菜汁一小酒杯。服讫，选有力妇人进房，令患者横卧床间，力妇以患者两脚膝弯架于肩上，将患者下体虚空，提起摇摆数回，俾尿脬倒上，徐徐放下，患者去衣不及，小便箭射而出。热如汤，黑如墨，顷刻盈盆，小腹立消而愈。后遇数人，不拘男妇，皆以此法治之而安。[《孙文垣医案》]

> **按**：转脬，即脐下急痛，小便不通之证，中医归属"癃闭"，运用中医针灸、推拿、方药具有良好的治疗效果。本案中妇人转脬，病情急危，运用腰部摇法，起到疏通经络的作用，通过松解盆底肌肉痉挛，活动关节，能够有效治疗尿潴留等排尿动力障碍的疾病，具有中医简、便、廉、验的特点。

【析拓】推拿摇法属被动活动类，用来防治各部关节酸痛或运动功能障碍等症，多用于肩周炎、项痹等疾病的治疗，具有滑利关节、松解粘连、恢复关节功能的功效。据临床报道，用针灸结合推拿按法、击法、拔伸法、摇法等可治疗倾斜综合征；对肩周炎患者进行推拿摇法及膏药治疗，也可予火针联合推拿摇法等治疗；用摇法加屈伸法治疗膝关节骨关节病；用摇法复位配合非手术减压法治疗脊髓型颈椎病，都取得了良好疗效。

展法

【出处】《按摩推拿学》：聚则展之。

【溯源】《素问·至真大要论》："疏其血气，令其调达，而致和平。"

【释义】《按摩推拿学》：聚指筋聚、挛急；展指舒展、伸展。中医所说筋聚、挛急与西医学中的椎间隙变窄，以及粘连、神经受压引起的肢体功能受限同义。在治疗时应以展筋为治疗原则，选用具有展筋作用的手法，如拔伸法，达到消除筋聚、增加椎间隙的目的。肌肉牵拉法，可拉长肌纤维，伸展经筋，增加关节活动度，放松肌肉。神经牵拉法，可解除神经根受压，治疗神经受压引起的功能受限。

【例案】道人詹志永，信州人，初应募为卒，隶镇江马军。二十二岁，因习骁骑坠马，右胫折为三段，困顿且绝，军帅命升归营医救，凿出败骨数寸，半年稍愈，扶杖缓行。骨空处皆再生，独脚筋挛缩不能伸。既落军籍，沦于乞丐。经三年，遇朱道人，亦旧在辕门，问曰：汝伤未复，初何不求医？对曰：穷无一文，岂堪办此。朱曰：实不费一文，但得大竹管长尺许，钻一窍系以绳，挂腰间，每坐则置地上，举足搓衮之，勿计时日，久当有效。如其言，两日便觉骨髓宽畅，试猛伸之，与常日差远，不两月，筋悉舒，与未坠时等。[《医说》]

按：《仙授理伤续断秘方》中提出"凡曲转，如手腕脚凹手指之类，要转动，要药贴，将绢片包之，后时时运动……或屈或伸，时时为之方可"。本案中，遵从以展筋为治疗原则，选用具有展筋作用的手法，以"举足搓衮之"，起到舒筋通络的作用，进而恢复骨折后的屈伸功能。

【析拓】展法又称为拔伸法，属被动活动类，能够扩大椎间隙，使错位的关节复位，临床上常用于治疗颈椎病、腰椎间盘突出症等疾病。据临床报道，用拔伸法可治疗腰椎间盘突出症，用直腿抬高拔伸法（单一手法）配合腰痛活血胶囊可治疗腰椎间盘突出症，用改良屈髋拔伸法治疗髋关节后脱位，对成人肩关节脱位患者采用肘压拔伸法治疗，皆疗效显著。

◎ 其他推拿类

推拿温法

出自《针灸大成》："夫既由素、难以溯其源，又由诸家以穷其流，探脉络，索荣卫，诊表里，虚则补之，实则泻之，热则凉之，寒则温之，或通其气血，或维其真元，以律天时，则春夏刺浅，秋冬刺深也。"推拿温法通过能使患者产生温热感觉的手法，促发局部或全身温热效应，可以祛除人体寒邪，恢复人体的阳气。常与汗法、补法等联合运用，起到相辅相成的作用。温法包含各类手法或通过摩擦生热；或以㨰法、一指禅推法等深透生热。现在发展为通过热熨生热；或以叩击扩张局部毛细血管生热。若运用恰当，都可产生治疗局部或全身的热效应，对各种劳损、虚羸以及寒性疾病起到治疗作用。据临床报道，推拿温法可用于治疗痹病、寒凝心包的胸痹。以温法中的摩少腹法、摩脐旁法、按腹前法、推腹法等治疗寒邪客于肝肾的痹病，以及以推拿温法治疗肾阳亏虚的腰痛，都获得良效。

推拿通法

《素问·血气形志》："形数惊恐，经络不通，病生于不仁，治之于按摩醪药。"《医宗金鉴》提出："按其经络，以通郁闭之气。"推拿通法以按压类、摩擦类、叩击类手法为主，刺激强度相对较大，多用于祛除壅滞，有通经活络之功，临床用于治疗各种由于经络不通所导致的疾病。据临床报道，运用温通法按揉心包经及心俞、厥阴俞等穴可治疗冠心病；益肾通耳推拿法可治疗肾精不足型耳鸣；通过疏经通督推拿联合智能运动训练，可有效改善脑卒中偏瘫患者步行能力及肢体运动能力；宣肺醒脑通督推拿手法配合耳穴贴压可治疗小儿遗尿；通法还可用于治疗软组织损伤、颈椎病、腰椎间盘突出症、寰枢关节半脱位、肩周炎、小儿厌食等。动物实验观察发现，推拿通法能通过有效抑制急性痛风性关节炎发病病理过程中的致痛因子K^+及其诱发的DA等疼痛介质的表达，发挥外周止痛作用。

推拿补法

《小儿按摩经》："掐脾土，曲指左旋为补，直推为泻。"《素问·离合真邪论》："不足者，补之奈何……推而按之。"推拿补法以督脉、膀胱经背俞穴、腹部特定穴为主以补五脏，多使用一指禅推、揉、摩、擦、按等手法，操作时多施加轻柔、长时、弱刺激。气血双补，多采用摩揉中脘、关元、脾俞、胃俞、肾俞，揉膻中、膈俞等。健脾和胃多采用摩腹、揉脐、按揉足三里等。补肝肾以滋阴壮阳为主，多采用擦命门、腰阳关，揉关元、气海等穴位。据临床报道，用推拿补法可治疗小儿慢性鼻炎、小儿慢性腹泻、慢性腰痛、神经衰弱症等。采用补脾益肺推拿手法治疗小儿哮喘缓解期，用推拿补法联合中药治疗儿童慢性鼻窦炎，用补虚益损手法治疗肩周炎，都具有良好的疗效。

推拿泻法

《补要袖珍小儿方论》："推上三关为热为补，推下六腑为凉为泻。"推拿中的泻法，是指通过推拿手法逐邪外出，达到治疗目的的方法，具有通导二便、排除胃肠积滞、荡涤实热等作用。可分为通便法与利尿法，一般用于下焦实证，如积滞实热引起的下腹胀满或胀痛、食积火盛、二便不通等。据临床报道，泻热导泻的推拿手法可治疗肠道实热型小儿便秘，消积导滞的推拿手法可治疗小儿食积腹痛及伤食型小儿呕吐，通过一指禅泻法联合针刺治疗痰湿阻络型周围性面瘫，以清泻脏腑、通腑泻下推拿手法治疗小儿伤食发热，疗效均较好。

推拿汗法

出自《幼科推拿秘书》："黄蜂入洞（手法），此寒重取汗之奇法也。"推拿汗法可发汗解表，是治疗儿科外感疾病的治法之一。临床常以肩井、风池为主穴，拿、按等为主要手法。外感风寒可用拿法，先轻后重，使汗逐渐透出，达到祛风散寒解表的目的。外感风热用轻拿法，使腠理疏松，汗毛竖起，微汗解表。多配合一指禅推风池、风府以疏风；按合谷、外关以祛风解表；按揉大椎、风门、肺俞以散热通经、祛风宣肺。据临床报道，推拿汗法可治疗小儿感冒，对于小儿伤寒表证、风热表证、太少两感证、半表半里证具有良效；也可用于治疗颈肩腰腿痛等痹症。运用拿法、掐法等推拿手法可实现汗法祛邪。通过综合温、消、汗推拿三法可治疗小儿风寒咳嗽。治疗外感兼便秘的患儿，运用推拿汗法以开宣肺气，发汗解表散邪，提壶揭盖以通魄门，具有良好的疗效。

推拿和法

出自《厘正按摩要术》的"揉以和之"，是指用轻柔的手法如揉法、摩法等来调整机体表里之间的功能，以扶正祛邪、促邪外出。根据病邪的性质和病位，以及脏腑功能失调的不同情况而采用不同的和解之法，如调和气血、舒筋和络、整复骨缝、和解少阳、调和胃肠、和气安神等。和法的推拿手法，一般宜柔和、温和、平稳、均匀，轻重有度，徐疾适中，平补平泻。通过"水火相济，调中安神"的和法推拿可治疗失眠；通过通脉调气腹部推拿以治疗紧张性头痛；通过健脾和胃推拿法治疗小儿厌食症；通过调气通腑推拿法治疗便秘型肠易激综合征，均疗效显著。研究表明，通过调和冲任推拿手法治疗肝郁痰凝型乳腺增生，能够有效改善症状积分和激素水平，明显减轻疼痛，提高患者生活质量。

散法

《保生秘要》："气胀加推散四肢。"《灵枢·刺节真邪》："大热遍身，狂而妄见……以两手四指挟按颈动脉，久持之，卷而切推，下至缺盆中，而复止如前……热去乃止，此所谓推而散之者也。"推拿散法，是传统推拿八法之一，一般以摆动类及摩擦类手法为主，手法要求轻快柔和，起到摩而散之的效果，具有去除壅滞，消积散结的作用。散法主要运用于脏腑之结聚、气血之瘀滞、痰食之积滞等疾病。如饮食过度所致的胸腹胀满、痞闷，可用摩擦类手法散之。散法有别于清法，后者主要用于清热散邪，以摩擦类、挤压类手法为主，操作时多快速、重施、具有爆发力。据临床报道，扫散法和点揉法结合起来，可用于治疗高血压伴失眠；用浅针结合推拿扫散法可治疗肝阳上亢型头痛；新扫散法可缩短损伤恢复时间，促进疾病康复；揉散法可用于治疗乳腺炎初期。研究发现，推拿手法可以使内啡肽及单胺物质的含量增加而起到镇痛、消炎的作用，还可以直接作用于组织中的淋巴管，促进淋巴回流，帮助肿块的消散。

推拿清法

出自《一得集》："其法以手五指分主五脏，指尖属脏，本节属腑，热清寒温，实泻虚补，分顺推逆，推左旋右，旋右推左，以定温清补泻之法。"推拿清法是以运用快速、重施、刚中有柔的摩擦类、挤压类、摆动类等手法为主，介质多用寒凉之水、薄荷汁、葱汁、鸡蛋清、滑石粉等。病在表者，当治以清热解表，多用开天门、推坎宫手法；表实热者，逆经轻推背部膀胱经，揉大椎等；表虚热者，顺经轻推背部膀胱经，顺揉太阳穴等；病在里且属气分大热者，当清气分之邪热，逆经轻推背部督脉，掐揉合谷、外关等；血分实热者，逆经重推背部督脉，退六腑等；阴亏虚热者，轻擦腰部，推涌泉，摩下丹田，清天河水等。热在卫分与汗法同用；热在气分、营分应注意养阴清热而保津，防止出现阴竭阳脱之危证。食积化热伍以消法；脏腑热盛可与下法合用；阴虚内热者与养阴法同用，配合食疗以滋液生津、补养阴血。据临床报道，采用清肝泻火法推拿可治疗气郁化火型小儿抽动秽语综合征；清热导滞推拿法可治疗小儿积滞乳食内积证；六清推拿法结合酸性氧化电位水可治疗小儿疱疹性咽峡炎，均取得一定的临床疗效。清热祛痰推拿法联合西药用于治疗大叶性肺炎患儿，发现在缩短发热及咳嗽持续时间、达峰容积比（VPTEF/VE）及达峰时间比（TPTEF/TE）表达方面优于单纯西药治疗，且能够减少药物不良反应。

推拿吐法

出自《新刻幼科百效全书》："如横纹至中指尖上掐之主吐，手背括至中指头上掐之主泻。如板门推下横纹为吐法，如横纹推上板门为泻法。"推拿吐法是通过手法刺激，使患者产生呃逆、涌吐反应，从而起到疏通气机、开上启下、祛痰利咽、祛除积滞等作用。病变部位在中脘以上之痰涎、宿食、酒积、瘀血、热毒等有形实邪留滞者，均可考虑用吐法治疗。一般应用于消化系统、呼吸系统、泌尿系统等疾病。据临床报道，用吐法可显著缓解患儿痰热咳嗽；可用探吐法治疗单纯性呃逆；以探吐法配合指针治疗胃脘痛；以探吐法与中药汤剂联合应用治疗产后尿潴留；以耳穴贴压配合催吐法治疗肝源性呃逆等，均效果良好。

推拿下法

出自《厘正按摩要术》："凡小儿未能语者，忽大哭不止，多是腹痛。须令人抱小儿置膝上，医者对面，将两手于胸腹着力久揉，如揉衣服状。又将两手摩神厥，左右旋转数百次，每转三十六，愈多愈效。再煎葱姜汤加麝香少许，将两手蘸汤，于胸腹两边分推数十次至百余次，亦将分阴阳之法。然后从胸中蘸汤由横纹推向板门，皆下法也。"推拿下法是用揉、摩、推等手法作用于胸腹等部位，以疏通气血、通调中焦气机，达到行气导滞、健脾助运等目的的治法。下法取效的最直观的征象为大便排除或小便得利。据临床报道，通过消食导滞推拿法可治疗小儿伤食型呕吐；用培元通腑推拿治疗便秘型肠易激综合征；用清热导滞推拿法联合消积止咳平喘汤治疗小儿功能性消化不良咳嗽；以益气降浊推拿法改善2型糖尿病代谢性炎性损伤，均疗效显著。研究表明，通过腹部推拿手法治疗慢性前列腺炎引发的尿潴留，有利于排尿功能的恢复。

推拿消法

出自《小儿推拿秘旨》："除惊痰，滚痰为上；疗积食，消导居先。"推拿消法可分为消散法和消导法。消散法用力的方向以积聚为中心，或向四周放射或从四周向中心汇聚（如治乳痈，以使邪有出路）。消导法多沿着管道长轴方向或顺或逆进行操作。消法以轻快柔和的摆动类及摩擦类手法为主体，一般而言，推拿力度宜轻，操作时间及疗程宜长，不可贪功图快，而靠积累效应。过重手法，非但于事无补，反伤脏元气而坏事。外科痈肿宜用频率较快的一指禅推法缠法；气郁胀满以一指禅推、摩等法治之；有形之癥用摩、揉、搓、一指禅推等法，频率由慢到快，假以时日，终能起到消癥散结之目的。临床研究表明，推拿消法联合消积止咳汤可治疗小儿食积咳嗽，结合神阙穴外敷消积散可治疗功能性便秘；以健脾消积膏摩法治疗小儿便秘；采用循经消结推拿法可治疗腰椎间盘突出症。

推拿祛法

出自《按摩推拿学》"瘀则祛之"及《医宗金鉴》"摩其壅聚，以散瘀结之肿"。推拿祛法也称为"推法"，是在瘀血局部采用推法等活血祛瘀的推拿手法，施术时用力平稳着实，重而不滞，轻而不浮，速度和力度均匀持续，动作协调一致，以达到疏经通络、理筋活血、散瘀消结、解痉止痛、加速血液回流、提高肌肉的兴奋性等作用。据临床报道，在华佗夹脊和膀胱经内、外2条循行线采用快速有力的顿推法，可早期干预气滞血瘀型急性腰痛病；用拇指平推法可治疗落枕；施四指推法于腰臀部及下肢，配合拇指点按、按揉弹拨、腰部斜板法、掌振肾俞及命门、擦督脉及下肢，结合中药可治疗肾虚血瘀型腰椎间盘突出症。用四指分推法为主推拿治疗腰椎间盘突出症，发现能够降低其外周血浆中P物质含量、提高β-内啡肽含量而发挥良好的镇痛效果。

复法

属于整复类手法，出自《按摩推拿学》"乱则复之"。《医宗金鉴》有"或因跌扑闪失，以致骨缝开错，气血瘀滞，为肿为痛宜用按摩法，按其经络，以通郁闭之气，摩其壅聚，以散瘀闭之肿，其患可愈"的论述。推拿复法应用手法技巧，以恢复受损关节正常解剖关系及功能。手法整复的目的在于恢复骨的连续性和完整性，降低对周围软组织的刺激，尽量使骨的结构回到正常解剖位置上，减轻患者痛苦。据临床报道，用关节整复手法与运动疗法可治疗骶髂关节错缝症；疏筋整复手法可治疗腰椎间盘突出症；可以手法整复方案治疗桡骨远端骨折；以手法整复结合小夹板及抱枕外固定，可维持和提高肱骨干骨折端的稳定性；对寰枢关节半脱位患者采用四步整复法配合理筋推拿手法与间歇式牵引治疗，均有效。

整法

出自《医宗金鉴》："旋台骨，又名玉柱骨，即头后颈骨三节也，一名天柱骨。此骨被伤，共分四证：一曰从高坠……一曰坠伤，左右歪斜，用整法治之；一曰仆伤，面……用推、端、续、整四法治之。"整法是通过调理经筋、归合整复、滑利关节，起到整顿归元的作用，是以外力整筋骨、通经脉、行气血，促使机体恢复健康的一种传统治疗方法。一般适用于骨伤、筋伤类疾病，可以调理头颈、四肢关节、脊柱、骨盆等处骨骼的错位，通过医者的手法作用达到"筋入槽，骨合缝"的效果。据临床报道，用推拿整复手法可以显著改善膝骨关节炎的疼痛，增加关节活动度；用推拿整复手法可治疗颈性眩晕；整脊复位手法可治疗腰椎滑脱症；以正骨手法纠正颈神经压迫和胸椎后关节紊乱；用整复手法治疗腰椎间盘突出症，均获良效。

顶法

出自《伤科汇纂》："令患人安坐于凳上，医者侧立其旁，一足亦踏于凳上，以膝顶于胁肋之上，两手将患肩之臂膊擒住，往外拉之，以膝往里顶之，骤然用力，一拉一顶，则入臼矣。"《仙授理伤续断秘方》也有"凡肩甲骨出，相度如何整。用椅当圈住胁，仍以软衣被盛簟。使一人捉定，两人拔伸，却坠下手腕，又着曲着手腕绢片缚之"的论述。施术时，以指及其关节、肘关节、膝关节等部位固定于患处，并对患处施以适当压力，产生持续、有力的顶推感，从而起到疏通经络、松解肌肉、活血祛瘀、理筋整复的作用。适用于肌肉酸痛、脱位、骨折、胸椎小关节紊乱等治疗。后世逐渐发展出牵拔膝顶法、扩胸顶背法、扳肩顶背法、牵腕顶背法、搂胸膝顶法、搂胸顶腰法、搂腹顶腰法、膝顶揉背法、呼吸顶扳法、骶髂关节顶扳法等多种形式。据临床报道，用牵旋膝顶法可治疗腰椎小关节滑膜嵌顿，拇指顶推手法可治疗神经根型颈椎病，牵引推拿配合单拇指顶推复位法可用以治疗腰椎间盘突出症，用颈椎侧屈顶推法可以有效治疗颈性眩晕，屈肘肩顶法也可治疗肩关节脱位，均取得良好疗效。研究发现，拔伸推顶法能有效消除颈部软组织及神经根的炎症、水肿及粘连，改善局部营养，兴奋神经系统及肌肉组织，能显著降低颈椎间盘髓核内压力，有效纠正颈椎解剖位置的异常，逐步恢复脊柱内外平衡。

第二十章
中医自然疗法

　　基于顺应自然的养生保健理念，通过充分利用人类或大自然的一般规律，来养生延年或促进疾病康复，即为自然疗法。情志是万物共有的自然属性，中医学十分重视情志在疾病发生发展及治疗中的作用。不管在病因病机分析还是作为一种治疗方法始终贯穿于整个中医学的发生及发展过程中。长沙马王堆出土的《五十二病方》是我国已发现的最早的古医书，载有52种病，共103个病名，记录了约30条关于上古巫祝治病的病方。书中记载的巫祝治病的方式为边念咒语、边跳舞，所治疾病包括外伤、痈毒、精神性疾病等。此后春秋战国时期的《黄帝内经》《吕氏春秋》，秦汉时期的《华佗神医秘传》《伤寒杂病论》，隋唐时期的《千金翼方》，宋金元时期的《普济本事方》《儒门事亲》，明清时期的《古今医统》《景岳全书》《类经》等均有许多关于运用情志疗病的病案。而至近现代，由于西方医学的引入，部分学者结合中医特色及西方医学，出现了类似于"中医心理学""中医认知疗法"之名。

　　一些利用自然现象或自然规律的治疗方法，如放松疗法、音乐疗法、气功疗法、暗示疗法，与情志疗法一样，在历代中医文献中，都有广泛的记载。《素问·汤液醪醴论》曰："精神不进，志意不治，故病不可愈。"如《黄帝内经太素》记载："道无鬼神，独往独来。（应天地之动者，谓之道也。有道者其鬼不神，故与道往来，无假于鬼神也。平按：独往独来《素问》《甲乙》作独来独往。）黄帝曰：愿闻其道。岐伯曰：凡刺之真，必先治神，五脏已定，九候已备，乃缓存针。（凡得针真意者，必先自理五神，五神既理，五脏血气安定，九候已备于心，乃可存心针道，补泻虚实）。"本章主要介绍行为类、放松类、音乐类、气功类、暗示类中医自然疗法。

第一节　行为类疗法

行为类疗法主要运用中医七情生克理论来治疗一些认知行为异常的疾病。

惩戒疗法

　　【出处】《黄帝素问直解》："公何年之长而问之少。今日子年少，犹言子岂年少，而智未及耶？抑所得所失，子将言之。得失并陈，以其杂合而难言耶！夫人身经脉十二，络脉三百六十五，此皆人之所明知，工之所循用也。所以不能十全者，精神不专一，志意不治理，不能内得于心，外应于手，外内相失，故时疑殆而未明。帝将语以四失而先为惩戒之。"

　　【溯源】《管子·版法》："罚罪宥过以惩之，杀戮犯禁以振之。"

【释义】惩戒是指当行为者在一定情境或刺激下产生某一行为后，若及时使之承受厌恶刺激（又叫惩罚物）或撤销正在享用的正强化物，那么其以后在类似情景或刺激下该行为的发生频率就会降低。

【例案】《丹溪心法》：一女子病不食，面北卧者且半载，医告术穷。翁诊之，肝脉弦出左口。曰：此思男子不得，气结于脾故耳。叩之，则许嫁夫入广且五年。翁谓其父曰：是病惟怒可解，盖怒之气击而属木，故能冲其土之结，今宜触之使怒耳。父以为不然。翁入而掌其面者三，责以不当有外思。女子号泣大怒，怒已进食。翁复潜谓其父曰：思气虽解，然必得喜，则庶不再结。乃诈以夫有书，且夕且归。后三月，夫果归，而病不作。

按：患者因夫入广，五年未归，患不食，此为木郁乘土；故用惩戒疗法，以怒来解肝之郁，达到扶脾土之效。

【析拓】惩戒疗法是通过体罚、责打、言语斥责等方法，来刺激患者，从而激发或改变某种习惯或状态。现在被分为谴责、隔离和体罚三种类型。据临床报道，有人尝试运用支持疗法、强化与惩罚、认知重建、同伴教育等方法，对流浪未成年人进行心理救助；用正性强化法、惩罚法、消退法等恰当的行为疗法对学生的攻击性行为进行矫正，帮助学生尽快摆脱问题行为带来的成长困扰；以阳性强化为主，及时奖励正常行为，来矫正儿童行为问题；用森田疗法和行为矫正法（塑造法、惩罚法），使患者逐步克服强迫行为，成功摆脱强迫洗澡的困扰。

开导劝诫法

【出处】《类经》："雷公问于黄帝曰：针论曰：得其人乃传，非其人勿言。何以知其可传？（针论，即指前章也。）黄帝曰：各得其人，任之其能，故能明其事。（任之其能，因才而器使也。）雷公曰：愿闻官能奈何？黄帝曰：明目者，可使视色。（俱视独见，明目者也。）聪耳者，可使听音。（俱听独闻，聪耳者也。）捷疾辞语者，可使传论。（如开导劝诫解疑辩正之属，皆所谓传论也。）语徐而安静，手巧而心审谛者，可使行针艾，理血气而调诸逆顺，察阴阳而兼诸方。（语徐者不苟，安静者不乱，手巧者轻重疾徐有妙，心审谛者精思详察无遗，故可胜是任。谛音帝。）"

【溯源】《灵枢·师传》："人之情，莫不恶死而乐生，告之以其败，语之以其道，示之以其所便，开之以其苦，虽有无道之人，恶有不听令者乎？"

【释义】医生耐心地对患者讲述和解释疾病产生的缘由，使患者明理释疑、信服、愉悦，减除心理负担就会产生心理治疗的效应。

【例案】绍兴癸丑，予待次四明。有董生者患神气不宁，每卧则魂飞扬，觉身在床而神魂离体，惊悸多梦，通夕无寐。更数医无效。予为之视，询之曰："医作何病治？"董曰："众皆以为心病。"予曰："以脉言之，肝经受邪，非心病也。肝经因虚，邪气袭之，肝脏魂者也，游魂为变。平人肝不受邪，故卧则魂归于肝，神静而得寐。今肝有邪，魂不得归。是以卧则魂扬离体也。肝主怒，故小怒则剧。"董欣然曰："前此未知闻，虽未服药，已觉沉疴去体矣。愿求医法。"［《普济本事方》］

按：患者卧则魂飞扬、惊悸多梦、通夕无寐，多次请医诊治，皆认为是心病，按之治疗却无效，此时身体不适，再加疑惑困扰。故先用开导劝诚法答疑解惑，使其豁然开朗，则病去大半。

【析拓】开导劝诚法是针对患者的病情及其心理状态、情感障碍等，采用语言交谈方式进行疏导，以消除其致病心因，纠正其不良情绪和情感活动等的一种治疗方法。据临床报道，可用言语开导法辅助治疗银屑病患者，或将言语疗法运用于女性不孕患者的心理治疗。还可将言语疏导疗法应用于瘫痪患者康复训练中，促进患肢功能康复及精神康复。

◎ 其他行为疗法

发泄疗法

又称精神发泄法。《素问·六元正纪大论》："火郁发之。"发泄疗法即创造一种情境和渠道，使人能自由表达、发泄由不满或受压抑而造成的紧张情绪和感情，以消除不良心理影响。发泄的方法通常包括倾诉、体育锻炼、游玩、绘画、音乐、写日记等。如《脉因证治》记载："一女许嫁后，夫经商二年不归，因不食，困卧，如痴，无他病，多向里卧。朱诊之，肝脉弦出寸口。曰：此思想气结也。药难独治，得喜可解，不然令其怒。脾至思过，思则脾气结，而不食。怒属肝木，木能克土，怒则气升发而冲开脾气矣。令激之大怒而哭，至三时许，令慰解之。与药一服，即索酒食。朱曰：思气虽解，必得喜，则庶不再结，乃诈以夫有书，且夕且归，后三月夫果归而愈。"据临床报道，发泄治疗作为心理治疗的一种方法，对精神疾病的康复起到促进作用。用绘画让七年级学生"发泄"情绪，可让教师及时读懂学生的内心。学生通过发泄压力，可促使其与舍友关系好转。儿童能够通过专门设计的艺术治疗方案来宣泄情感和释放压力，从而改善他们的偏差行为。

突袭惊吓法

《鬻婴提要说》记载："小儿为异物所侵，夜睡惊悸，啼哭不止，面色或黑或紫，宜用杂色纸，作一异物形状，令受惊吓者之儿视之，即对儿以火焚化，儿疑释则病愈矣。"突袭惊吓法类似于现代的满灌疗法，也称暴露疗法、冲击疗法、泛滥疗法，治疗时直接让患者进入最使他恐惧的情境中，迅速矫正患者的错误认识，达到消除行为的目的。据临床报道，运用满灌疗法成功使自以为存在独立站立功能、却不能完成站立的患者完成独立站立一分钟。也有人运用满灌疗法，让优等生直面考试失利。有用满灌疗法成功治疗外伤后心因性膝关节强直。满灌疗法还可用于恐怖症患者的治疗，以缓解其症状。

厌恶疗法

《金匮玉函要略辑义》："[程]按葛洪《肘后方》，治卒魇不寤。以青牛蹄或马蹄，临人头上，即活。则骑牛临面，系厌恶驱邪法也。目闭者，邪气内着也。灌菖蒲汁，以辟邪安魂。吹皂荚，以取嚏开窍。"《古今医统大全》也有"祝由科厌梦法"之说。厌恶疗法是采用条件反射的方法，把需要戒除的目标行为与不愉快的或者惩罚性的刺激结合起来，通过厌恶性条件反射，以消退目标行为对患者的吸引力，使症状消退。据临床报道，厌恶疗法可以提高糖尿病患者饮食治疗的依从性。呋喃唑酮厌恶疗法可改善对酒依赖的中短期疗效。电刺激厌恶疗法对提高戒毒成功率有效。也有研究发现，药物治疗联合电刺激厌恶疗法优于单独使用药物治疗。

行为诱导法

《孔子·阳货》："居！吾语女。好仁不好学，其蔽也愚；好知不好学，其蔽也荡；好信不好学，其蔽也贼；好直不好学，其蔽也绞；好勇不好学，其蔽也乱；好刚不好学，其蔽也狂。"行为诱导法是一种情绪控制的方法。该法认为，情绪就是对身体变化的知觉；先有了在特定情况下的行为，才有相应的情感。当我们感觉到负面情绪的时候，我们可以试着先做出一些积极的行为，然后我们的心情就会自然变好，让行为走在前面。也可以由旁人的行为来诱导患者的行为，患者跟随或者感知这种行为，从而改善其负面情绪。《儒门事亲》记载："项关令之妻，病怒不欲食，常好叫呼怒骂，欲杀左右，恶言不辍，众医皆处药，几半载尚耳。其夫命戴人视之。戴人曰：此难以药治。乃使二娼各涂丹粉，作伶人状，其妇大笑。次日又命作角觗，又大笑。其旁常以两个能食之妇，夸其食美，其妇亦索其食，而为一尝之。不数日怒减食增，不药而瘥，后得一子。"据临床报道，采用行为诱导法进行护理干预，能缓解患儿不良情绪。行为诱导可减轻儿童的拔牙恐惧，使其能积极主动地配合治疗。"讲—示—做"行为诱导法在学龄前儿童肺功能检查中，能显著提升患儿的配合度及检查质量控制达标符合率。心理干预行为诱导法可减轻发热患者焦虑，降低鼻咽拭子采集过程中鼻咽部不适发生率。

习以平惊法

《素问·至真要大论》："惊者平之。"习以平惊法是使患者对所睹异物、所闻异声等致惊的刺激，屡视屡闻，而习之为常、司空见惯的一种疗法。据临床报道，行为习惯逆转疗法可有效缓解皮肤瘙痒症患者瘙痒症状，改善抽动障碍儿童的临床症状，并有效治疗儿童特应性皮炎。对抽动障碍患儿采用习惯逆转训练，可缓解临床症状，提高生活质量。

第二节　放松类疗法

放松类疗法运用视觉、嗅觉等输入来改变人体知觉、舒缓情绪，从而达到治病、防病以及养生长寿的目的。

舞蹈疗法

【出处】《红炉点雪》："儒云：舞蹈所以养血脉。"

【溯源】《医学入门》："惟《医林集要》所载古导引法，间有一、二明显可行者……究而言之，亦不过吾儒舞蹈意也。"

【释义】通过舞蹈这种运动形式，不仅可矫正人们的适应不良性运动、姿势和呼吸，而且也可将潜伏在内心深处的焦虑、愤怒、悲哀和抑郁等情绪安全地释放出来，使人们感受到自己对个人存在的控制能力。

【例案】汪元津幼子。七月间因伤食病疟，七日发搐。予见之，肝风虽甚，脾未至困，当泻其肝，后补其脾可也。乃以泻肝散，三服而搐止。后用调元汤，以补其脾；琥珀抱龙丸，以平其肝。喜睡，二目不能开，予思喜睡者，非脾困也，乃神昏欠惺惺也，目属肝，而胞属脾，合目不开者，非亡魂也，乃神倦也。今儿目欲开欲合可知也。只用前方。又二日，令其家中平日相与嬉戏者，取其小鼓小钹之物，在房中床前，唱舞以娱之，目开而平复也。凡十日而安。[《幼科发挥》]

> **按：**患者病后神昏欠惺惺、目欲开欲合，此为病后精神困倦。故用舞蹈疗法促其心情愉悦，则困倦自消。

【析拓】舞蹈疗法既可以用于舞者，也可用于观看者的治疗。观者愉心，舞者身心俱愉，因安七情，同时也可减轻对躯体性不适的感受。据临床报道，舞蹈运动疗法对于抑郁症有显著的改善作用。围生期者进行生育舞蹈锻炼，可以缩短自然分娩的产程。舞蹈运动治疗法可改善老年肌少症患者营养状况，提高肌肉力量。舞蹈疗法还可有效改善青少年普遍性的心理问题。

◎ 其他放松疗法

修身养性法

《博望烧屯》："贫道本是南阳一耕夫，岂管尘世之事，只可修身养性，贫道去不的也。"《黄帝内经》："恬淡虚无，真气从之。"修身养性法即通过自我反省体察，降低物欲及不合实际的追求，以促进心理平衡。据临床报道，读书、书法、吟诵、传统的武术及家训，都可提高身心的修养，减轻心理障碍。

顺情从欲法

《灵枢·师传》："未有逆而能治之也，夫惟顺而已矣……百姓人民皆欲顺其志也。"《素问·移精变气论》："闭户塞牖，系之病者，数问其情，以从其意，得神者昌，失神者亡。"顺情从欲法又称顺意疗法或顺志疗法，是指顺从患者的情志和心理需要予以满足，即通过满足患者的意愿、情感和生理需要，来达到祛除心理障碍的一种心理治疗方法。据临床报道，顺情从欲法可改善创伤后应激障碍，也有人用于耳鼻喉科疾病的治疗。五行音乐疗法、顺情从欲法等对于缓解卵巢早衰患者的焦虑抑郁情绪有效。

导引行气法

《黄帝内经》："或有导引行气，乔摩灸熨……""导"指导气，导气令和；"引"指引体，引体令柔。导引是呼吸运动（导）与肢体运动（引）相结合的一种养生术。导引行气的方法形式多种多样，但离不开吐纳、导引、静坐三种。不同的导引行气方法具有其相应的临床意义。据临床报道，导引行气疗法可治疗青少年网瘾，充分调动和挖掘人体的潜能；可用导引加针药治疗面瘫；导引可显著增加当代医学生的心理适应能力。

环境疗法

《寿亲养老新书》："小酌半醺，浇花种竹，听琴玩鹤，焚香煎茶，登城观山，寓意奕棋。"《儒门事亲》载："昔闻山东杨先生，治府主洞泄不已。杨初未对病人，与众人谈日月星辰躔度，及风云雷雨之变，自辰至未，而病者听之而忘其圊。杨尝曰：治洞泄不已之人，先问其所好之事，好棋者与之棋，好乐者与之笙笛，勿辍。"环境疗法是利用环境因素促使患者病情好转的一种治疗方法。环境中的各种因素，如与周围人的接触、生活起居的安排、学校与家庭的教育，以及个人的经历遭遇等，不但可影响个体的发育成长和人格特征的形成，还与很多疾病的发生和转归有密切的关系。据临床报道，"目标—活动—运动"环境疗法可以提高全面性发育落后患儿的认知及日常生活能力。通过丰富环境对老年期痴呆患者的干预，能显著改善其认知功能、空间记忆能力，并明显地改善情绪，降低老年期痴呆的残疾水平。根据患者的症状特征，有针对性地在康复环境中选择和安排植物栽培和园艺操作活动，可起到调整和促进患者身体功能及心理疾病康复和治疗的效果。园艺疗法可以促进脑卒中患者躯体功能及精神障碍的恢复。

芳香疗法

《形色外诊简摩》："舌色绛而上有粘腻似苔非苔者，中挟秽浊之气，芳香逐之。"芳香疗法是指将气味芳香的药物，如丁香、广藿香、木香、白芷、薄荷、冰片、麝香等，制成适当的剂型，作用于全身或局部以防治疾病的方法。殷商甲骨文中就有熏燎、艾蒸和酿制香酒的记载，至周代就有佩戴香囊、沐浴兰汤的习俗。目前发展出的精油治疗，已成为外治法中的一种，可用于多种疑难杂病的治疗。据临床报道，用薰衣草等芳香疗法可改善睡眠质量，缓解化疗相关性恶心呕吐、阿尔茨海默病，甚至可用于急症救治。芳香疗法联合穴位按摩可改善乳腺癌术后化疗患者癌因性疲乏程度，提高睡眠质量。

第三节　音乐类疗法

中医的五行音乐，主要有宫、商、角、徵、羽五种音调，分别对应人体的脾、肺、肝、心、肾五脏。五行音乐疗法即运用五音的五行属性来治疗特定疾病的方法。如宫音可以治疗脾胃疾病，商音治疗肺部疾病等。

宫音疗法

【出处】《素问·金匮真言论》："宫为脾之音，大而和也，叹者也。过思伤脾，可用宫音之亢奋使之愤怒。"

【溯源】《周礼·春官》："皆文之以五声，宫商角徵羽。"

【释义】宫动脾，脾主思，故取宫音之温舒、长、下而治幽忧之疾也。

【例案】吾尝有幽忧之疾，而闲居不能治也，既而学琴于孙友道滋，受宫音数引，久而乐之，不知疾之在体也。[《送杨置序》]

按： 患者素有幽忧之疾，此为思虑伤脾，故闲居不能治。用宫音治疗以动其脾，脾得健运，故疾病可愈。

【析拓】五脏生病，其所属五音也异常。五行音乐疗法就是通过标准的五音之旋律，纠正病化的旋律，从而调整相应脏象的功能。宫音属脾脏象，标准宫音通过调节患者脾脏象宫音，从而调节脾胃气机升降，恢复脾胃功能。五行音乐疗法既可单独使用，也常合并其他治疗方法，用于相应脏象疾病的治疗。据临床报道，五行音乐宫调可治疗失眠，改善患者睡眠障碍，提高结直肠癌术后化疗患者的生存质量；联合益气聪明汤治疗可改善耳鸣（脾胃虚弱证）患者的临床症状；联合生活方式可干预患者胰岛素敏感性。此外，还可用于中风、骨痹、不寐属心脾两虚者。

◎ 其他音乐疗法

商音疗法

《素问·金匮真言论》："商为肺之音，轻而劲也，哀者也，过忧伤肺，可用商音之欢快使之高兴，以治过忧。"商调式乐曲，风格高亢悲壮、铿锵雄伟，具有"金"之特性，属肺脏象，能调节肺系气机的宣发和肃降，从而促进疾病的恢复。临床常用于肺系疾病，尤其是情志疾病的治疗。据临床报道，商调音乐疗法可减少机械通气患者镇静药物使用剂量，商调音乐配合芳香干预联合抗焦虑治疗可显著改善肺癌患者不良情绪，稳定期慢性阻塞性肺疾病患者的焦虑情绪并缓解呼吸困难症状。

角音疗法

《素问·金匮真言论》："角为肝之音，调而直也，叫呼也，过怒伤肝，可用角音之悲凉使之哀伤，以治过怒。"角音属肝脏象，多音调高亢激昂，可激发气机流畅，振奋精神，起到疏肝解郁的作用，临床常用于调治肝脏象疾病及多种焦虑抑郁类疾病。据临床报道，角调音乐疗法可以改善失眠患者、甲状腺功能亢进患者、肝郁血瘀型斑块状银屑病患者的抑郁或焦虑症状，也可缓解术前焦虑状态，治疗轻、中度抑郁症患者疗效肯定。

徵音疗法

《素问·金匮真言论》："徵为心之音，和而美也，喜也，过喜而伤心，可用徵音之火热使之惊恐，以治过喜。"徵调属心脏象，旋律热烈欢快、活泼轻松，构成层次分明，能造成情绪欢畅的感染气氛。常用于治疗心脏象疾病，以及表现为气机郁闭、忧思不悦的情志疾病。据临床报道，徵调音乐可有效改善脑卒中运动性失语气虚血瘀证患者的语言功能，配合语言训练改善脑卒中失语症患者抑郁状态，联合系统化康复管理可以显著改善脑卒中伴运动性失语患者的负性情绪和语言功能，结合针刺宁神穴可提高心脾两虚型不寐的临床效果，还可提高晚期癌症患者生活质量。

羽音疗法

《素问·金匮真言论》："羽为肾之音，深而沉也，吟者也，过恐伤肾，可用羽音使之思索冥想，以治过恐。"羽调式音乐，风格清纯，凄切哀怨，取象似水，属肾脏象。其性沉敛，可使人安静稳重，常用于治疗张扬、发散过度之情志疾病，如交感神经兴奋引起的多种疾病、兴奋性失眠等。易于冲动和发生过激行为的人，可常听羽调旋律。据临床报道，听羽调音乐能缓解恐惧情绪、改善睡眠，可用于治疗偏头痛。联合中药穴位贴敷可用于治疗肾虚型早期先兆流产。

歌吟疗法

《韩诗外传》："无使贤人伏匿，则痹不作。无使百姓歌吟诽谤，则风不作。"《礼记》："乐者音之所由生也，其本在人心之感于病也。"歌吟又称"吟诵""吟咏""吟唱"，是中国古代文人诵读诗文辞赋的方法，是一种歌唱式的诵读，有着自然的近似乐曲的音调。通过吟唱能感动人心、触发内心深处共鸣的诗词或文赋，从而抒发内心的郁闷和压抑的心情，释放不良情绪以治疗疾病。据临床报道，歌吟疗法可以益智延寿，并有助于增强人的肺活量，帮助长期住院的精神分裂症患者改善心境，对压力释放和情绪调节有明显效果。

第四节　气功类疗法

气功类疗法运用主观意识对人体进行自我调节，以达到使肌肉放松、精神安宁、思想入静、呼吸深匀的目的，从而调节生理机能与心理状态，起到治疗的作用。

内观疗法

【出处】《丹溪心法附余》："医为病所困，首惟阴虚之难补，久积之难除。玉山自倒，阴虚之谓也。养虎遗患，久积之谓也。呜呼！人之罹此二者，须节欲以养性，内观以养神，淡泊自如，从容自得，然后委之于医。不然，则刘张李诸子复生，亦不能为我保也。"也称为内视疗法。

【溯源】《道德经》："常无欲以观其妙，常有欲以观其徼。"

【释义】《清静经》："常能遣其欲而心自静，澄其心而神自清。"通过生命的内视返照，诱导身心排除功利杂念的束缚，入于虚静状态，达到物我同一的境界，实现本体人格的新生。

【例案】五噎诸气，药难取效。此病缘忧思嗔怒，动气伤神，气积于内，气动则诸证悉见，气静疾候稍平，扪之而不得疾之所在，目视之而不知色之所因，耳听之不知音之所发，故针灸服药皆不获效，此乃神意间病也。顷京师一士人家，有此疾症，劝令静观内外，将一切用心力事，委之他人，服药方得见效。若不如此，恐不能安。但依此戒，兼之灼艾膏肓与四花穴，及服此三药可以必差。[《鸡峰普济方》]

按： 患者病症与气动有关，多为神志疾病映射躯体，而见身体不适。故用内观疗法使其心静神清，则躯体症状自然不治而愈。

【析拓】内观疗法通过良性意念内视自身的器官、组织、气血经络等，内观其功能旺盛的生理状态，促进器官功能的自动修复。据临床报道，内观疗法可以明显排解宫颈癌伴焦虑患者的负面情绪，对戒毒人员的冲动性有一定的干预作用。还可改善青少年抑郁及厌学情绪，可有效降低大学生的生涯阻碍知觉以改善和提升生涯适应力，并能改善精神分裂症患者的人际关系和促进社会功能恢复。

◎ 其他气功疗法

念迷踪疗法

即诵经，崇尚佛学的人诵读经文。诵经疗法即通过诵经的方式起到祛病疗疾的作用。《宋高僧传》记载："高宗龙朔二年（662年），城阳公主有疾沉笃，尚药供治，无所不至。……既疾绵困，有告言（释法）朗能持密咒，理病多瘳。及召朗至，设坛持诵，信宿而安。"由于人们对宗教的信仰，通过诵经疗法可以让人们的心灵有所寄托，促成内心的再平衡，起到治疗部分疾病的作用。

冥想疗法

《养生类纂》："专精养神，不为物杂，谓之清。反神服气，安而不动，谓之静。制念以定志，静身以安神，保气以存精，思虑兼忘，冥想内视，则身神并一，身神并一，则近真矣。"冥想疗法类同中医古代文献中的意想治疗、冥想治疗等。应用不同的想象方法，如自发想象法、引导想象法、自我意象想象法、性想象法、父母想象法以及深层想象法等，以最大限度地接近个体内心世界。通过移除杂念，集中思维，配合呼吸，想象特定的环境、事件、景象、动作或状态等，也可以想象自身充满活力的状态。其要点是恬淡虚无，身心一体。据临床报道，冥想疗法联合隔姜灸治疗可以减轻乳腺癌患者因蒽环类化疗药物引起的恶心呕吐，可有效促进脑卒中后偏瘫患者肢体运动功能恢复以及生活能力的提高。想象性厌恶疗法能够有效降低冰毒类男性戒毒人员的心理渴求。运动想象疗法对脑卒中康复有促进作用。

第五节　暗示类疗法

暗示类疗法通过改变自身认知，使其身心有所寄托，起到心神安宁、疾病自除的作用。

暗示疗法

【出处】《虫鸣漫录》："天主教，有教主，时来时去，来时于街巷遍贴劝善文，即属暗示。"俄国生理学家巴甫洛夫说过:"暗示乃是人类最简单、最典型的条件反射。"

【溯源】《素问·调经论》:"按摩勿释,出针视之,曰我将深之,适人必革,精气自伏,邪气散乱,无所休息,气泄腠理,真气乃相得。"

【释义】医者暗示患者自身具有良好的先天禀赋,能战胜疾病,患者深信如此,可以起到心理治疗的作用。

【例案】卢氏诊季梁之疾,乃与之曰:汝疾不由天,亦不由人,亦不由鬼,禀生受形,既有制之者矣!药石其如汝何?季梁曰:神医也!重贶遣之,俄而季梁之疾自瘳。[《列子》]

> 按:患者季梁患疾,药石不愈,此时心理负担加重。故用暗示疗法增其信心,促进疾病恢复。

【析拓】暗示疗法可以追溯到《黄帝内经》时期,积极心理暗示疗法配合健康教育可提高老年银屑病患者对疾病的知晓程度,增加服药依从性,改善负性情绪、生活与睡眠质量。心理暗示疗法结合配偶支持,可有效缓解剖宫产产后抑郁产妇的负性情绪,改善睡眠及生活质量。暗示催眠疗法能够明显提高治疗卒中后失眠患者的疗效。心理暗示治疗联合限食疗法干预老年冠心病伴有糖尿病患者,显著减少了发生严重并发症的风险。心理暗示疗法可提高治疗心脏神经症的疗效。

◎ 其他暗示疗法

占梦术疗法

《周礼·春官》:"占梦掌其岁时,观天地之会,辨阴阳之气,以日月星辰占六梦之吉凶。"占梦术在我国古代是判断吉凶的一种方法,目前西方弗洛伊德梦的解析疗法与我国的占梦术具有异曲同工之妙,且被作为一种精神心理治疗广泛运用于多种精神疾病的治疗。据临床报道,用释梦技术可有效缓解患者对死亡的惧怕。释梦还可用于缓解焦虑、消除心理障碍。

捕捉幻物法

《国史补》:"多疑惑,病之本。"捕捉幻物法是以实际动作校正幻觉,久之遂自识幻觉实非真实之物,故幻觉自有而无。《奇症汇》记载:"有一人患心疾,见物如狮子,川教以手直前捕之,见无其物,久久自愈。"临床可用于治疗飞蚊症、幻视症等。

第八篇

其他治法

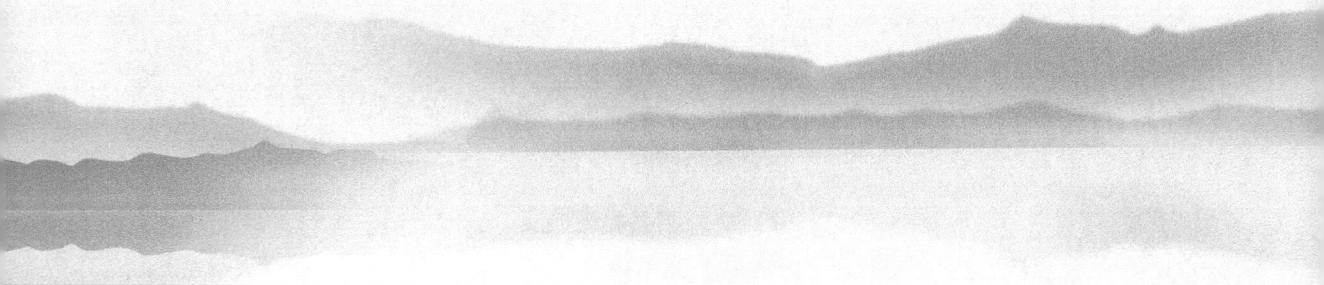

第二十一章
经带胎产治法

用于调理妇女经、带、胎、产，使其恢复正常的治法，归入经带胎产治法。

人体脏腑、经络、气血的活动规律基本相同，但因妇女有特殊的生殖器官，所以就有月经、带下、妊娠、产育、哺乳等独特的生殖生理。月经是女子发育至成熟年龄，脏腑、天癸、气血、经络协调作用于胞宫，产生周期性的子宫出血，它是女性生殖生理过程中肾精充盈、气血盈亏规律性变化的体现。带下，女子生而即有，津津常润，布泽于胞宫、阴道，女子发育成熟后与月经同步有周期性月节律。在病理上，女子因外感寒热湿邪，或内伤七情，饮食不节，或房劳多产，劳逸失常，或禀赋不足等因素，直接或间接损伤冲任督带功能和胞宫胞脉，导致妇科疾病的发生。

经带胎产治法的确定，一般遵循以下原则：一是重点在调。妇科病多为脏腑、气血、经络功能失调性疾病，当调养脏腑、调理气血、调治冲任督带、调养胞宫等。如补肾调经法、疏肝理气调经法、益气调经法、养血调经法等。二是辨标本缓急。急则治标，缓则治本。例如痛经，疼痛剧烈难忍之时，多以止痛为先。血崩暴下之时，常以塞流止血为首务，继而澄源与复旧。

应用经带胎产治法要注意以下几个方面：一是阶段性调治。如顺应不同年龄阶段论治，依据青春期、生育期、绝经期、老年期等不同的生理阶段而分别重视肾、肝、脾诸脏的作用；如保养胎儿，早期以保胎为主，中期以养胎为要。二是情志调节。女子常气有余而血不足，情绪多郁，影响肝之疏泄，致冲任失调，治法上注意结合疏肝养肝。

本章中调带类治法主要涉及带下过多的治法，带下过少由于在前人文献中缺少专论，仅散见于绝经前后诸症、闭经、阴萎、阴痛、阴痒等病证中，病机主要涉及肝脾肾脏腑功能减退，故其治法分见于其他章节。

第一节 调经类

主要用于调理妇女月经，使其恢复正常生理周期的治法，归入调经类治法。

在正常情况下，女子二七以后，肾气充足，天癸至，任冲二脉流通充盛，月经按时来潮，表示女子胞发育成熟，可以孕育生命。若阴阳交合，便可成孕。若受孕未成，则任冲二脉充盈于女子胞之气血就化为经水排出体外。经水排尽后，任冲二脉之气血又重新充蓄，继续为受孕作准备。如此周而复始，构成了女子特有的月经生理周期。

调经类治法主要通过以下几个途径调治月经病：一是通过补益气血、行气活血等法调理气血，使经血顺利排出，如益气调经法、养血调经法、活血调经法、理气调经法。二是通过温阳散寒，温通经脉，祛除内、外寒邪，以恢复冲任气血流通，如温阳调经法、温经散寒法、温经暖宫法。三是通过补肾疏肝，补肾以填补精血，疏肝以调通气机，使血海蓄溢有常，如补肾调经法、疏肝理气调经法。四是急则治标，缓则治本。若经血暴下，当以止血为先，如固经止血、固冲止血、固崩止血。

临床应用调经类治法，须注意顺应月经周期中气血变化规律，如经期血室正开，宜和血调气，活血通经，因势利导，以促进经血的排出，避免使用苦寒辛散之品；经后期血海空虚，宜调补，勿滥攻；经前期血海充盈，宜疏导，勿过补。

补肾调经法

【出处】《傅青主女科》："妇人有经未行之前一二日，忽然腹疼而吐血，人以为火热之极也，谁知是肝气之逆乎！……治法似宜平肝以顺气，而不必益精以补肾矣。虽然经逆而吐血，虽不大损失血，而反复颠倒，未免太伤肾气，必须于补肾之中，用顺气之法，始为得当。方用顺经汤：当归（五钱，酒洗）、大熟地（五钱，九蒸）、丹皮（五钱）、白芍（二钱，酒炒）、白茯苓（三钱）、沙参（三钱）、黑芥穗（三钱），水煎服。一剂而吐血止，二剂而经顺，十剂不再发。此方于补肾调经之中，而用引血归经之品，是和血之法，实寓顺气之法也。肝不逆而肾气自顶，肾气既顺，又何经逆之有哉！"

【溯源】《素问·上古天真论》："女子七岁，肾气盛，齿更发长，二七而天癸至，任脉通，太冲脉盛，月事以时下，故有子。"冲为血海，任主胞胎，冲任二脉之气源于肾气，可见女性的经孕胎产，与肾气盛衰有着密切关系。此为补肾调经法之发源。

【释义】补肾调经法用于肾阴虚弱、肝血不足、冲任失养或失固之月经失调、闭经，或崩漏、不孕等。主要症状为月经后期、量少或渐至闭经，崩漏以及不孕。舌红，苔薄，脉虚细。治宜滋阴养血，调充冲任。以经验方补肾调经方加减主之。方由熟地黄、山药、菟丝子、枸杞、茯苓、当归、白芍、何首乌、女贞子、丹参组成。可随症酌用鸡血藤、阿胶、牛膝、墨旱莲等。

【例案】某，带下腰疼，脉虚细，癸涩，腹左有瘕，病在冲任。宜柔肝调经。桑寄生（三钱），炒杜仲（三钱），炒白芍（钱半），生牡蛎（四钱），全当归（二钱），覆盆子（三钱），木蝴蝶（四分），绿萼梅（钱半），茺蔚子（三钱），香附（三钱），鸡血藤（三钱）。清煎八帖。介按：冲任并虚，肝郁成瘕，故以柔肝固肾，理气活血为治。[《珍本医书集成》]

> **按**：腰疼、脉虚细，当属肝肾不足。肝肾不足，冲任不固，以致带下而月经失调。左腹部有瘕，多为瘀为郁。以补益肝肾为主，因为乙癸同源，故其实为补肾调经之法，并佐以理气活血。前者药用桑寄生、杜仲、白芍、生牡蛎、覆盆子、茺蔚子；后者用木蝴蝶、绿萼梅、当归、鸡血藤。

【析拓】补肾调经法是用具有补益肾之精气，或滋肾阴、温肾阳等作用的方药，治疗肾虚所致女性月经不调、不孕等病证的治法。常用于妇科因卵巢储备功能下降、卵巢早衰所致月经过少、月经后期等月经不调，以及多囊卵巢综合征所致不孕症等。据临床报道，可用补肾调经汤治疗肾虚型月经后期、卵巢储备功能下降、**多囊卵巢综合征**不孕，或用性激素周期疗法联合补肾调经中药分期治疗月经过少，都取得了一定疗效。研究发现，补肾调经方可增加超促排卵小鼠囊胚数量，提高小鼠囊胚质量，促进胚胎植入，其机制可能与上调有氧糖酵解改善早期胚胎能量代谢有关；也可促进体外培养小鼠卵母细胞核质成熟同步，提高卵母细胞质量，其机制可能与减少颗粒细胞凋亡、改善线粒体功能有关。

◎ 其他调经类

固崩止血法

《简明医彀》："固源汤：血崩日久不止。条芩（钱半），臭椿根皮（二钱），灶心土、当归头、熟地黄、白芍药、地榆、川芎（各一钱），艾叶、荆芥（炒，各五分），加乌梅煎服。"固崩止血法运用收敛止血及养血固经作用的药物组方，治疗冲任失调所致血崩、漏下等病证。固崩止血法、固经止血法、固冲止血法均是治崩三法中的塞流法。固崩止血法侧重于收涩止血，多用于治疗功能失调性子宫出血。固经止血法、固冲止血法除了塞流，亦包含澄源。固经止血法侧重于治疗各脏腑虚损致经血不固之证，固冲止血法侧重于调摄冲任。据临床报道，可用固崩止血汤治疗青春期功能失调性子宫出血、围绝经期功能失调性子宫出血，或用固崩止漏汤联合去氧孕烯炔雌醇治疗围绝经期异常子宫出血，均获良效。

固冲止血法

也称为固冲摄血法。《百灵妇科》："血虚症状：月经初为淋漓，时断时来，久之则突然大下，血色浅淡，腹无胀痛，头眩目花，心悸失眠，眼角干涩，皮肤不润，面色浅淡，舌质干淡，脉象虚细。治法：养心理脾，固冲止血。基础方药：《济生方》归脾汤。临床运用：加牡蛎四钱，柏仁三钱，阿胶三钱，炒地榆一两以固冲止血。方见'气虚不固月经赶前'条。"固冲止血法是通过收敛、固护冲任，达到止血固经的目的，适用于冲任受损引起的月经过多症，症见月经量增多，连绵不止，血色黯淡，面色萎黄，体倦乏力或有腹部酸坠等。多用于治疗功能失调性子宫出血，无论是青春期还是更年期功能失调性子宫出血，均疗效确切。据临床报道，可用固经止血法治疗经期延长，或用益气清营固冲止血汤治疗月经量多、崩漏、胎漏、产后恶露不绝，屡获良效。研究发现，固冲止血法止血作用是通过改善血液流变性、促进凝血、调节前列腺素比例等多个环节的作用而实现的。

固经止血法

《三因极一病证方论》："产卧伤耗经脉，未得平复，而劳役损动，致血暴崩，淋沥不止；或因咸酸不节，伤蛊荣卫，气衰血弱，亦变崩中。若小腹满痛，肝经已坏，为难治，急服固经丸以止之。"《药性赋白话解（第二版）》："龟甲又有益肾健骨，固经止血，养血补心的作用，治肾虚骨痿，小儿囟门不合，阴虚血热，冲任不固的崩漏，月经过多及心虚惊悸，失眠，健忘；鳖甲又有软坚散结的作用，治癥瘕积聚，经闭及久疟、疟母等。"固经止血法用补益精血或益气药及固涩止血药配伍，治疗气虚不摄、肾虚不固、肝不藏血所致月经量多，经期延长，崩中、漏下、经间期出血等病证。方如固经丸、漏经丸、保阴煎、举元煎等，常用药物有龟甲、山茱萸、五倍子、椿皮、海螵蛸、仙鹤草、龙骨、牡蛎等。据临床报道，可用止血固经汤治疗子宫异常出血；或用固经止血胶囊治疗功能失调性子宫出血；或用固经止血法治疗经期延长、崩漏，均取得较好疗效。研究发现，固经止血法治疗气虚型无排卵性功能失调性子宫出血疗效较好，其止血作用可能是通过改善血小板活性和质量、促进凝血及调节纤溶活性等途径来实现的。

活血调经法

《金匮要略·妇人杂病脉证并治》："带下，经水不利，少腹满痛，经一月再见者，土瓜根散主之。土瓜根散：土瓜根、芍药、桂枝、䗪虫各三钱，右四味，杵为散，酒服方寸匕，日三服。"土瓜根散中的土瓜根与䗪虫活血行瘀，桂枝与芍药和营血，通血脉，可共使瘀血消而经行畅。《医学入门》："玄胡索味苦辛温，理气腹心腰痛尊，活血调经淋露止，破血专救产余昏。"活血调经法也称为和血调经法，多用轻量的活血化瘀药物，加强气血活动，以顺利排出子宫冲任等有关部位的陈旧性有害物质，能明显改善月经量过多、经期延长、经期腹痛、产后恶露淋漓不净等症状，治疗血行不畅、气血瘀滞、瘀血停蓄、阻滞胞宫等血瘀症具有明显疗效。据临床报道，可用活血调经汤治疗置宫内节育器后月经过多、排卵期出血、人工流产术后月经量少、子宫内膜异位症；或用活血调经助孕汤治疗输卵管阻塞性不孕，均取得满意效果。

理气调经法

《仁斋直指方论》："其于妇人，月事进退，漏下崩中，病犹不一……然而调气之剂，以之调血而两得，调血之剂，以之调气而乖张。如木香，如官桂，如细辛，如厚朴，以至乌药、香附、莪术、三棱之类，治气可也，治血亦可也。"阐述妇人调经多以调气为先，乃理气调经法雏形。《种杏仙方》："妇人属阴多生气，气郁成病最难治。诸病兼理气调经，香附是女真仙剂。"理气调经法即疏肝理气调经法，用疏肝理气、调理月经的方药，治疗妇女因情志不舒所致的月经失调，痛经，崩漏，行经前两胁及乳房胀痛，或经闭诸证，可见于子宫内膜异位症、子宫肌腺症、子宫肌瘤、乳腺增生症、不孕症等。常用方有逍遥散、三棱煎、加味乌药散、宣郁通经汤、苍附导痰丸等。理气使气机通调，则血分安宁，月经自调。据临床报道，用理气调经法可治疗痛经、抑郁症、更年期综合征等。

温经暖宫法

《仁斋直指方》："艾附暖宫丸治妇人子宫虚冷，带下白淫，面色萎黄，四肢酸痛，倦怠无力，饮食减少，经脉不调，血无颜色，肚腹时痛，久无子息。"温经暖宫法用温通冲任及散寒除湿之品，治疗胞宫寒冷，或外受寒邪，或过食生冷，或素体阳虚、阴气过盛，则寒凝脉滞，月经失调，如月经稀少，月经后期，经闭或痛经，且多为不孕。现代主要用于治疗原发性痛经、子宫内膜异位症、不孕症等属于冲任虚寒者。胞宫与月经关系很密切。胞宫温暖，则气血调和，月经正常，且易受孕。据临床报道，可用温经暖宫汤治疗原发性痛经，用针灸加温经暖宫贴治疗肾虚宫寒型排卵障碍性不孕症，用针刺配合温经暖宫贴贴敷治疗寒凝血瘀型原发性痛经，用温经暖宫汤联合米非司酮片治疗子宫内膜异位症痛经，都取得了一定的疗效。

温阳调经法

《景岳全书》："若右肾真阳不足，而经有不调者，宜右归饮、右归丸、八味地黄丸之类主之。"温阳调经法用补益肾阳、辛温散寒之品，治疗阳虚宫寒所致的月经不调、崩漏、带下增多、痛经、闭经、不孕症等，代表方有大营煎、右归丸、艾附四物汤、麒麟丸、温阳调经汤（蔡小荪方）等，常用药有淫羊藿、紫石英、鹿角霜、肉苁蓉、巴戟天、艾叶、炮姜、附子、蛇床子等。据临床报道，温阳调经汤能增加肾阳虚证月经过少患者的月经量；有人治疗月经病注重温阳调经，即使没有阳虚寒盛症状的患者，只要没有热象，常常在调理气血的处方中加入附子、艾叶、肉桂、桂枝、肉苁蓉等温阳的药物，使之发挥温通经脉、温补肾气、温养脏腑等功效，提高月经病的治疗效果。祝谌予治疗经血失调之血寒证，常以艾附四物汤为主方，重在补虚温阳调经。研究发现，温阳调经的麒麟丸可调节卵巢储备功能减退（DOR）模型小鼠动情周期，保护生育能力；右归丸可以通过下调大鼠卵巢组织中CXCL8、CXCR1及CXCR2的mRNA和蛋白表达水平，上调血管紧张素Ⅰ（AngⅠ）和AngⅡ的mRNA和蛋白表达水平，促进卵巢血管生成，改善大鼠的卵巢功能。

益气调经法

《古今医统大全》："八珍益母丸，专治气血两虚，脾胃并弱，饮食少思，四肢无力，月经违期，或先期而至；或腰疼腹胀，缓而不至；或愆期不收；或断或续；或赤白带下，身作寒热，服之罔不获效。……益母草（四两，不见铁器，止用上半截带叶者），人参（去芦），白术（土炒），茯苓（去皮），炙甘草（去皮），当归（酒洗），川芎，白芍药（醋炒），熟地黄（酒洗）。"女子以血为本，气旺则血生。故益气调经法常用于治疗气虚或气血两虚所致月经不调等妇科疾病。具体可分为补气摄血调经法和补气生血调经法。补气摄血调经法，即补气止血，补脾摄血，治疗气虚出血，日久不止的治法，如崩漏，面色苍白，心慌气短，四肢清冷，精神萎靡，舌淡苔白，脉细弱。可用补中益气汤加蕲艾、乌梅炭、侧柏炭等。补气生血调经法，即运用补气益脾为主，佐以具有生血、补血等作用的方药或相关疗法，以治疗由气虚所致气血两虚病证的治法，如不孕，月经量多，淋漓不尽，一月数行，头目眩晕，体虚食少。可用加减归脾汤、人参养营汤等。据临床报道，可用补气调经丸治疗不孕症，或用补气调经方治疗气虚血瘀型月经不调、人工流产术后月经不调、经期延长，均有较好的疗效。

养血调经法

《古今医统大全》："甫按：四物汤，古方为血病而制。当归养血为君，熟地为臣，芍药滋阴为佐，川芎行血为向导之使。此立方之本旨，固为血之妙剂也。后谓女人以血为事，则以四物汤主之。养血调经，胎前产后，悉以资用。"亦可称补血调经法，是通过补血而达到调理月经的目的，适用于血虚所致月经不调的治疗方法。主治月经后期、月经过少、闭经、卵巢储备功能下降等。此外，女子以血为本，通过养血调经，使气血充盈，肌肤得养，亦可调治黄褐斑、瘾疹等女性皮肤疾病。据临床报道，可用养血调经汤治疗月经过少，或用养血调经方治疗神经性厌食性闭经、卵巢储备功能下降，都取得了一定的疗效。

止血调经法

《金匮要略·妇人妊娠病脉证并治》："妇人有漏下者，有半产后因续下血都不绝者，有妊娠下血者，假令妊娠腹中痛，是为胞阻，胶艾汤主之。"《医学入门》："续断苦辛温壮阳，止精能令腰脚强，止血调经安胎产，破瘀消痈疗折伤。"止血调经法用于妇科的崩漏、月经过多、经期延长、宫内节育器出血等病症。在临床辨证中根据病因不同，可具体分为清热凉血、止血调经法，活血化瘀、止血调经法，益气健脾、止血调经法，温肾固冲、止血调经法，滋肾益阴、止血调经法，疏肝解郁、止血调经法等。据临床报道，可用止血调经法治疗青春期崩漏，或用健脾补肾、止血调经法治疗月经过多，或用止血调经方治疗气虚血瘀型经期延长，或以祛瘀清热、止血调经法治疗宫内节育器出血副反应，都取得了一定的疗效。研究发现，止血调经颗粒对雌孕激素水平异常模型小鼠、大鼠有一定的双向调节作用，能促进下丘脑-垂体-卵巢轴及激素水平的动态平衡。

第二节　调带类

主要用于调理妇女带下，使其恢复正常的治法，归入调带类治法。

带下源于津液，其产生与脾肾关系密切，由肾精所化，禀肾气藏泄，布露于胞宫；脾运化水谷生成津液，输布于胞宫、阴道，为生理性带下组成部分。同时，带下又受任、督、带脉的调节，三脉相互联系，任脉主一身之阴液，督脉温煦气化，带脉约束诸经。若任脉失司，督脉失温，带脉失约，均可致带下失常。

带下病以湿邪为主，临床以带下量明显增多及色、质、气味异常为主症。调带类治法主要通过以下几个方法调治带下病：一是固涩，运用补益调理、收敛固涩的方法以固带止带，如固涩止带法、固崩止带法、固冲止带法、固肾止带法；二是除湿，根据病因不同，通过温阳、清热、健脾等方法以清除湿邪而止带，如温阳止带法、清热止带法、除湿止带法、健脾止带法。

临床应用调带类治法，须注意辨别带下之寒热虚实，采用针对性的治疗方法。根据具体情况，还可配伍凉血活血、疏肝理气、清热解毒、祛风胜湿等治法。此外，治带尤重脾肾，治脾宜升宜燥，治肾宜补宜涩。

除湿止带法

【出处】《中医学基础》（湖南省革命委员会卫生局编）："完带汤组成：山药五钱，白术四钱，党参、苍术、前仁各三钱，白芍二钱，陈皮钱半，荆芥炭、柴胡、甘草各一钱，水煎服。功能：健脾益气，升阳除湿止带。主治：脾虚寒湿带下，症见带下色白或淡黄，无臭，如涕如唾，精神疲倦，大便溏薄，苔白，脉缓而弱者。方解：党参、白术、甘草健脾益气，苍术燥湿；白芍、柴胡、陈皮疏肝解郁，理气升阳；前仁、荆芥炭利水，除湿止带。"

【溯源】《资生集》："苁蓉菟丝丸治赤白带下。肉苁蓉（酒浸）、菟丝子（酒蒸）、覆盆子、蛇床子（各一两二钱），当归（酒洗）、白芍（炒）、川芎（各一两），牡蛎（煅）、乌鲗骨（各八钱），五味子、防风（各六钱），黄芩（五钱），艾叶（三钱）。上为末，炼蜜丸，桐子大，每三四十丸盐汤下，早晚各一服。苁蓉、艾叶四子是温补下元药；牡蛎、乌鲗燥湿治带；防风升肝气以胜湿；黄芩清内热以除湿；归芍川芎调血脉以滋荣，惟下虚者宜之。要知古人立方言有独解，不然何以男子药，补妇人耶。"

【释义】《中医临床诊疗术语》除湿止带法：运用具有祛湿止带、辟秽化浊等作用的方药或相关疗法，以治疗湿浊下注等所致带下病证的治法。采用补法、清法、理气、温法，通过补益之法以健脾渗湿、清热苦燥之法以燥湿、芳香理气之法以化湿、温燥温化之法以除湿，使湿邪得化，达到止带之目的，此亦治带之本的方法。

【例案】一妇人吞酸胸满，食少便泄，月经不调，服清气化痰丸，两膝渐肿，寒热往来，带下黄白，面黄体倦，此脾胃虚湿热下注，用补中益气倍参、术，加茯苓、半夏、炮姜而愈。[《古今医案按》]

> **按：** 本案脾虚日久，运化失职，乃致中气亏虚，脾湿内生，化为湿浊，下注而成带。治疗补益中气为主，助脾运化，兼以茯苓、半夏、炮姜，以温燥之品除湿止带。

【析拓】带下的发生主要与湿邪有关，《傅青主女科》有"夫带下俱是湿证"的论述。湿邪客犯胞宫，阻滞任带，约固失司。除湿止带法以淡渗利湿、清热燥湿、苦温燥湿为主，或佐补益，或佐理气，以使湿邪内化，并给湿邪以出路。据临床报道，可用除湿止带汤治疗带下病；用除湿止带方治疗宫颈高危型人乳头状瘤病毒（HPV）感染；以清热除湿止带汤治疗复发性外阴阴道假丝酵母菌病；用健脾除湿止带方联合干扰素治疗脾虚湿热型宫颈高危型HPV感染，均取得良好疗效。

◎ 其他调带类

固崩止带法

《本经逢原》："发者，血之余，故能治血病。虽曰补真阴，疗惊痫，理咳嗽，固崩带，止血晕，而实消瘀生新，能去心窍恶血，并煅过服。若煅之不透反能动血。"固崩止带法是指固摄崩漏、止涩带下的治法，实际包含了固经止崩、收敛止带两个方面，亦是各类固涩崩漏及带下方法的总括，属固涩法范畴。适用于妇女血崩暴注及带下淋漓等之久病、虚证。临证可与益气摄血、清热凉血、补养冲任、利湿、燥湿等法配合使用，以期标本兼顾，源流两清。

固冲止带法

《扫叶庄医案》："连次小产，初伤冲任，久而督带跷维皆伤，八脉不匀约束，阴不下固，阳乃上浮。如经后期，淋带晨泄，上热下冷，浮肿，脊酸腰垂，耳鸣不寐等症，久损不复，必以从阴引阳，通固兼用。若非积累工夫，未得旦晚得效。人参，炒焦当归，补骨脂，茯苓，青盐，紫石英，鹿茸，炒黑小茴香，生蕲艾，蒸饼丸服（三四钱）。小产未复，继为血崩二次，腹中刺痛，带下不已，当固冲任，使络血生聚，可望经调。"张锡纯言"带下为冲任之证"，冲任之疾影响带脉的约束功能，则湿浊下注而成带下。冲任二经脉与肾、肝、脾三脏所属经络有联系。大凡冲任二脉损伤，多责之肾、肝、脾。肾、肝、脾胃脏腑失调，均可能累及冲任，出现崩漏、带下、瘕聚、不孕、小产、逆气里急等症。固冲止带法是通过补益及调理肾、肝、脾胃等脏腑功能，达到固冲任、止带下的治法，也称固任止带法，涵盖了滋肾补肾、疏肝养肝、健脾补胃等方法，常配伍固涩止带、除湿止带等法，标本兼顾。临床上，常用于治疗各类阴道炎、宫颈炎、盆腔炎、内分泌功能失调等疾病引起的带下过多。

固肾止带法

《邵兰荪医案》："某，带下腰疼，脉虚细，癸涩，腹左有瘕，病在冲任。宜柔肝调经。桑寄生（三钱），炒杜仲（三钱），炒白芍（钱半），生牡蛎（四钱），全当归（二钱），覆盆子（三钱），木蝴蝶（四分），绿萼梅（钱半），茺蔚子（三钱），香附（三钱），鸡血藤（三钱），清煎八帖。介按：冲任并虚，肝郁成瘕，故以柔肝固肾，理气活血为治。"带脉横行腰腹，绕身一周，而腰为肾之府，故带脉与肾密切相关。肾司开阖。肾气不固，封藏失职，阴液滑泄而为带下；或肾阳不足，命门火衰，气化失常，水湿下注而为带下。固肾止带法是以固肾养肝、理气活血之品来治疗带下的治法。多见于老年，先天不足或病后虚损的妇女。临床多用于治疗慢性宫颈炎、滴虫性阴道炎、霉菌性阴道炎、老年性阴道炎、盆腔炎、宫颈癌、子宫黏膜下肌瘤等病出现带下增多，色、质、气味异常者。

固涩止带法

《药性切用》："白果，一名银杏。甘苦性涩，生则豁痰清肺，可止带浊。熟则温肺定哮，能缩小便。多食，令人壅气。"固涩止带法以收涩止带方药，治疗脾肾两虚，冲任不固而致带下病证。症见带下量多，清稀色白，绵绵而注，腰酸且重，时有下坠之感，体倦肢乏，苔白，脉虚等。临床常与健脾化湿、温肾助阳、清热利湿、疏肝解郁等治法同用，标本兼治。常用固涩止带药如龙骨、牡蛎、芡实、海螵蛸等。方如清带汤、愈带汤等。该法主要应用于慢性盆腔炎、宫颈炎、老年性阴道炎及产后带下病等。据临床报道，可用固涩止带汤治疗慢性盆腔炎。

健脾止带法

《靖庵说医》："人生后天之赖以生者脾也，脾主食，能食不食，亦视乎脾之健不健耳。脾之不健，何物足以幢之，惟白术耳。脾喜燥，术之性有燥；脾喜润，故易受湿，术之油能润；脾有湿，术可燥湿；脾有痰，术可以除痰；脾系胎，术可以安胎；脾主带，术可以止带；脾系腰，术可以暖腰。脾为后天之宗，术为脾家之宗，术以健脾，脾气一旺，百体安而百病除矣。"健脾止带法运用具有健脾化湿、固摄止带等作用的方药，治疗脾虚湿阻等所致带下病证。因带下病多因脾失健运，湿邪内盛，带脉失约，任脉不固而致。临证一般选用补益脾胃之补法为主，补脾、健脾以固护冲任、使带脉约束有权。据临床报道，可用健脾止带汤治疗带下病；用健脾止带方治疗脾虚型非炎性带下病；用健脾止带药膳粥联合多西环素治疗生殖道支原体感染，均取得良好效果。研究发现，健脾止带方可有效改善脾虚型带下病患者阴道局部症状，并通过降低阴道pH值、提高阴道清洁度、促进菌群密集度与菌群多样性恢复，从而改善患者阴道微环境，临床疗效显著。

清热止带法

《绛雪园古方选注》："椿皮丸：椿根白皮一两五钱，白芍药五钱，良姜（炒成灰）三钱，黄柏（炒成灰）二钱。上为末，粥浆丸，每服三五十丸，空心米饮下。椿皮丸，治瘦人带下，热胜于湿，又弱而不禁攻者，瘦人多血热，故以椿皮苦涩入血，清热胜湿以止带。"清热止带法运用清热燥湿及收涩止带药，治疗热重于湿的带下病。常用药物有黄柏、黄连、椿皮等，代表方剂有清热止带汤、五味消毒饮等。据临床报道，可用坤泰胶囊联合清热止带方坐浴治疗绝经后萎缩性阴道炎；用清热止带通淋汤联合保妇康栓治疗慢性宫颈炎合并高危型HPV感染；用补益肝肾佐以清热止带治疗老年性阴道炎，均取得满意疗效。研究发现，清热止带浸膏对慢性盆腔炎模型大鼠有治疗作用，其作用机制可能与解热、改善血瘀、抗炎有关。

温阳止带法

《本草正义》："蛇床子……《别录》又谓辛甘，能温中下气，令妇人子脏热，男子阴强，令人有子，则专温肾阳，更属彰明较著。甄权谓治虚实湿痹，毒风痛，起腰痛，去风冷，益阳事；《日华》谓治腰胯酸痛，四肢顽痹，缩小便，去阴汗湿癣，赤带下；景岳谓逐寒疝，起阳痿，主阴衰无子，皆是强阳主治。"温阳止带法用温肾助阳、调理冲任的方药治疗带下病，适用于肾阳虚弱、胞宫虚寒证，症见带下量多，质稀如水，或如鸡蛋清样，无腥臭，伴腰酸腿软，形寒肢冷，面色㿠白，少腹不温，甚至绵绵作痛，喜温喜按，大便溏薄，舌淡苔薄，脉沉细无力或沉迟。可用于宫颈炎、阴道炎、盆腔炎、不孕症等的治疗。

第三节　安胎类

用于治疗胎动不安、习惯性流产的治法，归入安胎类治法。

胎孕相关常见疾病是胎漏、胎动不安，其主要病机是冲任损伤，胎元不固；证候有虚有实，虚者多因肾虚、气血虚弱，实者多因血热、血瘀，也有虚实夹杂者；临床以虚证或虚实夹杂者多见。胎漏、胎动不安的治疗，以固冲任安胎为总则。

该治法通过四个方面调理胎孕病：一是通过调气来治疗，如补气安胎法、理气安胎法。二是通过调血来治疗，如养血安胎法、止血安胎法、消瘀下胎法、逐瘀下胎法。三是通过调理脏腑来治疗，如固肾安胎法、养肝安胎法、补肾安胎法。四是通过祛邪来治疗，如清热安胎法、润燥安胎法。

安胎类在临床应用过程中，要注意以下几点：一是调气和调血的侧重点不同，注意根据主证来区别治疗。同时，气和血密切相关，有时可以综合应用。二是重视脏腑在胎孕病的重要作用，特别是肝和肾。由于肾为先天之本，胞络系于肾，故安胎之中，须注意顾护肾气，以固胎元。三是祛除外邪，邪去胎安。四是安胎之法，应随证随人，灵活运用。但要注意时时维护胎元，避免使用碍胎、动胎之品。但若胎元不正或胎元已损者，则急须下胎以救母。

补肾安胎法

【**出处**】《评注产科心法》："大凡胎气，腹痛者常事，而腰痛者切须防也。急宜服药，补肾安胎，不可不早言之。至红一漏，只可十保其三，宜服安胎饮，重用熟地，或加人参、桑寄生。"

【**溯源**】《灵枢·经脉》："黄帝曰：人始生，先成精，精成而脑髓生，骨为干，脉为营。"《素问·上古天真论》："肾者主水，受五脏六腑之精而藏之。"

【**释义**】补肾安胎：运用益气补肾的方法，达到安胎的目的，适用于肾虚而胎动不安病症的治疗方法。

【**例案**】金（右），怀孕八月，腹痛异常，呕吐不止，腰府酸痛如折。胎从下注，有坠脱情形。川断，杜仲，党参，白术，归身，白芍。[《张聿青医案》]

按： 男女生育皆有赖于肾脏作强。案中妇腹痛伴腰酸乃肾精不足之证，当用以补安胎之剂，方中续断为补肾之要药，与杜仲共奏补肾安胎之效，再加以白术、党参健脾益气和胃，当归、白芍补血养阴。

【**析拓**】补肾安胎法用补肾填精药，治疗肾气亏虚、冲任不固之胎动不安或滑胎。患者常有腰酸腿软，头晕耳鸣，小便频数，或阴道下血等肾虚表现。补肾安胎多用桑寄生、杜仲、续断、菟丝子、狗脊、艾叶等。先天需要后天的滋养，常联用益气健脾之品。代表方为寿胎丸、补肾安胎饮。据临床报道，补肾安胎饮加减联合小剂量阿司匹林能提高保胎效果；也可用于治疗妊娠恶阻、不孕、痛经等患者受孕后的调理。

补气安胎法

【**出处**】《张氏医通》："脾胃气虚，七味白术散。脾气下陷，补中益气汤。肝经风热，防风、黄芩作丸服。风入肠胃，胃风汤。大全方治妊娠忽然下黄汁如膏，或如豆汁。胎动腹痛，用黄芪一两。川芎一钱。糯米一合煎服。暴下水者。其胎必下。若徐徐而下者。可用补气安胎药主之。"

【**溯源**】《太平惠民和剂局方》："安胎饮：治证、品味与前安胎饮同。（一方无半夏、地榆，有人参、桑寄生。一方无白术、黄芪、半夏、地榆，有艾叶，并各等分）右为粗散，每服四钱，水一盏半，煎至八分，去渣温服，不拘时。益阴丹：治妇人血海久虚，藏腑怯弱，风冷邪气，乘虚客抟，脐腹冷痛，大便时泄。或子藏挟寒，久不成孕，月水不调，午多乍少；或月前月后，淋沥不止，带下五色；或闭断不通，结聚疝瘕，面体少色，饮食进退，肌肉消瘦，百节酸痛，时发寒热，月水将行，脐腹先痛，皮肤燥涩，面生黡黵，头皮肿痒，发随梳落。或产后劳损未复，颜色枯瘁，饮食无味，渐成蓐劳，并能治之。"

【**释义**】《傅青主女科》："胎中之荫血，必赖气以卫之。""胎成于气，亦摄于气，气旺则胎牢，气衰则胎坠。"

【**例案**】许蓼斋太守令眷，中寒痰饮，姜、附时服，平素皆然，产后十年不孕。甲申秋自称怀孕，下血，胎脉不现，用补气安胎药三四剂随止。隔一月，又下血，又如前药，又随止。隔一月，又大便下血甚多，以平常时有之证，不服药而饮灯心汤，又服凉药，不但血不止，更增腹胀不食，头眩身麻，冷痰上壅，大便下迫，不能坐立。诊脉弦细而紧，胎脉不见。余遵《内经》阴络结则血下溢治法，用人参、白术、桂枝、当归、赤芍、炮姜、甘草，少加附子。四剂血随止。[《珍本医书集成》]

按： 脾胃为后天之本。脾胃不足，经年日久，多致气血亏虚。如气损伤阳，则生脾寒。患者平素多寒，乃致姜、附时服。又加怀孕，一人之气血分二人，气虚即现，气不固血，失于推动，则见下血而胎脉难出，用补气安胎之法能效。孕中误伤阳气，再治当须同施培阳之法，以助益气安胎。案中用参术益气、姜附助阳寒散，亦是治不离本。

【析拓】 补气安胎法既往常运用于胎漏、胎动不安、妊娠腹痛的治疗，通过补气，主要是补脾、肾之气来补益气血生化之源，以固胎元。目前该治法作为妇产科的保胎法被广泛运用。据临床报道，补气安胎法治疗气血虚弱型先兆流产疗效可靠。可以该治法联合黄体酮治疗滑胎。研究表明，该治法指导的中药用于抑制异种皮肤移植急性排斥有效。

◎ 其他安胎类

固肾安胎法

《陈素庵妇科补解》："惊则气逆，惊则心虚，神不守舍，惊则肝风愈炽，砂、附、陈、苏皆所以顺气也，芪、术、归、芍引以杜仲，佐以童便，皆可安心神，定心气，而固肾安胎也。"《傅青主女科》："胎虽本精与血之相结而成……其实均不离肾水之养，故肾水足而胎安。"固肾安胎法是用益气养血与补肾阳之品，配以和胃顺气药，治疗肾气不足、神不守舍之胎气不固诸证，包括不孕症、先兆流产、习惯性流产、复发性流产及胚胎移植等。据临床报道，固肾安胎法可改善卵巢功能，治疗卵巢低反应；并可以显著增加子宫内膜厚度，治疗子宫内膜薄所致不孕症。研究表明，固肾安胎法可促进绒毛膜下血肿吸收、提高血孕酮及雌二醇水平、改善阴道流血和腹痛，从而治疗先兆流产；还可促进胚胎早期发育。

理气安胎法

《济阴纲目》："丹溪曰：胎前当清热养血（气实者，宜清热养血；气滞者，宜理气安胎；气虚者宜补）。"《周慎斋遗书》："白芍除土中之木，甘草缓上炎之火，砂仁理气安胎，黄芩平伤肺之邪火，大枣和中。"《景岳全书》："凡恶阻多由脾虚气滞，然亦有素本不虚，而忽受妊娠，则冲任上壅，气不下行，故致呕逆等证。"孕后经血不泻，冲气易盛，肝气易动而逆，而见胎动不安。理气安胎法用疏理肝气联合和胃降逆之品，治疗妊娠恶阻、胎动不安，也可用于气机郁滞所致之胎漏、滑胎等。据临床报道，可用该治法指导制作的安胎理气和胃膏联合穴位贴敷治疗肝胃不和型妊娠恶阻；也可用于调治妊娠期慢性肾脏病，或用于治疗妊娠早期脾胃虚寒证之呕逆。

清热安胎法

《金匮要略·妇人妊娠病脉证并治》："当归散方：当归、黄芩、芍药、芎穷各一斤，白术半斤。右五味，杵为散，酒饮服方寸匕，日再服。妊娠常服即易产，胎无苦疾。产后百病悉主之。"《仁斋直指方论》："金匮当归散清热安胎而易产，丹溪天麻丸活血保产而无惊。"《丹溪治法心要》："产前安胎，白术、黄芩妙药也。黄芩乃安胎之圣药也，俗人不知以为寒而不敢用，谓温药可养胎，殊不知产前当清热，清热则循经不妄行，故能养胎。"孕后阴血下注冲任以养胎。人体阴血有限，聚以养胎，易使机体阴血偏虚，阳气偏旺，则血热内生。清热安胎法用养血和血之品，助以清热药，治疗妊娠晚期血虚生热所致胎动腹痛、胎漏、胎动下血、堕胎、子烦等。根据邪热表现部位的不同，临床可将热动胞胎之因分为血热、胃火、肝火、肾火、胞中之火等，均可采用清热安胎法治疗。据临床报道，可以清热安胎法治疗经断复来、阴虚血热胎漏类胎动不安。用于治疗血热型先兆流产，可明显改善患者阴道出血、腰酸、腹部坠痛等情况，提高了胎儿的存活率。动物实验表明，庞氏安胎止血汤能有效提高血热型先兆流产血清中人绒毛膜促性腺激素、孕酮、雌二醇的水平以及IL-10、IFN-γ的表达，从而达到保胎的目的。

消瘀下胎法

也称为祛瘀下胎法或活血下胎法。《金匮要略·妇人产后病脉证治》："产妇腹痛，法当以枳实芍药散，假令不愈者，此为腹中有干血着脐下，宜下瘀血汤主之；亦主经水不利。"《汤头歌诀》："黑神散中熟地黄，归芍甘草桂黑姜，蒲黄黑豆童便酒，消瘀下胎痛逆忘。"消瘀下胎法通过使用活血化瘀药物以下胎止痛，代表方剂为黑神散。该方原用于治疗恶露不尽，腹部攻冲作痛，或胎死腹中及胞衣不下。用于堕胎时要配合攻逐瘀血、导下的药物。据临床报道，可用该法防治药物流产后阴道出血；用该法治疗抗早孕西药所致经血淋漓，以及胎盘残留植入、人工流产不全、瘢痕妊娠等妇产科疾病。

逐瘀下胎法

《素问·至真要大论》："留者攻之。"《辨证录》："治法仍大补气血，使生血以送胎衣，则胎衣自然润滑，生气以助生血，则血生迅速，尤易推堕也。方用送胎汤：当归（二两），川芎（五钱），乳香末……此方以当归、川芎补其气血，以荆芥引气血归经，用益母草、乳香等药逐瘀下胎。""新血既长，旧血难存，气旺上升，瘀浊自然迅降，无留滞之苦也。"逐瘀下胎法通过使用攻逐瘀血的药物来破血逐瘀、催产下胎。临床上常使用脱花煎、失笑散等，可用于治疗不完全流产、流产后延迟出血、难产、葡萄胎等病症。逐瘀下胎法与消瘀下胎法虽然都是活血下胎的治法，但逐瘀下胎法是催产下胎，破血逐瘀力量强；而消瘀下胎法是下胎止痛，主要治疗恶露不尽，活血化瘀力量较弱。据临床报道，可用脱花煎治疗子宫肌瘤；或用该法治疗卵巢畸胎瘤及月经后期。

养肝安胎法

《灵枢·本神》："肝藏血，血舍魂。"《灵枢·海论》："冲为血海。"《医学入门》："阿胶甘温保肺气，劳喘损嗽及久痢，补虚治痿立亦难，养肝安胎腰腹坠。"《傅青主女科》："保胎必滋肾水，而肝血断不可不顾。使肝气不郁，则肝之气不闭，而肝之血必旺，自然灌溉胞胎，和肾水而并协养胎之力。"养肝安胎法以补养肝阴肝血之品，佐以疏肝理气药，治疗肝之阴血不足的胎动不安，是妊娠腹痛的重要治法。多用于先兆流产、胚胎移植术后子宫痉挛性疼痛、羊水过多、胎位不正等妊娠疾病，以及子宫腺肌病、贫血等。多配合补肾法或健脾法使用。

养血安胎法

也称补血安胎法。《金匮要略·妇人妊娠病脉证并治》："师曰：妇人有漏下者，有半产后因续下血都不绝者，有妊娠下血者，假令妊娠腹中痛，为胞阻，胶艾汤主之。"《云林神彀》："妊娠胎漏，腹痛下血，养血安胎，健脾清热。芎归各五钱，锉散好酒煎，临服入童便，一剂病当痊。"养血安胎法是治疗妊娠下血的重要治法，多用于治疗先兆流产、习惯性流产、复发性流产、功能失调性子宫出血等。通过益气养血，调补冲任来使母体气血得以充足，胎元得以滋养，则胎元稳固。据临床报道，可用胶艾汤养血安胎治疗功能失调性子宫出血，或用补血安胎法治疗血虚型早期先兆流产。也可用该治法治疗早期先兆流产合并绒毛下血肿。研究表明，养血安胎法能够改善子宫内膜的血液循环及血流灌注，提高子宫内膜的容受性。以该法指导制成的药物能够抑制 JEG-3 细胞外泌体中 miR-16，进一步抑制人脐静脉内皮细胞中的 miR-16，进而增加人脐静脉内皮细胞中血管内皮生长因子（VEGF）和 p-VEGFR2 的蛋白表达，促进血管生成。

止血安胎法

《圣济总录》："治妊娠漏胎下血过多，腹中刺痛，止血安胎。芎，饮方芎，当归（切焙），竹茹（各一两），阿胶（炙燥，三分），上四味，粗捣筛，每服三钱比，水一盏，煎至七分，去滓温服，早晨午时至晚各一服。"止血安胎法是通过养血止血及安胎药物或针灸等其他治疗手段，使血止、胎元得固。常用于治疗先兆流产、习惯性流产、月经过多、胎动不安等妇产科常见疾病。该法分虚实，结合患者症状，辨证施治，合补气、清热、化瘀、燥湿等法以达止血之效。据临床报道，在该法指导下拟定的定痛止血安胎方对于血瘀肾虚型先兆流产患者的孕期不适感有改善作用。临床研究发现，该治法联合西药对不明原因复发性流产有较好的疗效，可明显改善临床症状，促进血管生成，有利于胚胎着床和妊娠，进而提高妊娠成功率。实验研究发现，庞氏安胎止血汤通过调控 p38 MAPK 信号通路，调节 Th1/Th2 平衡，从而实现保胎作用。

润燥安胎法

《辨证录》："故肾水足而胎安，肾水缺而胎动，又必肾火动而胎始不宁。盖火之有余，仍是水之不足，火旺动胎，补肾水则足以安之矣。惟是肾水不能遽生，必须上补肺金，则金能生水，而水有化源，无根之火，何难制乎。方中少加清热之品，则胎气易安。方用润燥安胎汤。"《邯郸遗稿》："殊不知两肾中具水火之原、冲任之根，胎元之所系，甚要，非白术、黄芩之所能安也。如肾中无水胎不安，用六味地黄丸壮水。"润燥安胎法用补肾阴以润燥，少佐清热润养药，用于治疗肾阴不足、虚火内生而致阴虚燥热之胎动。常用阿胶等血肉有情之品滋阴润燥，补血止血。据临床报道，可用于治疗妊娠先兆流产、习惯性流产、胎漏、胎动不安等症。

第四节 其他经带胎产治法

治疗妇科其他相关疾病的中医治法，归入本类。

妇产科疾病常通过调理冲任来治疗，如补调冲任、调摄冲任。或通过调血络来治疗，如破瘀消癥法、通络下乳法。也有需要通过祛邪来治疗的，如利湿除痰法、温暖子宫法。

应用此类治法时要注意以下几点：一是调理冲任，要注意冲脉和任脉功能不同，临床上根据病证调冲、调任有所侧重或者两者同调。二是调理血络时要注意活血通络适度，太轻不能达到通络的目的，太重容易破血出血。三是祛除外邪应根据病邪的不同而治之。

温暖子宫法

【出处】《太平惠民和剂局方》："白薇圆：补调冲任，温暖子宫。治胞络伤损，宿受风寒，久无子息，或受胎不牢，多致损堕。久服去下脏风冷，令人有子。"也称为温肾暖宫法。

【溯源】《神农本草经》："女子风寒在子宫，绝孕十年无子。"《素问·骨空论》："督脉起于少腹以下骨中央。女子入系廷孔，其孔溺孔之端也。其络循阴器……此生病……其女子不孕。"《素问·调经论》："血气者，喜温而恶寒……温则消而去之。"

【释义】《妇人大全良方》："妇人月经不调者……风冷之气乘之也。风冷之气客于胞内，伤于冲任之脉。"《傅青主女科》："夫人生于火，亦养于火，非气不充，气旺则火旺，气衰则火衰。""况又遇寒气外侵，则内之火气更微，火气微则长养无资；此胎之不能不堕也。使当其腹疼之时，即用人参、干姜之类，补气祛寒，则可以疼止而胎安。""治胞络伤损，宿受风寒，久无子。或受胎不牢，多致损堕。久服去下脏风冷，令人有子。"

【例案】郡城孙锦章室，怀胎五月，病转胞不溺，医用清利水道，并不究及转胞。由于下焦虚寒，由于中焦气弱，由于肝家血滞，猪苓、泽泻、车前等药，徒伤胃气，故饮食减少，夜不得寐，诸恙渐臻，而胞系之缭戾者如故也。日请稳婆抬起，始得溺出。究之元气不支，日甚一日，因而延余诊治。余诊其脉，缓大有力，许以可救。遵《金匮》成例，投肾气汤一剂，是夜稍得安寝，盖利水之药，足以泻肾。投桂附而命门温暖，故稍得安寝耳。［《医学举要》］

按：本案因转胞不排尿，误用清剂，损伤了阳气。宫寒多因于肾阳不足，肾不化气则尿难出。以《金匮》肾气丸改为煎剂，一方面温肾暖宫，一方面化气行水，故能胎安水行。宫之所在，易于因坐卧而伤其阳，故其病因于寒者众。治疗之要，在于温暖子宫，散尽宫寒，则子宫之疾皆可安。

【析拓】温暖子宫法通过温经散寒、活血化瘀，以治疗月经不调、月经过少、多种证型的痛经、产后恢复调理、宫寒不孕、子宫发育不良等多种妇产科疾病，可联合中药、针刺、艾灸、穴位贴敷、按摩等疗法。据临床报道，可用该法结合艾灸和药物治疗虚寒型原发性痛经、宫寒不孕，或用于人工流产术后的调理与防护，或用于治疗子宫发育不良。

◎ 本节其他治法

澄源

《仁斋直指方论》:"予鄙见,欲人知节饮食,适寒温,以养脾胃之本。倘有脾胃虚弱,最易作疾,故开诸方于后,择而用之,苟得脾壮实,固本澄源之事也矣。"澄源,即血止以后澄清本源,也就是针对出血原因采用相应的治法。血热者宜清热凉血,虚寒者宜温经补血,气虚者宜补中益气,劳伤者宜固气摄血,血瘀者宜活血通瘀等,以清除病因。临床用"调周澄源复旧法"治疗崩漏,使月经的恢复更具有稳定性和持久性。

复旧

《黄帝内经太素》:"夫疟之始发也,阳气并于阴,当是之时,阳虚而阴盛,外无气,故先寒栗。阴气逆极,则复出之阳,阳与阴复并于外,则阴虚而阳实,故热而渴。夫疟气者,并于阳而阳胜,并于阴则阴胜,阴胜则寒,阳胜则热。疟者,风寒之气不常也,病极则复至。"复旧是崩漏治疗的善后阶段,调理脏腑功能,以恢复月经周期,预防复发。复旧可结合女性月经周期不同阶段的生理特点,气血阴阳消长转化的规律,即由重阴转阳、重阳转阴,由藏转泄、泄后转藏,采用不同的理法方药,使其脏腑、气血、阴阳得以动态平衡,恢复正常的月经周期。亦可根据女性不同年龄阶段的特点分经论治,对于青春期患者,以治少阴肾为主,达到调整正常月经周期的目的;对于育龄期患者,以厥阴肝为主兼顾脾肾,调整正常月经周期,同时建立排卵功能,最终达到调经种子的目的;对于围绝经期患者,以治太阴脾为主兼顾肝肾,纠正崩漏导致的贫血,达到防止复发及预防恶性病变的目的。

复旧法广泛应用于各种妇科血证,包括月经病中的月经过多、经期延长、崩漏、经断复来等,带下病中的赤带,妊娠病中的胎漏、堕胎、异位妊娠等;产后病中恶露不绝以及癥瘕所致的出血等。针对不同的妇科血证,须采取不同的复旧方法。以崩漏为例,复旧应以调周为本,在澄源的基础上或治以补肾、调肝或健脾。若为妊娠期出血,当胎漏已止,妊娠得以继续,此时复旧则以安胎为主。若已堕胎,复旧应侧重预培其损,为下一次正常孕育创造条件。若为产后血崩,待血止后,复旧须施予峻补气血之剂,以冀气血充足,化生乳汁。

破瘀消癥法

《金匮要略·妇人妊娠病脉证并治》:"妇人素有癥病,经断未及三月,而得漏下不止,胎动在脐上者,为癥痼害。妊娠六月动者,前三月经水利时,胎也。下血者,后断三月,衃也。所以血不止者,其癥不去故也,当下其癥,桂枝茯苓丸主之。"《万病回春》:"琥珀味甘,安魂定魄,破瘀消癥,利水通塞。"破瘀消癥法是通过用破瘀活血的药物,消除腹中瘀血积块的治法。适用于腹腔或子宫积块,推之不移,舌有紫斑,脉涩者。常用膈下逐瘀汤、血府逐瘀汤、抵当汤之类。据临床报道,可用破瘀消癥法治疗子宫内膜异位囊肿、肝纤维化;也可用该法指导制作的桂枝茯苓胶囊治疗直径<5cm的子宫肌瘤。研究发现,该治法对内分泌及VEGF的调节作用是其抑制异位子宫内膜种植的部分作用机制。

利湿除痰法

《傅青主女科》："妇人有身体肥胖，痰涎甚多，不能孕者……谁知是湿盛之故乎……肥胖之湿，实非外邪，乃脾土之病也……湿盛者多肥胖，肥胖者多气虚，气虚者多痰涎，外似健壮而内实虚损也……脾不能受，必浸润于胞胎，日积月累，则胞胎竟变为汪洋之水窟也。"《目经大成》："痈疽皆由气血逆于肌理……盖忍冬花、甘草节、天花粉、贝母、橘皮清热解毒，兼能利湿除痰。"痰湿阻滞冲任、胞络，可导致月经后期、闭经、不孕等病。利湿除痰法就是通过利湿药和化痰药组方治疗，使水湿、痰湿外利以疏通经络，从而达到治疗相关疾病的目的。该治法除了可以治疗上述疾病外，还可用于治疗带下病、经前泄泻、妊娠水肿等病。据临床报道，利湿除痰法可以用于治疗月经后期、妊娠恶阻、妊娠子嗽及闭经等妇科疾病；也可用于治疗小儿秋季腹泻及小儿长夏久咳。

塞流

《幼科铁镜》："医家治病，如经生制艺。然病有表里重轻，犹题有大小搭截。病有来路去路，用药有清源塞流之法。"《丹溪心法附余》："治法初用止血，以塞其流；中用清热凉血，以澄其源；末用补血，以复其旧。若止塞其流，不澄其源，则滔天之势不能遏，若止澄其源，而不复其旧，则孤阳之浮无以止，不可不审也。"提出妇女血崩治疗中"塞其流""澄其源""复其旧"三个原则，乃塞流法的原型。塞流即截流止血、固摄精微，通过辨证使用止血药以止血治标，是中医妇科治崩三法之首法。据临床报道，可用塞流法治疗崩漏、月经过多，有"以血止为度，不宜长期使用""通涩并施"的经验。有人用塞流汤治疗功能失调性子宫出血，疗效确切。塞流法亦可用于治疗机体其他部位的出血及精微物质的流失，如尿血、呕血、血精、遗精、鼻衄、肾病蛋白尿等。有人用升陷塞流汤加减治疗过敏性鼻炎，疗效满意。

补调冲任法

《灵枢·五音五味》："冲脉任脉，皆起于胞中，上循背里，为经络之海。"《太平惠民和剂局方》："白薇丸补调冲任，温暖子宫。治胞络伤损，宿受风寒，久无子息，或受胎不牢，多致损堕。久服去下脏风冷，令人有子。"补调冲任法主要通过养肝血、补肾精，以治疗经孕相关疾病，如月经不调、产后痹症、围绝经期失眠、滑胎等，还可治疗女性青春期痤疮和退行性膝关节炎。常结合针灸、穴位贴敷、按摩等多种疗法，实现补肾阳、滋肾阴、调补肝肾、调补冲任的目的。

调摄冲任法

《丁甘仁医案》："罗右，崩漏不止，形瘦头眩，投归脾汤不效。按脉细数，细为血少，数为有热，营血大亏，冲任不固，阴虚于下，阳浮于上，欲潜其阳，必滋其阴，欲清其热，必养其血。拟胶艾四物合三甲饮，滋养阴血而潜浮阳，调摄冲任而固奇经。"调摄冲任法主要是通过对脏腑，尤其是对肝肾的补益、调养进而达到治疗妇科相关疾病或调节女性生理功能的目的，属于攻补兼施之治法。除调理气血外，还侧重于"固摄"。多用于治疗女性乳房相关疾病，包含乳腺增生、乳癖、乳腺癌等，还可用于女性月经不调、痛经、崩漏等，亦可治疗女性迟发性痤疮、寻常痤疮、甲状腺结节、子宫肌瘤等疾病。该治法以调节冲任不固、虚损与阻滞来达到治疗效果。

通络下乳法

《三因极一病证方论》："产妇有两种乳脉不行，有气血盛而壅闭不行者。有血少气弱涩而不行者，虚当补之。盛当疏之。"《本草纲目》："荆三棱……乳汁不下。用荆三棱三个，加水二碗，煎成一碗，洗奶（乳房），取汁出为度。"通络下乳法通过行气活血通络，以治疗因气滞血瘀所致乳汁不行之症，适用于产妇缺乳的实证。在促进产妇乳汁顺畅排出的同时，亦能够调理产妇局部甚或周身之气血。据临床报道，可用补益气血通络下乳方治疗产后缺乳；用通络下乳口服液，能使剖宫产术后产妇乳汁分泌时间提前，乳汁分泌量足。还可以该法治疗不射精症。

温经散寒法

《金匮要略·妇人妊娠病脉证并治》："妇人怀娠六七月，脉弦发热，其胎愈胀，腹痛恶寒者，少腹如扇，所以然者，子脏开故也，当以附子汤温其脏。"《注解伤寒论》："少阴客热，则口燥舌干而渴。口中和者，不苦不燥，是无热也。背为阳，背恶寒者，阳气弱，阴气胜也。《经》曰：无热恶寒者，发于阴也。灸之，助阳消阴；与附子汤，温经散寒。"温经散寒法具有温经通阳、散寒行滞等作用，是用于治疗寒凝经脉或冲任虚寒之经、带、胎、产病变的一种常用治法。无论外寒、内寒，皆可损伤冲任，影响气血运行，从而出现经、带、胎产诸疾，包括痛经、闭经、不孕症、慢性盆腔疼痛综合征、子宫内膜异位症、不孕症、妊娠腹痛等，皆可用温经散寒法治疗。温经散寒法以阳气虚弱，经络有寒为临床应用要点。《注解伤寒论》："手足厥寒者，阳气外虚，不温四末，脉细欲绝者，阴血内弱，脉行不利。"因此，凡经脉受寒、血涩不通所致的疼痛诸症、血管皮肤病变等，均可运用本法。据临床报道，可用温经散寒法治疗糖尿病周围神经病变、偏头痛、血栓、闭塞性脉管炎、闭塞性动脉硬化、雷诺病、变应性结节性皮肤血管炎、深部血栓性静脉炎等四肢血管病，取得较好的疗效。

第二十二章
中医外治疗法

　　中医外治疗法是与内治（口服给药）法相对而言的治疗方法，泛指除口服药物以外施于体表或从体外进行治疗的方法。

　　中医外治疗法的内容非常丰富，据有关文献记载外治法达四百余种，概括起来可分两大类：药物外治法、非药物外治法。根据治疗的途径不同，中医外治疗法主要可分为整体治疗，皮肤、官窍黏膜治疗，经络、腧穴治疗，以及其他中医外治疗法。整体治疗是指以人的整体为对象进行治疗，主要有导引、体育疗法、音乐疗法等。皮肤、官窍黏膜治疗是指药物通过皮肤、官窍黏膜吸收进入局部或者机体循环系统起治疗作用的方法，如敷贴疗法、熏洗疗法等。现代药物制剂学中的中药经皮给药系统或称经皮治疗系统属于此类治疗。经络、腧穴治疗是指以药物、手法、器械从外施用于经络、腧穴起效的治疗方法。如推拿、艾灸、脐疗、足心疗法等。其他中医外治疗法包括不能归于上述三类的中医外治疗法，如中医的一些手术、中医正骨等。上述分类方法并不能将所有的外治方法截然分开，往往存在着在分类上的互相交叉。这种交叉是中医外治疗法分类的一个重要特征。本章主要基于共性相似来分类，便于实施管理。新技术、新材料如声、光、电、磁、波等，遵循传统中医理论引进中医治疗领域的，也是中医外治疗法的组成部分。

　　中医外治疗法以中医传统理论为依据，遵循"外治之理即内治之理，外治之药即内治之药"的原则，以中医脏腑、经络、气血等学说为指导，通过维护正气、扶正祛邪以促进疾病康复。

　　本章所列中医外治疗法是继承和发扬中医传统诊疗方法，以药物不经口服而仅作用于体表或黏膜，或以热，或以传统器械、药械、穿戴、操作等，来改善人体健康、促进疾病康复的传统方法和措施。至于一些专科外治方法，如骨科、针灸、推拿等，则分属其他章节。

　　本章所列的中医外治疗法可应用于各科。"不肯服药之人，不能服药之症"，可以考虑使用中医外治疗法以适应患者的要求。部分危重病症，可以结合临床经验，来合理施用中医外治疗法，有"良丁不废外治"之说。

第一节　头面外治类疗法

　　头面外治类疗法根据头面部五官的功能特点将药物以相应的治疗方式施用于耳、鼻、咽喉等部位，以发挥其疏通经络、调节气血、解毒化瘀、扶正祛邪等作用。此类治法不仅可以治疗头面部局部的疾病，也可以治疗全身性疾病。

鼻嗅疗法

【出处】鲍相璈《验方新编》："阴寒呃逆：乳香、硫黄、陈艾各二钱，为细末，用好酒一钟，煎数沸，乘热气使病人用鼻嗅之。"

【溯源】孟显《食疗》："鹿茸：主益气。不可以鼻嗅其茸，中有小白虫，视之不见，入人鼻必为虫颡，药不及也。"

【释义】鼻嗅法是让患者用鼻嗅吸药气或药烟以治疗疾病的一种治法。

【例案】生不必催，催生更不可乱服药。沥浆生，用熟地、当归、川芎、酒芍煎汤，令药气满房，口鼻吸受以滋益之。[《理瀹骈文》]

按：催生一般用于预产期已过的孕妇，此时用鼻嗅疗法治疗可以减少药物不良反应，增加用药安全性。熟地、当归、川芎、酒芍合称四物汤，甘温补血活血，且川芎为血中气药，可行气活血，熬煮后辛香之气入鼻，促使气血运行，推动胎儿娩出。

【析拓】鼻嗅疗法多用于不便于服药的婴幼儿及一些难以服药的患者，其可使药物通过鼻黏膜迅速吸收，到达肺、心，经过经络的输布作用，散布于五脏六腑，乃至全身，达到补偏救弊、调和阴阳的目的。此法是最原始的鼻疗方法，因为自然界中的气味无处不在，启发了人们对此法的探索。据临床报道，鼻嗅疗法可用于感冒、辅助治疗咳喘症等。可用隔姜竹罐灸鼻嗅法治疗化疗相关性呃逆；用丁香、白胡椒等药物粉末结合该法治疗疔疮。

吹耳疗法

【出处】《华佗神方》："橘皮一钱，灯芯（烧灰）一钱，龙脑一分，共为末，和匀吹耳中，极效。"

【溯源】《素问·缪刺论》："邪客于手足少阴太阴足阳明之络，此五络，皆会于耳中，上络左角，五络俱竭，令人身脉皆动，而形无知也，其状若尸，或曰尸厥，刺其足大指内侧爪甲上，去端如韭叶，后刺足心，后刺足中指爪甲上，各一痏，后刺手大指内侧，去端如韭叶，后刺手少阴锐骨之端各一痏，立已。不已，以竹管吹其两耳，剃其左角之发方一寸，燔治，饮以美酒一杯，不能饮者灌之，立已。"

【释义】吹耳疗法，也称为耳内吹粉法，是用管状物品将药散吹入耳内，以治疗耳部疾病的一种方法。有清热解毒、收敛干水等作用。

【例案】徐徐抱解，不得截绳，上下安被卧之，一人以脚踏其两肩，手少挽其发，常弦弦勿纵之；一人以手按据胸上，数动之；一人摩将臂胫，屈伸之。若已僵，但渐渐强屈之，并按其腹，如此一炊顷，气从口出，呼吸眼开，而犹引按莫置，亦勿苦劳之，须臾，可少与桂枝汤及粥清，含与之，令濡喉，渐渐能咽，及稍止，若向令两人以管吹其两耳，釆好，此法最善，无不活者。[《金匮要略·杂疗方》]

按：患者自缢，此时眼、耳、口、鼻七窍不通，经前面治疗后呼吸眼开，口渐能咽，眼、口、鼻五窍已通，故再用吹耳疗法开其耳窍，七窍通，则神志可复。

【析拓】吹耳疗法在古时常用于急救，其主治病症主要包括卒魇、卒死、溺水死、自缢死等。其可能是通过鼓膜振动，产生的振动信息刺激迷走神经、面神经、三叉神经等神经通路产生对中枢的电刺激而达到急救效果。但此法在现代临床急救中应用甚少。现代医学多用于鼻衄、中耳炎等疾病的治疗，其在五官科疾病中的治疗意义值得进一步研究。据临床报道，用洁尔阴冲洗加医用氧气吹耳可治疗真菌性外耳炎，用吹耳散治疗急性化脓性中耳炎及外耳道疾病。也可用该法治疗牙痛、鼻衄、眼病等。

◎ 其他头面外治疗法

吹鼻疗法

出自葛洪《肘后备急方》："取韭捣，以汁吹鼻孔。"《金匮要略·杂疗方》："救卒死而目闭者方：骑牛临面，捣薤汁灌耳中，吹皂荚鼻中，立效。"吹鼻疗法在古时多用于救治卒死、尸厥。近现代多用粉末状药物，颗粒微小，对上呼吸道形成刺激；使用剂量大概黄豆大小，多用开窍宣闭类药物。但粉剂吹鼻刺激强烈，现代将之改革成为液体状喷吹鼻。据临床报道，可用慢鼻净吹入散（辛夷，鹅不食草，土香薷，冰片）吹鼻治疗慢性鼻炎，在鼻内镜下电凝止血联合中药吹鼻治疗隐匿区鼻出血，用瓜前退黄散吹鼻治疗新生儿黄疸，用闹芎粉吹鼻治疗顽固性偏头痛，用鱼冰散配合该法治疗慢性鼻窦炎等。

擦牙疗法

也称为开噤疗法。刘完素《伤寒标本心法类萃》："右各味等分为细末，擦牙痛处，涎出立止，切勿咽下。如食饮食，以盐汤灌漱，饮无碍。"《博济方》也有"右四味，杵罗为末，临卧时，以手指蘸，揩擦齿上，微漱，存药气，此散大能牢牙去疳"的记载。擦牙疗法以擦牙通关的药物预先研成细粉，装在瓷瓶内以备不时之需。据临床报道，擦牙醒痰开窍法可以用于中风昏迷、癫痫发作、小儿惊风和癔症等属痰迷心窍证的治疗；也可用开关通窍之药擦患者牙上，使神昏患者口噤得开，达到急救的目的。擦牙疗法可用于治疗中风、各种痉病、惊风、抽搐等。用开噤散治疗功能性消化不良取得满意疗效。

含漱疗法

《备急千金要方》："含漱汤，治齿痛方。"《诸病源候论》："食毕当漱口数过。"提出饭后漱口可以预防龋齿。本法借药汁与口腔、咽喉黏膜的直接接触，而发挥清热解毒、清疮去秽、去腐除脓、清洁口腔等作用。据临床报道，对恶性血液病化疗并发口腔溃疡的患者使用该法，可促进口腔溃疡愈合。清热固齿方含漱、内服治能有效抑制种植体周围炎。用冰刺瓜液含漱可防治头颈部肿瘤患者放射性口腔黏膜炎。

面部摩揩法

刘信甫《活人事证方后集》："养生秘要：凡欲服气……然后以大拇指背拭目，大小九过，兼按鼻，左右七过，以两手摩令极热，闭口鼻气。然后摩面，不以遍数。为真人起居之法。"面部摩揩法操作方法如下：医者以两手拇指掌侧，分置患者鼻部两旁之迎香穴处，沿上颌下缘经颧髎、下关至耳门穴止，先施行指掐法后，再进行指摩法，反复操作1~3分钟。指掐法可稍重，以患者能耐受为度，但指摩法须从轻从缓。指掐时有放射性的酸胀感，治疗后，患者耳、面、头部有温热及清爽的感觉。可消除面部疲劳，或治疗头面部为主的疾病。头为诸阳之会，亦为精明之府，故该法还有振奋精神、消困助阳醒神之效。据临床报道，用倒膜按摩可治疗感冒；结合该法按摩可治疗面神经麻痹；面部按摩法还可美容、改善睡眠、防止面部皱纹产生等。

噙化疗法

唐顺之《武编》："右将前五十味药同八味炼为膏，密用罐盛之。每服一钱，噙化，日三服。为丸，如米粥。"《医方集解》："蜜丸，弹子大，朱砂为衣。临卧、灯心汤下一丸，或噙含化。一方有石菖蒲四钱（菖蒲辛香，开心除痰），无五味子；一方有甘草。"将中药含于口中，借助口中唾液、温度、黏膜摩擦来噙化药物，达到治病或保健的目的的治法，称为噙化法。使用噙化法可根据病情的不同，选择相应药物含于口中，静静等待药物在口腔溶解吸收。既可用于救治冠心病心绞痛、心肌梗死等急症，也可用于治疗口腔、咽喉，以及内科多种疾病。据临床报道，用清宫噙化人参方为主治疗室性期前收缩，用梅核噙化片治疗梅核气，用噙化法治疗咽痛，均有效果。

取嚏疗法

《黄帝内经灵枢集注》："哕、呃逆也，言其发声，如车銮之声而有输序，故名曰哕。此阳明所受之谷气，欲从肺而转达于肤表，肺气逆还于胃，气并相逆，复出于胃，故为哕。故以草刺鼻取嚏以通肺气，肺气疏通，则谷气得以转输而呃逆止矣。无息，鼻息不通也，疾迎引之，连取其嚏也。"《灵枢·杂病》也有"哕，以草刺鼻嚏，嚏而已"的记载。取嚏疗法是通过给患者鼻腔以刺激，使之连续不断地打喷嚏，从而达到祛除病邪以治疗疾病的一种治疗方法。常用的取嚏疗法有抹入取嚏法、吹鼻取嚏法、滴鼻取喷法、塞鼻取嚏法和探鼻取嚏法5种。其中，探鼻取嚏法最为方便。例如，可将餐巾纸一小片搓成条，探入鼻中反复刺激，即可取嚏，达到宣发肺气的作用。可以治疗小感风寒、伤风鼻塞、呃逆、神倦等。据临床报道，用滴鼻液取嚏可治愈偏头痛，用取嚏法治疗膈肌痉挛、痛经，用穴位埋线配合取嚏治疗过敏性鼻炎，均疗效可靠。

塞鼻疗法

《医宗金鉴》："中血堂，即鼻内下，脆骨空虚处也。若被打扑损伤，血流不止，神气昏迷者，宜塞鼻丹塞于鼻中，外复以新汲冷水，淋激头顶。"塞鼻疗法是将药物揉成团，或用棉花蘸取具有收敛止血或凉血止血作用的药末，或用凡士林油纱条填塞鼻腔出血部位，达到止鼻衄目的的治疗方法。具有压迫止血和药物作用止血的双重作用。据临床报道，塞鼻疗法配合针刺可治疗特发性面神经麻痹；可用针刺加中药塞鼻治疗血管性头痛。单极电凝治疗鼻腔出血后，采用紫草油纱布填塞鼻，可以提高治愈率，缩短创伤恢复时间，减轻疼痛。

塞耳疗法

《肘后备急方》："姚氏，耳痛有汁出方。熬杏仁令赤黑，捣如膏，以绵裹塞耳，日三易，三日即愈。"塞耳疗法是将药物加工制成适当形状，或药末煎、泡等处理后赋形，塞入耳内以治疗疾病的一种方法。操作方法：将药物研成细末，用薄棉或纱布包好，轻轻塞入耳内。《理瀹骈文》中收载了聪耳锭、通耳锭、远志磁石锭等塞耳方，治疗耳聋、耳鸣等病。现代用于治疗耳道疾病，也可用于治疗内耳疾病、头面五官疾病等。据临床报道，可用塞耳法治疗痛经，可用药棉酊塞耳治疗气管炎，或用新鲜桃叶塞耳治疗慢性化脓性中耳炎。

第二节　药械类疗法

药械类疗法利用药物的直接渗透作用，通过器械辅助使药物能直接透过皮肤，切近病灶，增加局部药物的作用强度，起到行气活血、消肿止痛等功效。此法常用于治疗肌表及经络疾病。

灌肠疗法

【出处】《本草纲目》："土瓜根汁灌肠。"

【溯源】《伤寒论·辨阳明病脉证并治》用猪胆汁灌肠治疗便秘："大猪胆一枚，右一味，泄汁，和醋少许，灌谷道中，如一食顷，当大便出，宿食甚多。"

【释义】灌肠疗法是以中药药液或掺入散剂灌肠，以治疗疾病的一种方法，对某些肠道疾病，如溃疡性结肠炎等有着较好的疗效，应用比较普遍。

【例案】治急慢风，搐搦，窜视，涎潮。南星（圆白者，二钱半），木香，橘红（各一钱），全蝎（二枚）。上锉散，水二盏、生姜四片慢煎熟，频灌，大便去涎即愈。[《世医得效方》]

> 按：急慢风发作，多为风痰上壅，此时不容易让患者从口中进药，故用灌肠疗法促使痰涎随大便而下，则疾病自愈。方中南星清热化痰，木香、橘红理气化痰，全蝎息风止痉。

【析拓】灌肠方药一般根据患者不同病情特点临时配制而成。经过煎煮后浓缩至一定剂量，装入容器备用。如用散剂，在使用时加入调匀即可。先备以肛管，外面涂少量石蜡油，使之滑润，以便插入时不致对肛门及肠黏膜产生刺激或损伤；然后将肛管经肛门插入肠道，插入深度根据所患疾病或病变部位不同而定。据临床报道，可用黄芩汤灌肠联合美沙拉嗪治疗溃疡性结肠炎，或以中药方保留灌肠治疗结肠息肉。近年来对中药灌肠疗法在急性胰腺炎、尿毒症、慢性肾功能不全、肝性脑病等危重病中的使用有较多临床研究，显示应用中药等灌肠可起到较好疗效。

◎ 其他药械疗法

角法

《外台秘要方》："又甄立言以此蝎毒阴蛇，即非蜂、蜈蚣之辈，自有小小可忍者，有经一日一夜不可忍者，京师偏饶此虫，遍用诸药涂敷，不能应时有效，遂依角法。以意用竹，依作小角，留一节，长三四寸，孔径四五分。若指上，可取细竹作之。才令搭得螫处，指用大角角之，气漏不嗍，故角不厌大，大即嗍，急差。速作五四枚，铛内熟煮，取以角螫处，冷即换。初被螫，先以针刺螫处，出血，然后角之，热畏伤肉，以冷水暂浸角口二三分，以角之，此神验。不可以口嗍，毒入腹杀人。甄公云：灸即差，以热角嗍也。无火灸也。"《五十二病方》也记载："牡痔居窍旁，大者如枣，小者如核者，方以小角角之，如孰（熟）二斗米顷，而张角，絮以小绳，剖以刀。"角法是借助热力排除兽角中的空气，利用负压使其吸着于皮肤，造成瘀血以治病的方法。后世发展为拔罐疗法。可逐寒祛湿、疏通经络、祛除瘀滞、行气活血、消肿止痛、拔毒泄热，以调整人体的阴阳平衡、解除疲劳、增强体质，从而达到扶正祛邪、治愈疾病的目的。角法与针法配合使用而被称作"针角"，即先在病变处进行针刺，再施以角法吸除脓血。据临床报道，拔罐、运动结合疗法可治疗肩周炎僵硬期，深刺下关穴配合拔罐可治疗原发性三叉神经痛。

扑药粉疗法

也称为撒扑法。《本草经集注》："麻黄根：止汗，夏日杂粉用之。"《伤寒论》也有"取微似汗，汗出多者，温粉扑之"的记载。扑药粉疗法是指将药物研磨成细粉，撒扑于患处，以治疗疾病的方法。方药多以清热解毒、提脓拔毒、消肿定痛、燥湿止痒为主，现代常用剂型有粉剂、酒剂、煎剂等。广泛运用于治疗皮肤科、外科疾病等。据临床报道，可用黄连扑粉联合红外线照射治疗老年卧床患者失禁性皮炎；用黄珍扑粉治疗婴儿湿疹；用烧伤扑粉治疗烧伤；用芷柏扑粉治疗婴幼儿红臀。

药棒疗法

《中国接骨图说》："凡筋挛筋缩筋翻者，掺以蚯蚓膏，而后频用揉法。满肿硬坚者，用振挺法轻击之。"《医宗金鉴》："振梃，即木棒也，长尺半，圆如钱大，或面杖亦可。盖受伤之处，气血凝结，疼痛肿硬，用此梃微微振击其上下四旁，使气血流通，得以四散，即疼痛渐减，肿硬渐消也。"药棒疗法是在穴位上涂药水后，用特别的木棒进行叩击以治疗疾病的方法。将药物外治、穴位刺激、手法理疗等多种方案相结合，一方面，能发挥"棒"的直接物理刺激；另一方面，能使外用药物直达病所。具有调节阴阳、扶正祛邪、活血化瘀、温经通络止痛等作用。现代有棒治疗仪，可进行穴位渗透及药棒按摩。据临床报道，可用解语丹冰药棒联合舌、颞三针治疗运动性失语；用苗药药棒疗法治疗颈型颈椎病；也可用于治疗肩周炎、着痹、急性腰扭伤等。

酒醋疗法

《慈幼便览》："凡汤火伤初起：即以食盐研末，用酒醋调匀，敷患处，频涂不绝，暂时虽痛，却能护肉不坏，然后用药调治。"《外台秘要》也有"好薄刮之，以新酒醋和羊脑敷之，一宿洗去，常以绵裹之良"的记载。酒醋疗法用中药等与酒、醋相拌，敷于体表，可达到止痛、散瘀、消肿的功效。根据需要，可以加热敷或冷敷。如使用酒醋热敷治疗风寒湿侵袭所引发的肌肉组织疼痛、腹部冷痛、寒性痛经等。据临床报道，用酒醋疗法可治疗骨质增生，配合雷火灸可治疗腰肌筋膜炎，用多针浅刺配合酒醋治疗膝骨关节炎，酒醋散联合TDP

神灯可用于治疗风寒阻络型神经根型颈椎病等。

药筒拔法

《医宗金鉴》："二便秘结宜通利，脏腑宣通方为福，十日以后疮尚坚，钺针点破最宜先，半月之后脓若少，药筒拔提脓要黏。"《瑞竹堂经验方》也记载："吸筒，以慈竹为之，削去青。五倍子（多用）白矾（少用些子）上二味和筒煮了收起，用时再于沸汤煮之令热，以箸箕筒，乘热安于患处。"药筒拔法由角法、吸筒法逐步发展演变而来，是指以药水煮沸特制吸筒，按于脓肿疮口，使之形成负压，以拔吸疮内脓毒之物的方法。可引外邪泄出，且药气进入皮肤，以达到治疗的目的。多用于吸拔外科之脓血疮毒，我国南方少数民族地区也用于内科疾病治疗。据临床报道，可用该法治疗痹证，以壮医经筋推拿疗法联合壮药竹筒拔罐治疗腰椎间盘突出症，用壮药竹筒拔罐联合刺血疗法治疗慢性盆腔炎，或用壮药竹筒拔罐结合药液湿敷治疗膝骨关节炎等。

第三节　贴敷类疗法

皮肤是人体最大的外围屏障，有抵御外邪、排泄和吸收的生理功能。贴敷类疗法利用药物的渗透性和皮肤的吸收功能，直接作用于局部病灶而起到全身或局部的治疗作用。此法主要用于治疗皮肤及筋骨疾病。

薄贴疗法

【出处】《备急千金要方》："右九味，治下筛，鸡子黄和涂故细布上，随瘤大小浓薄贴之，干则易。着药熟当作脓脂细细从孔中出，须探脓血尽，着生肉膏。若脓不尽，复起如故。"

【溯源】《兰台轨范》："治之以马膏，膏其急者，以白酒和桂，以涂其缓者，以桑钩钩之。即以生桑炭置之坎中，高下以坐等。以膏熨急颊，且饮美酒，啖美炙肉。不饮酒者，自强也。为之三拊而已。"

【释义】《医学源流论》："今所用之膏药，古人谓之薄贴。"薄贴为膏药之古称，马膏杂白酒和桂熬而成膏也，以其皆能活血通脉，以热疗寒，故涂其筋急之处以缓之。《黄帝内经太素》："其病足中指支，腨转筋，脚跳坚，伏兔转筋，髀前肿，𤸷疝，腹筋急，引缺盆颊口卒㖞，急者目不合，热则筋施纵，目不开。颊筋有寒则急，引颊移口。有热则筋施，纵缓不胜，故㖞。……治之以马膏，膏其急者，以白酒和桂，以涂其缓者，（马为金畜，克木筋也，故马膏疗筋急病也。桂酒泄热，故可疗缓筋也。）以桑钩钩之，即以生桑炭置之坎中，高下与坐等，以膏熨急颊，且饮美酒，啖美炙，不饮酒者，自强也，为之三拊而已。"

【例案】李时珍治一人病气郁，偏头痛，用蓖麻子同乳香、食盐捣贴，一夜痛止。[《续名医类案》]

按： 患者偏头痛，已确诊为气郁，用蓖麻子、乳香、食盐捣贴，以行气活血、通络止痛。

【析拓】薄贴疗法是把一定处方的药物浸泡在麻油内一段时间，入锅煎熬，待药物枯黑，去渣，再熬至极为稠厚，加入黄丹（用铅与硝、硫黄制成的黄色粉末）拌匀。将锅离火，药液逐渐凝固。取出凝固药切成大块，浸泡凉水中去火毒。用时加热融化，摊于布、厚纸或薄油纸上，贴于局部。内科膏药有祛风、化湿、行气、活血等作用。外科膏药对肿疡有去腐、生肌收口、护肉等作用。另一种膏药，是把鲜药经过捣打而成膏，用竹签挑起，摊于纸上而成，也有做成薄饼，贴于局部的。据临床报道，可用薄贴法治疗原发性眶上神经痛、皮肤病、肿瘤等，或以贴敷加温灸来治疗多种疾病，均取得疗效。

发疱疗法

【出处】《外台秘要》："每洗讫，敷药如初，似急痛，即涂酥，五六日即觉疮上痂渐剥起，但依前洗敷药十日，即疮渐渐总剥，痂落软处或更生白脓泡，即捺破敷药，自然总差。"

【溯源】《备急千金要方》："用旱莲草椎碎，置手掌上一夫，当两筋中以古文钱压之，系之故帛，未久即起小泡，谓之天灸，尚能愈疟。"

【释义】发疱疗法是通过药物刺激穴位或患处皮肤，使其起水疱以治疗疾病方法。

【例案】缠喉风者，驱风解毒汤，多加石膏。石膏咽喉病有效。若咽喉壅闭，药饵一滴亦不下者，咽喉左右贴大发泡。针尺泽，足少商泻血。[《证治摘要》]

按： 缠喉风咽喉壅闭，堵塞食物进入胃的通道，药不能进，仍急危之症。急当以通其道为要，用发疱膏敷贴咽喉左右以发疱，起到祛风通络的作用。发疱膏多用白芥子或吴茱萸等发疱之物制成，多具通络、宣痹、散寒等功效。

【析拓】发疱疗法属于灸疗法中的非火热灸，具有疏通经脉、行气活血、调节脏腑、协调阴阳作用。又称为天灸疗法、水灸疗法。可以用于治疗某些慢性或急性的体表疾病或内脏病证。据临床报道，用天灸发疱法可治疗风湿痹症、带状疱疹，合谷穴发疱法可治疗扁桃体炎，发疱配合针刺用于治疗特发性面神经麻痹，以发疱疗法可辨证治疗带状疱疹后遗神经痛等。

◎ 其他贴敷类疗法

膏药疗法

《肘后备急方》："蔓荆根一大握，无，以龙葵根代之，乳头香一两，光明者，黄连一两，宣州者，杏仁四十九枚，去尖用。柳木取三四钱，白色者，各细锉，捣，三二百杵，团作饼子，浓三四分，可肿处大小贴之，干复易立散别贴膏药治疮处。"《灵枢·痈疽》载："发于腋下赤坚者，名曰米疽，治之以砭石，欲细而长，疏砭之，涂已豕膏，六日已，勿裹之。"膏药疗法是将中药按传统方法制成膏，涂敷于特定部位的皮肤，通过皮肤吸收或者刺激局部以治疗疾病的方法。基于药物的作用，可以活血祛瘀、行气通经、消肿止痛、舒筋活络、强筋舒肌、接骨续损、益气养血等。据临床报道，用火针疗法配合膏药敷贴可治疗关节痹痛，可用消肿膏治疗乳腺增生，以膏药贴敷神阙穴治疗小儿腹泻，用风湿骨痛膏药外敷疗法治疗骨关节炎疼痛，均疗效显著。有人采用自制烫伤宁膏药外敷联合艾灸疗法，治疗Ⅱ期压疮，可促进创面愈合和新生肉芽组织生长，减轻炎症反应。

贴敷疗法

《孙真人海上方》："妇人忽患阴中肿，葱白研膏入乳香，贴敷逾时休洗去，原来海上有奇方。"《五十二病方》也载："取桂、姜、椒、蕉荚等，皆治，〔并〕合。以谷汁丸之，以榆□抟之，大〔如〕□□□，臧（藏）筒中，勿令歇。即取入中身空（孔）中，兴奋，去之。"目前贴敷疗法多是用中草药制剂打粉，以醋等溶媒调制后施于皮肤、孔窍、腧穴及病变局部等部位的治病方法。其适应证广，在内科、外科、妇科、儿科、骨伤科等均有应用，对一些沉疴痼疾常能取得意想不到的疗效。据临床报道，穴位贴敷疗法可用于治疗恶性肿瘤、阑尾切除术后切口感染、慢性咳嗽、自然分娩后的痔等，也用于改善全膝关节置换术后的胃肠功能。

湿敷疗法

《圣济总录》："平肌散方：黄狗头骨（烧灰）、鲮鲤甲（烧灰各一钱），乱发（一团指大烧灰）。上三味研匀。如疮口已干，用自津唾调湿敷之，日三四次，疮即平愈。"湿敷疗法是指用纱布蘸药汤敷患处来治疗疾病的一种方法，有抑制渗出、收敛止痒、消肿止痛、控制感染、促进皮肤愈合等作用。临床根据病情配方，将药物加工成药散，或以水煎汤，或用95%酒精浸泡5~7天。使用时用消毒纱布蘸药液敷在患处，数小时换药，维持药湿润。有些疾病（如痈肿）可先熏洗，后湿敷。据临床报道，用七叶一枝花酊湿敷可治疗蝮蛇咬伤肢体肿痛，以苋榆洗液湿敷疗法治疗急性湿疹（湿热浸淫型），以润燥生肌湿敷疗法治疗萎缩性鼻炎，以海带湿敷治疗静脉炎，以黄柏地榆溶液冷湿敷治疗面部激素依赖性皮炎，皆疗效较好。

石蜡疗法

《证类本草》："诃黎勒：味苦，温，无毒。主冷气，心腹胀满，下食。生交、爱州……并患痢人后分急痛，并产后阴痛，和蜡烧熏及热煎汤熏，通手后洗。"《千金翼方》："松脂贴，主痈疽肿方。先以火暖铜铛令热，以蜡拭铛使通湿，锉松脂令破纳铛中，次下脂。"石蜡疗法是指利用加热融化的石蜡作为温热的介质用以治疗疾病的方法。融化的石蜡散热较慢，通过石蜡保持的温度让身体局部组织持续受到热作用，可起到散寒温经、通络止痛、舒筋活络的作用。现代临床将中药与蜡疗有机地结合在一起，可加强细胞膜通透性，减轻组织水肿，有利于创面溃疡和骨折的愈合，还具有镇痛解痉作用。据临床报道，该疗法可用于治疗缺血性脑卒中患者上肢功能障碍、软组织损伤AO分型Ⅰ级、中风后手指痉挛、脑瘫患儿下肢痉挛等。可用经皮穴位电刺激联合石蜡疗法治疗脑卒中后偏瘫患者手功能及肢体康复等。

填脐疗法

属灸法范畴。《本草纲目》："阳起石，不灰木（霍乱厥逆，同阳起石、阿魏、巴豆，丸服），炒盐（霍乱腹痛，熨之。转筋欲死者，填脐，灸之)。"《珍珠囊补遗药性赋》："药有温热，又当审详。欲温中以荜拨；用发散以生姜。五味子止嗽痰，且滋肾水；腽肭脐疗劳瘵，更壮元阳。原夫川芎祛风湿，补血清头；续断治崩漏，益筋强脚。"填脐疗法是将某些药物敷填于患者肚脐上，并盖纱布，胶布固定以治疗疾病的方法。可刺激神阙穴激动腹膜囊，产生一系列类似发热的症状，使六腑之气血经络通畅。可用于治疗消化系统、妇科、泌尿系统疾病。据临床报道，中药填脐疗法可用于治疗银屑病、面肌痉挛、小儿腹泻等。以清心培土方贴脐可治疗儿童特应性皮炎（心火脾虚证），以填脐疗法配合针刺治疗老年性失眠。

涂药疗法

《灵枢·经筋》："颊筋有寒，则急，引颊移口，有热则筋弛纵，缓不胜收，故僻。治之以马膏，其急者，以白酒和桂，以涂；其缓者……以膏熨急颊，且饮美酒，啖美炙肉，不饮酒者，自强也，为之三拊而已。"《五十二病方》："治疗痂：刑赤蝎，以血涂之。"涂药疗法是将搽剂、混悬剂、油剂、酊剂、霜剂等直接涂于患处以治疗疾病的方法。通过药物的渗透作用，可直接作用于病变部位，并形成药物保护膜，以驱逐邪气，固护肌表。既可以治疗肌表疾病，药物经皮肤吸收也可用于治疗部分内科疾病。据临床报道，可用泄浊解毒方联合系统涂药疗法可治疗痛风性关节炎；中药涂擦联合穴位按摩治疗中风患者肩手综合征；中药涂擦联合冷敷疗法治疗骨伤早期肿胀，中药涂擦联合运动疗法治疗脑卒中后肩痛；火龙罐联合中药涂擦治疗小儿外感风寒咳嗽等。

握药疗法

《世医得效方》："上为末，研饭为丸，如中指头大。用时早朝用椒汤洗手，麻油涂手掌中，握药一丸，移时便泻。欲得泻止，即以冷水洗手。"《肘后备急方》："中风口㖞，用巴豆七粒，去皮研烂，㖞左贴右手心，㖞右贴左手心，并以暖水一盏，握置手中，须臾便正。"握药疗法是将药丸握于手心，凭借掌（指）的温度、湿度、握力，通过手部腧穴、经络、神经、血管和生物全息反应区等的传递以及对药物的渗透、吸收，使药力直接作用于病变部位，达到调节机体功能、抗病祛邪，治疗疾病之目的的方法。可单独应用，或配合吃药、打针、手术等治疗。常根据临床病情的不同来选择药物。据临床报道，以握药疗法联合耳穴贴可治疗阴虚肿瘤患者不寐，刮痧联合握药法辅助可治疗小儿营养不良。

第四节　热刺类疗法

热刺类疗法是针刺法的一种，当针刺入穴位中实施手法时，患者感到针下发热，随即热量扩散至整个患部。本节中将其扩展至温热疗法，即运用具有发热属性或促进发热属性的动物或物体，或刺，或敷于体表，起到消肿止痛的作用。常用于临床各种痹证的治疗。

敷鸡疗法

【出处】《理瀹骈文》："益辛热是变，有麻油擦法、葱荽熏法、柳枝浴法、酒鸡敷法，宜推用。数法不独行医，凡居家均宜知之。"

【溯源】《肘后备急方》："狐尿棘刺刺人，肿痛欲死方。破鸡，拓之，即瘥。"

【释义】取活鸡（鸽）1只，将其剖开胸腹（去内脏），连毛带血乘热敷于患儿胸部，或在剖开动物的胸腹时，撒入3~9g雄黄粉贴敷，效果更佳。病情严重者，鸡（鸽）敷冷后，可再换1只。[中医杂志，1959（2）：18.]

【例案】黄疸困笃，用半斤雄鸡，背上破开，不去毛，带热血合患胸前，冷则换之。日换数鸡，拔去积毒即愈。此鸡有毒，人不可食，犬亦不可食也。[《急救广生集》]

> 按：本案是用敷鸡疗法治疗重症黄疸。将雄鸡从背部剖开，带热血敷于患者胸部，起到温经拔毒作用。

【析拓】敷鸡疗法可用于治疗麻疹、黄疸、化脓性骨髓炎。由于方法简便，疗效可靠，既无痛苦，又无副作用，所以在我国广大农村（尤其在东北）应用较广。敷鸡和敷鸽，可改善局部血液循环，使腠理弛张。据临床报道，用敷鸡疗法可治疗重症麻疹高热、气喘痰鸣，也有用敷鸡疗法治麻疹逆证，症状明显缓解。

蒸汽疗法

【出处】《内经知要》："渍，浸也，如布桃枝以取汗，或煎汤液以熏蒸，或表清邪重，药不能汗，或冬月天寒，发散无功，非渍形之法不能汗也。"

【溯源】《外台秘要方》："灸风者，不得一顿满一百；若不灸者，亦可以蒸药熨之。灸寒湿者，不得一顿满千；若不灸，亦可蒸药熏之。风性浮轻则易散，故从少而至多也。寒性沉重则难消，故从多而至少也。"

【释义】《难经本义》："呴，香句反。濡，平声。呴，煦也，气主呴之，谓气煦嘘然来，熏蒸于皮肤分肉也。"现代临床将加热煮沸的中药煎剂，倾入适当大小的容器中，约1/2~2/3，让患者将患部置于容器上方，离药液一定距离，上覆毛巾，不使热气外透，进行熏蒸。

【例案】王洪绪曰：产后两乳伸长，形势如鸡肠，垂过小腹，痛难刻忍，此名乳悬，急用芎、归各四两，水煎时服，以所余斤半，于产妇面前放一桌，下放火炉，将芎归入炉慢烧，令妇伏于桌上，口鼻皆吸烟气，便可缩上。[《续名医类案》]

> 按：产妇乳悬，多为产后瘀血上攻所致，故用蒸汽疗法以活血化瘀，方中川芎活血行气，当归养血活血。

【析拓】蒸汽疗法是借热药液之热度和轻清氤氲之气，直透腠理，同时可通过口鼻吸入，以发汗祛风、散寒除湿、温通经络、除痛止痒，从而治疗疾病的方法。多用于治疗伤风、伤寒、头痛、眉棱骨痛，或者部分皮肤、关节病等。据临床报道，可以中药蒸汽疗法治疗慢性前列腺炎、肠易激综合征，以推拿运动结合中药蒸汽浴疗法对痉挛型脑瘫患儿关节活动度有明显改善，以青苔蒸汽疗法治疗风热型慢性荨麻疹，以蒸汽疗法联合穴位贴敷较单纯穴位贴敷可有效提高妊娠恶阻的治疗效果。

◎ 其他热刺类疗法

活蜂螫刺法

《本草纲目拾遗》："取黄蜂尾针，合硫炼，加冰、麝为药，置疮疡之头，以火点之，灸疮上。"活蜂螫刺法是指利用蜜蜂螫器官为针具，循经络皮部和穴位施行不同手法的针刺，以防治疾病的方法，也称为蜂针疗法。该疗法集"针、药、灸"三效于一体，具有疏通经络、调和气血、活血化瘀、激活机体免疫力的功效。蜂针液进入人体以后，能活血化瘀、消肿止痛、通经活络、祛风散寒，但蜂毒螫刺的疼痛和各种不同程度的反应症状，阻碍了该疗法的应用。据临床报道，用蜂针经穴疗法可治疗痹证、类风湿性关节炎、癌痛；蜂针疗法联合布洛芬缓释胶囊治疗老年性痛风关节炎，结合"益脑十六穴"可治疗脑梗死等。

热烘疗法

《本草从新》："小儿初生，因冒寒气欲绝者，勿断脐，急烘絮包之，将胎衣烘热，用灯炷于脐下，往来燎之，暖气入腹内，气回自苏。又烧铜匙柄，熨烙眼弦内，去风退赤甚妙。"《本草纲目》："痔疮初起，痒痛不止。用毡袜烘热熨之。冷又易。"热烘疗法是用火加热，通过介质或空气热传导以作用于人体或患病局部，从而治疗有关疾病的一种方法。热力结合药物，使药物随热渗入，达到活血、祛风、除寒的作用。现代临床也将电吹风机或远红外线理疗器等作为热烘疗法的热源。据临床报道，热烘疗法可用于治疗瘢痕疙瘩、神经性皮炎，或用于混合痔术后的促恢复治疗；用油膏结合该疗法可治疗手部角化性湿疹；用中药热烘联合梅花针叩刺可治疗带状疱疹后遗神经痛等。

烧蚀疗法

《备急千金要方》："治身面疣，用苦酒浸锻石六七日，取汁，频频滴之自落。"《肘后备急方》："以三重衣着腹上，铜器着衣上，稍稍，少许茅于器中烧之，茅尽益之，勿顿多也，取愈乃止。"烧蚀疗法是用具有腐蚀性的药物点敷或点滴在病变部位上，以治疗皮肤上的疣、痣、瘤、鸡眼等的方法。现代临床在该方法上有了进一步的改进和发展，如采用液氮、激光、微波、电灼等进行点灼，使施术时的痛苦和术后的副作用都明显减少。据临床报道，可用灼烧技术治疗慢性扁桃体炎；在鼻内镜下微波灼烧治疗顽固性鼻出血；CO_2激光灼烧翼管神经治疗过敏性鼻炎；以多点灼烧与伸肌总腱起点剥离治疗顽固性肱骨外上髁炎；以部分拔甲联合电灼烧治疗嵌甲性甲沟炎等。

溻渍疗法

《简明医彀》："凡疮肿诸毒，无出气血凝滞而然，所谓热则行，冷则凝。又云：热则流通，寒则凝结。必使热气攻之，使腠理疏通，经络融畅，诚至理也。古人有此法焉，其法以药浓煎成汁。如疮在四肢，则塌渍之；在腰腹者，则淋洗之；下部者，则荡浴之。仍以净布蘸汁多淋患处，冷则再热。日用十余次，夜亦不息，乃效。药方见后。"《外科精义》："溻渍法，疮疡初生经一二日不退须用汤水淋射之。在四肢者，溻渍之。"溻渍疗法是溻和渍两种医疗处理方法的合称。溻是将饱含药液的纱布或棉絮敷于患处，相当于现代常用的湿敷法；渍是将患处浸泡于药液之中，两法往往同时进行，合称溻渍法。主要用于四肢疮疡初、中期之交，取其涤荡、疏通之力。其作用相当于内治法的"消"法，包括消肿祛瘀、清热解毒、涤荡污秽、祛腐生新等，也有小部分用于生肌收口阶段，相当于内治法的"补"法。据临床报道，可该疗法治疗糖尿病足溃疡、湿热下注型混合痔及早泄，中药溻渍法配合手法松解可改善老年桡骨远端骨折后关节僵硬，复方黄柏液结合改疗法可治疗 Wagner1～2 级糖尿病足等。

药蛋滚穴法

《外治寿世方》："野芋头擦法……又方用煮鸡蛋去壳。乘热滚擦。亦能变阴为阳。名蛋熨法。"《理瀹骈文》："伤寒不能分阴阳，目定口呆，身热无汗，便秘，不省人事，煮鸡蛋，砌脐四旁。或用老油松节七两，胡椒照病人年纪，每岁七粒，煮蛋乘热，切顶壳三分，覆脐眼，面作圈护住，冷易视蛋黑为验，收尽阴气，自愈。一用煮鸡蛋去壳，乘热滚擦，亦能变阴为阳，名蛋熨法。"药蛋滚穴法是用适当的中药煮熟鸡蛋，去壳后乘热在患者身体的一定穴位来回滚动，以治疗疾病的方法。与苗医"履蛋法"中的"履药蛋法"相似。据临床报道，可用"滚蛋"疗法治疗小儿外感发热，用热蛋按摩儿童背部穴位和足底以退热；也可用该法治疗婴幼儿腹泻、小儿肺炎喘嗽等。

罨疗法

《太平圣惠方》："治腰脚疼痛挛急不得屈伸诸方……取大豆五升，煮令熟，以两个布袋盛之，更互罨病处。冷即易之。切须避风。"罨法中"罨"字是指敷、掩盖之意，分为冷罨疗法和热罨疗法。通过在皮肤的表面使用温水、冷水、药物等，使其作用于皮肤，利用其温热的、机械的或者化学的刺激，以增强功能、促进治愈的一种治疗方法。据临床报道，可用蒸发罨包治疗混合痔，用针刺疗法联合中药热罨包治疗糖尿病肾病血液透析患者周围神经病变，用加味温胆汤联合中药热罨包治疗心绞痛，用吴茱萸热罨包治疗虚寒型心力衰竭并发胃肠功能紊乱等。

奄包疗法

《滇南本草》："树皮入麝香（一钱），包腹治阴症。"《五十二病方》："痉者，伤，风入伤，身信（伸）而不能诎（屈）。治之，（熬）盐令黄，取一斗，裹以布，卒（淬）醇酒中，入即出，蔽以市（韨），以熨头。"奄包疗法以热药包为主要治疗方式，是指将加热好的中药药包置于身体患部或身体某一特定位置，通过热蒸气使局部毛细血管扩张，血液循环加速，利用其温热达到治疗效果的方法。可起到止痛、消肿的作用。据临床报道，可用中药热奄包治疗慢性鼻炎、脾胃虚寒型慢性胃炎，可用中药热奄包联合运动干预治疗膝骨关节炎，中药热奄包辰时热熨法能够改善胃肠吻合术后患者胃肠功能，以艾灸联合中药热奄包可治疗腰椎间盘突出症等。

烟熏疗法

《本草蒙筌》："烧烟熏痔瘘疬症疮，煎汤劫痰结喘促。"《五十二病方》："牝痔有空（孔）而栾，血出者方：取女子布，燔，置器中，以熏痔，三（日）而止。"烟熏疗法是利用药物燃烧的烟气来治疗疾病的方法。使药物不充分燃烧，产生药烟以熏患病部位，药烟带药力与热力透过皮肤、孔隙吸收，药物直达病所，起到杀菌消炎止痒、改善微循环、加快新陈代谢的作用。此法和蒸汽熏、药物熏洗三种为广义的熏洗疗法。除热力共同作用外，蒸气疗法主要利用药物挥发成分，药物熏洗是药水接触皮肤，而烟熏疗法重在利用未燃尽的烟尘成分。据临床报道，可用烟熏疗法治疗慢性单纯性苔藓，用升华硫烟熏法治疗阴囊湿疹，用中药熏药疗法治疗阴虚血燥型慢性湿疹皮损。

第五节　洗刷类疗法

洗刷类疗法是指运用含有药物的液体或洗或刷于体表局部特别是患病部位，使药物经皮肤吸收入体，从而起到治疗疾病的作用的治法。根据所搭配药物的不同，其治疗作用也不同。

淋洗疗法

【出处】《肘后备急方》："御药院，治脚膝风湿，虚汗少力，多疼痛及阴汗。烧矾作灰，细研末，一匙头，沸汤投之，淋洗痛处。"宋代《证类本草》中载有以草绳淋法治疗中暑。又称淋射法。

【溯源】《山海经》："有草焉，其名曰黄蕾，其状如樗，其叶如麻，白华而赤实，其状如赭，浴之已疥，又可以已胕。"

【释义】淋洗疗法是用药物煎剂或冲剂不断喷洒患处的一种外治法。《外科精义》："独活、防风、细辛、藁本、川芎、枸杞子、荆芥、漏芦、大黄、黄芩（去腐）、官桂、苦参、威灵仙、丹参、黄芪、当归、芍药、茯苓、黄连、无心草、黄柏、麻黄、葛根、蒴藋、菊花、杜仲、地骨皮、秦皮、茵草、甘草、甘松、藿香、白芷、露蜂房、升麻、零陵香（以上各一两）、苍术（三两）、朴硝（五两）、菖蒲（八两），上为粗末，每用药半两，水二升，葱三茎，槐柳枝各一握，同煎十余沸，去渣，热淋洗浴。此药用之如神。"

【例案】一人患此疮，脚痛而肿，或令采马鞭草，煎汤熏洗，汤气才到患处，便觉爽快，后温洗之，痛肿随减。[《名医类案》]

按：患者脚痛而肿，为热毒壅盛，故用马鞭草清热解毒、消肿止痛，病在局部，用淋洗疗法直达病所，起效迅速。

【析拓】淋洗疗法主要治疗一些局部浮肿疼痛的病症。将所选药物煎汤去渣，乘热把药水装入带细眼的小喷壶内，不断地喷淋患处。喷淋时，下面放置容器，以接药水。若水已凉，可加热，再倒入小喷壶内，继续喷淋。每日淋洗2次，每次可重复喷淋2~3遍，每剂药可连用2天。据临床报道，以荆芥消肿止痛汤坐浴淋洗可治疗常见肛肠病术后肛门肿坠，以蜂黄煎剂淋洗治疗疮疡肿毒，都取得了较好疗效。

浸泡疗法

【出处】《金匮要略·中风历节病脉证并治》："矾石汤，治脚气冲心。矾石二两。右一味，以浆水一斗五升，煎三五沸，浸脚良。"

【溯源】《五十二病方》："未有巢者，煮一斗枣、一斗膏，以为四斗汁，置般（盘）中而居（踞）之，其虫出。"

【释义】浸泡法是将药材置于清水中浸泡或者煮沸适当的时间，而后将患处浸泡于药液之中，以治疗疾病的方法。

【例案】布智儿从征回回、斡罗斯等国，每临敌必力战，尝身中数矢，太祖亲视之，令人拔其矢，流血闷仆几绝，太祖命取一牛，剖其腹，纳布智儿于牛腹，浸热血中，移时遂苏。[《新元史》]

按：患者因身中数矢，拔矢后闷仆几绝，为流血过多，气随血脱，故纳于牛腹，浸热血中以暖肌温中，促其生机复元。

【析拓】浸泡疗法通过浸泡可使邪自毛孔排出，达到活血开窍、祛邪消肿、生机复元、健脾和胃、滋润皮肤等功效。是蒙医五种疗法之一，可用常见的药物浸泡，还可用动物血液、内脏等来实施浸泡，至今在蒙古国地区仍有沿用。据临床报道，用中药煎剂浸泡疗法可治疗足癣、儿童睾丸鞘膜积液，配合技巧训练可治疗早泄，联合点阵激光、免疫调节剂可治疗多发性跖疣；可用益气通络中药浸泡疗法预防化疗患者手足综合征等。

◎ 其他洗刷类疗法

刷疗法

也称为刷浴疗法。《儒门事亲》："然后口含浆水洗渍，用鸡翎一二十茎，缚作刷子，于疮上洗刷净。以此洗刷，不致肌肉损伤也。以软帛拭干。"刷疗法是利用刷子，以适当的力度刷局部或全身体表皮肤的方法。刷疗法通常伴随沐浴使用，经常刷浴能刺激人体经络，延缓全身细胞老化。同时，刷浴也是一种全身运动，可使皮肤和肌肉得到锻炼，促进新陈代谢，使皮肤柔嫩、光滑。据临床报道，毛刷疗法可治疗胃病、低血压、慢性肾脏病，软刷疗法可调节脑梗死伴高血压患者上肢运动障碍中血压变化。在背景音乐下用软刷疗法可改善脑卒中急性期抑郁。

洗疗法

《名医别录》："地肤子：无毒。主去皮肤中热气，散恶疮疝瘕，强阴。久服使人润泽。

一名地麦。生荆州及田野。八月、十月采实，阴干。又，地肤子，捣绞取汁，主赤白痢；洗目去热暗，雀盲、涩痛。"《金匮要略·妇人杂病脉证并治》："少阴脉滑而数者，阴中即生疮，阴中蚀疮烂者，狼牙汤洗之。"洗疗法是指用药汤反复洗患病部位的治病方法。通过较长时间的浸洗，药物可通过皮毛、腧穴，由表入里，循经内传，以调节人体气血阴阳，扶正祛邪。因此，该法除擅长治疗一些外科、伤科局部病症外，还可用于治疗内、妇、儿等科的一些全身性疾病。据临床报道，中药煎剂外洗可治疗慢性皮肤病、寻常疣、小儿湿疹，中药内服外洗配合封闭可治疗膝关节骨性关节。研究表明，苗药熏洗疗法可影响膝骨关节炎家兔软骨细胞基质金属蛋白酶-1与基质金属蛋白酶抑制剂-1的表达。

药物刷牙疗法

《本草图经》："柳华，以絮为华。陈藏器云：华，即初发黄蕊也，子乃飞絮也。……今人作浴汤膏药，齿牙药亦用其枝，为最要之药。"《本草纲目》："风热牙痛：槐枝煎浓汤二碗，入盐一斤，煮干炒研，日用揩牙，以水洗目。"药物刷牙疗法是以药物作牙膏刷牙，以清洁口腔，防治口腔疾病的方法。多用于口腔疾病，通过药粉、药液等方式，可以直接渗入龈沟和牙间隙内，局部的药物浓度明显升高，从而能更加充分有效地发挥其效果。各式中草药药物牙膏、漱口水等，均受众广泛。据临床报道，用不同的中药刷牙可治疗牙齿黄黑、牙本质过敏症，用中药脱敏刷牙粉可治疗牙齿感觉过敏症等。

第六节　穿戴坐卧疗法

穿戴坐卧疗法，就是将含有药物的物体通过穿、戴、坐或卧的方式使药物通过体表皮肤吸收，既可起到局部治疗作用，同时对全身性疾病也有一定的治疗作用。

药枕疗法

【出处】《本草蒙筌》："茅根，味甘，气寒。无毒。……作枕眠，止血晕，安脐上，去腹疼。"

【溯源】《肘后备急方》："治卒连时不得眠方。暮以新布火炙以熨目；并蒸大豆，更番囊贮枕，枕冷复更易热，终夜常枕热豆，即立愈也。"

【释义】药枕疗法是指将药物加工后装入布袋，制成药枕（也可制成药衣、药被、药鞋、药带、香佩等）以防治疾病的养生方法。

【例案】昔泰山下有老翁，失其名字。汉武帝东巡，见老翁锄于道旁，背上有白光高数尺。帝怪而问之：有道术否？老翁对曰：臣昔年八十五时，衰老垂死，头白齿豁，有道士者教臣服枣、饮水、绝谷并作神枕法。中有三十二物，其中二十四物善，以当二十四气；其八物毒，以应八风。臣行此，转少，白发还黑，堕齿复生，日行三百里。臣今年一百八十矣，不能弃世入山，顾恋子孙，复还食谷已二十余年，犹得神枕之力，往不复老。武帝视其颜状，常若五十许人。验问邻人，皆云：信然。帝乃从，受其方作枕，而不能随其绝谷饮水也。[《圣济总录》]

按： 患者衰老垂死，头白齿豁，为肾气已衰，发白齿落，每日使用药枕促使药力长期缓慢滋养躯体，以复其生机。

【析拓】头为诸阳之会、精明之府，气血皆上聚于头部，头与全身经络腧穴紧密相连。使用药枕可以使药物直接作用于头部，从而治病祛邪，平衡气血，调节阴阳。某些芳香性药物的挥发性成分有祛痰定惊、开窍醒脑、扩张周围血管的作用。药枕充分发挥了药物治疗、经络调节和生物全息疗法的综合优点，从而起到激发经气、疏通气血、开窍醒目等作用，达到调整脏腑、协调气血等整体调治的目的。现代研制出的青少年近视保健药枕、颈椎保健药枕等，赋予了药枕疗法新的内容。据临床报道，药枕疗法可用于治疗神经根型颈椎病，药枕联合五音疗法治疗胸痹心痛伴失眠，中药内服合药枕法治疗肝肾阴虚型高血压，用三线放松疗法联合药枕改善胃癌化疗患者睡眠、疲劳状态，均有效。

◎ 其他穿戴坐卧疗法

药褥疗法

《外台秘要》："备急疗腰痛方：用蒴藋叶火燎。厚铺床上，及热，卧眠上。冷复易之。冬月采取根春碎熬及热。准上用。兼疗风湿冷痹，及产妇人患伤冷，腰痛不得动，亦用弥良。"《肘后备急方》："治头项强不得顾视方……又方：八月后取荆芥铺床及作枕枕头，立春日去之。"药褥疗法指将药物平铺于床上，让患者躺于其上，或制作成褥子盖在患者身上，以达到治疗疾病的一种方法。患者与药褥大面积、长时间的接触，药力缓慢作用以发挥功效。据临床报道，该疗法可用于治疗白脉病（藏医）、高血压、心脏病；用油菜籽褥垫或糜子垫预防压疮；用组合式可加热中药褥治疗腰椎病等。

药物鞋垫疗法

《本草备要》："辛热香窜，能于水中发火。（置水中焰益炽。）通关利滞，除湿杀虫，置鞋中去脚气。"《外科正宗》："千里健步散，治远行两脚肿痛，若用之，轻便可行千里，甚妙。细辛、防风、白芷、草乌，上等分为末，掺在鞋底内，如底干则以水微湿过掺药，著脚行走，自不费力，再不作肿。"药物鞋垫疗法是用一定药物研末，加赋形材料制成鞋垫，以防治某些脚部疾病的方法。药物鞋垫疗法可刺激足底穴位以及各脏腑反射区，促进阴平阳秘、气血和畅。据临床报道，用该疗法可治疗跟痛症、高血压，用封闭疗法结合该法治疗足跟痛等。

药衣疗法

《证类本草》："传云：取二枚缀衣领上，遇蛊毒物，则闻其有声，当便知之。"药衣疗法是带药疗法的一种，将药物缝入衣服之中，让患者穿着，以治疗疾病的一种方法。据临床报道，药衣疗法可用于治疗外感或内伤疾病，如用足反射法配合该疗法治疗腰椎间盘突出症，可用"杜熟药衣"治疗膝骨关节炎等。

坐垫疗法

《理瀹骈文》："下焦之病，以药或研或炒，或随症而制，布包坐于身下为第一捷法。"《华佗神方》："萝卜种一两火，存性为末，敷于新瓦上，煨微热，坐于其上，数次自愈。"坐垫疗法是将药物研末，炒热布包，让患者坐在药包上，使肛门、会阴部接触药包，以治疗疾病的方法。现常用包含艾叶的坐垫以保健养生。据临床报道，海绵坐垫可缓解产妇会阴伤口疼痛，用中药垫衬法可治疗痔，用水坐垫联合泡沫敷料可预防骨盆骨折压疮。

坐药疗法

《千金翼方》："其次第者，男服七子散，女服荡胞汤，及坐药，并服紫石门冬丸，则无不得效矣。不知此者，得力鲜焉。"《金匮要略·妇人杂病脉证并治》："蛇床子散方，温阴中坐药。"坐药疗法是将药物制成丸剂或锭剂、片剂，或用纱布包裹药末，塞入阴道内以治疗妇女白带、阴痒，或纳肛门内治疗肛周疾病的方法。据临床报道，傣医用坐药疗法治疗痔与直肠脱垂，疗效可靠。也有用于治疗霉菌性阴道炎的报道。

第七节　动作疗法

我国自古就有五禽戏、太极拳、八段锦等各种养生防病治病的功法。动作疗法除了以上功法之外，尚包含有通过一定的动作使药物通过皮肤更快吸收以达到治病疗疾作用的疗法。

导引疗法

【出处】《素问·异法方宜论》："中央者，其地平以湿，天地所以生万物也众。其民食杂而不劳，故其病多痿厥寒热，其治宜导引按蹻。"

【溯源】《庄子·刻意》："吹呴呼吸，吐故纳新，熊经鸟申，为寿而已矣，此道引之士，养形之人，彭祖寿考者之所好也。"

【释义】"导"指"导气"，导气令和；"引"指"引体"，引体令柔。导引是我国古代的呼吸运动（导）与肢体运动（引）相结合的一种养生术。

【例案】苦腹胀……吹之卅；无益，精呼之十；无益，精响之十；无益，复精吹之卅；无益，起，治八经之引。去卧，端伏，加两手枕上，加头手上，两足距壁，兴心，仰颐，引之，而固着少腹及股膝，三而已。去卧而尻壁，举两股，两手钩两股而力引之，极之，三而已。[《引书》]

按：腹胀常有气滞腹中，通过导引疗法舒筋活络，促使腹中气机升降复常。

【析拓】导引疗法现包含五禽戏、六字诀、八段锦、易筋经等，主要以肢体的运动、行气、自我按摩和情绪调节为主。同时充分利用呼吸和动作功能，对人体的疾病部位进行调整。可促进内科、外科、五官科、骨伤科等多种疾病的恢复。据临床报道，可用易筋经治疗骨关节、心血管疾病等；可用八段锦导引法治疗失眠；用刘氏导引法形气神合一治疗腰椎间盘突出症；用蛙式中医导引法改善颈型颈椎病颈椎曲度等。

捏脊疗法

【出处】《小儿捏脊》（1963年，李志明）：捏脊是双手操作的。具体的操作方法是：双手的中指、无名指、小指握成半拳状，食指半屈，拇指伸直，拇指腹对准食指的第二指关节的桡侧，两者保持一定的间距，虎口向前；然后以双手的拇、食指二指从尾骶部长强穴处开始，把皮肤捏将起来，右手食指腹紧紧顶住左手食指甲上，沿着脊柱由下而上地随捏、随拿、随推、随放，一直到大椎处为止（有时捏至风府穴处），算作一遍。

【溯源】《肘后备急方》："拈取其脊骨皮，深取痛引之，从龟尾至顶乃止，未愈更为之。"

【释义】在古代，捏脊疗法又名捏积，是儿科按摩法之一，指从尾椎开始，连续捏拿脊柱及两侧肌肤，有规律地往肩颈处捏，以治疗疾病的一种方法。

【例案】痈瘵病，以壮大夫屈手头指及中指夹患人脊骨，从大椎向下尽骨极，指复向上，来去十二三回，然以中指于两畔处极弹之。[《外台秘要》]

按： 痈瘵病为肺痨，消瘦极虚，采用捏脊疗法以疏通经络、促进气血运行、改善脏腑功能以及增强机体抗病能力。

【析拓】捏脊疗法是通过捏背部产生的良性刺激，推动全身气血之运行，调整全身的阴阳之气，来达到防病治病之功效。可用以治疗腹痛、厌食、疳积等多种疾病，尤其在小儿疾病的治疗中应用广泛。现代研究表明，人体的神经结、神经干大部分分布于脊柱两侧，在生理或病理状态下有兴奋与抑制的双向调节性，可以通过神经体液对消化系统功能进行调节。据临床报道，捏脊疗法可用于治疗轻中度脾虚型儿童特应性皮炎，辅助治疗婴幼儿腹泻、小儿疳症等。用捏脊疗法配合针刺可治疗腹部肿瘤术后胃瘫综合征；联合药物治疗小儿反复呼吸道感染。

◎ 其他动作疗法

摩擦疗法

《本草纲目》："坐帐内，取药涂两足心，以两手心对足心摩擦，良久再涂再擦，尽即卧。汗出，或大便去垢，口出秽涎为验。每一次，强者用四钱，弱者二钱，连用三日。外服疏风散，并澡洗。"摩擦疗法是医生或患者自己以掌心或其他物品蘸药液或药膏，在患者的病处表皮摩擦，以治疗疾病的外治法。既可以用鲜药直接摩擦，也可以用药酒、药水、药膏等来摩擦。一方面，摩擦本身可以刺激皮肤，并通过摩擦生热，以温通经络、祛散寒邪；另一方面，带药摩擦还可促进皮肤对药物吸收，有利于疾病的治疗。主要用于治疗一些体表疾病，也可以结合经络穴位或体表感应区来治疗相应组织器官的疾病。据临床报道，用中药液摩擦疗法（合并石蜡）可治疗外伤，用酒精摩擦疗法治疗睑腺炎，用海螵蛸棒摩擦治疗沙眼，夏秋季节运用鲜菱角摩擦法治疗寻常疣，均疗效显著。

手摸心会法

古称摸法。《医宗金鉴》："摸者，用手细细摸其所伤之处，或骨断、骨碎、骨歪、骨整、骨软、骨硬；筋强、筋柔、筋歪、筋正、筋断、筋走、筋粗、筋翻、筋寒、筋热，以及表里虚实，并所患之新旧也。先摸其或为跌扑，或为错闪，或为打撞，然后依法治之。"手摸心会法是一种诊断性整骨手法。医者在检查诊断或整复治疗过程中，用手触摸损伤，并对触摸所得的异常体征进行分析、综合、判断，作出确切的判断，以便在整复施术时心中有数。该法主要适用于骨折、脱位等病。据临床报道，结合手摸心会法治疗颈型颈椎病可提高疗效。通过手摸心会法来掌握治疗手法与合理的刺激量，减少患者痛苦。

指针疗法

又称为点穴法。《医宗金鉴》："三日后解缚视之，以枕支于足后，用手扶筋，再以手指点按其筋结之处，必令端平。"指针疗法是从中华武术点穴功夫演变而来的一种经络腧穴治疗和保健方法。通过术者徒手操作，以点、按、揉、掐、拍等手法直接施治于患者的腧穴、经络等部位，以指代针，去针之锐气，留针刺之功力，通过指压经穴，循经络而感传，以达治病目的。据临床报道，可用穴位指针疗法治疗中老年膝骨关节炎、神经根型颈椎病等。研究表明，背俞穴指针疗法可影响胃食管反流病大鼠Beclin-1/Bcl-2介导的ICC自噬-凋亡，以及胃起搏区组织肌球蛋白轻链激酶（MLCK）及磷酸化肌球蛋白调节性轻链（PMLC20）表达水平。

第二十三章
中医外科治法

主要在中医外科使用的治法，归入中医外科治法。

疾病有内生的，有自外侵入的；有伤及脏腑器官的，也有伤及肌表腠理的。需要外科治疗的疾病，大多数由热毒化腐，或痰凝成结，或毒瘀纠结，形成脓肿、溃疡、肿块、无名肿毒等。其他如金疮、跌打损伤、虫蛇咬伤、骨损、伤筋等，也是外科治疗的范围。

中医外科治法包括外科内治法和外科外治法。临床外科内治法和外治法既可以单独应用，也可以配合使用，当视实际需要而定。

使用中医外科治法，常常需要选择治疗时机。有的疾病在一定阶段需要内科治疗，在另一阶段则需要外科治疗，而在某一阶段可能需要内治与外治相结合。如疮疡初起只能内治，当脓成时则需要外治法排脓祛毒。体质虚弱者排脓难尽，可配合内治法扶正托毒，促进疾病向愈。

本章仅涉及中医外科常用的内治法和外治法。

第一节　外科内治类

本节仅纳入中医外科使用的特色内治法。

外科疾病，有正盛邪实者，有正虚邪盛者，有正虚邪气缠绵而病难愈者。对于疮疡正盛邪实者，正邪抗争，可治之以消以助正胜邪；对于无名肿毒、斑疹、痰核等，在正气未伤时，也常以消法祛邪。如疮疡久不成脓，或病灶散而不聚，则须用托法扶正达邪。对于伤口久不愈合者，多属正气亏虚，则当用补法扶正以祛邪，促使伤口愈合。

使用中医外科内治法，需要掌握时机，当消则不能用托，托则助邪；当补则不能用消，消则伤正，导致疾病缠绵不愈。无论用消、用托、用补，都当根据患者的实际需要，灵活使用具体的治法。

补法

【出处】《疡医大全》："周文采曰：《经》云：虚者补之。凡痈疽已成，不分部位，但根脚散漫，顶部高尖，气虚补气，血虚补血，加银花、甘草节、白芷、桂心等药，使顶自高尖，根窠收束，易溃易脓，如已溃之后，脓血出多，则当峻补气血，庶易于收口也。"

【溯源】《玉机微义》："膏粱之变，芳草之美，金石之过，气血不盛，荣卫之气充满，而抑遏不能行，故闭塞血气，腐而为痈也，当泄之以夺盛热之气。若其人饮食疏，精神衰，气血弱，肌肉消薄，荣卫之气短促而涩滞，故寒薄腠理，闭郁而为痈肿也，常补之以接虚怯之气，亦当以脉浮沉别之。既得盛衰，泄之则连翘、大黄，补之则内托之类是也。"

【释义】全国中医药行业高等教育"十四五"规划教材《中医外科学》（新世纪第五版）：补法就是用补养的药物，恢复其正气，助养其新生，使疮口早日愈合的治疗法则。此法则适用于溃疡后期，此时毒势已去，精神衰疲，血气虚弱，脓水清稀，肉芽灰白不实，疮口难敛。补法是治疗虚证的法则，所以外科疾病只要有虚的证候存在，特别是疮疡的生肌收口期，均可应用。

【例案】一妇人咽痛，微肿色白，吐咽不利，诊之脉亦细微，此中气不足、虚火假症也。用理中汤二服，其疼顿止；又以补中益气汤加炒黄柏、知母数服，再不复作。[《外科正宗》]

> **按：**患者咽痛，微肿色白，吐咽不利，诊脉细微，四诊合参为脾胃虚弱，中气不足导致虚火上攻咽喉所致，治初以理中汤温阳健脾，又以补中益气汤健脾补中益气，辨为虚证，均使用补法达效。

【析拓】外科补法之目的是扶助正气以祛邪外出，促进损伤早日愈合。适用于正气不足、达邪无力，或溃疡后期促进伤口愈合。须根据气血阴阳之虚的不同，予补血、补气、补阳、补阴。因气虚多发于脾、肺、心，血虚易见于心与肝，阴虚常表现在心、肝、肺、胃、肾，而阳虚往往涉及心、脾、肾，所以尚须根据各脏器虚损之不同来分别补益。现代外科学提出，凡能使气血调和，畅流于经络之中，达到阴平阳秘状态的治法，皆可称为补法，即所谓"气血流通即是补"，实现促进损伤愈合的目的。但毒邪未尽之时切勿遽用补法，以免留邪为患，助邪鸱张，犯"实实之戒"。临床上，在西医对复发性口腔溃疡缺乏有效的根治手段的情况下，有人提出治疗本病后期重在清补脾胃、健运中州，以消溃汤为基本方随证加减，取得良效。这表明外科补法需要灵活应用。

托法

【出处】《外科理例》："汪省之曰：凡痈疽或已成，气血虚者，邪气深者，邪气散漫不能突起，亦难溃脓，或破后脓少，或脓清稀，或坚硬不软，或虽得脓而根脚红肿开大，皆气血虚，邪气盛，兼以六淫之邪变生诸证，必用内托，令其毒热出于肌表，则易愈也。内托以补药为主，活血驱邪之药为臣，或以芳香之药，行其郁滞，或以温热之药，御其风寒。"

【溯源】《外科精义》："脓未成者使脓早成，脓已溃者使新肉早生，气血虚者托里补之，阴阳不和托里调之。"

【释义】全国中医药行业高等教育"十四五"规划教材《中医外科学》（新世纪第五版）：托法是用补益和透脓托毒的药物扶助正气，托毒外出，使疮疡毒邪移深居浅，早日液化成脓，或使病灶趋于局限化，使邪盛者不致脓毒旁窜深溃，正虚者不致毒邪内陷，从而达到脓出毒泄、肿消痛止的目的，寓有"扶正达邪"之意。临床上根据病情虚实情况，托法可分为透托法和补托法两类，其中补托法又可分为益气托毒法和温阳托毒法。

【例案】一男人项疽十余日，视其疮势颇甚，根连左右，耳项并肿，红赤热，脉浮而数。先用黄连消毒散二服退其大势；根脚消定后，用托里消毒散，数服不觉腐溃，但诊脉浮无力。询知患者年过五旬，久艰嗣息，房中又有外家人，多兼思虑劳欲大过，损伤元气故也。

又疮情势大，止能起发，不能培养为脓，更用十全大补汤加桔梗、白芷，倍人参。白术各三钱，外用桑木灸法，早晚二次灸之。又涂紫霞膏，数日患者头面俱肿，双目合缝，形状可畏，然后腐溃，并作脓出，日至数升，如此半月，因煎药不胜其事，内加烦躁不宁，五心烦热，饮食渐少等症，此谓脓水出多，气血走泄，为虚火假症之故，虽变不妨。随用圣愈汤，一服不应；又进一服，加熟附子二钱方应，前症悉退。次以人参养荣汤加麦冬、五味、参、术，常倍至三钱，调理月余。后至脑骨腐肉连发片片脱下，其状野狼狈，不可观瞻，凡相视者无不点头惊讶！又恐腐溃深大，补不及事，每日粥食中用人参三钱，凡餐分入同煮食之以接补脾元。后方元气渐醒，调理四月方愈。彼后一年，反生其子，以承后祀也。[《外科正宗》]

按： 患者项疽十余日，视其疮势颇甚，根连左右，耳项并肿，红赤热，初脉浮而数，用托里消毒散后局部难以腐溃成脓，诊脉浮无力，结合患者既往房劳及思虑太过损伤脾肾，予益气养血之十全大补汤酌加桔梗、白芷等托毒之品，为扶正祛邪、益气托毒之法。

【析拓】《外科启玄》："托者，起也，上也。"托法有狭义与广义之分。狭义的托法，是疡科临证治表之法。广义的托法，指扶正祛邪与攻补兼施法在外疡证治中的具体运用，即以补益为主，活血祛邪为辅，或伍以芳香、温热、解表、化痰、利湿药等，辨证施治。托法应注意顾护脾胃之气，适用于溃后正气不足，不能托毒外出者。据临床报道，现代临床在溃疡治疗中使用此法收效快，溃口愈合好，后遗症少。强调在创面难以愈合的疾病治疗上，可以早用广用托法。治疗用补托，以重用黄芪并配白芷为基础，见火衰则加温阳之品，见标实则攻毒祛邪，以益气补火为先导，推动透托搜剔、行气活血、清热散结，更能直达病处。

消法

【出处】《医学心悟》："医门第一义也，而于消法为尤要。不明乎此，而妄行克削，则病未消而元气已消，其害可胜言哉！况乎积聚之原，有气、血、食积，停痰、蓄水、痈脓、虫蛊、劳瘵，与夫痃癖、癥瘕、七疝、胞痹、肠覃、石瘕，以及前后二阴诸疾，各各不同，若不明辨，为害非轻。予因约略而指数之。"

【溯源】《素问·至真要大论》："坚者削之，客者除之，劳者温之，结者散之，留者攻之，燥者濡之，急者缓之，散者收之，损者温之，逸者行之……"该论述为《黄帝内经》治法的高度总结，其大致可归为"补""消"两法。其中，"坚者削之""客者除之""结者散之""留者攻之""逸者行之"均体现了通过消与散的方法来祛邪。

【释义】全国中医药行业高等教育"十四五"规划教材《中医外科学》（新世纪第五版）：使邪毒结聚、走窜、发展或成脓，是一切外科疾病初起的治疗法则。此法适用于尚未成脓的初期肿疡和非化脓性肿块性疾病及各种皮肤疾病等。该法可使患者免受溃脓、手术之苦，又能缩短病程，故古人有"以消为贵"的说法。

【例案】一男子冬月耳面赤肿，发热口干，脉洪实而便秘，此三阳蕴热症也。此舍时从症治之，以五利大黄汤一剂，便行二次，赤肿稍退，内热稍疏，又以升麻解毒汤二服，肿亦消而病愈。此为用寒远寒之意也。[《外科正宗》]

按： 患者冬天发病，耳面赤肿，发热口干，脉洪实而便秘，为阳明、太阳、少阳三阳俱热征象，虽然名曰时毒，病机仍辨为热蕴三焦，治以五利大黄汤，方中以大黄、芒硝泻火通腑，黄芩、栀子清热泻火解毒，升麻引经，共奏清热泻腑之功，使热从大便分消。

【析拓】消法即是用具有消散或消削作用的药物，根据配伍原则组成方剂，针对由于气、血、痰、食、水、虫等所结成的有形之邪，使之渐消缓散，以达到去邪而不伤正为目的的治疗法则。临床应针对病种、病位、病因病机、病情，分别运用不同的消法。如有表邪者解表，里实者通里，热毒蕴结者清热，寒邪凝结者温通，痰凝者祛痰，湿阻者理湿，气滞者行气，血瘀者化瘀和营等。此外，还应结合患者的体质强弱、肿疡所属的经络部位等，加减不同的药物。按此施治，则未成脓者可以内消。据临床报道，无论有形之邪如血瘀、停痰、蓄水所致水肿、痈肿、斑疹、痰核、结节，还是无形之邪如气郁等所致病证表现，皆为消法适用范围。临床实践发现，慢性前列腺炎与疮疡在病因病机、临床表现等方面存在许多共性之处，根据"异病同治"理论，将慢性前列腺炎从疮疡论治，采用"疮疡内消法"理论治疗慢性前列腺炎，并根据仙方活命饮加减化裁，疗效确切。

第二节　外科外治类

通常在中医外科系统使用的外治法，归入外科外治类治法。

中医外科外治类治法，可通过以下几种方式来治疗疾病：一是从体外用药，使药物接触体表以发挥治疗作用，如兜肚法、寒药法、腐蚀疗法。二是从体外使用器械来治疗疾病，如刀法、割烙术、割治疗法等。三是在体外通过手法来治疗，如膝顶法、旋转屈伸法等。

使用中医外科外治类治法，有时需要与内治法有机结合。如刀法与透托、补托等内治法相配合，对消之不应、疮势已成、成脓之势在所难免的肿疡，应及时运用托法，托毒外出，再选择适当的时机使用刀法，可以减轻病势，减少创伤，减轻痛苦，提高疗效。

临床应用中医外科外治类治法应注意以下两个方面：一是要掌握力道，不足则疗效差，太过则可能造成新的损伤。二是要掌握适当的治疗时机。

割烙术

【出处】《秘传眼科龙木论》："渐生酱肉侵睛，遮满瞳人，此状宜令钩割熨烙……终须割烙即长安。"

【溯源】《外台秘要方》："取针烧令赤烁著肤上，不过三烁缩也。有令人割之三复生，不如烁之良。"

【释义】《中医眼科学》（王明芳等主编，2004年）：烙，是用特制之烙器或火针烧灼患眼病变处的治疗方法……与钩割法合用，先钩割后行烙，合称割烙术。

【例案】往年治一男子。其证阅月或两月一证。发则络胞焮肿。经三数年而不治去。右眼小眦下约五分许，生出肿疡，溃脓后不收口，常流泄稀液。若疮口闭者，则目忽赤，涩痛难开。予诊之，疮口经久变为漏孔者也。故将披针截开其口，用烙铁熨顽肉。当施术之时，

胞睑红肿，故在耳后贴发疱膏，眼目施洗蒸剂。四五日而红肿消，漏口随愈。皆是治漏之效验也。[《眼科锦囊》]

按： 患者右眼小眦漏属于现代医学慢性泪囊炎急性感染，泪囊化脓破溃形成瘘管，反复不消，日久不收口，使用割烙法烧灼局部瘘管配合其他外治疗法而起效。

【析拓】割烙术是根据古代割、烙之法改进而成的手术方法。用割法之后，烙其残端，通过直接烧灼组织横断面，热凝改变患处组织结构，将病变区的小血管烧断凝固而呈现"无血管区"从而阻断其营养来源，具有治疗、止血、防止复发等作用。主要用于治疗眼部疾病，如眼部胬肉、息肉、赘生物切除等术中止血，防止翼状胬肉复发，治疗蚕食性角膜溃疡及用于沙眼摩擦术后等。据临床报道，可用割烙术治疗翼状胬肉、蚕食性角膜溃疡、睑球粘连、眼烫伤、角膜新生血脉生长，以及眼部息肉、赘生物等。研究表明，该法不但可以切除含有浆细胞的球结膜，阻断进入角膜的血管，而且可消除胶原酶对角膜的破坏。

◎ 其他外科外治类

兜肚法

《理瀹骈文》："下焦之病，以药或研或炒，或随症而制，布包坐于身下为第一捷法。"摩腰法、暖腰法、兜肚法，又，命门……足心诸法，下焦之法备矣。"兜肚法是将一定处方的药物研末，用棉花包裹，装入布囊，缝好缚兜于腹部，以治疗某些慢性病的疗法。基于肚脐敏感度高，药物易于渗透、弥散而被吸收的解剖特点和神阙穴总理人体诸经百脉，联系五脏六腑、四肢百骸的生理特性，用药物兜肚法治疗遗精、小便色白混浊、妇女月经不调等病症。该法现代治疗范围不断扩大，可用于治疗胃寒痛、慢性腹泻、疝气、前列腺肥大、阳痿、慢性前列腺炎等疾病。据临床报道，可用脐疗肚兜治疗小儿厌食症，或在中药辨病辨证基础上配合兜肚方治疗不孕不育症，皆取得良好疗效。

刀法

《外科枢要》："毒有胀痛紧急，脓已成熟，无暇待艾灸火照者，即宜用刀法开之，但刀法须在的确脓熟之时，又须要浅深合度，以左手按肿处，先看脓之成否，如按下软而不痛，肿随手起者，脓已成矣。"《刘涓子鬼遗方》："痈大坚者未有脓，半坚薄半有脓，当上薄者都有脓便可破之。所破之法，应在下逆上破之，令脓得易出，用排针脓深难见，上厚而生火针，若外不别有脓，可当其上数按之，内便隐痛者，姎，坚者未有脓也。按更痛于前者，内脓已熟也。脓泄去热气，不尔长速，速即不良。"刀法即中医外科中的切开法，适用于一切外科肿疡，确定已经成脓者。据临床报道，有临床专家总结出刀法有刀口大而爽、不伤筋血脉、功能不损坏三个原则，在操作方法上提出稳、捷、畅、巧四要诀，对病变的不同部位采用不同的刀法。有人提出在刀法基础上使用"内堵外排法"，即"三刀法"切排加红霉素眼膏纳肛治疗婴幼儿肛周脓肿，治疗方便、无须住院，治疗效果满意。

腐蚀疗法

又称腐蚀药疗法。《外科精义》:"盖疮疽脓溃烂之时，头小未破，疮口未开，或毒气不出，疼痛难任者，所以立追蚀脓之方法，使毒气外泄，而不内攻，恶肉易去，好肉易生也。"腐蚀疗法是运用具有提脓祛腐作用的药物，使疮疡内蓄之脓毒得以早日排出，腐肉得以迅速脱落，或使异常组织腐蚀枯脱的方法，是肿疡后期、溃疡早期的外治法。腐蚀疗法为狭义的追蚀法，使用时机包括:脓成未溃时;患痔、瘰疬、赘疣、息肉等病时;疮疡破溃以后，疮口太小，引流不畅;疮口僵硬，胬肉突出，腐肉不脱等妨碍收口时。

割治疗法

又称割脂疗法。《灵枢·痈疽》:"发于腋下赤坚者，名曰米疽。治之以砭石，欲细而长，疏砭之，涂以豕膏，六日已勿裹之。"《证治准绳》:"其状色紫如肉，形类鸡冠、蚬肉者即是。多生睥眦之间，然后害及气轮而遮掩于目。治者须用割治七八，后用杀伐，不然药徒费功。"割治疗法是切开人体穴位或某处的皮肤，摘除或挑出皮下脂肪组织并对局部给予适当刺激，以改善机体机能，增强抗病能力，从而达到治疗疾病目的的一种治疗方法。根据治疗需要在特定的腧穴及治疗部位进行割治，具有活血化瘀、清热利湿、疏通经络、调节气血、通络止痛等作用。可用于现代医学呼吸系统、消化系统、神经系统、皮肤科、男科以及肛肠科等疾病的治疗。据临床报道，可用割治疗法联合西药治疗慢性阻塞性肺疾病;用割治疗法配合治疗小儿厌食症;用割治疗法治疗癫痫、偏头痛、银屑病、迎香疗、男性勃起功能障碍、痔，均有效。

塞药疗法

《养生方》:"取干姜、桂、要苙、蛇床、□□，皆冶之，各等，以蜜若枣脂和丸，大如指端，裹以疏布，入中，热细。"塞药疗法是将药物捣烂或研末，用纱布包裹扎紧，或将药粉制成各种剂型塞于耳、鼻、阴道、肛门等处，以治疗疾病的方法。除可治疗相应的局部病变外，还可以通过用药部位的黏膜吸收起到全身效用，以达到消炎、止痛、杀虫、通便等目的。临床除用于肛肠科、妇科、男科、五官科等疾病的治疗之外，也用于治疗内科、儿科等疾病。据临床报道，可用塞药法治疗痔、阴道炎、急性或慢性前列腺炎、季节性变应性鼻炎、冠状动脉粥样硬化性心脏病、血管神经性头痛、小儿高热惊风、蛔虫性急性小肠梗阻，有确切疗效。

膝顶法

《伤科汇纂》:"令患人安坐于凳上，医者侧立其旁，一足亦踏于凳上，以膝顶于胁肋之上，两手将患肩之臂膊擒住，往外拉之，以膝往里顶之，骤然用力，一拉一顶，则入白矣。"《世医得效方》:"骨节损折，肘、臂、腰、膝出白蹉跌，须用法整顿归元。"膝顶法属于中医骨伤整复方法之一，一般在胸椎小关节错位、肩关节脱位等疾病中使用。该法利用膝部作杠杆支点，有利于重叠的骨端顺利牵开，尤其是对关节附近骨折不宜直伸牵引时，以膝部支点屈曲牵引，既能平衡肌肉，又不刺伤血管和神经，膝部前方柔中有刚、强劲有力，配合术者双手施法，使整复协调有力，疗效更佳。使用膝顶法治疗胸椎小关节错位，使患者改变胸廓运动，增加关节间隙，恢复正常的解剖位置，有利于促进关节囊损伤后炎症的吸收，从而解除神经组织的机械性压迫和炎症刺激。有人采用改良膝顶旋转牵引法治疗肩关节前脱位30例，均获得一次性成功，操作时间平均30秒，操作时间较传统疗法明显缩短，患者痛苦小。

旋转屈伸法

《医宗金鉴》："或因跌扑闪失，以致骨缝开错，气血郁滞，为肿为痛，宜用按摩法按其经络，以通郁闭之气，摩其壅聚，以散瘀结之肿，其患可愈。"旋转法是用手握住伤肢下端，做轻旋转动作，以观察伤处有无疼痛、活动障碍及特殊的响声。旋转法常与屈伸关节的手法配合应用。屈伸法是用一手握关节部，另一手握伤肢远端，做缓慢的屈伸活动。旋转屈伸法在临床上多应用于治疗膝骨关节炎，常配合穴位点压手法使用，该手法能够松解膝关节及其周围组织的痉挛及粘连状态，从而改善膝关节功能及缓解疼痛。有人运用六指六穴点压及旋转屈伸手法治疗骨关节炎，疗效显著。据临床报道，旋转屈伸手法还可以治疗腰椎间盘突出症；用屈伸旋转牵抖法对肱骨外髁骨折患者进行整复治疗；用屈伸旋转复位法治疗桡骨小头骨折，均可减轻疼痛，疗效满意。

参考书目

［1］国家卫生健康委员会，国家中医药管理局. GB/T 16751.3—2023中医临床诊疗术语：第3部分 治法［S］.北京：中国标准出版社，2023.

［2］二宫献彦可.中国接骨图说［M］.北京：人民卫生出版社，1955.

［3］汤本求真.皇汉医学［M］.北京：中国中医药出版社，2007.

［4］安浚.中国临床医学研究［M］.北京：中国中医药出版社，1995.

［5］曹炳章.辨舌指南［M］.裘俭，点校.福州：福建科学技术出版社，2006.

［6］曹颖甫，姜佐景.经方实验录［M］.周羚，王冠一，校注.北京：中国科学技术出版社，2021.

［7］陈潮祖.中医方剂与治法［M］.成都：四川科学技术出版社，1984.

［8］陈潮祖.中医病机治法学［M］.成都：四川科学技术出版社，2010.

［9］陈达理.中医奇异治法［M］.北京：人民军医出版社，1992.

［10］陈红风.中医外科学［M］.2版.北京：人民卫生出版社，2012.

［11］成都中医学院方剂教研组.中医治法与方剂［M］.北京：人民卫生出版社，1989.

［12］程门雪.书种室歌诀二种［M］.张镜人，整理.北京：人民卫生出版社，1988.

［13］程莘农.中国针灸学［M］.北京：人民卫生出版社，1995.

［14］崔应珉.中华名医名方薪传［M］.郑州：河南医科大学出版社，1997.

［15］丁甘仁.丁甘仁医案［M］.上海：上海科学技术出版社，2001.

［16］方药中，许家松.温病条辨讲解［M］.北京：人民卫生出版社，2007.

［17］高树中，杨骏.针灸治疗学［M］.北京：中国中医药出版社，2016.

［18］郭子光，俞涵英.中医奇证新编［M］.长沙：湖南科学技术出版社，1985.

［19］韩延华.百灵妇科［M］.北京：中国医药科技出版社，2016.

［20］胡熙明.中国中医秘方大全［M］.上海：文汇出版社，1989.

［21］胡荫奇，常志遂.痹病古今名家验案全析［M］.北京：科学技术文献出版社，2003.

［22］仲剑平.医疗护理技术操作常规［M］.北京：人民军医出版社，1962.

［23］赞宁.宋高僧传［M］.赖永海，张华，释译.北京：东方出版社，2019.

［24］李克光，张家礼.金匮要略译释［M］.上海：上海科学技术出版社，2010.

［25］李青青，曹飒丽.形色外诊简摩［M］.北京：中国医药科学技术出版社，2020.

［26］李志明.小儿捏脊［M］.北京：人民卫生出版社，1963.

［27］刘晨.中医实用名词术语词典［M］.北京：化学工业出版社，2013.

［28］孟景春，周仲瑛.中医学概论［M］.北京：人民卫生出版社，1958.

［29］南京中医学院方剂教研组.中医方剂学讲义［M］.北京：人民卫生出版社，1960.

［30］秦伯未.秦伯未实用中医学［M］.北京：中国医药科技出版社，2014.

［31］冉小峰，胡长鸿.全国中药成药处方集［M］.北京：人民卫生出版社，1962.

［32］任应秋.中医各家学说［M］.上海：上海科学技术出版社，1980.

［33］上海中医学院.中医年鉴：1985［M］.北京：人民卫生出版社，1986.

［34］沈庆法，赵章忠.温病名著选读［M］.上海：上海中医学院出版社，1992.

［35］沈全鱼，吴玉华.肺痨［M］.太原：山西科学教育出版社，1986.

［36］石学敏.针灸治疗学［M］.上海：上海科学技术出版社，1998.

［37］天津市南开医院.中西医结合治疗急腹症［M］.北京：人民卫生出版社，1972.

［38］汪莲石.伤寒论汇注精华［M］.福州：福建科学技术出版社，2015.

［39］王付.伤寒杂病论大辞典［M］.郑州：河南科学技术出版社，2018.

［40］王俊华.疑难奇症案汇［M］.福州：福建科学技术出版社，1986.

［41］魏绍斌.川派中医药名家系列丛书：王渭川［M］.北京：中国中医药出版社，2018.

［42］吴兰成.中国中医药学主题词表［M］.北京：中医古籍出版社，1996.

［43］邢玉瑞.中医方法全书［M］.西安：陕西科学技术出版社，1997.

［44］于天源.按摩推拿学［M］.北京：中国协和医科大学出版社，2003.

［45］张石松，王天云，杜小花.清代八名医医案［M］.太原：山西科学技术出版社，2009.

［46］张子明.中风临床指南［M］.北京：中国医药科技出版社，1993.

［47］赵进喜，张金宝，吴书君.温病学与中医现代临床［M］.北京：人民军医出版社，2007.

［48］赵敏，王传礼，李进.传染病防治技术临床培训教案［M］.北京：军事医学科学出版社，2014.

［49］赵绍琴.赵绍琴医学全集［M］.北京：北京科学技术出版社，2012.

［50］盛增秀.医案类聚［M］.北京：人民卫生出版社，2015.

［51］郑魁山.针灸集锦［M］.兰州：甘肃人民出版社，1978.

［52］中医药学名词审定委员会.中医药学名词［M］.北京：科学出版社，2011.

［53］罗国钧.实用中医内科学［M］.太原：山西人民出版社，1981.

［54］周天寒，李永兵，邓玉霞.周天寒医论精选［M］.北京：中国中医药出版社，2017.

［55］朱文锋.实用中医词典［M］.西安：陕西科学技术出版社，1992.

［56］祝新年，马茹人.常见病证中医文献专辑：癥瘕积聚专辑［M］.上海：上海科学技术出版社，2003.